해석학과 인문사회과학

언어, 행동, 그리고 해석에 관한 논고

Hermeneutics and the Human Sciences:
Essays on language, action and interpretation
by
Paul Ricoeur
Edited, translated and introduced by John B. Thompson

해석학과 인문사회과학

언어, 행동, 그리고 해석에 관한 논고

폴 리쾨르 지음, 존 톰슨 편집 · 번역

윤철호 옮김

서광사

이 책은 Paul Ricoeur의
Hermeneutics and the Human Sciences:
Essays on language, action and interpretation
(Cambridge University Press, 1981)를 옮긴 것이다.

해석학과 인문사회과학
언어, 행동, 그리고 해석에 관한 논고

폴 리쾨르 지음
존 톰슨 편집·번역
윤철호 옮김

펴낸이 ― 김신혁, 이숙
펴낸곳 ― 도서출판 서광사
출판등록일 ― 1977. 6. 30.
출판등록번호 ― 제 406-2006-000010호

(10881) 경기도 파주시 회동길 77-12 (문발동)
Tel: (031)955-4331 / Fax: (031)955-4336
E-mail: phil6161@chol.com
http://www.seokwangsa.co.kr / http://www.seokwangsa.kr

제1판 제1쇄 펴낸날·2003년 3월 10일
제1판 제4쇄 펴낸날·2017년 9월 20일

ISBN 978-89-306-1604-1   93160

차 례

역자의 서문

폴 리쾨르(Paul Ricoeur)가 저술하고 존 톰슨(John B. Thompson)이 편집, 번역하고, 서문을 쓴 이 책의 원 제목은 *Hermeneutics and the Human Sciences : Essays on language, action and interpretation*으로서 1981년 캠브리지 대학 출판사(Cambridge University Press)에 의해 세계의 여러 주요 도시(London, New York, New Rochelle, Melbourne, Sydney)에서 동시에 출판되었다. 이 책은 초판이 발행된 이후 오늘에 이르기까지 무려 15판이나 재판된 베스트 셀러이자 20세기 최고의 고전적인 명저 중의 하나이다.

현존하는 이 시대 최고의 지성이자 석학의 한 사람이라고 할 수 있는 리쾨르는 1913년 프랑스 발랑스(Valence)에서 태어났으며, 1950년 스트라스부르그 대학 철학교수로 부임하였고, 1956년 이후 소르본느 대학으로 옮겨서 1965년까지 재직하였다. 1966년 이후 낭테르 대학에서 가르쳤으며(1969년부터 1년간 인문대학장 역임), 1970년에는 낭테르 대학의 교수직을 유지하면서 폴 틸리히의 뒤를 이어 미국의 시카고 대학 신학대학원의 철학적 신학 석좌교수로 초빙되어 1992년까지 가르치고 은퇴하였다. 그는 마이애미 대학을 위시한 여러 대학에서 명예 박사학위를 받았다.

8

리쾨르의 사상적 여정은 가브리엘 마르셀에게서 신토미즘과 존재론을 배움으로써 본격적으로 시작되었으며, 그의 박사학위 논문이자 의지의 철학 1권인 《자유와 본성: 의지적인 것과 비의지적인 것》은 마르셀과 루터의 노예의지 문제에 영향을 받고 후설의 의식의 지향성을 의지에 적용한 작품이다. 그는 구조주의가 휩쓸던 프랑스에서 현상학 연구를 계속하였으며, 구조주의의 언어(langue)를 넘어서는 말(parole)을 통하여 메시지를 지향하는 해석학의 입장에서 구조주의를 극복하고자 하였다. 축약해서 말하자면, 리쾨르는 마르셀의 기독교적 실존 철학과 후설의 현상학에서 출발하여, 구조주의를 넘어서, 가다머의 철학적 해석학, 마르크스 이후 하버마스로 대표되는 프랑크푸르트 학파의 이데올로기 이론, 그리고 프로이드의 정신분석 이론을 자신의 고유한 기독교 철학적인 텍스트 해석학의 관점에서 비판적으로 통합함으로써 현대의 철학과 신학의 해석학에 미래 지향적인 새로운 지평과 방향을 제시해주고 있는 철학자라고 할 수 있다.

이와 같은 광범위한 리쾨르의 관심 영역은 그의 전 생애에 걸친 끊임없는 사상적 순례의 여정을 통하여 형성된 것이기 때문에 단일한 중심을 지닌 체계적 구성을 통해 충분히 파악될 수 없다. 그의 철학적 사고의 여정은 세 시기로 구별해 볼 수 있다. 제1기(1950~1960)는 마르셀과 후설의 영향 아래서 의지의 철학을 구상하고 발전시키던 시기로서 이 시기에 그는 의지의 철학 1권인 《자유와 본성: 의지적인 것과 비의지적인 것》(1950)과 의지의 철학 2권 시리즈인 《유한성과 죄책》이라고 명명된 두 권의 책 《오류적 인간》, 《악의 상징》(1960)을 썼다. 제2기(1960~1975)는 소쉬르의 구조 언어학, 알튀세의 구조주의적 마르크스주의, 레비 스트로스의 구조주의 인류학, 프로이드의 정신분석학 등에 의한 해석의 충돌이라는 주제가 지배하던 시기로서 이 시기에 그는 《해석 이론》(1965), 《해석의 충돌》(1969), 《프로이드와 철학》(1970) 등을 썼다. 제3기(1975년 이후)는 살아있는 은유적 진리, 시간 경험, 그리고 역사의 진리 문제에 관심을 집중한 시기로서 이 시기에 그는 《시간과 이야기 1권》(1983), 《시간과 이야기 2권, 3권》(1985), 《텍스트에서 행동으로》(1986), 《책임의 시간: 윤리에 관한 대화》(1991), 《타자로서의 자기 자신》(1992), 《이데올로기와 유토피아》(1997), 《성서해석학》(1999) 등을 출판하였다. 본 《해석학과 인문사회과학》은 대부분 2기에 해당하는 1970년대에 그가 낭테르 대학과 시카고 대학교에서 가르치던 시기에 씌어진 논문들 가운에 가장 대표적이고 핵심적인 논문들을 톰슨이 편집, 번역하고 서문을 쓴 책이다. 이 논문들은 본래 일부는 프랑스어로, 일부는 영어로 씌어졌는데, 이 책의 프랑스어판은 1989년에 출간되었다.

　최근 수년 사이 우리 나라의 철학적 해석학계에 해외에서 리쾨르를 전공하고 돌아온 철학도들이 많이 늘고 있다. 대학의 강단과 해석학회 등의 학회를 통한 이들의 활동도 더욱 활발해지고 있다. 이미 리쾨르의 《해석 이론》, 《악의 상징》, 《해석의 갈등》, 《시간과 이야기》 등이 번역되어 나온 바 있으며, 앞으로도 그에 대한 연구 및 번역활동은 더욱 활발하여질 것으로 사려된다. 그러나 아직까지는 리쾨르에 대한 연구가 충분히 깊이 있고 폭넓게 이루어지지 못하고 있으며, 일반 대중들에게는 물론이고 철학계에서도 그의 사상이 함축하고 있는 중요한 의미가 충분히 인식되고 있지 못하다. 여기에는 여러 가지 이유가 있겠지만 그 중에 하나는 리쾨르의 사상의 광범위함과 깊이가 결코 손쉬운 접근을 허락하지 않기 때문일 것이다. 이미 언급한 바와 같이, 그는 해석학적 철학자로서 서구뿐만 아니라 여러 문화들의 신화와 고전들에 해박하며, 철학적 현상학과 종교 현상학, 그리고 구조주의를 중심으로 한 언어학에 정통하며, 현대의 이데올로기 비판적 사회 이론과 정신분석학에 깊고도 비판적인 이해를 갖고 있다. 특히 독실한 개신교 교인으로서 기독교 신학과 성서 해석학에도 탁월한 통찰력을 보여 주고 있다. 이 책에 실린 글들은 이러한 그의 광범위하고도 깊은 사상들의 중요한 핵심들을 골고루 담고 있다.

이 책의 내용은 본래 서두에 톰슨의 서문과 이에 대한 리쾨르의 응답, 그리고 3부로 분류된 11편의 논문들로 구성되어 있으나, 옮긴이는 부록으로 두 편의 짧은 글을 첨가하였다. 제1부 "해석학의 역사"에서는 해석학의 과제, 해석학과 이데올로기 비판, 현상학과 해석학이 다루어지고 있으며, 제2부 "해석학의 이론"에서는 소격화, 설명과 이해, 은유, 전유 등 해석학의 핵심적 개념들이 다루어지고 있다. 제3부 "사회과학 철학"에서는 텍스트와 행동, 과학과 이데올로기, 프로이드의 정신분석, 이야기의 기능 등의 주제들이 다루어지고 있다. 톰슨이 서문에서 각 논문들에 대한 간략하고도 탁월한 소개를 제공하고 있기 때문에 11개의 논문들에 대해서는 별도의 역자의 해제가 필요하지 않을 것이다. 하지만 부록으로 실은 비교적 짧은 두 편의 글에 대하여는 약간의 설명이 필요하다.

이 책을 번역하고자 계획하게 된 보다 직접적이고 개인적인 동기는 무엇보다도 나 자신이 일관되게 지향하면서 연구하고 가르치는 해석학적 신학을 위하여 리쾨르의 기독교 철학적 해석학이 새로운 지평과 미래지향적인 방향을 제시해준다고 생각하기 때문이다. 이 책의 부록으로 실린 두 편의 글들은 바로 철학적 해석학과

성서 해석학의 상호 연관성 속에서의 탈근대적 성서 해석학의 전
망을 수립하기 위한 단초를 제공해줄 것이다. "철학적 해석학과 성
서 해석학"(Philosophical Hermeneutics and Biblical Hermeneutics)은
리쾨르의 《텍스트에서 행동으로》(*From Text to Action : Essays in
Hermeneutics*, II, Northwestern University Press, 1986)에 실린 글로서
문자 그대로 철학적 해석학과 신학적 성서 해석학의 연관성을 제
시해주는 논문이다. "예수의 비유 듣기"(Listening to the Parables of
Jesus)는 *Criterion* 13(1974) : 18〜22에 발표된 설교문으로서 《폴 리
쾨르의 철학》(*The Philosophy of Paul Ricoeur : An Anthology of His
Work*, edit. Charles E. Reagan & David Stewart. Boston : Beacon
Press, 1978)에 실린 것을 번역한 것인데, 이 설교문은 리쾨르가 자
신의 이야기와 은유 이론을 신약성서에 나타나는 예수의 비유의
해석에 실제적으로 적용한 좋은 실례를 보여 준다. 옮긴이는 이 책
이 우리 나라의 고등교육에 있어서의 근간이 되는 인문사회과학
분야, 특히 철학적 해석학과 신학적 해석학의 기초를 세우는 데 꼭
필요한 필독서라고 믿으며, 이 번역본이 앞으로 대학교육의 현장에
서 고전적이고 교과서적인 교재로서 널리 활용되어질 것을 기대한
다.

  이 책이 나오기까지에는 많은 사람들의 도움이 있었다. 그들이
없었다면 이 책의 번역작업은 결코 제대로 이루어질 수 없었을 것
이다. 무엇보다도, 제자들과 함께 이 책을 읽으며 토론한 수개월에
걸친 읽기 모임과 대학원 수업은 이 책이 나오기까지의 추진력을
제공해주었을 뿐만 아니라 번역의 완성도를 높이는 데 적지 않은
기여를 하였다. 또한 제3장 "현상학과 해석학"의 번역을 수정 보완

12

하는 데 있어서 최근에 프랑스에서 리쾨르를 전공하고 돌아온 윤성우 박사가 제공해준 《외대철학》 제4집(1996)에 발표했던 번역이 다소의 불명료성에도 불구하고 상당히 도움이 되었다. 그리고 제10장 "프로이드의 정신분석 저술들에서 증명의 문제"에 나오는 전문적인 용어들에 대한 이해와 번역을 위해서는 정신과 의사인 아내 강현숙의 도움이 컸다. 정신분석 이론과 관계된 이 장의 역자 주는 그녀가 제공해준 것이다. 이 책의 번역 작업을 일단 마치고 마지막 교정작업을 하던 즈음에 한글로 번역 출판된 《텍스트에서 행동으로》는 부분적으로 본인의 교정작업을 위한 탁월한 지침서의 역할을 하였다. 박병수, 남기영 두 교수님께 마음 깊은 곳에서부터의 감사함을 전하고 싶다. 조교인 박의일 전도사는 읽기 모임에 열심히 참여했을 뿐만 아니라, 형식 교정과 역자 주와 색인작업에 많은 도움을 주었다. 마지막으로 이 책의 출판을 기꺼이 허락해준 서광사의 김신혁 사장님과 김찬우 영업부장님께 심심한 사의를 표한다. 이 책이 한국의 해석학계와 신학계에 21세기의 탈근대적인 철학적 해석학과 신학적 해석학의 지평을 넓혀 주고 새로운 방향을 제시해주는 고전으로서 오랫동안 사랑 받고 널리 유익하게 읽혀지게 된다면, 그것은 이 모든 고마운 이들에 대한 최상의 보답이 될 것이다.

2003년 2월
장신대에서 윤철호

일러두기

1. 톰슨은 대부분의 경우 '의미작용'(또는 '의미화', signification) 을 '의미'(meaning)로 번역하였기 때문에 프랑스어의 원문과 일일 이 대조하여 본래의 '의미작용'('의미화')으로 번역하는 데 어려움 이 있었다. 그러나 옮긴이는 보다 정확한 언어학적, 구조주의적 번 역이 요구되는 3장과 5장의 경우에는 프랑스어 원문에 따라 '의미 작용'('의미화')으로 고쳤다.

2. 톰슨은 말해진 언어인 'parole'을 'speech' 또는 'speaking'로, 씌어진 언어인 'langue'를 'language'로 번역하였다. 옮긴이는 이 개념들이 집중적으로 나오는 4장과 5장에 있어서 프랑스어 원문을 참조하여 'parole'의 경우는 '파롤' 또는 '말(파롤)로, 'langue'의 경우는 '랑그'로 번역하였다.

3. 톰슨은 독일어 'Deutung'(리쾨르의 불어 번역 'interprétation') 과 'Auslegung'(리쾨르의 불어 번역: 'explicitation')의 경우에 있어 서, 독일어 텍스트에 대한 리쾨르의 분석의 의도를 살리기 위해서 전자는 'interpretation'으로, 그리고 후자는 'explication'으로 번역하

였는데, 옮긴이는 그의 의도를 존중하여 전자는 '해석'으로, 그리고 후자는 '해석(해명)'으로 번역하였다.

4. 리쾨르는 'understanding'과 'comprehension'이란 단어를 사용하는데, 넓은 의미에서 'understanding'은 설명을 포괄한다. 하지만 이해-설명-이해의 변증법 안에서 이해는 처음 계기와 마지막 계기를 구성하는 개념이다. 이 경우 그는 마지막 계기로서의 이해를 'comprehension'이란 단어로 표현하기도 한다. 옮긴이는 'understanding'과 'comprehension'을 모두 '이해'라고 번역을 하였으며 'comprehension'으로서의 이해의 경우에는 소괄호 안에 'comprehension'이라고 명기하였다.

5. 일반적인 '의미'인 'meaning'과 프레게의 'Sinn'으로서의 구조 내적 '의미'인 'sense'의 경우, 둘 다 한글로 '의미'로 번역하고, 'sense'로서의 '의미'인 경우에는 소괄호 안에 'sense'를 명기하였다.

6. 'science'는 원칙적으로 '과학'으로 번역하였으나 경우에 따라서는 문맥에 따라 '학문'으로 번역하였는데, 이 둘은 다른 것이 아니다. 'human science'는 '인문과학'으로 번역하였는데, 이는 '정신과학'과 동의어이다. 단, 이 책의 원제목 'Hermeneutics and the Human Sciences'는 목차와 내용을 고려하여 '해석학과 인문사회과학'으로 번역하였다.

7. 'discourse'는 관습에 따라 언어학과 관련된 부분에서는 '담화'

로, 그리고 사회과학과 관련된 부분에서는 '담론'으로 번역하였다. 이와 마찬가지로 'code'는 언어학과 관련된 부분에서는 '약호'로 사회과학과 관련된 부분에서는 '코드'로 번역하였다. 이외에, 한 단어에 대한 같은 뜻을 지닌 다른 형태의 한글 번역들의 예는 그러한 번역의 처음 경우에 본문에서 괄호 안에 함께 소개하였다. [예: 지시체(reference, 지시관계, 지시, 지시대상)]

8. 본문의 이탤릭체로 표기된 부분들 가운데 단어(외래어를 포함)는 작은 따옴표로 묶었으며, 강조하는 의미로 이탤릭체화된 구절이나 문장은 고딕으로 표기하였다.

9. 본래 꺾쇠괄호로 표기되었던 톰슨의 주는 소괄호로 바꾸었으며, 옮긴이의 역자 주를 꺾쇠괄호로 표기하였다. 그러나 인용문, 생략된 부분, 각주 부분에서의 톰슨의 꺾쇠괄호는 그대로 놓아두었다. 그리고 역자 주는 짧은 것은 본문 안에 두었으며, 긴 것은 각주로 처리하였다.

10. 이외의 특별히 주목해야 할 주요한 용어들의 번역 사례에 관해서는 뒤에 나오는 "편집과 번역에 대한 주"를 참고하라.

감사의 말

나는 캠브리지의 기톤 대학(Girton College)의 특별연구원으로 있던 시기에 이 책을 만드는 일에 착수했다. 그리고 국립과학연구소(SSRC/CNRS)의 사회과학을 위한 연구교환 기획에 의해 보조를 받아 파리에 머물면서 번역의 대부분을 마쳤다. 이 책은 캠브리지의 예수 대학(Jesus College)의 특별연구원으로 있던 첫해에 완성되었다. 나는 이 기구들의 지원에 감사를 표한다.

나는 다른 사람들의 조언과 비평에 의해 큰 도움을 받았다. 캐트린 맥로힐린(Kathleen McLaughlin), 데이비드 펠라우어(David Pellauer), 그리고 마이클 오데트(Michel Audet)는 모든 또는 대부분의 원고를 읽고 많은 귀중한 평을 해주었다. 나는 또한 데이비드 헬드(David Held), 수잔 카플러(Susanne Kappeler), 마이크 발푸트(Mike Barfoot), 그리고 알리슨 헨드리(Alison Hendry)로부터 도움되는 제안을 받았다. 나는 안토니 기든스(Anthony Giddens)가 이 기획의 매 단계에서 좋은 충고를 해준 것에 대하여 감사한다. 무엇보다 나는 이 책을 구성하는 자료를 매우 기꺼이 관대하게 제공해준 폴 리쾨르에게 가장 깊은 감사를 드린다. 번역에 남아 있을지도 모르는 오류는 물론 나 자신의 것이다.

18

모든 논문들은 허락을 받아 다시 인쇄되었다. 본래적인 출판의
세부 내용은 다음과 같다.

"La tâche de l'herméneutique," in *Exegesis: Problèmes de méthode
et exercices de lecture*, edited by François Bovon and Grégoire
Rouiller(Neuchâtel: Delachaux et Niestlé, 1975), 179~200면. 이 논문
의 영어번역은 *Philosophy Today*, 17(1973), 112~28면에 나타난다.

"Herméneutique et critique des idéologies," in *Démythisation et
idéologie*, edited by Enrico Castelli(Paris: Aubier Montaigne, 1973),
25~64면.

"Phénoménologie et herméneutique," in *Phänomenologische
Forschungen*, vol. 1. edited by Ernst Wolfgang Orth(Freiburg: Karl
Alber, 1975), 31~77면. 이 논문의 부분적 번역이 *Noûs*, 9(1975),
85~102면에 나타난다.

"La fonction herméneutique de la distanciation," in *Exegesis:
Problèmes de méthode et exercices de lecture*, edited by François
Bovon and Grégoire Rouiller(Neuchâtel: Delachaux et Niestlé, 1975),
201~15면. 이것은 *Philosophy Today*, 17(1973), 129~43면에 영어로
나타나는 논문의 수정판이다.

"Qu'est-ce qu'un texte? expliquer et comprendre," in *Hermeneutik
und Dialektik*, vol. 2, edited by Rüdiger Bubner et al.(Tübingen: J. C.
B. Mohr, 1970), 181~200면. 이 논문의 요약된 영어번역이 David
Rasmussen, *Mythic-Symbolic Language and Philosophical
Anthropology*(The Hague: Martinus Nijhoff, 1971), 135~50면에 나타
난다.

"La métaphore et le problème central de l'herméneutique," *Revue Philosophique de Louvain*, 70(1972), 93~112면. 이 논문의 영어번역이 *New literary History*, 6(1974), 95~110면, 그리고 *Graduate Faculty Philosophy Journal*, 3(1973~4), 42~58면에 나타난다.

"The model of the text: meaningful action considered as a text," *Social Research*, 38(1974), 326~56면.

"Science et idéologie," *Revue philosophique de Louvain*, 72(1974), 326~56면.

"The question of proof in Freud's psychoanalytic writings," *Journal of the American Psychoanalytic Association*, 25(1977), 835~71면.

"La fonction narrative," *Etudes théologiques et religieuses*, 54 (1979), 209~30면. 이 논문은 단축시킨 영어판이 *Semeia*, 13 (1978), 177~202면에 나타난다.

1980년 5월
캠브리지에서 J. B. T.

편집자의 서문

언어와 의미, 행동, 해석, 그리고 주체성의 본성은 오늘날 광범위한 학문분야의 영역에서 관심이 점차 증대하고 있는 주제들이다. 철학자, 언어학자, 문학비평가, 그리고 사회과학자에게 있어서 이러한 주제들을 명료화하는 것은 긴급하고 불가피한 과제가 되었다. 그러나 영어권 세계에서, 이러한 과제의 추구는 학문적 경계를 존중하는 제도화된 관습과 유럽 대륙의 오래된 고립적인 사고전통에 의해 방해를 받고 있다. 폴 리쾨르의 저술과의 점증하는 친숙성은 이러한 장애들을 극복하는 데 매우 큰 도움을 줄 것임에 의심의 여지가 없다. 전후 프랑스의 지도적인 철학자들 가운데 한 사람으로서, 리쾨르는 놀라운 독창성과 권위를 가지고 다양한 주제들에 관하여 글을 썼다. 지난 몇 년 동안, 그는 해석학 전통과 지속적인 대화를 수행하면서 언어의 문제에 보다 직접적인 관심을 기울여 왔다. 해석의 과정에 수세기 동안 집중해 온 해석학자들의 해석학 전통[1] 과의 대화는 이 책이 기여하는 바를 위한 배경막을 형성한다.

---

1) 고전적인 그리스로부터 19세기에 이르기까지의 해석학의 요약된 역사에 대하여는 W. Dilthey, "The development of hermeneutics," in *Selected Writings*, edited and translated by H. P. Rickman(Cambridge: Cambridge University

22

현금(現今)의 리쾨르의 저술의 중요한 의미를 충분히 인식하기
위해서는 그의 저술들 전체에 대한 다소의 관점을 갖는 것이 필요
하다. 이 서문에서 나의 목적은 그러한 개괄적 조망을 제공하는 것
이다. 나는 리쾨르의 경력에 대한 간단한 개요와 더불어 시작할 것
이다. 두 번째 부분에서 나는 의지철학을 위한 초기의 기획으로부
터 정신분석학과 구조주의와의 만남을 거쳐서 최근의 텍스트 이론
에의 심취에 이르는 리쾨르의 사상의 변천을 추적할 것이다. 세 번
째 부분에서 나는 리쾨르의 최근의 저술들의 중심적 주제들을 스
케치할 것이다. 마지막으로, 네 번째 부분에서 나는 이 책의 논고들
에 나타나는 주요 논점들을 요약할 것이다. 리쾨르의 저술에 대한
포괄적인 고찰은 이루어지지 않을 것을 모두(冒頭)에 밝힐 필요가
있다. 어떤 공헌을 강조하면 다른 공헌이 희생될 것이다. 예를 들
면, 교육적이고 신학적인 주제들을 다루는 저술들은 대체로 도외시
될 것이다.[2] 리쾨르의 사상이 아무리 중요하다고 할지라도 나는 그
것이 문제점이 없다고 믿지는 않는다는 사실도 언급되어질 필요가
있다. 하지만 여기는 나의 유보조항을 표현하는 자리가 아니다. 나

Press, 1976), 246~63면을 보라. 19세기부터 오늘날에 이르기까지의 발전에 대
한 개관은 이 책 85~118면 리쾨르의 글 "해석학의 과제"에서 찾아볼 수 있다.
현대 해석학에 있어서의 핵심적인 인물들에 대한 소개를 위해서는 Richard E.
Palmer, *Hermeneutics: Interpretation Theory in Schleiermacher, Dilthey,
Heidegger, and Gadamer*(Evanston: Northwestern University Press, 1969)를
보라.
2) 1950년대와 1960년대의 리쾨르의 저술들에 대한 자세한 논의를 위해서는 Don
Ihde, *Hermeneutic Phenomenology: The Philosophy of Paul Ricoeur*
(Evanston: Northwestern University Press, 1971)를 보라. 교육과 신학의 주제
들에 대한 리쾨르의 공헌에 관한 논평은 Michel Philibert, *Ricoeur ou la
liberté selon l'espérance*(Paris: Seghers, 1971)에서 찾아볼 수 있다.

는 그것은 다른 곳에서 자세히 논의했다.³⁾ 여기서 나의 목적은 영어권 세계에서 리쾨르의 저술이 공감적으로 수용되도록 촉진하고자 하는 희망을 가지고 그의 견해에 대한 간략하고 주제적인 석명(釋明)을 제공하는 것이다.

I

1913년 발랑스(Valence)에서 태어난 리쾨르는 유럽의 사상이 후설, 하이데거, 야스퍼스, 마르셀과 같은 저술가들의 사상에 의해 지배되고 있던 시기에 그의 철학적 여정을 시작했다. 가브리엘 마르셀은 리쾨르가 1930년대 후반에 대학원생으로 소르본느에 등록했을 때 파리에서 활동하고 있었다. 마르셀은 리쾨르의 사고에 깊고도 지속적인 영향을 주었으며, 그의 사고가 자유, 유한성, 희망의 주제들로 주입된 구체적인 존재론을 형성하도록 방향을 제시해주었다. 하지만 리쾨르는 이러한 목표의 추구가 마르셀과 그의 제자들이 채용했던 것보다 더욱 엄격하고 체계적인 방법론을 요구한다고 믿었다. 리쾨르는 필수적인 방법론을 에드문트 후설의 현상학적 저술에서 발견하였다. 제2차 세계대전 동안 독일에서 수형자(受刑者)로서의 리쾨르에게는 후설, 마틴 하이데거, 칼 야스퍼스의 저술을 읽을 수 있도록 허용되었다. 그는 야스퍼스의 사상에 감명을 받고 매혹되었으며, 그의 사상이 많은 점에서 마르셀의 사상과 가깝다는 것을 발견했다. 전후에 리쾨르와 미켈 듀프렌느(Mikel Dufrenne)는 《칼 야스퍼스와 실존주의 철학》(*Karl Jaspers et la*

---

3) 나의 *Critical Hermeneutics: A Study in the Thought of Paul Ricoeur and Jürgen Habermas*(Cambridge: Cambridge University Press, 1981)를 보라.

philosophie de l´existence, 1947)이라는 제법 긴 소품을 출판했다. 그리고 같은 해에 리쾨르는 자신의 연구서인 《가브리엘 마르셀과 칼 야스퍼스》(*Gabriel Marcel et Karl Jaspers*)를 출판했다. 전후의 이른 시기에 리쾨르는 또한 후설의 《이데아 I》(*Ideen I*)에 대한 번역과 주석을 완성함으로써 현상학의 지도적인 권위자로서의 자신의 위상을 구축하였다.

1948년 리쾨르는 스트라스부르그 대학의 철학사 교수직에 임용되었다. 매년 그는 플라톤과 아리스토텔레스에서 칸트, 헤겔, 니체에 이르기까지 위대한 철학자들의 선집(選集)을 읽는 데 전념하였다. 서구철학의 전통에의 이러한 침잠은 리쾨르로 하여금 그 당시 사르트르와 메를로 퐁티에 의해 대중화되고 있었던 '실존주의' 또는 '실존주의적 현상학'에 집중된 관심으로부터 벗어나게 해주었다. 한편, 리쾨르는 실존에 대한 이해를 가져다 주는 수단에의 반성을 통하여 진정한 주체성을 밝히려고 시도하는 '반성'(reflective)철학의 발전에 점차 관심을 가지게 되었다. 다른 한편, 그는 자유 못지 않게 '필연성'(necessity)이 인간 실존의 필수적인 측면이라는 사실을 더욱 더 확신하게 되었다. 의지의 철학을 위한 리쾨르의 야심적이고 고도의 독창적인 기획은 그의 사상에 대한 이러한 다양한 영향들을 표현한다. 이 기획의 첫 저서인 《자유와 본성: 의지적인 것과 비의지적인 것》(*Le Volontaire et l´involontaire*, 1950, *Freedom and Nature: The Voluntary and the Involuntary*)에서 리쾨르는 마르셀이 '성육신한 실존'(incarnate existence)이라고 부른 것의 의지적 차원을 탐구하기 위해서 현상학적 방법론을 채용하였다. 《유한성과 죄책》(*Finitude et culpabilité, Finitude and Guilt*)이라고 제목이 붙여진 의지의 철학의 두 번째 저서는 1960년에 《오류적

인간》(*L'Homme faillible, Fallible Man*)과 《악의 상징》(*La Symbolique du mal, The Symbolism of Evil*) 두 권으로 출판되었다. 이 두 책에서 리쾨르는 엄격하게 현상학적인 방법에서 벗어나 인간의 오류 가능성과 과오라는 불투명한 영역 안에서 의지의 문제를 추구했다. 의지의 철학을 위한 기획의 시초에, 리쾨르는 '의지의 시학(詩學)'을 집중적으로 다루게 될 세 번째와 네 번째 책의 과제에 대한 윤곽을 그렸다. 그러나 그는 이 과제를 즉시 수행하지 않고, 그 대신 '문제작'(succès de scandale)이 된 두 학문분야, 즉 정신분석학과 구조주의에 대한 연구에 착수하였다.

리쾨르는 1957년 소르본느의 일반철학 교수직에 임명되었다. 파리의 지적 분위기는 급격히 변하고 있었다. 후설과 하이데거의 사상은 프로이드와 소쉬르의 사상에 의해 빛을 잃고 있었다. 리쾨르는 이러한 추세를 따르지 않았다. 그의 경향은 파리의 유행과는 너무 동떨어졌으며, 그의 관점은 현상학 전통에 너무 깊이 뿌리를 내리고 있었다. 하지만 변화를 무시할 수는 없었다. 왜냐하면 정신분석학과 구조주의는 그가 자신의 저술에서 다루는 의지의 철학, 죄책에 관한 문제, 상징주의, 그리고 주체의 문제에 대한 급진적인 접근방식들을 제공했기 때문이다. 리쾨르는 그렇게 제기되어진 도전에 직접적이고 설득력있는 방식으로 대응했다. 그의 널리 알려져 있고 또 정당하게 찬사를 받은 프로이드 연구서인 《프로이드와 철학: 해석에 관한 논고》(*De l'interprétation : Essai sur Freud, Freud and Philosophy : An Essay on Interpretation*)는 1965년에 출판되었다. 정신분석학과 구조주의에 관하여 그가 쓴 많은 논문들을 포함하고 있는 선집은 《해석의 갈등: 해석학에 관한 논고》(*Le Conflit des interprétations : Essais d'herméneutique, The Conflict of*

Interpretations : Essays in Hermeneutics)라는 제목으로 1969년에 출판되었다.

1966년 리쾨르는 낭테르(Nanterre)에서 가르치기로 결정했으며, 거기서 1969년 3월 학장으로 임명되었다. 1970년 학생들의 대학점거사태와 뒤이은 경찰의 진입 이후, 리쾨르는 학장직을 사직하고 루뱅(Louvain)대학교로 옮겼다. 1973년 그는 낭테르의 교수직과 시카고 대학교의 파트타임 교수직을 겸임한다는 조건으로 낭테르로 돌아왔다. 동시에 그는 파리의 '현상학과 해석학 연구센터'(Centre d´études phénoménologiques et herméneutiques)의 책임자가 되었다. 리쾨르가 언어의 문제에 심취하고 해석학과의 대화에로 더욱 깊이 들어가게 된 것은 이 시기 동안의 일이었다. 은유에 관한 그의 심층적 연구서인 《은유의 법칙》(*La Métaphore vive, The Rule of Metaphor*)은 1975년에 출판되었다. 그는 또한 이와 관련된 많은 주제들을 썼으며, 지속적으로 쓰고 있다. 그의 다산성(多産性)은 12권이 넘는 저서와 수백 편의 논문들을 포함하는 그의 서지(書誌)에 의해 충분히 입증된다. 서문의 다음 두 부분에서 나는 이러한 그의 총체적 저술의 몇몇 중심적 주제들을 이끌어내려고 하는데, 먼저 의지의 철학을 위한 본래적인 기획으로부터 시작하고자 한다.

II

의지의 철학

리쾨르의 의지의 철학의 목적은 인간 실존의 정서적이고 의지적인 차원을 숙고하는 것이다. 따라서 이 철학은 행동과 동기, 결핍과 욕망, 즐거움과 고통 같은 주제들에 초점을 맞춘다. 리쾨르는 애초

에 이러한 주제들을 현상학적인 관점, 즉 현상이 나타나는 방식을
기술하면서 이 나타남의 양태를 주체의 의식과정과 연관시키려고
시도하는 관점에서 접근한다. 의지의 차원을 현상학적 관점에서 접
근함에 있어서, 리쾨르는 한편으로 실존주의자들의 저술로부터 그
리고 다른 한편으로 후설 자신의 입장으로부터 자신을 분리시킨다.
리쾨르에게 있어서 매일의 경험에 대한 생생한 묘사에로 너무 신
속하게 뛰어드는 저자들은 위험하다. 그는 "적어도 초기의 단계에
현상학은 구조적이어야 한다"[4]라고 주장한다. 하지만 리쾨르는 동
일한 강도로, 지각을 의식작용의 패러다임으로 다루는 후설의 경향
을 비판한다. 이 '기호논리학적(logistic) 편견'을 거부하면서, 리쾨
르는 후설의 방법론을 그 관념론적 기원을 넘어 발전시켜, 그것을
바로 의식적인 삶의 경계에 놓여 있는 인간의 경험의 영역들에로
적용시키려고 시도한다.

　리쾨르의 의지의 철학의 첫번째 단계는 《자유와 본성》에서 제시
되었다. 이 작품에서 리쾨르는 '본질적 가능성'의 차원, 즉 매일의
삶의 우연적 특성으로부터 추상되어진 차원에서의 의지의 기본적
구조를 규명하려고 시도한다. 이 차원에서 드러나는 바는 의지의
구조가 의지적인 것과 비의지적인 것 사이의 근본적인 상호성에
의해 성격지워진다는 것이다. 주체와 객체, 자유와 본성 사이의 이
원론은 우선적인 것이 아니라, 현상학적 기술을 통해 그 저변을 정
밀하게 조사해야 하는 태도이다. 리쾨르는 길고 복잡한 분석을 통
해서 의지의 행위에 있어서 어떻게 의식이 비의지적인 삶의 요소

---

4) Paul Ricoeur, *Husserl: An Analysis of His Phenomenology*, translated by
　Edward G. Ballard and Lester E. Embree(Evanston: Northwestern University
　Press, 1967), 215면.

들에 유착(癒着)되어 있는지, 그리고 또한 반대로 어떻게 비의지적인 삶의 요소들이 '내가 의지하는 것'에 유착되어 있는지를 보여준다. 따라서 의지의 행위는 행위주체의 능력 안에 놓여진 미래의 행동을 지시하는 결단을 포함한다. 그러나 이 결단은 동기에 기초하고, 행동은 육체적 기관에 의해 매개되며, 의지의 행위는 전체적으로 행위주체가 동의해야만 하는 성격, 무의식, 삶에 의해 조건지워진다. 그러나 의식을 육체 안으로, 그리고 육체를 의식 안으로 재통합하는 일은 조화롭지 못하다. 비의지적인 것과 의지적인 것의 통일은, 실재라기보다는 제한하는 관념으로서의 화해를 기대하는 '드라마', '논쟁'(polemic)이다. 이 제한하는 관념의 빛 안에서 우리의 자유는 있는 그대로의 진실된 모습, 즉 '신적이지 않은 인간적인 자유'로 나타난다.[5]

의지의 철학의 두 번째 저서인 《유한성과 죄책》에서 리쾨르는 자신의 초기의 분석을 본질적 가능성의 차원에 한정시켰던 방법론적인 괄호의 일부를 제거한다. 이 저서의 첫 권인 《오류적 인간》은 악의 자리를 구성하는 인간 실존의 특성을 향한 운동을 시작한다. 이 특성은 '오류가능성'(fallibility)이다. 이 오류가능성은 과오의 경향(line)으로, 그리고 기본적인 의지의 구조에 대한 방해와 왜곡을 초래하는 기질적인 취약성으로 인식되어질 수 있다. 따라서 오류가능성은 《자유와 본성》에서 드러나는 성격과의 연속선상에 있지 않다. 리쾨르가 상기하듯이 《자유와 본성》에서 "우리는 죄 없는 인간과 아울러 죄 있는 인간이 함께 연주할 수 있는 미분화된 건반악기

---

5) Paul Ricoeur, *Freedom and Nature: The Voluntary and the Involuntary*, translated by Erazim V. Kohák(Evanston: Northwestern University Press, 1966), 486면.

의 윤곽을 그렸다."[6] 그러므로 이 새로운 차원을 붙들기 위해서는 방법론의 변화가 요구된다. 분석의 대상은 더 이상 현상학적 기술에 의해 접근되어질 수 있는 본질적 구조가 아니라, 불안정한 종합에 대한 반성을 통하여 역방향으로 접근되어져야 하는 내적 탈선이다. 예를 들면, 무엇보다 우선적으로 소유와 힘과 가치를 추구하는 열정이 유한한 쾌락의 극과 무한한 행복의 극 사이에 걸려 있으며, 따라서 각자가 끝없는 추구의 위협을 지니고 있음이 반성을 통해 드러난다. 이러한 반성에 의해서 리쾨르는 악의 가능성을 품고 있는 인간 실존의 측면들을 명료화하려고 시도하며, 그럼으로써 과오의 현실성에 대한 탐구를 위한 길을 준비한다.

가능성에서 현실성으로, 오류가능성에서 과오로의 이행은 《유한성과 죄책》의 두 번째 책인 《악의 상징》에서 이루어진다. 다시 한 번, 이 이행은 방법론적인 전환을 요구한다. 왜냐하면 과오의 현실성은 그것에 대한 완전한 경험 속에서 직접적으로 인식되는 것이 아니라 그 경험을 표현하는 언어를 통해서만 접근될 수 있기 때문이다. 따라서 본질적 구조에 대한 기술과 불안정한 종합에 대한 반성은 상징과 신화에 대한 해석학에 길을 내어주게 된다. 리쾨르는 악의 고백에 대한 가장 원초적인 표현들, 즉 '자백의 언어'를 탐구하기 시작한다. 이 언어는 해석을 요구하는 간접적이고 비유적인 방식으로 죄와 죄책을 말한다는 의미에서 철저하게 '상징적'이다. 상징과 상징으로부터 구성된 신화에 대한 해석이 철학적 반성과 동일한 것은 아님에도 불구하고, 해석은 반성을 위한 길을 닦는다. 리쾨르는 이렇게 진술한다. "나는 우리의 사고가 상징 뒤가 아니라

---

6) Paul Ricoeur, *Fallible Man*, translated by Charles Kelbley(Chicago: Henry Regnery, 1965), p. xvi.

상징으로부터 출발하여야 한다는 것과 … 상징이 인간들 가운데 살아있는 언어에 대한 '계시적' 기층(基層)을 이룬다는 것을 확신한다. 요약하자면 상징은 사고를 '불러일으킨다'."[7] 따라서 해석학은 철학적 반성, 즉 상징적 의미가 지시하는 바를 따라감으로써 우리는 인간 실존에 대한 더욱 깊은 이해에 도달할 것이라는 가정을 전제하는 반성에로의 길이다.

정신분석학에 대한 고찰

의지에 대한 연구에 있어서 중심적 계기로서의 해석의 출현은 리쾨르로 하여금 정신분석학을 고찰하게 만들었다. 왜냐하면 만일 해석학이 철학적 반성에로의 길이라면 반성은 해석의 갈등으로부터 벗어날 수 없기 때문이다. 리쾨르가 《프로이드와 철학》의 서두에서 설명하듯이, "일반적 해석학도 없으며, 주석을 위한 보편적 경전도 없으며, 오직 해석의 법칙에 관한 이종적(異種的)이며 상반된 이론들만이 있다. 해석학적 영역은 … 본유적으로 그 자체 안에 다양한 불일치가 있다."[8] 따라서 한 견해에 따르면, 해석학은 메시지의 형태로 해석자에게 전달된 의미의 회복이라는 뜻을 갖는다. 이런 유형의 해석학은 신앙에 의해, 그리고 들으려는 자세에 의해 활성화되며, 성스러운 것의 계시로서의 상징에 대한 존경에 의해 성격지워진다. 그러나 다른 견해에 따르면, 해석학은 위장된 형태로

---

7) Paul Ricoeur, "The hermeneutics of symbols and philosophical reflection: I," translated by Denis Savage, in *The Conflict of Interpretations: Essays in Hermeneutics*, edited by Don Ihde(Evanston: Northwestern University Press, 1974), 299면.

8) Paul Ricoeur, *Freud and Philosophy: An Essay on Interpretation*, translated by Denis Savage(New Haven: Yale University Press, 1970), 26~7면.

해석자에게 제시되어진 의미에 대한 비신화화로 간주된다. 이런 유형의 해석학은 의혹에 의해, 그리고 주어진 것에 대한 회의에 의해 활성화되며, 실재의 은폐로서의 상징에 대한 불신에 의해 성격지워진다. 리쾨르는 마르크스, 니체, 그리고 프로이드에 의해 수행되는 해석학을 이러한 의혹의 해석학으로 제시한다. 이 세 명의 '의혹의 대가'들은 모두 의식의 내용들을 어떤 의미에서 '거짓'으로 간주한다. 이들은 모두 환원적인 해석과 비판을 통해 이 거짓을 극복하려고 한다.

정신분석학을 해석학의 영역에 자리매김하면서, 리쾨르는 프로이드의 저술에 대한 체계적인 읽기에 착수한다. 이 읽기는 각기 특유한 문제점을 분리해내는 세 기본적인 단계(cycle)로 구성되어 있다. 1895년의 '기획'과 함께 시작하는 첫번째 단계는 꿈과 신경증적 증세에 대한 해석을 포괄하며, 리쾨르가 '첫번째 지형학(topography)'이라고 부르는 체계의 상태, 즉 무의식, 전(前)의식, 의식으로 끝난다. 이 단계에 있어서, 주된 관심은 힘의 진술과 의미의 진술의 혼합으로서 자체를 제시하는 정신분석적 담화의 구조에 있다. 그리고 리쾨르가 거듭 선언하는 바와 같이, "이 혼합된 담화는 해명의 결여로 인한 모호한(equivocal) 담화가 아니다. 이것은 우리가 프로이드를 읽을 때 발견하는, 그리고 우리가 '욕망의 의미론'이라고 부를 수 있는 실재를 확고하게 붙들고 있다."[9] 읽기의 두번째 단계는 프로이드 사상의 문화영역으로의 연장, 즉 본래적인 모델에 대한 반작용으로 자아(ego), 본능(id), 초자아(superego)의 '두 번째 지형학'에 귀결되는 연장에 관심을 갖는다. 마지막으로,

---

9) Paul Ricoeur, "The question of the subject: the challenge of semiology," translated by Kathleen McLaughlin, in The *Conflict of Interpretations*, 263면.

세 번째 단계에서 리쾨르는 죽음 본능에 의해 초래되는 격변을 탐구한다. 이 본능은 문화이론과 실재원리에 대한 해석모두를 완성한다. 그러나 그렇게 함으로써 그것은 프로이드를 에로스(Eros), 타나토스(Thanatos), 그리고 아낭케(Ananke) 등의 인물에 의해 지배되는 신화적 영역 안으로 몰아넣는다.

　욕망의 의미론 개념은 정신분석의 인식론적 위상에 대한 리쾨르의 접근을 위해 매개변수(媒介變數, parameters)를 제공해준다. 프로이드의 이론은 과학성의 가장 초보적인 기준도 만족시키지 못한다고 주장하는 비평가들에 대한 응답에서, 그리고 이러한 기준에 맞추기 위해서 이론을 재구성하려고 시도하는 저자들과 대조적으로, 리쾨르는 모든 그러한 주장과 재구성은 바로 정신분석의 본질에 위배되는 것이라고 주장한다. 왜냐하면 정신분석학은 행위의 사실을 다루는 관찰의 학문이 아니라, 표상적 상징과 원초적 본능 사이의 의미의 관계에 관심을 기울이는 해석적 학문분야이기 때문이다. 따라서 정신분석적 개념은 경험과학의 엄격한 요구에 따라서가 아니라, "분석적 경험(이 분석적 경험이 언어의 영역 안에서 작용하는 한)의 가능성의 조건으로서의 그 개념의 위상에 따라"[10] 판단되어야 한다. 정신분석학에 있어서의 언어와 의미의 중요한 역할에 대한 인식은 리쾨르를 자크 라캉(Jacques Lacan)과 그의 추종자들의 입장에 가까이 가도록 만들었다. 그러나 리쾨르는 응축(condensation)을 은유로 그리고 대치(displacement)를 환유(換喩)로 해석하려는 라캉의 시도에 대하여 비판적이다. 그러한 시도는 정신분석학의 활력적인 차원을 간과하며, 따라서 일상적인 언어를 무의

---

10) Paul Ricoeur, *Freud and Philosophy*, 375면.

식의 유사언어로부터 분리하는 울타리, 즉 억압의 '빗장'(bar)을 설명하는 데 실패한다. 그러므로 리쾨르의 견해에 따르면, 행동주의자나 라캉의 개념은 욕망의 의미론으로서의 정신분석학의 특수성을 정당하게 다루지 못한다.

프로이드의 저술에 대한 리쾨르의 고찰의 마지막 단계는 철학적 반성의 차원에서 생겨난다. 이 단계를 지배하는 물음은 이중적이다. (1) 정신분석학의 혼합된 담화가 어떻게 반성적 철학 안으로 들어오는가? 그리고 (2) 의식의 간계(奸計)가 진지하게 취급될 때 반성의 주체에 무엇이 발생하는가? 이 질문에 대한 답변은 "분석적 담화의 철학적 자리는 주체의 고고학이란 개념에 의해서 정의된다"[11]는 주장 안에 농축되어 있다. 이 개념은 직접적 의식의 박탈과 다른 의미의 작인(作因)인 욕망의 출현의 조장을 허용한다. 하지만 욕망은 위장된 형태의 드러남을 통해서만 접근 가능하다. 우리는 오직 욕망의 기호들을 해석함에 의해서만 그 출현을 파악할 수 있으며, 따라서 반성은 상실했던 옛 유산을 되찾을 수 있게 된다. 리쾨르는 프로이드주의의 후향적(regressive) 분석을 정신의 형태들에 대한 전향적(progressive) 종합으로 보완할 것을 제안하면서, 반성의 확장에 의해 전개되는 암묵적인 목적론을 주창한다. 실로, 고고학과 목적론, 뒤로 가기와 앞으로 가기의 내적 변증법은 그 자체가 권위 있는 상징의 확고하게 결정된 구조 안에 뿌리를 박고 있다. 따라서 리쾨르는 상징의 복합적인 구성이 해석의 갈등을 해결하기 위한 열쇠를 포함하고 있다는 제안과 함께 프로이드에 대한 자신의 철학적 반성을 결론짓는다.

---

11) 앞의 책, 419면.

구조주의와의 대면

리쾨르의 사고에 있어서 점증하는 언어의 중요성은 구조주의에 대한 그의 비판적 대면을 촉진하였다. '구조주의'는 1960년대 초 이래 프랑스에서 성행한 학설의 한 분류를 가리키는 용어로서, 롤 랑 바르트(Roland Barthes), 클로드 레비 스트로스(Claude Lévi-Strauss), 그리고 루이 알튀세(Louis Althusser)와 같은 저자들과 연 관되어 있다. 이들과 다른 저자들의 다양한 공헌은 근원적인 언어 모델에 의해 연합되는데, 이 모델의 전제들은 구조주의적 접근의 한계를 규정한다. 이 모델은 본래 소쉬르(Saussure)에 의해 구성되 었지만, 리쾨르는 보다 명쾌하고 설득력 있는 도식을 덴마크의 언 어학자 루이 예름슬레브(Louis Hjelmslev)의 저술에서 발견한다. 예 름슬레브의 《언어이론에의 서문》(*Prolegomena to a Theory of Language*)의 의존하여, 리쾨르는 이 언어모델의 전제들을 다음과 같이 요약한다. 첫째, 구조주의는 언어가 과학적으로 탐구될 수 있 는 대상임을 전제한다. 둘째, 구조주의는 체계의 상태에 대한 과학 과 변화에 대한 과학 사이를 구별하며, 후자를 전자에 종속시킨다. 셋째, 구조주의적 모델은 어느 체계의 상태에 있어서도 절대적 관 점은 없고 오직 상호의존의 관계만 있으며, 따라서 언어는 "오직 서로간의 상이성들에 의해서만 정의되는 기호체계가 된다"고 전제 한다.[12] 넷째, 구조주의는 기호들의 집합을 닫혀있고 자율적인 내적 의존성의 체계로 취급한다. 이러한 전제들로부터 다음과 같은 사실 이 도출되는데, 그것은 구조주의에 있어서 한 기호는 그것이 나타 내는 어떤 대상의 관점에서가 아니라 그 기호를 일부로 포함하고

---

12) Paul Ricoeur, "The question of the subject," 250면.

있는 체계 안의 동일한 차원의 다른 모든 기호들과의 관계성의 관
점에서 정의되어야 한다는 것이다.

　레비 스트로스와 같은 '구조주의' 저자들의 글에서, 이 언어모델
은 다른 대상 영역들로 전치(轉置)된다. 레비 스트로스는 이 관련
영역들은 그 자체가 전달의 체계들이며 따라서 언어와 비견될 수
있다는 가정을 가지고 이 전치를 정당화한다. 예를 들면, 친족
(kinship) 관계성은 대립적인 쌍들의 체계를 구성하는데, 이 안에서
여성은 개인들 사이에 단어가 교환되는 것과 유사한 방식으로 가
족과 씨족 사이에서 순환되어진다. 이와 유사하게, 신화는 언어학의
법칙과 유사한 법칙에 의해 상호 연결된 구성단위인 '신화소(神話
素, mythemes)'의 체계로 인식될 수 있다. 그러나 《야만적 정신》
(The Savage Mind)에서, 스트로스는 이러한 조심스러운 전치를 넘
어서 이 언어모델을 사고의 전(全)차원에 적용한다. 리쾨르가 언명
한 대로 이 차원은 "질서를 이루고 있지만 사고하지 않는" 사고의,
즉 "야만적 사고"의 차원이다.[13] 따라서 레비 스트로스에 따르면,
야만적 사고는 순수한 상이성의 체계로서 객관적으로 분석될 수
있는 '무의식적인' 질서이다.

　리쾨르는 이 언어모델의 전제들에 의해 부과된 한계에 대한 반
성을 통해 구조주의에 대한 비판을 전개한다. 그는 구조주의 언어
학은 자체를 이 전제들에 정초시킴에 있어서 많은 중요한 현상들
을 고려에서 배제한다고 주장한다. 예를 들면 구조주의 언어학은
개인적 언어운용으로서 뿐만 아니라 자유로운 새로운 표현의 창조
로서의 말하기(speaking) 행위를 배제한다. 또한 역사도 배제된다.

13) Paul Ricoeur, "Structure and hermeneutics," translated by Kathleen
　　McLaughlin, in The Conflict of Interpretations, 40면.

36

왜냐하면 역사는 한 체계상태로부터 다른 체계상태로의 이행 이상 의 것이기 때문이다. 역사는 자신들의 언어를 산출함에 의해 자신 들과 자신들의 문화를 산출하는 인간의 과정이다. 더욱이 구조주의 는 무엇에 관하여 무엇을 말하고자 하는 언어의 주된 목적 또는 의 도를 배제한다. 언어는 관념적 의미(ideal sense), '무엇을 말하는 것'(to say something)과, 실재적 지시체(real reference), 즉 '무엇에 관하여 말하는 것'(to say it about something) 양자를 모두 갖는다. 한 번의 초월적 운동에 의해 언어는 두 경계를 뛰어넘어서, "실재 를 붙들며, 사고 속에 붙들려진 실재를 표현한다."[14] 이러한 현상들 에 대한 배제는 리쾨르로 하여금 이 언어모델의 시초적 전제, 즉 언어는 과학적으로 탐구될 수 있는 대상이라는 전제에 의문을 갖 게 하였다. 왜냐하면 그 대상[언어: 역자 주]은 구조주의적 접근의 이론과 방법에 상대적이라는 사실이 너무 쉽게 망각되기 때문이다. 언어는 대상으로서 절대화된다. 그리고 구조주의는 타당성의 한계 를 초과하며, 따라서 누가 누구에게 무엇에 관하여 무엇을 말하는 의사소통의 과정을 저해한다.

타당성의 한계를 넘어서려는 구조주의의 경향은 레비 스트로스 에게 있어서 특징적이다. 리쾨르는 무엇보다 우선적으로, 언어모델 로부터 야만적 정신으로의 이행이 예외적 사례에 의해 성취되고 있다고 논증함으로써 이러한 위반을 입증하려고 시도한다. 레비 스 트로스에 의해 제시된 예들은 특수한 영역, 말하자면 '브리콜라주 [bricolage, 손이 닿는 아무 것이나 이용하여 만드는 일(만든 것): 역자 주]를 하는 사람'의 다시 뒤섞는 행위에 너무도 손쉽게 악용

14) Paul Ricoeur, "Structure, word, event," translated by Robert Sweeney, in *The Conflict of Interpretations*, 84면.

이 되기 쉬운 영역의 인종학적 자료로부터 이끌어내진 것들이다.
그러나 만일 우리가 셈족의(Semitic), 헬라 이전의, 또는 인도-유럽
의 전통과 같은 다른 사고전통으로부터 예를 이끌어낸다면, 그 예
는 구조주의 방법에 의해 남김없이 다 분석될 수 있을 것 같아 보
이지 않는다. 그리고 이 남겨진 부분, 즉 환원 불가능한 의미라는
잔여는 해석학적 탐구의 합당한 대상이다. 타당성의 한계에 대한
이와 유사한 위반이 레비 스트로스와 다른 사람들에 의해 수행되
는 구조주의 과학으로부터 구조주의 철학으로의 암묵적 움직임에
분명히 드러난다. 리쾨르는 이 움직임이 반드시 실패할 것이라고
주장한다. 왜냐하면 자기반성의 가능성을 배제하는 한 구조주의는
결코 자체를 철학으로 정립시킬 수 없기 때문이다. "내 생각에는,
무의식적으로 자리잡힌 질서는 결코 자아에 대한 자아 자신의 이
해로부터 추상적으로 분리된 단계를 넘어서지 못한다. 질서 자체가
자아 자신의 외부에 자리잡고 있는 것으로 생각될 뿐이다."15) 그럼
에도 불구하고 진정으로 반성적인 철학은 구조주의 방법에 대하여
수용적이어야 하며, 자아와 존재에 대한 이해에 있어서의 추상적이
고 객관적인 계기로서의 그 정당성을 상술하여야 한다. 이 의무는
언어와 해석의 이론에 관한 리쾨르의 최근의 저술을 위한 주된 지
침들 중 하나를 구성한다.

III

담화와 창조성
의지의 철학, 정신분석의 고찰, 그리고 구조주의와의 대면은 모

---

15) Paul Ricoeur, "Structure and hermeneutics," 51면.

두 언어의 본성에 관한 근본적인 물음을 제기한다. 이 질문에 대한 응답으로, 리쾨르는 해석학적 철학을 위한 도약판을 제공하는 언어 이론을 발전시키고자 한다. 이 이론은 체계과 담화 사이의 근본적인 구별을 전제한다. 이 구별은 비록 소쉬르의 랑그(langue)와 빠롤(parole) 사이의 이분법과 관련되어 있지만, 보다 직접적으로 프랑스 언어학자인 에밀 벤베니스트(Emile Benveniste)의 저술에 빚을 지고 있다. 벤베니스트에 따르면, 언어란 일련의 차원들로 명료화되어질 수 있는 전체성인데, 이 차원들은 각기 특유한 구성단위에 의해 성격지워진다. 그러나 이러한 차원들 사이의 이행은 연속적인 것이 아니다. 음소(音素), 형태소(形態素), 의의소(意義素) 등은 모두 내적이고 대립적인 관계에 의해서 정의되는 기호인 반면, 문장은 그 자체로 기호가 아니라 비결정적이고 비제한적인 창조물이다. 문장은 "더 이상 언어(또는 체계)의 단위가 아니라, 담론 또는 담화이다."[16] 담화의 차원으로의 이행은 기호에 대한 기호론과 구별되는, 문장에 대한 진정한 의미론의 가능성을 창조한다.

리쾨르는 사건과 의미 사이의 내적 변증법의 관점에서 담화의 특징을 설명한다. 말하기가 즉시 사라지는 사건을 실현하기 위한 것인 한, 담화는 사건적인 성격을 갖는다. 하지만 비록 문장의 발화(發話)가 즉시 소멸하는 현상임에도 불구하고, 문장은 뒤따르는 시간에 있어서 동일한 것으로 다시 동일화될 수 있다. 달리 말하면, "만일 모든 담화가 사건으로 실현된다면, 모든 담화는 의미로 이해된다."[17] 리쾨르는 첫번째 근사치로서, 의미의 개념이 객관적 측면 또는 문장이 의미하는 것과, 주관적 측면 또는 화자(話者)가 의미하

---

16) Paul Ricoeur, "Structure, word, event," 86면.
17) Paul Ricoeur, 이 책의 "소격화의 해석학적 기능," 236~237면.

는 것을 모두 포괄하는 두 기본적인 차원으로 분석될 수 있다고 제
안한다. 이 두 차원을 논의함에 있어서, 리쾨르는 영어권의 세계에
서 잘 알려진 철학자들, 주로 오스틴(J. L. Austin), 스트로슨(P. F.
Strawson) 그리고 존 서얼(John R. Searle)의 저술에 의존한다. 프레
게(Frege)를 따라 리쾨르는 또한 객관적 의미 측면의 두 구성요소
를 구별하는데, 그것은 곧 문장이 관념적 의미(sense)와 실재적 지
시체(reference) 양자를 모두 가지고 있다는 것이다. 언어가 무엇을
지시할 수 있는 것, 닫혀진 기호의 세계가 언어 외적인 세계와 관
련되어질 수 있는 것은 오직 문장의 차원에서이다. 따라서 지시적
관계는 담화의 핵심적 성격이며, 이 때문에 기호에 대한 기호론은
파생적인 학문분야로 간주되어져야 한다.

  담화의 의미론은 일상적인 언어에 있어서의 창조성과 해석의 본
원적인 과정에 빛을 던져 준다. 창조성의 기본적인 조건은 단어의
본유적인 다의성(多義性), 즉 자연적 언어 안의 단어는 하나 이상의
의미를 갖는다는 것이다. 다의성의 경계는 기호에 대한 기호론에
의해 규정될 수 있다. 왜냐하면 단어의 잠재적 사용은 어휘의 사전
적인 체계 안에 축적되고 성문화되어 있기 때문이다. 그러나 리쾨
르는 다의성의 실제적 기능은 오직 문장에 대한 의미론에 의해서
만 파악될 수 있다고 주장한다. 왜냐하면 단어는 오직 문장의 연계
성 안에서만 의미를 가지며, 문장은 오직 특수한 상황 안에서만 말
해지기 때문이다. 따라서 다의성은 의미의 잉여의 일부를 걸러내는
상황적 행동에 의존하며, 결과적으로 다의적 단어로부터 일의적 담
화가 산출될 수 있다. 이 걸러내는 효과를 파악하는 것은 가장 원
초적인 의미에서의 해석을 수행하는 것이다. "자연적인 언어에 의
해 전달되는 가장 단순한 메시지는 해석되어야 한다. 왜냐하면 모

든 단어는 다의적이며 주어진 상황과의 연관으로부터, 그리고 주어진 상황적 배경 하에서의 주어진 청중과의 연관으로부터 그 실제적인 의미를 취하기 때문이다."[18] 다의성은 해석을 통해서 여과되어야 하는 의미의 잉여를 문자에 부여함으로써, 은유를 통한 의미의 창조적 확장을 위한 기초를 마련한다.

리쾨르는 이전의 견해들에 대한 자세한 분석을 통하여 은유에 관한 생각을 발전시킨다. 전통적인 수사학에 있어서 은유는 비유적 수사용법의 한 형태, 즉 외견적 유사성에 기초하여 문자적 단어를 비유적 단어로 대치하는 방법으로 간주된다. 이렇게 인식되는 은유는 우리에게 아무런 새로운 것을 말해주지 않는다. 그것은 단지 너무 엄격해지기 쉬운 언어를 치장하는 장식적인 장치이다. 이러한 정적인 견해를 넘어서기 위하여 리쾨르는 리차즈(I. A. Richards), 막스 블랙(Max Black), 몬로 비어즐리(Monro Beardsley)와 같은 앵글로색슨족 저자들의 저술들을 참고하였다. 이 저자들이 보여 준 것은 은유가 단어의 차원보다는 주로 문장의 차원에서 작용한다는 것이다. 보다 정확하게 말하자면 은유는 이 두 차원 사이에서 작용한다. 리쾨르에 따르면 은유는 언어적 규칙(code)의 위반에 의한 문장 안의 두 용어 사이의 긴장의 조성을 전제한다. 이때 은유적 진술은 문장 전체 안에서의 창조적인 의미론적 적절성에 의해 이 긴장을 감소시키는 것으로 나타난다. 따라서 리쾨르는 "은유는 술어적 질서(새로운 적절성)와 어휘적 질서(패러다임적 일탈)에 동시에 속하는 의미론적 혁신이다"[19]라고 말한다. 출현하는 의미는 은

---

18) Paul Ricoeur, "Creativity in language," translated by David Pellauer, in *The Philosophy of Paul Ricoeur: An Anthology of His Work*, edited by Charles E. Reagan and David Stewart(Boston: Beacon Press, 1978), 125면.

유적 용어의 다의성 위에서 수립되고 그 다의성을 확장하면서 문장 전체를 의미 있게 만드는 구성적 해석에 의해서만 파악된다. 의미(sense)의 출현은 은유에 실재를 재진술하는 힘을 부여하면서, 지시적(referential) 차원의 변형을 동반한다. 은유만이 아니라 문학작품 일반에 영향을 주는 이 변형의 본성은 텍스트의 개념에 의해 명료화된다.

텍스트와 해석이론

리쾨르는 텍스트 개념을 수립함으로써 의미론으로부터 해석학으로 이행한다. 텍스트는 담화작품이다. 따라서 무엇보다 먼저 '작품'이다. 텍스트가 작품이라고 말하는 것은 텍스트가 그것을 구성하고 있는 문장으로 환원될 수 없는 구조화된 전체성이라고 말하는 것이다. 이러한 전체성은 작품의 문학적 장르를 규정하고 담화를 시, 소설, 연극으로 변형시키는 일련의 규칙들에 따라 산출된다. 이와 동시에, 작품이 장르에 속하듯이, 또한 작품은 자체의 개별적 스타일을 규정하는 독특한 전체적 형태를 갖는다. 따라서 작품으로서의 담화의 생산은 담화의 구성, 장르, 그리고 스타일 안에 발휘된다. 이 범주는 생산과 노동의 범주이다. 즉 "재료에 형식을 부여하는 것, 작품 생산을 장르에 종속시키는 것, 개별적인 것을 생산하는 것, 이것들은 언어를 (그것을 가지고) 작품화하고 형태를 부여해야 할 재료로서 다루는 방식들이다."[20] 담화의 작품으로서, 텍스트는

---

19) Paul Ricoeur, *The Rule of Metaphor: Multi-Disciplinary Studies of the Creation of Meaning Language*, translated by Robert Czerny(London: Routledge and Kegan Paul, 1978), 156~7면.
20) Paul Ricoeur, "소격화의 해석학적 기능," 240면.

문장의 속성들을 보전하지만, 그러나 자체의 고유한 해석 유형을 요청하는 새로운 배열(constellation)안에 그것들을 제시한다.

담화의 작품임과 아울러, 텍스트는 '씌어진' 작품이다. 리쾨르는 마치 말이 모든 씌어진 작품의 구술적(口述的) 샘인 것인 양 텍스트가 단지 이전의 말을 그대로 새겨 기록한 것이 아니라고 강조한다. 반대로 말과 글은 양자택일적인 것이며, 동등하고 정당하게 실현된 담화의 형태이다. 그럼에도 불구하고 글 안에서의 담화의 실현은 말해진 담화의 조건으로부터 텍스트를 효과적으로 분리시키는 일련의 특성을 포함한다. 리쾨르는 이러한 특성을 '소격화' (distanciation)라는 핵심개념으로 요약하는데, 이 개념은 네 가지 주요 형태들을 보여 준다. 소격화의 첫번째 형태는 말함의 사건이 말해진 바의 의미에 의해 능가되는 것이다. 글로 기록된 것은 의미이다. 그리고 이 기록은 말하기 행위에 대한 '지향적 외면화' (intentional exteriorisation)에 의해 가능하게 된다. 다시 말하면, 말하기 행위의 구성적인 특성들은 다양한 문법적, 통사론적 장치들에 의해 글 안에서 실현될 수 있다. 소격화의 두 번째 형태는 기록된 표현과 본래적 화자 사이의 관계에 관한 것이다. 말해진 담화에서는 말하는 주체의 의도와 말해진 바의 의미는 종종 중복되는 반면, 글의 경우에는 그러한 일치가 없다. "텍스트가 의미하는 바는 더 이상 저자가 의미한 바와 일치하지 않는다. 따라서 이제 텍스트의 의미와 심리적 의미는 상이한 운명을 지닌다."[21] 소격화의 세 번째 형태는 기록된 표현과 본래적 청중 사이의 이와 유사한 불일치를 도입한다. 청자가 대화적 관계에 의해 구체화되는 말해진 담화와는

---

21) 앞의 책, 245면.

대조적으로, 씌어진 담화는 미지의 청자에게 그리고 잠재적으로 읽을 수 있는 누구에게나 전달된다. 따라서 텍스트는 텍스트가 생산되었던 사회적, 역사적 조건으로부터 자체를 '탈상황화'하여 무제한적인 읽기에로 자체를 개방한다. 소격화의 네 번째이자 마지막 형태는 실물적인 지시체의 한계로부터 텍스트의 해방에 관한 것이다. 말해진 담화의 지시체가 발화 상황의 공유된 현실에 의해 궁극적으로 결정되는 반면, 글의 경우에는 이 공유된 현실이 더 이상 존재하지 않는다. 따라서 텍스트는 말의 질서와 다른 질서의 지시적 차원, 즉 해석의 과정 안에서 펼쳐지는 지시적 차원을 갖는다.

리쾨르에 의해 상술되어진 해석이론은 텍스트의 개념과 밀접히 연결되어 있다. 이 연결은 해석을 권위 있는 상징의 복합적인 구조와 연결시켰던 리쾨르의 이전의 글로부터의 상당한 전환을 드러낸다. 해석학의 대상영역을 규정하는 것은 더 이상 상징이 아니라 텍스트, 씌어진 담화 자체이다. 따라서, 리쾨르의 해석이론의 주된 특성은 씌어진 담화의 특성으로부터 유래할 수 있다. 소격화의 처음 두 형태, 즉 말함의 사건이 말해진 바의 의미에 의해 빛을 잃게되는 것과 후자가 말하는 주체의 의도로부터 분리되는 것은 텍스트의 객관적 의미가 저자의 주관적 의도와는 다른 어떤 것이라는 사실을 함축한다. 이로부터 리쾨르는 허쉬(E. D. Hirsch)와 같은 문학비평가의 견해와는 정반대로, "올바른 이해의 문제는 이제 더 이상 단순히 저자의 의도에 돌아감에 의해 해결될 수 없다"고 결론짓는다.[22] 은유에 의해 수립된 긴장의 해결을 위해 새로운 의미(sense)의 구성이 요청되는 것과 마찬가지로, 텍스트의 의미는 전체적으로

---

22) Paul Ricoeur, "텍스트의 모델: 텍스트로서 간주되는 의미 있는 행동," 이 책의 369면.

추측 또는 해석되어야 한다. 실로, 의미의 해석은 텍스트에 대한 하나 이상의 해석을 낳을 수 있다. 이 경우 긴급한 갈등은 논의의 과정 안으로 포섭되어야 한다. 그러나 리쾨르는 이 과정은 저자의 의도가 아무런 특권적 역할을 하지 못하는 과정이라고 확고하게 주장한다.

두 번째의 두 형태의 소격화도 해석이론을 위해 동일하게 중요한 결과를 갖는다. 리쾨르는 대화적 상황의 대화자와 상황으로부터의 씌어진 담화의 해방은 텍스트를 향한 두 가지 가능한 태도를 낳는다고 파악한다. 독자는 한편으로 텍스트를 전적으로 무세계적이고 자기 폐쇄적인 실재로 다루면서, 텍스트의 지시적 차원에 관한 어떠한 판단도 유보할 수 있다. 다른 한편으로 이 '판단중지' (epoché)를 포기하고 텍스트의 비실물적인 지시체를 펼쳐 보이려고 시도할 수 있다. 첫번째 태도는 텍스트를 자체의 내적 관계성의 관점에서 설명하려고 시도하는 구조주의적 접근에 의해 채택된다. 따라서 구조주의는 자연과학으로부터가 아니라 언어 자체의 장(場)으로부터 오는 새롭고 결실 있는 설명의 유형을 제공한다. 그러나 리쾨르는 레비 스트로스에 대한 이전의 자신의 비판을 되풀이하면서, 그런 어떠한 설명도 구조주의적 분석으로 환원될 수 없는 이해의 형태를 전제한다고 주장한다. 전제된 이해의 형태는 독자가 텍스트를 향하여 취할 수 있는 두 번째 태도에 관한 것이다. 독자는 텍스트 뒤에 숨겨진 그 무엇이 아니라 텍스트 앞에 탈은폐되는 그 무엇, 텍스트의 내적인 구성이 아니라 가능한 세계를 지시하는 그 무엇을 추구할 수 있다. 이 차원에 있어서 텍스트를 이해한다는 것은 텍스트의 의미(sense)에서 텍스트의 지시체(reference)로, 텍스트가 말하는 것으로부터 텍스트가 말하는 것의 주제로 움직이는 것이다. 따라서 리쾨르의 이론에 있어서, 해석학의 역사에서 종종 전제되었던 것처럼 설명과 이해는 더 이상 상충하는 태도가 아니다. 반대로, 구조주의 분석의 중재로 "설명과 해석을 하나의 독특한 '해석학적 호(弧, arc)' 안에 정위하는 것과, 설명과 이해에 관한 대립적인 태도들을 읽기를 의미의 회복으로 생각하는 읽기의 전체적 개념 안에서 통합하는 것이 가능해 보인다."[23]

행동과 역사

리쾨르의 해석이론은 비록 텍스트와 관련해서 형성되었지만, 다른 영역으로 확장될 수 있다. 사회과학 영역으로의 확장은 행동이 네 가지 형태의 소격화를 구현하는 방식으로 객관화될 수 있는 한 행동도 텍스트로 간주될 수 있다는 주장에 의해 가능해진다. 예를 들면, 담화의 기록이 말함의 사건이 말해진 것의 의미에 의해 능가되는 것을 포함하는 것과 마찬가지로, 행동의 객관화도 역시 행동의 사건이 행해진 것의 의미에 의해 능가됨을 특징으로 한다. 이러한 숙고에 기초하여, 리쾨르는 행동의 해석에 있어서 설명과 이해의 상대적 역할에 관한 방법론적 논쟁 안으로 들어간다. 이 논쟁은 사회과학의 맥락에서 빌헬름 딜타이(Wilhelm Dilthey), 막스 베버(Max Weber) 등이 시작했던 논쟁이다. 만일 참으로 행동이 텍스트로 간주될 수 있다면, "글쓰기 패러다임의 대응물인 읽기 패러다임은 인문과학의 방법론적 역설에 대한 해결책을 제공해준다고 제안하는 것도 일리가 있다."[24] 텍스트처럼 행동도 전체적으로 해석되어야 하는 실재이다. 그리고 해석의 갈등은 오직 토론과 논쟁의 과

---

23) Paul Ricoeur, "텍스트란 무엇인가? 설명과 이해," 이 책의 285면.
24) Paul Ricoeur, "텍스트의 모델," 368면.

46

정에 의해서만 해결될 수 있는데, 이 과정에서 행위자의 의도는 관련성이 있지만 결정적이지는 않다. 더욱이, 구조주의적 분석 양태는 행동에 대한 심층적 해석을 매개해주는 설명적 계기를 마련해줌으로써 사회적 영역으로 전치될 수 있다. 리쾨르는 인간의 행동이 문학적 텍스트 못지 않게 의미(sense)와 지시체(reference)를 드러낸다고 주장한다. 행동은 내적 구조를 소유하며 아울러 가능성의 세계, 즉 해석의 과정을 통해서 전개될 수 있는 인간실존의 잠재적 양태를 투사한다.

행동 영역으로의 해석이론의 확장은 행동 자체가 많은 텍스트의 지시체라는 점에서 더욱 설득력이 있다. 아리스토텔레스는 우리에게 비극은 인간의 행동을 시적 방식으로 모방하려고 시도한다고 말해준다. "비극의 '뮈토스'(mythos), 즉 그 줄거리와 구성은 인간 행동의 '미메시스'(mimesis), 즉 창조적 모방이다."[25] 비극은 단지 행동을 기술하는 것이 아니라 더 바람직한 빛 안에서 행동을 제시하며, 현실에서보다 그것이 더욱 높고 고상하게 나타나도록 만든다. 비극의 창조적 성격의 강조는 행동과의 더욱 확장되고 심원한 유사성을 지시한다. 왜냐하면 행동도 창조적인 상상력의 힘에 의해 생명력을 지니게 되기 때문이다. 상상력의 역할은 행동이 예기적(豫期的) 구도에 따라 기획되는 개인적인 차원에서와, 개인이 이데올로기와 유토피아의 표상을 통하여 서로서로 그리고 자신의 집단적 전통과 관계를 맺는 사회적 차원에서 모두 명백하다. 리쾨르에

---

25) Paul Ricoeur, "Explanation and understanding: on some remarkable connections among the theory of the text, theory of action, and theory of history," translated by Charles E. Reagan and David Stewart, in *The Philosophy of Paul Ricoeur*, 161면(번역은 수정되었다).

따르면, 이런 표상은 단지 사회적 삶의 왜곡이 아니라, 사회적 결속 자체의 구성적 요소이다. 만일 유토피아적 사고가 사회적 현실로부터의 비판적인 거리를 표현한다면, 그러한 거리는 오직 비판적 반성을 선행하며 집단적 전통을 전달해주는 이데올로기를 통해 그 현실이 먼저 통합되기 때문에만 가능한 것이다.

전통에의 귀속성과 전통으로부터의 소격화 사이의 복잡한 상호 작용은 해석 이론을 역사의 영역에까지 확장시키기 위한 모태를 형성한다. 역사적 경험은 근본적으로 과거로부터 전수되어진 전통에의 귀속성의 경험이다. 하지만 딜타이, 후설 등이 강조한 바와 같이 경험은 본질적으로 표현 가능하다. 경험은 이해를 요구하는 기호로 외면화되어질 수 있다. 따라서 소격화는 귀속성의 대응물이다. 그리하여 "역사적 경험과 글은 동일한 운명을 공유한다. 기록된 역사적 경험은 소격화된다. 그러므로 역사학은 자취(trace)에 기초한 학문이다."[26] 역사적 경험의 소격화는 역사학의 분야에 설명의 차원을 도입하는 것을 정당화한다. 이러한 차원을 상술하려는 시도가 칼 헴펠(Carl Hempel)의 고전적 연구인 "역사에서의 일반법칙의 기능"에서 이루어졌다. 자신의 구조주의 비판에서와 마찬가지로, 리쾨르는 헴펠의 시도를 즉각적으로 거부하지 않았다. 왜냐하면 헴펠의 오류는 역사에 대한 설명적 구조를 탐구한 데 있는 것이 아니라, 그 설명적 구조가 작용하는 방법론적 틀거리의 파악에 실패한 데 있기 때문이다. 역사에 있어서 설명은 그 자체가 목적이 아니다. 설명은 역사적 텍스트의 이야기성과 결부된 역사적 이해를 매개하는 데 봉사한다. 따라서 역사가의 일반화 또는 "설명적인 스케치"는

---

26) Paul Ricoeur, "History and hermeneutics," translated by David Pellauer, *Journal of Philosophy*, 73(1976), 692면.

특히 이야기에 대한 이해의 과정이 방해받거나 차단되었을 때, 이 야기를 이해하는 것을 용이하도록 돕는다.

역사가의 역사와 텍스트의 해석 사이의 연결은 역사학의 '사실 주의적 의도'에 의해 결코 해체되지 않는다. 역사학이 과거의 사건 들에 대한 참된 재현을 제공한다고 주장하는 것, 그리고 역사학이 전형적으로 이 주장을 지지하기 위해서 다양한 종류의 증거를 예 시(例示)한다는 것은 의심할 나위가 없다. 하지만 리쾨르는 '미메시 스'가 허구적인 이야기에 실제적인 세계의 행동에 대한 지시적 관 계성을 부여하는 것과 마찬가지로, 역사도 상상적 측면을 가지고 있다고 주장한다. 과거의 가치를 오직 현재의 가치와의 상이성을 통해 인식함으로써, 역사는 가능성을 향하여 현실을 개방한다. 리쾨 르가 말하듯이, "과거의 '참된' 역사는 현재에 묻혀있는 잠재성들 을 드러낸다."[27] 실로, 지시체의 차원에 있어서 갈라지기는커녕, 바 로 이 차원에서 역사와 허구가 인간경험의 근본적인 역사성 위에 서 한데 모아진다. 따라서 '역사'란 단어의 모호성(프랑스어 단어 '역사'(histoire)에서 모호성은 더욱 증대된다)은 우연이 아니다. 과 거의 텍스트를 다시 말하는 것은 현재의 현실의 일부, 가다머가 말 하는 대로 '영향사적 의식'의 일부이다.

해석학과 철학적 반성

텍스트에 관하여 상술되어지고 그 후 사회 역사적 세계로 확장 되어진 해석이론은 해석학과 철학적 반성 사이의 연관성을 재확인 한다. 초기의 저술에서 리쾨르는 이 연관성을 프랑스 철학자 장 나

---

27) Paul Ricoeur, "이야기의 기능," 이 책의 523면.

베르(Jean Nabert)의 연구에 의지하여 수립하였다. 칸트보다는 피히
테에 더 가까운 나베르는 반성을 인식론적 정당화로부터 분리시키
고 그 대신 존재하기 위한 노력과 존재하려는 욕망의 회복으로 인
식하였다. 그러나 이 노력과 욕망은 지적인 직관의 행위 안에서 직
접적으로 파악될 수 없다. 이것들은 이것들을 탈은폐하는 대상과
행위, 상징과 기호의 거울을 통해서만 어렴풋이 파악된다. 따라서
"반성은 해석이 되어야 한다. 왜냐하면 나는 세상에 흩어져 있는
신호들을 떠나서는 존재하기 위한 행위를 파악할 수 없기 때문이
다.[28] 반성은 언제나 특수한 전통의 문화적 산물에 대한 해석에 의
해 시작되어야 하기 때문에, 무장소(無場所, nowhere)로부터 말할
수 없다. 이러한 해석은 반성을 '구체적'으로 만들며, 반성을 사회
역사적 세계에 관련된 모든 학문분야의 방법과 결과에 개방한다.

　인문과학 분야들은 철학적 반성을 위한 자료를 제공해줄 뿐만
아니라 바로 그 본성을 변화시킨다. 왜냐하면 반성은 필연적으로
자기 반성이며, 이 학문분야들은 '자아'가 무엇을 의미하는가에 대
한 질문을 새롭게 제기하기 때문이다. 따라서 정신분석학은 자기
도취적인 '자아'(ego)의 허식(虛飾)을 신랄하게 비판하며, 부상당하
고 굴욕당한 '코기토'(cogito), 즉 "직접적 의식이라는 부적합성,
착각, 속임수를 공언함으로써만 자신의 원초적 진리를 이해하는
코기토"[29]를 뒤로하고 떠난다. 프로이드는 의식은 주어진 것이 아
니라 욕망의 의미론의 길고 구불구불한 우회로를 통하여 성취되어
야 할 과제라는 놀라운 발견을 우리에게 제공한다. 이와 유사하게
마르크스에 의해 형성되고 이른바 프랑크푸르트 학파의 저술 안에

28) Paul Ricoeur, *Freud and Philosophy*, 46면.
29) Paul Ricoeur, 'The question of the subject,' 243면.

서 발전된 이데올로기 비판은 의식이 허위의 영역이라고 선언한다. 왜냐하면 모든 일상의 태도는 일반적으로 지배체제를 은폐하고 정당화하는, 왜곡된 실재의 표상이기 때문이다. 이데올로기 비판은 이 왜곡을 폭로하고 피억압자의 정신에 진정한 의식을 창출해내려고 시도한다. 그러므로 반성이 해석학과 연결되어야 하는 까닭은 단지 실존이 그 외적인 현현을 통해서만 파악될 수 있기 때문만이 아니라, 또한 직접적 의식이란 것이 해석학적 비판을 통해 가면이 벗겨지고 극복되어야 하는 착각이기 때문이다.

구체적 반성이란 개념은 해석이론에 의해서 더욱 풍요하게 된다. 저자의 주관적 의도를 텍스트의 객관적 의미에 종속시킴으로써, 이 이론은 주체의 우선성을 초기에 박탈하는 결과를 초래했다. 그러나 정신분석과 이데올로기 비판에서처럼, 이러한 근본적인 기원으로서의 주체의 근절은 보다 겸손한 역할을 하는 주체성을 다시 도입하기 위한 길을 준비한다. 왜냐하면 해석의 과정은 소격화의 결론적 대응물인 전유(轉有, appropriation)의 행위에서 절정에 이르기 때문이다. 리쾨르의 설명에 따르면 전유는 "애초에 '생소했던' 것을 '자신의 것으로 만드는 것'을 의미한다." 따라서 "해석은 함께 모으고, 같게 만들고, 동시대적으로 만들고, 유사하게 만든다."[30] 전유 행위는 저자의 본래적 의도에 다시 동참하는 것을 추구하지 않고, 텍스트의 의미를 현실화함으로써 독자의 의식의 지평을 확장하는 것을 추구한다. 해석은 비록 이처럼 자기이해에서 절정에 이름에도 불구하고, 순진한 주관주의와 동일시될 수 없다. 리쾨르는 전유가 소유의 행위라기보다는 비소유화(dispossession)의 행위라는 것을

---

30) Paul Ricoeur, "전유," 이 책의 327면.

강조하는데, 여기서 직접적 '자아'에 대한 인식은 텍스트를 통해 매개되는 자기이해로 대체된다. 따라서 해석은 반성을 불러일으킨다. 왜냐하면 전유는 텍스트의 계시적 힘, 가능한 세계를 탈은폐하는 텍스트의 힘과 밀접하게 연관되어 있기 때문이다.

해석이 전유행위에서 절정에 이른다는 사실은 존재론이 해석학의 궁극적 지평을 형성한다는 사실을 지시한다. 존재론의 탐구에 동조함에 있어서, 리쾨르는 대부분의 앵글로색슨의 언어철학으로부터의 자신의 거리와 아울러, 하이데거와 가다머의 연구에 대한 자신의 근접성을 드러낸다. 후자들과 마찬가지로 리쾨르는 해석학을 존재에 대한 이해와 존재들 사이의 관계에 대한 이해에 관심을 기울이는 것으로 여긴다. 그럼에도 불구하고, 리쾨르는 "이해의 특성인 '진리'를 주석으로부터 생겨난 학문분야들에 의해 작용하는 '방법'으로부터 분리하려는 유혹에 저항한다."[31] 가다머에 의해 제안된 방식으로 방법과 진리를 분리시키는 것은 우리가 이해하려고 하는 존재가 바로 해석의 갈등 안에서 인식된다는 사실을 무시하는 것이다. 리쾨르의 설명에서 얻어질 수 있는 존재론은 단편적이고 불완전한 것이라고 평가할 수도 있다. 그러나 해석학적 지평의 이 본유적인 단편성은 포기나 절망의 근거가 아니다. 왜냐하면 단지 그것은 자체의 근본적인 유한성을 인정한 철학의 상태를 증언하는 것이기 때문이다.

---

31) Paul Ricoeur, "Existence and hermeneutics," translated by Kathleen McLaughlin, in *The Conflict of Interpretations*, 11면.

52

IV

해석학의 역사에 대한 연구

앞서의 언급들은 이 책에 수집된 연구들을 위한 철학적 배경막을 마련해준다. 이 연구들은 이 배경막을 숙고하거나, 리쾨르의 사상의 변천을 예증하거나, 또는 그의 저술의 범위를 예증하려는 취지를 갖고 있지 않다. 오히려 여기서 소개되는 연구들은 단 하나의 관점에서 진술되는 일련의 문제들, 즉 '해석학'의 문제 또는 보다 정확하게 '해석학적 현상학'의 문제에 관심을 갖는다. 비록 이 관점의 세부내용은 이제 고찰되어야 하겠지만, 리쾨르는 이 관점이 많은 사고 분야에 제공할 많은 것을 가지고 있다는 것을 입증한다. 만일 이 책의 논문들이 철학과 문학비평주의에서부터 사회학, 정신분석학, 그리고 역사학에 이르는 인문과학 분야들에 직접적인 관련성을 갖는 주제들에 초점을 맞춘다면, 그것은 리쾨르가 다른 학문 영역들에 대하여 말할 것이 없기 때문이 아니다. 리쾨르처럼 다산적(多産的)인 저자의 논문의 선집(選集)을 만드는 일은 편집자에게 선별의 원칙을 채택하도록 요구한다. 그리고 이 책의 경우, 논문들은 철학과 사회과학에서의 문제들과 관점들에 대한 체계적인 논의를 제시하기 위하여 선택되었다.

이 책의 첫번째 논문인 "해석학의 과제"에서, 리쾨르는 해석학의 최근의 역사에 대한 명료하고 간결한 설명을 제공한다. 그는 이 역사를 두 발전 사이의 상호작용, 즉 국부적 해석학에서 일반적 해석학으로의 움직임, 그리고 인식론에서 존재론으로의 이행의 관점에서 본다. '비국부화'의 움직임은 독일 신학자인 프리드리히 슐라이에르마허(1768~1834)의 연구와 더불어 시작되었으며, 빌헬름 딜타이(1833~1911)의 공헌에 의해 종료되었다. 19세기 후반의 신칸트적 분위기에서, 딜타이는 해석의 문제를 역사적 지식의 일반적 영역 안에 자리매김하였는데, 그는 역사적 지식을 위해서 가능성의 조건들을 명료화하려고 노력하였다. 따라서 딜타이의 공헌은 대체로 인식론적인 것이었다. 그리고 존재론으로의 실제적인 이행이 이루어진 것은 마틴 하이데거(1889~1976)의 연구에 의해서이다. 하이데거에게 있어서, 이해는 더 이상 앎의 방식으로서가 아니라 존재의 양태로서, 우리의 '세계-내-존재'의 근본적인 특성으로서 인식된다. 그러나 리쾨르는 하이데거와 그의 탁월한 제자 한스 게오르그 가다머의 철학이 어떻게 해석학이 존재론으로부터 뒤에 남겨졌던 인식론적 물음으로 돌아갈 수 있는가 하는 문제를 해결하는 데 실패했다고 주장한다.

두 번째 논문인 "해석학과 이데올로기 비판"은 계속하여 해석학의 전통을 탐구한다. 이 논문은 수년 전 독일에서 일어났던 논쟁에 초점을 맞춘다. 그 논쟁은 1967년 위르겐 하버마스의 《사회과학의 논리를 위하여》(Zur Logik der Sozialwissenschaften)의 출판과 더불어 시작되었다. 그런데 이 책은 1960년에 처음 출판된 가다머의 《진리와 방법》(Wahrheit und Methode)에 대한 신랄한 비판을 담고 있었다. 가다머는 하버마스에게 응답하였으며, 두 주역이 서로 상대방의 보편주의적 주장을 삭감하려고 시도하는 가운데 열띤 논쟁이 이어졌다. 리쾨르의 긴 분량의 이 연구는 단지 이 논쟁에 대한 탁월한 소개일 뿐만 아니라, 또한 이 논쟁에 대한 독창적이고 중요한 공헌이기도 하다. 리쾨르는 결실없는 이율배반이나 상충하는 견해의 단순한 병렬을 넘어서 진정으로 건설적인 대화로 나아가고자 시도한다. 그는 해석학은 더 이상 가다머가 의도하는 것처럼 방법의 문제를 이차적이고 파생적인 문제로 다룰 수 없다고 주장한다. 왜냐하면 우리는 객관적인 분석과 비판의 가능성을 포함하는 소격화 안에서 그리고 그것을 통해서만 전통에 귀속되기 때문이다. 반면에, 이데올로기 비판은 더 이상 해석학의 지배적인 원리와 전적으로 다른 별개의 관심에 의해 생동력을 갖게 된다고 주장할 수 없다. 왜냐하면 우리는 과거에 대한 창조적인 전유로부터 내용을 획득하게 되는 관념(이상)의 이름으로만 현재를 비판할 수 있기 때문이다.

"현상학과 해석학" 역시 논쟁의 형식으로 구성된다. 여기에서의 주제는 리쾨르 자신의 사고 안에서의 고투(苦鬪)와 밀접히 연결되어 있다. 리쾨르의 학문적 여정에 이정표 같은 것을 세우는 이 논문은 하이데거와 가다머에 의해 초래되어진 격변의 뒤안길에 어떤 후설의 기획이 남아 있는가 하는 물음과 대면한다. 이들이 현상학에 대해 신랄하게 비판한 것은 의심할 여지가 없다. 그러나 리쾨르가 설득력 있게 보여 주듯이, 해석학적 비판에 굴복되는 것은 현상학 자체가 아니라 후설 자신에 의해 발전되어진 가장 관념적인 형태의 현상학이다. 일단 이런 형태가 포기되어지면, 해석학과 현상학 사이의 깊고 상호적인 유사성에 대한 인식을 위한 길이 예비된다. 한편으로, 해석학은 현상학과 더불어 의미의 질문이 가장 우선적인 중요한 질문이라는 전제와 의미의 원천은 언어를 앞서 있다는 명제를 공유한다. 다른 한편, 리쾨르가 후설의 저서에 대한 주의 깊은 분석을 통해 보여 주듯이, 현상학의 방법론은 불가피하게 해석적이다. 해석학과 현상학 사이의 상호 유사성은 리쾨르의 구성적 과업을 위한 철학적 기초를 마련해준다.

해석이론에 대한 연구

제2부에 나타나는 연구들은 해석학에 대한 리쾨르의 긍정적인 공헌의 핵심 개념들을 제시한다. 이 모든 논문들은 해석이론의 다양한 측면들을 상술하는 데 관심을 기울인다. "소격화의 해석학적 기능"에서, 리쾨르는 텍스트의 개념을 수립함으로써 이 과제를 시작한다. 씌어진 담화작품으로서, 텍스트의 성격은 첫째로 생산의 범주의 관점에서 상술될 수 있으며, 둘째로 말과 글의 관계의 관점에서 상술될 수 있다. 후자의 관계에 대한 분석은 텍스트의 의미론적 자율성을 구성하는 소격화의 형태들을 드러낸다. 자율적인 텍스트를 해석학의 초점으로 다루면서, 리쾨르는 소외적인 소격화와 참여적인 귀속성 사이의 양자택일을 피할 수 있는 가능성을 제시한다. 왜냐하면 텍스트는 극복되어야 할 장애가 아니라 바로 역사적 이해의 조건인 긍정적이고 생산적인 소격화 개념을 도입하기 때문이다. 따라서 리쾨르에게 있어서 방법의 문제는 진리의 문제만큼이나 중심적이다.

"텍스트란 무엇인가? 설명과 이해"에서 리쾨르는 해석학에 대한 그의 재정위(再定位) 안에 담겨 있는 방법론적 함의를 추구한다. 딜타이 이래 통상적으로 '이해'와 '설명'을 대조해 왔으며, 전자는 심리학적 관점에서 개념화하고 후자는 인문과학의 영역으로부터 철저히 축출하였다. 리쾨르는 이러한 경향을 잘못된 것으로 간주하고 자신의 텍스트 해석이론에서 반박하고자 시도한다. 우리는 어떻게 하나의 객관화되고 자율적인 실재로서의 텍스트가 구조주의적 분석의 설명방법에 종속될 수 있는지를 살펴보았다. 그러나 이러한 분석은 이해의 필요성을 제거하지 않는데, 이해는 구조주의적 설명에 의해 매개되고 풍요하게 되는 것이다. 리쾨르는 외디푸스 신화에 관한 레비 스트로스의 분석에 대한 비판을 통해 이 심층해석학적 접근의 예를 조명한다. 레비 스트로스는 신화의 요소들을 네 가지의 상호 연관된 범주들로 구분하였는데, 이 구분은 실제로 신화를 설명하지만 신화를 해석하지 않으며 해석의 문제를 제거하지도 않는다. 왜냐하면 이 분석은 이 분석이 추구하지 않는 물음, 인간의 삶의 궁극적인 근원에 관한 물음을 전제하기 때문이다. 이러한 물음을 회복하는 것이 이해의 목적이 되며, 따라서 이해는 심리학적인 감정이입의 개념과는 매우 다르게 된다.

　"은유와 해석학의 중심문제"에서는 해석이론과 은유이론 사이의 연관성이 검토된다. 이 연관성이 가능한 것은 은유가 텍스트와 같이 담화의 틀거리 안에서 분석될 수 있기 때문이다. 은유와 텍스트의 기본적인 단위는 다같이 문장이다. 단지 이 단위가 은유의 경우에는 극대적이고 텍스트에서는 극소적이라는 점이 다르다. 이 공통된 토대는 해석이론이 두 실재 모두에 적용될 수 있다는 사실과, 또한 하나에 대한 해석에 의해 제기된 문제는 다른 것에 대한 해석에 빛을 비춰 줄 수 있다는 사실을 암시한다. 따라서 리쾨르는 설명의 관점에서, 은유의 분석은 텍스트의 분석에 좋은 안내가 되는 반면, 해석의 관점에서, 텍스트의 분석은 은유의 분석에 열쇠를 제공한다는 가설을 제안한다. 한편으로, 은유적 의미의 출현을 설명하기 위하여 상호작용의 네트워크를 구성해야 할 필요성은, 텍스트를 그 의미가 전체로서 구성되어야 하는 하나의 구조화된 전체성으로 취급하도록 우리를 초대한다. 다른 한편으로, 텍스트에 의해 탈은폐되는 세계에 대한 전유는 우리로 하여금 은유도 역시 지시적 차원, 즉 실재를 창조적으로 모방하는 시에 의해 사용되는 힘을 가지고 있다는 사실을 인식하도록 한다.

제2부의 마지막 논문은 전유의 개념에 초점을 맞춘다. 이 논문은 리쾨르가 1972~3년에 행한 강의의 일부로서 여기에서 처음으로 출판되는 것이다. 이 논문은 해석이론과 일치하는 주체의 개념을 수립하려는 체계적인 시도를 보여 주고 있기 때문에 중요하다. 해석이론은 지시적 관계의 초기적 유보뿐만 아니라 주체성의 초기적 포기도 요구한다. 주체와 대상이 모두 변형(metamorphosis)의 과정에 종속되어야 한다. 이 과정을 탐구하기 위하여, 리쾨르는 놀이 현상에 대한 가다머의 분석에 의존한다. 가다머는 놀이가 주체의 행위라기보다는 주체에 대한 행위, 그 안에서 주체가 '놀아지는'(is played) 행위임을 보여 준다. 이와 유사하게 리쾨르는 해석이론에서 주체는(저자이든 독자이든) 텍스트의 '놀이적 존재'(playful figure) 라고 제안한다. 따라서 주체성의 초기적인 포기는 텍스트의 객관적 인도 아래에서의 의식의 궁극적 확장을 위한 선행조건이다. 비록 자아에로의 귀환이 해석이론에 있어서의 첫번째 계기가 아니라 마지막 계기임에도 불구하고, 이해는 자기이해이다.

사회과학 철학에 대한 연구

이 책의 제3부는 사회과학 철학에 관한 네 연구들을 담고 있다. 이 연구들의 첫번째인 "텍스트의 모델: 텍스트로서 간주되는 의미 있는 행동"에서 리쾨르는 해석이론을 사회과학의 장으로 확장시키려는 모험적인 시도를 한다. 막스 베버와 더불어, 리쾨르는 사회과학의 대상은 의미 있는 행동이라고 전제한다. 그리고 나서 그는 다음의 두 가지를 입증하기 위한 일련의 논증을 제공한다. 첫째는 의미 있는 행동은 텍스트의 구성적 특징을 공유한다는 것이며, 둘째는 사회과학의 방법론은 텍스트 해석을 위한 정교한 절차와 유사하다는 것이다. 행동에 대한 심층해석학적 접근의 발전은 설명과 이해 또는 동기와 대의(大義, cause) 사이의 대립과 같은, 사회과학 철학을 괴롭혀 왔던 고전적 대립들을 극복하는 길을 제시한다. 또한 이 접근은 이해와 자기이해의, 그리고 이해(comprehension)와 헌신의 '해석학적 순환'이 사회과학적 지식의 불가결한 측면이라는 사실을 함축한다.

사회과학의 인식론적 문제는 "과학과 이데올로기"에서 길게 논의되고 있다. 이데올로기가 사회적 삶의 통합에 근본적으로 중요한 역할을 한다는 사실을 보여 준 후에, 리쾨르는 이데올로기에 대한 과학적 지식을 가능케 하는 조건의 문제를 다룬다. 그러한 지식은 만일 사회과학이, 예를 들면 일반성과 반증가능성(falsifiability)의 기준과 같은 실증주의적인 과학성의 기준을 만족시킬 수 있다면 가능할 것이다. 그러나 사회과학의 이론들은 이러한 이상에 미치지 못함이 분명해 보인다. 리쾨르는 사회이론을 위한 과학성의 기준이 실증주의적 모델에 수반되는 기준과 매우 다르다는 것을 기꺼이 인정한다. 그러나 이 모델을 일단 포기했다면, 우리는 과학과 이데올로기 사이의 '인식론적 분열'을 수립하기 위해 알투스(Althusser)와 다른 사람들 같이 그것을 은밀하게 다시 도입할 수 없다. 리쾨르는 실증주의 모델을 포기하는 것은 동시에 과학과 이데올로기 사이의 관계에 대한 이접적(離接的, disjunctive)인 개념을 거부하는 것이라고 주장한다. 그러므로 우리는 이데올로기에 대한 비이데기올로기적인 지식을 산출하는 특권적 장소, 아르키메데스의 점은 없다는 것을 인정하여야 한다. 그 대신 우리는 사회과학이 해석학적 성격을 가지고 있다는 사실을 인식해야 한다. 이러한 해석학적 성격으로부터 사회적 세계에 대한 모든 지식은 귀속성의 관계에 의

해 선행되고 지지된다는 사실이 분명히 드러나는데, 이 귀속성의
관계는 우리가 결코 완전히 숙고할 수 없는, 원초적인 의미에서의
'이데올로기적' 관계이다.

　이와 유사하게 "프로이드의 정신분석 저술들에서의 증명의 문
제"도 인식론의 문제에 관심을 기울인다. 이 논문에서 리쾨르는
《프로이드와 철학》에서 제기되기는 했지만 결코 해결되지는 않았
던, 정신분석의 과학적 위상이라는 난제와 대면한다. 이 문제에 대
한 이 논문에서의 리쾨르의 접근은 강조점이 정신분석적 이론의
구조에 주어졌던 자신의 이전의 글로부터의 전환을 보여 준다. 이
제 그의 출발점은 분석적 상황인데, 이 상황은 정신분석에서 '사
실'로 간주하는 것을 결정한다. 게다가, 사실과 이론 사이의 관계는
전통적인 경험주의적 설명에 의해 주장되는 것보다 훨씬 더 복잡
하다. 이 예비적인 숙고는 정신분석에 의해 제기된 진리주장의 유
형이 실측적(實測的)인 과학에 의해 전제된 진리의 개념과 매우 다
르다는 리쾨르의 주장을 위한 길을 준비한다. 정신분석의 진리주장
은 이야기하기의 과정을 통해 성취된 자기인식으로부터 분리될 수
없기 때문이다. 그럼에도 불구하고, 정신분석의 설명적 차원은 이야
기 구조 자체 안에 포함되지 않은 증명의 수단을 마련해준다. 증명
의 수단, 따라서 좋은 정신분석적 설명의 기준은 궁극적으로 정신
분석적 이론에 대한 복합적인 명료화, 해석적 절차, 치료적 행위,
그리고 분석적 경험의 이야기적인 구조에 있다.

　이 책의 마지막 논문에서, 리쾨르는 허구적 이야기와 역사가에
의해 씌어진 역사 사이의 연관성을 수립하기 위해서 이야기성의
주제를 다룬다. 이 연구를 위한 틀거리는 이제는 친숙해진 의미
(sense)와 지시체(reference) 사이의 구별에 의해 제공된다. 의미

(sense)의 차원에서, 리쾨르는 역사와 허구적 이야기가 공통된 구조, 즉 사건을 일관성 있는 이야기로 질서화하는 공통된 방식을 공유하고 있음을 보여 주려고 노력한다. 그는 이 명제를 이중적인 비판을 통해 변호하는데, 이 이중적 비판은 먼저 역사의 이야기적 성격을 인정하지 않는 헴펠(Hempel)의 논증을 다루고 그 후에 이야기를 '비연대기화'하려는 프랑스 구조주의자 그레마스(A. J. Greimas)의 시도를 검토한다. 지시체의 차원에서, 우리가 이미 살펴본 대로 리쾨르는 역사와 허구적 이야기가 실재와 관련되는 방식이 아무리 다르다고 하더라도, 그럼에도 불구하고 그것들은 모두 인간 실존의 근본적인 역사성을 지시한다고 주장한다. 역사와 허구적 이야기의 지시적 차원은 역사성에서, 역사를 만들고 쓰는 존재의 역사적 조건에서 '교차'한다. 역사와 이야기성, 이야기와 역사성, 이것들은 최근의 리쾨르의 저술에서의 해석학적 문제의 중심축이다.

결론

이 책에 수록된 논문들은 그것들이 표현하고 지속하고 있는 철학적 변천의 일부이다. 이 변천에 대한 표현으로서, 이 논문들은 리쾨르의 학문적 여정 안에 출현했던 많은 사상들을 회복하고 정제한다. 단지 몇 예만 언급하자면, 의미, 행동, 상상력에 대한 관심은 그의 이전의 작품과의 깊은 연속성을 보여 준다. 그의 초기의 저술에서처럼, 이 논문들에서도 인간의 유한성의 존재론은 철학적 반성의 지평으로 유지된다. 하지만 이 논문들은 적어도 두 관점에서 변천적 과정의 연속이다. 리쾨르의 방법은 이제 명시적으로 해석학적인데, 이는 그의 초기의 작품에서의 현상학적 강조로부터의 전환을 드러낸다. 현상학은 능가될 수 없는 해석학의 전제로 남아 있을지도 모른다. 그러나 '그것의' 전제가 검토되어야 하는 것은 무엇보다 해석학이다. 방법의 변화는 초기의 탐구대상의 변천과 밀접하게 연관되어 있다. 직접적인 초점은 더 이상 주관적 과정의 지향적 대상도, 심지어 개인적 경험의 상징적 표현도 아니며, 씌어진 담화, 텍스트와 텍스트 유사물의 전체 영역이다. 방법과 대상에 있어서의 이중적 전환은 리쾨르의 사고를 앞으로 이끄는 과제를 향한, 기획된 그러나 연기된 '의지의 시학'(poetics of the will)을 향한 그의 연구의 지속적인 변천을 반영한다.

여기에 수록된 논문들을 읽는 독자는 충절(忠節)을 선언하면서도 진정으로 열려 있는 철학을 발견하게 될 것이다. 리쾨르의 사상은 폐쇄적인 체계를 형성하지 않는다. 그의 사고는 정통주의 입장의 명령이나 이미 구축된 학문의 경계에 의해 속박되지 않는다. 그의 연구는 해석학과 현상학에서부터 분석철학, 구조주의, 그리고 비판이론에 이르기까지 많은 지적 전통들의 공헌에 의해 도움을 받는다. 그리고 이러한 공헌은 독창적이고 독특한 관점에 의해 새롭게 형상화된다. 독자는 또한 리쾨르가 영어권 세계에서 통상적으로 이해되는 의미의 '철학자'를 훨씬 넘어선다는 사실을 발견하게 될 것이다. 그의 연구는 좁은 범주의 논리적, 언어적 문제에 국한되지 않고 광범위한 학문분야의 스펙트럼에 펼쳐져 있다. 리쾨르는 자신의 주의를 다양한 영역으로 돌려, 지적인 관심분야뿐만 아니라 사회정치적인 관심분야의 주제들에 관해 자신의 견해를 표현하는 사상가라는 점에서 고전적 의미의 철학자이다. 독자는 틀림없이 그의 사상의 넓이와 대담성에 의해 깊은 감명을 받을 것이다.

편집과 번역에 대한 주

(1) 이 책의 논문들은 처음 출판되었을 때의 형태와는 다소 다르다. 리쾨르 교수의 허락을 받아, 나는 몇몇 군데에서 본문을 수정했다. 나는 또한 반복을 줄이기 위해서 어떤 자료는 삭제하였다. 본문에서 그러한 모든 삭제는 꺾쇠괄호 안의 생략부호에 의해 지시될 것이다.

(2) 두 논문을 제외하고 나는 모든 논문들을 본래적인 프랑스어로부터 번역 또는 재번역 하였다. 두 예외는 "텍스트의 모델: 텍스트로 간주되는 의미 있는 행동"과 "프로이드의 정신분석 저술들에서의 증명의 문제"이다. 이 두 논문은 프랑스어로는 출판되지 않고 영어로만 출판되었다. 나는 반복을 최소화하고 책 전체에 걸쳐 용어를 일관성 있게 만들기 위해 이 논문들에 약간의 변화를 주었다.

(3) 대부분의 주(註)와 참고문헌은 이 책의 끝 부분에 자리한다. [하지만 한글 번역판에서는 주를 모두 각주로 처리하였음: 역자 주] 그러나 리쾨르가 특수한 작품에 대한 자세한 분석을 수행하는 경우에, 나는 약어를 사용하여 본문 안에 직접 그 참고문헌의 주를

64

달았다. 이런 경우에, 완전한 참고문헌 목록의 세부적 내용과 약어
에 대한 설명은 각 논문에서 그 작품의 첫번째 인용에 상응하는 주
안에 나타난다.

(4) 본문 안에서, 프랑스와 독일 작품의 제목은 영어 번역판이
있을 경우 영어로 주어진다. 리쾨르가 영어 번역판이 있는 작품을
인용할 경우, 나는 주에서 꺾쇠괄호 안에 이 영어 번역판을 함께
소개하였다. 가능한 한 나는 리쾨르가 인용하는 구절에 대한 기존
의 영어 번역판을 사용하였다. 그러나 그 구절을 리쾨르의 원본에
더욱 가깝게 만들기 위해서 나는 기존의 번역을 종종 수정하여야
했다. 그런 경우, 영어 번역판에 대한 소개 뒤에는 * 표시를 첨가
하였다. [그러나 한글 번역판에서는 톰슨의 번역보다 인용된 영문
판의 본래적 번역이 더 낫다고 판단되는 경우, 이 본래적 번역을
따랐다: 역자 주]

(5) 이 논문들은 다양한 독일어 표현들을 담고 있다. 이 표현들에
대한 분석은 리쾨르의 논증에서 종종 중요한 역할을 수행하기 때
문에, 나는 그 표현들을 독일어로 놔두었다. 그 표현의 의미가 문맥
으로부터 분명하지 않은 곳에서는, 나는 꺾쇠괄호 안에 그와 동등
한 의미의 영어를 덧붙였다.

(6) 리쾨르는 독일어 표현을 번역하기 위해 특수한 용어를 사용
한다. 예를 들면 그는 일반적으로 'Deutung'을 'interprétation'으로
그리고 'Auslegung'을 'explicitation'으로 번역하는데, 영어에서는
두 독일어 표현 모두 공통적으로 'interpretation'으로 번역된다. 우

리가 독일어 텍스트에 대한 리쾨르의 분석의 의도를 살리려면 그
의 구분을 유지하는 것이 중요하다. 따라서 나는 이 용어들과 또
이와 관련된 용어들을 아래와 같이 번역하였다.

compréhension(Verständnis): understanding: 이해

explication(Erklärung): explanation: 설명

explicitation(Auslegung): explication: 해석(해명)

interprétation(Deutung): interpretation: 해석

리쾨르는 가다머의 'wirkungsgeschichtliches Bewußtsein'을 여러
방식으로 번역한다. 나는 언제나 프랑스 번역을 따랐다. 따라서 이
표현은 'consciousness of the history of effects', 'consciousness of
historical efficacy', 'historical-effective consciousness' 등으로 다양하
게 번역된다. [그러나 한글로는 모두 공통적으로 '영향사 의식'으
로 번역함: 역자 주] 리쾨르는 가다머의 'Sprachlichkeit'(언어성)를
일반적으로 'le caractère langagier'(언어의 성격)로 번역함으로써,
명사를 형용사로 바꾼다. 'langagier'은 'linguistique'와 구별된다. 왜
냐하면 전자는 'language'의 형용사적 형태인 반면, 후자는 언어를
연구하는 특정한 방식과 연결되어 있기 때문이다. 이 구별을 유지
하기 위해서 나는 'langagier'를 'lingual'(언어의)로 번역하였는데,
이것은 가다머의 원래적인 표현인 'linguality'(언어성)를 위한 편리
한 번역 형태를 마련해준다.

나는 리쾨르가 독일어 표현을 위해 사용한 다른 용어들을 다음
과 같이 번역하였다.

appartenance(Zugehörigkeit): belonging: 귀속성

enchaînement(Zusammenhang): interconnection: 상호연관성

remplissement(Ausfüllung): intentional fulfilment: 의도적 성취

sciences de l´esprit(Geisteswissenschaften)∶ human sciences∶ 인문
과학

vécu(Erlebnis)∶ lived experience∶ 체험

visée(das Vermeinte)∶ intended meaning∶ 의도된 의미

(7) 리쾨르는 언급할 필요가 있는 두 가지 현상학적 용어를 채
용한다. 'noesis'는 세계를 주체의 경험의 영역 안으로 환원한 후에
남아 있는 의식행위를 지시한다. 'noema'는 그러한 행위의 지향적
대상을 지시한다. 즉 이것은 그 '무엇'이 실제로 존재하는지의 여
부에 관계없이, 주체가 지각하고, 상상하고, 숙고하는 '무엇'을 지
시한다. 언어이론 안으로 통합되어져서, 'noesis'는 의미행위 또는
말하고자 의도함(intending-to-say)이 되고, 'noema'는 말해진 것의
의미내용이 된다.

(8) 이 논문들 안에 많은 그리스어가 나타난다. 그 의미들은 일
반적으로 문맥에서 분명해지지만, 두 용어는 사전에 정의를 내리는
것이 도움이 될 것이다. 'aporia'는 풀리지 않는 문제, 해결책이 없
는 난제를 뜻한다. 'epoché'는 판단중지이다. 이것은 현상학적 분석
의 시작인 환원행위를 기술하기 위해 후설이 사용한 용어이다. [이
용어들은 한글로도 '아포리아', '에포케'로 음역(音譯)되기도 한다;
역자 주]

(9) 언어에 관한 리쾨르의 저술은 번역자에게 몇몇 문제를 안겨
준다. 그런 문제 중의 하나는 소쉬르로부터 유래하는 일련의 구분
에 의해 제기된다. 'langue'가 언어체계 또는 규칙(code)인 반면,

'parole'은 언어사용의 영역, 즉 그 체계가 개별적 발화(發話) 안에서 실현되는 영역이다. 'langue'는 또한 'language'와도 구별된다. 전자는 구조주의 언어학의 객관적 영역을 지칭하는 반면, 후자는 특정한 대상 영역으로 구분되기 이전의 언어의 전체성을 지시한다. 이러한 구별이 영어 단어 'speech'와 'language'에서는 흐려지기 때문에, 나는 이해를 위해 매우 중요하다고 판단될 경우에는 꺾쇠괄호 안에 프랑스어 단어를 남겨 두었다.

또 다른 문제가 'sens'(의미 또는 주어진 뜻)와 'signification'(의미작용 또는 만든 뜻) 사이의 구별로부터 생겨난다. 이 용어들은 'sense', 'meaning', 'signification', 또는 'significance'와 직접적으로 연결될 수 없다. 예를 들면 프랑스어에서 'sens'는 영어권의 철학자들 중에서 'sense'가 갖는 의미보다 더 넓은 함의를 지닌다. 그러므로 나는 이것들을 일대일의 방식으로 번역하지 않았다. 'sens'는 'sense' 또는 'meaning'으로 번역된다. 그러나 문맥으로부터 분명할 경우에 'sens'는 지시체(reference)를 포함하지 않고 언제나 'sense'로 번역된다. 나는 프랑스어 'signification'을 영어 'meaning' 또는 'signification'으로 번역하였으며, 가끔 비전문적인 경우에는 'significance'로 번역하였다. 영어 'signification'은 프랑스어 'signification'을 더 좁은, 논리적 또는 언어적 의미로 수용하는 것을 강조하기 위하여 사용된다. 'meaning'과 'signification'은 둘 다 지시체를 포함한다.

리쾨르의 글 안의 다른 중요한 용어들을 위해 내가 사용한 표현들은 아래와 같다.

chose du texte: matter of the text: 텍스트의 주제
effectuation: realisation: 실현

effet de sens: meaningful effect: 의미 있는 결과

énoncé: statement: 진술

énonciation: utterance: 발화

entente préalable: prior understanding: 전이해(또는 선이해)

ludique: playful: 놀이적(또는 유희적)

monstration: act of showing: 전시행위

propositions de monde: proposed worlds: 제안된 세계

propositions de sens: proposals of meaning: 의미의 제안

(10) 이데올로기에 관해 논하면서, 리쾨르는 이데올로기의 '은폐'(프랑스어: dissimulation)의 기능에 관해 말한다. 일반적으로 나는 영어로 같은 단어를 사용했다. 왜냐하면 'dissimulation'은 가장된 겉모습 아래의 숨김 또는 위장을 의미하기 때문이다. 하지만 이따금 나는 보다 더 일상적인 표현인 'concealment' 또는 이와 같은 어원의 말을 사용했다. [한글로는 모두 '은폐'로 번역함: 역자 주] 리쾨르는 '이데올로기 비판'(critique des idéologies)이란 말을 할 때, 비판이 필요한 오직 하나의 이데올로기(타자의 이데올로기)가 있다는 전제에 반대하기 위해서 복수인 'idéolgies'를 사용했다. 그러나 영어 표현인 'critique of ideology'가 독일어 'Ideologie-kritik'에 대한 관습적인 번역이기 때문에, 그리고 'critique of ideology'가 하나 이상의 이데올로기가 비판될 수 있는 가능성을 분명하게 열어놓고 있기 때문에, 나는 다소 세련되지 못한 'critique of ideologies'보다 이 표현을 선호하였다.

(11) 그레이마스의 작품에 대한 리쾨르의 논의는 특별한 어려움

을 노정(露呈)한다. 왜냐하면 그레이마스는 이야기의 분석을 위한 자기 자신의 전문용어를 발전시켰으며, 그의 작품은 아직 영어로 번역되지 않았기 때문이다. 그레마스의 중심 개념 중의 하나는 'actant'인데, 리쾨르가 설명하는 바와 같이 이 용어는 개별적 주체로서의 성격(characters)이 아니라 격식화된 행위와 상관된 역할을 지시한다. 나는 이 용어를 영어로 그대로 'actant'로 표현했으며[한글로는 '행위소'로 번역함: 역자 주], 그 형용사적 형태를 'actantial'로 표현하였다.

(12) 불어에서 영어로의 번역은 대명사의 성(性)과 관련해서 어떤 선택을 하게끔 한다. 그러한 경우들에 있어서 남성적 편견을 일관성 있게 제거하기 위해서는 여성 대명사를 매 경우마다 덧붙여야 한다. 이것은 리쾨르의 본문에 대한 실질적인 변화를 만들어 내며, 영어를 모양 없게 만든다. 이러한 이유로 인하여 나는 이 편견이 지속되도록 허용했다.

(13) 리쾨르는 가끔씩 어떤 단어들의 모호성을 활용한다. 예를 들면, 'sens'는 'sense'(의미)와 'direction'(방향) 둘 다를 의미한다. 'jeu'는 'play'(놀이)와 'game'(게임) 둘 다를 의미한다. 그리고 'histoire'는 'story'(이야기)와 'history'(역사) 둘 다를 의미한다. 이와 같은 많은 모호성과 단어놀이가 불행하게도 번역에서는 상실되었다.

(14) 나는 경우에 따라서 영어의 동의어(同意語)가 부정확할 때에는 프랑스어의 단어를 꺾쇠괄호 안에 놔두었다. 그러나 본문이

어수선하게 되는 것을 피하기 위해서 이러한 일을 가급적 최소화 하였다.

(15) 번역 전반에 걸쳐서, 나는 원어인 프랑스어에 일치하고 가까워지려고 노력했으며 동시에 명료하고 유창한 영어 표현을 위해 애썼다. 내가 프랑스어로 잘 읽혀지고 있는 텍스트를 영어로 잘 읽혀지는 텍스트로 변화시키는 데 성공했는지는 독자들의 판단으로 남아 있을 것이다.

폴 리쾨르의 응답

나는 이 짧은 머리말에서, 나의 논문들을 번역하느라고 애쓴 존 톰슨의 노고에 감사를 표하고자 한다. 나는 영국의 철학전통에서나 심지어 영어에서조차 동의어가 없는 프랑스어나 독일어 표현들을 번역하기 위해서 그가 택한 용어들에 전적으로 동의한다. 물론, 어떤 점에서 언제나 번역은 해석이 된다. 그러나 톰슨은 그의 선택에 있어서 연속성과 일관성을 유지하였다. 따라서 그는 나의 논문들에 대한, 적확(的確)하게 읽혀질 수 있는 영어번역을 제공하였다.

나는 또한 그가 실질적으로 중요한 내용들을 담고 있는 서문에서, 1947년부터 이 선집의 가장 초기의 글들(이 선집의 글들은 모두 1970년대에 씌어졌다)에 이르기까지의 나의 작품의 발전에 대한 분석을 제공하고 있는 것에 대하여 나의 관심을 표현하고 싶다. 그가 제안하는 관점은 반대되는 인상(나는 그것에 굴복하는 경향이 있었다), 즉 나의 저술에 연속성이 결핍되었다는 인상을 교정한다. 각각의 작품은 특정한 도전에 응답한다. 그리고 내게는 각각의 작품을 그 이전의 작품과 연결시키는 것이 하나의 독특한 기획의 꾸준한 전개라기보다 이전의 작품에 의해 남겨진 잔여, 그리하여 새로운 도전을 불러일으키는 잔여에 대한 인식인 것처럼 여겨진다.

첫번째 도전은 의지적 경험을 다룸에 있어서 후설의 현상학이 명백하게 무능력하다는 사실에 의해 제시된다. 왜냐하면 이론적 의식과 지각의 특권이 지향성 분석에 의해 열려지는 기술의 영역을 포화시킬 정도로 심대하게 지배하는 것처럼 보였기 때문이다. 메를로 퐁티(Merleau-Ponty) 또한 지각의 현상학을 쓰지 않았던가? 우리는 의식의 '본질적' 구조를 기술하는 방법을 포기하지 않고 의지의 현상학을 쓸 수는 없는가? 《자유와 본성》은 이러한 도전에 응답하려고 시도했다.

그러나 이 분석에는 상당한 잔여가 남겨졌다. 한편으로, 의지의 자유 안에서의 의도된 의미와 비의지적인 것에 의해 증언된 다양한 한계들 사이의 격차가 드러났다. 메를로 퐁티가 강조했던 것 이상으로 우리가 언어의 개념적 의미와 지각의 육체적 조건 사이의 격차를 강조한다고 하더라고, 이 불균형은 이론적 의식의 영역에서는 그에 필적하는 것이 없어 보였다. 다른 한편, 의지적 의식의 본질적 구조(기획, 동기, 그리고 성격, 무의식, 삶과 죽음의 절대적인 비의지성)와 인간의 의지의 역사적 또는 경험적 조건(악에의 경향성, 열정의 포로) 사이에 더욱 곤혹스러운 격차가 드러났다. 악한 의지에의 경험은 의지의 '본질적 조건'의 경계선 위에 놓여 있는 것처럼 보였다.

첫번째 격차는 아직 프랑스 철학자 장 나베르에 의해 전해진 반성철학과 후설로부터 유래된 지향적 분석 안에 귀속되었다. 의도된 의미의 자유와 유한성의 경험 사이의 불균형에 대한 기술은 아직 현상학의 틀거리 안에 정위되어질 수 있었다. 그런데 이 현상학의 틀거리는 말하자면 극화(劇化)되고 논쟁화된 것이며 인간의 오류가능성에 적용된 파스칼적인 명상과 상통하는 것이다. 우리는 《오류적 인간》에서 이런 유형의 실존주의 현상학이 작동하고 있는 것을 발견할 수 있다.

두 번째 격차는 현상학적 방법에 의해 치유되기 힘든 것처럼 보였다. 악한 의지의 노예적 상황은 현상에 대한 본질적 분석을 벗어나는 것처럼 보였다. 따라서 실제적으로 가능한 유일한 길은 상징을 경유하는 우회로였다. 상징에는 우리의 문화에 그 유산을 물려준 위대한 문화들에서의 과오의 자백이 새겨져 있다. 사탄, 죄책, 죄와 같은 주된 상징이 있으며, 비극적인 눈멈, 영혼의 타락, 방황 또는 쇠퇴 등의 이차적 상징 또는 신화가 있으며, 그리고 노예적 의지 또는 원죄와 같은 제3의 상징과 합리화가 있다. 따라서 《악의 상징》은 이미 오류가능성의 문제에로 확장된 후설적인 현상학으로부터 상징에 대한 해석학으로의 전환을 표(標)한다.

당시에 나는 '상징'을 이중적 의미를 지닌 모든 표현으로 이해했다. 상징에서 주된 의미는 자기를 넘어서, 결코 직접적으로 주어지지 않는 두 번째 의미를 지시한다. 이런 관점에서 톰슨이, 상징의 숨은 의미의 해석에 한정된 처음의 해석학의 정의와, 해석의 과업을 텍스트적인 질서를 가진 모든 현상들에로 확장하고 또 숨은 의미의 개념보다는 간접적인 지시체에 초점을 맞추는 해석학의 두 번째 정의 사이의 차이점을 강조한 것은 전적으로 옳다. 그러나 첫 번째 정의는 바로 자신이 응답했던 문제, 즉 악한 의지라는 특수한 현상을 설명하기 위해 상징을 경유하는 우회로를 성취해야 하는 필요성에 의해 제한되었다.

다시금 반성을 가동시킨 것은 이 악의 상징에 대한 연구에 의해 남겨진 잔여였다. 해석학은 단지 이중적 의미의 현상에 대한 해석에 한정되었을 뿐만 아니라, 가장 풍요하고 가장 영적인 상징의 의

미를 현실화하려고 시도했으며, 따라서 분명한 비판적 관심이 없이
회상의 해석학으로 기능했다. 우리의 문화 속에서, 이 확대 재생산
하는 해석학은 회상보다는 의혹으로부터 유래하는 비신화화적이고
환원적인 해석학과 대립된다. 정신분석학은 이런 해석학의 패러다
임으로 내게 보였다. 죄책에 대한 정신분석학의 해석이 내가 《악의
상징》에서 제시했던 것과는 정면으로 대립되었기 때문에, 정신분석
학에 대한 고찰은 더욱 더 필요했다. 프로이드는 죄책을 언제나 신
경증적인 것은 아니라고 하더라도 적어도 문화적 규범의 억압된
행동으로부터 유래하는 것으로 간주하면서, 비난해서는 안 되는 것
으로 여기지 않는가? 《프로이드와 철학》은 이 도전에 대한 응답을
시도하는 작품이다. 처음에 나는 내 자신을 죄책의 문제에 한정된
정신분석학만 대면하도록 제한할 수 있을 것으로 생각했다. 정신분
석학 이론 전체와의 대면이, 상징적 기능에 대한 나의 해석을 위해
서 뿐만 아니라 내가 상징해석을 접맥하려고 하는 반성철학을 위
해서도 불가피하다는 사실이 곧 분명해졌다. 나의 이전의 작품에서,
기호를 경유하는 큰 우회로는 주체의 수위성(首位性)에 물음을 제
기하지 않았었다. 나는 프로이드에게서 상징에 대한 회상으로 인식
되는 해석학에 대한 반대편 극을 발견했을 뿐만 아니라, 내가 칸트,
후설, 그리고 나베르를 통해서 계속 나 자신을 연결시켰던 반성철
학 전체에 대한 신랄한 비판을 발견하였다. 따라서 욕망의 의미론,
주체의 고고학과 목적론과 같은 개념들이 《해석의 갈등》의 주제로
나를 인도했는데, 이 주제는 톰슨에 의해 수집된 글들 이전의 나의
연구의 모든 국면을 지배했다.
　연구의 영역은 나의 첫번째 해석학의 상징과 정신분석학에 의해
연구된 왜곡된 표현에 공통적인 '언어적' 성격에 대한 인식에 의해

새로운 방식으로 확대되고 대체되었다. 나의 이전의 작품들에 있어
서는, 《악의 상징》 이래 상징을 경유하는 우회로가 반성의 매개적
'기호'에 대한 연구를 경유하는 자아에의 반성의 우회로의 형태를
취하였다는 사실에도 불구하고, 모든 상징주의의 언어적 차원이 뚜
렷한 체계적 연구의 대상이 되지 못했었다. 이러한 언어연구의 영
역에서 나는 새로운 도전, 즉 프랑스 구조주의와 조우했는데, 구조
주의는 기표적(記標的, signifying) 체계에 대한 분석으로부터 말하
는 주체에 대한 지시(reference)를 제거하였다. 따라서 나는 언어학
으로부터 비롯되는 구조주의적 비평과 프로이드로부터 비롯되는
정신분석학적 비판 사이에 합일점을 발견하였는데, 나는 이 합일점
을 집합적으로 '기호론적 도전'이라고 불렀다. 구조주의와 정신분
석학에 의한 이중의 공격의 대상이 된 것은 상징 해석학뿐만 아니
라 이 해석학의 뿌리인 반성철학, 즉 주체의 철학이었다. 이 기호론
적 도전에 응답하기 위하여 나는 '텍스트' 개념을 나의 연구를 안
내하는 실마리로 삼았으며, 텍스트의 차원에서 구조주의적 설명과
해석학적 이해가 서로 대면한다는 사실을 보여 주려고 하였다. 그
러나 그렇다면 이중적 의미의 표현에 대한 단순한 해석으로부터
해석학적 기획을 분리시키고, 해석학을 모든 텍스트 안에 내재한
구조로부터 언어 외적인 목표(의도된 의미, visée)로의 이행에 의해
노정되는 문제의 차원으로 확장시키는 것이 필요했다. 이 언어 외
적인 목표란 내가 종종 다른 관련된 용어들, 즉 텍스트의 주제
(matter), 텍스트의 세계, 텍스트에 의해 언어로 표현되는 존재 등으
로 지칭하는 지시체를 말한다.

　이 선집의 제1부에 함께 모아진 세 개의 글은 이러한 새로운 해
석학의 정의에 의해 요구되는 심대한 방법론적 변혁에 주의를 기

울인다. 톰슨은 매우 지혜롭게도 제2부의 첫번째 논문 "소격화의 해석학적 기능"과 본래적으로 연결된 시리즈에 속해있는 논문인 "해석학의 과제"와 더불어 이 책을 시작하였다. 처음에 위치한 "해석학의 과제"는 서론적인 가치를 지니며, 우리로 하여금 슐라이에르마허로부터 가다머에 이르는 해석학적 문제의 역사를 일별(一瞥)하여 되돌아볼 수 있게 해준다. 하버마스와 가다머 사이의 논쟁을 집중적으로 다루는 두 번째 논문은 내 자신의 해석학 개념의 역사적 배경막을 훌륭하게 완성한다. 이 두 논문은 함께 이 부분의 주요 논문인 "현상학과 해석학"을 도입한다. 톰슨이 매우 옳게 말하듯이, 나는 이 논문에서 20년 전에 내가 후설의 《이념들》(Ideas)을 번역하고 《자유와 본성》을 저술함으로써 시작했던 현상학과 내 자신과의 논쟁을 명료화했다. 내 견해에는 이 논문은 나의 이 이후의 작품들에 대한 실제적인 서론을 구성한다. 그러나 나 자신처럼 현상학에서 해석학으로의 동일한 여정을 경험하지 않은 독자나, 두 번째의 논문 시리즈에서 다루어진 해석의 문제로 들어가기 위해서 그러한 여정을 경험할 필요가 없는 독자, 특히 영어권 독자에게는 그렇지 않을 것이다. 따라서 톰슨이 이 논문을 해석학의 역사, 또는 후기(post) 하이데거적 해석학에 대한 내 자신의 발견의 역사의 결론부분에 위치시킨 것은 전적으로 옳다. 또한 이 논문은 현상학에 대한 수정과 이미 《악의 상징》에서 식별 가능했던 해석학을 향한 움직임에 대한 후기적(後記的, après-coup) 설명을 제공한다.

두 번째 논문 시리즈는 내가 수행하는 해석학에 대한 관념을 보여준다. 더욱이, 톰슨은 보다 직접적으로 사회과학과의 논쟁에 정위(定位)된 논문을 선택하였다. 나를 슐라이에르마허와 딜타이의 해석학적 철학으로부터 뿐만 아니라 하이데거와 심지어 가다머의 해석학적 철학(가다머의 작품에 대한 나의 고도의 근접성에도 불구하고)으로부터 구별하는 특징이 있다면, 그것은 실로 '인문과학'을 위해 따로 예약된 '이해'와 인문과학과 무엇보다 물리과학과 같은 법칙론적 과학에 공통된 '설명' 사이의 대립의 함정을 피하기 위한 나의 관심이다. 텍스트의 주제에 대한 연구자의 인격적 '동참'과, 원인, 법칙, 기능 또는 구조에 의한 객관적 설명이 요구하는 '이탈' 사이의 지속적인 왕복운동과 이에 대한 유연한 명료화를 추구하는 것이 제2부에 선택된 네 개의 논문들에 대한 이해를 안내하는 실마리이다.

첫번째 논문 "소격화의 해석학적 기능"은 "해석학과 이데올로기 비판"에서 역사적이고 논쟁적인 방식으로 시작한 논의를 긍정적인 인식론적 관점에서 수행한다. 가다머에 의해 영향을 받은 언어인 '소격화와 참여적 귀속성'의 쌍은 딜타이의 인식론으로부터 물려받은 '설명과 이해'의 쌍과 동등하다. 두 번째 논문은 구조주의에 대한 나의 이전의 논의를 이어받아, 확장된 텍스트 이론의 틀거리 안에서 계속한다. 이 논문에서 나는 해석을 '설명과 이해'를 연결하는 포괄적 개념으로서 정의하고자 한다. 따라서 해석학의 인식론적 위상은 바로 이 두 태도 사이의 변증법에 의해 규정된다. 그런데 19세기의 낭만주의 해석학은 이 두 태도를 대조시키려 했으며, 후기 하이데거 해석학은 이 둘을 화해시키는 데 성공하지 못했다. 은유의 문제를 집중적으로 다루는 세 번째 논문은 부분적으로 동일한 틀거리 안에 위치하면서, 또한 내가 결론에서 제기할 다른 문제점을 증언한다. 은유가 단어의 의미의 일탈과 연장뿐만 아니라, 축소된 텍스트라고 간주될 수 있는 문장의 문맥 안에서의 술어의 '기이한'(bizarre) 적용에 있는 한, 은유이론은 오래된 상징 문제를 보다 정교한 수사학의 틀거리 안에서 다룰 뿐 아니라, 텍스트의 문제성 안에 위치한다. 네 번째 논문은 이해와 설명의 변증법과 참여와 소격화의 변증법을 해석의 과업 안에 연루된 인간 주체의 내면으로 연장한다. 이 주체는 오직 자신이 해석하는 바로 그 텍스트에 의해 주체로서 세워지기 이전에 스스로 자신에 대하여 가지고 있다고 주장하는 순진하고, 무비판적이고, 착각적이고 기만적인 이해와 그 자신을 비전유(非轉有, disappropriate)하는 한에 있어서만, 텍스트의 주제를 전유한다(자신의 것으로 만든다).

제2부의 네 논문에 의해 예시(例示)되는 해석학은 텍스트의 작용적(operative) 개념에 있어서 자체의 한계를 발견한다고 톰슨이 강조한 것은 옳다. 비록 이 개념이 《악의 상징》, 《프로이드와 철학》, 그리고 《해석의 갈등》이라는 제목으로 함께 모아진 논문들 안에서 부딪치게 되는 문제점들만큼이나 다양한 문제점들을 포괄하려는 명백한 의도와 함께 도입되었음에도 불구하고, 텍스트에 대한 개념이 아직도 글과 연관되어 있고, 따라서 말 담화에서 글 담화로의 이행에 의해 노정된 문제들과 연관되어있는 한 이 개념은 한정된 범위를 유지한다. 글쓰기와 함께 텍스트는 발화자와 본래적 청중과 그리고 대화자들에게 공통된 담화적 상황과의 관계에서 의미론적 자율성을 획득한다. 지시체의 문제가 첨예하게 인식되는 것도 글쓰기와 더불어 텍스트의 세계가 말 담화의 특징인 실물적(實物的)인 지시체로부터 분리되는 때이다. 그러나 애초부터 텍스트 개념은 말 담화와 대립된 글과의 관계로부터 부분적으로 자유로워질 수 있는 특성을 자체 안에 통합한다. 텍스트는 직물(texture), 즉 구성의 복합성을 함축한다. 텍스트는 또한 작품, 즉 언어를 형성하는 노동행위를 의미한다. 마지막으로 텍스트는 자체가 증언하는 경험을 내구

성 있는 기념비에 새기는 일을 함축한다. 이 모든 특성들에 의해서, 텍스트 개념은 특수하게 글이나 심지어는 담화에 한정되지 않은 현상들에로 유비적으로 확장되어질 수 있다.

이 유비적 확장은 해석학과 사회과학 사이의 관계에 대한 톰슨의 주된 관심에 보다 직접적으로 적합한 제3부의 논문들을 지배한다. 그의 이 관심은 또한 왜 그가 "텍스트의 모델: 텍스트로서 간주되는 의미 있는 행동"이라고 제목이 붙은 논문을 이 시리즈에 도입하기로 선택하였는지를 설명해준다. 텍스트와 행동 사이의 기본적인 유비는 다음의 논문들에서 불러일으켜진 해석이론과 사회과학의 관계에 대한 열쇠이기 때문이다. 반면에 또한 사회과학은 언어보다 훨씬 더 넓은 영역을 해석에 제공해준다. 막스 베버의《경제와 사회》(*Economy and Society*)의 방법론 부분에서 빌어 온 정의에 따라, 만일 사회과학의 대상이 (직·간접적으로) 의미 있는 행동이라면, 텍스트와 행동 사이의 유비는 해석이론이 담화와 글의 제한으로부터 벗어나 사회과학의 전체 영역으로 확장될 수 있게 해준다.

이 유비로부터 시작한다면, 해석이론과 사회과학 영역 사이의 관계에 대한 연구를 위한 다음 논문들의 공헌은 보다 분명해진다. 이 관계에 대한 연구와 연관된 세 개의 범례가 톰슨에 의해 선택되었다. 가다머와 하버마스 사이의 논쟁의 맥락에서 이미 논의되었던 이데올로기의 문제가, 한 사회집단이 집단적인 표상들에 의해 자체에 관해 제공하는 해석의 관점에서 다시 고찰된다. 해석의 인식론적 위상의 문제가 다음 논문인 "프로이드의 정신분석 저술들에서의 증명의 문제"에서 다시 나타난다. 톰슨이 이 논문과 프로이드에 관한 나의 책 사이의 접근방식의 차이점을 강조한 것은 옳다. 해석의 갈등에 의해 지배되는 시기에서처럼 프로이드의 이론, 즉 메타 심리학에 대한 반성에 초점을 맞추는 대신, 이 논문은 의도적으로 해석의 과업을 분석적 상황 자체와 다시 연결시키고, 프로이드의 이론을 이 분석적 상황에 의해 함축된 해석의 과정에 접목되는 설명의 단계로 취급한다. 톰슨은 역사적이고 허구적인 이중적 형태로 나타나는 이야기의 기능에 대한 나의 최근의 연구사례로 자신의 선집을 마무리하기를 원했다. 어떤 의미에서, 이것은 여기서 추구되는 이해와 설명 사이의 관계에 대한 동일한 논쟁이다. 왜냐하면 이야기를 따라가는 능력은 이야기(narrating)행위에서의 필수적 구성 요소인 이해를 표현하며, 반면에 역사의 법칙의, 그리고 민간설화, 연극, 소설, 허구적 문학 일반의 이야기 구조에 대한 탐구는 법칙론적 과학에서의 설명의 단계에 상응하기 때문이다. 이러한 방식으로, 이야기성에 관한 나의 최근의 연구는 다시금 사회과학에서의 해석의 역할에 관한 연구에 귀속된다.

  그러나 나는 이 마지막 논문을 다른 방식으로 그 앞의 논문들과 연결시키는 방식을 제안하고자 한다. 나의 이야기의 기능에 대한 최근의 탐구는 은유에 대한 나의 이전의 작품을 다른 관점에서, 즉 칸트가 자신의 초월적 철학에서 생산적 상상력이라고 부른 것과 이 상상력의 지적 모태인 도식론(圖式論, schematism)의 차원에서 보충한다. 이것은 내가 위에서 암시한 은유이론의 측면이다. 왜냐하면 설명과 이해 사이의 논쟁을 배경으로 강력한 창조성의 물음이 부각되기 때문이다. 이 물음은 언제나 내게 너무 쉽거나 또는 너무 어려운 것처럼 보였다. 이것이 엄격성이 결여된 쓸데없는 말을 초래하는 한, 너무 쉬우며, 칸트가 '본성으로부터 유리시킬 수 없는, 영혼의 심층에 숨겨진 기제(機制, mechanism)'라고 부른 도식론에 관하여 그 자신이 말한 것처럼, 너무 어렵다. 그러나 만일 창조성의 문제가 직접적으로 그리고 전체적으로 접근될 수 없다면, 아마도 측면에서 그리고 부분적인 방식으로 다루어질 수 있을 것이다. 생산적 상상력이 '의미론적 혁신'의 형태를 취하는 한, 은유는 이 제한된 접근방식들의 하나를 구성한다. 여기서 상상력은 자연적 언어의 다의적 성격을 확대하는 댓가를 치르면서, 새로운 의미의 전체 배열을 생산하기 위하여 말(verbal)의 차원에서 작용한다. 생산적 상상력의 또 다른 사용은 플롯의 창출 안에서 식별되어질 수 있는데, 이 플롯에 의해서 이야기하는 사람(역사가이든 소설가이든)은 분리된 일련의 사건들에 지성적인 질서를 도입하고, 환경, 목적, 위험을 함께 결합한다.

   은유에 대한 나의 최근의 연구를 현재 진행중인 나의 이야기성에 대한 연구와 연결시키는 동일한 문제가 지금의 내게는 나의 이전의 연구의 주된 주제들 중의 하나로 여겨진다. 따라서 톰슨 자신이 언급하듯이, 이데올로기 분석은, 이 분석을 보충하는 유토피아 분석과 아울러, '사회적 상상'(social imaginary) 이론의 틀거리 안에 속한다. 그리고 정신분석은 밤의 꿈, 낮의 꿈, 신화, 그리고 환상(fantasy) 주위의 다른 문화적 표상들을 함께 모아 분석하는 한, 상상력 이론에 대한 공헌의 관점에서 고찰될 수 있다. 보다 일반적으로, 자체의 역동성의 관점에서 숙고되는 모든 상징주의는 '문화적 차원의 상상'을 광범위하게 표현한다. 나 자신의 연구를 거슬러 올라가자면, 《오류적 인간》의 시기에, 의지적인 것과 비의지적인 것이 명료화되고 오류가능성이 인간의 존재론적 구조 안으로 스며드는 미묘한 시점에 상상력이 이미 자리를 잡기 시작했다고 나는 인식한다. 마지막으로, 지속적으로 연기된 '의지의 시학'에의 기획은 의미론적 혁신과 실천적인 표상의 차원에서, 개인적 차원에서, 그리고 문화 사회적 차원에서 숙고되어진, 창조적 상상력에 대한 일반 철학에의 기획이다.

따라서 문제는 내가 위에서 창조성의 문제에 대한 측면적이고 부분적인 접근이라고 부른 것을 극복하는 것이 가능한가, 그리고 유한성의 존재론으로 심화되는 철학적 인간론을 구상하는 것이 가능한가 하는 것이다. 만일 이러한 기획이 가능한 것으로 입증된다면, 사회과학과의 접촉점을 상실한 해석학적 철학의 관례에 다시 빠지는 것을 피하는 것이 그 어느 때보다 더욱 중요하게 될 것이다. 그러므로 생산적 상상력의 철학에의 기획은 결코 사회과학과의 대화를 추구하는 데 관심을 기울이는 해석이론에 대한 대안이 되지 않는다. 이 기획은 오직 이 이론을 더욱 심화할 뿐이다. 그러나 이 기획은 사회과학의 인식론이 인간실재에의 존재론과 다시 결합되는 근본적 차원에서 수행되어야 한다.

제1부

해석학의 역사

1. 해석학의 과제

　이 논문에서 나는 해석학의 논쟁에 참여하여 나 자신의 논증을 전개하기 전에 먼저 내가 받아들이고 인식한 대로의 해석학의 문제를 기술하고자 한다. 이 예비적 성격의 논의에서, 나는 확신의 요소들과 아울러 미해결된 문제의 항목들을 확인하는 것으로 만족할 것이다. 나는 내적 '아포리아'(aporia)에 의해 해석학적 반성에 대한 중요한 재정위(再定位, reorientation)가 요구되는 지점까지 해석학적 반성을 수행하고자 하는데, 이 재정위를 통하여 해석학적 반성은 기호학에서 주석학에 이르는 텍스트에 관한 학문들과의 진지한 토론으로 들어갈 수 있게 될 것이다.

　나는 해석학에 대한 다음과 같은 작업 정의를 채택할 것이다. 즉 해석학이란 텍스트 해석과의 관계 속에서 일어나는 이해의 작용에 대한 이론이다. 따라서 핵심 개념은 담화를 텍스트로 실현하는 것이 될 것이다. 그리고 텍스트의 범주에 대한 자세한 논의는 다음 연구의 관심사가 될 것이다.[1] 텍스트 해석학으로서의 해석학 개념에 대한 논의를 통하여, 이 논문의 마지막 부분에서 제시되는 해석학의 중심 문제, 즉 내가 보기에 비극적인 설명과 이해의 대립 문제를 해결하려는 시도를 위한 길이 예비될 것이다. 따라서, 낭만주의 해석학이 분리시키려고 했던 이 두 태도 사이의 상호보완성에 대한 추구는 텍스트 개념이 요구하는 해석학적 재정위를 인식론적 차원에서 표현할 수 있을 것이다.

1. 국부적 해석학에서 일반적 해석학으로

내가 제안하는 해석학 이해는 '아포리아' 개념에 집중되는데, 내 자신의 탐구를 촉진시켜 온 것이 바로 이 '아포리아'이다. 따라서 이 논문에서의 나의 진술은 전제로부터 자유롭다는 의미에서의 중립적인 진술이 아니다. 실로, 해석학 자체가 우리를 중립성이라는 착각 또는 허식적 주장에 맞서 싸우도록 만든다.

나는 최근의 해석학의 역사가 다음 두 가지의 중요한 관심사에 의해 지배되어 왔다고 본다. 첫번째는 해석학의 목표를 점진적으로 확대하려는 경향으로서, 모든 '국부적'(regional) 해석학을 하나의 '일반적' 해석학 안으로 통합하려는 경향이다. 그러나 (두 번째로) 이러한 '탈국부화'의 움직임은 그와 동시에 해석학 고유의 인식론적 관심―과학적 위상을 성취하려는 해석학의 노력―이 존재론적인 관심에 종속되지 않으면 끝까지 추진될 수 없다. 이 존재론적 관심에 의해서 이해는 단순한 지식의 양태로 나타나기를 그치고, 존재 방식 그리고 존재자들이나 존재와의 관계맺음의 방식이 된다.

---

1) 이 책의 4장, "소격화의 해석학적 기능"을 참고하라.

따라서 '탈국부화'의 운동은 '철저화'(radicalisation) 운동을 수반하는데, 이 철저화 운동에 의해서 해석학은 '일반적'일 뿐 아니라 '근본적'(fundamental)인 것이 된다. 이제 이 운동들을 각기 차례로 살펴보자.

1. 해석의 첫번째 자리

해석학이 해명의 과업을 시작하는 첫번째 '자리'(locality)는 명백히 언어이며 좀더 구체적으로는 씌어진 언어(글)이다. 이 자리의 윤곽을 파악하는 것은 매우 중요하다. 왜냐하면 내 자신의 과업이 텍스트 개념에 의해서 해석학을 '재국부화'(re-regionalise)하려는 시도로 보여질 수 있기 때문이다. 따라서 왜 해석학이 언어의 문제와 특별한 관계를 갖는지에 대해 명확히 이해하는 것이 중요하다. 내가 생각하기에는, 자연 언어의 매우 주목할 만한 성격, 즉 대화의 가장 기본적이고 평범한 차원에서 해석의 작업을 요구하는 성격에서 시작하는 것이 좋을 듯하다. 이 성격은 다의성이다. 이 다의성은 우리의 단어가 그것이 사용된 특정한 맥락 밖에서 고려될 때에는 하나 이상의 의미를 가지게 됨을 의미한다. 여기에서 나는 하나의 특징만을 제시하는 사전의 어휘론적 부호체계에 의지하는 것을 정당화하는 이법(理法, economy)의 문제에는 관심을 기울이지 않을 것이다. 현재의 논의에서 중요한 점은, 특정한 화자가 특정한 상황의 청자에게 말한 특정한 메시지 안에서 단어들이 취한 그 당시의 통용적 가치를 결정하고자 할 때, 단어들의 다의성은 그 다의성에 대한 대응책으로 상황적 맥락의 선별하는 역할을 요구한다는 것이다. 상황적 맥락에 대한 민감성은 다의성의 필수적인 보완책이자 불가피한 대응책이다. 그러나 상황적 맥락의 사용은 대화 당사자들

간에 이루어지는 구체적인 메시지의 교환에 안에 수행되며 질문과
대답의 상호작용 모델을 따라 수행되는 식별 행위를 포함한다. 이
식별 행위는 고유하게 해석이라고 불린다. 이 식별 행위는 공통어
휘의 다의성에 기초하여 화자가 어떠한 상대적으로 일의적인 메시
지를 구성하였는지를 인식하는 데 있다. 다의적 단어를 가지고 상
대적으로 일의적인 담화를 생산하는 것, 그리고 메시지를 받아들임
에 있어서 이 일의적인 의도를 규명하는 것, 이런 것이 해석의 첫
번째이자 가장 기본적인 과업이다.

  교환되는 메시지의 이 광범위한 순환 안에서, 글쓰기는 딜타이가
글쓰기에 의해 고정화된 삶의 표현이라고 부른 제한된 영역을 조
탁(彫琢)해낸다. 우리는 딜타이에 대하여 잠시 후에 자세히 고찰하
게 될 것이다.[2] 이 고정화된 삶의 표현은 해석의 특수한 과업을 요
구하는데, 이 과업은 바로 텍스트로서의 담화의 실현으로부터 말미
암는 것이다. 나는 글로 씌어지는 그 순간부터, 질문과 대답의 상호
작용, 즉 대화를 통한 직접적 해석의 조건은 더 이상 충족되지 않
는다고 잠정적으로 말하고자 한다. 그러므로 씌어진 기호의 네트워
크를 담화로 끌어올리고, 텍스트로서의 담화의 실현에 고유한 중첩
된 부호체계(codification)를 통해 메시지를 식별하기 위해서는 특수
한 해석의 기술이 요구되어진다.

---

2) W. Dilthey, "Origine et développement de l´herméneutique"(1900), in *Le
   Monde de l´Esprit I*(Paris: Aubier, 1947), 특히 319~22, 333면[영문 번역판:
   "The Development of Hermeneutics" in *Selected Writings*, edited and
   translated by H. P. Rickman(Cambridge: Cambridge University Press, 1976)].

2. 프리드리히 슐라이에르마허

진정한 탈국부화 운동은 매번 상이한 텍스트에 대하여 이루어지는 해석행위로부터 일반적인 문제를 이끌어내려는 시도와 함께 시작된다. 이러한 중심적이고 통일적인 문제를 깊이 인식한 것은 슐라이에르마허의 업적이다. 그의 이전에는, 한편으로는 주로 그리스-로마의 고대문헌과 같은 고전적 텍스트에 대한 문헌학이 있었으며, 다른 한편으로는 구약성서와 신약성서와 같은 성문서에 대한 주석학이 있었다. 이 두 영역 각각에서, 해석작업은 텍스트의 다양성에 따라 다양하게 이루어진다. 그러므로 일반적 해석학은 해석자가 특수한 적용을 넘어서 이 커다란 두 주류의 해석학에 공통적으로 작용하고 있는 바를 식별할 것을 요구한다. 그러나 이를 위해서는 텍스트들의 특수성뿐만 아니라 이해 기술의 규칙과 비법의 특수성도 넘어서는 것이 필요하다. 해석학은 주석학과 문헌학을 넘어서 '기술론'(技術論, Kunstlehre)의 차원, 즉 서로 연관되지 않는 작용들을 단순히 한데 모으는 일에 국한되지 않는 기술론의 차원으로 고양시키려는 시도와 더불어 탄생하였다.

주석학과 문헌학의 특수한 규칙들을 이해 일반의 문제에 종속시키는 일은 칸트의 철학이 다른 분야, 무엇보다 자연과학과의 관계에 가져온 결과와 충분히 비교할 만한 전환을 가져왔다. 이러한 관점에서, 칸트주의는 해석학과 가장 가까운 철학적 지평을 구성한다고 말할 수 있다. 우리가 아는 바와 같이, 《순수이성비판》의 일반적인 정신은 인식론과 존재론 사이의 관계를 역전시키는 것이다. 즉 우리가 존재의 본성과 대면하기 전에 인식의 능력이 먼저 검증되어야 한다. 칸트주의적인 분위기 속에서, 어떻게 해석의 규칙들을 다양한 텍스트들과 텍스트 안에서 다양하게 말해지는 것들과 연관시키지 않고, 해석의 다양한 측면들을 통합하는 중심적 작용과 연관시켜 보려는 기획을 수립할 수 있었는지를 이해하는 것은 쉬운 일이다. 슐라이에르마허 자신은 자기가 주석학과 문헌학 영역에서 칸트가 자연철학에 가져온 코페르니쿠스적인 전환과 비견될 만한 전환을 가져왔다는 사실을 인식하지 못했지만, 19세기 후반의 신칸트주의의 분위기에서 글을 썼던 딜타이는 이러한 사실을 충분히 인식하고 있었을 것이다. 그러나 이러한 전환이 일어나기 전에, 슐라이에르마허가 생각하지 못했던 확장, 즉 주석학과 문헌학을 역사 과학 안에 포함시키는 일이 먼저 수행되어야 할 것이다. 그래야만 해석학은 헤르더(Herder)가 처음으로 인식하였고 캇시러(Cassirer)가 분명하게 인식한 칸트주의의 커다란 공백—즉 비판철학은 물리학과 윤리학을 연결시키지 못한다는 것—에 대한 전체적인 응답으로 나타날 수 있을 것이다.

　그러나 문제는 단지 칸트주의의 공백을 채우는 것만이 아니었다. 그것은 또한 칸트의 주체개념을 심대하게 변혁시키는 문제였다. 칸트주의는 물리학과 윤리학에서 객관성의 보편적 조건을 탐구하는 데 제한되었기 때문에, 보편적 판단을 위한 가능성의 조건들을 담지하고 있는 비인격적인 정신만을 밝혀 낼 수 있었다. 해석학이 낭만주의 철학으로부터 자신의 가장 근본적인 확신—즉 정신은 천부적(gifted) 개인들 안에서 작용하는 창조적 무의식이라는 것—을 받아들이지 못했다면, 해석학은 칸트주의에 아무 것도 추가하지 못했을 것이다. 따라서 슐라이에르마허의 해석학적 기획은 낭만주의적이고 비판적인 이중적 표지(標識)를 지닌다. 즉 그의 해석학적 기획은 창작 과정과의 살아있는 관계에 호소함에 있어서 '낭만주의적'이며, 보편적으로 타당한 이해의 규칙을 수립하고자 함에 있어

서 '비판적'이다. 아마도 해석학은 영원히 낭만주의적이고 비판적
이며, 비판적이고 낭만주의적인 이 이중적인 친족관계에 의해 표시
될 것이다. "오해가 있는 곳에 해석학이 있다"[3]는 유명한 격언의
이름으로 오해에 대항하여 투쟁할 것을 제안하는 것은 비판적인
것이며, "저자가 자신을 이해하는 것만큼 저자를 이해하거나 또는
저자보다 저자를 더 잘 이해할 것"[4]을 제안하는 것은 낭만주의적
인 것이다.

슐라이에르마허가 남겨 놓은 해석학에 관한 노트는 하나의 저서
로 완성되지 못한 것인데, 그는 이 초고적인 원고와 아울러 해석학
의 '아포리아'를 뒤에 남겨 놓았다. 그가 씨름했던 문제는 해석의
두 가지 형식, 즉 '문법적' 해석과 '기술적'(技術的) 해석의 관계에
관한 것이었다. 이 두 형식의 구별은 그의 작품 전반에 걸쳐 일관
되게 지속되었으나, 그 의미는 해가 지남에 따라 변하였다. 킴멀리
(Kimmerle) 판(版)[5]이전에는, 1804년과 그 이후의 노트들이 알려지
지 않았다. 그렇기 때문에 사람들은 두 가지 형식의 해석이 처음부
터 동일한 지위를 갖고 있었음에도 불구하고, 슐라이에르마허가 심
리주의적 입장을 가지고 있다고 생각했다.

---

3) F. Schleiermacher, *Hermeneutik und Kritik*, volume VII of *Sämmtliche Werke*, edited by F. Lucke(Berlin: G. Reimer, 1938), secs. 15~16. 또한 Hans Georg Gadamer, *Wahrheit und Methode*(Tübingen: J. C. B Mohr, 1960, 이후부터 본문 안에서 *WM*으로 인용됨), 173면[영문 번역판: *Truth and Method* (London: Sheed and Ward, 1975, 이후부터 본문 안에서 *TM*으로 인용됨), 163면]을 보라.

4) F. Schleiermacher, *Hermeneutik*, edited by H. Kimmerle(Heidelberg: Carl Winter, 1959), 56면.

5) 이 판은 *Abhandlungen der Heidelberger Akademie der Wissenschaften, Phil-hist. Klasse*, 2(1959)에 나타났다.

문법적 해석은 한 문화에 공통되는 담론의 성격에 기초하는 반면, 기술적(심리적적) 해석은 저자의 메시지의 개별성이나 천재성과 직결되어 있다. 그런데 비록 이 두 가지 해석이 동등한 위상을 가진다고 하더라도, 그것들을 동시에 실행할 수는 없다. 슐라이에르마허는 이 점을 분명히 했다. 즉 공통 언어를 고찰하는 것이 저자를 잊어버리는 것이라면, 개인적 저자를 이해하는 것은 단순히 저자를 거쳐간 그의 언어를 잊어버리는 것이다. 우리는 공통된 것을 인식하든지 아니면 특수한 것을 인식한다. 첫번째 해석은 저자와 구별되는 언어학적 성격에 관심을 갖기 때문에 '객관적'이라 불린다. 그러나 이 해석은 또한 '소극적'이라고 불리는데, 그것은 이 해석이 단순히 이해의 한계를 지적하기 때문이다. 즉 이 해석의 비판적 가치는 단어들의 의미에 있어서의 오류와 관련되어 있다. 두 번째 해석은 '기술적'이라고 불리는데, 이렇게 불리는 것은 의심할 바 없이 바로 '기술론'(Kunstlehre)의 기획 때문이다. 해석학의 중심적 과제는 이 두 번째 해석에서 성취된다. 도달해야 하는 지점은 말하는 화자의 주관성이며, 언어는 잊혀진다. 여기서 언어는 개별성을 위해 봉사하는 도구가 된다. 이 해석은 '적극적'인 것이라고 불린다. 왜냐하면 이 해석은 담화를 생산하는 사유행위에 도달하기 때문이다. 해석의 한 형식은 다른 형식을 배제할 뿐만 아니라, 각각이 구별된 재능을 요구한다. 이들 각각이 너무 지나치게 되면 다음과 같이 된다. 즉 문법적 해석이 지나치면 현학적이 되고, 기술적(심리적) 해석이 지나치면 불명료성을 초래한다.

슐라이에르마허에게 있어서, 두 번째 해석(기술적 해석)이 첫번째 해석(문법적 해석)을 압도하게 되고 해석의 '예측적'(divinatory) 특징이 심리적 특징을 강조하게 된 것은 그의 후기의

작품들에서이다. 그러나 이때에도 심리적 해석(후기의 작품들에서
는 이 용어가 '기술적 해석'을 대신한다)은 결코 저자와의 유사성
을 확립하는 것에만 한정되지 않는다. 이 해석은 비교 행위에서의
비판적 동기를 포함한다. 즉 개별성은 오직 비교와 대조에 의해서
만 파악된다. 따라서 두 번째 해석학도 역시 기술적(技術的)이고 추
론적(discursive)인 요소를 포함한다. 우리는 개별성을 결코 직접적
으로 파악할 수 없으며 오직 타자와의 차이나 우리 자신과의 차이
에 의해서만 파악할 뿐이다. 따라서 두 해석학의 화해의 어려움은
첫번째 대립적 쌍인 '문법적'인 것과 '기술적'인 것 위에 두 번째
의 대립적 쌍인 '예측'과 '비교'가 부가됨으로써 더욱 복잡해진다.
《과학적 담화》(*Academic Discourse*)[6]는 현대 해석학의 창시자가 직
면한 이러한 심각한 난관에 대한 추가적인 증거를 제공해준다. 다
른 논문에서 나는 이러한 난관을 극복하기 위해서는 작품과 저자
의 주관성의 관계를 명료화해야 하며, 또한 해석의 주안점을 숨겨
진 주관성에 대한 감정이입적인 탐구로부터 작품 자체의 의미
(sense)와 지시체(reference)로 전환해야 한다고 논증할 것이다. 그
러나 우리는 먼저 딜타이가 문헌학과 주석학의 문제를 역사학의
문제에 종속시킴으로써 해석학을 결정적으로 발전시킨 사실에 대
하여 고찰함으로써, 해석학의 중심적 '아포리아'를 더욱 밀고 나아
갈 필요가 있다. 보다 광범위한 '보편성'이란 의미에서의 이러한
전개는 보다 철저한 '근본성'이란 의미에서의 인식론으로부터 존
재론으로의 전환을 위한 길을 예비한다.

---

6) Cf. *Abhandlungen gelesen in der Königlichen Akademie der Wissenschaften*,
   in *Schleiermachers Werke*, I, edited by O. Braum and J. Bauer(Leipzig: F.
   Erkardt, 1911), 374면 이하.

3. 빌헬름 딜타이

딜타이는 이러한 결정적으로 중요한 해석학의 전환기에 위치한다. 이 시기는 문제의 중대성은 인식되지만 여전히 그 문제가 신칸트주의 시대의 전반적인 특징인 인식론적 논쟁의 관점에서 노정(露呈)되는 시기였다.

텍스트 해석이라는 국부적인 문제를 더 넓은 역사적 인식의 영역 안으로 통합하여야 할 필요성이, 역사학을 제1의 학문으로 창조해낸 19세기 독일문화의 위대한 업적을 설명하는 데 관심을 가진 사상가들에게 부과되었다. 슐라이에르마허와 딜타이 사이에는 19세기의 독일의 위대한 역사가들인 랑케(L. Ranke), 드로이센(J. G. Droysen) 등이 있었다. 이들 이후로 해석되어져야 할 텍스트는 실재 자체가 되었으며, 또한 실재의 상호연관성(Zusammenhang)이 되었다. 과거의 텍스트를 어떻게 이해할 것인가 하는 물음보다 "역사적 상호연관성은 어떻게 인식되어야 하는가?" 하는 물음이 선행하였다. 텍스트의 일관성 이전에 인류의 위대한 문서로서, 그리고 가장 근본적인 '삶의 표현'으로서 간주되는 역사학의 일관성이 선행한다. 딜타이는 무엇보다도 해석학과 역사학 사이의 이러한 협정에 대한 해석자이다. 오늘날 경멸적인 의미에서 '역사주의'라고 불리는 것은 무엇보다 먼저 하나의 문화적 사실을 표현하는데, 이 문화적 사실은 인류의 걸작품에 대한 관심으로부터 그 걸작품을 지지해주는 역사적 상호연관성에 대한 관심으로의 전환을 가리킨다. 역사주의에 대한 불신은 단지 역사주의 자체가 만들어 낸 장애의 결과일 뿐만 아니라 보다 최근에 발생한 또 다른 문화적 변화의 결과이기도 하다. 이 문화적 변화란 변화보다 체계에, 그리고 통시성(通時性)보다 공시성(共時性)에 우선성을 부여하는 변화이다. 오늘날의 문학비평의 구조주의적 경향은 역사주의의 실패와 역사주의적 문제에 대한 근본적인 전복 둘 다를 표현한다.

딜타이는 역사적인 것에 대한 인식 가능성이란 난제를 철학적 반성 안으로 가지고 들어옴에 있어서, 두 번째 근본적인 문화적 사실로 말미암아 해결의 열쇠를 존재론적 측면에서가 아니라 인식론 자체의 개혁에서 찾으려고 시도하였다. 여기에서 말하는 두 번째 근본적인 문화적 사실은 실증주의 철학의 출현에 의해 대변된다. 우리가 일반적인 관점에서 이해하는 실증주의라는 개념은 자연과학의 영역에서 통용되는 경험론적 설명으로부터 모든 인식가능성을 위한 모델을 취할 것을 요구하는 것이다. 딜타이의 시대는 헤겔주의에 대한 전적인 거부와 실험적 지식에 대한 옹호로 특징지워졌다. 따라서 역사적 지식을 올바르게 다루는 유일한 길은 역사적 지식에 자연과학이 성취한 것과 비교될 수 있는 과학적 차원을 부여하는 것처럼 보였다. 그러므로 딜타이가 자연과학의 방법론과 인식론처럼 존중받을 수 있는 방법론과 인식론을 정신과학에 부여하고자 시도한 것은 실증주의에 대한 응답에서였다.

이러한 두 가지 중대한 문화적 사실들의 기초 위에서, 딜타이는 자신의 근본적인 물음을 제기한다. 어떻게 역사적 지식이 가능한가? 또는 보다 일반적으로 말하자면, 어떻게 정신과학이 가능한가? 이러한 물음은 우리를 딜타이의 작품 전반에 걸쳐 나타나는 심각한 대립, 즉 자연에 대한 '설명'과 역사에 대한 '이해' 사이의 대립의 문지방으로 인도한다. 이러한 대립은 해석학에 심각한 결과를 초래했는데, 즉 이러한 대립에 의해서 해석학은 자연과학적 설명으로부터 분리되고 다시금 심리적 직관의 영역으로 되던져졌다.

딜타이가 이해의 특유한 성격을 찾아보려 했던 곳은 심리학의

영역이었다. 모든 '정신과학' — 딜타이는 정신과학을 역사적 관계
성을 내포하고 있는 인간의 모든 지식 양태로 이해한다 — 은 타자
의 정신적 삶 안으로 자신을 전이시킬 수 있는 원초적 능력을 전제
한다. 자연적 지식에 있어서 인간은 자기 자신과 분명히 구별되는
현상들만을 파악할 수 있으며, 현상들의 근본적인 '사물성'
(thingness)은 파악할 수 없다. 반면에 인간의 질서에 있어서 인간은
인간을 안다. 다른 사람이 우리에게 아무리 낯설다고 해도, 알 수
없는 물리적 사물처럼 낯설지는 않다. 자연적 사물과 정신 사이의
위상의 차이는 설명과 이해 사이의 위상의 차이를 초래한다. 인간
은 인간에게 근본적으로 낯설지 않다. 왜냐하면 인간은 자신의 고
유한 실존의 기호들을 제공하기 때문이다. 이 기호들을 이해하는
것이 인간을 이해하는 것이다. 이와 같은 정신적 세계와 물리적 세
계의 원칙적인 차이를 실증주의 학파는 전적으로 무시했다. 이에
반대하여 정신이나 정신세계는 반드시 개인적인 것은 아니라는 주
장이 제기될 수도 있다. 헤겔은 '객관적인' 정신의 영역, 즉 결코
심리적 현상으로 환원될 수 없는 제도와 문화라는 정신의 영역을
증언하지 않았던가? 그러나 딜타이는 아직 신칸트주의 세대에 속
한다. 신칸트주의에 있어서 모든 정신과학의 추축(樞軸)은 개인, 즉
사회적 관계 속에서 고려되지만 근본적으로는 개별자로서의 개인
이다. 그러므로 정신과학의 기초는 사회와 역사 안에서 행동하는
개인에 관한 학문인 심리학이 되어야 한다. 결과적으로 상호적 관
계들, 문화체계들, 철학, 예술, 그리고 종교가 이 기초 위에서 수립
된다. 좀더 정확하게 말하자면, (이것은 그 시대의 또 다른 주제였
다) 인간은 자기 자신을 능동적 활동, 자유의지, 주도성, 그리고 기
획으로서 이해하고자 한다. 여기서 우리는 헤겔로부터 돌아서서, 즉

헤겔의 공적(公的, public) 정신 개념을 넘어서서, 그러나 앞에서 말한 바 칸트 자신이 멈춰서 버렸던 지점에서, 칸트와 재결합하려는 확고한 의도를 인지하게 된다.

칸트주의에 유감스럽게도 결여되어 있는 역사적 지식에 대한 비판의 열쇠는 '상호연관성'이라는 근본적인 현상 안에서 발견되어야 한다. 이 상호연관성에 의하여 타자의 삶의 현현이 식별되고 확인될 수 있다. 타자에 대한 인식은 삶이 형식들을 산출하고 자신을 안정된 형태로 외면화시키기 때문에 가능하다. 다시 말하면 감정, 평가, 의지는 타자들에게 해독하도록 하기 위해 제공되는 '구조화된 획득물(acquis)' 안에 자체를 침전시키려는 경향이 있다. 문화가 문학의 형태로 산출하는 조직화된 체계는, 삶의 산출물들의 목적론적 구조라는 첫번째 현상 위에 세워지는 두 번째 층을 구성한다. 우리는 막스 베버가 나름대로 자신의 관념적 유형들(ideal-types)의 개념을 통해 이러한 문제를 해결하려고 얼마나 노력했는지를 알고 있다. 이 두 저자(딜타이와 막스 베버)는 모두 동일한 문제와 씨름했다. 자연의 규칙성과 대립되는 것처럼 보이는 삶의 차원의 유동하는 경험의 영역에서 어떻게 개념이 형성될 수 있는가? 이에 대한 답변이 가능한 것은 정신적 삶이 타자에 의해서 이해될 수 있는 구조화된 전체성 안에 고정되기 때문이다. 1900년 이후, 딜타이는 상호연관성 개념에 일관성을 부여하기 위하여 후설에 의존하였다. 같은 시기에, 후설은 정신적 삶은 지향성(intentionality), 즉 확인 가능한 의미를 지향하는 속성에 의해 특징지어진다는 이론을 세웠다. 정신적 삶 자체는 파악될 수 없지만, 우리는 정신적 삶이 지향하는 것, 즉 정신적 삶으로 하여금 자신을 넘어서도록 해주는 객관적이고 동일한(identical) 상관물은 파악할 수 있다. 따라서 이러한 지향성 개념, 그리고 지향된 대상의 동일한 성격에 관한 개념과 더불어, 딜타이는 자신의 정신 구조 개념을 후설의 의미 개념을 가지고 강화할 수 있었다.

이러한 새로운 상황 속에서, 슐라이에르마허로부터 물려받은 해석학의 문제는 어떻게 되었는가? 주로 자신을 타자 안으로 전치시킬 수 있는 능력의 관점에서 정의된 이해로부터 글쓰기에 의해 고정화된 삶의 표현에 대한 이해라는 적확한 의미에서의 해석으로의 이행은 이중적인 문제를 노정한다. 한편으로, 해석학은 해석(이해)의 심리학에 보완적인 단계를 부가함으로써 그것을 완성했다. 다른 한편, 해석(이해)의 심리학은 해석학을 심리학적 방향으로 돌려놓았다. 이것은 왜 딜타이가 슐라이에르마허의 해석학의 심리주의적 측면을 유지했는지를 설명해준다. 딜타이는 타자로의 감정이입에 의한 이해를 자기 자신의 이해의 문제로 인식했던 것이다. 첫번째 관점(해석학이 해석(이해)의 심리학을 보완하는)에서 생각해 볼 때, 해석학은 특수한 그 어떤 것을 포함한다. 해석학은 글이나 글과 동등한 다른 기록의 과정에 의해서 고정화된 기호들의 범주로부터 지지를 이끌어냄으로써 상호연관성과 구조화된 전체성을 재현하려고 한다. 그러므로 타자의 정신적 삶의 직접적 표현을 통하여 타자의 정신적 삶을 파악하는 것은 더 이상 가능하지 않다. 오히려 객관화된 기호들을 해석함으로써 타자의 정신적 삶을 재현하고 재구성하는 것이 필요하다. 삶의 표현이 특유한 성격을 지닌 대상들 안에 구현되기 때문에, 이 '재현'(Nachbilden)은 특유의 규칙들을 요구한다. 슐라이에르에서와 마찬가지로, 이해의 과학적 단계를 제공해주는 것은 문헌학, 즉 텍스트에 대한 설명이다. 두 사상가 모두에게 있어서 해석학의 본질적인 역할은 다음과 같다. 즉 그것은 "낭만주의적인 일시적 기분과 회의적인 주관주의의 지속적인 침투에 대항하여 … 역사에서의 모든 확실성의 근거가 되는 해석의 보편적 정당성을 이론적으로 수립하는 것"[7]이다. 따라서 해석학은 텍스트의 본질적 구조의 덕택으로 객관화된 이해의 층을 구성한다.

그러나 심리학에 기초한 해석학 이론에는 이와는 반대급부적인 측면이 있는데, 그것은 심리학이 해석학의 궁극적인 정당화의 근거로 남아 있다는 것이다. 우리 자신의 반성의 중심에 있는 텍스트의 자율성은 단지 잠정적이고 피상적인 현상일 수 있다. 따라서 딜타이의 작품에 있어서 객관성의 문제는 불가피한 문제인 동시에 해결 불가능한 문제로 남는다. 객관성의 문제가 불가피한 까닭은 진정으로 과학적인 이해의 개념으로 실증주의에 응답하여야 한다는 주장 때문이다. 그래서 딜타이는 자신의 '재현' 개념을 객관화의 요구에 언제나 보다 더 적합하게 만들면서 끊임없이 수정하고 완성해 갔다. 그러나 그는 해석학적 문제를 타자에 대한 인식이라는 심리학 고유의 문제에 종속시킴으로써, 모든 객관화의 전거를 해석의 영역 너머에서 찾도록 운명지워졌다. 딜타이에게 있어서, 객관화는 매우 일찍이 자기 해석의 순간부터 시작된다. 나 자신에 대하여 나는 무엇인가 하는 문제는 오직 나 자신의 삶의 객관화를 통해서만 도달될 수 있다. 자기 인식은 이미 하나의 해석이며, 이 해석은 타자에 대한 해석보다 쉽지 않으며, 오히려 타자에 대한 해석보다 더욱 어려울 것이다. 왜냐하면 나는 오직 내가 나 자신의 삶에 부여하는 기호에 의해서만, 그리고 타자로부터 나에게 되돌아오는 기호에 의해서만 나 자신을 이해하기 때문이다. 모든 자기 인식은 기

7) W. Dilthey, "The Development of Hermeneutics," 260면.*

호와 작품을 통하여 매개된다. 이것이 딜타이가 그 당시 매우 큰 영향력을 미치던 '생철학'에 응답한 방식이었다. 딜타이는 삶은 본질적으로 창조적 역동성이라는 생철학의 견해를 공유했다. 그러나 생철학과는 대조적으로 딜타이는 그 창조적 역동성으로서의 삶은 자기 자신을 알 수 없으며 오직 기호와 작품이라는 우회로에 의해서만 자기 자신을 해석할 수 있다고 주장했다. 따라서 역동성 개념과 구조 개념이 딜타이의 작품 안에서 융합되었다. 즉 삶은 자기 자신을 구조화하는 역동성으로 나타난다. 이러한 방식으로, 후기의 딜타이는 그 어느 때보다도 더욱 깊숙이 삶의 목적론에 해석학의 닻을 내리면서 해석학의 개념을 일반화하려고 노력했다. 시간의 세 가지 차원인 과거, 현재, 미래를 따라서, 획득된 의미, 현재적 의미, 그리고 멀리 있는 목표가 지속적으로 삶의 역동성을 구조화한다. 인간은 오직 자신의 행위, 자신의 삶의 외화, 그리고 자신의 삶이 타자들에게 미친 영향의 결과를 통해서만 자신에 관하여 배운다. 인간은 오직 이해의 우회로에 의해서만 자기 자신을 알게 되는데, 이 이해의 우회로는 언제나 해석이다. 심리학적 해석과 주석학적 해석 사이에 있는 참으로 중요한 유일한 차이점은 삶의 객관화가 헤겔의 객관적 정신의 모든 모습들을 드러내는 영속적인 사물 (acquisition) 안에 자신을 축적시키고 침전시키려는 경향을 갖는다는 사실로부터 유래한다. 만일 내가 사라져 버린 세계를 이해할 수 있다면, 그것은 각각의 사회가 그 자신을 이해할 수 있게 해주는 사회적, 문화적 세계를 창조함으로써 그 사회 자신에 대한 이해의 매개를 창조했기 때문이다. 따라서 보편적 역사는 해석학의 장이 된다. 나 자신을 이해한다는 것은 모든 인간에게 의미 있는 것이 된 것을 보존하는 기억을 경유하는 가장 거대한 우회로를 만드는 것이다. 해석학은 개인이 보편적 역사의 지식으로 고양되는 것이며, 개인의 보편화이다.

딜타이의 저서는 슐라이에르마허의 저서보다, 텍스트 이해를 그 텍스트 안에 자신을 표현하는 다른 사람을 이해하는 법칙 안에 포함시키는 해석학의 중심적 '아포리아'를 더욱 분명하게 드러냈다. 만일 이 텍스트 이해의 기획이 근본적으로 심리학적인 것으로 남아 있다면, 그 까닭은 이 기획이 텍스트가 '무엇을' 말하는가 하는 것이 아니라 '누가' 그것을 말하는가 하는 것을 해석의 궁극적인 목표로 규정하기 때문이다. 이와 동시에 해석학의 대상은 텍스트로부터, 즉 텍스트의 의미(sense)와 지시체(reference)로부터 텍스트 안에서 표현되는 체험을 향하여 이행된다. 가다머는 딜타이의 저서에 나타나는 이러한 잠재적인 갈등을 분명히 명료화하였다(*WM* 205~8, *TM* 192~5). 즉 갈등은 결국 심원한 비합리성을 지닌 생철학과 헤겔의 객관적 정신의 철학과 같은 허식적 주장을 하는 의미 철학 사이에서 일어난다. 딜타이는 이 난제를 다음과 같은 경구로 바꾸었다. 즉 삶은 의미를 통하여 자체를 초월하는 힘을 담지하고 있다.[8] 또는 가다머의 말에 따르면, "삶은 자기 자신을 해석한다. 삶은 그 자체로 해석학적 구조를 가지고 있다"(*WM* 213, *TM* 199). 그러나 이러한 삶의 해석학이 역사학이라는 주장은 이해할 수 없는 것으로 남는다. 심리학적 이해로부터 역사학적 이해로의 이행은 삶의 작품들의 상호연관성이 더 이상 누구에게도 생생하게 경험되지 않는다는 사실을 전제로 한다. 바로 여기에 삶의 객관성이 놓여 있

---

8) Cf. F. Mussner, *Histoire de l'herméneutique de Schleiermacher à nos jours*, translated from German by T. Nieberding and M. Massart(Paris: Cerf, 1972), 27~30면.

다. 따라서 우리는 다음과 같이 질문할 수 있다. 삶의 객관화들을 파악하고 그것들을 주어진 것들로서 다루기 위해서는 사변적 관념론을 바로 삶의 근저(根柢)에 자리매김해야 하지 않은가? 다시 말하면 궁극적으로 삶 자체를 정신(Geist)으로 생각하여야 하지 않은가? 그렇지 않다면 어떻게 우리는 삶이 예술과 종교와 철학 속에서 자신을 가장 전체적으로 객관화시킴으로써 자신을 가장 완전하게 표현한다는 사실을 이해할 수 있겠는가? 그것은 정신이 여기에서 가장 완전히 자신을 실현하기 때문이 아니겠는가? 그리고 이것은 해석학이 오직 헤겔의 개념을 빌려 옴으로써만 합리적인 철학이 될 수 있음을 인정하는 것이 아닌가? 그렇다면 헤겔이 정신에 관해서 말한 것을 삶에 관해서 말할 수 있다. 즉 여기에서는 '삶이 삶을 파악한다'.

그럼에도 불구하고, 딜타이는 문제의 핵심을 완벽하게 인식했다. 즉 삶은 역사의 흐름의 수면 위로 떠오르는 의미의 단위들의 매개에 의해서만 삶을 파악한다는 것이다. 여기에서 딜타이는 절대적 지식 없이 유한성을 초월하는 양태, 즉 본래적인 의미에서의 해석학적인 양태를 일별(一瞥)하였다. 이를 통해서 딜타이는 역사주의가 모종의 절대적 지식과의 일치를 표방하는 승리주의적 주장에 빠짐없이 역사주의의 한계를 극복할 수 있는 방향을 지시하였다. 그러나 이러한 발견을 추구하기 위해서는 해석학의 운명을 타자의 정신적 삶 안으로의 전이라는 순수하게 심리학적인 개념과 연결시키는 것을 포기하여야 한다. 텍스트는 더 이상 텍스트의 저자를 향해서가 아니라, 텍스트의 내재적 의미(sense)를 향해서, 그리고 텍스트가 개방하고 탈은폐하는 세계를 향해서 펼쳐져야 한다.

2. 인식론에서 존재론으로

딜타이 이후 결정적인 진보는 정신과학의 인식론을 완성함에 의해서가 아니라 정신과학의 근본적인 전제, 즉 정신과학이 자기 고유의 방법론에 의해서 자연과학과 경쟁할 수 있다는 전제에 물음을 던짐으로써 이루어졌다. 딜타이의 저서에서 지배적인 이 전제는 해석학이 '지식 이론'(인식론)의 한 변종이라는 것과, 설명과 이해의 논쟁이 신칸트주의가 소중하게 여기던 '방법론적 논쟁'(Methodenstreit)의 범위 안에 포함될 수 있다는 것을 함축한다. 하이데거와 가다머는 바로 해석학을 인식론으로 간주하는 해석학적 전제에 의문을 제기하였다. 따라서 이들의 공헌은 순전히 그리고 단순히 딜타이의 과업의 연장으로 간주될 수 없다. 오히려 이들의 공헌은 인식론적 과업 자체의 저변을 파고 들어가서 그것의 고유한 존재론적 조건을 밝혀 내려는 시도로 간주되어야 한다. 국부적 해석학에서 일반적 해석학으로 이행하는 첫번째 움직임이 코페르니쿠스적 전환이라는 표식 아래 정위될 수 있었다면, 우리가 지금 다루려는 두 번째 움직임은 두 번째 코페르니쿠스적 전환의 전조(前兆) 아래 정위되어야 하는데, 이 두 번째 코페르니쿠스적 전환은 방법론의 문제를 원초적인 존재론의 지배에 예속시키는 것이다. 그러므로 우리는 하이데거와 가다머가 종교적 문서나 세속적 문서에 대한 주석학, 문헌학, 심리학, 역사이론, 문화이론 등에 의해 제기되는 방법론적 문제를 완성하리라고 기대해서는 안 된다. 그 대신 새로운 물음이 제기된다. 즉 "우리는 어떻게 아는가?" 하는 물음 대신에, "오직 이해 안에서만 존재하는 그 존재의 존재양태는 무엇인가?" 하는 물음이 물어질 것이다.

1. 마르틴 하이데거

《존재와 시간》의 서문에서 천명된 바와 같이, '해석(해명)' (Auslegung, explication, interpretation)의 문제는 주석의 문제와 거의 일치하지 않으며, 망각된 존재의 물음과 연결되어 있다.[9] 즉 논점의 핵심은 존재의 '의미'에 대한 물음이다. 그러나 이 물음을 제기함에 있어서, 우리는 우리가 탐구하는 바로 그것에 의해서 인도를 받는다. 지식이론은 처음부터 지식이론에 선행하는 질문에 의해 전복되는데, 이 질문은 어떤 존재자가 존재를 주체와 마주 대하는 하나의 대상으로 대면하기 이전에 만나는 방식에 관심을 기울인다. 비록 《존재와 시간》이 하이데거의 후기의 저서보다 '현존재'(Dasein), 즉 '거기에 있는 존재(being-there)로서의 우리 자신'을 더 강조한다고 하더라도, 이 '현존재'는 대상을 가지고 있는 주체가 아니라, 오히려 존재 안에 있는 하나의 존재자이다. '현존재'는 존재의 물음이 출현하는 '장소', 현현의 장소를 지칭한다. '현존재'의 중심성은 단지 존재 자체를 이해하는 하나의 존재자의 중심성일 뿐이다. 존재에 대한 존재론적 '선이해'(pre-understanding)를 갖는 것은 존재로서의 '현존재'의 구조의 일부이다. 결과적으로, '현존재'의 구조를 펼쳐 보이는 것은 결코 정신과학의 방법론에서처럼 '도출(導出, derivation)에 의해 기초를 세우는 것'이 아니라 '명료화(clarification)에 의해 기초를 드러내는 것'이다(SZ 3절을 보라). 따라서 이와 같은 의미에 있어서, 존재론적 기초(foundation)와 인식

---

9) Martin Heidegger, *Sein und Zeit*(Tübingen: Max Niemeyer, 1927, 이후로는 본문 안에 *SZ*로 인용됨), 2, 5면 이하[영문 번역판: *Being and Time*, translated by John Macqurrie and Edward Robinson(Oxford: Basil Blackwell, 1978, 이후로는 본문 안에 *BT*로 인용됨), 21, 25면 이하].

론적 기초 세움(grounding) 사이의 대조가 성립된다. 만일 문제가
자연, 삶, 언어, 역사의 영역들과 같은 특정한 대상들의 영역을 지
배하는 개념들에 관한 것이라면, 그 문제는 단지 인식론적인 문제
가 될 것이다. 물론 과학 자신이 자신의 근본적인 개념들에 대한
해명을 수행하며, 특히 '기초의 위기'의 경우에 더욱 그렇다. 그러
나 기초에 대한 철학적 과제는 이와는 다른 것이다. 즉 철학은 "과
학의 모든 주제적 대상의 기초를 제공하면서 그 영역에 대한 선이
해를 결정하고, 그렇게 함으로써 모든 실증적인 탐구의 방향을 정
위하는"(SZ 10, BT 30)* 근본적인 개념들을 펼쳐 보이고자 한다. 따
라서 철학적 해석학의 핵심적 과제는 "저 존재자들을 그것들의 기
본적인 존재의 상태에 관하여 해명하는 것"(SZ 10, BT 30)*이 될
것이다. 이러한 해명은 정신과학의 방법론에 아무 것도 추가하지
않을 것이다. 오히려 해명은 정신과학의 방법론의 저변을 파고 들
어가서 그 기초를 드러낼 것이다. 따라서 역사에 있어서, "철학적으
로 가장 중요한 것은 역사학의 개념형성 이론도 아니며, 역사학적
지식 이론도 아니며, 역사학의 대상으로서의 역사 이론도 아니다.
가장 중요한 것은 진정으로 역사적인 존재자들을 그들의 역사성의
관점에서 해석하는 것이다"(SZ 10, BT 31).* 해석학은 정신과학에
대한 반성이 아니라, 정신과학의 성립의 근거가 되는 존재론적인
기초에 대한 해명이다. 그러므로 다음과 같은 하이데거의 문장은
우리에게 매우 중요하다. 즉 이와 같이 설명된 해석학은 "오직 파
생적인 의미에서 '해석학'이라고 불릴 수 있는 것, 즉 정신과학의
방법론의 뿌리를 내포하고 있다"(SZ 38, BT 62).*

《존재와 시간》에 의해 초래된 첫번째 전환은 두 번째 전환을 요
구한다. 딜타이는 이해의 물음을 다른 사람의 문제와 연결시켰다.

즉 어떻게 다른 사람의 마음에 접근할 수 있는가 하는 것은 심리학
에서 역사학에 이르기까지의 모든 정신과학을 지배했던 문제였다.
이제 《존재와 시간》에서 이해의 물음이 타자와의 의사소통의 문제
로부터 완전히 분리된 것은 주목할 만하다. 실제로 이 책에는 '더
불어 있는 존재'(Mitsein, being-with)라고 불리는 장(章)이 있다. 그
러나 혹자가 딜타이의 입장에서 예상하는 것과 같은 이해의 물음
은 이 장에서는 나타나지 않는다. 존재론적 문제의 기초는 타자와
의 관계에서가 아니라 존재와 세계와의 관계에서 추구되었다. 원초
적인 의미에서, 이해는 나의 상황과의 관계와, 존재 안의 나의 자리
에 대한 근본적인 이해와 관련되어 있다. 왜 딜타이가 그렇게 나아
갔었는지를 상기하는 것은 관심의 대상이 될 만하다. 그는 정신과
학의 문제를 칸트적인 논증의 기초 위에서 제기했다. 사물에 대한
지식은 미지의 것, 즉 물 자체(物自體)에 봉착하는 반면, 정신의 경
우에는 물 자체라는 것이 없다. 우리 자신은 타자의 정체성이다. 그
러므로 정신에 대한 지식은 자연에 대한 지식보다 부인할 수 없는
이점(利點)을 갖는다. 니체를 읽은 하이데거는 더 이상 이러한 순진
성을 가지고 있지 않다. 그는 타자가(나 자신과 아울러) 어떤 자연
현상보다도 더욱 나에게 알려져 있지 않은 존재라는 사실을 알고
있다. 의심할 바 없이, 여기서 은폐성은 다른 어느 곳에서보다도 더
욱 심각하다. 만일 비확실성이 지배하는 존재의 영역이 있다면, 그
것은 실로 각 개인의 타자와의 관계에서이다. 따라서 '더불어 있는
존재'에 관한 장(章)에서는 은폐의 중심적이고 특권적인 장소로서
의 '하나'(one)라는 개념과의 논쟁이 전개된다. 그러므로 이해의
존재론이 '더불어 있는 존재'(being-with)가 아니라 (세계) '내 존
재'(being-in)에 대한 반성으로부터 시작하는 것은 놀라운 일이 아

니다. 즉 이해의 존재론은 우리의 주체성을 복제하는 타자와의 '더불어 있는 존재'(being-with)가 아니라 '세계 내 존재'(being-in-the-world)로부터 시작한다. 이러한 철학의 자리의 전환은 방법론의 문제로부터 존재의 문제로의 이행만큼이나 중요하다. '세계'의 물음이 '타자'의 물음을 대신한다. 이해를 '세계적인 것'(worldly)으로 만듦으로써, 하이데거는 이해를 '탈심리화' 한다.

　이러한 전환은 이른바 실존주의적 하이데거 해석에서 전적으로 잘못 이해되었다. 염려, 고뇌, 죽음을 향한 존재에 대한 분석들은, 비정상적인 정신상태에 적용되어진 세련화된 실존주의적 심리학의 의미에서 받아들여졌다. 이 분석들은 '세상의 세상성'에 대한 숙고의 일부분이라는 사실, 그리고 본질적으로 그것들은 객관성에 대한 척도로서 자신을 세우는 인식주체의 허식적 주장을 타파하려고 한다는 사실이 충분히 인식되지 못했다. 이 허식적 주장 대신에 재긍정되어야 하는 것은 세계 안에 '거주함'(inhabiting)의 조건인데, 이 조건은 상황, 이해, 그리고 해석을 가능하게 만드는 것이다. 따라서 책과 텍스트를 포함하는 모든 언어적 체계를 원초적으로, 담화 안에 명료화된 현상이 아닌 그 무엇 안에 닻을 내리게 하는 관계의 에워쌈에 대한 인식이 이해 이론을 선행하여야 한다. 우리는 우리 자신의 방향을 정위하기 전에, 먼저(좋든지 나쁘든지) '우리 자신을 찾아야' 하며, 우리 자신을 '거기서'(there) 찾고 우리 자신을 '느껴야' 한다(어떤 방식으로든지). 만일 《존재와 시간》이 두려움과 고뇌와 같은 감정의 언어들을 철저하게 이용하고 있다면, 그것은 '실존주의를 수행하기' 위해서가 아니라 이러한 계시적인 경험에 의해서 주체-객체 관계보다 더욱 근본적인 실재와의 연결을 드러내기 위해서이다. 인식에 있어, 우리는 대상을 우리 앞에 설정한다. 그러나 상황에 대한 우리의 느낌은 우리를 세상 안에 정위함으로써 이 주체-객체적 대면의 관계를 선행한다.

따라서 이해가 일어난다. 그러나 아직은 글 또는 텍스트와 같은 언어의 사실로서가 아니다. 또한 이해는 시초적으로 담화의 관점에서가 아니라 '존재에의 힘'(power-to-be)의 관점에서 기술되어야 한다. 이해의 첫번째 기능은 상황 속에서 우리의 방향을 정위하는 것이다. 그러므로 이해는 사실의 파악이 아니라 존재의 가능성의 파악에 관심을 기울인다. 우리는 이러한 분석의 방법론적인 결과를 묘사할 때 이 점을 잊어서는 안 된다. 텍스트를 이해하는 일은 그 안에 담겨진 생명 없는 의미를 찾는 일이 아니라, 텍스트에 의해 지시되는 존재의 가능성을 펼쳐 내는 일이라고 말할 수 있다. 따라서 우리는 '기획'(또는 기투성(企投性), projection)으로서의 하이데거의 이해의 개념에 충실할 것이다. 이 '기획'은 좀더 변증법적이고 역설적으로 표현하자면 선행하는 '던져짐'(또는 피투성(被投性), being-thrown) 안에서의 '기획'이다. 여기서 다시금 실존주의적인 어조는 기만적이다. 한 작은 단어가 하이데거와 사르트르를 갈라 놓았는데, 그것은 '이미'(already)라는 단어다. "기획은 '현존재'가 계획을 세우고 그에 따라 자신의 존재를 만들어 가는 행위와 아무 관계가 없다. '현존재'인 한 그것은 이미 자신을 기획하였으며, 존재하는 한 그것은 기획 안에 존속한다"(SZ 145, BT 185).* 여기서 중요한 것은 책임성이나 자유선택 같은 실존적인 계기가 아니라 선택의 문제 저변에 있는 존재의 구조이다. '이것이냐, 저것이냐'는 우선적인 중요성을 갖고 있는 것이 아니다. 그것은 '던져진 기획'(피투된 기투, thrown project)의 구조로부터 파생되는 것이다.

따라서, 주석자가 관심을 갖는 존재론적 계기는 상황-이해-해석의 삼각관계의 오직 세 번째 자리에서만 나타난다. 그러나 텍스트 주석 이전에 사물의 주석이 온다. 왜냐하면 해석은 무엇보다 해명, 즉 "그것을 다른 그 무엇으로 변화시키지 않고 그것을 그 자체가 되도록 만드는" 이해의 '발전'이기 때문이다(*SZ* 148, *BT* 188).* 따라서 지식이론으로의 회귀는 배제된다. 해명되는 것은 경험의 명료화에 유착되어 있는 '로서'(als, as such)이다. 그러나 "언설은 '로서'를 드러나게 만드는 것이 아니라 단지 그것을 표현하는 것일 뿐이다"(*SZ* 149, *BT* 190).*

'현존재' 분석(Analytic of Dasein)이 주석의 문제를 명시적인 목표로 삼지는 않는다고 하더라도, 인식론적 차원에서의 가시적 실패를 가장 근본적인 존재론적 구조와 다시 연결시킴으로써, 인식론적 차원에서 실패로 나타날 수 있는 것에 대한 의미를 제공해준다. 이 실패는 종종 '해석학적 순환'의 관점에서 표현되어 왔다. 정신과학에 있어 주체와 객체는 상호 함축되어 있다는 사실이 많이 언급되어 왔다. 주체 자체가 대상에 대한 지식 안으로 들어간다. 그리고 반면에 주체는 자신의 가장 주체적인 성격에 있어서, 자신이 그 대상을 알기도 전에 이미 대상이 자신에 미치는 영향에 의해 결정되어진다. 이처럼 주체와 객체의 용어로 진술될 때, 해석학적 순환은 악순환으로 나타날 수밖에 없다.

기초 존재론의 기능은 방법론적 차원에서 순환처럼 보이는 구조를 탈은폐하는 것이다. 하이데거가 '전이해'라고 부른 것은 이 구조이다. 그러나 만일 우리가 전이해를 지식 이론의 관점에서, 다시 말하면 주체와 객체의 범주 안에서 기술하기를 계속한다면 그것은 전적으로 잘못된 것이다. 예를 들면 도구적 세계와 우리가 갖는 친숙한 관계는 우리에게 '선취'(先取, fore-having)의 의미에 대한 초

기적 개념을 가져다 줄 수 있는데, 이 '선취'에 기초하여 나는 사
물들의 새로운 용례(用例)에로 자신의 방향을 정위(定位)하게 된다.
이러한 예기적 성격은 역사적으로 이해하는 모든 존재들의 존재방
식의 일부분이다. 그러므로 다음의 명제는 '현존재' 분석의 관점에
서 이해되어야 한다. "어떤 것에 대한 이것 또는 저것으로서의 해
명은 본질적으로 선취(fore-having), 선견(fore-sight), 선파악(fore-
conception) 위에서 발견된다"(SZ 150, BT 191).*10) 따라서 텍스트
주석에서의 전제의 기능은 해석의 일반적 법칙의 특수한 경우일
뿐이다. 지식이론으로 전치(轉置)되고 객관성의 주장에 의해 판단
을 받게될 때, 전이해는 선입견(또는 편견, prejudice)이라는 경멸적
인 함의(含意)를 부여받게 된다. 그러나 기초 존재론에 있어서 선입

---

10) "어떤 것을 어떤 것으로서 해석함은 본질적으로 선취 또는 앞서 가짐(Vor-
    habe), 선견 또는 앞서 봄(Vor-sicht), 선파악 또는 앞서 잡음(Vor-griff), 선사
    유 또는 앞선 견해(Vor-meinung)에 의해서 기초를 부여받고 있다"(SZ, 150
    면). 해석에는 어떤 것이 어떤 것에로 이해되어 있음이 전제되어 있다. 해석은
    언제나 이해를 전제한다. 해석은 앞서 이해된 것을 "로서"로써 분류 파악함을
    말한다. 해석의 전제로서의 "사용사태 전체성"―이러한 사용사태의 전체성을
    우리는 간략히 세계(Welt)라고 부른다―은 겉으로 드러나지 않은 채 도구에
    대한 모든 해석의 기초에 놓여져 있다. 우리는 이러한 "기초"위에서만 어떤 것
    을 어떤 것으로서 두드러지게 해석할 수 있다. 이러한 해석의 기초를 우리는
    해석의 선취 또는 앞서 가짐이라고 부른다. 또한 어떤 도구가 "…을 하기 위한
    것"으로서 해석될 수 있으려면 그 도구가 어떠한 방면에서부터 보여지고 있는
    지가 앞서 이해되어야 한다. 앞서 이해된 방면들을 앞서 보는 시야를 우리는
    해석의 선견 또는 앞서 봄이라고 한다. 또한 도구가 "무엇을 하기 위한 어떤 것"
    으로서 개념적으로 해석될 수 있으려면, 그 도구가 파악될 수 있는 개념성이
    앞서 이해되어 있어야 한다. 도구가 속할 수 있는 개념성을 앞서 이해하고 파
    악하는 것을 우리는 해석의 선파악 또는 앞서 잡음이라고 부른다. 이처럼 모든
    해석은 이미 이해의 차원에서 앞서 열어 밝혀져 있는 "앞서-구조" 속에서 움직
    인다. - 역자 주.

견은 오직 이해의 예기적 구조의 관점에서만 이해될 수 있다. 그러
므로 방법론적 차원에서의 저 유명한 해석학적 순환은 단지 이 예
기적 구조의 그림자일 뿐이다. 이 사실을 이해하는 사람이라면 누
구나 이제부터, "결정적으로 중요한 것은 순환으로부터 벗어나는
것이 아니라 올바른 방식으로 그 안으로 들어가는 것이다"(SZ 153,
BT 195)라는 것을 알게 될 것이다.

　이러한 숙고의 주된 무게중심은 담화와 관련되어 있지 않으며,
글과는 더욱 더 관련되어 있지 않다는 사실이 언급되어질 필요가
있다. 하이데거의 철학은, 적어도 《존재와 시간》에 있어서, 언어 철
학이 아니며, 언어의 물음은 오직 상황, 이해, 그리고 해석의 물음
이후에만 도입된다. 《존재와 시간》의 단계에서, 언어는 이차적인 명
료화, 즉 '언설'(Aussage, assertions, SZ 33절) 안에서의 해명을 통한
명료화로 남아 있다. 이해와 해명으로부터 언설의 파생은, 자체의
주된 기능이 타자에게 의사를 전달하는 데나 심지어는 술어를 논
리적 주어에 귀속시키는 데에도 있지 않고, '지시함' '보여줌' '현
시함'(SZ 154, BT 196)에 있음을 우리로 하여금 말하게 해준다. 이
러한 언어의 최상의 기능은 단지 언어가 그에 선행하는 존재론적
구조로부터 파생된 것임을 반영한다. 하이데거는 34절에서 말한다.
"언어가 '이제' '처음으로' 우리의 주제가 된다는 사실은 이 현상
[언어: 역자 주]이 현존재의 탈은폐됨에 의한 실존적 구성 안에 뿌
리를 갖고 있음을 지시할 것이다"(SZ 160, BT 203). 그리고 더 나아
가, "담화는 이해가 무엇인가에 대한 명료화이다"(SZ 161, BT
203~4).* 그러므로 존재의 구조를 담화 안에 자리매김하는 것이
아니라 담화를 존재의 구조 안에 자리매김하여야 한다. 다시 말하
면 "담화는 세계 내 존재의 이해 가능한 구조에 대한 '의미 있는'

명료화이다"(*SZ* 161, *BT* 204).*

이 마지막 언급은 하이데거의 후기철학으로의 운동을 예기하는데, 이 후기철학은 '현존재'를 무시하고 곧장 언어의 현시적(顯示的, manifestative) 힘과 더불어 시작한다. 그러나 《존재와 시간》이래, '말'(reden, saying)은 '언어'(sprechen, speaking)보다 우월하게 나타난다. '말'은 실존적인 구성을 가리키는 반면, '언어'는 경험적으로 소멸해 버리는 일상적인 측면을 가리킨다.[11] 따라서 '말'을 처

---

11) '말'(Rede, Saying)은 처해있음(Befindlichkeit)과 이해(Verstehen)와 실존론적으로 똑같이 근원적이다. 말은 이해가능성의 분류파악으로서, 해석과 발언의 밑바탕에 놓여져 있다. 우리는 더 근원적으로 말에서 분류파악 가능한 것을 의미(Sinn)라고 이름한다. 말은 우리들의 "세계 안에 있음"을 열어 밝히는 근본적 방식들 가운데 하나로서 이해되어야 한다. 예컨대 어떤 거부의 몸짓은 어떤 일이나 어떤 것 또는 어떤 사람의 싫음을 말하는 것으로서, 그러한 것들을 그 것들이 올바르지 않거나 바람직하지 않은 방식으로 있다는 데서 "제시하는 것"이고, 어떤 도구의 사용은 그 도구를 가지고 무엇인가를 하려고 함을 말하는 것으로서, 그 도구를 어떤 일에 사용될 수 있음에서 "제시하는 것"이며, 심지어 혼날 짓을 한 어린아이에 대한 어머니의 침묵은 그 아이에게 잘못을 고백하게 하는 소리 없는 말로서, 그 아이를 "고백의 상황" 속에서 "제시하는 것"이다. 우리는 말하며 살아간다. 우리는 찬성하거나 반대하고, 촉구하거나 경고하며, 주장하거나 대화하며, 명령하거나 설명한다. 우리는 말하며 있다. 말없는 행동이나 몸짓 또는 도구의 사용도 결국 "말(Rede)"에 속한다. 또한 "말"은 언제나 "어떤 것에 대한 말"이다. 따라서 우리가 "그것에 대해서 말하고 있는 그 어떤 것"은 우리들에게 앞서 이해되어 있어야 한다. 왜냐하면 우리는 전혀 이해되어 있지 않은 것에 대해서는 결코 어떤 것도 말할 수 없기 때문이다. 한편, '언어'(Sprache, Speaking)는 뿌리가 뽑힌 현존재가 세계-내-존재를 이해하는 방식이다. 즉 세계-내-존재인 현존재를 분류 파악된 이해의 지평 안에 열어 놓기는커녕 오히려 닫아 버리고 세계 내부적인 존재자(Seinendes)를 은폐할 수 있는 가능성을 가지고 있다. 이렇게 언어는 그것이 이야기되고 있는 것의 지반으로 소급해가는 것을 자신의 고유한 방식으로 못하게 하기 때문에, 애초부터 일종의 닫아버림이다. - 역자 주.

음 결정하는 것은 '언어'가 아니라, '들음과 침묵'이다. 여기서 다시금 하이데거는 '언어'(locution, interlocution)의 과정에 우선성을 부여하는 우리의 일상적인, 그리고 심지어 언어학적인 방식에도 역행한다. 이해하는 것은 듣는 것이다. 달리 말하면, 언어에 대한 나의 최초의 관계는 내가 그것을 산출하는 것이 아니라 내가 그것을 받아들이는 것이다. 즉 "들음은 담화의 구성적 요소이다"(*SZ* 163, *BT* 206).* 들음의 우선성은 언어의 근본적인 관계성이 세계와 타자를 향한 개방성에 있다는 사실을 의미한다. 방법론적인 결과는 주목할 만하다. 즉 언어학, 기호학, 그리고 언어철학은 불가피하게 언어의 차원에 유착되어 있으며 '말'의 차원에는 도달하지 못한다는 것이다. 이러한 의미에서, 기초철학은 주석학에 아무 것도 덧붙이지 못하는 것처럼 언어학을 개선하지도 못한다. '언어'가 발화(發話)하는 인간을 지시하는 데로 돌아가는 반면, '말'은 말하여진 사물을 지시하는 데로 돌아간다.

　이 시점에서, 틀림없이 다음과 같은 물음이 제기될 것이다. 왜 여기서 정지하고 단순히 우리 자신을 하이데거의 추종자라고 선포하지 않는가? 이전에 언급되었던 유명한 '아포리아'는 어디 있는가? 우리는 이해의 이론에 관한 딜타이의 '아포리아', 즉 자연주의적 설명에 대항해서 객관성과 과학성 안에서 그것과 대결하도록 운명지워진 '아포리아'를 이미 제거하지 않았는가? 우리는 그것을 인식론을 존재론에 종속시킴으로써 극복하지 않았는가? 내가 보기에, '아포리아'는 해결되지 않고 단지 다른 곳으로 옮겨지고 악화되었다. 그것은 더 이상 인식론 '안에'(within) 있는 두 가지 지식의 양태 사이에 있지 않고, 전체적으로 다루어지는 존재론과 인식론 '사이에'(between) 있다. 하이데거의 철학과 함께, 우리는 언제나 기초

에로 돌아가는 일에 매달린다. 그러나 우리는 기초 존재론으로부터
정신과학의 위상에 온당한 인식론적 질문들로 인도하는 회귀적 운
동을 시작할 수 없다. 이제 과학과의 대화를 중단한 철학은 더 이
상 자신 외에는 아무에게도 말할 수 없게 되었다. 더욱이, 우리가
주석학의 문제, 그리고 보다 일반적으로 역사적 비평의 문제가 '파
생적'인 것이라고 하는 주장에 실체적 내용을 부여할 수 있는 것은
오직 이 회귀적 길을 따라서만 가능하다. 이 파생이 다루어지지 않
는 한, 기초의 물음을 향한 초월의 운동이 문제성으로 남는다. 우리
는 플라톤으로부터 상승적 변증법은 가장 쉬우며, 참된 철학이 드
러나는 것은 하강적 변증법의 길을 따라서라는 사실을 배우지 않
았던가? 내가 볼 때, 하이데거의 작품에서 미해결로 남아 있는 물
음은 이것이다. "일반적인 비판의 물음이 어떻게 기초 해석학의 틀
거리 안에서 해명될 수 있는가?" [···]

2. H. G. 가다머

이 '아포리아'는 《진리와 방법》에서 한스 게오르그 가다머
(Hans-Georg Gadamer)의 해석학적 철학의 중심 문제가 된다. 이 하
이델베르그 철학자는 인문과학에 관한 논쟁을 하이데거적 존재론,
좀더 정확하게 말하자면 후기 작품의 철학적 시학에서 재정위된
존재론의 관점에서 시작할 것을 제안한다. 가다머의 작품 전체를
조직화하는, 그리고 해석학으로 하여금 보편성의 주장을 내세울 수
있도록 해주는 핵심적 경험은 '소격화'(疏隔化, Verfremdung)에 의
해 현대의 의식 수준에서 구성되는 스캔들이다. 그는 이 소격화를
인문과학의 전제로 보았다. 소외는 느낌이나 분위기 훨씬 이상의
것이다. 그것은 인문과학의 객관적 행위를 지탱시켜 주는 존재론적

전제이다. 가다머가 보기에 인문과학의 방법론은 불가피하게 소격
화를 내포하는데, 소격화는 그것 없이는 역사에 대한 관계 자체가
불가능해지는 원초적인 귀속성(Zugehörigkeit)의 관계의 파괴를 의
미한다. 가다머는 소격화와 귀속성의 경험 사이의 논쟁을 해석학의
경험을 구분하는 세 영역을 통해 추적한다. 이 세 영역은 미적 영
역, 역사적 영역, 그리고 언어의 영역이다. 미적 영역에 있어서, 대
상에 의해 사로잡히는 경험은 비판적 판단—칸트는 이를 위하여
'취미(趣味, taste)판단'이라는 제목 아래 이론을 구성했다.—의 실
행을 선행하며 또한 그것을 가능하게 만든다. 역사적 영역에 있어
서, 나를 선행하는 전통에 의해 운반되어짐에 대한 의식은 인문·
사회과학 수준에서의 역사적 방법론의 수행을 가능하게 만드는 것
이다. 마지막으로 언어의 영역은 앞의 두 영역과 엇갈리는데, 이 영
역에 있어서, 언어를 도구로 간주하는 모든 과학적 취급이나 객관
적인 기술에 의해 우리 문화의 텍스트의 구조를 지배하고자 하는
모든 요구는 인류의 위대한 목소리들이 말한 것들에 대한 우리의
공동의 귀속에 의해 선행되며 또한 가능하게 된다. 이처럼 하나의
동일한 주제가 《진리와 방법》의 세 부분 전반에 걸쳐 펼쳐지고 있
다.
　따라서 가다머의 철학은 위에서 기술된 두 가지 움직임, 즉 국부
적 해석학에서 일반적 해석학으로, 그리고 인문과학의 인식론에서
존재론으로의 움직임의 종합을 표현한다. '해석학적 경험'이란 용
어가 이러한 종합적 성격을 매우 잘 표현한다. 더욱이, 하이데거와
의 관계에서, 가다머의 작품은 존재론으로부터 인식론적 문제에로
귀환하는 운동의 시작을 보여 준다. 나는 여기서, 이러한 빛 아래서
그의 공헌을 논의하고자 한다. 바로 그의 작품 제목이 하이데거의

진리 개념과 딜타이의 방법 개념을 서로 대면시킨다. 여기서 제기
되는 물음은 어느 정도까지 이 작품이 《진리 '와' (and) 방법》이라고
불릴 만한 자격이 있는가, 그리고 이 작품이 본래의 제목 대신 《진
리 '또는' (or) 방법》이라고 명명되어야 하는 것은 아닌가 하는 것
이다. 만일 하이데거가 군주적인 초월의 운동에 의해 인문과학과의
논쟁을 회피할 수 있었다면, 가다머는 훨씬 더욱 치열한 논쟁 안으
로 자신을 던질 수 있는데, 그것은 그가 바로 딜타이의 물음을 진
지하게 받아들이기 때문이다. 이러한 점에서, 역사적 의식에 바쳐진
부분이 가장 중요한 의미를 갖는다. 가다머가 자신의 사상을 제시
하기 전에 다루는 긴 역사적 여정은, 해석학적 철학이 계몽주의에
대한 낭만주의 철학, 실증주의에 대한 딜타이, 신칸트주의에 대한
하이데거의 투쟁을 총괄적으로 요약함으로써 시작해야 함을 암시
한다. […]

이 두 대립적 사조(思潮)가 번갈아가며 도전하고 응답하면서 영
향을 미치던 상황은 역사적 의식에 관한 이론 안에서 종결되는데,
이 이론은 가다머의 반성이 인문과학의 기초에 기여한 공헌의 극
치이다. 이 반성은 '영향사 의식' (wirkungsgeschichtliches
Bewusstsein, consciousness of the history of effects)이란 명칭 아래
놓여 있다. 이 범주는 더 이상 방법론이나 역사적 '탐구'에 속하지
않고, 이 방법론에 대한 반성적 의식에 속한다. 이 의식은 역사와
역사의 행동에 노출됨에 대한 의식으로, 우리에 대한 이 역사의 행
동은 역사적 현상 자체의 일부분이기 때문에 객관화될 수 없는 방
식으로 이루어진다. […]

영향사 개념은 다음과 같은 내 자신의 문제를 제기하기 위한 배
경막을 마련해준다. 즉, "소격화에 대한 배격을 통해 명시적으로 정

의되는 귀속성 의식 안으로 비판적 계기를 도입하는 것이 어떻게 가능한가?"내 견해로는, 이것은 오직 역사적 의식이 단지 소격화를 거부하지 않고 그것을 받아들이려고 노력하는 한에 있어서만 가능하다. 이러한 점에서, 가다머의 해석학은 내 자신의 반성을 위한 출발점이 될 일련의 결정적인 시사점들을 포함하고 있다.

우선, 귀속성과 소격화 사이의 일반적인 대립에도 불구하고, 영향사 의식은 자체 안에 '거리' 요소를 포함한다. 영향사는 바로 역사적 거리의 조건 아래 일어나는 것이다. 그것은 멀리 있음의 가까움이며, 달리 말하면 먼 거리에서의 영향이다. 따라서 타자성의 역설, 가까이 있음(近接性)과 멀리 있음(疏遠性) 사이의 긴장이 존재하는데, 이것은 역사적 의식의 본질이다.

참여와 귀속성의 변증법에 대한 다른 색인(索引)은 '지평융합'(Horizontverschmelzung) 개념에 의해 제공된다(*WM* 289ff., 356, 375, *TM* 273ff., 337, 358). 가다머에 따르면, 비록 역사적 지식의 유한한 조건은 그 어떤 전체적 개관이나 헤겔적인 방식의 최종적 종합을 배제하지만, 그럼에도 불구하고 이 유한성은 나를 하나의 관점에 가두어 두지 못한다. 상황이 있는 곳에는 어디나, 수축되거나 확장될 수 있는 지평이 있다. 우리는 가다머의 이러한 매우 생산적인 사고에 큰 도움을 받는데, 그것은 멀리 떨어져 있는 두 상이한 상황에 의해 조건지워진 두 의식 사이의 의사소통은 그들의 지평의 융합, 다시 말하면 떨어져 있는 것과 열려져 있는 것에 대한 그들의 관점의 교차에 의해서만 일어난다는 것이다. 다시금, 가까이 있는 것, 멀리 있는 것, 열려져 있는 것 안에 있는 소격화의 요소가 전제된다. 이 개념은 우리가 닫혀진 지평이나 유일한 지평 안에 사는 것이 아니라는 사실을 지시한다. 지평융합이 전체적이고 유일한 지식의 개념을 배제하는 한, 이 개념은 자신의 것과 생소한 것 사이의, 그리고 가까운 것과 먼 것 사이의 긴장을 함축한다. 그리고 따라서 상이성의 활동(play)이 수렴의 과정 안에 포함된다.

마지막으로, 소격화에 대한 덜 부정적인 해석은 가다머의 작품의 절정을 이루는 언어철학에서 가장 분명하게 발견된다. 인간 경험의 보편적 '언어성'(linguality, 이 단어는 가다머의 'Sprachlichkeit'에 대한 어느 정도 적합한 번역이다)은 전통, 또는 전통들에 대한 나의 귀속성이 기호, 작품, 텍스트─그 안에 문화적 유산이 새겨져 있고 그 자체를 해독되어지도록 하기 위해 제공하는─에 대한 해석을 경유해서 이루어진다는 것을 의미한다. 물론, 언어에 대한 가다머의 전체적인 숙고는 기호의 세계를 우리가 원하는 대로 조작할 수 있는 도구로 환원시키는 것에 대한 거부에 방향이 정위되어 있다. 《진리와 방법》의 제3부 전체는 '우리 자신인 대화'(dialogue which we are)에 대한, 그리고 우리를 지지해주는 선이해에 대한 열정적인 변증을 보여 준다. 그러나 언어적 경험은 오직 대화자가 말해진 것(말하자면, 이 말해진 것은 대화의 방향을 지시한다)의 면전에서 사라지기 때문에 자체의 매개적 기능을 수행한다. 대화자에 대한 말해진 것의 지배가 가장 분명한 곳은 언어성 (Sprachlichkeit)이 문서성(Schriftlichkeit)이 되는 곳, 즉 언어에 의한 매개가 텍스트에 의한 매개가 되는 곳이 아니면 어느 곳이겠는가? 따라서 우리로 하여금 멀리 떨어진 거리에서 의사 소통할 수 있게 해주는 것은 저자에게도 독자에게도 속하지 않는 '텍스트의 주제 (matter)'이다. '텍스트의 주제'라는 이 마지막 표현은 내 자신의 반성의 문지방으로 나를 인도한다.

2. 해석학과 이데올로기 비판

　이 제목이 불러일으키는 논쟁은 사회과학의 기초들에 관한 논의의 한계를 넘어선다. 이 논쟁은 내가 철학의 근본적인 행위(gesture)라고 부르고자 하는 것에 대한 물음을 제기한다. 이 철학의 근본적인 행위는 유한성의 지배 아래에 있는 모든 인간의 이해가 종속되는 역사적 조건을 인정하는 언명인가? 아니면 오히려 이 행위는 결국, '허위의식'에 대항하여, 그리고 끊임없이 자행되는 지배와 폭력을 은폐하는 왜곡된 인간의 의사소통에 대항하여 가차없이 반복적으로 일어나는 도전적이고 비판적인 행위인가? 이러한 물음들은 우선적으로 인문과학의 인식론적인 차원과 관련되는 것처럼 보이는 철학적인 논쟁의 쟁점들이다. 이 쟁점들은 해석학적 의식인가 아니면 비판적 의식인가 하는 양자택일의 관점에서 표현될 수 있다. 그러나 정말 이렇게 표현될 수 있는가? 도전 받아야하는 것은 이러한 양자택일 자체가 아닌가? 하지만 또한 이데올로기 비판을 정당하게 다룰 수 있고 자신의 관심의 중심부에서 이데올로기 비판을 필요로 한다는 것을 보여 줄 수 있는 해석학을 수립

하는 것은 가능한 일인가? 분명히 이러한 쟁점은 숙고해 볼 만하
다. 우리는 지나치게 일반적인 관점과 지나치게 야심적인 태도를
가지고 시작함으로써 단번 모든 것을 거는 모험을 하지는 않을 것
이다. 그 대신에 우리는 양자택일의 형태로 이 문제를 제시하는 오
늘날의 토의에 초점을 맞출 것이다. 궁극적으로 이러한 양자택일은
극복되어야 하겠지만, 우리는 극복되어야 할 난점들을 무시하지는
않을 것이다.

이 논쟁의 두 주역은 해석학 편에서는 한스 게오르그 가다머
(Hans-Georg Gadamer)이며 비판이론 편에서는 위르겐 하버마스
(Jürgen Habermas)이다. 이들의 논쟁의 기록은 현재 《해석학과 이데
올로기 비판》(*Hermeneutik und Ideologiekritik*)[1]이라는 제목의 작은

---

1) 여기에서 논쟁의 역사를 대략 소개하겠다. 1965년에 가다머의 *Wahrheit und
Methode*(Tübingen: J. C. B. Mohr, 이후로는 본문 안에 *WM*으로 인용함)의 제
2판이 나왔으며, 처음 출판된 것은 1960년이었다[영문 번역판: *Truth and
Method*(London: Sheed and Ward, 1975, 이후로는 본문 안에 *TM*으로 인용
함)]. 이 판은 첫번째 비평가 집단에 응답하는 서문을 담고 있다. 하버마스는
1967년 *Zur Logik der Sozialwissenschaften*(Frankfurt: Suhrkamp)에서 최초
로 공격의 포문을 열었는데, 이 공격은 우리가 집중적으로 주의를 기울이게 될
*Wahrheit und Methode*의 부분, 즉 선입견, 권위와 전통, 그리고 저 유명한 '영
향사 의식' 이론에 대한 것이었다. 같은 해 가다머는 'Der Universalität des
hermeneutischen Problems"[영문 번역판: "The Universality of the
Hermeneutical Problem," translated by David E. Linge, in *Philosophical
Hermeneutics*(Berkeley: University of California Press, 1976)]라는 제목의
1965년의 강연과 아울러 다른 논문 "Rhetorik, Hermeneutik und
Ideologiekritik"을 *Kleine Schriften I*(Tübingen: J. C. B. Mohr)에 출판하였다.
하버마스는 'Der Universalitätsanspruch der Hermeneutik"이란 제목의 긴 논
문에서 응답하였는데, 이 논문은 가다머를 기리면서 *Hermeneutik und
Dialektik I* (Tübingen: J. C. B. Mohr, 1970)이라는 제목으로 *Festschrift*에 출

책 안에 부분적으로 수록되어 출판되어 있다. 나는 이 책으로부터 해석학과 이데올로기 비판이론 사이의 갈등의 성격을 특징짓는 힘의 흐름을 추출해낼 것이다. 나는 '전통'에 대한 이 철학들 각자의 평가를 논쟁의 시금석으로 삼을 것이다. 해석학이 전통을 긍정적으로 평가하는 것과는 대조적으로, 이데올로기 이론은 전통을 단지 자각되지 않은 폭력 상태 하에서 체계적으로 왜곡된 의사소통의 표현들로 보는 의혹적인 접근방식을 취한다. 이러한 시금석의 선택은 해석학의 '보편성에 대한 주장'에 영향을 미치는 충돌을 전면으로 드러내는 이점이 있다. 이데올로기 비판은 그 자체가 비해석학적 학문분야인 한에서만 관심의 대상이 되는데, 이 비판은 해석과학 또는 해석철학의 능력이 미치는 영역의 바깥에 자리하면서 해석과학 또는 해석철학의 근본적인 한계를 드러내 준다.

이 글의 제1부에서 나는 이 책의 내용들을 소개하는 데에 나 자신을 국한시킬 것이다. 나는 해석학이냐 이데올로기 비판이냐 하는 단순한 양자택일의 관점에서 이 책을 소개할 것이다. 나는 제2부에

판된 책에 실려 있다. (뒤의 두 논문은 하버마스와 다른 사람들이 편집한 *Hermeneutik und Ideologiekritik*(Frankfurt: Suhrkamp, 1971)이란 제목의 선집에서 재판(再版)되었다.) 그러나 우리가 살펴보게 될 하버마스의 주된 작품은 *Erkenntnis und Interesse*(Frankfurt: Suhrkamp, 1968)[영문 번역판: *Knowledge and Human Interests*, translated by Jeremy J. Shapiro(London: Heinemann, 1972)]이다. 이 책은 부록에서 1965년에 "A General Perspective"로 출판된 원리와 방법에 대한 중요한 설명을 담고 있다. 오늘날의 이데올로기 형태에 대한 그의 개념은 "Technik und Wissenschaft als 'Ideologie'" 안에서 발견되는데, 이 논문은 1968년 헤르베르트 마르쿠제(Herbert Marcuse)의 70회 생일을 기념하여 씌어졌다[영문 번역판: "Technology and Science as 'ideology'," translated by Jeremy J. Shapiro, in *Toward a Rational Society* (London: Heinemann, 1971)].

서 다음의 두 가지 질문들에 초점을 맞추어 좀더 개인적인 성찰을 수행할 것이다. 이 두 가지 질문들이란 다음과 같다. (1) 해석학적 철학은 이데올로기비판의 정당한 요구를 포용할 수 있는가? 그리고 만약 그렇게 할 수 있다면 어떤 대가를 치러야 하는가? 해석학적 철학은 자신의 보편성에 대한 주장을 희생시키고, 자신의 프로그램과 기획을 심대하게 재구성해야만 하는가? (2) 어떤 조건에서 이데올로기 비판은 가능한가? 결국, 이데올로기 비판은 해석학적 전제들로부터 분리될 수 있는가?

나는 그 어떤 합병 계획이나 혼합주의도 이 논쟁을 주도하지 못할 것임을 먼저 밝힌다. 나는 가다머와 더불어, 이 두 이론은 서로 각기 다른 자리에서 말한다는 것을 기꺼이 인정한다. 그러나 나는 각자가 서로 상대방의 구조 안에 자신의 자리를 표시하는 방식으로 상대방의 보편성에 대한 주장을 인정할 수 있다는 것을 보여 주고자 한다.

1. 양자택일

1. 가다머: 전통에 대한 해석학

우리는 하버마스가 그의 책 《사회과학의 논리》(*Logik der Sozialwissenschaften*)에서 공격하는 핵심적 요점을 곧바로 다룰 것인데, 이 요점은 바로 역사적 의식이란 개념과 그가 도발적으로 복권시킨 선입견(편견), 권위, 전통이라는 서로 연결된 세 가지 개념들이다. 이 텍스트는 결코 부차적이거나 주변적인 책이 아니다. 이 책은 핵심적 경험, 또는 내가 방금 말한 바와 같이, 이 해석학이 거기로부터 말하고 또 거기에서 자신의 보편성의 주장을 제기하는 바로 그 자리로 직접 들어간다. 이 경험은 일종의 '소격화' (Verfremdung)에 의해 근대적 의식의 차원에서 형성되는 스캔들인데, 여기서 '소격화'란 단순한 감정이나 기분이 아니라 오히려 인문과학의 객관적 행위를 지지해주는 존재론적 전제이다. 인문과학의 방법론은 거리 두기라는 전제를 불가피하게 내포한다. 그리고 이 소격화는 원초적인 '귀속성'(Zugehörigkeit)의 관계—이것 없이는 역사 와의 관계 자체가 불가능해진다—의 파괴를 전제한다. 가다머는 소외적인 소격화와 귀속성의 경험 사이의 논쟁을 해석학적 경험의 세 가지 영역, 즉 미학적 영역, 역사적 영역, 언어 영역을 통해서 고찰한다. […] 따라서 비록 우리는 두 번째 부분인 역사적 영역에 논쟁의 초점을 맞출 것이지만, 이 논쟁이 미적 의식과 역사적 의식을 함께 담화로 표현하는 언어적 경험 안에서 절정에 이르는 것처럼, 또한 어느 의미에서 이 논쟁은 이미 미학적 영역 안에서 진행되고 결실을 맺는다는 사실이 기억되어야 한다. 그러므로 역사적 의식에 대한 이론은 작품 전체의 요약이며 거대한 논쟁의 축도(縮圖)라고 할 수 있다.

해석학적 철학은 자신의 목적의 광범위함을 선포함과 동시에, 자신의 출발점이 되는 자리(locality)를 천명한다. 가다머는 인문과학의 기초의 문제를 해결하기 위한 시도들, 즉 먼저는 독일 낭만주의에서, 그 후에 딜타이의 저술에서, 그리고 마지막으로 하이데거의 존재론의 관점에서 수행된 시도들의 역사에 의해 결정된 자리로부터 말한다. 가다머는 자신이 해석학적 차원의 보편성을 선언할 때조차도 이러한 사실을 기꺼이 인정한다. 왜냐하면 보편성은 추상적인 것이 아니기 때문이다. 연구자 각자에게 있어서, 보편성은 지배적인 문제나 특수한 경험에 초점이 맞추어진 것이다. 가다머는 "수사학, 해석학, 그리고 이데올로기 비판"(Rhetorik, Hermeneutik und Ideologiekritik)의 서두에서 이렇게 쓰고 있다. "내 자신의 시도는 딜타이가 인문과학의 이론을 자신의 주제로 택하고 그것을 새롭고 좀더 폭넓은 기초에 자리매김하는 한에 있어서, 그가 부활시킨 독일 낭만주의의 유산과 연결되어 있다. 예술의 경험은 그 자체의 독특한 동시대성의 경험과 더불어, 인문과학의 역사적 소격화에 대한 반론을 제공해준다."[2] 따라서 해석학은 그 어떤 학문에도 선행하며 또 그 어떤 학문도 능가하는 목적, 즉 "세계와 관련된 행위의 보편적 언어성"[3]에 의해서 입증된 목적을 가진다. 그러나 이 목적의 보편성은 그것이 뿌리를 내리고 있는 시초적 경험의 협소함에 대한 대응물이다. 그러므로 보편성에 대한 주장과 아울러 시초적 경험의 국부적 성격을 강조하는 것은 이데올로기 비판의 제안자들과의 논쟁과 무관하지 않다. 해석학은 역사적 의식 자체와 함께 시작하지 않고, 슐라이에르마허의 해석학이 보여 주듯이 읽기 경험에서의 텍스트 해석과 함께 시작할 수도 있었을 것이다. 내 자신이 이 글의 제2부에서 제시하는 바와 같이, 이러한 다소 다른 출발점을 선택함으로써, 우리는 가다머가 제안하는 것보다 더 적극적인 의미를 소격화의 문제에 부여할 수 있다. 특히 가다머는 '텍스트를 향한 존재'(Sein zum Texte)에 대한 반성을 덜 중요한 것으로 간단히 처리해 버리고 말았는데, 그는 이 반성을 번역의 문제―그 자체가 세계를 향한 인간 행위의 언어성의 모델로서 수립되는―에 관한 반성으로 축소시키는 것처럼 보인다. 그러나 나는 제2부에서, 전통의

2) Hans-Georg Gadamer, *Hermeneutik und Ideologiekritik*, 57면.
3) 같은 책.

문제에 덜 종속되어 있고 이데올로기 비판에 대하여 좀더 수용적인 사고의 방향을 정위하고자 하는 희망을 가지고 바로 이 반성으로 되돌아갈 것이다.

가다머는 역사적 의식과 인문과학의 가능성의 조건에 대한 물음을 반성의 축으로 택함으로써, 불가피하게 해석학적 철학을 선입견의 복권과 전통과 권위의 변호를 향해 나아가게 만들었으며, 이 해석학적 철학을 이데올로기 비판과 갈등적인 관계에 위치시켰다. 이와 동시에 갈등 자체는, 현대적인 용어법에도 불구하고 낭만주의의 정신과 계몽주의 정신 사이의 투쟁에서 표현된 바와 같은 갈등의 본래적인 도식으로 돌아갔다. 그리고 이러한 갈등은 필수적인 경로를 따라서 동일하게 반복되는 투쟁의 형태—즉 낭만주의로부터 시작해서, 딜타이와 함께 인문과학들의 인식론적 단계를 거쳐서, 하이데거와 함께 존재론적 전환을 경험하는—를 취해야만 했다. 역사적 의식이라는 특권적 경험을 채택함에 있어서, 가다머는 또한 불가피하게 자신이 되풀이할 수밖에 없는 특정한 철학적 경로를 채택해야 했다.

낭만주의와 계몽주의 사이의 투쟁은 우리 자신의 문제의 원천이며, 또한 이 두 사상 사이의 투쟁의 배경 속에서 두 근본적인 철학적 태도 사이의 대립이 구체화된다. 즉 한편에는 선입견과 투쟁하는 계몽주의가 있고 다른 한편에는 과거에 대한 향수를 지닌 낭만주의가 있다. 문제는 프랑크푸르트학파의 이데올로기 비판과 가다머의 해석학 사이의 현대적 갈등이 이 논쟁에서 어떠한 진보를 이루어 내는가 하는 것이다.

가다머가 표명하는 의도는 아주 분명하다. 즉 낭만주의의 함정은 피해야만 한다는 것이다. '역사의 영향에 노출된 의식'

(wirkungsgeschichtliches Bewußtsein, 영향사 의식)이라는 유명한 이론에서 절정을 이루는 《진리와 방법》의 제2부는 낭만주의가 문제 자체의 방향을 전환시키거나 논쟁의 영역을 변경시키지도 않고, 단지 논쟁의 관점만을 전도(顚倒)시킨 데 대한 날카로운 공격을 담고 있다. 경솔(precipitation, 지나치게 성급하게 판단하는 것)과 성향(predisposition, 관습이나 권위를 따르는 것)이라는 이중의 의미를 가진 '선입견'은 계몽주의의 가장 지배적인 범주이다. 선입견은 사유하기 위하여, 대담하게 사유하기 위하여—유명한 격언, '결단하라'(과감하게 떨쳐내라, sapere aude)에 따르면—떨쳐 내야만 하는 것이다. 그렇게 함으로써 우리는 성년기, 즉 '성숙함'(Mündigkeit)에 도달할 수 있다. (사실상 근거 없는 판단이나 또는 그릇된 판단과 거의 동의어가 되어 버린) '선입견'이란 단어의 일의적으로 부정적인 의미가 아닌 본래의 의미를 회복하기 위해서는, 그리고 '선판단'(praejudicium)이란 라틴어가 계몽주의 이전의 사법적 전통 안에서 가졌던 양면적인 의미를 회복하기 위해서는, 이성과 선입견을 대립시키는 철학의 전제들에 의문을 제기할 필요가 있다. 사실, 이 전제들은 바로 비판 철학의 전제들이다. 비판 철학은 판단 철학이며, 판단 철학에 있어서 선입견은 현저하게 부정적인 범주로 간주된다. 그러므로 세계를 향한 인간의 행위에 있어서의 판단의 우월성이 의문시되어야 한다. 그리고 판단을 재판관으로 세우는 유일한 철학은 오직 과학의 모델에 의거한 객관성을 지식의 척도로 삼는 철학이다. 판단과 선입견은 방법론적 의식을 우리가 존재와 존재자들과 맺는 관계를 위한 열쇠로 삼는 철학의 유형—이 유형은 데카르트로부터 유래한다—에서만 지배적인 범주이다. 그러므로 계몽주의 정신에 대한 단순한 부정이 아닌 선입견의 복권을 위해서는,

판단 철학의 배면과 주관과 객관의 문제의 배면을 탐구할 필요가
있다.

낭만주의 철학이 최초의 토대이며 동시에 근본적인 실패로 입증
되는 곳이 바로 여기이다. 낭만주의 철학이 최초의 토대인 까닭은
그것이 대담하게 "선입견에 대한 계몽주의의 불신"(《진리와 방법》
241~5면의 제목)에 도전했기 때문이다. 이 철학이 근본적인 실패
인 까닭은 그것이 질문은 전도시키지 못하고 답변만을 전도시켰기
때문이다. 낭만주의는 적에 의해 규정된 영역, 즉 해석의 과정에 있
어서의 전통과 권위의 역할에 대한 논쟁이 진행되는 영역에서 전
투를 수행하였다. 계몽주의와 동일한 영역, 동일한 탐구의 토대 위
에서, 낭만주의는 '로고스'보다 '뮈토스'를 더욱 찬양하고, 신약성
서보다 구약성서를 변호하며, 근대적 국가보다 역사적 기독교 세계
를, 제도적 사회주의보다 가족적 공동체를, 불모의 의식보다 생산력
있는 무의식을, 합리적인 미래의 유토피아보다 신화적 과거를, 냉철
한 이성보다 시적 상상력을 옹호한다. 이와 같이 낭만주의 해석학
의 운명은 회복(복원)과 연관된 모든 것과 결부되어 있다.

역사적 의식의 해석학이 피하고자 하는 함정이 이런 것이다. 여
기서 다시금 제기되는 문제는 이것이다. 가다머의 해석학은 낭만주
의적인 해석학의 출발점을 정말로 넘어섰는가? 그리고 "인간 존재
의 유한성은 무엇보다 우선적으로 인간이 자신을 전통의 한 가운
데에서 발견한다는 사실에 있다"(WM 260, TM 244)*는 가다머의
확언은 비판 철학과 대면하여 철학적 낭만주의가 취한 복원적 태
도를 극복하는 것인가?

가다머의 견해에 따르면, 선입견의 문제가 정확하게 문제로 재구
성될 수 있었던 것은 오직 하이데거의 철학에 의해서였다. 이 점에

있어서 딜타이에 의한 문제의 단계는 결코 결정적인 것이 아니다. 오히려 반대로, 우리는 자연과학과 인문과학은 두 가지 학문성, 두 가지 방법론, 두 가지 인식론에 의해 성격지워진다는 환상을 딜타이로부터 물려받았다. 그러므로 딜타이에게 많은 빚을 지고 있음에도 불구하고, 가다머는 망설이지 않고 이렇게 말한다. "딜타이는 전통적인 지식 이론으로부터 자유로울 수 없었다"(WM 261, TM 245).* 딜타이는 여전히 자의식으로부터 출발한다. 그에게 있어서, 주관성은 궁극적인 준거점으로 남아 있다. '체험'의 지배는 원초적인 것으로서의 나 자신의 지배이다. 이런 의미에서 근본적인 것은 '내적 존재'(Innesein), 내면성, 자아의 의식이다. 그러므로 가다머가 "개인의 선입견은 그 개인의 판단보다 훨씬 더 그 자신의 존재의 역사적 실재를 구성한다"(WM 261, TM 245)라고 공언할 때, 그는 끊임없이 되살아나는 계몽주의뿐만 아니라 딜타이를 겨냥한 것이다. 그러므로 선입견, 권위, 그리고 전통의 회복은 주관성과 내면성의 지배, 다시 말하면 반성적 기준에 대항하여 이루어지는 것이다. 이러한 반 반성적(anti-reflective) 논쟁은 가다머의 주장이 비판 이전의 입장으로 회귀하는 것이라는 인상을 주게된다. 그러나 이러한 주장이 아무리 도발하는―단지 도발적일 뿐 아니라―것이라고 할지라도, 이것은 반성의 계기 위로 역사적 차원이 부활함을 입증하는 것이다. 역사는 나와 나의 반성을 선행한다. 나는 나 자신에게 속해있기 이전에 역사에 속해있다. 딜타이는 이것을 이해할 수 없었다. 왜냐하면 그의 혁신은 인식론적인 것에 머물러 있었고, 그의 반성적 기준은 그의 역사적 의식을 지배했기 때문이다.

그럼에도 불구하고 딜타이에 대한 첨예한 비판이 낭만주의에 대한 공격과 동일한 의미를 갖는지가 질문될 수 있다. 딜타이에게 가해진 비판보다 그에 대한 충실성이 더욱 심대하지 않은가? 이 사실은 왜 가다머에게 있어서 텍스트와 주석학의 문제가 아닌 역사와 역사성의 문제가 (내가 가다머 자신과 비슷한 의미로 말하는) '주된' 해석학적 경험을 지속적으로 제공해주는지를 설명해준다. 이러한 차원에서, 우리는 가다머의 해석학에 있어서 딜타이에 대한 가다머의 충실성이 그의 비판보다 더욱 중요하다고 말할 수 있다. 우리는 이 글의 제2부를 위해 이 문제를 남겨 둘 것이며, 여기서는 낭만주의와 딜타이의 인식론에 대한 비판으로부터 하이데거적인 문제의 국면으로의 이행을 따라가는 것으로 만족할 것이다.

인간의 역사적 차원을 회복하는 것은 단순한 방법론적 개혁 훨씬 이상의 것, 그리고 자연과학의 요구에 직면하여 '인문과학' 개념을 인식론적으로 정당화하는 것 훨씬 이상의 것을 요구한다. 지식 이론을 존재론에 종속시키는 근본적인 대변혁만이 '이해의 선구조'(Vorstruktur des Verstehens)―선입견의 회복을 위한 조건인 이해의 선구조(또는 예기적 구조)―의 진정한 의미를 드러낼 수 있다.

우리는 모두 《존재와 시간》에서의 이해에 관한 항과 친숙하다(31항).[4] 이 항에서 하이데거는 접두사 'vor'(선취 Vor-have, 선견 Vor-sicht, 선개념 Vor-griff)를 동반하는 표현들을 모아 놓으면서, 존재 안에서의 바로 우리 존재의 정위(定位)의 일부인 예기의 구조 안에서 인문과학의 해석학적 순환을 발견한다. 가다머는 이를 잘 표현

---

4) Martin Heidegger, *Sein und Zeit*(Tübingen: Max Niemeyer, 1927, 이후로는 본문 안에 *SZ*로 인용됨)[영문 번역판: *Being and Time*, translated by John Macquarrie and Edward Robinson(Oxford: Basil Blackwell, 1978, 이후로는 본문 안에 *BT*로 인용됨)].

한다. "하이데거의 해석학적 사고의 요점은 하나의 순환이 존재한
다는 사실을 입증하는 것이 아니라, 순환이 존재론적으로 적극적인
의미를 가진다는 사실을 입증하는 것이다"(WM 251, TM 236). 그러
나 가다머가 "'현존재'에 대한 근본적인 분석"(제1부의 제목)에 속
해있는 31항뿐만 아니라, 해석의 문제를 시간성 자체의 문제로 분
명히 옮겨 놓는 63항에 대해서 언급한다는 사실은 주목할 만하다.
이 문제는 단지 '현존재'(Dasein, 거기 있음)의 'Da'(거기)에 대한
문제가 더 이상 아니라, 세 가지 시간적인 염려의 황홀경(ecstases)
안에서 드러나는 '전체적 존재가 될 수 있는 현존재의 잠재적 가능
성'(Ganzseinskönnen)에 대한 문제이다. 가다머가 "하이데거가 이해
의 순환적 구조를 '현존재'의 시간성으로부터 도출한다는 사실로
부터, 이 사실이 초래하는 인문과학의 해석학을 위한 결과들을 조
사하는 것"(WM 251; TM 235)*은 옳다. 그러나 하이데거 자신은
이러한 문제를 고려하지 않았는데, 이러한 문제는 예기치 않은 방
식으로 우리를 순수한 인식론적 또는 방법론적인 관심들과 더불어
소거된(소거되었다고 주장되어졌던) 비판적 주제로 인도할 것이다.
만일 우리가 딜타이로부터 하이데거에 이르는 과정 속에 나타나는
근본화 운동뿐만 아니라 바로 《존재와 시간》 안의 31항으로부터 63
항에 이르는 과정 속에 나타나는 근본화 운동을 따라간다면, 특권
적 경험(만일 우리가 여전히 이런 식으로 말할 수 있다면)은 더 이
상 역사가의 역사가 아니라 서구의 형이상학에서의 존재의 의미에
대한 질문의 역사라고 할 수 있다. 따라서 해석이 전개되는 해석학
적 상황은, 존재에 대하여 우리가 질문하는 관점인 예기적 구조가
형이상학의 역사에 의해서 제공되어진다는 사실에 의해 특징지어
지는 것처럼 보인다. 이러한 예기적 구조는 선입견을 대신하는 것

이다. (나중에 우리는 하이데거가 이 전통에 대하여 확립하는 비판
적 관계가 또한 선입견에 대한 비판의 복권을 포함하고 있는 것은
아닌지를 우리 자신에게 물을 것이다.) 따라서 하이데거는 선입견
의 문제에 대한 근본적인 전환을 가져왔다. 선입견(Vormeinung)은
예기의 구조의 일부이다(SZ 150, BT 190을 보라). 여기서 텍스트
주석의 예는 특별한 사례 이상의 것이다. 즉 그것은 사진술(寫眞術)
적인 용어로 말해서[사진을 현상(develop)하는 것과 유사한 의미에
서: 역자 주] 하나의 현상(現像, development)이다. 하이데거는 문헌
학적 해석을 "파생된 양태"(SZ 152, BT 194)라고 부른다. 하지만 이
문헌학적 해석은 시금석으로 남아 있다. 철학적 해석이 정밀과학으
로부터 빌려 온 과학성의 모델의 관점에서 그 자신을 이해하는 한
벗어나지 못하는 악순환으로부터 돌아서서, 우리 자신의 존재의 예
기적 구조(선구조)에 의해서 형성되는 비악순환적 순환(non-vicious
circle)으로 들어가야 할 필요를 우리가 인식할 수 있는 곳이 바로
여기이다.

　그러나 하이데거는 우리를 구성하는 예기적 구조로부터 해석학
적 순환의 고유한 방법론적 측면들로 회귀하는 운동에는 관심이
없다. 이것은 불행한 일인데, 왜냐하면 해석학이 비판, 특히 이데올
로기 비판과 만날 수 있는 것은 바로 그 회귀의 길 위에서이기 때
문이다. 그러므로 하이데거와 가다머에 대한 우리 자신의 물음은
회귀의 운동에 의해 제기되는 난제들과 더불어 시작될 것인데, 문
헌학적 해석이 '이해의 파생적 양태'라는 관념은 이 회귀의 과정에
서만 정당화될 수 있다. 이 파생으로의 회귀가 시도되지 않았다면,
선구조 자체가 근본적이라는 사실은 아직 입증된 것이 아니다. 왜
냐하면 그것으로부터 다른 어떤 것이 파생되지 않았다면 그것은

근본적인 것이 아니기 때문이다.

'문제점에 대한 가다머의 탁월한 공헌'은 낭만주의, 딜타이, 하이데거가 수립한 이러한 삼중의 기초 위에 자리매김되어야 한다. 이런 관점에서, 가다머의 텍스트는 썼어있는 글자 위에 다시 글자를 써서 두터워진 양피지 같은데, 그러나 이 양피지는 투명하기 때문에 낭만주의의 층, 딜타이의 층, 하이데거의 층을 식별하는 것이 언제나 가능하며, 따라서 이들 각각의 층들에서 읽혀질 수 있다. 또한 각각의 층들은 현재의 가다머의 입장으로부터 고찰된다. 그의 논적(論敵)들이 분명하게 지적한 바와 같이, 가다머의 탁월한 공헌은 다음 세 가지이다. 첫째는 말하자면 그가 선입견, 전통, 권위 사이의 연관성을 순수하게 현상학적으로 수립했다는 것이다. 두 번째는 그가 선입견, 전통, 권위를 '역사의 영향' 또는 '영향사 의식'의 관점에서 존재론적으로 해석했다는 것이다. 세 번째는 그가 자신의 《소논문집》(Kleine Schriften)에서 언급한 인식론적 또는 '메타 비판적' 결과로서, 비판이 철저하게 수행될 수 있는 제로 지점은 없기 때문에 선입견이나 이데올로기에 대한 철저한 비판은 불가능하다는 것이다.

이제 이 세 가지 주제, 즉 선입견, 전통, 그리고 권위에 대한 현상학, 영향사 의식(역사의 영향에 노출된 의식)의 존재론, 그리고 비판에 대한 비판을 차례로 고찰해 보자.

선입견, 전통, 그리고 권위를 회복하려는 가다머의 시도에는 다소 도발적인 목적이 없지 않다. 가다머의 분석은 계몽주의가 경멸적인 평가와 더불어 모호하게 만들었던 이 세 가지 현상으로부터 본질을 추출하려고 한다는 의미에서 '현상학적'이다. 가다머에게 있어서, 선입견은 전제 없는 이성과 대립되는 극이 아니다. 선입견

은 인간의 유한한 역사적 성격과 결부되어 있는, 이해의 구성 요소
이다. 사법적인 의미에서, 결과적으로 근거가 있는 것으로 확인될
수 있는 선판단과 근거가 없는 것으로 확인될 수 있는 선판단이 있
으며, 심지어 '합법적인 선입견'도 있기 때문에 오직 근거 없는 선
입견만 있다고 주장하는 것은 잘못된 것이다. 그러므로 비록 경솔
한 판단이라는 의미의 선입견을 복권시키는 것은 매우 어렵다고
하더라도, 성향이라는 의미의 선입견은 단순히 비판적인 관점에서
수행되는 분석에 의해 파악될 수 없는 심원한 의미를 가지고 있다.
그러나 선입견에 반대하는 선입견은 더 깊은 차원, 즉 권위에 대항
하는 선입견에 뿌리박고 있는데, 여기서 권위는 너무 성급하게 지
배나 폭력과 동일시된다. 권위의 개념은 우리를 이데올로기 비판과
의 논쟁의 중심으로 인도한다. 또한 이 권위 개념이 막스 베버의
정치사회학의 핵심에 있다는 사실을 기억해 보자. 즉 국가는 자체
의 권위의 합법성과 최후의 경우에 폭력을 사용할 수 있는 자체의
권리의 합법성에 대한 신념 위에 세워진 탁월한 제도이다. 가다머
에 따르면, 계몽주의 시대 이래로 지배와 권위와 폭력 사이의 혼동
으로 인하여 이 개념에 대한 분석은 어려움을 겪어 왔다. 바로 여
기에서 본질의 분석이 매우 중요한 문제로 대두된다. 계몽주의는
권위와 맹목적인 복종 사이에 필연적인 연관성을 설정한다:

> 그러나 이것은 권위의 본질이 아니다. 권위를 갖는 것은 우선적으로 사
> 람들이란 것은 옳다. 그러나 사람들의 권위는 궁극적으로 이성의 굴복이
> 나 포기가 아니라 수용과 인정에 근거해 있다. 여기서 인정이란 타자가
> 판단과 통찰력에 있어서 자기보다 우월하다는 것, 이러한 이유로 그의
> 판단이 우선성을 갖는다는 것, 즉 나 자신의 판단보다 우선한다는 것을

인정하는 것이다. 이것은 혹자가 권위를 주장할 때, 실제로 그 권위는 수여될 수 있는 것이 아니라 획득되는 것이며 획득되어야만 한다는 사실과 연관된다. 권위는 숙고에 의존하는 것이며, 따라서 그 자신의 한계를 인식하며 타자가 좀더 나은 이해를 가지고 있다는 것을 수용하는 이성 자체의 활동에 의존한다. 이런 의미에서 올바로 이해된 권위는 명령에 대한 맹종과는 아무 관계가 없다. 실로, 권위는 복종과 관계가 없다. 권위는 인정에 의존한다(*WM* 264, *TM* 248).*

그러므로 핵심 개념은 인정(Anerkennung)이다. 이 인정 개념은 복종의 개념을 대체한다. 지나치는 길에 우리는 이 개념이 모종의 비판적 계기를 함축함을 주목할 수 있다. 가다머는 말한다. "권위에 대한 인정은 권위가 진술하는 바가 비합리적이거나 자의적(恣意的)이지 않고, 원칙적으로 수용될 수 있다는 개념과 항상 연결된다. 이것이 바로 교사, 상급자, 전문가에 의해 주장되는 권위의 본질이다"(*WM* 264, *TM* 249).* 이러한 비판적 계기는 권위의 현상학을 명료화함으로써 이데올로기 비판에 도달할 수 있는 가능성을 제공한다.
　그러나 이것은 가다머가 궁극적으로 강조하는 측면은 아니다. 자신의 초기의 비판에도 불구하고, 가다머가 '권위'를 '전통'에 연결하면서 다시 돌아간 곳은 독일 낭만주의의 주제이다. 권위를 가진 것은 전통이다. 이러한 등식에 도달함에 있어서, 가다머는 낭만주의적 관점에서 말한다.

낭만주의가 특별한 열정을 가지고 변호했던 권위의 한 형태가 있다. 그것은 바로 전통이다. 전통과 관습에 의해 승인되어진 것은 익명의 권위를 가진다. 그리고 우리의 유한한 역사적 존재는 전승되어 온 것—명확하게 근거지워진 것뿐만 아니라—의 권위가 언제나 우리의 태도와 행동에 대하여 힘(영향력, Gewalt)을 갖는다는 사실에 의해 규정된다. 모든 교육은 이러한 권위에 근거한다… [관습과 전례]는 자유롭게 받아들여지지만, 결코 자유로운 통찰력에 의해 창조되거나, 관습과 전례 자체에 의해 정당화되지는 않는다. 우리가 전통이라고 부르는 것이 바로 관습과 전례의 타당성의 근거이다. 그리고 사실 계몽주의에 대한 이러한 교정, 즉 전통이 이성의 논증 밖에서 정당화를 갖는다는 것과 우리의 태도와 행위를 심대하게 규정한다는 것을 밝힌 것은 낭만주의의 공로이다. 고전적 윤리학이 윤리학으로부터 바른 통치의 기술인 정치학으로의 이행을 전통의 불가피성에 의해 정당화하는 것은 심지어 근대의 도덕철학에 대한 고전적 윤리학의 우월성의 표시이기조차 하다. 이와 비교해 볼 때, 근대의 계몽주의는 추상적이고 혁명적이다(WM 265, TM 249).*

('전통의 지배'(Herrschaft von Tradition)라는 표현 안에 있는 '지배'(Herrschaft)처럼, 어떻게 '힘'(영향력, Gewalt)이라는 단어가 텍스트에서 '권위'(Autorität)의 배후로 미끄러져 들어오는지를 주목하라(WM 265, TM 250).)

물론, 가다머는 해결 불가능한 낭만주의와 계몽주의 사이의 해묵은 논쟁에 다시 빠져드는 것을 원하지 않는다. 우리는 권위와 이성을 대결시키기보다는 화해시키려고 시도하는 그에게 감사해야 한다. 권위의 진정한 의미는 자유로운 판단의 성숙을 위한 권위의 공헌으로부터 생겨난다. 따라서 '권위를 받아들이는 것'은 또한 의심과 비판이라는 필터를 통과시키는 것이다. 좀더 근본적으로 말하자면, "전통이 지속적으로 자유와 역사 자체의 요소인 한에서" 권위는 이성과 연관성을 갖는다(WM 265, TM 250). 우리가 만일 문화적 유산의 '보전'(保全, Bewahrung, preservation)을 자연적 실재의 단순한 '보존'(保存, conservation)과 혼동한다면, 우리는 이 점을 놓치게 될 것이다. 전통은 파악되어야 하고, 수용되어야 하며, 유지되어야 한다. 그러므로 전통은 이성의 활동을 요구한다. 즉 "보전은 혁명과 갱신만큼이나 자유롭게 선택된 행동이다"(*WM* 266, *TM* 250).

그러나 우리는 가다머가 '오성'(Verstand)이 아닌 '이성'(Vernunft)이란 단어를 사용한다는 사실을 주목할 필요가 있다. 이러한 토대 위에서 하버마스와 아펠(Karl-Otto Apel)과의 대화가 가능한데, 이들도 역시 자신들이 순수하게 기술적(技術的) 기획에 도움이 되는 것으로 보는 기술 지배적인 오성과는 구별되는 이성의 개념을 옹호하는 데 관심을 가진다. 이성의 작업인 의사소통 행동과 기술적 오성의 작업인 도구적 행동 사이에 대한 프랑크푸르트 학파의 구별은 전통에 대한 호소—적어도 정치화되고 제도화된 전통과는 반대되는 살아 있는 문화적 전통에 대한 호소—에 의해서만 지지될 수 있다는 것은 사실일 것이다. 기술의 원리(rationale)와 정치학의 합리성(reasonableness) 사이의 에릭 웨일(Eric Weil)의 구분도 여기서 동일한 관련성을 갖는다. 왜냐하면 에릭 웨일에게 있어서도 역시, 합리적인 것은 혁신의 정신과 전통의 정신 사이의 대화의 과정 안에서만 출현하기 때문이다.

선입견, 권위, 전통이라는 일련의 개념들에 대한 '존재론적' 해석은, '영향사'(Wirkungsgeschichte) 또는 '영향사 의식'(wirkungsgeschichtliches Bewußtsein)의 범주 안에서 결정화(結晶化)를 이루는데, 이 범주는 인문과학의 토대에 대한 가다머의 반성의 정점(頂點)을 보여 준다.

이 범주는 역사적 '연구'(Forschung)의 방법론에 속하는 것이 아니라 오히려 이 방법론에 대한 반성적 의식에 속한다. 이 범주는 역사에 대한 의식의 범주이다. 나중에 우리는 비제한적 의사소통이라는 규정적(regulative) 관념 같은 하버마스의 개념들이 사회과학의 자기 이해와 동일한 차원에 정위되어지는 것을 보게 될 것이다. 그러므로 역사의 영향에 대한 의식의 범주를 최대한의 주의를 기울여 분석하는 것이 중요하다. 일반적인 관점에서 말하자면, 이 범주는 역사와 역사의 영향에 노출되어짐에 대한 의식으로 특징지어질 수 있는데, 우리는 우리에게 대한 이 행동을 객관화시킬 수 없다. 왜냐하면 역사의 영향은 역사적 현상으로서의 역사적 행동의 바로 그 의미에 속하는 것이기 때문이다. 따라서 가다머는 《소논문집》에서 다음과 같이 말한다.

> 그것으로 내가 의미하는 바는 첫째, 우리는 역사적 과정으로부터 우리 자신을 분리해낼 수 없다는 것이다. 즉 우리는 역사적 과정으로부터 우리를 유리시켜서 과거가 우리에게 하나의 대상이 되도록 할 수 없다. … 우리는 항상 역사 안에 처해 있다. … 내가 말하고자 하는 것은, 우리의 의식이 실제적인 역사의 과정에 의해 결정되며, 따라서 우리가 우리 자신을 과거와 나란히 병치시킬 수 있을 만큼 자유롭지 않다는 것이다. 더 나아가 내가 말하고자 하는 것은, 그것(역사의 과정)에 의해 우리에게 행해지는 행동들을 우리가 항상 새롭게 의식하여야 하는데, (역사의 과정이 우리에게 행하는 행동들은) 우리가 경험하게 되는 과거의 모든 것들이 강제로 우리로 하여금 그것들을 완전히 붙들게 하고 어느 면에서는 우리로 하여금 그것들의 진리를 받아들이도록 강요하는 방식으로 이루어진다는 것이다.[5]

심지어 의식이 자신을 의식하기 이전에 의식은 그 의식에 영향을 미치는 것에 속해 있고 그것에 의존한다는 개괄적이고 보편적인 사실을 좀더 분석해 보자. 의식을 선행하며 의식 안에 통합되어 있는 이러한 역사의 행동은 철학적 사고의 차원에서 다음 네 가지 주제들의 관점에서 명료화될 수 있는데, 내가 보기에 이 주제들은 영향사 의식(역사적 영향에 대한 의식)의 범주 안으로 수렴된다.

첫번째 주제는 이 개념이 '역사적 거리'라는 개념과 함께 그리고 그것과의 긴장 안에 정위되어야 한다는 것이다. 우리가 인용한 글의 전 단락에서 가다머가 상세히 설명한 이 역사적 거리 개념은 역사적 '연구'의 방법론적 조건이 된다. 거리는 하나의 사실이다. 거리를 두고 자리잡는 것은 하나의 방법론적 태도이다. 영향사는 바로 역사적 거리의 조건 아래에서 일어나는 것이다. 그것은 먼 것의 가까움이다. 따라서 이 '거리'가 우리와 과거의 유착을 끝장내고 자연과학의 객관성에 비견될 수 있는 상황을 창조한다는 것은 —가다머가 맞서 싸웠던— 착각이다. 이 착각은 친숙성의 상실은 그 역사적 우연성(contingency)과의 결별을 의미한다는 가정에 기초해 있다. 이러한 착각과 대항하여, 과거의 '타자성'의 역설을 회복하는 것이 중요하다. 영향사는 먼 거리에서 (작용하는) 효력이다.

역사적 영향의 개념 안에 통합되는 두 번째 주제는 이것이다. 즉 우리로 하여금 한눈에 그 영향들 전체를 파악할 수 있게 해주는 '전체적 조망'이란 없다는 것이다. 유한성과 절대적 지식 사이에서 선택이 요청되는데, 영향사 개념은 유한성의 존재론에 속해 있다. 이 개념은 하이데거의 존재론에서의 '던져진 기획(또는 피투된 기

---

5) Hans-Georg Gadamer, *Kleine Schriften* 1, 158면.

투)'와 '상황'이 수행하는 역할과 동일한 역할을 한다. 역사적 존재는 결코 자기 지식 안으로 곧바로 들어갈 수 없는 존재이다. 만일 이에 상응하는 헤겔의 개념이 있다면, 그것은 '지식'(Wissen) 개념이 아니라 오히려 '실체'(Substanz) 개념일 것인데, 헤겔은 변증법을 통해 담화에 오는(나타나는) 측량할 수 없는 깊이에 대해 말할 필요가 있을 때마다 이 개념을 사용한다. 헤겔을 올바르게 이해하려면, 우리는 절대적 지식을 향한 길을 따라 내려가기보다는 '정신 현상학'의 노정(路程)을 거슬러 올라가야 한다.

세 번째 주제는 앞의 주제의 논지를 다소 수정한다. 만약 전체적인 조망이 없다면 우리를 절대적으로 제한하는 상황도 없다. 상황이 있는 곳에는 어디나 축소되거나 확장될 수 있는 '지평'이 있다. 우리의 실존의 시각적 범위가 입증하는 것처럼, 조망은 가까움, 멂, 그리고 열려짐으로 형성된다. 이것은 역사적 이해에서도 마찬가지이다. 사람들은 한때 지평 개념을 자신을 타자의 관점에 놓는 방법론적 규칙에 순응시킴으로써 설명할 수 있다고 생각했었다. 즉 지평은 타자의 지평이다. 따라서 역사학은 과학의 객관성과 같은 태도를 취해 왔다고 생각되었다. 자기 자신의 관점을 잊고 타자의 관점을 채택하는 것이 객관성 아닌가? 그러나 이러한 잘못된 동일화보다 더 큰 재난은 없다. 텍스트가 이와 같이 하나의 절대적인 대상으로 다루어진다면, 텍스트는 우리에게 무엇에 관해 무엇을 말한다는 자체의 주장을 박탈당한다. 이러한 주장은 사물 자체에 대한 선이해 개념에 의해서만 유지될 수 있다. 관점들의 긴장과, 실재에 대한 참된 말을 전승한다는 전통의 주장, 이 둘 다를 중지시키는 이러한 객관적 거리 두기보다 역사적 과업의 의미를 더 파괴하는 것은 아무 것도 없다.

관점들의 변증법과 타자와 자아 사이의 긴장을 회복함으로써, 우리는 '지평들의 융합'이라는 개념적 정점(頂點)에 도달한다. 이것이 우리의 네 번째 주제이다. 이 개념은 다음 두 가지 대안에 대한 이중적 거부에 의해 결과되어지는 변증법적 개념이다. 하나는 객관주의로서, 이에 의하면 타자의 객관화는 자신에 대한 망각을 전제한다는 것이며, 다른 하나는 절대적 지식으로서, 이에 따르면 보편사(史)가 유일한 하나의 지평 안에서 명료화될 수 있다는 것이다. 우리는 폐쇄된 지평들 안에 존재하지도 않으며, 유일한 지평 안에 존재하지도 않는다. 어떤 지평도 닫혀 있지 않다. 왜냐하면 자신을 다른 관점과 다른 문화 안에 위치시키는 것이 가능하기 때문이다. 타자에게 접근할 수 없다는 주장은 로빈슨 크루소를 회상하게 만든다. 그러나 또한 어떤 지평도 유일하지 않다. 왜냐하면 타자와 자신의 긴장은 극복될 수 없기 때문이다. 가다머는 어느 단계에서는 라이프니츠의 단자론에서와 같이, 모든 관점들을 포괄하는 유일한 지평이라는 개념을 받아들이는 것처럼 보인다(*WM* 288, *TM* 271). 하지만 이것은 니체의 급진적인 다원주의와 맞서 싸우기 위한 것처럼 보인다. 니체의 다원주의는 의사소통의 불가능성으로 인도하며, '로고스' 철학의 본질적인 개념인 '사물에 관한 공통된 이해'라는 관념을 부숴 버린다. 이러한 점에서 가다머의 설명은, 역사적 이해가 '사물에 관한 공통된 이해'를 필요로 하고, 따라서 유일한 의사소통의 '로고스'를 요청한다는 점에서 헤겔의 설명과 유사하다. 그러나 가다머의 입장은 헤겔의 입장과 스쳐 지나갈 뿐이다. 왜냐하면 그의 하이데거적인 유한성의 존재론은 이러한 유일한 지평이 지식으로 변형되는 것을 막기 때문이다. 바로 '지평'이란 단어가 지평들의 융합 그 자체에 대한 파악이 이루어지는 지식이란 개념에 대한 궁극적인 거부를 암시한다. 하나의 관점이 다른 관점들의 배경 속에서 두드러져 보이게(Abhebung) 된다는 해석학의 대조 개념은 해석학과 모든 형태의 헤겔주의 사이의 깊은 간격을 드러낸다.

지평융합이라는 넘어설 수 없는 개념은 선입견의 이론에 가장 독특한 성격을 부여한다. 즉 선입견은 현재의 지평이며, 먼 것을 향해 열려 있는 가까운 것의 유한성(한계성)이다. 자아와 타자의 이러한 관계는 선입견 개념에 최종적인 변증법적 특징을 제공한다. 즉 오직 내가 나 자신을 타자의 관점에 위치시키는 한에 있어서만 나는 나의 현재적 지평과 나의 선입견과 더불어 나 자신과 대면한다는 것이다. 선입견이 작용하게 되고 역사성을 구성하게 되는 것은 오직 타자와 자아 사이의, 과거의 텍스트와 독자의 관점 사이의 이러한 긴장 안에서만 가능하다.

영향사라는 존재론적인 개념의 인식론적 함의는 어렵지 않게 식별된다. 이 인식론적 함의는 바로 사회과학에 있어서 연구의 위상에 관한 것이다. 이것은 바로 가다머가 보여 주고자 원했던 것이다. '연구'(Forschung), 즉 과학적 연구는 역사를 살고 역사를 만드는 사람들의 역사적 의식을 벗어나지 못한다. 역사적 지식은 자체를 역사적 조건에서 구출할 수 없다. 따라서 선입견으로부터 자유로운 과학의 기획은 불가능하다. 역사학은 오직 역사학을 향해 설명을 요구하는 전통으로부터 출발함으로써만 과거를 향해 의미 있는 질문들을 제기하고, 의미 있는 연구를 추진하며, 의미 있는 결론에 도달한다. '의미'(Bedeutung)라는 단어는 의심할 여지없이 강조된다. 즉 과학으로서의 역사학은 연구를 수행함에 있어서 시종일관 받아들여지고 인정된 전통과의 관계로부터 의미를 받아들인다. 전통의

행동과 역사적 연구는 어떤 비판적 의식도 연구 자체를 무의미하
게 만들지 않고는 해체할 수 없는 유대관계에 의해 결합되어 있다.
역사가들의 역사학(Historie)은 역사(Geschichte) 안에서의 삶의 흐
름을 좀더 높은 의식의 수준으로 올려 놓을 따름이다. "현대의 역
사 연구는 단지 연구일 뿐만 아니라 그 자체가 전통의 전승이다"
(WM 268, TM 253). 과거와의 연결이 역사적 사실에 대한 순전히
객관적인 연구를 선행하며 또한 그것을 포괄한다. 하버마스가 전통
의 개념과 대립시킨 비제한적이고 비구속적인 의사소통의 이상이,
역사에 대한 완전한 지식의 가능성과 또한 그 자체로 대상으로서
의 역사의 가능성을 부정하는 가다머의 논증으로부터 벗어나는 것
인지는 앞으로 고찰되어야 할 주제이다.

　이데올로기 비판과 대립되는 이러한 논증의 결과가 무엇이든지
간에, 해석학은 궁극적으로 자신을 비판에 대한 비판, 즉 메타 비판
으로 정립할 것을 요구한다.

　왜 메타 비판인가? 이 용어에 있어서 중심적 논점은 가다머가
《소논문집》에서 "해석학 문제의 보편성"이라고 부르는 것이다. 이
보편성 개념을 설명하는 데는 세 가지 방식이 있다. 첫째로, 이 개
념은 해석학은 과학과 동일한 범위를 가진다는 주장으로 설명될
수 있다. 보편성은 무엇보다도 과학의 요구이다. 이 과학의 요구는
우리의 지식과 우리의 힘과 연관되어 있다. 해석학은 과학적 탐구
를 과학의 지식과 힘을 선행하며 포괄하는 경험세계 안에 정초시
키면서, 자신이 과학적 탐구와 동일한 영역을 다룬다고 주장한다.
따라서 보편성에의 주장은 과학의 지식과 힘의 가능성의 조건에
대한 비판과 동일한 기초 위에서 생겨난다. 그러므로 첫번째 보편
성은 바로 해석학의 과제로부터 생겨난다. 해석학의 과제란 "우리

의 임의적인 처리와 자유로운 결정에 위임되어 있는 대상적인 과
학기술의 세계를, 우리의 자의성(恣意性)으로부터 벗어나 있으며 우
리가 조작할 수도 없고 오히려 단순히 우리의 존경을 요구하는 우
리의 존재의 근본적인 질서들과 다시 연결하는 것이다"[6] 우리의
임의적인 처리에 위임되어 있는 과학의 세계를 우리의 자유로운
결정으로부터 벗어나게 하는 것, 이것이 첫번째 메타 비판적 과제
이다.

그러나 이러한 보편성은 여전히 파생적이며 해석학 자신의 보편
성은 아니라고 할 수 있다. 가다머의 견해에 의하면, 해석학은 역설
적으로, 보편적인 의미에 대한 모종의 특권적인 경험들로부터 시작
함으로써만 도달할 수 있는 독특한 보편성을 갖는다. 해석학이 하
나의 방법론이 되지 않기 위해서, 해석학은 자신의 보편성에 대한
주장을 오직 아주 구체적인 영역으로부터, 즉 항상 '탈국부화' 되어
야 하는 국부적 해석학으로부터 제기하여야 한다. 이 탈국부화의
과정에서 해석학은 자체의 출발점인 경험들의 바로 그 본성으로부
터 연유하는 저항을 만날 수 있다. 이 경험들은 특히 소격화, 즉 소
외의 경험들인데, 이 소격화는 미적 의식, 역사적 의식, 언어적 의
식 어디에서나 경험된다. 방법론적 소격화에 반대하는 이러한 투쟁
은 해석학을 비판에 대한 비판으로 변형시킨다. 이러한 투쟁은 끊
임없이 시지푸스의 바위를 다시 위로 밀어 올림으로써, 방법론이
침식해 버린 존재론적 기반을 회복해야 한다. 그러나 이와 동시에,
비판에 대한 비판은 '비판적인' 눈에는 매우 의심쩍게 보일 명제를
가정한다. 이 명제는 미적 관계, 역사적 관계, 언어적 관계의 가능

---

6) 앞의 책, 101면[*Philosophical Hermeneutics*, 3~4면].

성을 정초하는 '동의'(consensus)가 이미 존재한다는 명제이다. 해
석학을 오해를 극복하는 기술로 정의한 슐라이에르마허에게, 가다
머는 이렇게 반문한다. "사실상 모든 오해는 '심층 차원에서 담지
된 동의'를 전제하는 것이 아닌가?"[7]

이 '담지된 동의'(tragendes Einverständnis)란 개념은 절대적으로
근본적인 개념이다. 오해는 선행하는 이해에 의해 지지(支持)된다
는 주장은 탁월한 메타 비판적 주제이다. 더욱이 이 개념은 가다머
의 작품 안에서 발견되는 보편성의 세 번째 개념으로 인도한다. 해
석학의 탈국부화를 가능케 하는 보편적 요소는 언어 자체이다. 우
리를 지지해주는 일치는 대화—편안하게 서로 대면하는 상황이 아
닌 가장 철저한 형태의 질문-답변의 관계에 있어서의 대화—안에
서 도달된 이해이다. 여기서 우리는 원초적인 해석학적 현상과 만
난다. 즉 "질문에 대한 답변이 아닌 단언적 언설(assertion)이란 없
다. 단언적 언설은 오직 이런 방식으로만 이해될 수 있다."[8] 따라서
모든 해석학은 '언어성'(Sprachlichkeit)의 개념, 또는 "언어적 차원"
에서 정점에 도달한다. 하지만 여기서 '언어'는 랑그의 체계로서가
아니라 말해진 것의 총체, 즉 가장 의미 있는 메시지의 요약으로서
이해되어야 하는데, 이 메시지는 일상적인 언어에 의해서 전달되는
것이 아니라 오늘의 우리를 만든 모든 탁월한 언어들에 의해서 전
달되는 것이다.

하버마스의 비판에 접근함에 있어서, 먼저 우리는 '우리 자신인
대화'(the dialogue which we are)가 정말 해석학의 탈국부화를 가
능케 하는 보편적 요소인가, 아니면 인간의 의사소통의 실제적 조

---

7) 앞의 책, 104면[7면].
8) 같은 책, 107면[11면].

건들에 대한 무지와, 제한과 속박이 없는 의사소통에의 희망 둘 다를 포괄하는 특수한 경험을 구성하는가 하는 질문을 던질 것이다.

2. 하버마스: 이데올로기 비판

이제 나는 논쟁의 두 번째 주역을 제시하려고 하는데, 논의의 명료성을 위하여 단순하게 대결적인 구도로 환원시켜 제시할 것이다. 나는 가다머의 '전통의 해석학'에 대한 대안으로 간주되는 하버마스의 '이데올로기 비판'을 다음 네 가지의 연속적인 주제들 아래 논의할 것이다.

(1) 가다머가 낭만주의 철학으로부터 '선입견'의 개념을 빌려와서 그것을 하이데거의 선이해 개념을 통해 재해석하는 반면, 하버마스는 '관심'의 개념을 발전시키는데, 이 개념은 마르크스주의 전통으로부터 유래하고 루카치(Lukács)와 프랑크푸르트 학파(호르크하이머, 아도르노, 마르쿠제, 아펠 등)에 의해 재해석된 개념이다.

(2) 가다머가 문화전통에 대한 오늘날의 재해석에 관심을 기울이는 '인문과학'에 호소하는 반면, 하버마스는 제도적인 사물화(reifications)를 직접 겨냥하는 '비판적 사회과학'에 호소한다.

(3) 가다머가 '오해'를 이해의 내부에 있는 장애물로 소개하는 반면, 하버마스는 은폐된 힘의 작용에 의한 체계적인 의사소통의 왜곡으로 설명되는 '이데올로기' 이론을 발전시킨다.

(4) 마지막으로, 가다머가 해석학의 과제를 '우리 자신인 대화'의 존재론에 정초시키는 반면, 하버마스는 우리를 선행하는 것이 아니라 미래적 관점에서 우리를 인도하는 비제한적이고 비구속적인 의사소통이라는 '규정적 관념'(regulative ideal)을 불러 온다.

내가 이처럼 매우 도식적인 방식으로 양자택일적인 윤곽을 제시하는 것은 논의의 명료성을 위한 것이다. 만일 명백하게 대립된 것처럼 보이는 이 두 입장이 교차하는 영역—내가 보기에는 이 영역이 해석학의 새로운 국면을 위한 출발점이 되어야 한다—을 공유하지 않는다면 이 논쟁은 아무런 관심도 끌지 못할 것이다. 나는 해석학의 이 새로운 국면에 관해 두 번째 부분에서 기술할 것이다. 하지만 먼저, 불일치하는 각 주제들의 내용을 살펴보자.

(1) 관심의 개념은 우리로 하여금 마르크스에 대한 하버마스의 관계에 대하여 몇 마디 언급하도록 만드는데, 이 관계는 대략 철학적 낭만주의에 대한 가다머의 관계와 비교될 수 있다. 하버마스의 마르크스주의는 매우 독특한 종류의 것으로서 알튀세의 마르크스주의와는 거의 공통점이 없으며, 매우 상이한 이데올로기 이론으로 우리를 인도한다. 1968년에 출판된 《지식과 인간의 관심》(*Knowledge and Human Interests*)에서, 마르크스주의는 지식 고고학 안에 자리를 잡고 있다. 그런데 그의 지식 고고학은 푸코의 지식 고고학과는 달리 주체에 의해 구성되거나 조작될 수 없는 불연속적인 구조를 분리해내는 것을 목적으로 하는 것이 아니라, 오히려 객관주의와 실증주의의 출현에 의해 압도당한 하나의 문제, 즉 반성의 문제가 지속되어 온 역사를 소급하여 추적하려고 한다. 이 책은 "망각된 반성의 경험을 회복하려는"[9] 변증적이라고 할 수 있는 목표를 가지고, '근대 실증주의 이전의 역사'를 재구성하려고 하며, 이를 통해 비판적 기능이 와해된 역사를 재구성하려고 한다. 반성의 성취와 실패의 역사 안에 놓여질 때, 마르크스주의는 단지 매우 모호한 현상으로 나타날 수 있다. 한편으로, 마르크스주의는 비판적

---

9) Jürgen Habermas, *Knowledge and Human Interests*, 9면.

반성의 역사의 일부이다. 그것은 칸트에서 시작하여 피히테와 헤겔을 통과하는 흐름의 한쪽 끝에 있다. 나는 하버마스가 반성적 과제의 이러한 일련의 철저화의 단계들—칸트의 주체, 헤겔의 의식, 피히테의 자아로 이어지는 연속적인 단계들을 거쳐, 마르크스의 생산활동 안에서의 인간과 자연의 종합에서 절정에 이르는—을 어떻게 보는지에 대하여 기술할 시간이 없다. 비판의 물음에 의해 이러한 방식으로 마르크스주의의 계보를 구성해 보는 것 자체가 매우 시사적이다. 마르크스주의를 대상과 객관성의 가능성의 조건의 문제에 대한 참신한 해결책으로 인식하는 것, 그리고 '유물론에 있어서 노동은 종합의 기능을 갖는다'라고 말하는 것은, 칸트주의와 후기 칸트주의적인 의미에서의 '비판적' 읽기에 의해 마르크스주의를 이해하는 것이다. 따라서 하버마스는 마르크스의 작품에서의 정치적 경제에 대한 비판은 관념론에서의 논리학과 같은 역할을 한다고 말한다.

이와 같이 비판적 반성의 역사 안에 놓여질 때, 마르크스주의는 한편으로는 생산자 인간이 초월적 주체의 자리와 헤겔적인 정신의 자리를 차지하고 있는 한, 메타 비판의 가장 진보된 입장처럼 보이며, 또한 다른 한편으로는 반성의 망각의 역사와 실증주의와 객관주의의 진보의 역사 속의 한 단계처럼 보이는 것을 피할 수 없다. 생산자 인간에 대한 변호는 다른 모든 것들을 희생하고 행동의 한 범주인 도구적 행동을 실체화(hypostatisation)하기에 이른다.

마르크스주의의 내부에 있는 것이라고 주장되는 이 비판을 이해하기 위해서는 관심의 개념을 도입하는 것이 필요하다. 나는 《지식과 인간의 관심》(*Knowledge and Human Interests*)으로 돌아가기 전에, 이 책에 부록으로 포함된 1965년의 논문을 다룰 것이다.

관심 개념은 하버마스가 플라톤, 칸트, 그리고 후설의 작품에서 발견하는 허식적 주장, 즉 자신이 욕망의 영역 바깥에 있다는 이론적 주체의 모든 허식적 주장과 대립된다. 비판철학의 과제는 바로 지식의 과업 저변에 놓여 있는 관심을 폭로하는 것이다. 관심 개념이 가다머의 선입견 개념이나 전통 개념과 아무리 다르다고 할지라도, 이들 사이에는 모종의 유사성이 있다. 이에 대하여는 나중에 고찰될 것이다. 우선 여기에서는 이 관심 개념이 이데올로기 개념의 도입을 가능하게 만든다는 사실이 언급되어야 한다. 즉 관심 개념은 프로이드가 말하는 합리화와 유사한 의미의 합리화의 가면 아래 관심을 은폐하는 데 봉사하는 이른바 불편부당한(不偏不黨, disinterested) 지식으로 이해되는 이데올로기 개념의 도입을 가능하게 해준다.

마르크스에 대한 하버마스의 비판을 평가하기 위해서는 여러 가지의 관심들이 있다는 사실, 좀더 정확하게 말하자면 관심 영역의 '다원성'이 있다는 사실을 인식하는 것이 중요하다. 하버마스는 세 가지의 기본적인 관심들을 구별하는데, 이들은 각기 '연구'의 영역을 지배하며, 따라서 일군(一郡)의 과학들을 지배한다.

첫째로 '경험적-분석적 과학들'을 지배하는 '기술적(technical) 관심' 또는 '도구적 관심'이 있다. 이 관심은, 가능한 경험적 진술들의 의미작용이 이 진술들의 기술적 활용 가능성에 있다는 의미에서 경험적-분석적 과학들을 지배한다. 즉 경험과학에 속하는 사실들은 우리의 경험을 도구적 행동의 행위체계 안에서 '선험적'으로 조직화함으로써 구성된다. 듀이(Dewey)와 퍼스(Peirce)의 실용주의와 유사한 이 명제는 하버마스가 마르쿠제를 따라 현대의 이데올로기로 간주하는 것, 즉 과학과 기술 자체의 기능을 이해하는

데 결정적으로 중요하다. 이데올로기가 발생할 가까운 가능성은 경험적 지식과 기술적 관심 사이의 이러한 상관성으로부터 생겨난다. 하버마스는 이러한 상관성을 보다 정확하게 "객관화된 과정들을 기술적으로 통제하고자 하는 인지적 관심"[10]이라고 정의한다.

그러나 두 번째 관심의 영역이 있는데, 이 영역은 더 이상 기술적이지 않고 칸트적인 의미에 있어서 '실천적'이다. 다른 글에서 하버마스는 의사소통 행동을 도구적 행동과 대립시키는데, 이것은 동일한 구분이다. 즉 실천적 영역은 주체 사이의 의사소통의 영역이다. 그는 이 영역을 '역사적-해석학적 과학'의 영역과 연결시킨다. 이 영역에서 산출된 명제의 의미작용은 예상 가능성이나 기술적 활용 가능성으로부터 나오는 것이 아니라 의미의 이해로부터 나온다. 이 이해는 일상언어를 통해 교환되는 메시지에 대한 해석을 통해서 이루어지고, 전통에 의해 전승된 텍스트에 대한 해석에 의해서 이루어지며, 그리고 사회적 역할을 제도화시키는 규범을 내면화함으로써 이루어진다. 여기에서 분명히 우리는 마르크스보다 가다머에 더욱 가깝다. 가다머에 더 가까운 것은, 의사소통 행동의 차원에서, 해석자가 전이해의 조건을 이해에 적용시키기 때문이다. 그런데 이 전이해는 새로운 현상의 파악과 통합되어진 전통적 의미의 기초 위에서 구성되는 것이다. 하버마스가 해석학적 과학의 실천적 성격을 강조하는 것도, 가다머가 과거의 거기에 있는 것에 대한 해석을 현재 여기에서의 '적용'(Anwendung)과 연결하는 한 근본적으로 가다머에게 생소하지 않다. 가다머와 가까워질수록, 우리는 마르크스로부터 멀어진다. 마르크스주의의 내면적인 비판을

10) 앞의 책, 309면.

위한 출발점은 두 관심의 차원, 즉 기술적 관심과 실천적 관심의 구별, 두 행동의 차원, 즉 도구적 행동과 의사소통 행동의 구별, 그리고 두 과학의 차원, 즉 경험적-분석적 과학과 역사적-해석학적 과학의 구별에 의해서 제공된다. (여기서 나는 주된 텍스트인 《지식과 인간의 관심》으로 되돌아간다.)

이 비판은 하버마스가 두 가지 유형의 관심, 행동, 과학의 구별을 위한 윤곽을 마르크스 자신의 작품 안에서 발견한다는 의미에서 내면적인 비판이라고 주장된다. 하버마스는 이 윤곽을 마르크스의 유명한 '생산력'과 '생산관계'의 구별에서 발견하는데, 여기서 생산관계는 생산활동이 수행되는 제도적 형식을 지칭한다. 사실 마르크스주의는 힘과 형식 사이의 괴리에 의존한다. 생산활동은 하나의 유일한 자기 생산적인 인간성, 하나의 유일한 인간의 '일반적(generic) 본질'을 창출해야 한다. 그러나 생산관계는 생산의 주체를 두 적대적인 계급으로 가른다. 여기서 하버마스는 자신의 구별의 단초를 발견하는데, 그것은 지배와 폭력의 현상, 이 현상에 대한 이데올로기적 은폐, 그리고 정치적인 해방의 기획이 생산 '력'의 영역에서가 아니라 생산 '관계'의 영역에서 발생하기 때문이다. 그러므로 바로 마르크스가 분석했던 적대관계, 지배, 은폐, 해방 등과 같은 현상들을 설명하기 위해서는 도구적 행동과 의사소통 행동에 대한 구별 의식이 필요하다. 이러한 의식은 바로 마르크스주의가 자신의 사유에 대한 이해에 있어서 결여하고 있는 것이다. 마르크스주의는 힘과 관계를 '생산'이라는 하나의 개념 안에 포함시킴으로써, 관심의 실제적인 분리를 배제하며, 따라서 행동의 차원들과 과학의 영역들의 분리를 배제한다. 이러한 점에서, 마르크스주의는 비록 암시적으로는 의사소통에 영향을 주는 사물화(reification)에 대한 의식화의 역사의 일부이기는 하지만, 명시적으로는 실증주의 역사에, 그리고 반성에 대한 망각의 역사에 속한다.

(2) 우리는 아직도 세 번째 유형의 관심에 관해 말하지 않았는 데, 하버마스는 이 세 번째 유형의 관심을 '해방에 대한 관심'이라 고 부른다. 그는 이 관심을 세 번째 유형의 과학, 즉 '비판적 사회 과학'과 연결시킨다.

여기서 우리는 가다머와의 불일치의 가장 중요한 원천에 다가가 게 된다. 가다머가 '인문과학'을 시초적 준거로 취하는 데 반해서, 하버마스는 '비판적 사회과학'을 불러들인다. 이러한 시초적 선택 은 중대한 결과를 초래한다. '인문과학'은 가다머가 '고전연구' (humaniora)라고 부르는 것에 가깝다. 인문과학은 본질적으로 역사 적 현재 안에서 문화적 유산을 갱신하는 데 관심을 갖는 문화의 과 학이다. 따라서 인문과학은 본성상 전통의 학문이다. 그런데 여기서 말하는 전통이란 지금 여기에서 전통 자신이 갖는 함의의 관점에 서 재해석되고 재창조되는 전통이며, 그럼에도 불구하고 지속되는 전통이다. 가다머의 해석학의 운명은 처음부터 이 인문과학과 결부 되어 있다. 이 학문은 비판적 계기를 통합할 수 있지만 본성적으로 미적, 역사적, 언어적 의식의 소외적 소격화에 대항하려는 경향을 갖는다. 결과적으로 이 학문은 비판적 계기를 권위나 재해석된 전 통에 대한 인정보다 더 위로 높이는 것을 금지한다. 비판적 계기는 오직 유한성에 대한 의식에 종속되는 계기로서만, 그리고 언제나 비판적 계기에 선행하며 비판적 계기를 포괄하는 선이해의 특징들 에 대한 의존의 의식에 종속되는 계기로서만 발전될 수 있다.

비판적 사회과학에서는 이와 사정이 전혀 다르다. 비판적 사회과 학은 구조적으로 비판적이다. 이런 점에서 비판적 사회과학은 사회

질서에 대한 경험적-분석적 과학과 구별되며, 또한 위에서 기술된
역사적-해석학적 과학과도 구별된다. 비판적 사회과학의 과제는 경
험적 사회과학에 의해 관찰되는 규칙들의 밑바닥에서 오직 비판을
통해서만 변혁될 수 있는 '이데올로기적으로 얼어붙은' 의존의 관
계들을 식별해내는 것이다. 따라서 비판적 접근은 해방의 관심에
의해 지배되는데, 하버마스 또한 이 관심을 '자기반성'이라고 부른
다. 이 관심은 비판적 명제들을 위한 준거의 틀을 제공한다. 그는
1965년의 초고에서, 자기반성은 주체를 실체화된 힘에 대한 의존으
로부터 해방시킨다고 말한다. 우리는 이 관심이 과거의 철학들에
생동력을 주었던 바로 그 관심이라는 사실을 안다. 이 관심은 철학
과 비판적 사회과학에 공통되는 것이다. 이 관심은 '자립'
(Selbständigkeit), 자율, 독립에 대한 관심이다. 그러나 존재론은 이
관심을 은폐하였으며, 그것을 우리를 지지해주는 존재인 기존의 실
재 안에 묻어버렸다. 이 관심은 오직 비판적인 계기 안에서만 활동
하는데, 비판적 계기는 지식활동 안에 작용하는 관심들을 폭로하며,
이론적 주체가 제도적인 속박으로부터 유래하는 경험적 조건들에
의존되어 있음을 드러내며, 우리들로 하여금 이러한 속박의 형태들
에 대한 인식을 통하여 해방을 향해 나아가도록 고무한다.

　이와 같이 비판적 계기는 자연이 아닌 제도로부터 생겨나는 속
박을 '해체하는' 기획으로 제시되기 때문에, 해석학적 의식의 상위
(上位)에 정위된다. 그러므로 받아들여진 전통을 판단의 상위에 위
치시키는 해석학적 기획과, 반성을 제도화된 속박의 상위에 위치시
키는 비판적 기획 사이에 골이 형성된다.

　(3) 따라서 우리는 한 단계씩 지나 우리의 논쟁의 초점인 세 번
째 불일치점에 이르게 되었다. 나는 이 세 번째 불일치점을 이렇게

기술한다. 즉, 이데올로기 개념은 오해의 개념이 전통의 해석학에서 수행하는 역할과 같은 역할을 비판적 사회과학에서 수행한다. 가다머 이전에 해석학을 오해의 개념과 결부시킨 사람은 슐라이에르마허였다. 오해가 있는 곳에 해석학이 있다. 그러나 해석학이 존재하는 것은, 오해에 선행하며 오해를 포괄하는 이해가 대화의 모델 안에서의 질문과 대답의 운동에 의해서 오해를 이해 안으로 다시 통합시킬 수 있는 방법을 가지고 있다는 확신과 신념이 있기 때문이다. 만일 이렇게 말하는 것이 허용된다면, 오해는 이해와 동질적이며 동일한 장르에 속한다고 할 수 있다. 그러므로 이해는 '방법론주의'(methodologism)의 과도한 주장에 속하는 설명적 절차에 호소하지 않는다.

이데올로기 개념은 이와는 다르다. 무엇이 다른가? 여기서 하버마스는 계속하여 정신분석학과 이데올로기 이론 사이의 평행적 유사성에 호소한다. 이 유사성은 다음의 기준적 특징들에 놓여 있다.

첫번째 특징은 다음과 같다. 프랑크푸르트 학파와 일반적인 의미에서 아직도 마르크스주의라고 불릴 수 있는 전통에 있어서, 왜곡은 언제나 권력의 억압적 행동과 연관되어 있으며 따라서 폭력과 연관되어 있다. 여기서 핵심 개념은 '검열'(censorship)이라는 개념인데, 본래 정치적 개념인 이 개념은 정신분석학을 거쳐서 비판적 사회과학으로 되돌아왔다. 이데올로기와 폭력의 연관성은 매우 중요하다. 왜냐하면 이 연관성은 해석학에도 없지는 않지만 해석학이 강조하지 않는 차원들, 즉 노동과 권력의 차원들을 반성의 영역 안으로 도입하기 때문이다. 넓은 의미의 마르크스주의적 의미에서 말하자면, 계급지배의 현상은 인간의 노동의 출현과 더불어 나타나며, 이데올로기는 이 현상을 (이제 곧 설명되어질 방식으로) 표현한다고 할 수 있다. 하버마스의 관점에 따르면, 지배의 현상은 의사소통 행동의 영역에서 발생한다. 이 말은 언어가, 다시 말하면 언어의 적용조건이 의사소통 능력의 차원에서 왜곡되어진다는 것을 의미한다.

그러므로 '언어'의 이상성을 고수하는 해석학은 자신의 한계를 발견하게 되는데, 이 한계는 언어 자체가 노동, 권력, 그리고 언어의 세 차원들 사이의 관계가 변함에 의해 초래되는 영향을 받을 수밖에 없음을 말한다.

두 번째 특징은 다음과 같다. 언어의 왜곡은 언어의 용례 자체로부터 오는 것이 아니라 언어가 노동, 권력과 갖는 관계로부터 오기 때문에 이 왜곡은 공동체의 구성원들에 의해 인식되지 않는다. 이 인식의 부재는 이데올로기 현상의 특성이다. 이러한 현상은 오직 정신분석학적 유형의 개념들의 도움에 의해서만 현상학적으로 분석될 수 있다. 이 정신분석학적 개념들은 오류와 구별되는 '착각' (illusion), 거짓된 초월성을 구성하는 '투사'(projection), 합리적으로 정당화할 수 있는 양상(樣相)을 따라 사후에 동기를 재구성하는 '합리화'(rationalisation)이다. 비판적 사회과학의 영역에서 이와 동일한 것을 말하기 위해서, 하버마스는 단순한 오해와 대립되는 '위장된 의사소통' 또는 '체계적으로 왜곡된 의사소통'에 관해서 말한다.

세 번째 특징은 다음과 같다. 만일 이데올로기적 상황에 대한 인식의 부재가 직접적인 대화적 경로를 통해서 극복되어질 수 없다면, 이데올로기의 해체를 위해서는 단순히 이해만이 아니라 설명과 관계되어진 우회적 절차를 통과하여야 한다. 이 절차는 일상적인

언설에 대한 자연발생적인 해석의 차원에 머물러 있는 해석학으로
부터는 나올 수 없는 이론적인 장치를 불러 온다. 여기에서도 역시
정신분석학이 좋은 모델을 제공해준다. 이 내용은 《지식과 인간의
관심》 제3부와 "해석학의 보편성 주장"(Der Universalitätsanspruch
der Hermeneutik)[11]이란 제목의 논문에서 충분히 다루어졌다.

하버마스는 정신분석학을 '언어분석'(Sprachanalyse)으로 해석한
알프레드 로렌저(Alfred Lorenzer)의 해석을 채택하는데, 그의 해석
에 따르면 의미의 '이해'는 서로 다른 두 '장면들'인 '증상적
(symptomatic) 장면'과 인위적인 '전이(transference)의 장면'의 관
계 안에 자리하는 '근원적(primitive) 장면'을 '재구성'함으로써 성
취된다. 확실히, 정신분석학은 이해의 영역, 즉 주체의 의식화에서
정점에 이르는 이해의 영역 안에 있다. 그러므로 하버마스는 이러
한 의미 이해를 '심층 해석학'(Tiefenhermeneutik)이라고 부른다. 그
러나 의미의 이해는 '탈상징화'의 과정을 '재구성'하는 우회로를
요구한다. 정신분석학은 '재상징화'의 길을 따라 역방향으로 이
'탈상징화'의 과정을 추적해 간다. 그러므로 정신분석학은 전적으
로 해석학의 바깥에 있지는 않다. 왜냐하면 정신분석학은 여전히
탈상징화와 재상징화의 관점에서 표현될 수 있기 때문이다. 오히려
정신분석학은 '근원적 장면'의 '재구성'에 관한 설명의 힘의 덕분
에 '한계경험'을 구성한다. 달리 말하면, 증상이 '어떤 것'(what)인
지를 '이해'하기 위해서는 증상의 '원인'(why)을 '설명'해야 한다.
이 설명의 단계는 이론적 장치를 불러오는데, 이 이론적 장치는 설
명과 재구성의 가능성을 위한 조건들을 확립한다. 이 이론적 장치

---

11) Cf. *Hermeneutik und Ideologiekritik*, 120면 이하.

들은 지형학적 개념(세 행위주체와 세 역할), 경제학적 개념(방어
기제, 일차적 억압과 이차적 억압, 분열), 발생학적 개념(상징의 조
직화에서의 유명한 단계들과 연속적 국면들)과 같은 것들이다. 하
버마스는 이렇게 말한다. 특히 세 가지 행위주체인 '자아', '본능',
'초자아'의 경우, 이것들은 환자로 하여금 자신에 관하여 반성할
수 있게 해주는 대화적 분석 과정에 의해서 의사소통의 영역과 연
결된다. 하버마스는 메타 심리학은 "오직 메타 해석학으로서만 확
립될 수 있다"고 결론을 내린다.[12]

하지만 유감스럽게도, 하버마스는 정신분석학의 설명적이고 메타
해석학적인 구도를 이데올로기의 차원으로 옮겨 놓을 수 있는 방
법에 관해서는 우리에게 아무 것도 말해주지 않는다. 내 생각에는,
하버마스는 사회적인 지배와 폭력 현상과 연관된 의사소통의 왜곡
들도 역시 탈상징화의 현상을 구성한다는 사실을 언급했어야 했다.
하 버 마 스 는   때 때 로   매 우   적 절 하 게   '탈 의 사 소 통 화'
(excommunication)에 관하여 말하는데, 이는 비트겐슈타인의 공적
언어와 사적 언어의 구별을 상기시킨다. 그는 이러한 현상들에 대
한 이해가 어떤 의미에서 세 가지의 현실적, 근원적, 전이적 장면과
같은 '장면적인'(scenic) 이해의 어떤 특징들을 회복하기 위한 재구
성을 요구하는지도 역시 보여 주었어야 했다. 어쨌든, 이해가 설명
의 단계를 요구한다는 점을 보여 주는 것이 필요했다. 의미는 오직
무의미의 근원이 설명되어질 때에만 이해되기 때문이다. 마지막으
로, 하버마스는 어떻게 이런 설명이 프로이드의 지형학이나 경제학
에 비교될 수 있는 이론적인 장치를 불러오는지를 보여 주었어야

---

12) 앞의 책, 149면.

했으며, 그리고 이 이론적인 장치의 중심적 개념은 일상언어의 틀 안에서의 대화적 경험으로부터도, 그리고 담론(담화)의 직접적인 이해에 접목된 텍스트 주석으로부터도 이끌어내어질 수 없다는 사실을 보여 주었어야 했다.

이데올로기 개념의 주된 특징들은 이런 것들이다. 담론(담화) 안에서의 폭력의 충격, 핵심이 의식을 교묘히 벗어나는 은폐, 그리고 원인에 대한 설명을 경유하는 우회로의 필요성. 이 세 가지 특징들이 이데올로기적 현상을 구성하는데, 이 현상은 해석학에 있어서는 '한계 경험'이 된다. 해석학은 오직 자연적 능력만을 전개시킬 수 있기 때문에, 의사소통 능력의 기형화에 대한 이론을 수립하기 위해서는 메타 해석학이 필요하다. 비판은 이 의사소통 능력에 대한 이론으로서, 이 이론은 이해의 기술, 오해를 극복하는 기술, 그리고 왜곡을 설명하는 과학을 포함한다.

(4) 나는 하버마스의 사상에 대한 이러한 매우 도식적인 진술을 그와 가다머를 갈라 놓는 가장 근본적인 차이점에 대하여 말함으로써 마치고자 한다.

하버마스에 따르면, 가다머의 해석학의 주된 결함은 존재론화된 해석학에 있다. 마치 우리를 선행하는 '동의'가 구성적인 어떤 것, 존재 안에 주어져 있는 어떤 것인 것처럼, 이 존재론화된 해석학은 이해 또는 일치를 주장한다. 가다머는 이해가 '의식'(Bewusstsein)이라기보다는 '존재'(Sein)라고 말하지 않는가? 그는 시적으로 '우리 자신인 대화'(das Gespräch, das Wir sind)라고 말하지 않는가? 그는 '언어성'을 존재론적인 구성으로, 우리가 그 안에서 활동하는 환경으로 간주하지 않는가? 보다 더 근본적으로, 그는 이해에 대한 해석학의 닻을 유한성의 존재론 안에 내리고 있지 않은가? 하버마스는 매우 드물게 일어나는 경험, 즉 우리의 가장 적절한 대화 속에서 이 대화를 선행하는 이해가 대화를 지지해주는 경험을 존재론적으로 실체화하는 것을 불신하지 않을 수 없었다. 이러한 경험은 경전화되거나 의사소통 행동의 패러다임이 될 수 없다. 우리가 그렇게 하지 못하도록 막는 것이 바로 이데올로기적 현상이다. 만일 이데올로기가 단지 질문과 대답의 수행을 통해 해결될 수 있는 이해 안의 내재적 장애물, 단순한 오해라면, '오해가 있는 곳에 선행하는 이해가 있다'라고 말할 수 있을 것이다.

전통의 해석학이 전통의 관점에서 생각하는 곳에서, 이데올로기 비판은 예기의 관점에서 생각해야 한다. 달리 말하자면, 이데올로기 비판은 전통의 해석학이 이해의 기원에 존재하는 것으로 인식하는 것을, 우리 앞에 규정적 관념으로 설정하여야 한다. 바로 이 지점에서 지식을 인도하는 세 번째 관심, 즉 해방을 위한 관심이 작용하게 된다. 우리가 앞에서 본 바와 같이, 이 관심은 비판적 사회과학에 생동력을 불어넣어 주며, 정신분석학과 이데올로기 비판 안에 구성되는 모든 의미를 위한 준거의 틀을 제공한다. 자기 반성은 해방을 위한 관심과 상관관계를 갖는 개념이다. 그러므로 자기 반성은 선행하는 '동의'의 기초 위에 세워질 수 없다. 왜냐하면 선행하는 것은 바로 깨어진 의사소통이기 때문이다. 우리는 전통의 융합은 존재하지 않는다는 사실을 인정하지 않고는, 허위의식의 자리이기도 한 과거를 실체화하지 않고는, 그리고 언제나 오직 왜곡된 '의사소통 능력'의 형태로만 존재해 온 언어를 존재론화하지 않고는, 가다머 같이 이해를 담지하는 공동의 일치에 대해 말할 수 없다.

그러므로 이데올로기 비판은 비제한적이고 비구속적인 의사소통에 대한 규정적 관념의 표지 아래 정위되어야 한다. 이 점에 있어서 칸트의 강조는 명백하다. 즉 규정적 관념은 '무엇인가' 라기보다는 '무엇이 되어야 하는가' 이며, 회상이라기보다는 예기이다. 모든 정신분석학적, 사회학적 비판에 의미를 부여하는 것은 바로 이 관념이다. 왜냐하면 오직 재상징화의 기획 안에서만 탈상징화가 존재하며, 오직 폭력의 종식을 향한 혁명적인 전망 안에서만 재상징화의 기획이 존재하기 때문이다. 전통의 해석학이 권위의 본질을 추출해서 그것을 우월성에 대한 인식과 연결시키려고 시도한다면, 해방을 위한 관심은 《포이에르바흐에 관한 명제들》(*Theses on Feuerbach*)의 열한 번째 명제로 우리를 인도한다. "철학자들은 단지 세계를 해석해 왔다. 그러나 중요한 것은 세계를 변혁시키는 것이다." 그러므로 비폭력의 종말론은 이데올로기 비판의 궁극적인 철학적 지평을 형성한다. 에른스트 블로흐의 종말론과 가까운 이러한 종말론은 언어적 이해의 존재론이 전통의 해석학에서 점유하는 자리를 대신한다.

2. 비판적 해석학을 향하여

1. 해석학에 대한 비판적 반성

이제 나는 해석학과 이데올로기 비판 각각의 전제들에 대하여 나 자신의 관점에서 반성을 수행하면서 서론에서 제기된 문제들을 다루고자 한다. 우리는 이 문제들이 철학의 가장 근본적인 태도의 의미에 관한 것이라고 말하였다. 해석학의 태도는 유한성의 지배 아래에 있는 모든 인간의 이해의 역사적 조건을 인정하는 겸손한 것이다. 비판이론의 태도는 인간의 의사소통의 왜곡에 직접적으로 도전하는 당당한 것이다. 해석학에 의해서, 나는 내가 속해 있다고 스스로 인식하는 역사적 과정 안에 나 자신을 위치시킨다. 비판이론에 의해서, 본질적이고 비제한적이고 비구속적인 의사소통이라는 규정적 관념에 의해 인도되는, 말의 정치적 자유라는 관념과 더불어 나는 인간의 의사소통이 왜곡되는 현재의 상태에 저항한다.

나의 목적은 해석학 전통과 비판이론 둘 다를 포괄하는 상위(上位, super)체계 안에서 양자를 융합하는 것이 아니다. 내가 처음에 말했듯이 이들은 각기 서로 다른 장소에서 말한다. 그럼에도 불구하고, 이들은 각기 상대방을 낯설고 단순히 적대적인 입장으로 인식하지 말고, 상대방을 자신의 고유한 방식으로 정당한 주장을 하는 입장으로 인식하도록 요구되어진다.

나는 이러한 기본정신을 가지고 서론에서 제기한 두 가지 물음으로 돌아가고자 한다. (1) 해석학적 철학은 이데올로기 비판이 요구하는 바를 설명할 수 있는가? 만일 그럴 수 있다면 어떤 대가를 치러야 하는가? (2) 어떤 조건에서 이데올로기 비판이 가능한가? 요컨대, 비판이론은 해석학적 전제로부터 동떨어져서 가능한가?

첫번째 물음은 해석학이 비판적인 계기를 설명할 수 있는 능력을 가지고 있는지를 묻는다. 어떻게 해석학 안에 비판이 있을 수 있는가?

나는 해석학에 있어서 비판적 계기는 끊임없이 반복되지만 또한 끊임없이 폐기되는 어렴풋한 욕구라는 인식과 더불어 시작하고자 한다. 하이데거 이래로 해석학은 '기초(foundations)로 돌아감'에 전적으로 몰두하는데, 이 움직임은 인문과학의 가능성의 조건에 관한 인식론적 물음으로부터 이해의 존재론적 구조로 이행하는 것이다.

그러나 존재론으로부터 인식론으로 되돌아가는 길이 가능한가 하는 물음이 제기된다. 오직 이 길을 따라서 되돌아갈 수 있을 때에만, 우리는 주석학적, 역사적 비평의 문제가 '파생적'인 문제이며, 주석학적 의미에서의 해석학적 순환이 존재론적 차원에서의 이해의 근본적인 예기적(豫期的) 구조 위에 '기초된다'는 주장을 확증할 수 있다.

　존재론적 해석학은 구조적 이유 때문에 이 되돌아감의 문제를 전개할 수 있는 능력이 없어 보인다. 하이데거 자신의 작품에서 이 물음은 제기되자마자 폐기된다. 그는 《존재와 시간》에서 이렇게 말한다.

> 이해의 순환 안에 … 가장 원초적인 종류의 지식을 위한 적극적인 가능성이 숨어 있다. 우리가 진정으로 이 가능성을 붙잡을 수 있는 것은, 우리의 최초이자 최종적인, 그리고 지속적인 과제가 오직 환상과 대중적 개념이 우리의 선취(fore-having), 선견(fore-sight), 선개념(fore-conception)을 우리에게 제시하는 것을 결코 허용하지 않고, 사상(事象) 자체에 따라 이 예기들(豫期, anticipation)[독일어 원본 그대로 번역하면 선구조(fore-structure)임: 역자 주]을 만들어 냄으로써 과학적인 주제를 확립하는 데 있다는 사실을―해명(Auslegung)을 통해―우리가 이해했을 때이다(*SZ* 153, *BT* 195).*

　여기서 우리는 사상 자체에 따른 예기와 환상과 대중적 개념으로부터 생겨나는 예기 사이의 구별이 원칙적으로 제시되고 있음을 발견한다. 환상과 대중적 개념이라는 두 용어는 '경솔함(조급함)'(precipitation)에 의한 선입견과 '경향'(predisposition)에 의한 선입견과 가시적인 연관성을 가지고 있다. 그러나 우리가 즉시 "역사적 지식의 존재론적 전제는 원칙적으로, 가장 정밀한 과학에서 유지되는 엄밀성의 개념을 초월한다"(*SZ* 153, *BT* 195)고 선언하고, 그리하여 역사적 과학 자체에 적정한 엄밀성의 물음을 회피한다면, 어떻게 이러한 구별[사상 자체에 따른 예기와 환상이나 대중적 개념으로부터 생겨나는 예기 사이의 구별: 역자 주]을 추구할 수 있는가? 어떠한 인식론보다도 더 깊은 곳에 순환의 닻을 내리려는 관심이 존재론적 기초 위에서 인식론적 물음이 제기되는 것을 차단한다.

　이것은 하이데거의 작품 안에 인식론의 비판적 계기에 상응하는 어떤 전개도 없다는 것을 의미하는가? 물론 그렇지 않다. 그러나 그 전개는 다른 곳에 적용된다. 아직 이해와 해석의 이론을 포함하는 '현존재' 분석으로부터 이해에 대한 두 번째 성찰을 포함하는 시간성과 전체성의 이론(63항)으로 이행함에 있어서, 모든 비판적 노력은 '형이상학의 해체' 작업에 집중된다. 그 이유는 분명하다. 즉 해석학이 존재의 해석학, 즉 존재의 의미의 해석학이 되었기 때문에, 존재의 의미에 대한 물음에 적합한 예기적 구조(선구조)는 형이상학의 역사에 의해 주어지며, 따라서 형이상학의 역사가 선입견을 대신하기 때문이다. 그러므로 존재의 해석학은 자체의 모든 비판적 자원을 고전적이고 중세적인 실체 개념과의 논쟁이나, 데카르트적이고 칸트적인 '사유주체'(cogito) 개념과의 논쟁에 투입한다. 서구의 형이상학적 전통과의 대결이 선입견에 대한 비판을 대신한다. 달리 말하면, 하이데거적 관점에서 볼 때 탈은폐 과업의 필수 불가결한 부분으로 간주될 수 있는 유일한 내적 비판은 형이상학의 해체이다. 그리고 적절한 인식론적 비판은 형이상학적 잔재가 경험과학임을 자처하는 과학 안에서 작용하고 있는 것이 발견될 때에만 오직 간접적으로 재개될 수 있다. 그러나 형이상학에서 기원하는 선입견에 대한 이러한 비판은 인문과학들, 인문과학의 방법론, 그리고 인문과학의 인식론적 전제들과의 진정한 대결을 대신할 수 없다. 이와 같이 근본성에 대한 강박증적인 관심은 일반적 해석학으로부터 국부적 해석학, 즉 문헌학, 역사학, 심층심리학 등으로 되돌아가는 길을 차단한다.

가다머에 관해 말하자면, 그가 근본적인 것으로부터 파생적인 것으로 향하는 이 '하향적 변증법'의 긴요함을 완벽하게 인식했다는 것은 의심의 여지가 없다. 따라서 우리가 위에서 지적한 대로 그는 "하이데거가 이해의 순환적 구조를 '현존재'의 시간적 유한성(temporality)으로부터 이끌어낸다는 사실이 인문과학의 해석학에 가져다 주는 결과들을 탐구할 것"(*WM* 251, *TM* 235)*을 제안한다. 우리가 관심을 갖는 것은 바로 이 '결과들'이다. 왜냐하면 선이해와 선입견 사이의 연결이 문제시되고 비판의 물음이 바로 이해의 중심에 새롭게 제기되는 것은 바로 이 파생(derivation)의 움직임에 서이기 때문이다. 그러므로 가다머는 우리 문화의 텍스트들에 관하여 언급하면서, 이 텍스트들이 스스로 의미를 나타낸다는 것과 그리고 우리에게 말을 걸어 오는 '텍스트의 주제'가 있다는 것을 거듭 주장한다. 그러나 선이해와 선입견이 혼합되는 방식에 대한 비판적인 물음과 대면하지 않고 어떻게 '텍스트의 주제'가 말하도록 할 수 있는가?

내게는 가다머의 해석학이 이 길[존재론적, 일반적 해석학으로부터 인식론적, 국부적 해석학으로 되돌아가는 길: 역자 주]로 나아가지 못하는 것처럼 보이는데, 그것은 하이데거의 경우에서처럼 사유의 모든 노력이 기초(foundation) 문제의 철저화에 집중되었기 때문이 아니라 해석학적 경험 자체가 비판적 계기에 대한 인식을 저지하기 때문이다.

이 해석학의 '주된' 경험은 인문과학의 객관화시키는 태도를 좌우하는 '소외적 소격화'(Verfremdung)에 대한 논박을 포함한다. 따라서 해석학의 전 과업은 책 제목 자체에서도 암시되는 이분법적인 성격을 취하는데, 《진리와 방법》에서 이접(離接)은 연접(連接)을 압도한다. 내가 보기에는 이러한 이분법적인 시초적 상황이 가다머가 비판적 계기를 진정으로 인식하는 것을 저해하며 따라서 그가 비판적 계기에 대한 마르크스 이후의 현대적인 표현인 이데올로기 비판을 정당하게 다룰 수 없게 만든다.

내 자신의 질문은 이러한 관찰로부터 말미암는다. 해석학적 질문이 시작되는 시초적인 자리를 전환하여, 귀속성의 경험과 소외적 소격화의 경험 사이의 변증법이 해석학의 주요동기와 내적 삶의 열쇠가 되도록 질문을 재구성하는 것이 적절하지 아니한가?

이와 같은 해석학적 질문의 시초적 자리의 전환 개념은 해석학의 역사 자체에 의해 제시된다. 해석학의 역사의 전반에 걸쳐, 강조점은 언제나 주석학 또는 문헌학으로, 다시 말하면 텍스트 또는 텍스트와 비견될 수 있는 위상을 지닌 문서나 기념물의 '매개'에 기초하여 형성된 전통과의 관계로 되돌아왔다. 슐라이에르마허는 신약성서 주석가이자 플라톤의 번역가였다. 딜타이는 해석(Auslegung)의 특수성을, 타자에 대한 직접적인 이해(Verstehen)와 대조적으로 글쓰기에 의해 고정화된 현상 안에, 보다 일반적으로 기록 안에 자리매김하였다.

이처럼 텍스트의 문제, 즉 주석학과 문헌학으로 되돌아감으로써,

일견 우리는 해석학의 목적과 범위를 제한하는 것처럼 보인다. 그러나 모든 보편성의 주장은 그 어떤 장소로부터 생기(生起)하는 것이기 때문에, 우리는 해석학과 주석학 사이의 연결의 회복이 해석학 자체의 보편적 특성을 드러내 줄 것이라고 기대한다. 그런데 이 보편적 특성은 가다머의 해석학과 상충됨 없이, 이데올로기 비판과의 논의를 위해 결정적인 방식으로 해석학을 수정할 것이다.

나는 전통의 해석학에 대한 일종의 비판적 보완을 구성하는 네 가지 주제의 대략적 윤곽을 그려 보고자 한다.

(a) 전통의 해석학이 은혜로부터의 일종의 존재론적 타락으로 간주하는 소격화는 텍스트를 위한 존재의 적극적인 구성요소로 나타난다. 즉 소격화는 해석과 대립되는 것이 아니라 해석의 조건으로서 성격상 해석에 속한다. 소격화의 계기는 글쓰기를 통한 고정화 안에 내포되며, 또한 담화가 전달되는 영역에서 글쓰기와 비교될 만한 모든 현상들 안에 포함된다. 글쓰기는 단순히 담화의 가시적인 고정화의 문제가 아니다. 고정화는 훨씬 더 근본적인 현상의 조건, 즉 텍스트의 자율성의 조건이다. 이 자율성은 삼중적인데, 곧 저자의 의도로부터의 자율성, 문화적 상황과 텍스트가 산출되는 모든 사회적 조건으로부터의 자율성, 그리고 본래적인 첫번째 수신자로부터의 자율성이다. 텍스트가 의미하는 것은 더 이상 저자가 의미했던 것과 일치하지 않는다. 언어적 의미와 정신적 의미는 다른 운명을 지닌다. 이 첫번째 형태의 자율성은 이미 '텍스트의 주제'가 저자의 제한된 지향적 지평으로부터 벗어날 수 있는 가능성, 그리고 텍스트의 세계가 저자의 세계를 타파할 수 있는 가능성을 내포한다. 비록 저자와의 관계를 청산할 준비가 된 사람이 사회학적 영역과의 관계를 청산할 준비는 덜 되어 있을 수 있음에도 불구하

고, 심리학적 조건에 있어서 참인 것이 사회학적 조건에 있어서도 역시 참이다. 문학 작품, 그리고 실로 모든 작품은 자신의 특수성을 가짐에도 불구하고, 자신을 산출한 심리학적, 사회학적 조건을 초월 하여 언제나 다른 사회, 문화적 상황 안에서 수행되는 무제한적인 읽기를 향하여 자신을 개방한다. 요약하자면, 작품은 심리학적 관점 과 아울러 사회학적 관점으로부터 자신을 '탈상황화' (decontextualise)하며, 읽기의 행위 안에서 자신을 다른 방식으로 '재상황화'(recontextualise)할 수 있다. 결과적으로, 텍스트의 매개는 대화적 상황의 연장으로 취급되어질 수 없다. 왜냐하면 대화에 있 어서는 담화의 상대자가 정황 자체에 의해서 미리 주어지는 데 반 해, 글쓰기에 있어서는 본래적인 수신자가 초월되기 때문이다. 작품 자체가 청중을 창조하며, 이 청중은 읽을 수 있는 모든 사람을 잠 재적으로 포함한다.

텍스트의 해방은 해석의 심장부에 있는 비판적 계기의 인식을 위한 가장 근본적인 조건을 형성한다. 왜냐하면 소격화는 이제 매 개 자체에 속하기 때문이다.

어떤 의미에서 이러한 분석은 가다머 자신이 말하고 있는 바를 연장시킨 것에 지나지 않는다고 할 수 있는데, 가다머는 한편으로 우리가 위에서 살펴본 바와 같이 '역사의 영향에 노출된 의식'의 한 측면인 '시간적 거리'에 관하여 말하며, 다른 한편으로는 '언어 성'(Sprachlichkeit)에 새로운 특성을 부가하는 '기록성' (Schriftlichkeit)에 관하여 말한다. 그러나 이와 동시에, 이러한 분석 이 가다머가 말하고 있는 바를 연장하는 것이라고 하더라도, 강조 점은 전환된다. 글쓰기에 의해서 드러나는 소격화는 이미 담화 자 체 안에 현존하는데, 담화는 '말하는 것'(the saying)으로부터 '말해

진 것'(the said)의 소격화의 씨앗을 포함하고 있다. 《정신현상학》
서두에서의 헤겔의 유명한 분석을 따르면, '말하는 것'은 소멸하지
만 '말해진 것'은 지속된다. 이러한 의미에서, 글쓰기는 담화의 구
성에 있어서의 근본적인 혁명을 표상하는 것이 아니라 단지 담화
의 가장 심원한 목적을 성취하는 것일 뿐이다.

 (b) 만일 해석학이 자체의 전제들의 관점에서 비판적 계기를 설
명하려고 한다면, 해석학은 두 번째 조건을 만족시켜야 한다. 즉 해
석학은 딜타이의 유산인 '설명'과 '이해' 사이의 파괴적인 이분법
을 극복하여야 한다. 잘 알려진 바와 같이, 이 이분법은 설명적 태
도는 '자연과학'의 방법론으로부터 빌려 온 것이며, '인문과학'에
의 연장은 부당하다는 확신으로부터 생겨난다. 그러나 텍스트 이론
의 영역에서의 기호학 모델의 출현은 모든 설명이 자연과학적이거
나 인과론적인 것은 아니라는 사실을 우리에게 확인시켜 준다. 특
히 이야기 이론에 적용되는 기호학 모델은 언어 자체의 영역에서
빌려 온 것인데, 이 적용은 문장보다 작은 단위들을 문장보다 큰
단위들(시, 이야기 등)로 확장시킨 것이다. 여기서 담화는 더 이상
글의 범주가 아닌 작품의 범주 안에, 다시 말하면 '실천'과 노동
(작업)에 적합한 범주 안에 정위되어야 한다. 담화의 특성은 구조
와 형식을 보여 주는 작품으로 생산될 수 있다는 사실에 있다. 작
품으로서의 담화의 생산은 글의 경우에서보다 더욱, 언제나 새로운
실존적 조건 안에서 담화가 읽혀지는 것을 가능하게 해주는 객관
화를 포함한다. 그러나 자발적인 질문과 대답의 운동 안에서 이루
어지는 단순한 대화로서의 담화와는 대조적으로, 작품으로서의 담
화는 '이해'를 매개하는 기술(記述)과 설명을 요구하는 구조 안에
서 '확립된다'. 여기서 우리는 하버마스가 '재구성'은 이해의 길이

다라고 말한 것과 유사한 상황에 놓인다. 그러나 이러한 상황은 정
신분석학이나 하버마스가 '심층 해석학'이란 용어로 지칭한 것들
에만 특별히 해당되는 것이 아니라, 작품 일반의 조건이다. 따라서
만일 해석학이 존재한다면(여기서 나는 설명적 차원에 머무는 구
조주의 형태를 거부한다), 해석학은 구조적 설명의 흐름을 역행해
서가 아니라 구조적 설명의 매개를 경유하여 구성되어야 한다. 애
초에 구조로 주어진 것을 담화로 가져오는 것이 이해의 과제이다.
그러나 가능한 한도까지 객관화의 길을 따라가 구조적 분석이 텍
스트의 '심층 의미론'을 드러내는 지점까지 이른 후에야, 우리는
텍스트가 말하는 '주제'의 관점에서 텍스트를 '이해'한다고 주장할
수가 있다. 텍스트의 '주제'는 텍스트에 대한 순진한 읽기를 통해
드러나는 것이 아니라, 텍스트의 형식적 구조가 매개하는 것이다.
만일 그렇다면 진리와 방법은 분리되지 않고 오히려 변증법적 과
정을 구성한다.

  (c) 텍스트 해석학은 세 번째 방식으로 이데올로기 비판을 향해
나아간다. 해석학의 고유한 계기는 질문이 텍스트의 울타리를 넘어
서 가다머 자신이 '텍스트의 주제'라고 부른 것, 즉 텍스트에 의해
개방되는 일종의 '세계'를 향하여 나아갈 때 생겨나는 것처럼 보인
다. 프레게는 의미(sense)와 지시체(또는 지시대상, 지시, 지시관계,
reference)를 구별했는데, 이 구별에 따라 말하자면, 이것은 지시체
라고 불릴 수 있다. 작품의 의미(sense)는 작품의 내적인 조직인 반
면, 지시체는 텍스트의 앞에 펼쳐지는 세계에 속한 존재의 양태이
다.

  낭만주의 해석학과의 가장 결정적인 결별이 여기에서 이루어짐
을 잠깐 언급하고 지나갈 필요가 있다. 즉 추구되는 것은 더 이상

텍스트 뒤에 숨어 있는 의도가 아니라 텍스트 앞에 펼쳐지는 세계이다. 실재의 차원을 개방하는 텍스트의 힘은 원칙적으로, 주어진 실재에 대한 저항과 그에 의한 현실 비판의 가능성을 내포한다. 이러한 현실 변혁의 힘이 가장 생동하는 곳이 시적 담화이다. 시적 담화의 전략은 다음 두 가지 계기의 균형을 유지하는 것을 포함한다. 이 두 가지 계기는 일상언어의 지시체를 유보하는 것과 이차적 질서의 지시체를 방출(放出)하는 것인데, 이차적 질서의 지시체는 우리가 위에서 텍스트에 의해서 개방되는 세계라고 지칭한 것의 다른 이름이다. 시의 경우에 있어서, 허구는 재기술(再記述)의 길이다. 또는 아리스토텔레스가 《시학》에서 한 말을 따르자면, '뮈토스' (mythos), 즉 '꾸며낸 이야기'의 창작은 '미메시스'(mimesis), 즉 창조적 모방의 길이다.

여기서 우리는 가다머 자신이 특히 '놀이'에 관한 탁월한 분석을 통해 기술한 주제를 발전시키고 있는 것이다. 그러나 '허구'와 '재기술'의 관계에 대한 이러한 숙고를 끝까지 밀고 나아감에 있어서, 우리는 전통의 해석학이 자체의 영역 너머로 던져 버리려는 경향이 있는 비판적 주제를 도입한다. 이 비판적 주제는 이해에 대한 하이데거의 분석 안에 들어 있었다. 하이데거가 어떻게 이해를 '내 자신의 고유한 가능성의 기획'의 개념과 연결시키는지를 상기해 보라. 이것은 텍스트에 의해 개방되는 세계의 존재양태는 가능성의 양태, 또는 존재에의 힘(power-to-be)의 양태라는 사실을 의미한다. 이 존재양태 안에 현실을 변혁시키는 상상의 힘이 존재한다. 시적 지시의 역설은 바로 오직 담화가 허구로 발전하는 한에 있어서 실재가 재기술된다는 사실에 있다.

따라서 존재에의 힘의 해석학은 이데올로기 비판을 향하여 나아

간다. 이 해석학은 이데올로기 비판을 위한 가장 근본적인 가능성
을 구성한다. 이와 동시에 소격화는 지시의 심장부에 출현한다. 시
적 담화는 일상적인 실재로부터 스스로 거리를 두며, 존재에의 힘
으로서의 존재를 지향한다.

  (d) 마지막으로, 텍스트 해석학은 이데올로기 비판을 위한 자리
를 지시한다. 이 마지막 논점은 해석에 있어서 주관성의 위상과 관
련되어 있다. 만일 해석학의 주된 관심이 텍스트의 뒤에 숨어 있는
의도를 발견하는 것이 아니라 텍스트 앞에 있는 세계를 펼쳐 내는
것이라면, 하이데거와 가다머가 말하고자 원했듯이 진정한 자기이
해란 '텍스트의 주제'에 의해서 가르쳐질 수 있는 그 무엇이다. 텍
스트의 세계에 대한 관계가 저자의 주관성에 대한 관계를 대체하
며, 이와 동시에 독자의 주관성의 문제도 대체된다. 이해하는 것은
자신을 텍스트에 투사하는 것이 아니라 자신을 텍스트에 노출시키
는 것이다. 그것은 해석이 전개하는 제안된 세계를 전유함으로써
확대되는 자아를 받아들이는 것이다. 요약하자면, 이해는 독자에게
주관성의 차원을 가져다 주는 텍스트의 문제이다. 따라서 이해는
더 이상 주체가 열쇠를 소유하고 수행하는 구성(constitution)이 아
니다. 이 제안을 끝까지 밀고 가면, 우리는 독자의 주관성이 텍스트
가 펼쳐 내는 세계만큼이나 유보적이며 잠재화된 것이라고 말해야
한다. 다시 말하자면, 만일 허구가 텍스트의 지시의 근본적 차원이
라면, 허구는 또한 이와 동일하게 독자의 주관성의 근본적 차원이
다. 즉 읽기를 통해서 나는 '나 자신을 비실재화한다'. 읽기는 나에
게 '자아'의 상상적 변이(變異, variations)를 가져다 준다. 놀이에서
의 세계의 변형은 또한 '자아'의 놀이적 변형이다.

  '자아의 상상적 변이'의 개념에서, 나는 주체의 착각에 대한 비

판을 위한 가장 근본적인 가능성을 본다. 소외시키는 소격화에 대항하여 미성숙된 전유(轉有, Aneignung)의 개념을 성급하게 도입한 전통의 해석학에서는 이런 연관성이 은폐되거나 제대로 전개되지 못할 수 있다. 그러나 만일 자기 자신으로부터의 소격화가 싸워 물리쳐야 할 과오가 아니라 텍스트 앞에서의 자기이해의 가능성을 위한 조건이라면, 전유는 소격화의 변증법적 대응물이다. 따라서 이데올로기 비판은 주체의 착각에 대한 비판을 구조적으로 포함하는 자기이해의 개념안에 받아들여질 수 있다. 자기 자신으로부터의 소격화는 텍스트가 제공하는 제안된 세계의 전유를 위하여 자아의 비전유를 거칠 것을 요구한다. 따라서 '거짓된 의식'에 대한 비판은 해석학의 필수적인 부분이 되며, 하버마스가 그렇게 한 것처럼 메타 해석학적 차원을 이데올로기 비판에 부여한다.

2. 비판에 대한 해석학적 반성

이제 나는 이데올로기 비판에 대하여 해석학에 대한 반성과 유사한 반성을 함으로써 이데올로기 비판의 보편성에 대한 주장을 평가하고자 한다. 나는 이 반성이 이데올로기 비판을 해석학의 영역으로 귀속시키는 것이 되기를 기대하지 않는다. 그 대신 나는 이 반성을 통해 해석학과 이데올로기 비판의 '두 보편성'이 상호 침투적인 것이라는 가다머의 견해를 확증하게 되기를 기대한다. 이 문제에 대한 질문은 또한 하버마스의 용어로 다음과 같이 제시될 수 있다. 즉 비판은 어떤 조건에서 메타 해석학으로 형성될 수 있는가? 나는 내가 하버마스의 사고의 대략적인 윤곽을 표현했던 명제들의 순서를 따라 반성할 것을 제안한다.

(1) 나는 선험적 현상학과 실증주의에 대한 이데올로기 비판의

저변에 놓여 있는 관심의 이론과 함께 시작하고자 한다. 다음의 명제들을 공인하는 것이 무엇인지 질문될 수 있다. 모든 연구는 자체의 의미의 장(場)을 위한 선입견적인 지시의 틀을 구성하는 관심에 의해 지배된다는 것. 세 가지(하나나 둘이나 넷이 아닌)의 관심, 즉 기술적(技術的) 관심, 실천적 관심, 그리고 해방의 관심이 있다는 것. 이러한 관심들은 인간 종의 자연사 안에 닻을 내리고 있지만 노동, 권력, 그리고 언어의 영역 안에서 형태를 갖추면서 자연으로부터 인간의 출현을 특징짓는다는 것. 자기반성에 있어서 지식과 관심은 하나라는 것. 지식과 관심의 결합은 대화가 억압되어온 역사적 발자취를 식별해 내고 억압되어 온 것을 재구성하는 변증법 안에서 증언된다는 것.

이 '명제들'은 경험론적으로 정당화될 수 있는가? 아니다. 왜냐하면 만일 그렇다면 그것들은 '하나의' 관심인 기술적 관심에 적합한 경험적, 분석적 과학의 멍에 아래 떨어질 것이기 때문이다. 이 명제들은 정신분석학에 의해 주어진 의미에서의 이론, 예를 들면, 근원적인 장면(primitive scene)을 재구성할 수 있게 해주는 설명적 가설의 네트워크라는 의미에서의 '이론'인가? 아니다. 왜냐하면 만일 그렇다면 이 명제들은 어떤 이론에서처럼 국부적인 명제들이 될 것이고, 다시금 '하나의' 관심(아마도 해방을 위한 관심)에 의해 정당화될 것이며, 그리고 이 정당화는 순환적인 것이 될 것이기 때문이다.

그렇다면 이제 지식의 근저에 있는 관심, 관심의 계층적 질서, 그리고 관심과 노동-권력-언어의 세 실재의 연관성에 대한 탈은폐가 하이데거의 '현존재 분석'과 유사한 철학적 인간학, 좀더 구체적으로 그의 '염려'(care)의 해석학에 의존한다는 것을 인식하는 것이 필요하지 않은가? 만일 그렇다면, 이 관심은 프로이드의 작품에서의 '자아'(ego), '초자아'(super-ego), 그리고 '본능'(id)처럼 관찰 가능하거나 이론적인 실재가 아니라 '실존론적인 것'이 될 것이다. 만일 관심이 '가장 가까이 있는 것'이면서 동시에 '가장 은폐된 것'이며 따라서 인식되기 위해서는 탈은폐되어야 하는 한, 관심에 대한 분석은 해석학에 의존할 것이다.

해석학이 무엇보다도 담화의 해석학이며 실로 언어적 삶의 관념론이라고 전제된다면, 관심에 대한 분석은 '메타 해석학적'이라고 할 수 있다. 그러나 우리는 해석학이 언어적 삶의 관념론과는 아무런 관계가 없다는 것과 선이해의 해석학은 근본적으로 유한성의 해석학이라는 것을 이미 보았다. 따라서 나는 이데올로기 비판이 해석학과는 다른 장소, 즉 노동, 권력, 그리고 언어가 뒤섞여 있는 장소로부터 자체의 주장을 제시한다는 사실을 말하고 싶다. 그러나 이 두 주장은 공동의 근거 위에서 교차하는데, 이 공동의 근거는 선입견 개념과 이데올로기 개념 사이의 상관성을 '선험적으로' 확보하는 유한성의 해석학이다.

(2) 나는 하머마스가 비판적 사회과학과 해방을 위한 관심 사이에 체결한 협정을 다시금 고찰하려고 한다. 우리는 비판적 사회과학의 입장과 역사적-해석학적 과학의 입장을 날카롭게 대조시킨 바 있다. 역사적-해석학적 과학은 억압에 대항하는 혁명적 행동보다는 전통의 권위에 대한 인식을 향하여 나아가는 경향을 가지고 있다.

여기서 해석학이 이데올로기 비판에 대하여 제기하는 물음은 이것이다. 역사적-해석학적 과학을 고무하고자 하는 관심의 견지에서 볼 때, 당신은 당신이 전제하는 바와 같은 구별된 별개의 위상을 해방을 위한 관심에 부여할 수 있는가? 이 구별은 너무 도그마적으로 주장되기 때문에 해방을 위한 관심과 윤리적 관심 사이에 깊은 골을 만드는 것처럼 보인다. 그러나 하버마스 자신의 구체적인 분석은 이러한 도그마적 목표가 그릇된 것임을 드러낸다. 하버마스가 정신분석학이 기술하고 설명하는 왜곡을 메타 해석학의 차원에 자리매김하고 이 메타 해석학의 차원에서 이러한 왜곡을 의사소통 능력의 왜곡으로 해석하는 것은 매우 인상 깊다. 이 모든 것은 이데올로기 비판과 관련된 왜곡이 메타 해석학의 차원에서도 역시 작용한다는 것을 시사해준다. 하버마스가 도구적 행동과 의사소통 행동 사이의 변증법에 기초하여 어떻게 마르크스주의를 재해석하는지를 상기해 보라. 인간 관계의 제도화가 사물화되고, 사물화는 의사소통의 당사자들로 하여금 이 제도화를 인식할 수 없도록 만든다는 것은 의사소통 행동의 핵심이다. 따라서 정신분석학이 발견하는 왜곡과 이데올로기 비판이 고발하는 왜곡 모두가 인간의 의사소통 능력의 왜곡이라는 결론에 이른다.

그렇다면 해방을 위한 관심이 다른 관심과 구별된 별개의 관심으로 다루어질 수 있는가? 그렇지 않은 것처럼 보인다. 특히 만일 우리가 이 관심을 더 이상 이 관심이 맞서 싸우는 사물화의 관점에서 소극적으로 취급하지 않고 자신의 고유한 동기를 지닌 것으로 적극적으로 취급한다면, 이 관심은 비제한적이고 비속박적인 의사소통에의 이상 외에 다른 내용을 가지지 않는다. 만일 해방을 위한 관심이 역사적-해석학적 과학과 동일한 차원, 즉 의사소통 행동의 차원에 자리매김되지 않는다면, 이 관심은 매우 공허하고 추상적인 것이 될 것이다. 그러나 만일 그렇다면, 왜곡의 비판이 의사소통 경험 자체로부터 분리될 수 있겠는가? 왜곡의 비판은 바로 의사소통 경험에서 시작되고, 거기서 현실적이 되며, 거기서의 예증 사례인 것이다. 전통의 해석학의 과제는 인간은 오직 문화적 유산에 대한 창조적인 재해석의 기초 위에서만 자신의 해방을 기획하고 비제한적이고 비속박적인 의사소통을 기대할 수 있다는 사실을 이데올로기 비판이 상기하도록 만드는 것이다. 만일 우리가 아무리 제한되고 훼손된 것이라고 하더라도 아무런 의사소통의 경험을 가지고 있지 않다면, 어떻게 모든 사람을 위하여, 그리고 사회적 관계의 모든 제도적 차원에서 의사소통이 두루 이루어지기를 바랄 수 있겠는가? 비판은 첫번째 계기도 될 수도 없고 마지막 계기도 될 수 없다. 왜곡은 오직 '동의'(consensus)의 이름으로만 비판될 수 있는데, 우리는 이 동의를 구체적으로 예증되지 않은 규정적 관념에 의해서 단지 공허하게 기대할 수는 없는 것이다. 그리고 의사소통의 이상을 예증하는 장소들 중의 하나는 바로 과거로부터 전수된 작품에 대한 해석에 있어서의 문화적 거리를 극복할 수 있는 우리의 능력이다. 자신의 과거를 재해석할 능력이 없는 사람은 또한 해방에 대한 자신의 관심을 구체적으로 기획할 능력도 없다.

(3) 이제 나는 전통의 해석학과 이데올로기 비판 사이의 불일치에 관한 세 번째 논점에 이르렀다. 이 논점은 단순한 오해와 병리적 또는 이데올로기적인 왜곡을 분리시키는 것처럼 보이는 심연과 관계되어 있다. 나는 이미 위에서 언급된, 오해와 왜곡의 차이를 희석시키는 경향이 있는 논증을 다시 고찰하지는 않을 것이다. 심층 해석학은 비록 메타 해석학이라고 불린다고 해도 여전히 해석학이다. 그 대신 나는 정신분석학과 평행적 유사성을 지닌 것과 아무런 연관이 없는 이데올로기 이론의 측면을 강조하려고 한다. 하버마스 작품의 상당 부분은 추상적인 이데올로기 이론이 아니라 오늘날의

이데올로기들에 대한 고찰에 할애되고 있다. 이제 이데올로기 이론이 현재에 대한 비판의 관점에서 이와 같이 구체적으로 전개된다면, 이러한 전개는 해방을 위한 관심과 의사소통에의 관심 사이의 단지 이론적이 아닌 구체적인 화해를 요구하는 측면들을 드러내어 준다.

하버마스가 말하는 오늘날의 지배적인 이데올로기는 무엇인가? 그의 대답은 헤르베르트 마르쿠제(Herbert Marcuse)와 자크 엘룰(Ellul)의 대답에 근접한다. 그것은 과학과 기술의 이데올로기이다. 여기서 나는 진보된 자본주의와 발전된 산업사회에 대한 하버마스의 해석을 논의하지는 않을 것이다. 그 대신 나는 내가 보기에 이데올로기 이론을 긴급하게 해석학의 영역으로 [해석학을 대치하기 위하여: 역자 주] 돌려 보내는 것으로 보이는 주된 특징을 곧장 다룰 것이다. 하버마스에 따르면, 현대의 산업사회에서는 권력의 정당화를 위하여 한때 사용되었던 전통적인 합법화와 근본적인 신념이 과학과 기술의 이데올로기로 대체되었다. 현대의 국가는 더 이상 억압적인 계급의 관심을 대변하는 데 열중하는 국가가 아니라 오히려 산업체제의 기능장애를 제거하는 데 열중하는 국가이다. 따라서 오늘날에는 이데올로기의 주된 합리화 기능이, 더 이상 마르크스가 기술한 자유주의적 자본주의 시대에서처럼 잉여가치의 매카니즘을 은폐함으로써 그 잉여가치를 정당화하는 데 있지 않다. 왜냐하면 잉여가치가 더 이상 생산성의 주된 원천도 아니며, 그것의 소유가 체제의 지배적인 특징도 아니기 때문이다. 오늘날 체제의 지배적인 특징은 자기 규정적인 체제 안으로 통합된 합리성 자체의 생산성이다. 따라서 합법화되는 것은 체제 자체의 유지와 성장이다. 바로 이러한 목적을 위하여 과학적-기술적 장치가 이데올로기가 되었다. 다시 말하면, 과학적-기술적 장치는 체제에 의해 마련된 모든 종류의 혜택 아래 은폐되어 있는 지배와 불평등의 관계를 그것이 산업체제의 기능을 위해서 필요하기 때문에 합법화한다. 따라서 현대의 이데올로기는 마르크스가 기술한 이데올로기와는 상당히 다르다. 마르크스의 이데올로기 이론은 단지 길지 않았던 자유주의적 자본주의의 시기 동안에만 유행했으며, 아무런 시대적 보편성을 지니지 못했다. 이제는 아무런 전(前)부르주아적 이데올로기도 남아 있지 않다. 그리고 부르주아적 이데올로기는 자유로운 노동계약에 대한 법적인 제도 안에서의 지배의 위장과 명백한 연관성을 갖게 되었다.

현대의 이데올로기에 대한 기술이 이렇다고 할 때, 관심의 관점에서 현대의 이데올로기가 의미하는 것은 무엇인가? 그것은 도구적 행동의 하부체제가 하부체제이기를 그쳤다는 것과 하부체제 범주가 의사소통 행동의 영역을 침범했다는 것을 의미한다. 이것이 막스 베버가 말한 유명한 '합리화'가 의미하는 바이다. 즉 그에 따르면 합리성은 도구적 행동의 새로운 영역을 정복할 뿐만 아니라 의사소통 행동의 영역을 정복한다는 것이다. 막스 베버는 이 현상을 '탈마술화'(disenchantment)와 '세속화'(secularisation)의 관점에서 기술하였다. 한편 하버마스는 이것을 도구적 행동(또한 노동)의 차원과 의사소통 행동(또한 동의된 규범, 상징적 교환, 인격의 구조, 그리고 합리적인 의사결정 과정)의 차원 사이의 차이의 망각 또는 소거로 묘사한다. 오늘날 산업체제 자체와 동일시되는 현대 자본주의 체제에 있어서, '선한(좋은, good) 삶'에 대한 고대 그리스의 물음은 폐기되고 조작된 체제의 기능이 선호된다. 의사소통과 연결된 '실천'의 문제, 특히 중요한 정치적 문제를 공개적인 토론과 민주적인 결정에 따르게 하려는 욕구는 소멸되지 않고 남아 있지만 억압된 형태로 존속한다. 바로 이러한 실천의 문제가 자동적으로 제거되지 않고 합법화의 필요성이 충족되지 않은 채 남아 있기 때문에, 체제의 기능을 공고하게 하기 위한 권위를 합법화해주는 이데올로기의 필요성이 아직 존재한다. 오늘날에는 과학과 기술이 이 이데올로기의 역할을 담당하고 있다.

그렇다고 할 때, 그러나 해석학은 오늘날의 이데올로기 비판을 향하여 다음과 같은 물음을 던진다. 오늘날의 이데올로기가 의사소통 행동의 규범적 질서와 관료적인 통제 사이의 차이를 위장하고 은폐하며, 따라서 언어에 의해 매개되는 상호작용의 영역을 도구적 행동의 구조 안으로 용해시켜 버린다고 할 때, 해방을 위한 관심을 의사소통 행동 자체에 대한 재각성 안에서 구현하지 않는다면 어떻게 이 해방을 위한 관심이 종교적인 경건한 맹세 이외의 다른 것이라고 할 수 있겠는가? 그리고 문화적 유산에 대한 창조적 갱신에서가 아니면, 어디에서 당신은 의사소통 행동의 재각성을 구체적으로 지지해줄 수 있는 기초를 발견할 것인가?

(4) 정치적 책임에 대한 재각성과 의사소통 행동의 전통적 원천 사이의 불가피한 연결은 나로 하여금 해석학적 의식과 비판적 의식 사이의 가장 중요한 차이점에 관하여 결론적으로 몇 마디 하지 않을 수 없게 만든다. 우리가 말한 바와 같이, 해석학적 의식은 우리를 선행하며 그리고 그런 의미에서 이미 존재하는 '동의'를 향해 나아간다. 반면 비판적 의식은 실재가 아니라 이상, 즉 비제한적이고 비속박적인 의사소통에의 이상인 규정적 관념의 형태 안에서 미래의 자유를 내다본다.

이러한 표면적인 대립과 더불어, 우리는 가장 활발하지만 어쩌면 가장 무익한 논쟁점에 도달한다. 왜냐하면 결국 해석학자는 이렇게 말할 것이기 때문이다. 당신이 '자기반성'(Selbstreflexion)에 호소할 때, 당신 자신이 존재하지 않는 장소(non-place)라고 비난한 장소, 즉 선험적 주체라는 존재하지 않는 장소에서가 아니라면, 과연 당신은 어디에서 말하고 있는가? 실로 당신은 전통이라는 기반 위에서 말하는 것이다. 이 전통은 아마도 가다머의 전통과 같지 않을 것이다. 가다머의 전통이 낭만주의적인 것이라고 한다면, 이 전통은 계몽주의적인 것이라고 할 수 있다. 그러나 그럼에도 불구하고 이 전통도 역시 전통이며, 회상의 전통이 아닌 해방의 전통이다. 비판도 역시 전통이다. 나는 비판이 가장 인상적인 전통, 즉 해방적 행위의 전통, 그리고 출애굽과 부활의 전통 안으로 뛰어든다라고까지 말하고 싶다. 만일 출애굽과 부활이 인류의 기억에서 지워져 버렸다면 아마도 더 이상 해방에 대한 관심도 자유에 대한 기대도 없을 것이다.

만일 그렇다면, 선행적인 이해의 존재론과 자유의 종말론 사이의 이율배반을 주장하는 것보다 더욱 기만적인 것은 없다. 우리는 마치 회상과 희망 사이에 양자택일의 선택이 요구되는 것처럼 주장하는 이러한 거짓된 이율배반을 다른 곳에서 만난 적이 있다. 신학적인 관점에서 말하자면, 종말론은 과거로부터의 구원의 행동에 관한 낭송 없이는 아무 것도 아니다.

전통에 대한 회상과 자유에 대한 기대 사이의 이러한 변증법을 스케치함에 있어서, 나는 해석학과 이데올로기 비판 사이의 차이점을 폐기하려는 것은 결코 아니다. 이들은 각기 자신만의 특수한 자리를 가지고 있으며, (이렇게 말해도 된다면) 상이한 지역적 선호성을 가지고 있다. 하나는 텍스트 이론에 가장 확고하게 초점을 맞추고 문화적 유산에 주의를 기울이고 있으며, 다른 하나는 사물화와 소외의 분석에 초점을 맞추고 지배의 현상과 제도에 관한 이론을 수립하고자 한다. 이들 각자가 자신들의 보편성의 주장에 구체적인 성격을 부여하기 위해서는 언제나 지역화 되어야 하며, 그래야 하는 한 이문융합(異文融合)적 경향에 대항하여 이들의 차이점은 보존되어야 한다. 그러나 철학적 반성의 과제는 과거로부터 전수된 문화적 유산의 재해석에 대한 관심과 해방된 인류에 대한 미래지향적 기획에 대한 관심을 서로 대립시키는 기만적인 이율배반을 제거하는 것이다.

이 두 관심이 철저히 분리되는 순간, 해석학과 비판은 그 자체가 바로 이데올로기 외에 다름이 아닐 것이다!

3. 현상학과 해석학

이 연구는 현상학의 역사 혹은 현상학의 기원에 대하여 기여하고자 하는 것이 아니라, 오늘날 현상학이 처한 운명에 대한 연구에 기여하고자 한다. 그리고 내가 해석의 일반이론 또는 해석학을 연구의 시금석으로 선택했다고 해도, 이것이 내가 역사에 관한 전문적인 연구논문을 현대철학의 비교사(史)에 관한 장(章)으로 대체하고자 한다는 것을 의미하는 것도 아니다. 왜냐하면 해석학의 문제를 다룸에 있어서, 나는 심지어 오늘날의 문제를 다루는 역사가로서라고 할지라도 역사가로서 이 연구를 진척시키기를 원치 않기 때문이다. 다음의 성찰이 하이데거와 특히 가다머에게 어느 정도까지 의존하고 있든지 간에, 중요한 문제는 그들과 더불어 그리고 그들 이후에, 후설을 잊지 않고 철학을 계속할 수 있는 가능성이 있는가 하는 것이다. 따라서 나의 논문은 철학을 아직도 여전히 추구될 수 있는 것으로 만들어 주는 방식들에 관해 토론하고자 한다.[1]

---

1) 이 논문은 *Freedom and Nature*(1950)의 형상적(또는 본질 직관적, eidetic) 현상학으로부터 *Freud and Philosophy*(1965)와 *The Conflict of*

나는 논의를 위해 다음의 두 명제를 제안한다.

첫번째 명제: 해석학이 무너뜨린 것은 현상학이 아니라, 현상학에 대한 해석들 중의 하나, 즉 현상학에 대한 후설 자신의 '관념론적' (idealistic) 해석이다. 따라서 이제 나는 후설의 관념론에 대해 말할 것이다. 나는 《이념들》(*Ideen*)의[2] "후기"(Nachwort)를 전거와 안내서로 삼으면서, 그것의 주요한 명제들을 해석학적 관점에서 비판할 것이다. 따라서 이 논문의 제1부는 철저하고 단순하게 '반정립적'으로 개진될 것이다.

두 번째 명제: 현상학과 해석학 사이에는 단순한 대립을 넘어서서 상호 귀속성이 존재하는데, 이를 밝히는 것이 중요하다. 이 상호 귀속성은 양편 어느 쪽으로부터도 인식될 수 있다. 한편으로, 해석학은 현상학의 기초 위에 세워져 있으며, 따라서 비록 해석학이 현상학으로부터 멀어져 갈지라도 현상학에 속한 무엇인가를 보존하고 있다. 현상학은 해석학이 넘어설 수 없는 해석학의 전제로 남아 있다. 다른 한편으로, 현상학은 '해석학적 전제' 없이 스스로 성립될 수 없다. 현상학의 해석학적 조건은 그 자체의 철학적 기획을 성취함에 있어서의 '해석(해명)'(Auslegung, explication)의 역할과 관련되어 있다.

Interpretations(1969)에 이르기까지의 나 자신의 변천과정 안에 내포된 방법론의 변화를 반영한다.

2) 이 "후기"는 *Jahrbuch für Philosophie und phänomenologische Forschung*(1930)에 처음 나타났으며, *Husserliana* v, edited by H. L. van Breda(the Hague: Martinus Nijhoff, 1952. 이후로는 본문 안에 *Hua* v로 인용됨)에 출판되었다. 138~62면.

1. 후설 관념론에 대한 해석학적 비판

이 논문의 제1부에서 추구하는 것은, 해석학의 기획을 현상학의 모든 관념론적 표현들로부터 갈라 놓는 간격(비록 깊은 심연은 아니라고 할지라도)을 드러내는 것이다. 따라서 제1부에서는 두 상반된 철학적 기획의 대조적 입장만이 개진될 것이다. 그럼에도 불구하고, 우리는 현상학 자체가 현상학에 대한 해석들 중의 하나에 의해, 그리고 심지어는 후설 자신의 해석에 의해 완전히 다 소진(消盡, exhausted)되는 것은 아니라는 가능성을 남겨 둘 것이다. 내가 보기에는 해석학적 비판에 순복(順服)해야 하는 것은 후설의 관념론이다.

1. 후설 관념론의 도식적 명제들

불가피하게 도식적으로 전개될 논의를 위해, 나는 《이념들》의 1930년 판 "후기"를 후설 관념론의 전형적인 자료로 삼았다. 《데카르트적 성찰》(*Cartesian Meditations*)과 더불어, 이 "후기"는 그의 관념론의 가장 발전된 형태를 표현한다. 나는 이 "후기"로부터 다음과 같이 몇몇 명제들을 발췌하고, 이어서 이 명제들을 해석학의 비판 아래 놓을 것이다.

(a) 현상학에 의해 선포된 과학성[또는 학문성(scientificity), 이후로 과학성과 학문성은 같은 의미로 번역될 것임: 역자 주]이라는 이상(理想)은, 과학들, 과학의 공리들, 그리고 과학의 정초적(定礎的, foundational, 근거 지우는, 또는 기초를 세우는) 과업과의 연속선상에 있지 않다. 현상학을 구성하는 '궁극적 정당화'는 다른 차원에 속하는 것이다(*Hua* v 138ff., 159ff.).

현상학의 근본성(철저성)에의 요구를 표현하는 이 명제는 논쟁적인 문제로 주장되었다. 즉 이 명제는 항상 적을 염두에 두고 있는 전투적인 철학의 명제인데, 그 적은 객관주의, 자연주의, 생철학, 혹은 인류학이 될 수도 있다. 현상학은 입증을 위한 논증의 틀 안에 자리매김할 수 없는, 그것이 어디로부터 추론되어지는가라는 근본적인 물음과 더불어 시작한다. 여기서부터 근본성을 요구하는 자기 주장적인 문제가 나오는데, 이 근본성은 근본성을 부정할 수 있는 것에 대한 부정에 의해서만 입증된다. 이 점에 있어서, '궁극적인 근거(기초)로부터'(aus letzter Begründung)라는 표현은 가장 전형적이다. 이 표현은 칸트의 비판활동의 자율성의 전통과 아울러 플라톤의 무전제적인 것(또는 비정립(非定立), the anhypothetical)의 전통을 상기시킨다. 이 표현은 또한 "거슬러 물어 올라감"(Rückfrage, questioning back)(*Hua* v 139)이라는 의미에서, 과학이 스스로에게 질문하는 원리에 관한 질문들과 어떤 연속성을 보여준다. 그러나 과학 내적인 기초와 관련해서 볼 때, 기초(근거)로 돌아가는 과정은 전적으로 불연속적이다. 근거에 관한 학문에, "더 이상 불명료하고 문제시되는 개념은 있을 수 없고, 또한 어떤 역설도 있을 수 없다"(*Hua* v 160). 이 말은, 이 독특한 이념(Idea)에 답하는 '몇 가지 방법들'이 없다는 것을 의미하지는 않는다. 기초라는 개념은 오히려 그 방법들(논리적, 데카르트적, 심리학적, 역사적-목적론적 방법 등)의 등가성과 일치점을 확고히 하는 것이다. '전제의 절대적 부재(不在)'로부터 이끌려 나오는 '진정한 시작들', 또는 오히려 '시작을 향한 길들'이 있다. 따라서 이와 같은 근본적인 시작의 동기에 대해 질문하는 것은 무익한 일이다. 다시 말하면 어떤 영역에서 자체를 넘어 근원의 문제를 제기함에 있어서, 그 영역에 내재하는 이유란 없는 것이다. 이런 의미에서 정당화는 '자기 정초'(Selbst-Begründung, self-grounding)이다.

(b) 원리적 정초는 직관의 영역에 속한다. 기초를 세우는 것은 보는 것이다. 그 때문에 "후기"는 《논리연구》(*Logical Investigation*) 제6부에서 주장된, 연역적 추론이나 구성에 의한 철학과 대립되는 완전한 충전성, 즉 지향적 성취의 우선성을 확증한다(*Hua* v 141ff., 143ff.).

이 점에 있어서 핵심 개념은 '경험의 장(場)'(Erfahrungsfeld)이라는 개념이다. 현상학의 특이성은 전적으로 이 개념에 있다. 즉 처음부터, 원리는 '장(場)'이고 제1의 진리는 '경험'이다. 모든 '사변적 구성들'과 대조적으로, 모든 원리적 질문은 봄(vision)을 통해서 해결된다. 방금 나는 특이성에 대해서 말했다. '경험주의에 대한 비판에도 불구하고(그리고 이 비판 덕분에), 엄밀하게 경험론적인 의미에서의 경험이 오직 '경험' 안에서만 극복된다는 것은 놀라운 일이 아닌가?' 이 '경험'이라는 말의 동의성은, 현상학이 다른 곳, 즉 다른 세계에 위치한 것이 아니라, 오히려 자연적 경험이 자신의 경험의 의미를 인식하지 못하는 한에서 자연적 경험 자체와 관련되어 있음을 의미한다. 따라서 '선험성'(a priori), '형상'(또는 본질, eidos)에로의 환원, 상상적 변경(variations)의 역할, 그리고 심지어 '가능성' 개념이 아무리 강조된다고 해도, 중요시되는 것은 여전히 그리고 항상 경험이다(우리는 '직관적 가능성들'이라는 표현만을 고려해야 한다. *Hua* v 142).

(c) 완전한 직관의 자리는 주관성이다. 모든 초월적인 것은 의심스럽다. 내재적인 것만이 의심할 수 없는 것이다.

이것은 후설 관념론의 중심적 명제이다. 모든 초월적인 것이 의심스러운 것은, 초월적인 것은 '음영들'(Abschattungen), '윤곽들'(sketches), 또는 '옆모습들'(profiles)에 의해 구성되기 때문이며, 이 '음영들'의 일치는 항상 추정적인 것이기 때문이며, 추정은 어떤 불일치에 의해 이그러질 수 있기 때문이며, 최종적으로, 의식은 외양들(appearances)의 근본적 불일치라는 과장된 가설, 즉 바로 '세계의 파괴'에 관한 가설을 만들어 낼 수 있기 때문이다. 내재적인 것은 '윤곽들이나 옆모습'에 의해 주어진 것이 아니며, 따라서 추정적인 그 어떤 것도 포함하지 않고, 오직 '방금' 경험되어진 것과 반성 사이에 일치되는 것만을 허용하기 때문에, 의심스럽지 않다.

(d) 이와 같이 선험적 지위로 승격된 주관성은, 심리학의 대상인 경험적 의식이 아니다. 그럼에도 불구하고 현상학과 현상학적 심리학은 서로 유사하며, 하나는 선험적이며 다른 하나는 경험적인 두 학문분야에 대한 끊임없는 혼동을 야기하는 '한 쌍'(doublet)을 이룬다. 오직 환원만이 두 학문분야를 구별하며 분리한다.

여기에서 현상학은 끊임없이 재발생하는 오해와 현상학 자체가 유발하는 오해에 대항해 싸워야만 한다. 사실 현상학적 '경험의 장(場)'은 환원되지 않은 경험과 구조적인 유비를 가지고 있기 때문이다. 이러한 이질동형적(異質同形的) 구조의 근거는 바로 지향성의 본성 자체에 있다.(브렌타노는 환원을 알지 못하는 상태에서 지향성을 발견했고, 《논리연구》 제5부는 아직 지향성을 엄밀한 의미의 현상학과 마찬가지로 지향적 심리학과도 양립할 수 있는 관점에서 정의하였다.) 더욱이, 환원은 '자연적 태도로부터' 출발하여 이루어진다. 따라서 선험적 현상학은 자신이 능가하는 것과, 비록 '다른 태도에서'이긴 하지만 자신이 '동일한 것'으로 반복하는 것을 전제한다. 그러므로 차이는 기술적(記述的)인 특징들에 있는 것이 아니라, 존재론적 지표들(indices), 즉 '존재의 타당성'(Seinsgeltung)에 있다. '실재하는 것으로서'(als Reales)의 타당성은 '상실'되어야 하며,[3] 심리학적 실재론은 파기되어야 한다. 그러나 만일 현상학이 필연적으로 세계, 신체, 그리고 자연을 상실할 수밖에 없으며 따라서 자체를 비우주적 영역 안에 가두어 놓아야 하는 것으로 이해되어서는 안 된다면, 그것은[심리학적 실재론을 파기하는 것: 역자 주] 쉽지 않은 과업이 될 것이다. 세계가 '이미 주어진' 것으로, 신체가 '실존하는' 것으로, 그리고 자연이 '존재하는' 것(존재자, étant)으로 드러나게 되는 것은 바로 이 상실(loss)을 통해서만 가능하다는 것은 역설이다. 그러므로 환원은 나와 세계 사이, 영혼과 신체 사이, 정신과 자연 사이에서 일어나는 것이 아니라, 이미 주어진 것, 실존하는 것 그리고 존재하는 것을 통과하면서 이루어지는데, 이것들은 더 이상 자명하기를 멈추고, 맹목적이고 불투명한 '존재에의 믿음'(Seinsglaube) 안에서 당연시되기를 중지함으로써, '의미'(Sens), 곧 이미 주어진 것의 '의미', 실존하는 것의 '의미', 존재하는 것(존재자)의 '의미'가 될 수 있다. 따라서 선험적 주관성을 경험적 자아로부터 분리시키는 현상학적 철저성은 '존재에의 믿음'을 노에시스(noesis)의 노에마(noema)적 상관자로 변환시키는 철저성과 동일하다. 그러므로 노에시스론 또는 의식론(no-logy)은 심리학과 구별된다. 이들의 '내용'은 동일하다. 그러나 현상학적인 것은 '환원된' 것으로서의 심리학적인 것이다. 여기에, 양자 사이에 존재하는 '유사성'(parallelism), 보다 정확하게 말하면 '상응성'(correspondence)이 있다. 여기에, 또한 이 둘 사이의 상이성의 원리

---

3) '상실된'(verliert, lost)이라는 말은 세 번 나타난다. *Hua* v 145.

도 있다. 왜냐하면 '전환', 곧 '그'(the) 철학적 전환이 이 둘을 갈라놓기 때문이다.

(e) 반성 활동을 지속하는 의식화는 자기 자신의 고유한 윤리적 함의들을 발전시킨다. 따라서 반성은 직접적으로 자기 책임적인 행위이다.

'자신에 대한 궁극적 책임성'(aus letzter Selbstantwortung)(*Hua* v 139)이라는 표현이 정초적 주제 안으로 도입하는 윤리적인 뉘앙스는, 그 자체로 순수하게 인식론이고자 하는 기획에 대한 실천적 보완이 아니다. 반성은 전환을 통하여 자연적 태도로부터 자신을 벗어나게 해주는데, 이 전환은 인식론적이며 동시에 윤리적이다. 이 철학적 전환은 최고의 자율적 행위이다. 따라서, 정초적 (foundational) 행위가 오직 자기 정립적(self-positing)일 수 있는 한, 우리가 윤리적 뉘앙스라 부른 것은 즉각적으로 정초적 행위 안에 포함된다. 정초적 행위가 궁극적으로 자기 책임적이라는 것은 바로 이런 의미에서이다.

정초하기(또는 근거지우기, 기초 세우기)의 자기 단언적(self-assertive)인 특성은 철학적 주체를 책임적 주체로 구성한다. 이 책임적 주체는 철학하는 주체 자체이다.

2. 후설의 관념론에 대립하는 해석학

해석학을 현상학 전체 그리고 그 자체에 대해서 대립시키는 것은 가능하지 않지만, 후설의 관념론에 대하여 명제별로 대립시키는 것은 가능하다. '대립적 도식의' 접근은 해석학과 현상학 사이의 진정한 '변증법적' 관계의 수립을 위해서 필수적인 과정이다.

(a) 후설의 관념론이 궁극적인 정당화라고 이해하는 과학성이란

이상(理想)은 이해의 존재론적인 조건 안에서 근본적인 한계에 부딪친다.

이 존재론적 조건은 유한성으로 표현될 수 있다. 그러나 이 유한성은 내가 우선적인 것으로 간주하게 될 개념은 아니다. 왜냐하면 이 개념은 귀속성이라는 개념으로 더 잘 표현할 수 있을 전적으로 긍정적인 조건을 부정적인 관점에서 지시하기 때문이다. 귀속성 개념은 모든 정당화와 정초의 기획이 넘어설 수 없는 조건, 즉 정초의 기획을 떠받쳐 주는 관계성이 정초의 기획보다 항상 선행한다는 사실을 직접적으로 가리킨다. 이 관계성은 대상에 대한 관계를 말하는가? 전혀 그렇지 않다. 해석학이 첫번째로 문제삼는 후설 관념론의 측면은, 지향성이라는 광범위하고 탁월한 발견을 표현하는 방식에 관한 것인데, 곧 지향성을 그 범위를 약화시키는 개념, 즉 주체와 대상의 관계 개념 안에서 표현하고 있다는 사실에 관한 것이다. 대상의 의미를 통일하는 무엇인가를 찾아야 할 필요성과, 이 통일성을 구성적 주관성 안에 정초시켜야 할 필요성을 불러일으키는 것은 이 주체와 대상의 관계 개념이다. 해석학의 첫번째 선언은, 객관성의 문제는 이른바 자율적인 주체와 이른바 반대편의 대상을 모두 포괄하는 선행적인 포섭 관계(relation of inclusion)를 전제한다는 것이다. 이 포섭적 혹은 포괄적 관계는 바로 내가 귀속성이라고 부르는 것이다. 귀속성의 이와 같은 존재론적 우선성은 정초의 문제가 더 이상 궁극적 정당화의 문제와 단순하게 일치할 수 없다는 사실을 함축한다. 분명히 후설은 선험적 기획과 자신의 기초를 설명하기 위한 개별학문 고유의 내적 작업 사이의 불연속성을 '판단중지(epoché)'에 의해 수립하고 강조했던 첫번째 사람이다. 더욱이, 언제나 후설은 선험적 현상학에 의해 제기되는 정당화의 요구

를 이미 확립된 기존의 '보편수학'(mathesis universalis)의 모델로부
터 구별한다. 우리가 나중에 보게 되겠지만, 이러한 방식으로 후설
은 해석학의 현상학적 조건을 진술한다. 그러나 해석학은 바로, 선
험적인 정초와 인식론적인 정초 사이의 불연속성에 관한 후설의
명제를 철저화하고자 한다.

해석학에 있어서, 과학성이라는 이상(理想) 자체가 질문되지 않
는 한, 궁극적인 기초의 문제는 여전히 객관화하는 사고 영역에 속
한다. 이러한 질문의 철저성은 과학성의 이념으로부터 귀속성이라
는 존재론적 조건으로 우리를 인도하는데, 이 귀속성에 의해 질문
하는 사람은 자신이 질문하는 대상에 참여한다.

그런 연후에, 귀속성의 관계는 결과적으로 인식의 유한성으로 이
해된다. '유한성'이라는 단어가 포함하는 부정적인 뉘앙스가 전적
으로 긍정적인 귀속성의 관계('이것이 해석학적 경험 자체이다')
안으로 도입되는 것은 오직 주관성이 이미 자기가 궁극적 근거라
는 주장을 내세웠기 때문이다. 이 주장, 이 지나친 허세, 이 '교만'
(hybris)이 귀속성 관계를 대조적으로 유한성으로 보이도록 만든다.

하이데거는 이 귀속성을 '세계 내 존재'(being-in-the-world)라는
개념으로 표현한다. 이 두 개념은 같은 의미이다. '세계 내 존재'라
는 용어는 바라봄(gaze)보다 배려(또는 염려, care)의 우월성과 우
리가 속해있는 세계의 지평적 성격을 보다 잘 표현한다. 실로, 이
세계 내 존재는 반성에 선행한다. 동시에 이 용어는 현존재(현존재
는 우리 자신이다)의 존재론적 범주가, 자기 정립적인 주체의 인식
론적이고 심리학적인 범주보다 우선성을 갖는다는 사실을 증언한
다. '세계 내 존재'라는 표현이 매우 밀도있는 의미를 가짐에도 불
구하고, 나는 가다머를 따라 귀속성이라는 개념의 사용을 선호하는

데, 이 개념은 주체와 대상의 관계의 문제점을 즉각적으로 제기하
며, 뒤따르는 소격화(distanciation) 개념의 도입을 위한 길을 예비한
다.

(b) 직관으로 되돌아가야 한다는 후설의 주장은, 모든 이해는 필
연적으로 해석에 의해 매개된다는 사실에 의해 논박된다.

의심할 바 없이 이 해석의 원리는 역사학의 인식론으로부터 빌
려 온 것이다. 그리고 이 원리는 슐라이에르마허와 딜타이에 의해
경계지워진 인식론적 영역에 속한다. 그러나 만일 해석이 단지 역
사적-해석학적 개념일 뿐이라면, 해석은 인문 과학 자체만큼이나
국부적인 것으로 남게 될 것이다. 그러나 역사적-해석학적 학문들
에서의 해석의 사용은 단지, 이해 개념과 동연적(同延的)이며, 그리
고 결국에는 귀속성의 개념과 동연적인 범위를 가지는 보편적인
해석 개념을 위한 정박지(anchoring point)일 뿐이다. 따라서 해석은
단순한 주석학이나 문헌학의 방법론은 넘어서, 모든 해석학적 경험
과 결부된 해석(해명)의 작업을 가리킨다. 《존재와 시간》에서 하이
데거가 진술한 바에 따르면, '해석(해명)'(Auslegung)은 '로서'
(als)[4]라는 구조에 따른 '이해의 발전적 전개'이다. '로서'의 매개
를 수행함에 있어서, '해석(해명)은 이해를 다른 무엇으로 변형시
키는 것이 아니라 이해 자체가 되게 만드는 것이다'(SZ 148, BT
188).*

해석이 이해에 의존하다는 사실은, 또한 해석(해명)이 항상 반성

---

4) Martin Heidegger, *Sein und Zeit*(Tübingen: Max Niemeyer, 1927. 이후로는
   본문 안에 SZ로 인용됨), 149면[영문 번역판: *Being and Time*, translated by
   John Macquarrie and Edward Robinson(Oxford: Basil Blackwell, 1978. 이후
   로는 본문 안에 BT로 인용됨), 189면].

에 선행하며 주권적 주체에 의한 대상의 구성보다 선행한다는 사실을 보여 준다. 해석(해명)의 차원에서 이 선행성은 '예기적 구조'(structure of anticipation)로 표현되는데, 이 예기적 구조로 인하여 해석(해명)은 결코 이미 주어진 존재자(étant)에 대한 무전제적인 파악이 될 수 없게 된다. 다시 말하면, 해석(해명)은 '선취'(Vor-habe), '선견'(Vor-sicht), '선개념'(Vor-Griff), '선사유'(pré-signification, Vor-Meinung)의 양태 안에서 해석(해명)의 대상보다 선행한다(*SZ* 150, *BT* 191). 나는 여기서 이 유명한 하이데거의 표현들에 대한 논평을 하지는 않겠다. 강조해야 할 중요한 점은, 예기적 구조를 작동시키지 않고 '로서'의 구조를 작동시키는 것은 불가능하다는 것이다. '의미'(sense, meaning) 개념은 '로서'와 '선'(vor-)이라는 이 이중적 조건을 따른다. 즉 "선취, 선견, 선개념에 의해 구조화되는 의미는 어떤 것이 어떤 것으로서 이해될 수 있게 해주는, 기획투사를 위한 지평을 형성한다"(*SZ* 151, *BT* 193).* 따라서 해석의 영역은, 상황에서의 의미 있는 모든 기획투사를 포괄하는 이해의 영역 만큼이나 광대하다.

해석의 보편성은 여러 가지 방식으로 입증된다. 해석의 가장 일상적인 적용은 대화적 상황에서의 '자연언어'의 사용이다. 형식을 잘 갖춘 언어, 즉 수학적 논리의 요구조건들에 따라 구성되고 또한 모든 기본적 용어들이 공리적인 방식으로 규정된 인공언어와는 대조적으로, 자연언어의 사용은 단어들의 다의적 가치에 의존한다. 자연언어의 단어들은 특정한 사용에 의해 소진되지 않으며, 상황적 맥락에 따라 계속적으로 선별되고 결정되기를 요구하는 의미의 잠재성을 자신의 의미론적 영역 안에 포함하고 있다. 가장 원초적인 의미에서 해석은 상황적 맥락의 선별적 기능과 연결되어 있다. 해석은 질문과 대답의 상호작용 속에서 대화의 참여자들이 그들의 대화를 구조화하는 상황적 가치들을 공동으로 결정하는 과정이다. 따라서 주석학과 문헌학을 자율적인 학문분야로 수립하려는 '기술론'(Kunstlehre) 이전에, 주어진 어떤 상황에서 가장 원초적인 이해 활동의 한 부분을 이루는 자발적인 해석의 과정이 존재한다.

그러나 대화는 해석(해명)의 영역 전체를 아우르기에는 너무나 제한된 관계에 의존한다. 대화(conversation), 다시 말하면 양자간의 대화적(dialogical) 관계는 '얼굴과 얼굴을 마주 대하는' '대면적' 상황의 한계 안에 있다. 대화를 둘러싸고 있는 역사적 연관은 특히 더욱 복잡하다. '협소한'(short) 상호 주관적 관계는 역사적 연관 안에서, 다양한 사회 제도들과 사회적 역할들과 공동체들(집단들, 계급들, 국가들, 문화적 전통들 등)에 의해 매개되는 다양한 '광범위한'(long) 상호 주관적 관계들과 서로 얽혀 있다. 이 광범위한 상호 주관적 관계들은 역사적 전통에 의해 지지(支持)되는데, 대화는 단지 이 역사적 전통의 작은 한 부분을 이루는 분절일 뿐이다. 그러므로 해석(해명)은 가장 광범위한 역사적 연관성과 동연적이며, 대화보다 훨씬 더 멀리까지 확장된다.[5]

텍스트에 의한 매개, 즉 글로 고정화된 표현들뿐만 아니라 글과 기본적인 특징을 공유하는 모든 자료들과 기념물들에 의한 매개는, 역사적 전통의 전승 범주 안에서의 해석(해명)의 사용과 연관된다. 텍스트를 하나의 텍스트로 구성하는 이 공통된 특징이란 텍스트에

---

5) Hans-Georg Gadamer, *Wahrheit und Methode*(Tübingen: J.C.B. Mohr, 1960; hereafter cited in the text as *WM*), 250면 이하[영문 번역판: *Truth and Method*(London: Sheed and Ward, 1975; hereafter cited in the text as *TM*), 235면 이하].

담겨진 의미가 저자의 의도, 최초의 담화 상황, 그리고 본래적 수신
자에 대하여 '자율적인' 것이 된다는 것이다. 의도, 상황 그리고 본
래적 수신자는 텍스트의 '삶의 자리'(Sitz-im-Leben)를 구성한다.
다양한 해석의 가능성이 이처럼 자신의 '삶의 자리'로부터 자유로
워진 텍스트에 의해 열려진다. 다양한 읽기에로 초대하는 텍스트의
다의성은 대화 안에서의 단어들의 다의성을 넘어선다. 이것이 '텍
스트에 대한 주석'이라는 기술적(技術的)인 의미에 있어서의 해석
의 계기이다. 이것은 또한 독자에 의해 시작된 이해와 텍스트에 의
해 제공된 의미명제들 사이의 해석학적 순환의 계기이기도 하다.
해석학적 순환의 가장 근본적인 조건은 모든 해석(해명)을 해석(해
명)에 선행하고 해석(해명)을 지지해주는 이해와 연결시키는 선이
해의 구조에 있다.

　해석 안에서 이루어지는 모든 이해의 전개는 어떤 의미에서 '궁
극적' 정초라는 후설의 기획과 대립되는가? 그것은 본질적으로 모
든 해석은 해석자를 결코 사태의 시작이나 끝이 아닌, '사태의 중
간에'(in medias res) 위치시킨다는 의미에서 그렇다. 말하자면, 우
리는 이미 시작된 대화의 한 가운데에 돌연히 나타나며, 그 대화
한 가운데에서 대화에 기여하기 위하여 우리 자신의 입장을 정위
하려고 시도하는 것이다. 이제 직관적인 정초라는 이상은 해석이라
는 이상이 되는데, 해석은 어느 시점에서 충만한 '봄'(vision)에 이
르게 될 것이다. 이것은 가다머가 '전체적 매개'(total mediation)라
고 부르는 가설이다. 전체적 매개만이 알파와 오메가인 직관에 필
적할 것이다. 그러므로 관념론적 현상학은 헤겔의 절대지식에의 주
장을 사변적인 양식이 아닌 직관적인 양식 안에서 채택함으로써만
궁극적 정초에 대한 자신의 허식적 주장을 유지할 수 있다. 그러나

해석학적 철학의 핵심 가설은 해석이란 어떤 단 한번의 '봄'이 종결지을 수 없는 열린 과정이라는 것이다.

(c) 궁극적 정초의 자리는 주관성이라는 주장, 그리고 모든 초월적인 것은 의심스러우며 내재적인 것만이 의심할 수 없는 것이라는 주장은 '코기토'(cogito, 사유하는 자아) 역시 현상학이 모든 현상들에 적용하는 철저한 비판에 취약한 것으로 드러나는 순간부터 아주 의심스럽게 된다.

자의식의 계략은 사물의 계략보다 더 교활하다. 하이데거의 작품에서 '현존재는 누구인가?'라는 물음을 수반하는 의심을 회상해 보라.

현존재에 대한 접근이 오직, 단순히 행동의 주체인 '나'에 대한 반성적 자각에 의해서만 가능하다는 것은 '선험적'(a priori)으로 자명한가? 만약 현존재 편에서의 이런 '자기 내어줌'이, 우리의 실존론적 분석을 기만하며 또 실제로 현존재의 존재 자체에 근거한 방식으로 그렇게 한다면 어찌할 것인가? 아마도 현존재는 자신에게 가장 가까운 방식으로 자신에게 말을 걸 때, 항상 '나는 이런 존재자(entity)이다'라고 말하고, 결국 자신이 그런 존재자가 '아닐' 때 그것을[나는 이런 존재자이다' : 역자 주] 가장 크게 말할 것이다. 만약 현존재 자체에 주어진 '나'와 함께, 그리고 현존재의 명백한 자기해석과 함께 출발하는 앞에 언급된 접근방식이 실존론적 분석을 함정으로 인도한다면 어찌할 것인가? 만약 단순한 '내어줌(所與)'에 의해서 그 주어진 것이 규정될 수 있다면, 아마도 그것을 규정하기 위한 존재론적 지평이 있을 것이다. 그러나 이 지평이 원칙적으로 미규정 상태로 남아 있다면 어찌할 것인가?(SZ 115, BT 151)

다른 곳에서처럼 여기서도 나는 하이데거 철학에 문자적으로 집
착하지 않고 나 자신의 목적을 위해 그것을 발전시킬 것이다. 나는
정신분석학에서만큼, 아니 어쩌면 거기에서보다 더 '이데올로기 비
판'에서, '현존재는 누구인가?'라는 하이데거의 물음에 담겨 있는
의심되는 점들에 관한 방증자료를 찾을 것이다. 이데올로기 비판과
정신분석학은 오늘날 우리에게 대상의 비판을 주체에 대한 비판을
통해 보완할 수 있는 수단을 제공해준다. 후설의 작품에서, 대상의
비판은 '사물의 구성'(Dingkonstitution)과 동연적(同延的. co-
extensive)이다. 앞에서 우리가 이미 말한 바와 같이, 대상의 비판은
도식적(개략적) 종합의 추정적(presumptive) 성격에 의존한다. 그러
나 후설은, 자기 지식은 '윤곽들'이나 '음영들'에 의해 생겨나는
것이 아니기 때문에 추정적일 수 없다고 믿었다. 그러나 자기 지식
은 다른 이유들로 인하여 추정적일 수 있다. 자기 지식이 영혼이
자기 자신과 하는 대화인 한에서, 그리고 대화가 폭력에 의해 그리
고 의사소통 구조 안으로의 지배 구조의 침입에 의해 체계적으로
왜곡될 수 있는 한에서, 내면화된 의사소통으로서의 자기 지식은,
매우 독특하고 다른 이유에서이긴 하지만 대상에 대한 지식만큼이
나 의심스러운 것이 될 수 있다.

현상학의 '사유하는 자아'(ego meditans)는 환원을 통해서 자기
자신에 대한 경험적 지식의 왜곡으로부터 벗어난다라고 말할 수
있는가? 그렇게 말하는 것은 후설의 '자아'가, 의미가 없는 것은
아니라고 할지라도 적어도 그 개별성이 문제시되는 칸트의 '사유
하는 자아'가 아니라는 사실을 망각하는 것이다. 자연의 객관성과
역사적 공동체들의 객관성을 비인격적 주체가 아니라 상호 주관성
에 정초시켜야 하는 까닭은, '자아'가 [현상학적: 역자 주] '귀속성

의 영역'에로―분명히, 여기서 '귀속성'이라는 말은 다른 의미, 즉
세계에 속함이 아니라 자기 자신에 속함을 뜻한다―환원될 수 있
고 환원되어야만 하기 때문이다. 결과적으로, 의사소통의 왜곡은 상
호 주관적 관계망의 구성과 직접적으로 관계되어 있는데, 이 상호
주관적 관계망 안에서는《데카르트적 성찰》의 58절에서 논의된 '더
높은 질서의 인격들'과 같은 공동의 본성을 가진 역사적 실재들이
구성될 수 있다. 자아론(egology)은 사물을 구성함에 있어서의 지각
의 환영을 고려하는 것과 동일하게 의사소통의 근본적 왜곡을 고
려해야만 한다.

　나는 오직 의사소통의 해석학만이 이데올로기 비판을 자기 이해
에 통합시키는 과제를 수행할 수 있다고 본다.[6] 의사소통의 해석학
은 상호보완적인 두 가지 방식으로 이 과제를 수행할 수 있다. 한
편으로, 그것은 문화적 대상 일반에 대한 이해에 작용하는 '선이
해'의 역할에 대한 성찰을 통해, 이데올로기적인 현상의 극복할 수
없는 특성을 보여 줄 수 있다. 해석학은 애초에 텍스트 주석에 적
용되어 왔던 선이해의 개념을, 역사적 연관 자체와 동연적(同延的)
인 선입견 이론 일반의 차원에 적용시키는 것으로 충분히 이러한
이해 개념을 수립할 수 있다. 오해가 주석의 근본적인 구조인 것처
럼(슐라이에르마허), 선입견은 사회적이고 제도적인 형태 속에서의
의사소통의 근본적인 구조이다. 다른 한편, 비록 바로 이 선이해의
구조 때문에 이데올로기 비판은 전체적인 것(완전한 것)이 될 수
없지만, 해석학은 이데올로기 비판의 필요성을 보여 줄 수 있다. 이
비판은 역사적 연관 자체에 속하는 '소격화'의 계기에 의존한다.

---

6) 이 책의 "해석학과 이데올로기 비판"을 보라.

우리는 멀리 떨어져 있음(소격성)과 가까이 있음(근접성) 사이를 오가는 거리의 관계성을 통해서 역사적 전통에 속한다는 의미에서, 소격화 개념은 귀속성 개념의 변증법적인 대응물이다. 해석한다는 것은 (시간적으로, 지리적으로, 문화적으로, 정신적으로) 멀리 떨어져 있는 것을 가깝게 만드는 것이다. 이 점에서, 텍스트에 의한 매개는 소격화의 모델을 보여 주는데, 이 소격화 모델은 가다머가 자신의 작품 전체에 걸쳐서 맞서 싸우는 '소격화'(Verfremdung)와 같이(WM 11, 80, 156, 364ff, TM 15, 75, 145, 348ff.) 단순히 소외적인 것이 아니라 진정으로 창의적인 것이다. 텍스트는 거리에 있어서 그리고 거리를 통한 의사소통을 위한 '매우 탁월한' 토대가 된다.

만일 그렇다면, 해석학은 이데올로기적인 현상의 불가피성과, 이데올로기 비판을 결코 완결할 수는 없지만 그것을 시작할 수는 있는 가능성, 이 둘 다를 설명할 수 있는 수단을 갖는다. 해석학이 이 일을 수행할 수 있는 것은, 현상학적 관념론과는 대조적으로 해석학에서 말하는 주체는 역사의 영향(efficacy of history, 이 표현은 가다머의 유명한 '영향사 의식'(wirkungsgeschichliches Bewusstsein (WM 284, TM 267)) 개념에 대한 번역이다.)에 언제나 열려 있기 때문이다. 소격화가 귀속성의 한 계기이므로, 이데올로기 비판은 객관적이고 설명적인 한 부분으로서 의사소통과 자기이해를 확장하고 복원하는 기획에 통합될 수 있다. 텍스트 주석을 통한 이해의 확장과 이데올로기 비판을 통한 끊임없는 이해의 교정은 '해석(해명)'의 과정의 적정한 부분이다. 텍스트 주석과 이데올로기 비판은 이해가 해석으로 전개되고 그래서 그 자신이 되도록 해주는 두 가지 특권적인 길이다.

(d) 주관성의 우월성에 대한 근본적인 문제제기의 길은 텍스트 이론을 해석학의 축으로 택하는 것이다. 텍스트의 의미가 그 저자의 주관적 의도에 대해 자율적인 것이 되는 한, 본질적인 질문은 잃어버린 의도를 텍스트 뒤에서 다시 발견해내는 것이 아니라, 텍스트가 텍스트 앞에 열어 주고 탈은폐하는 '세계'를 펼쳐 보이는 것이다.

다시 말해서, 해석학적 과제는 저자의 심리가 아니라 텍스트의 '주제'(또는 사태, matter, 가다머)를 분별해내는 것이다. 텍스트의 주제가 텍스트의 구조에 대해 가지는 관계는, 명제적 진술에서, 지시체(reference)가 의미(sense)에 대해 가지는 관계와 같다(프레게). 명제적 진술에서 우리가 그것의 관념적 대상인 의미에 만족하지 않고 그것의 지시체, 즉 명제적 진술의 진리 주장을 더 탐구해 들어가는 것과 마찬가지로, 텍스트 해석에 있어서 우리는 내재적 구조, 즉 텍스트가 사용하는 '약호들'(codes)의 교차로부터 발생하는 내적인 의존관계의 체계에 머물러 있을 수 없다. 즉 우리는 텍스트가 기획투사하는 세계를 해석(해명)하기를 원한다. 이렇게 말함에 있어서 나는, 마치 언어가 일상적인 담화의 지시적 기능을 희생시키고 자신의 영광을 드러낼 정도의 지고한 존엄성을 가지도록 운명지워진 것처럼, 텍스트의 중요한 범주인 '문학'(즉 이야기적 허구, 드라마, 시)이 일상적 실재에 대한 모든 지시관계를 폐기하는 것처럼 보인다는 사실을 모르는 바가 아니다. 그러나 바로 허구적 담화는 자체의 일차적 질서에 대한 지시적 기능을 '유보하는' 한에서 이차적 질서의 지시체를 열어놓는데, 여기서 세계는 더 이상 조작할 수 있는 대상들의 총체로서가 아니라 우리의 삶과 우리의 기획투사의 지평으로서, 다시 말해 '생활세계'(Lebenswelt), 또는 세계

내 존재로서 현현된다. 해석학의 근본적인 문제를 불러일으키는 것
은 이차적 질서의 지시적 차원으로서, 이 지시적 차원은 허구와 시
같은 작품들에서만 충분하게 전개되고 발전된다. 해석학은 이제 더
이상 텍스트 뒤에 숨겨져 있는 심리적 의도들에 대한 연구로 정의
될 수 없으며, 텍스트에 의해 펼쳐지는 세계 내 존재에 대한 해석
(해명)으로 정의된다. 텍스트 안에서 해석해내야 하는 것은 그 안
에 내가 거주할 수 있고 그 안에서 내가 나 자신의 최대한의 가능
성들을 기획투사할 수 있는 그런 제안된 세계이다. 위에서 언급한
소격화의 원리를 상기할 때, 우리는 허구적 혹은 시적 텍스트는 텍
스트의 의미를 저자의 의도로부터 '거리를 두게' 할 뿐만 아니라 텍
스트의 지시체를 일상적 언어에 의해 명료화된 '세계'로부터 '거리
를 두게' 한다고 말할 수 있다. 이런 방식으로, 실재는 문학이 현실
적인 것들에 대해 수행하는 '상상적 변경들'(imaginative variations)
에 의해 변형된다.

　텍스트의 주제에 초점을 맞추는 이와 같은 해석학적이 후설의
관념론에 대하여 갖는 중요한 의미는 무엇인가? 그것은 본질적으
로 다음과 같다. 즉 지향성의 보편적 성격의 발견과 함께 생겨난
현상학이 자신의 발견, 즉 의식의 의미는 의식의 바깥에 있다는 발
견에 충실하지 못했다는 것이다. 의식 '안'에서 의미를 구성하는
관념론은 주관성을 실체화(hypostasis) 시키기에 이르렀다. 이 주관
성의 실체화가 치룬 대가는 위에서 언급된 현상학과 심리학 사이
의 '유사성'(parallelism)으로 인한 난점들에 의해 지시된다. 이러한
난점들은 현상학이 항상 선험적인 주관주의로 환원될 위험성을 지
니고 있다는 것을 입증한다. 계속적으로 재발하는 이러한 혼란을
종결시키는 근본적인 길은 해석의 축을 주관성의 문제로부터 세계

의 문제로 옮겨놓는 것이다. 바로 이것이 텍스트 이론이 저자의 의도에 대한 질문을 텍스트의 주제에 대한 질문에 종속시킴으로써 수행하고자 하는 것이다.

(e) 해석학은 사유하는 주체의 궁극적 자기 책임성에 대한 관념론적인 명제에 반대하면서, 주관성을 이해 이론의 최초의 범주가 아닌 최종적인 범주로 만들 것을 제안한다. 주관성이 보다 겸손한 역할을 수행하는 것으로서 회복되기 위해서는, 근본적인 기원으로서의 주관성은 폐기되어야만 한다.

여기서 다시금 텍스트 이론은 좋은 지침이 된다. 왜냐하면 텍스트 이론은 주관성의 활동이 이해가 시작되도록 만드는 것이라기보다는 이해를 완결시키는 것임을 보여 주기 때문이다. 이 완결적 행위는 전유(轉有, Zueignung, appropriation, 자기화, 자기 것으로 삼기)로 규정될 수 있다(*SZ* 150, *BT* 191). 전유는 낭만주의 해석학에서처럼 텍스트의 의미를 담지하는 근원적 주관성과의 재결합을 목적으로 하지 않는다. 오히려 전유는 텍스트의 주제에 '응답'하는 것이며, 그리하여 텍스트가 드러내는 의미가 담긴 제안들에 '응답'하는 것이다. 따라서 전유는 텍스트의 저자, 상황, 최초의 수신자에 대한 텍스트의 자율성을 확립하는 소격화의 대응물이 된다. 또한 전유는 텍스트에 의해 기획투사된 새로운 세계 내 존재를 일상적 실재의 거짓된 명증성으로부터 자유롭게 되도록 만드는 또 다른 소격화의 대응물이기도 하다. 전유는 텍스트의 의미(sense)와 지시체(reference)의 관점에서 텍스트의 주제에 연결된 이러한 이중적 소격화에 대한 '응답'이다. 그러므로 전유는 앞에서의 네 개의 명제들이 폐기하였던 주관성의 우월성을 은밀하게 재도입하는 일 없이 해석 이론의 한 계기로서 통합될 수 있다.

전유가 주권적 주체의 은밀한 복귀를 함축하지 않는다는 것은 다음과 같은 방식으로 입증될 수 있다. 즉 해석학이 자기 이해에서 완결되는 것이 사실이라면, 이 명제적 진술의 주관주의는 '자기 자신'을 이해한다는 것은 '텍스트 앞에서(텍스트에 비추어)' 자기 자신을 이해하는 것이라는 말에 의해 교정되어야 한다. 한 관점에서 전유인 것이 다른 관점에서는 비전유(disappropriation)가 된다. 전유한다는 것은 낯선 것을 자기 자신의 것이 되도록 만드는 것이다. 실로, 전유되는 것은 텍스트의 주제이다. 그러나 텍스트의 주제는 텍스트의 주제가 드러나도록 나 자신을 비전유할 때에만 내 자신의 것이 된다. 그래서 나는 그 자체로 '스승'인 '나'(I)를 텍스트의 '제자'인 '자아'(self)와 교환한다.

우리는 또한 이 과정을 전유 내부에서의 '자기 자신으로부터 자아의 소격화'라고 표현할 수도 있다. 이 소격화는 모든 의혹의 전략들을 사용하는데, 이데올로기 비판이 그 주요한 형태의 하나이다. 모든 소격화의 형태와 모습은 이해에 있어서 매우 탁월한 비판의 계기를 구성한다.

소격화의 이러한 최종적이고 철저한 형태는 자기 자신을 궁극적 근원으로 구성하려는 '자아'의 허식을 타파한다. '자아'는 스스로를 위해 '상상적 변이들'을 취해야 하는데, 이 자아의 상상적 변이들에 의해 자아는 모든 형태의 담화들 중에서도 특히 문학과 시가 산출해내는 실재에의 '상상적 변이들'에 대하여 '응답'할 수 있게 된다. 해석학은 이러한 '…에 대한 응답'이라는 형태에 있어서 '궁극적 자기 책임성'을 주장하는 관념론과 대립된다.

2. 해석학적 현상학을 향하여

내 견해로는, 후설 관념론에 대한 해석학적 비판은 내가 '해석학적 현상학'이라는 잠정적이고 탐구적인 명칭 하에 진행하게 될 적극적인 연구 계획의 소극적인 측면일 뿐이다. 나는 지금 이 글이 해석학적 현상학을 '수행한다고' 주장하지 않는다. 단지 이 글은 한편으로는 후설 관념론에 대한 비판을 넘어서서 현상학이 여전히 해석학이 넘어설 수 없는 전제로 남아 있음을 확인하고, 또 다른 한편으로는 현상학은 '자아'의 경험에 대한 '해석'을 통해 자신을 구성하지 않고는 자신의 '구성'(constitution) 계획을 이룰 수 없음을 확인함으로써, 해석학적 현상학의 가능성을 보여 주는 것으로 만족하고자 한다.

1. 해석학의 현상학적 전제
(a) 해석철학의 가장 근본적인 현상학적 전제는 그 어떤 종류의 '존재자'(étant)에 관한 물음이든지 그 모든 물음은 '존재자'의 의미에 관한 물음이라는 것이다.

그러므로 우리는 《존재와 시간》의 처음 부분에서부터, 잊혀진 물음은 존재의 '의미'에 관한 물음이라는 진술을 읽게 된다. 이 점에서 존재론적 물음은 현상학적 물음이다. 존재의 의미에 관한 존재론적 물음은 존재의 의미가 (물론 그 의미 자체 안에서가 아니라) 의미에의 접근을 저해하는 모든 것에 의해서 은폐되는 한에서만 해석학적 물음이 된다. 그러나, 해석학적 물음, 즉 은폐된 의미에 관한 물음이 되기 위해서는, 현상학의 중심적인 물음이 의미에 관한 물음으로 인식되어야만 한다. 이에 의하여 현상학적 태도는 이

204 1부 해석학의 역사

미 자연주의적-객관주의적 태도보다 상위에 놓여진다. 따라서 의미
를 선호하는 선택이 모든 해석학의 가장 일반적인 전제이다.

해석학이 현상학보다 더 오래되었다는 반론이 제기될 수 있다.
'해석학'이라는 용어가 18세기에 이르러 그 권위를 회복하기 이전
에도, 이미 '의미를 선호했던' 성서 주석학과 고전 문헌학이 존재
했다. 이것은 분명한 사실이다. 그러나 해석학은 주석학과 문헌학의
가능성의 조건들로 거슬러 올라가고, 그리고 일반적 텍스트 이론까
지도 넘어서서, 모든 경험의 언어적 조건, 즉 '언어성'을 다루게 될
때에야 비로소 단순한 주석학과 문헌학 방법론이 아닌 해석철학이
된다(WM 367ff., TM 345ff.).

이 언어적 조건은 '의미' 일반 이론 안에 자체의 전제를 가진다.
충만한 경험(하이데거의 유명한 글 "헤겔의 경험 개념"에 나타나
는,[7] 헤겔이 인식한 것과 같은)은, 원칙상 언어적인 표현 가능성을
갖는다는 사실이 전제되어야 한다. 경험은 말해질 수 있으며, 말해
지기를 요구한다. 경험을 언어화한다는 것은 경험을 다른 어떤 것
으로 변화시키는 것이 아니라, 경험을 명료화하고 발전시키면서 경
험이 경험 자체가 되도록 만드는 것이다.

이런 것이 우리의 역사적 전통에 기여해 온 텍스트들의 범주의
차원에서 주석학과 문헌학이 채용하는 '의미'의 전제이다. 역사적
으로는 주석학과 문헌학이 당연히 현상학적 의식화보다 앞선 것일
수 있지만, 정초의 순서에 있어서는 현상학적 의식이 주석학과 문
헌학보다 선행한다.

---

7) Martin Heidegger, "Hegels Begriff der Erfahrung" in *Holzwege*(Frankfurt : Vittoria Klostermann, 1950)[영문 번역판 : *Hegel's Concept of Experience*(New York : Harper and Row, 1970)].

사실, 이러한 전제를 비관념론적 언어로 명료화하는 것은 어려운 일이다. 현상학적 태도와 자연주의적 태도를 나누는 것은—혹은 우리가 말한 대로, 의미를 선호하는 선택은—그 '안'에서 의미가 발생하는 자리인 의식을 향한 선택 외에 다름 아닌 것처럼 보인다. 의미의 차원이 확보되는 것은 모든 '존재에 대한 믿음'을 '유보함'에 의한 것이 아닌가? 그렇기 때문에 의미를 선호하는 선택은 이미 '존재 그 자체'(즉자적(卽自的) 존재, being-in-itself)에 대한 '판단 중지'(epoché)를 전제하고 있는 것이 아닌가? 모든 의미에 대한 철학은 관념론적인 것이 아닌가?

이러한 함의들은 내가 보기에 원리적으로나 사실적으로 전혀 강력한 설득력이 있는 것이 아니다. 그것들은 사실상, 즉 역사적 관점에서 볼 때 명백히 설득력이 떨어진다. 우리가 후설의 《이념들》과 《데카르트적 성찰》로부터 《논리연구》로 소급해 올라간다면, 우리는 관념론적 의미로서의 '환원' 개념을 도입하지 않고서도 표현과 의미작용, 의식과 지향성, 지적인 직관 등의 개념들을 잘 설명하는 현상학의 모습을 재발견하게 된다. 이와 반대로, 지향성의 명제는 만일 모든 의미가 의식을 향한 것이라면 어떠한 의식도 자기 자신은 넘어 '지향하여 나아가는 그 무엇에 대한(of)' 의식(혹은 사르트르가 주목할 만한 논문에서 말한 것처럼,[8] 의식이 그것(그 무엇)을 향하여 '파열하는' 그 무엇에 대한 의식)이기 전에는 자기 의식이

---

8) Jean-Paul Sartre, "Une idée fondamentale de la phénoménologie de Husserl: l'intentionnalité" in *Situations I*(Paris: Gallimard, 1947)[영문 번역판: "Intentionality: A Fundamental Idea of Husserl's Phenomenology" translated by Joseph P. Fell, *Journal of the British Society for Phenomenology*, 1, no. 2(1970), 4~5면].

아니라는 사실을 분명하게 진술한다. 의식이 자기 자신 밖에 있다는 것, 의미가 의식을 향하여 있기 이전에, 그리고 무엇보다도 의식이 '자기 자신을 향하여' 있기 이전에, 의식이 '의미를 향하여' 있다는 것, 이것이 현상학의 핵심적인 발견이 함축하는 바가 아닌가? 따라서 환원의 비관념론적 의미로 되돌아가는 것은 《논리연구》의 주요 발견에 충실하게 남아 있는 것인데, 이 발견은 예를 들면 프레게가 사용했던 것과 같은 의미작용(또는 의미화, signification)이라는 논리적 개념이 지향성의 개념과 동연적(同延的)인 보다 넓게 확장된 의미작용의 개념으로부터 조탁(彫琢)되었다는 발견이다. 이로부터 지각의 '의미', 상상의 '의미', 의지의 '의미' 등에 관해 말할 수 있는 권리가 따라 나온다. 지향성 개념의 인도 아래, 이와 같은 의미작용(signification)이라는 논리적 개념을 의미(sense)라는 보편적 개념에 종속시키는 것은 결코 선험적 주관성이 스스로 지향하는 대상인 의미에 대하여 주권적 지배력을 가진다는 것을 뜻하지 않는다. 이와 반대로, 현상학은 역방향으로, 즉 의미가 자기 의식에 우선한다는 명제를 향하여 나아갈 수 있다.

(b) 해석학은 다른 방식으로, 즉 귀속성 경험의 한 가운데에서 소격화의 계기를 통하여 현상학으로 되돌아간다. 해석학적 소격화는 현상학적 '판단중지'(epoché), 즉 의미를 향한 의식의 지향적 운동의 측면으로서 비관념론적으로 해석된 '판단중지'와 무관하지 않다. 의미에 대한 모든 의식은 소격화의 계기, 즉 순수하고 단순하게 주어진 '체험'으로부터의 거리두기를 포함한다. 우리가 '체험하는 것' 혹은 '다시 체험하는 것'에 만족하지 않고 체험을 의미화하기 위하여 체험을 차단할 때, 현상학은 시작된다. 그러므로 '판단중지'와 의미지향(visée de sense, meaning-intention)은 밀접하게 연결

되어 있다.

이 관계는 언어의 경우에 있어서 쉽게 식별된다. 언어학적 기호는 그 사물이 '아닌' 경우에만 어떤 사물을 '나타낼'(stand for) 수 있다. 이 점에서 기호는 특수한 부정성을 지닌다. 모든 것은 마치 상징의 세계에 들어가기 위해서는 말하는 주체가 기호의 사용을 시작할 수 있는 '빈 공간'을 자기 수중에 가지고 있어야만 하는 것처럼 그렇게 발생한다. '판단중지'는 가상적(假想的, virtual) 사건, 즉 우리가 사물들을 기호들과 교환하며, 기호들을 다른 기호들과 교환하는 전체 게임을 개시하는 상상적 행위이다. 현상학은 이 가상적 사건을 명시적으로 재개시켜서 그것을 행위, 즉 철학적 몸짓의 위엄으로까지 고양시킨다고 할 수 있다. 현상학은 활동적이었던 것만을 주제화시키며, 그렇게 함으로써 의미를 의미로 나타나도록 만든다.

해석학은 이 철학적 몸짓을 자기 자신의 영역, 즉 역사적인 것의 영역, 그리고 보다 일반적으로는 인문과학의 영역으로 확장시킨다. 해석학이 언어화시키고 의미에로까지 끌어 올리고자 하는 '체험'은 역사적 과거를 현재화시키는 기록문서들, 작품들, 제도들, 그리고 기념물들 등의 전승에 의해 매개되는 역사적 연관관계이다. 우리가 '귀속성'이라 부르는 것은 헤겔이 도덕적 삶의 '실체'(substance)라고 명명한 이 역사적 체험에의 유착(癒着) 외에 다름이 아니다. 현상학에 있어서의 '체험'은 해석학에 있어서 영향사에 노출된 의식에 상응한다. 따라서 해석학에서 소격화가 귀속성에 대해 갖는 관계는, 현상학에서 '판단중지'가 체험에 대해 갖는 관계와 같다. 현상학과의 평행적 유사성 안에서, 해석학은 우리가 전승된 전통에 귀속되는 것에 만족하지 않고 그 귀속의 관계를 의미화하기 위하여 그 관계를 차단할 때 시작된다.

해석학이 진정으로 비판적 계기, 또는 의혹의 계기—여기에서 이데올로기 비판, 정신분석학 등이 출원한다고 할 수 있다—를 수용해야 하는 것이 사실이라면, 이러한 평행적 유사성은 매우 중요하다. 비판적 계기는 소격화가 귀속성과 동실체적인(consubstantial) 것일 때에만 귀속성의 관계에 통합될 수 있다. 현상학은 주체가 자기의 체험, 그리고 역사적 전통에 대한 자신의 귀속성을 의미화하는 것을 가능하게 해주는 '빈 공간'을 마련하는 가상적 행위를 [판단중지 개념을 통하여: 역자 주] 철학적 결정의 차원으로 고양시킴으로써, 비판적 계기와 귀속성의 관계의 통합이 가능함을 보여 준다.

(c) 해석학은 또한 언어적 차원의 의미는 파생적 성격을 갖는다는 명제를 현상학과 공유한다.

이 점에 있어서, 잘 알려진 몇몇 해석학적 명제들로부터 그 명제들의 현상학적 뿌리로 거슬러 올라가는 것은 어려운 일이 아니다. 가장 최근의 명제들인 가다머의 명제들로부터 시작하자면, 우리는 언어 문제의 이차적 성격이 바로 《진리와 방법》의 구성 자체 안에 반영되어 있음을 볼 수 있다. 비록 모든 경험이 '언어의 차원'을 가지며, 이 '언어성'은 모든 경험을 각인(刻印)하고 그것들에 스며들어 있음이 사실임에도 불구하고, 해석학적 철학이 이 '언어성'과 더불어 시작해야 하는 것은 아니다. 해석학적 철학은 무엇이 언어에 오는지를 먼저 말하여야만 한다. 따라서 해석학적 철학은 반드시 언어적일 필요가 없는 않은 예술의 경험과 더불어 시작한다. 더욱이, 이 경험에서 해석학적 철학은 '놀이'(play)—이 단어가 갖는 연극적인 의미와 아울러 놀이적(또는 유희적, ludique, playful)인 의

미에서(*WM* 97ff., *TM* 91ff.) ─ 경험의 보다 존재론적 측면들을 강조
한다. 이는 우리가 철학자의 검증의 대상이 될 수 있는 귀속성에
대한 첫 경험을 놀이자(경기자)들이 참여하는 놀이(게임)에서 발견
하기 때문이다. 철학이 전시 기능이나 표상(Darstellung) 기능이 구
성되는 것을 볼 수 있는 것도 놀이에서인데, 이러한 기능은 의심할
바 없이 언어적 매개를 요청하지만, 그러나 원리적으로 언어적 매
개를 선행하고 그것을 지탱시켜 준다. 《진리와 방법》에서 해석된
두 번째 경험의 군(群)에서도 담화는 지배적이지 않다. 영향사, 즉
선입견들에 대한 전체적(완전한) 반성을 불가능하게 만들며 과거
에 대한 역사가의 그 어떤 객관화보다도 선행하는 역사의 영향력
에 노출되어 있다는 의식은 과거가 전승됨에 있어서의 언어적 측
면들로 환원될 수 없다. 텍스트들, 문서들, 기념물들은 그것이 위에
서 언급된 이유들로 인해서 아무리 범례적인 매개라고 하더라도,
단지 다른 여러 매개물들 가운데 한 가지의 매개활동을 보여 줄 뿐
이다. 역사적 연관을 구성하는 요소인 소격성과 근접성의 상호작용
은 언어가 산출하는 것이라기보다 오히려 언어에 오는 것이다.

　'언어성'을 언어에 오는 경험에 종속시키는 이러한 방식은, 하이
데거가 《존재와 시간》에서 보여 준 태도에 전적으로 충실한 것이
다. '현존재' 분석이 어떻게 논리적인 의미작용, 즉 엄밀한 의미에
서의 의미작용(Bedeutung)의 차원인 진술(또는 언표, Aussage,
assertion)의 차원을 말(또는 담화, Rede, discourse)의 차원에 종속시
키는가를 회상해 보라. 하이데거에 따르면, 말의 차원은 상황
[Befindlichkeit, 톰슨이 'state of mind'로 번역한 것과는 달리 일반적
으로는 상황, 정황성, 정태성, 처해 있음 등으로 번역됨: 역자 주]
의 차원이며 기획투사의 차원이기도 한 '이해'(Verstehen)의 차원

과 '동근원(同根源)적'이다(SZ 34절). 따라서 '어떤 상태에 처해있는 자신이 발견'(finding oneself) 및 '이해'와 밀접하게 연관되어 있는 '말하기'(saying)가 논리적인 영역을 선행한다. 그러므로 진술의 차원은 어떠한 자율성도 주장할 수 없다. 진술의 차원은 세계 내 존재를 구성하는 실존론적 구조를 되가리킨다.

내가 보기에, 언어적 영역이 (진술 속에서 언어에 오는) 경험의 구조를 되가리킨다는 사실은 해석학의 가장 중요한 현상학적 전제를 구성한다.

사실상, 《논리연구》의 시기에서부터 그 이후로, 논리적 의미작용을 지향성의 일반 이론 안에 자리매김하는 움직임이 식별된다. 이 움직임은 지향적 관계의 모델이 논리적인 차원으로부터, 사물에 대한 우리의 의미작용의 관계가 처음 형성되는 지각적 차원으로 교체됨을 함축한다. 동시에, 현상학은 의미작용의 술어적이고 명제적인(apophantic) 차원—《논리연구》의 차원—으로부터, 노에마적 분석이 언어적 탐구보다 선행하는 원래의 선술어적인 차원으로 올바로 되돌아갔다. 그리하여 후설은 《이념들 I》에서 표현의 층은 본질적으로 '비생산적인' 층이라고 말하기까지 한다(Hua III 124절). 그리고 사실, 노에시스-노에마적[noetic-noematic, 인식작용과 지향적 대상의: 역자 주] 상관관계의 분석은 비생산적인 것으로 간주되는 언어적 명료화가 고려되지 않는다고 하더라도 상당한 정도까지 진척될 수 있다. 그러므로 현상학의 고유한 전략적 차원은 '노에마'로서, '노에마'는 변형들(현전, 현전화, 기억, 상상 등), 믿음의 양태들(확신, 의심, 추정 등), 그리고 현실성과 잠재성을 갖는다. 이런 '전체적인(완전한) 노에마'의 구성은 명명, 술어적 서술, 구문적 연결 등의 기능이 명료화되어지는 고유한 언어적 차원보다 선행한다.

내가 보기에, 언어적 차원을 노에마적 분석이라는 전언어적(pre-linguistic) 차원에 종속시키는 이러한 현상학의 방식은 해석학을 위한 좋은 범례가 된다. 해석학이 언어적 경험을 우리의 미적이고 역사적인 경험 전체에 종속시킬 때, 이는 후설이 지각적 경험의 차원에서 시작한 운동을 해석학이 인문과학의 차원에서 계속하는 것이다.

(d) 현상학의 선술어성과 해석학의 선술어성 사이의 친족관계는 후설의 현상학 자체가 지각의 현상학을 역사적 경험의 해석학의 방향으로 발전시키기 시작했다는 점에서 더욱 긴밀하다.

한편으로, 후설이 지각적 경험이 갖는 '시간적' 함의들을 지속적으로 발전시켰다는 것은 잘 알려져 있다. 이와 같이 후설은 자신의 분석들을 통하여 전체로서의 인간 경험의 역사성을 향하여 나아갔다. 특히, 지각적 경험이 자체의 시간적 구조로 인하여 갖게되는 추정적이고 비충전적이고 미완성적인 특성은 단계적으로 역사적 경험 전체에 적용될 수 있다는 것이 점점 더 분명해졌다. 이처럼 새로운 진리의 모델은 지각의 현상학으로부터 도출되어 역사적-해석학적 학문들의 영역에로 전이될 수 있었다. 메를로 퐁티(Merleau Ponty)가 후설의 현상학으로부터 이끌어낸 결론은 바로 이런 것이었다.

다른 한편으로, 지각적 경험은 더욱더 역사적이고 문화적인 특징들을 직접적으로 부여받은 '생활세계'(Lebenswelt)로부터 인위적으로 격리된 관계의 단편처럼 보여졌다. 여기서 나는 《유럽학문의 위기와 선험적 현상학》(이하 《위기》)의 시기를 특징짓고, 또 하이데거의 '현존재' 분석과 동시대적인 이 '생활세계'의 철학을 강조하지는 않겠다. 갈릴레오와 뉴턴의 과학에 의해 객관화되고 수학화된 자연으로부터 '생활세계'로의 회귀는, 해석학이 다른 곳, 즉 인문 과학의 영역에서 수행하고자 하는 바로 그 회귀와 동일한 원리의 회귀라는 사실을 언급하는 것으로 충분할 것이다. 그것은 해석학이 이와 유사하게도 역사학과 사회학에서의 과학적인 객관화와 설명 으로부터, 이 객관화와 설명을 선행하고 지탱하는 예술적, 역사적, 언어적 경험에로 돌아가고자 하기 때문이다. '생활세계'가 말로 표 현할 수 없는 모종의 직접성과 혼동되지 않고, 또한 인간 경험의 생생하고 감정적인 외면과 동일시되지 않고, 오히려 객관화하고 설 명하려는 태도를 가능하게 만들어 주는 생활 경험 안에서의 의미 (sense)의 잉여, 의미의 저장소를 지시하는 것으로 이해된다면, '생 활세계'로의 회귀는 더욱 효과적으로 해석학을 위한 이러한 범례 적 역할을 수행할 수 있을 것이다.

이 마지막 진술들은, 이제 역으로 현상학이 해석학적 전제를 자 신 안에 통합하는 한에서만 해석학의 전제가 될 수 있는 지점으로 우리를 이끌어 왔다.

2. 현상학의 해석학적 전제

현상학의 해석학적 전제라는 말을 통해 내가 본질적으로 의미하 고자 하는 바는, 현상학이 '해석(해명)'(Auslegung), 주석, 설명, 해 석을 자신의 방법으로 생각해야 할 필연성을 가지고 있다는 것이 다. 우리가 《위기》 시기의 글들이 아니라, '논리적' 시기와 '관념론 적' 시기의 글들을 살펴볼 때, 이 필연성의 증거는 더욱 분명하게 드러날 것이다.

(a) 《논리연구》에 있어서 '해석(해명)'에의 의존

《논리연구》 제2권 제1부에서 '해석(해명)'의 계기는 '의미를 부여하는 행위들'을 직관으로까지 고양시키기 위한 노력과 동시적이다.[9] 이 연구는 표현의 이해(논리적인 의미의 이해)에 이미지를 개입시키는 것에 대한 거부를 매우 확고하게 천명함으로써 시작된다. 후설은 표현을 이해한다는 것은 그 표현에 부합하는 이미지를 재발견하는 것과는 다른 것이라고 말한다. 이미지는 지성(intellection)을 '동반하고' '예증할' 수 있지만, 지성을 구성하지는 못하며 항상 지성에 미치지 못한다. 이미지 없는 지성을 철저하게 주장하는 이러한 견해는 잘 알려져 있다. 그런데 이러한 견해의 결함을 찾아내는 것은 훨씬 더욱 흥미롭다.

우리는 후설이 후기의 단계에서(*LU* II/1 77ff., *LI* I 312ff.) 검토하는 유동하는 의미작용들의 경우는 논외로 할 것이다. 하지만, 이 경우는 현상학의 해석학적 전제들에 대한 우리의 연구에 중요한 기여를 할 것이다. 후설은 인칭대명사들, 지시대명사들, 정관사에 의해 이루어지는 기술들 등과 같은 상황적 의미작용들(occasional meanings)을 유동하는 의미작용들의 첫번째 유형으로 자리매김한다. 이 의미작용들은 상황적 맥락의 빛 아래에서만 확정되고 현실화될 수 있다. 이러한 유형의 표현을 이해하기 위해서는, "그 표현의 현실적인 의미작용을 그 경우에 따라, 그 화자와 그 상황에 따라 확정하여야 한다. 발화(發話)의 실제 상황들을 들여다 봄으로써

---

9) Edmund Husserl, *Logische Untersuchungen II*(Tübingen: Max Niemeyer, 1900, 이후부터 본문 안에서 *LU* II로 인용됨), 61면 이하[영문 번역판: *Logical Investigations I*, translated by N. J. Findlay(London: Routledge and Kegan Paul, 1970, 이후부터 본문 안에서 *LI* I로 인용됨), 299면 이하].

만, 상호 연관된 모든 의미작용들로부터 하나의 확정된 의미작용이
청자를 위해 구성될 수 있다"(*LU* II/1 81, *LI* I 315). 여기에서 후설
은 해석에 대해서 말하는 것이 아니라, 지시적 기능(*LU* II/1 83, *LI*
I 316)과 의미작용적 기능이 교차하는 경우에 상황적 의미작용들이
현실적으로 결정된다고 말하고 있는 것이다. 그러나 이러한 의미작
용들의 기능은, 앞에서 일상언어 차원에 있어서 단어들의 다의성
및 대화에서의 상황적 맥락들의 사용과 관련해서 해석이 최초로
개입됨으로써 나타났던 것과 일치한다. 그럼에도 불구하고, 후설은
의미작용의 모든 형태들을 비상황적인 의미작용들에 귀속시키고자
했는데, 이 의미작용들 안에서 해석의 자리를 보여 주는 것이 우리
의 목적을 더욱 잘 입증해줄 것이다.

'해석(해명)'에의 의존은 상황적인 측면들을 갖지 않는 의미작
용들의 명료화에서 가장 두드러지게 나타난다. 이러한 의미작용들
은 원리적으로는 일의적이지만 이 일의성을 단번에 드러내지는 않
는다. 후설의 표현에 따르면, 이 의미작용들은 명료화(Aufklärung,
elucidation) 작업을 필요로 한다. 그런데 이 명료화는 최소한의 지
향적 충전성에 의해 유지되지 않는다면, 다시 말해 어떤 '상응하
는' 직관이 주어지지 않는다면 성취될 수 없다(*LU* II/1 71, *LI* I
306). 이것은 서로 밀접하게 얽혀있는 의미작용들의 경우에도 마찬
가지이다. 이런 사태에 의하여 후설 자신도 놀란다. 그는 질문의 형
태로 분석을 시작한다. "여기서 혹자는 이렇게 질문할 수 있다. 만
일 순전히 상징적인 방식으로 기능하는 표현의 의미작용이 언어기
호에 대한 이해적 파악을 의미가 제거된 기호에 대한 파악으로부
터 구별하는 행위적 성격(act-character)에 놓여있다고 한다면, 우리
가 의미작용의 차이를 분별하고자 할 때, 의미지향(intention de

signification)의 모호성을 명백히 드러내고 의미지향의 변화를 제한하고자 할 때, 우리가 직관에 호소하는 이유는 무엇인가?"(*LU* II/1 70, *LI* I 306)* 여기서 '직관에 의해 밝혀진' 표현의 문제가 제기된다(*LU* II/1 71, *LI* I 307). 유동적 표현들과 고정적 표현들 사이의 경계가 갑자기 흐려진다.

> '파리'과 '코끼리'의 차이와 같은 의미작용의 차이들을 인식하는 데에는 특별한 절차가 요구되지 않는다. 그러나 의미작용들이 중단 없이 서로 영향을 주는 곳에서, 알아차리지 못할 만큼 미세한 의미작용의 변화들이 판단의 확실성을 위해 요구되는 경계를 흐리게 하는 곳에서, 정상적인 명료화의 과정은 직관에 의존하여 구성한다. 이때, 표현의 의미지향이 동일한 개념에 속하지 않는 다양한 직관들에 의해 충전되는 곳에서, 충전 방향의 날카로운 상이성은 의미지향의 분열을 명백하게 드러낸다(*LU* II/1 71~283, *LI* I 307).*

따라서 명료화는 의미작용에 대한 진정한 형태의 작업을 필요로 하는데, 이 진정한 형태의 작업이란 상상 안에서의 제시(또는 현재화, 현전화, présentifications)가 후설의 의미작용 이론이 원칙적으로 유일하게 허용하는 단순한 '동반'(accompaniments)의 역할보다는 훨씬 덜 우연적인 역할을 담당하도록 하는 것이어야 한다.

이러한 명료화는 해석학이 해석이라고 부르는 것과는 거리가 멀다. 사실 후설의 예들은 역사적-해석학적 학문들로부터 멀리 떨어져 있는 영역들에서 취해진 것이라 할 수 있다. 그러나 《논리연구》에서의 분석과정에서, 분명 하나의 해석개념인 'Deutung'이 갑자기 나타남으로써, [명료화와 해석 사이의: 역자 주] '화해'

(rappochement)는 훨씬 더 두드러지게 된다. 이 'Deutung'이란 표현 은 바로 논리적 의미작용들에 대한 명료화 또는 명시화 작업의 한 국면을 특징짓기 위하여 나타난다. "표현에서의 파악(Apperception, Auffassung) 및 직관적 표상들에서의 파악"이라는 제목이 붙은 《논리연구》 제2권 제1부 23절은 다음과 같은 진술로 시작된다. "'모든' 파악이 어느 의미에서 이해와 해석(Deutung)이 되는 한에 있어서, 한 단어의 의미화가 이루어진 이해적 파악은 다양하게 수행되는 '객관화하는 파악들'과 유사한데, 이 '객관화하는 파악'에서는 복잡한 감각 경험을 거쳐서 대상(예를 들면 외재적 사물)에 대한 직관적 표상(지각, 상상, 재생산 등)이 생성된다"(*LU* II/1 74, *LI* I 309).* 따라서 우리가 철저한 차이를 주목했던 바로 그 곳에서 친근성이 암시되고 있다. 이 친근성은, 이미 단순한 지각에서 작용하고 있으면서 지각을 단순한 감각 '소여들'과 구별하는 이해에 근거한다. 이 친근성은 논리적 작용과 지각적 작용 둘 다를 '파악'이라고 부르도록 허용하는 의미화 작용 안에 존재한다. 명료화의 과제는 '파악'의 두 형태 사이에 존재하는 이러한 친근성에 의해서만, (21절에서 언급된) '상응하는' 직관에 의존할 수 있는 것으로 보인다.

일반성에 대한 의식과 개별성에 대한 의식 양자를 포괄하기 위해 후설이 사용하는 '표상'(Vorstellung, representation)이라는 용어를 설명해주는 것도 이와 동일한 질서의 친근성이다. 《논리연구》 제2권 제1부는 이 두 가지 의식의 구별에 관심을 기울인다. 즉 두 가지 의식의 형태는 각각 '종적(種的) 표상'과 '개별적 표상'에 관계된다(*LU* II/2 131, 157, *LI* I 357, 359). 이 두 경우는 모두 '사유' (meinen)와 관계가 있는데, 사유에 의해 어떤 것이 '우리 앞에 놓여진다.' (일반적인 것은 우리가 그것에 대하여 말할 때마다 우리에 의해 사유된 하나의 존재자라는 것이 분명하다.)(*LU* II/2 124, *LI* I 352) 그래서 후설은, '의미'(Sinn)는 논리학 안에 존속시키고, '표상'(Vorstellung)은 심리학으로 다시 돌려보내면서 '의미'와 '표상' 사이의 연결을 단절시키는 프레게와 입장을 달리한다. 후설은 개별적인 것에 대한 의미지향과 아울러 종(種)적인 것에 대한 의미지향을 묘사하기 위하여 공통적으로 '표상'이라는 용어를 계속 사용한다.

무엇보다도 일반적인 것에 대한 파악과 개별적인 것에 대한 파악은 해석된 감각작용이라는 공통의 핵을 공유한다. "감각작용들은 해석에 의해 생명력을 얻으며, 사물들에 상응하는 지각 내에서 객관적인 결정요인들을 제시한다. 그러나 감각작용들은 그 자체가 객관적인 결정요인들은 아니다. 나타난 바대로의 현상적 대상은 현상으로서 이 나타남을 초월한다"(*LU* II/2 129, *LI* I 356). 후설은 종적인 것에 대한 의미지향과 개별적인 것에 대한 의미지향을 분명하게 구분해내지 않고, 자신이 '공통된 현상적 측면'이라 부르는 것을 이 둘의 분기점의 근원에 정위시킨다.

물론 각각의 경우에 어떤 공통된 현상적 측면이 있다. 각각의 경우에 동일한 구체적 사물이 자체를 나타내며, 그러한 한 동일한 감각내용들이 주어지고 동일한 방식으로 해석된다. 즉 현실적으로 주어진 감각내용들과 이미지 내용들의 동일한 과정이 동일한 '개념' 혹은 '해석'을 위한 기초의 역할을 하는데, 이러한 개념과 해석 안에서, 감각내용들에 의해 제시된 '속성'을 가진 '대상'의 현상이 우리에게 구성된다. 그러나 이 두 경우에, 동일한 현상이 서로 다른 활동들을 유지시키고 있다(*LU* II/2

131, *LI* I 339).*

　이러한 사실은 동일한 직관적 소여가 왜 "어떤 경우에는 직접적으로 '거기에 있는 것'(that thing there)이 되고, 다른 경우에는 일반적인 것을 '지지해주는'(sustaining) 것이 되는지 그 이유를 설명해 준다"(*LU* II/2 131, *LI* I 357). "하나의 동일한 감각적 직관이 어떤 경우에는 이 모든 인식 양태들을 위한 기초의 역할을 할 수 있다"(*LU* II/2 131, *LI* I 357). 바로 이러한 해석적 핵심은 두 지향된 의미의 '표상적' 공통성을 보증하며, 그리고 한 '파악'(apprehension)으로부터 다른 파악으로의 이행을 보증한다. 이처럼 지각은 이미 해석작업의 자리이기 때문에 '표상한다.' 그리고 지각이 그 개별성에도 불구하고 종적 표상들을 위한 '지지대'가 될 수 있는 것은 지각이 표상하기 때문이다.

　이와 같은 방식으로 현상학은 해석 개념과 처음 만난다. 해석 개념은 현상학이 논리성과 일의성이라는 이상을 지속하는 과정 안에 깊이 관련되어 있는데, 이 이상은 《논리연구》에 나타나는 의미작용 이론을 주도한다. 후설은 이 이상을 다음과 같이 진술한다.

　　사실상, 각각의 모든 주관적 표현이 객관적 표현에 의해 대체될 수 있다고 말하는 것은 '객관적 이성의 무한정한 범위'를 주장하는 것 이외에 다름이 아님이 명백하다. 존재하는 모든 것은 그 자체로 알려질 수 있다[인식 그 자체이다: 역자 주]. 그것의 존재는 내용이 결정된 존재이며, 이러저러한 '진리들 자체' 안에 근거를 둔 존재이다 … 그 자체로서 명백히 결정되었다는 것은 객관적인 결정을 허용해야 하며, 객관적인 결정을 허용하는 것은, 이상적으로 말하자면, 분명하게 결정된 언어의미작용들

(word-meanings)에 의한 표현을 허용해야 한다. 존재 자체에는 진리들 자체가 상응하고, 이 진리들 자체에는 고정되고 일의적인 진술들이 상응한다(*LU* II/2 90, *LI* I 321~2).

그렇기 때문에 고정된 의미작용과 안정된 표현의 내용들로 유동적인 의미작용과 주관적인 표현들을 대체해야 한다. 이 과제는 일의성이라는 이상에 의해 부과되고, '객관적 이성의 무한정한 범위'라는 공리에 의해 지배된다. 바로 명료화 과제의 수행이 다음 세 가지를 연속적으로 드러내 주는데, 이 세 가지는 첫째, 본질적으로 '상황적' 의미작용들과 일의적 의미작용들 사이의 간격이고, 다음으로 예증적 직관에 의해 성취되는 '동반'(accompaniment)의 기능이며, 마지막으로 지각적 해석에 의해 수행되는 '지지대'의 역할이다. 단계적으로, 직관이론에서 해석이론으로의 전환이 이루어진다.

(b) 《데카르트적 성찰》에 있어서 '해석(해명)'에의 의존

하지만 《논리연구》는 이 해석학적 단초들을 그 시기의 현상학이 취한 논리적인 태도 때문에 더 이상 발전시킬 수 없었다. 따라서 우리는 이 단초들은 단지 바로 일의성에의 요구 자체에 의해 나타난 잔여(residue)라고 말할 수밖에 없었다.

《데카르트적 성찰》에 있어서는 사정이 매우 다르다. 여기서는 현상학이 단지 잘 구성된 표현들의 관념적인 의미만이 아니라, '전체적' 경험의 의미를 설명하고자 한다. 그러므로 '해석(해명)'이 이 설명에서 어떤 역할을 할 수 있다면, 그것은 더 이상 제한된 역할(즉, 감각적 경험이 '유적인 것'(the generic)에 대한 파악(apprehension)을 위한 기초역할을 하기 위해서 해석되어야만 하는 정도에 제한된)이 아닐 것이다. 오히려, '해석(해명)'은 구성의 문제들을 '그것들의 전체성'의 차원에서 다루게 될 것이다.

이것은 실제로 그렇다. '해석(해명)' 개념은 (아마도, 사람들이 충분히 인식하지 못했을) 문제점이 최고의 비판적 정점에 도달하는 순간에 결정적인 방식으로 개입한다. 이 정점은 '자아론'(egology)이 의미의 최고 재판관으로 세워지게 되는 지점이다. 즉 나에 대해(für mich) 존재해 왔고, 존재하며, 존재하게 될 이 객관적인 세계와 그 안의 모든 대상들은 그것들이 나에 대해 가지는 자체의 모든 의미와 모든 존재 타당성을 나 자신으로부터(aus mir selbst) 이끌어낸다.[10] 모든 '존재의 타당성'(Seinsgeltung)을 '자아 안'에 포섭하려는 시도는 '나에 대해'(für mich)를 '나로부터'(aus mir)로 환원시킴에 의해 표현되어지는데, 이 시도는 최종적으로 《데카르트적 성찰》(이하 《성찰》) 제4부에서 결말에 이르게 된다. 이 결말은 포섭의 최고 정점이자 동시에 위기이다.

이 결말이 포섭의 최고 정점이 된다는 것은, 현상학과 '자아론'의 동일화만이 의미세계의 나의 '자아'에로의 전체적인 환원을 보장해준다는 의미에서이다. 대상들이 '나에 대해' 존재하는 것은 오직 그 대상들이 나로부터 모든 의미와 그 대상들의 존재 타당성을 이끌어내는 한에서이다라는 요구조건은 자아론만이 충족시켜 준다.

이 결말이 포섭의 위기가 된다는 것은, '다른 자아'(alter ego)의

10) Edmund Husserl, *Cartesianische Meditationen in Husserliana* I, edited by S. Strasser(The Hague: Martinus Nijhoff, 1950, 이후부터 본문 안에서 *Hua* I로 인용됨), 30면[영문 번역판: *Cartesian Meditations: An introduction to Phenomenology*, translated by Dorion Cairns(The Hague: Martinus Nijhoff, 1960, 이후부터 본문 안에서 *CM*으로 인용됨), 99면].

정립과 다른 자아를 통한 세계의 타자성의 정립이 전체적으로 문제가 된다는 의미에서이다.

바로 이 최고 정점과 위기 지점에서 '해석(해명)'의 동기가 개입한다. 33절에서 우리는 다음과 같은 구절을 읽게 된다. "구체적인 단자적 자아가 의식적이고 현실적이고 잠재적인 의식의 삶 전체를 포함하기 때문에, '이 단자적 자아를 현상학적으로 해석(해명)하는' 문제(자기 자신에 대해 자신을 구성하는 문제)는 '모든 구성적인 문제들을 예외 없이' 포함해야 한다. 결과적으로 이 '자아 구성'의 현상학은 현상학 전체와 일치한다"(Hua I 102∼3, CM 68).

여기서 후설은 '해석(해명)'이라는 말로 무엇을 의미하는가? 그리고 '해석(해명)'으로부터 무엇을 기대하는가? 이 질문들에 대답하기 위해서, 나는 《성찰》 제4부에서 《성찰》 제5부로 넘어가서 '해석(해명)'에 의하지 않고는 미해결로 남아 있을 역설의 중심적 내용을 고찰해 보고자 한다. 그 다음 나는 다시 지나온 단계들을 되짚어 보면서, 《성찰》 제4부에서 《성찰》 제5부로의 이행에 있어서 이 '해석(해명)'이 수행하는 전략적 역할을 이해하려고 시도할 것이다.

외견상 해결 불가능한 역설로 보이는 것은 다음과 같다. 한편으로, 모든 의미가 구체적 '자아'의 지향적 삶으로 환원된다는 것은 타자가 '내 안에서' 그리고 '나로부터' 구성된다는 것을 함축한다. 다른 한편으로, 현상학은 나 이외의 다른 어떤 사람의 경험으로서의 타자의 경험의 원본성(originality)을 설명해야만 한다. 《성찰》 제5부 전체는 이 두 요구 사이의 긴장에 의해 지배된다. 이 두 요구는 바로 타자를 '내 안에' 구성하는 것과, 타자를 '타자'로서 구성하는 것을 말한다. 이 난해한 역설은 다른 네 《성찰》들에도 잠재해

있었다. 즉 비록 '사물'이 단지 지향적 종합, 즉 추정적 통일체라고
하더라도, 이미 '사물'은 나 이외의 다른 어떤 것으로서, 즉 '나를
마주하고 있는 것'(vis-à-vis)으로서 나의 삶으로부터 분리되어 있
었다. 그러나 타자가 더 이상 사물이 아니라 다른 자아, 즉 나 이외
의 다른 자아일 때, 환원적 요구와 기술적 요구 사이의 잠재적 긴
장은 공공연한 갈등이 된다. 실로, 비록 유일한 주체는 나이지만,
타자는 단순히 자연 안에 정위된 심리적-물리적인 대상으로 주어
지지 않는다. 타자 또한 나와 동일한 경험의 주체이며, 그런 주체로
서 나를 자기의 경험세계에 속한 것으로 지각한다. 더 나아가, 이
상호 주관성의 기초 위에서 '공동의' 자연과 '공동의' 문화적 세계
가 구성된다. 이러한 관점에서, 귀속성의 영역으로의 환원―환원
안의 진정한 환원―은 역설 '로써'(qua) 역설을 정복하는 것이라고
이해될 수 있다. 즉 "이러한 매우 특수한 지향성 안에서, 나의 단자
적 '자아'의 존재를 넘어서는 새로운 실존적 의미가 구성된다. 여
기서 '자아'는 '나 자신의 나'(I myself)로서가 아니라, 나 자신의
'자아' 안에, 즉 나의 단자(monad) 안에 비춰진 것으로서
(spiegelnden) 구성된다"(*Hua* I 125, *CM* 94).* 이와 같은 역설에 의
해서, 내가 나의 실존을 유일한 것으로서 설정하는 바로 그 순간,
타자의 실존이 나의 실존으로부터 떨어져 나간다.

　《성찰》 제4부에 도입된 '해석(해명)'의 역할이 인식되지 않는
한, 역설은 '유비적 파악'(analogical apprehension) 개념과 '짝짓기'
(Paarung, pairing) 개념에 의해서 결코 완화되지 않는다. 타자는 결
코 타자 고유의 모습으로 곧바로 '제시되는'(presented) 것이 아니
라 '간접 제시된다'(appresented)라고 말하는 것은 난점을 해결하는
것이라기보다는 난점을 확인하는 것으로 보여지기 때문이다. 유비

적 파악이 유비에 의한 추론이 아니라, 여기에 있는 나의 신체와 저기에 있는 타자의 신체와의 짝짓기에 근거한 직접적인 전이(轉移)라고 말하는 것은, 역설이 해소되어 있음에 틀림없을 그 혼합체에 이름을 부여하면서, 기술적인 요구와 구성적인 요구가 함께 만나는 지점을 지시하는 것이다. 그러나 이 '통각적 전이'(統覺的, 轉移, apperceptive transposition)와 '유비적 파악'이 참으로 의미하는 것은 무엇인가? 만일 '자아'와 '다른 자아'가 처음부터 짝지어진 것이 아니라면, 그것들은 결코 [통각적 전이나 유비적 파악에 의해: 역자 주] 짝지어지지 않을 것이다. 이 짝짓기는 나의 모든 경험의 의미가 타자의 경험의 의미를 되지시함을 함축한다. 그러나 만일 짝짓기가 '자아' 자체의 구성의 본래적인 부분이 아니라면, '자아'의 경험은 타자들의 경험에 대한 어떤 지시도 통합하지 못할 것이다. 사실상, 《성찰》 제5부에 관해서 가장 주목할 만한 것은 관념론을 타파하는 많은 기술(記述)들이다. 여기서 기술하는 문제들의 예를 들면, 짝짓기의 구체적 형태들의 문제, 또는 타자의 체험에 대한 예기를 충족시켜주는 기호들, 표현들, 몸짓들, 태도들 사이의 일관성에 기초하여 낯선 정신적 삶을 식별하는 문제, 또는 유비적 통각에서의 상상력의 역할(가령, 내가 나 자신을 상상에 의해 투사할 수 있다면, 나는 거기에 존재할 수 있다…)의 문제 등이다.

그러나 이런 경탄할 만한 기술들에도 불구하고 여전히 수수께끼로 남는 것은 어떻게 '다른 자아'가 초월적이면서 동시에 나의 단자적 삶의 지향적 변형(modification)일 수 있는가 하는 것이다. "타자에 대한 의미 구성 덕분에, 타자는 나의 원초적·'세계' 안에 필연적으로 나타나는데, 우선 첫째로, 객관화되어진 나의 자아의 '지향적 변형'으로서 나타난다. … 다시 말하자면, '다른 단자'는 간접

제시(appresentation)에 의해 나 자신의 단자 안에 구성된다"(Hua I 144, CM 115).* 이 수수께끼, 이 역설, 실로 이 두 기획들(초월을 기술하는 것과 내재 안에서 구성하는 것) 사이에 잠재해 있는 이 갈등은 '해석(해명)'에 의거하여 해결될 수 있을 것이다.

그러므로 전체 현상학적 기획을 '해석(해명)'의 견지에서 규정하는 《성찰》제4부로 돌아가자. 《성찰》제4부를 마무리하는 41절은 선험적 관념론을 '나의 자아 안에서 수행되는 현상학적 자기 해석(해명)'으로 분명하게 정의한다(Hua I 117, CM 84). 해석의 '스타일'은 현실적 경험들의 지평들을 펼쳐 보이는 일과 관련된 '무한한 작업'으로 특징지워진다. 반성은 우리 자신의 경험의 '잠재적' 의미작용에 의해 압도 당하기 때문에, 현상학은 '무한히 추구되는' 성찰이다. 이와 동일한 주제가 《성찰》제5부의 끝부분에서 다시 다루어진다. 59절은 "존재론적 해석(해명)과 구성적 선험적 현상학 전체 안에서의 존재론적 해석(해명)의 위치"라는 제목이 붙여져 있다. 후설이 말하는 '존재론적 해석(해명)'이란 '구성된 의미로서의 세계'를 형성하는 의미의 층들(자연, 동물성, 심리현상, 문화, 인격성)을 펼쳐 보이는 것이다. 따라서 해석(해명)은 구성의 철학과 기술의 철학의 중간에 위치한다. 후설은 헤겔의 사상과 후속적 헤겔주의에 반대하여, 그리고 모든 '형이상학적 구성'에 반대하여, 현상학은 '창조하지 않고 발견한다'고 주장한다(Hua II 168). 이것은 현상학의 초(超, hyper)경험적 측면이다. 해석(해명)은 경험에 대한 해석(해명)이다. "현상학적 해석(해명)이 하는 일이란 다름이 아니라 (이것은 아무리 강조해도 지나치지 않다), 바로 모든 철학 이전에 세계가 우리 모두에게 주는 의미, 그리고 우리의 경험이 세계에 명백하게 부여하는 의미를 해석(해명)하는 것이다. 이 의미는 철학에 의해 드러내어질 수는 있지만, 철학에 의해 결코 변경될 수는 없다. 그리고 각각의 현재적 경험에 있어서 그 의미는—우리 연약함 때문이 아니라 본질적인 이유들로 인해—명료화될 필요가 있는 지평들에 의해 둘러싸여 있다"(*Hua* I 177, *CM* 151).* 그러나 이처럼 해석(해명)을 지평들의 명료화에 연결시키면서, 현상학은 경험에 대한 정태적인 기술, 또는 의미의 층들에 관한 단순한 지층학을 넘어서고자 한다. 자아로부터 타자로, 그리고 객관적 자연으로, 그리고 마지막으로 역사로 이행하는 과정들은 우리가 소박하게 '생활 세계'로 경험하는 것을 점진적으로 구성하고 궁극적으로는 '보편적 발생'(a universal genesis)을 실현한다.

이 '지향적 해석(해명)'은 《성찰》제5부 전반에 걸쳐 갈등 상태에 있는 것으로 보였던 두 요구들—한편으로, 타자들의 타자성을 존중해야 하고, 다른 한편으로, 이 초월의 경험을 원초적 경험 안에 정박시켜야 한다는 요구—을 포괄한다. '해석(해명)'의 역할이란 나의 경험 안에서 타자가 차지하는 자리를 가리키는 의미의 잉여를 펼쳐 보이는 것 외에 다름이 아니다.

그러므로 《성찰》제5부 전체를 덜 이분법적으로는 읽을 수 있게 된다. '해석(해명)'은 이미 귀속성의 영역으로의 환원 안에서 작용하고 있다. 왜냐하면 귀속성의 영역은 소여, 즉 내가 다른 소여, 즉 타자로 나아갈 수 있는 출발점이 되는 그런 소여가 아니기 때문이다. 자신의 신체에로 환원된 경험은 '낯선' 모든 것으로부터의 추상의 결과이다. 후설은 이 추상적 환원을 통해, 나는 "나의 귀속성의 영역에로 환원된 나의 신체를 빛 아래에 드러낸다"고 말한다 (*Hua* I 128, *CM* 97).* 내가 보기에, 이 드러냄(Herausstellung, bringing out)은 원초적인 것이 항상 '거슬러 물어감'의 한계로 남아 있음을 의미한다. 이 '거슬러 물어감' 덕분에, 반성은 경험의 두 터움 안에서 그리고 구성의 연속적인 층들을 통해서, 후설이 '근원 적 정초'(Urstifung)(*Hua* I 141 ; *CM* 111)라고 부르는 것, 곧 이 층 들이 지시하는 기초를 감지한다. 따라서 원초적인 것은 그 자체가 그러한 지시의 지향적 한계이다. 그러므로 '귀속성의 영역'이라는 제목 하에 탐구되어야 할 것은 나의 문화적 경험의 한 가운데에 보 존되어 있을 어떤 거친(brute) 경험이 아니라, 그 자체로 결코 주어 지지 않는 소여(an antecedent)이다. 따라서, 자체의 이러한 경험은 직관적인 핵심에도 불구하고, 해석으로 남아 있다. "'나' 자신에 고 유한 것 역시 해석(해명)에 의해 발견되며, 해석(해명)에 의해 그 것의 원본적 의미를 얻게된다"(*Hua* I 132, *CM* 102).* 우리 자신의 고유한 것은 오직 '해석(해명)된 경험'으로서만 드러난다(*Hua* I 132, *CM* 102). 보다 더 나은 방식으로 말하자면, 우리 자신의 고유 한 것과 낯선 것은 '동일한 해석' 안에서 양극적으로 구성된다고 할 수 있다.

그러므로 타자가 내 안에서 구성되는 동시에 타자로서 구성되는 것은 '해석(해명)'으로서이다. 46절은, 오직 "자체에 의해 자체를 해석함" 안에서만 결정된 대상이 되는 것이 일반적인 경험의 특성 이다라고 말하며, "따라서 경험은 순수한 해석(해명)으로서만 실현 된다"(*Hua* I 131, *CM* 101)*고 말한다. 모든 결정은 해석(해명)이다. 즉 "이 고유하고 본질적인 내용은 오직 일반적으로만 그리고 지평 적으로만 사전에 예기된다. 그리고 나서 그것은 해석(해명)에 의해 서만—의미(sense), 즉 내적이고, 고유하고 본질적인 특징(특히, 부 분 혹은 속성)과 더불어—원본적으로 구성된다"(*Hua* I 132, *CM* 101).

'내 안에서'의 구성이면서 동시에 '타자'에 대한 구성이라는 이러한 구성의 역설은 해석(해명)의 역할에 의해 밝혀질 때, 완전히 새로운 의미를 가지게 된다. 타자는 주어진 것(所與性)으로서의 나의 실존 안에 포함되는 것이 아니라, 나의 실존이 "열려 있는 무한한 지평"(*Hua* I 132, *CM* 102), 즉 내가 일별(一瞥)하여 완전히 터득할 수 없는 의미의 가능성에 의해 특징지워지는 한에 있어서 나의 실존 안에 포함된다. 그러므로 나는 실로, 타자의 경험이 나 자신의 고유하고 동일한 존재를 단지 '발전시킨다'고 말할 수 있지만, 그러나 이 타자의 경험이 발전시키는 것은 이미 나 자신 이상의 것이라고 말할 수밖에 없다. 왜냐하면 내가 여기서 나 자신의 고유하고 동일한 존재라고 부르는 내 자신의 존재는 반성의 시선(gaze)을 넘어서는 의미의 가능성이기 때문이다. 나 자신을 넘어 타자에게로 나아갈 수 있는 가능성은 '해석(해명)'을 요구하는 이 지평적 구조 안에 새겨져 있는데, 후설 자신의 말을 빌자면, 이 지평적 구조는 "나 자신의 고유한 존재의 지평들에 대한 해석(해명)"을 요구하는 것이다(*Hua* I 132, *CM* 102).*

후설은 직관과 해석(해명)의 일치를 인식했다. 비록 이 인식이 그 일치의 모든 귀결들을 이끌어내는 데는 실패했지만 말이다. 모든 현상학은 명증성의 해석(해명)이자 해석(해명)의 명증성이다. 해석(해명)되어지는 명증성, 명증성을 펼쳐 보이는 해석(해명), 이것이 현상학적 경험이다. 현상학은 오직 해석학으로서만 수행될 수 있다는 것은 이러한 의미에서이다.

그러나 이 명제의 진리는 우리가 동시에 후설 관념론에 대한 해석학적 비판을 충분히 수용할 때에만 파악될 수 있다. 따라서 이 논문의 두 번째 부분(2부)은 다시 처음 부분(1부)을 가리킨다. 즉 현상학과 해석학은 후설 현상학의 관념론이 해석학적 비판에 순복(順服)하게 될 때에만 서로를 전제하게 된다.

제2부

해석 이론

4. 소격화의 해석학적 기능

이전의 연구에서, 나는 해석학적 문제를 해석학과 기호학, 주석학 분야들과의 대화를 위해 의미 있는 방식으로 자세히 설명하기 위한 배경을 기술하였다. 이 기술은 가다머 저작의 주요동기인 한 이율배반, 즉 소격화와 귀속성의 대립으로 우리를 인도한다. 이러한 대립이 이율배반인 이유는 그것이 유지될 수 없는 양자택일을 설정하기 때문이다. 즉 한편으로, 소격화는 인문 과학을 지배하는 객관화를 가능하게 하는 태도이다. 그러나 다른 한편으로, 이 소격화는 학문들의 과학적 위상을 위한 조건인 동시에, 우리가 하나의 대상으로서 구성하고자 하는 역사적 실재 안에 우리가 속하고 참여하도록 해주는 근본적이고 원초적인 관계를 파괴하는 함정이다. 이 양자택일은 가다머의 저서 《진리와 방법》의 제목 자체의 기저에 놓여 있다. 즉 우리는 방법론적 태도를 취하고 우리가 연구하는 실재의 존재론적 밀도를 상실하든지, 아니면 진리의 태도를 취함으로써 인문 과학의 객관성을 포기하든지 해야 한다.

내 자신의 반성은 이러한 양자택일을 거부하고 그것을 극복하려는 시도로부터 야기된다. 이 시도의 첫 표현은 소외적인 소격화와 참여적인 귀속성 사이의 양자택일로부터 벗어날 수 있는 것처럼 보이는 지배적인 문제의 선택에 있다. 이 지배적인 문제는 적극적이고 (내가 그렇게 말할 수 있다면) 생산적인 소격화 개념을 재도입하는 텍스트의 문제이다. 내 견해로, 텍스트는 간주관적인 의사소통의 특별한 경우 훨씬 이상의 것이다. 즉 텍스트는 의사소통에 있어서의 소격화의 패러다임이다. 이러한 소격화의 패러다임으로서, 텍스트는 바로 인간 경험의 역사성의 근본적인 특성을 나타내는데, 이 특성은 거리 안에서, 그리고 거리를 통하여 의사소통이 이루어진다는 것이다.

다음에서, 나는 인간 경험의 역사성의 한가운데에 있는 소격화의 적극적이고 생산적인 기능을 입증하고자 하는 관점에서 텍스트 개념을 상세히 설명할 것이다. 나는 이 문제를 다섯 개의 주제들을 중심으로 구성할 것을 제안한다. 즉 (1) '담화'로서 언어의 실현, (2) '구조화된 작품'으로서 담화의 실현, (3) 담화 안에서 그리고 담화의 작품들 안에서 '말(파롤)'과 '글'의 관계, (4) '세계의 기획 (투사)'으로서 담화의 작품, (5) '자기 이해의 매개'로서 담화와 담화의 작품. 이러한 특징들은 모두 함께 텍스트성의 기준을 구성한다.

글 문제가 이러한 기준의 네트워크의 중심에 자리매김되어지기는 하지만, 우리는 이 문제가 텍스트의 유일한 문제는 결코 아니라는 사실을 알게 될 것이다. 그러므로 텍스트는 순수하게 그리고 단순하게 글과 동일시될 수 없다. 여기에는 이유가 몇 가지 있다. 첫째, 해석학적 문제를 불러일으키는 것은 글 자체가 아니라, 말(파롤)과 글 사이의 변증법이다. 둘째, 이 변증법은 말(파롤)과 글의 대립보다 더 원초적인, 그리고 이미 담화로서의 구술 담화의 일부인 소격화의 변증법 위에 구성된다. 그러므로 우리는 담화 자체 안에서 모든 후속적인 변증법의 뿌리를 찾아야 한다. 마지막으로, 담화로서의 언어의 실현과 말(파롤)과 글의 변증법 사이에, 구조화된 작품으로서 담화의 실현이라는 근본적인 개념을 삽입시킬 필요가 있는 것으로 여겨진다. 나에게는, 담화의 작품들 안에서의 언어의 객관화는 글 안에서의 담화의 기록과 근사한 조건을 구성하는 것같이 보인다. 문학은 씌어진 작품으로, 따라서 무엇보다도 작품으로 구성된다. 그러나 이것이 전부가 아니다. 담화-작품-글의 삼각관계는 여전히 결정적인 문제, 즉 내가 작품의 세계라고 부르고 해석학적 질문의 무게중심이라고 보는 세계의 기획(projection of a world) 문제를 지탱해주는 세 개의 다리를 구성한다. 예비적인 토의 전체는 텍스트의 문제를 텍스트가 열어 놓는 '세계'의 문제로 대체하기 위한 길을 준비하는 데 도움이 될 것이다. 이와 동시에, 낭만주의 해석학에서 전면에 등장하는 자기 이해의 문제는 뒤로 미루어질 것이며, 서두적인 주제 또는 무게중심으로서가 아니라 최종적 논점으로 다루어질 것이다.

1. 담화로서의 언어의 실현

담화는 구술의 형식에서조차, 우리가 후에 숙고할 모든 성격들의 가능성의 조건인 소격화의 원초적인 형태를 보여 준다. 이 원초적인 형태의 소격화는 사건과 의미의 변증법이라는 제목 하에서 논의될 수 있다.

담화는 하나의 사건으로서 주어진다. 즉 누군가 말할 때 무엇인
가 발생한다. 사건으로서의 담화 개념은 우리가 언어 또는 약호
(codes)의 언어학으로부터 담화 또는 메시지의 언어학으로의 이행
을 숙고함에 있어서 본질적으로 중요하다. 우리가 알다시피, 이 소
격화는 페르디난드 드 소쉬르(Ferdinand de Saussure)[1]와 루이 예름
슬레브(Louis Hjelmslev)[2]로부터 나온다. 소쉬르는 '랑그'(langue,
language)와 '파롤(말)'(parole, speech)을 구별했고, 예름슬레브는
'도식'(schema)과 '용례'(use)를 구분했다. 담화이론은 이러한 이원
성의 모든 인식론적 결과들을 이끌어낸다. 구조주의 언어학은 파롤
(말)과 용례를 괄호로 묶어두는 반면, 담화이론은 이 괄호를 제거
하고, 상이한 원리들에 의존하는 두 가지 언어학의 존재를 선포한
다. 프랑스 언어학자 에밀 벤베니스트(Emile Benveniste)[3]는 이 방
향으로 가장 멀리 나아갔다. 그에게 있어서, 담화의 언어학과 랑그
의 언어학은 상이한 단위들로 구성된다. 만약 '기호'(음운론적 기
호와 어휘론적 기호)가 랑그의 기본적인 단위라면, '문장'은 담화
의 기본적인 단위이다. 문장의 언어학은 사건과 의미의 변증법의
저변에 놓여 있는데, 이 변증법은 우리의 텍스트 이론을 위한 출발

---

1) Ferdinand de Saussure, *Cours de linguistique générale*(Paris: Edition
   critique T. de Mauro, 1973), 30면 이하, 36면 이하, 112, 227[영문 번역판:
   Course in General Linguistics, translated by Wade Baskin(London:
   Fontana/Collins, 1974), 13면 이하, 17면 이하, 77, 165].
2) Louis Hjelmslev, *Essais linguistiques*(Copenhague: Cercle linguistique de
   Copenhague, 1959).
3) Emile Benveniste, *Problemes de linguistique générale*(Paris: Gallimard,
   1966)[영문 번역판: *Problems in General Linguistics*, translated by Mary
   Elizabeth Meek(Florida: University of Miami Press, 1971)].

점이 된다.

우리가 '사건'으로 이해하는 바는 무엇인가? 담화를 하나의 사건이라고 말하는 것은 첫째로, 랑그의 체계는 가상적이며 시간 밖에 있는 반면에, 담화는 시간 안에서 그리고 현재에 실현된다고 말하는 것이다. 이런 의미에서, 우리는 담화의 발생 그 자체를 하나의 사건으로 지칭하기 위하여, 벤베니스트와 함께 '담화의 순간 (instance)'에 대해서 말할 수 있다. 더욱이, 랑그는 '누가 말하는가?' 라는 질문이 이 수준에 적합하지 않는 한, 어떤 주체도 갖지 않는 반면에, 담화는 인칭대명사와 같은 일련의 복잡한 지시어에 의해서 자체의 화자를 되지시한다. 이런 의미에서, 우리는 담화의 순간이 자기 지시적이라고 말할 수 있다. 사건적 성격은 이제 말하는 사람과 연결된다. 사건은 어떤 사람이 말한다는 사실, 즉 어떤 사람이 말하기를 시작함으로써 그 자신을 표현한다는 사실에 있다. 또한 담화를 사건으로 이해하는 세 번째 방식이 있다. 즉 랑그의 기호들은 오직 동일한 체계의 내부 안의 다른 기호들만을 지시하기 때문에, 랑그는 시간과 주체를 가지고 있지 않은 것과 마찬가지로 세계를 갖고 있지 않은 반면에, 담화는 항상 그 무엇에 대한 것이다. 담화는 그것이 기술하고 표현하고 재현한다고 주장하는 하나의 세계를 지시한다. 이러한 세 번째 의미에서, 사건은 담화에 의한 언어활동(langage) 안에서의 세계의 도래이다. 마지막으로, 랑그는 의사소통의 선행 조건으로서 의사소통을 위해 단지 약호(codes)를 제공하는 반면, 모든 메시지가 교환되는 것은 담화 안에서이다. 따라서 담화는 하나의 세계를 가질 뿐만 아니라, 그것이 전달된 타자, 다른 사람, 즉 대화 상대자를 가진다. 이 마지막 의미에서, 사건은 시작되거나 계속되거나 끊길 수 있는 시간적인 교환 현상, 즉 대화

의 수립이다. 이 모든 특징들이 다 합쳐져서 하나의 사건으로서의
담화를 구성한다. 우리는 이 특징들이 담화로서의 언어의 실현 안
에서, 즉 실행을 통한 우리의 언어적 능력의 현실화 안에서만 나타
난다는 사실을 주목할 필요가 있다.

　그러나 이처럼 담화의 사건적 성격을 강조함에 있어서, 우리는
담화를 구성하는 두 가지 극들 중 하나만을 부각시켰다. 이제 우리
는 두 번째 극, 즉 의미의 극을 명료화해야 한다. 왜냐하면 작품으
로서의 담화의 생산, 말(파롤)과 글의 변증법, 그리고 소격화 개념
을 풍부하게 하는 다른 모든 텍스트의 특징들을 산출해내는 것은
이 두 극 사이의 긴장이기 때문이다.

　사건과 의미의 변증법을 도입하기 위하여, 나는 만약 모든 담화
가 사건으로서 실현된다면, 모든 담화는 의미로서 이해된다고 말할
것을 제안한다. 우리가 이해하기 원하는 것은 덧없이 지나가는 사
건이 아니라, 오히려 지속되는 의미이다. 이 점을 명료화하는 것은
매우 어려운 일이다. 왜냐하면 우리가 담화의 언어학에서 랑그의
언어학으로 되돌아가는 것 같이 보이기 때문이다. 그러나 그것은
그렇지 않다. 사건과 의미가 분절화되는 것은 담화의 언어학 안에
서이다. 이러한 분절화는 전체 해석학의 문제의 핵심이다. 마치 랑
그가 담화 안에서 현실화됨으로써 체계로서의 자신을 초월하고 자
신을 사건으로 실현하는 것처럼, 담화 또한 마찬가지로, 이해의 과
정으로 들어감으로써 사건으로서의 그 자체를 초월하고 의미가 된
다. 의미가 사건을 초월하는 것은 담화 자체의 성격이다. 이 성격은
바로 언어의 지향성, 즉 언어 안에서의 노에마[의식내재적 인식대
상: 역자 주]와 노에시스[노에마를 구성하는 인식행위: 역자 주]의
관계를 증언한다. 만약 언어가 '의미의 표현'(meinen), 즉 의미 있

는 지향이라면, 그것은 바로 의미가 사건을 초월하기 때문이다. 따라서 바로 첫번째 소격화는 '말해진 것'(the said)[의미, 노에마: 역자 주] 안에서 '말하는 것'(the saying)[사건, 노에시스: 역자 주]의 소격화이다.

그러나 무엇이 말해진 것(the said)은 무엇인가? 이 문제를 좀더 분명히 밝히기 위해서, 해석학은 언어학—언어학이 랑그의 언어학과는 반대되는 담화의 언어학으로서 이해될 때라도—의 도움뿐만 아니라 오스틴[4]과 서얼[5]의 저작 안에서 발견되는 '말하기(발화) 행위'(speech-acts) 이론의 도움도 필요로 한다. 이 저자들에 따르면, 담화의 행위는 다음 세 가지 차원들로 분류되는 하위 행위들의 계층질서로 구성된다. 즉 (1) 발화적 또는 명제 진술적 행위의 차원, 즉 말하기 행위. (2) 발화 수행적 행위(또는 힘)의 차원, 즉 우리가 말하기를 '통해서'(안에서, in) 수행하고자 의도하는 행위. (3) 발화 효과적 행위의 차원, 즉 말하기 행위에 '의해서'(by) 부수적으로 불러일으켜지는 효과적 행위. 만약 내가 너에게 그 문을 닫으라고 말한다면, 나는 세 가지 일을 하는 것이다. 첫번째, 나는 그 행위 술어(닫으라)와 두 가지 변수들(너와 그 문)을 연결시킨다. 이것이 말하기 행위이다. 두 번째, 나는 너에게 진술, 바람, 또는 약속이 아닌 명령의 힘을 가지고 말한다. 이것이 발화 수행적 행위이다. 마지막으로, 나는 내가 너에게 명령한다는 사실에 의해서 어떤 효과들(예를 들면 두려움)을 불러일으킨다. 그러므로 담화는 어떤 결

---

4) J. L. Austin, *How to do Things with Words*(Oxford: Oxford University Press, 1962).

5) John R. Searle, *Speech Acts: An Essay in the Philosophy of Language*(Cambridge: Cambridge University Press, 1969).

과들을 산출하는 일종의 자극이다. 이것이 발화 효과적 행위이다.

의미 안에서 사건이 초월되도록 해주는 지향적 외재화라는 우리의 문제를 위해, 이러한 구별들이 갖는 의미는 무엇인가? 발화적 행위는 명제로서 문장 안에서 외재화된다. 어떤 한 문장이 '동일한' 것으로서 동일화(identify)될 수 있고, 재동일화될 수 있는 것은 이러 저러한 명제로서이다. 따라서 하나의 문장은 이러 저러한 의미를 가지고 타자들에게 전달될 수 있는 발화(Aus-sage, ut-terance)로 나타난다. 동일화되는 것은 위의 예가 드러내듯이 서술적 구조 자체이다. 그러므로 하나의 행위 문장은 그것의 구체적인 술어(행위)에 의해서 그리고 두 가지 변수들(행위 주체와 객체)에 의해서 동일화될 수 있다. 발화 수행적 행위 역시 문법적 패러다임들(법: 직설법, 명령법 등)에 의해서 외재화될 수 있으며, 문장의 발화 수행적 힘을 '표시'하고 그리하여 그 힘이 동일화되고 재동일화될 수 있게 해주는 다른 과정들에 의해서 외재화될 수 있다. 구술담화에서, 발화 수행적 힘은 언어학 고유의 측면들에 의해서 뿐만 아니라, 손짓들과 몸짓에 의해서도 동일화될 수 있는 것이 사실이다. 또한 우리가 운율법(prosody)이라고 부르는, 담화에서 가장 명료하게 드러나지 않는 부분들이 가장 강력한 지표를 제공하기도 하는 것도 사실이다. 그럼에도 불구하고, 통사론 고유의 특징과 표시들이 이러한 발화 수행적인 힘의 표시들을 글로 고정화하는 것을 원칙적으로 가능하게 만들어 주는 기록체계를 구성한다. 구술담화의 주된 특징이 되는 발화 효과적인 행위는 기록하기가 가장 곤란한 요소라는 사실이 인식되어야 한다. 그러나 발화 효과적인 행위는 또한 담화의 가장 덜 추론적인 측면이다. 즉 그것은 자극으로서의 담화이다. 여기서 담화는 대화 상대자가 내 의도를 인식함으로써가 아니라, 대화 상대자의 감정과 정서적인 태도에 직접적으로 영향을 줌으로써, 말하자면 효과적인(energetic) 양태로 작용한다. 이와 같이 명제 진술적인 행위, 발화 수행적인 힘, 그리고 발화 효과적인 행위는 글에 의한 기록을 가능하게 해주는 지향적인 외재화로부터, 열거된 순서대로 점차적으로 영향을 덜 받게 된다.

그러므로 담화 행위의 이 세 가지 측면들이 패러다임들을 따라 성문화(成文化, codification)되고, 규정되는 한에서, 또한 이 측면들이 동일한 의미를 가지는 것으로서 동일화되고 재동일화될 수 있는 한에서, 우리는 담화행위의 의미 또는 '말하기'의 '노에마'[말해진 것: 역자 주]가 명제적 진술 행위라는 좁은 의미에서의 문장의 상관자일 뿐만 아니라 발화 수행적 힘의 상관자이며 또한 발화 효과적 행위의 상관자이기도 하다는 사실을 이해해야만 한다. 그러므로 나는 '의미'라는 단어에 글과 작품 안에서의 담화의 외재화를 가능하게 해주는 '지향적 외재화'의 모든 측면들과 차원들을 포괄하는 광범위한 뜻을 부여한다.

2. 작품으로서의 담화

나는 작품이란 개념의 세 가지 독특한 특징들은 제안하려고 한다. 첫째, 작품은 문장보다 더 긴 하나의 연속체이다. 이것은 작품 자체를 구성하는 유한하고 닫혀진 전체성과 관련된 새로운 이해의 문제를 제기한다. 둘째, 작품은 성문화의 형식에 종속되는데, 이 형식은 작문(composition) 자체에 적용되며, 담화를 이야기, 시, 수필 등으로 만든다. 이러한 성문화는 문학 장르로서 알려진다. 다시 말하면, 한 작품은 그 성격에 있어 어떤 문학 장르에 속한다. 마지막으로, 한 작품은 그 작품을 하나의 개별적인 것으로 동일화시키는, 그리고 작품의 문체(style)라고 불릴 수 있는 독특한 전체적 형상화를 부여받는다.

작문, 하나의 장르에 귀속됨, 그리고 개별적 문체는 작품으로서의 담화를 특징지운다. 바로 '작품'이란 단어 자체가 이러한 새로운 범주들의 본성을 드러낸다. 이 범주들은 생산과 작업(노동)의 범주들이다. 재료에 형식을 부여하는 것, 작품 생산을 장르에 종속시키는 것, 개별적인 것을 생산하는 것, 이것들은 언어를 작품화하고 형태를 부여해야 할 재료로서 다루는 방식들이다. 이 방식들에 의해서 담화는 '실천'(praxis)과 '기술'(techne)의 대상이 된다. 이런 관점에서, 정신적 작업과 육체적 작업의 첨예한 대립은 없다. 우리는 아리스토텔레스가 실천과 생산에 관해서 말한 바를 회상할 수 있다. 즉 "모든 실천과 모든 생산은 개인과 관련된다. 약이 치료하는 것은 우연에 의해서 인간[총칭적 개념으로서의 인간: 역자 주]이다. 즉 약이 치료하는 것은 지정된 칼리아스, 소크라테스, 또는 어떤 다른 개인이며 이들은 동시에 우연에 의하지 않고는 인간이 아니다"(《형이상학》A, 91a, a15). 이와 유사한 의미의 맥락에서, 그랑제(G.-G. Granger)는 자신의 《문체 철학론》(*Essai d'une philosophie du style*)에서 이렇게 말한다. "실천은 그것의 복잡한 컨텍스트와 함께 숙고되는 활동이며, 특히 실제적으로 경험되어지는 세계 안에서 그것(실천)에 의미를 부여하는 사회적 조건들과 함께 숙고되는 활동이다."[6] 따라서 작업은 비록 실천의 주된 구조는 아

---

6) G.-G. Granger, *Essai d'une philosophie du style*(Paris: A. Colin, 1968), 6면.

니지만, 실천의 한 구조이다. 작업은 "작품 안에서 자체를 객관화시키는 실천적인 활동"[7]이다. 이와 같은 방식으로, 문학작품은 언어를 조직화하는 작업의 결과이다. 담화 작업을 통해서, 인간은 담화작품이라는 개별자의 범주를 실천적으로 결정한다. 여기서 의미 개념은 새로운 특성, 즉 의미 개념을 개별적인 작품의 차원과 연결시키는 특성을 부여받는다. 따라서 작품 해석의 문제는 단계적인 문장 이해에로 환원될 수 없는 문제가 된다. 작품 현상이 보편적으로 작품'으로서'(qua) 의미화의 작용을 한다는 사실은 문체라는 작품의 측면에 의해 강조된다. 그러므로 문학의 문제는 일반 문체론 안에 자리매김될 수 있다. 이 일반 문체론은 "인간의 작품에 대한 성찰"[8]로 인식될 수 있고, 가능성의 조건들을 탐구하는 작업 개념에 의해 구체화될 수 있다. 즉 "구조들을 개별적인 실천들 안으로 삽입하는 가장 일반적인 조건들을 탐구하는 것이 문체론의 과제일 것이다."[9]

　이러한 원칙들에 비추어 볼 때, 이 연구의 서두에 약술된 담화의 특징들에 어떤 일이 일어나는가? 처음에 언급한 사건과 의미의 역설을 상기해 보자. 즉 우리는 담화는 사건으로서 실현되지만 의미로서 이해된다고 말했다. 작품 개념이 어떻게 이 역설에 들어맞을 수 있는가? 생산과 작업의 범주들을 담화의 영역으로 도입할 때, 작품 개념은 사건의 비합리성과 의미의 합리성 사이의 실천적 매개로 나타난다. 사건은 문체화(stylisation) 그 자체이다. 그러나 이 문체화는 서로 충돌하는 성향들을 드러내는 복잡하고 구체적인 상

---

7) 앞의 책.
8) 같은 책, 11면
9) 같은 책, 12면.

황과의 변증법적 관계 속에 있다. 문체화는 이미 구조를 갖춘 경험, 그러나 그럼에도 불구하고 개방성, 가능성, 불확정성에 의해 특징지어지는 경험의 중심부에서 발생한다. 작품을 하나의 사건으로 파악하는 것은 재구조화 과정에서 상황과 기획 사이의 관계를 파악하는 것이다. 문체화 작업은 독특한 형태를 취하는데, 이 형태는 갑자기 해체되고, 해결되지 않고, 개방된 것처럼 보이는 이전의 상황과, 이전의 구조화로부터 남겨진 잔여물들을 재조직화하는 행위나 전략 사이의 상호작용으로 이루어진다. 이와 동시에, 담화 내의 소격화에 관한 우리의 성찰의 근원에 있는 역설, 즉 덧없이 지나가는 사건과 동일화가 가능하고 반복 가능한 의미 사이의 역설은 작품 개념 안에서 주목할 만한 매개를 발견한다. 사건과 의미의 두 측면은 문체 개념에 의해 함께 이끌려 온다. 앞에서 말한 바와 같이, 우리가 문체는 하나의 개별적인 작품으로서 시간적으로 표현되며 이런 의미에서 어떤 특수한 입장을 취하는(parti pris) 비합리적인 계기에 관계된다. 그러나 문체는 언어란 소재 안에 기록됨으로써, 윔사트(W. K. Wimsatt)가 《언어적 도상(圖像)》(The Verbal Icon)[10]에서 말한 것처럼, 인식 가능한 관념과 구체적인 보편성의 현상을 부여받는다. 문체는 작품 안에서 한 특수한 관점을 두드러지게 만드는 것인데, 작품은 자체의 특수성(singularity)에 의해서 담화의 사건적 성격을 예증하고 고양시킨다. 그러나 우리는 이 사건을 바로 작품의 형식 외의 다른 곳에서 찾으려고 해서는 안 된다. 비록 개별적인 작품이 이론적으로 파악될 수는 없다고 하더라도, 그것은 어떤 특정한 상황에 응답하는 특수한 과정과 특수한 구성으로 인식될

---

10) W. K. Wimsatt, *The Verbal Icon: Studies in the Meaning of Poetry*(Kentucky: University of Kentucky Press, 1954).

수 있다.

담화의 주체란 개념은 담화가 작품이 될 때 새로운 위상을 부여받는다. 문체 개념은 문학작품의 주체 문제에 대한 새로운 접근을 허용한다. 이 문제의 열쇠는 생산과 작업의 범주에 있다. 이 점에 있어서 장인(匠人)의 모델이 특히 시사적이다(18세기 가구에 새겨진 낙인, 예술가의 서명 등). 이 차원에서 말하는 주체 개념을 규정하는 저자(작자)라는 개념은 작품의 개별성과 상관적인 것으로 나타난다. 가장 주목할 만한 증거는 가장 덜 문학적인 예, 즉 그랑제가 그의 《문체 철학론》의 제1부에서 기술한 것과 같은 수학적 대상을 구성하는 문체의 예에 의해서 제공된다. 심지어 현상에 대한 추상적인 모델을 구성할 때에도, 그 구성이 구조화 과정 안에 내재한 실천적 활동인 한에 있어서, 그 구성은 고유명사를 지닌다. 주어진 구조화의 양태는 필연적으로 어떤 다른 양태 대신에 선택되어진 것처럼 보인다. 문체는 개별화하는 작업, 다시 말하면 개별적인 것을 생산하는 작업이기 때문에, 문체의 저자를 소급적으로 지시한다. 따라서 '저자'라는 단어는 문체론에 속한다. 저자는 화자보다 더 많은 것을 말한다. 즉 저자는 언어 작업을 하는 장인이다. 그러나 저자의 범주는 그것이 작품 전체의 의미와 동시대적이라는 의미에서, 또한 해석의 범주이기도 하다. 작품의 특수한 전체적 형상화와 저자의 특수한 전체적 형상화는 엄밀하게 상관적이다. 인간은 개별적인 작품들을 생산함에 있어서, 자신을 개별화시킨다. 서명은 이러한 관계성의 표시이다.

작품 범주의 도입의 가장 중요한 결과는 작문개념과 관련된다. 담화의 작품은 구조적 방법들이 담화 자체에 적용될 수 있도록 해주는 조직과 구조의 특성을 보여 주는데, 이 방법들은 먼저 음운론과 의미론에서 문장보다 더 짧은 언어적 실재들에 성공적으로 적용되어진 것들이다. 작품 안에서의 담화의 객관화와 작문의 구조적 성격—여기에 우리는 글에 의한 소격화를 첨가시킬 것이다—은 우리로 하여금 딜타이적인 '이해'와 '설명'의 대립에 대하여 의문을 갖지 않을 수 없게 만든다. 해석학의 새로운 국면이 구조적 분석의 성공에 의해서 열렸다. 이제 설명은 이해가 반드시 통과해야 하는 길이다. 물론 이것은 설명이 이해를 배제할 수 있다는 뜻이 아니다. 구조화된 작품 안에서의 담화의 객관화는 담화의 첫번째 그리고 근본적인 특성, 즉 담화가 어떤 사람이 어떤 사람에게 어떤 것에 관해서 어떤 것을 말할 수 있게 해주는 일련의 문장들에 의해서 구성된다는 특성을 폐지하지 않는다. 나는 해석학은 여전히 작품 안에서 담화를 식별하는 기술로 남아 있다고 말하고자 한다. 그러나 이 담화는 오직 작품의 구조들 안에서, 그리고 그 구조들을 통해서만 주어진다. 그러므로 해석은 담화 작품 안에서의 인간의 객관화에 의해서 생겨나는 근본적인 소격화에 대한 응답이다. 그런데 이 객관화는 인간의 노동작업과 기술의 산물 안에 표현된 인간의 객관화와 비교될 수 있는 것이다.

3. 말(파롤)과 글의 관계

담화가 말(파롤)에서 글로 넘어갈 때, 담화에 어떤 일이 일어나는가? 일견, 글은 단지 순수하게 외적이고 질료적인 요인, 즉 담화의 사건이 해체되지 않도록 보호하는 피난처를 제공해주는 고정화(fixation)만을 도입하는 것처럼 보인다. 사실상, 고정화는 훨씬 더 중요한 문제, 그리고 우리가 위에서 열거했던 담화의 모든 속성들에 영향을 미치는 문제의 표면적인 현상일 뿐이다. 무엇보다 우선, 글은 저자의 의도와의 관계에 있어서 텍스트에 자율성을 부여한다. 텍스트가 의미하는 바는 더 이상 저자가 의미한 바와 일치하지 않는다. 따라서 이제부터 텍스트의 의미와 심리적 의미는 상이한 운명을 지닌다.

이 첫번째 자율성의 형태는 우리로 하여금 소격화의 적극적인 의미를 인식하도록 고무하는데, 이 적극적인 의미는 가다머가 이 단어에 부여하려는 퇴락이라는 뉘앙스로 환원될 수 없는 것이다. 텍스트의 자율성은 가다머가 말하는 텍스트의 '주제'가 저자의 유한한 지향적 지평으로부터 벗어날 수 있는 가능성을 이미 포함하고 있다. 다시 말하면, 글 덕분에 '텍스트'의 '세계'는 '저자'의 세계를 타파할 수 있다.

심리적 조건들의 경우에 사실인 것이 또한 텍스트가 산출된 사회적 조건들의 경우에도 해당된다. 문학작품의(그리고 예술 작품 일반의) 본질적 특성은 작품이 자신이 산출된 심리 사회적 조건들을 초월한다는 것이며, 따라서 상이한 사회 문화적 조건들 안에서 수행되는 읽기들에 대하여 무제한적으로 자체를 개방한다는 것이다. 간단히 요약하면, 텍스트는 심리학적인 관점으로부터 뿐만 아니라 사회학적인 관점으로부터도 자체를 '탈상황화'할 수 있어야 하며, 또한 새로운 상황 안에서 '재상황화'—이 '재상황화'는 바로 읽기 행위에 의해 완성된다.—될 수 있어야 한다.

저자와의 관계에서의 해방은 텍스트를 받아들이는 사람들 편에 그에 필적하는 현상을 야기한다. 대면적 관계(vis-à-vis)가 바로 담화의 상황에 의해서 결정되는 대화적 상황과는 반대로, 씌어진 담화는 원칙상 읽을 수 있는 모든 사람에게 확장되는 독자를 창조한다. 씌어진 사물이 담화의 대화적 조건과의 관계로부터 벗어나는 것은 글쓰기의 가장 중요한 결과이다. 이것은 글쓰기와 읽기 관계가 더 이상 말하기와 듣기 관계의 특수한 경우가 아니라는 사실을 의미한다.

텍스트의 자율성의 첫번째 중요한 해석학적 귀결은 이것이다. 즉 소격화는 방법론의 산물이나 부가적이고 기생적인 어떤 것이 아니라, 씌어진 글로서의 텍스트라는 현상을 구성한다는 것이다. 이와 동시에 소격화는 해석의 조건이기도 하다. 소격화는 이해가 극복해야만 하는 것일 뿐만 아니라, 또한 이해의 조건을 구성하는 것이다. 따라서 우리는 낭만주의 전통에 의해 수립된 것보다 훨씬 덜 이분법적인, 그리고 결과적으로 훨씬 더 상호보완적인 '객관화'와 '해석'의 관계를 발견할 수 있는 준비를 갖추게 된다. 말(파롤)로부터 글로의 이행은 다른 여러 방식들로 담화에 영향을 미친다. 특히, 지시의 기능은, 대화자들이 공유하는 상황의 일부로서 말해진 사물을 규명해내는 것이 더 이상 가능하지 않을 때, 심대한 변화를 겪는다. 우리는 '텍스트의 세계'라는 제목 아래 이러한 현상에 대한 별도의 분석을 제공하려고 한다.

4. 텍스트의 세계

우리가 "텍스트의 세계"라는 제목 아래 자리매김한 특징은, 딜타이의 작품을 포함하는 낭만주의 해석학으로부터 벗어나도록 우리를 인도할 뿐만 아니라, 내가 여기서 단순하게 낭만주의와 대조적

인 것으로 대립시킨 구조주의와 정반대되는 방향으로 우리를 인도
할 것이다.

우리는 낭만주의 해석학이 천재성의 표현에 강조점을 두었던 것
을 상기할 수 있다. 자신을 이러한 천재성과 같게 만드는 것, 자신
을 이러한 천재성과 동시대적으로 만드는 것, 이와 같은 것이 낭만
주의 해석학의 과제이다. 이러한 의미에서 여전히 낭만주의 해석학
에 가까운 딜타이는 자신의 해석 개념을 '이해' 개념 위에, 즉 글
의 객관화를 통하여 표현된 낯선 삶을 파악하는 것 위에 정초하였
다. 낭만주의와 딜타이의 해석학의 심리주의적이고 역사주의적인
특성은 이로부터 말미암는다. 우리가 글에 의한 소격화와 구조에
의한 객관화를 심각하게 고려하게 되면, 이러한 길은 더 이상 우리
에게 열려 있지 않다. 그러나 이것은 우리가 저자의 정신을 파악하
려는 시도를 포기하고 작품의 구조를 재구성하는 데 우리 자신을
국한시켜야 한다는 것을 의미하는가?

이 질문에 대한 답변은 우리를 낭만주의로부터 뿐만 아니라 구
조주의로부터도 분리시킨다. 해석학의 주요 과제는 천재성인가 또
는 구조인가의 양자택일을 넘어선다. 나는 해석학의 과제를 '텍스
트의 세계' 개념과 연결시킬 것이다. 이 개념은 우리가 앞에서 지
시체(지시, 지시대상, 지시관계, reference) 또는 담화의 지시대상
(denotation)이라고 불렀던 것을 확장시킨다. 프레게를 따라서, 우리
는 어떤 명제적 진술의 '의미'(sense)와 지시체(reference)를 구분할
수 있다.[11] 의미(sense)는 명제적 진술이 지향하는 관념적인 대상이

11) G. Frege, "On sense and reference" in *Translations from the Philosophical
Writings of Gottlob Frege, edited by Peter Geach and Max Black*(Oxford:
Basil Blackwell, 1960) 참조. 담화의 그 "무엇"은 "의미"(sense)이며, 담화의

며, 따라서 담화 안에 순수하게 내재적이다. 지시체는 명제적 진술
의 진리치, 즉 실재를 지시한다는 명제적 진술의 주장이다. 따라서

그 "무엇에 관해서"는 "지시"(reference)이다. 의미(sense)와 지시(reference)를
이렇게 구분하는 것은 위에 소개한 영역본 저서의 원명인 *Über Sinn und
Bedeutung*라는 유명한 글을 쓴 고틀로프 프레게에 의해 근대 철학에 도입되었
다. 이 글의 제목은 영문으로 번역되면서 *On Sense and Reference*로 바뀌었다.
이런 의미와 지시의 구분은 리쾨르에 따르면 기호론(Semiotics)과 의미론
(Semantics)의 구분과 직접적으로 연결될 수도 있다. 프레게의 이러한 "논리주
의적" 대응은 역사주의의 인식론적 전제를 합리적으로 논박하는 데서 시작되
었다. 프레게에게 하나의 "의미"는 누군가가 머릿속에 품고 있는 생각이 아니
다. 그것은 심리적인 내용이 아니라, 다른 시간에 있는 다른 개인들이 동일한
것으로 확인하고 재확인할 수 있는 이념적 대상이다. 여기서 프레게가 말하는
이념성(ideality)은 명제(또는 문장)의 의미가 물리적인 실재나 심리적인 실재
가 아니라 논리적 구성물임을 말하는 것이다. 따라서 프레게 식으로 보자면, 의
미(Sinn)는 주어진 상황에서 주어진 화자가 의미를 실제화하는 것과 연결된 정
신적 사건인 표상(Vorstellung)이 아니다. 그러나 우리는 명제(문장)의 의미로
만 만족하지 않고 지시를 전제한다고 프레게가 말했을 때, 그의 말이 궁극적으
로 의미하는 바는, 의미(확인)는 지시(존재)를 전제한다는 가정이다. 이런 가정
은 너무나 필연적인 것이며, 언어는 언어 내적인 이념적 대상으로서의 의미에
만 머무는 것이 아니라, 언어 외적인 것을 지시하며 언어 외적인 것을 지적하
는 외재화의 성향을 갖는다. 이와 비슷한 방식으로 후설은 프레게에서 빌려 온
이념적 의미의 개념을 모든 심리적 성취들에까지, 논리적 행위뿐 아니라 지각
적, 의지적, 감정적 행위에까지 확장시켰다. 그러나 이러한 "의미(Sinn)"와 "지
시(Bedeutung)"에 관한 프레게의 구분은 리쾨르의 의미(sense)와 지시체
(reference)의 구분과는 다소 차이를 보인다. 우선 리쾨르에게 있어서 의미
(sense)는 프레게와는 달리 명제(문장)의 의미가 아니라 텍스트(본문)의 의미
이며, 의미(meaning)는 의미(sense)와 지시체(reference)의 변증법적 통합으로
서, 구조주의적이며 이데올로기 비판적인 방법론을 동원하여 발견해낸 본문 내
재적 의미(sense)도 물론 중요하지만 그보다 리쾨르에게 더 중요한 것은 지시
체(reference)이며, 그것도 일차적인 지시체(the first order reference)가 아니라
이차적인 지시체(the second order reference)이다. 이 이차적인 지시체는 프레

담화는 이 지시체로 인하여 랑그와 구별된다. 랑그는 실재와 아무
런 관계를 갖지 않으며, 랑그의 단어들은 사전 안에서 끝없는 순환
관계 속에서 다른 단어들에로 되돌아간다. 우리는 오직 담화만이
사물들을 지향하고, 자체를 실재에 적용시키고, 세계를 표현한다고
말하고자 한다.

  여기서 다음과 같은 새로운 질문이 제기된다. 담화가 텍스트가
될 때, 지시체에 어떤 일이 일어나는가? 여기서 우리는 글과 무엇
보다 작품의 구조가 지시체를 가장 중요한 문제로까지 변형시킨다
는 사실을 발견한다. 구술 담화에 있어서, 이 문제는 궁극적으로 실
물을 나타내 보이는 담화의 기능에 의해서 해결된다. 다시 말하면,
지시체는 대화 상대자들에게 공통되는 하나의 실재를 지시하는 능
력에 의해 결정된다. 만약 우리가 우리 자신이 말하는 그 사물을
가리킬 수 없다고 하더라도, 적어도 우리는 대화 상대자와 공유하
는 독특한 시공간적 네트워크 안에 그것을 정위시킬 수 있다. 모든
담화의 궁극적인 지시체를 제공하는 것은 담화의 상황에 의해서
결정된 '지금'과 '여기'이다. 글쓰기와 함께, 사정은 이미 변하기
시작한다. 저자와 독자에게 공통되는 상황은 더 이상 존재하지 않
으며, 가리키는 행위의 구체적인 조건들도 더 이상 존재하지 않는
다. 실물로 나타내 보이는 지시적 특성에 대한 이와 같은 폐기는
의심할 여지없이 우리가 '문학'이라고 부르는 현상을 가능하게 만

_____

게가 말하는 실물적 지시―또는 명시적 외연―(ostensive denotation)이 아니
라 문학적이고 신학적이기까지 한 상상력이 최고로 동원되어 미래지향적이며
창조적으로 텍스트의 세계 자체를 탈은폐시키는 기능을 갖는 것으로 이것은
프레게가 말하는 이념적 대상으로서의 의미(Sinn)적인 느낌을 더 갖게 한다.
이러한 이차적인 지시체의 창조적 생산력 때문에 리쾨르에게 있어 의미는 늘
의미의 잉여(surplus of meaning)를 낳게 된다. ― 역자 주.

든다. 문학에서는 주어진 실재에 대한 모든 지시가 폐기될 수 있다. 그러나 실물로 나타내 보이는 지시의 폐기는 모종의 문학 장르들의 경우에 있어서 가장 극단적으로 취해지는데, 이 문학장르들은 일반적으로 글과 연관되어 있지만 글에 필연적으로 의존하는 것은 아니다. 우리의 대부분의 문학의 역할은 세계를 파괴하는 것이라고 할 수 있다. 이것은 허구적 문학(민간설화, 신화, 소설, 희곡)에 있어서 사실이지만, 또한 언어가 일상적인 담화의 지시적 기능을 희생시키면서 언어 자체를 고양시키는 것처럼 보이는, 시적(poetic)이라고 불릴 수 있는 모든 문학에 있어서도 사실이다.

그럼에도 불구하고, 실재와 연관되지 않을 만큼 그렇게 허구적인 담화는 없다. 그러나 담화는 다른 차원, 즉 우리가 일상언어라고 부르는 기술적, 사실 확인적, 교훈적인 담화가 도달하는 차원보다 더 근본적인 다른 차원을 지시한다. 여기서 내 논지는 이것이다. 일차적 질서의 지시체의 폐기—허구와 시에 의해 영향 받은 폐기—는 이차적 질서의 지시체를 자유롭게 풀어 놓기 위한 가능성의 조건이다. 그런데 이 이차적 질서의 지시체는 단지 조작 가능한 대상의 차원일 뿐만 아니라, 후설이 '생활세계'라는 표현으로 지칭했고 하이데거가 '세계 내 존재'라는 표현으로 지칭했던 차원이다.

내 견해로는, 허구와 시 작품의 독특한 지시적인 차원은 가장 근본적인 해석학적 문제를 불러일으킨다. 만약 우리가 더 이상 해석학을 텍스트 '뒤에' 은폐된 다른 사람의 심리적 의도들을 찾아내려는 관점에서 정의할 수 없다면, 그리고 만약 우리가 해석을 구조들을 분해해서 드러내는 것으로 환원하기를 원하지 않는다면, 해석되어야 할 것은 무엇인가? 나는 이렇게 말하고자 한다. 해석하는 것은 텍스트의 '앞에' 전개되는 세계 내 존재의 유형을 해명하는 것이다.

여기서 우리는 '이해'(Verstehen) 개념에 관한 하이데거의 제안들 중 하나와 다시 연결된다. 《존재와 시간》에서, '이해' 이론은 더 이상 타자들에 대한 이해와 결부되어 있지 않고 세계 내 존재의 구조가 된다는 사실을 상기해 보라. 좀더 정확하게 말하자면, 이해는 '상황'(Befindlichkeit)에 대한 검증 후에 탐구되는 하나의 구조이다. '이해'의 계기는 상황 안에 있는 존재에 대하여 변증법적으로 상응한다. 즉 이해는 우리가 우리 자신을 발견하는 상황들의 바로 그 중심부에서 이루어지는 우리의 가장 고유한 가능성들의 기획(기투, 투사)이다. 이러한 분석에서, 나는 '우리의 가장 고유한 가능성들의 기획'이란 개념을 유지하면서 그것을 텍스트 이론에 적용하기를 원한다. 텍스트에서 해석되어야 하는 것은 그 안에 내가 살 수 있고 그 안에서 내가 나의 가장 고유한 가능성들 중 하나를 기획할 수 있는 '제안된 세계'이다. 이것이 내가 텍스트의 세계, '이' 독특한 텍스트의 고유한 세계라고 부르는 것이다.

그러므로 텍스트의 세계는 일상언어의 세계가 아니다. 이런 의미에서, 텍스트의 세계는 실재의 자기 자체로부터의 소격화라고 불릴 수 있는 새로운 종류의 소격화를 구성한다. 허구가 실재에 대한 우리의 이해 안으로 도입하는 것이 이 소격화이다. 우리는 이야기, 민간설화, 시가 지시체 없이는 존재하지 않는다고 말했다. 그러나 이 지시체는 일상언어의 지시체와 불연속적이다. 허구와 시를 통하여 세계 내 존재의 새로운 가능성들이 일상적인 실재 안에서 개방된다. 허구와 시는 주어진 존재의 형태가 아니라 존재에의 힘(power-to-be)의 형태 안에 있는 존재를 지향한다. 그렇기 때문에, 일상적인 실재는 문학이 실재에 대하여 수행하는 상상적 변경(imaginative variations)이라고 불릴 수 있는 것에 의해서 변형된다.

다른 곳에서 나는 은유적 언어[12]의 예를 통하여 허구가 실재에 대한 재기술을 위한 특권적인 길임을 보여 주었으며, 또한 시적 언어는 아리스토텔레스가 비극에 대하여 성찰하면서 실재에 대한 '미메시스'(모방, mimesis)라고 부른 것을 초래하는 가장 탁월한 길임을 보여 주었다. 비극이 실재에 대한 모방인 것은 바로 비극이 실재의 가장 심원한 본질에 도달하는 '뮈토스'(mythos), 즉 '꾸며낸 이야기'에 의해서만 실재를 재창조하기 때문이다.

해석학적 경험이 통합해야만 하는 세 번째 종류의 '소격화'는 이와 같다.

5. 작품 앞에서의 자기 이해

나는 텍스트 개념의 마지막 네 번째 차원을 고찰하고자 한다. 나는 서론에서 텍스트가 우리가 우리 자신을 이해하는 데 필요한 매개라고 말하였다. 이 네 번째 주제는 독자의 주관성의 출현을 나타낸다. 이 주제는 담화는 어떤 사람에게 말해진 것이라는 모든 담화의 기본적인 특징의 연장선 위에 있다. 그러나 대화에서와는 대조적으로 담화의 상황에서는 그러한 대면적 관계(vis-à-vis)가 주어져 있지 않다. 말하자면, 대면적 관계는 작품 자체에 의해 창조되거나 구성된다고 할 수 있다. 작품은 독자들을 개방해내며, 그렇게 함으로써 그 자체의 주관적인 대면적 관계를 창조한다.

이 문제는 전통적인 해석학에서 잘 알려져 있던 문제라고 할 수

---

12) 이 책의 "은유와 해석학의 중심 문제"를 보라.

있다. 즉 이 문제는 텍스트에 대한 전유(轉有, Aneignung)의 문제, 즉 독자의 현재적 상황에 대한 텍스트의 적용(Anwendung) 문제이다. 실로, 나도 또한 이와 같은 방식으로 이 주제를 이해하지만, 그러나 나는 이 주제가 선행하는 주제들 이후에 도입될 때 어떻게 변형되는지를 주목하고자 한다.

첫째로, 전유는 '글'의 특성인 소격화와 변증법적으로 관계된다. 소격화는 전유에 의해서 폐기되지 않으며, 오히려 전유의 대응물이다. 글에 의한 소격화 덕분에 전유는 더 이상 저자의 의도와 그 어떤 감정적 유사성의 흔적도 갖지 않는다. 전유는 동시대성이나 동질성과 매우 상반적이다. 전유는 거리를 둔 이해이며 거리를 통한 이해이다.

둘째로, 전유는 작품의 특성인 객관성과 변증법적으로 관계된다. 전유는 텍스트의 모든 구조적 객관화들에 의해 매개된다. 전유는 저자에 응답하지 않는 범위에서, 의미(sense)에 응답한다. 아마도 텍스트에 의해 수행되는 매개가 가장 잘 이해될 수 있는 곳이 바로 이 차원일 것이다. '코기토'(cogito)의 전통과는 대조적으로, 그리고 직접적인 직관에 의해 자기 자신을 안다고 주장하는 주체의 허식적 주장과는 대조적으로, 우리는 오직 문화적 작품들 안에 침전된 인간성의 기호들의 긴 우회로에 의해서만 우리 자신을 이해한다는 사실이 인정되어야 한다. 만약 사랑과 미움, 도덕적 느낌들, 그리고 일반적으로 우리가 '자아'라고 부르는 모든 것들이 언어화되고 문학적으로 명료화되지 않았다면, 그것들에 대해 우리가 무엇을 알겠는가? 따라서 주관성과 가장 대조적으로 보이는 것, 그리고 구조분석이 텍스트의 조직으로 드러내는 것이 바로 그 안에서 우리가 우리 자신을 이해할 수 있는 '매개'이다.

무엇보다도, 전유가 대면하는 대상은 가다머가 '텍스트의 주제'라고 부르는 것이며 또한 내가 여기서 '작품의 세계'라고 부르는 것이다. 최종적으로 내가 전유하는 것은 하나의 제안된 세계이다. 이 세계는 숨겨진 의도처럼 텍스트의 '뒤에' 있는 것이 아니라, 작품이 전개하고, 발견하고, 드러내는 것으로서 텍스트의 '앞에' 있다. 따라서 이해한다는 것은 자기 자신을 텍스트 앞에서 이해하는 것이다. 그것은 텍스트에 우리의 유한한 이해 능력을 부과하는 문제가 아니라, 우리 자신을 텍스트에 노출시키고, 텍스트로부터 확장된 자아를 수용하는 문제이다. 그리고 이렇게 확장된 자아는 제안된 세계에 가장 적합한 방식으로 상응하는 제안된 실존이 될 것이다. 따라서 이해는 주체가 열쇠를 소유하는 구성행위와는 매우 다르다. 이런 관점에서 보면, '자아'가 텍스트의 '주제'에 의해 구성된다고 말하는 것이 좀더 정확할 것이다.

물론 여기서 좀더 앞으로 나아갈 필요가 있다. 즉 텍스트의 세계가 상상적인 한에서만 실제적인 것과 마찬가지로, 독자의 주관성도 유보적이고, 미실현적이며, 잠재화된 상태에 놓여지는 한에 있어서만 자기 자신에 도달한다. 달리 말하면, 만약 허구가 텍스트의 지시체의 근본적인 차원이라면, 그것은 또한 그에 못지 않게 독자의 주관성의 근본적인 차원이기도 하다. 독자로서 나는 나 자신을 잃음으로써만 나 자신을 찾는다. 읽기는 나를 '자아'에 대한 상상적 변경들로 인도한다. 놀이 안에서의 세계의 변형은 또한 '자아'의 놀이적 변형이기도 하다.

만약 이것이 사실이라면, '전유' 개념은 소격화에 대항해서 정위된 만큼, 내적인 비판을 요구한다. 왜냐하면 우리가 방금 말한 '자아'의 변형은 자아와 자아 자신의 관계에 있어서의 소격화의 계기를 내포하기 때문이다. 그러므로 이해는 전유만큼이나 비전유이다. 그러므로 주체에의 착각에 대한 마르크스적 또는 프로이드적 비판은 자기 이해와 통합될 수 있고 통합되어야 한다. 여기서 노정되는 해석학적 결과는 중요하다. 즉 우리는 더 이상 해석학과 이데올로기 비판을 대립시킬 수 없다. 만일 자기 이해가 독자의 선입견에 의해서가 아니라 텍스트의 주제에 의해서 형성되어야 한다면, 이데올로기 비판은 자기 이해가 택하여야만 하는 필수적인 우회로가 된다.

이와 같이 우리는 우리가 앞에서 텍스트의 차원, 텍스트의 구조의 차원, 텍스트의 의미(sense)와 지시체의 차원에서 인식했던 객관화와 이해의 변증법을 바로 자기 이해의 중심부에 정위시켜야 한다. 이 모든 분석의 차원들에 있어서, 소격화는 이해의 조건이다.

5. 텍스트란 무엇인가? 설명과 이해

이 글은 텍스트에 대하여 취해질 수 있는 두 가지 근본적인 태도 사이의 논쟁을 주로 다룰 것이다. 이 두 가지 태도는 19세기 말엽 빌헬름 딜타이(Wilhelm Dilthey)의 시대에 '설명'과 '해석'이라는 두 단어로 요약되었다. 딜타이에게 있어서, '설명'은 실증주의 학파가 자연과학으로부터 빌려 와서 역사적 학문분야에 적용한 이해 가능성(intelligibility)의 모델을 가리키는 것이었다. 다른 한편, '해석'은 이해에서 파생된 한 형태로서, 딜타이는 이를 인문과학의 근본적인 태도로서, 그리고 인문과학과 자연과학 사이의 근본적인 차이점을 보전할 수 있는 유일한 것으로서 간주하였다. 여기서 나는 오늘날의 학파들 사이의 논쟁을 통해 이러한 대립의 운명을 고찰하고자 한다. 설명의 개념은 딜타이의 시대 이후 바뀌어 왔으며, 오늘날 이 개념은 더 이상 자연과학으로부터가 아니라 적정한 언어학의 모델로부터 나온다. 해석 개념에 관해 말하자면, 이 개념도 역시 심대한 변화를 겪었으며, 이로 인해 딜타이적인 의미에서의 심리학적 이해의 개념으로부터 멀어졌다. 내가 탐구하고자 하는 바는 덜 모순적이고 더 생산적인, 문제에 대한 이러한 새로운 관점이다. 그러나 새로운 설명과 이해의 개념을 개진하기 전에, 나는 우리의 연구 전체를 사실상 지배하는 예비적인 물음 앞에 잠시 머물러 서고자 한다. 이 물음은 "텍스트란 무엇인가?" 하는 물음이다.

1. 텍스트란 무엇인가?

텍스트란 글에 의해 고정화된 모든 담화라고 말하자. 이 정의에 따르면, 글에 의한 고정화는 텍스트 자체를 구성한다. 그러나 글에 의해서 무엇이 고정화되는가? 우리는 모든 담화라고 말했다. 이것은 담화가 처음에 물리적으로나 정신적으로 구술되어진 것이어야 한다는 것을 의미하는가? 그리고 모든 글은 처음에는 적어도 잠정적으로 말이라는 것을 의미하는가? 간단히 말해서, 텍스트와 말의 관계는 어떤 것인가?

먼저, 우리는 일반적으로 모든 글은 선행하는 말에 부가되는 것이라고 이해하는 경향이 있다. 페르디낭 드 소쉬르(Ferdinand de Saussure)와 같이, 우리가 파롤(parole)을 담화 사건 안에서 랑그(langue)를 실현하는 것으로 이해한다면, 그리고 개별적인 화자가 개별적인 발화(發話)를 산출하는 것으로 이해한다면, 모든 텍스트는 랑그에 대하여 파롤과 동일한 위치에 있게 된다.[1] 더욱이, 하나

---

1) 《일반언어학강의》(1922년)에 나타난 소쉬르의 일반언어이론을 한 마디로 말하자면 언어를 체계(system)로 파악한 데 있다고 말할 수 있다. 과거의 비교문법이나 역사적 언어학과 같은 전통적 언어연구가 19세기에 지배적이었던 이른바 인문·사회 과학에 있어서의 역사주의적 관점에서 벗어나지 못하고 언어연구

의 제도로서의 글은 말을 뒤따르며, 이미 구두로 표현된 모든 분절적인 발음들을 단지 선형적(線形的)인 기록 안에 고정시키는 것에 불과한 것처럼 보인다. 만일 우리가 표음문자에만 집중한다면, 글이란 말을 보존하는 고정화를 말의 현상에 추가하는 것에 불과한 것처럼 보인다. 이로부터, 글은 고정화된 말이며, 기록은 도형이든지 문자든지 말의 기록이라는 확신이 생겨난다. 이 기록은 조형(造形, engraving)의 존속적 특성으로 말미암아 말의 지속성을 보장한다.

심리적으로나 사회적으로 말이 글보다 앞선다는 것은 의문의 여지가 없다. 그러나 후속적인 글의 출현이 우리와 우리가 진술하는 담화 사이의 관계에 근본적인 변화를 초래하지는 않았는지 물어볼 필요는 있다. 우리의 정의로 되돌아가 보자. 즉 텍스트란 글에

에 있어서도 역사적인 변천 내지는 진화의 관점에서 비교 연구하거나 역사적 변화의 설명에 그친 데 비해 소쉬르는 언어를 하나의 자율적인 체계로 보고 그러한 언어체계가 내재적으로 지니고 있는 법칙을 발견하려고 하였다. 이 체계라는 말은 나중에 프라그 언어학파에 의하여 구조라는 말로 적극적으로 규정되면서 먼저 언어학에 있어서의 구조주의―구조언어학―의 체계가 더욱 발전되게 되고 그러한 구조언어학의 원리가 언어 외의 모든 인간 문화요소에까지 원용되기에 이른다. 소쉬르를 구조주의의 시조라고 흔히 일컫는 이유가 바로 여기에 있다. 소쉬르는 위와 같은 언어체계의 개념을 바탕으로 일반언어학의 기초개념을 이분법에 의하여 구분하고 있다. 먼저 랑그(langue)는 위에서 말한 체계로서 언어를 보았을 때의 사회적 제약이자 하나의 사회적 제도로서 어떤 개인도 이를 만들거나 변경시킬 수 없는 것인데 반해, 파롤(parole)은 공시태로서 항상 정태적 상태로 이를테면 대기상태에 있는 랑그에서, 어떤 개인이 어떤 순간에 그 체계 가운데서 어떤 단위를 선택하고 그 언어체계의 자율적 법칙―이른바 문법―의 어떤 요소를 선택하여 이를 알맞게 조합하여 그때그때의 의사를 표현하는 언표(言表, enonce)로 실현시키는 언어구사의 개인적 측면이다. 따라서 랑그는 파롤로 실현되기까지는 같은 언어공동체의 뇌리에 항상 준비되어 있는 하나의 추상적인 약속체계이며, 파롤은 랑그의 실현면으로서 구체적인 것이다. - 역자 주.

의해 고정화된 담화이다. 글에 의해 고정화되는 것은, 물론 말로 할 수도 있는 담화이지만, 그러나 말로 하지 않았기 때문에 글로 씌어진 담화이다. 글에 의한 고정화는 바로 말의 자리를 취하며, 말이 출현할 수도 있었을 자리에서 생겨난다. 이것은 텍스트가 선행하는 말을 글로 옮겨 적는 것에 국한되지 않을 때에만, 그리고 담화가 의미하는 바가 문자로 직접 기록되어진 것이 될 때에만 진정한 텍스트가 된다는 것을 함축한다.

진술의 의미와 글의 의미가 직접적인 관계를 갖는다는 이러한 생각은 글과 관련하여 읽기의 기능을 숙고함으로써 확증할 수 있다. 글은 읽기를 요구하는데, 이는 우리로 하여금 해석의 개념을 곧 도입할 수 있게 할 것이다. 우선, 마치 글이 말과 발화자를 대체하듯이, 독자가 대화 상대자를 대체한다고 해 보자. 이렇게 될 때, 글쓰기와 읽기 관계는 단지 말하기와 대답하기 관계의 한 특수한 경우가 아니다. 그것은 상호적인 대화의 관계, 즉 양자간의 대화의 경우가 아니다. 읽기는 작품을 통한 저자와의 대화라고 말하는 것은 충분치 못하다. 왜냐하면 책과 독자의 관계는 [화자 또는 말하기와 청자 또는 대답하기 사이의 관계와: 역자 주] 완전히 다른 성격을 갖기 때문이다. 대화는 물음과 대답을 주고받는 것이다. 저자와 독자 사이에는 이러한 종류의 교환이 없다. 저자는 독자에게 응답하지 않는다. 오히려 책은 글쓰기 행위와 읽기 행위를 완전히 두 편으로 갈라 놓는다. 이 양편 사이에는 아무런 의사소통도 없다. 글쓰기 행위에는 독자가 부재한다. 그리고 읽기 행위에는 저자가 부재한다. 그리고 텍스트는 독자와 저자를 이중적으로 소거한다. 이렇게 함으로써, 텍스트는 한 사람의 목소리를 다른 사람의 귀에 직접적으로 전달하는 대화의 관계를 대체한다.

읽기가 발생하지 않은 대화를 대체한다는 사실은 매우 명백하기 때문에, 만일 우리가 우연히 저자를 만나서 그와 (예를 들어, 그의 책에 관하여) 이야기하게 된다면, 우리는 그의 작품 안에서 그리고 그의 작품을 통해서 저자와 맺은 독특한 관계가 심하게 파손되는 것을 경험하게 될 것이다. 때때로 나는 어떤 책을 읽는다는 것은 그 책의 저자가 이미 죽었다고 간주하는 것, 따라서 그 책을 유작으로 간주하는 것이라고 말하고 싶다. 나와 책의 관계가 완성되고 말하자면 본래적으로 되는 것은 저자가 죽었을 때이다. 저자는 더 이상 응답하지 못한다. 그의 작품을 읽는 일만이 남아 있을 뿐이다.

읽기 행위와 대화 행위의 차이는 글쓰기가 말하기에 비견되며 말하기와 평행되는 하나의 실현, 즉 말을 차단하고 말을 대신하는 하나의 실현이라는 우리의 가설을 확증해준다. 그러므로 비록 역사적, 심리학적으로 글은 말 기호를 문자적으로 옮겨 적음으로써 시작되었음에도 불구하고, 우리는 글로 되는 것은 말하고자 하는 의도로서의 담화이며 글은 이 의도를 직접적으로 기록한 것이라고 말할 수 있다. 이처럼 글을 말의 자리에 놓음으로써 그 결과로 성취되는 글의 해방은 바로 텍스트의 탄생을 의미한다.

그러면 이제, 진술이 말로 구술되는 대신 곧장 글로 기록되어질 때, 어떤 일이 진술의 내용 자체에 일어나는가? 이에 대해 가장 주목할 만한 특징이 강조되어 왔다. 즉 글은 담화를 보존하며 그것을 개인과 집단의 기억을 위해 사용 가능한 기록문서로 만든다는 것이다. 이에 덧붙여, 기호들을 선형화함으로써 언어의 모든 연속적이고 분절적인 특징들을 분석하여 분명하게 번역해낼 수 있으며, 이에 의해 언어의 효력을 증대시킬 수 있다는 점도 언급될 수 있다. 이것이 전부인가? 보존과 효력의 증대는 여전히 구술적 언어를 문자적 기호로 옮겨 쓰는 필사(筆寫)의 특성일 뿐이다. 구술적 상황으로부터 텍스트의 해방은 언어와 이와 관련된 다양한 주체들(저자의 주체와 독자의 주체)의 관계에 있어서 뿐만 아니라 언어와 세계의 관계에 있어서 진정한 변혁을 초래한다. 우리는 읽기를 대화와 구별하면서, 이 두 번째의 변혁에 관해 무엇인가를 감지하였다. 우리는 더 앞으로 나아가야 한다. 그러나 이번에는 텍스트가 말을 대체할 때 세계에 대한 언어의 지시적 관계에 초래되는 변혁으로부터 출발해야 할 것이다.

지시적 관계 또는 지시적 기능이라는 것은 무엇을 의미하는가? 담화의 주체가 다른 화자에게 말을 할 때에, 그는 그 무엇에 관해 어떤 것을 말한다. 그가 '그 무엇에 관해' 말한다고 할 때, 그 '그 무엇'이 그의 담화의 지시체이다. 잘 알려져 있듯이, 이 지시적 기능은 담화의 가장 우선적이며 가장 단순한 단위인 문장에 의해 지탱된다. 적어도 서술적 담화에 있어서 문장은 참된 그 무엇, 또는 사실적인 그 무엇을 말하려고 의도한다. 지시적 지능은 언어의 다른 특성, 즉 기호들을 사물로부터 분리시키는 언어의 특성을 보상할 수 있을 정도로 매우 중요하다. 이 지시적 기능으로 말미암아, 언어는 기호적 기능이 생겨남으로 인하여 사물로부터 분리되었던 이 기호들을 (구스타브 기욤(Gustave Guillaume)의 표현을 따르자면) "다시 우주 안으로 쏟아 넣는다." 그러므로 모든 담화는 어느 정도까지는 세계와 다시 연결된다. 도대체 우리가 세계에 관하여 말하지 않는다면, 우리는 무엇에 관해 말하여야 하는가?

텍스트가 말을 대체할 때, 무엇인가 중요한 일이 일어난다. 말의 경우, 대화자들은 서로에 대하여 현존할 뿐 아니라, 담화의 상황과 분위기 그리고 주위 환경에도 현존한다. 담화가 온전한 의미를 갖게 되는 것은 바로 이 주위 환경과의 관계 안에서이다. 실재로 돌아간다는 것은 궁극적으로 이 실재, 즉 화자들의 '주위', 즉 바로 담화의 실제적 경우(instance)에 있어서 '주위'로 일컬어질 수 있는 실재로 회귀하는 것을 의미한다. 더욱이, 언어는 이러한 실재에의 정박(碇泊)을 확고하게 하는 장비를 잘 갖추고 있다. 지시 대명사, 시간과 장소의 부사, 인칭 대명사, 동사의 시제, 그리고 모든 일반적인 '직시적(直示的, deictic)'이고 '실물 지시적'인 지시어들이 담화의 실제적 경우를 둘러싸고 있는 환경적 실재 안에 담화를 정박시키는 역할을 한다. 따라서 일상적인 말에서, 말해진 것의 '관념적' 의미(sense)는 '실재적' 지시체, 즉 '그 무엇에 관해' 우리가 말할 때의 바로 '그 무엇'을 향하여 정위되어 있다. 극단적인 경우에, 이 실재적 지시는 말이 가리키는 몸짓과 결합되는 실물 지시적인 가리킴과 합쳐질 수도 있다. 그럴 경우, 의미(sense)는 지시 안으로 사라지고, 지시는 보여 주는 행위 안으로 사라진다.

텍스트가 말을 대체하게 되면 사정은 달라진다. 대화가 텍스트에 의해 차단되는 순간, 보여 주는 행위에로의 지시의 움직임도 차단당한다. 나는 여기서 억압된다고 말하지 않고 차단당한다(intercepted)고 말한다. 바로 이 점에서 나는 앞으로 내가 절대적 텍스트라는 이데올로기라고 부르게될 것과 결별하고자 한다. 우리가 앞에서 올바로 진술한 바에 기초하여 볼 때, 이 이데올로기는 근거없는 실체(hypostasis)를 가지고 은밀한 경로를 통해 나아가려고 한다. 우리는 텍스트가 지시체 없이는 존재하지 않는다는 것을 보게 될 것이다. 해석으로서의 읽기의 과제는 바로 그 지시를 성취하는 것이 될 것이다. 지시를 유보시키는 미결정 상태는 말하자면 텍스트를 단지 '허공에', 세계 밖에 또는 세계 없이 내버려둔 상태인 것이다. 이처럼 세계와의 관계를 소거함으로써 각각의 텍스트는 일상적인 말에 의해 지시되는 환경적 실재를 대체하는 다른 모든 텍스트들과의 관계 속으로 자유롭게 들어가게 된다. 이러한 텍스트와 텍스트의 관계는 우리가 말하는 대상으로서의 세계를 소거하고 텍스트들의 유사세계(quasi-world), 다시 말하면 '문학'을 산출해낸다.

보여 주는 행위에로의 지시의 움직임이 텍스트에 의해 차단당했을 때, 담화 자체에 초래되는 변혁이란 이상 말한 바와 같다. 문자는 사물 앞에서 스스로 사라지기를 멈춘다. 글로 씌어진 말은 스스로의 힘으로 말이 된다.

텍스트들의 유사세계에 의한 환경적 세계의 소멸은 너무도 완벽하기 때문에, 문자 문명 속에서 세계 자체가 이제는 더 이상 말에 의해 보여질 수 있는 세계가 아니라 글로 씌어진 작품이 펼쳐 보이는 '분위기'(aura)와 같은 것으로 환원된다. 그리하여 우리는 그리스 세계나 비잔틴 세계에 관해 말할 수 있게 된다. 이 세계는 '말'에 의해 '제시되는'(presented) 세계를 대신하여 글에 의해 '표상되는'(represented) 세계라는 의미에서 '상상적' 세계라고 불릴 수 있다. 그런데 이 상상적 세계는 바로 문학의 창조물이다.

텍스트와 텍스트의 세계와의 관계에서 일어나는 이러한 변혁은 우리가 이미 말한 바 있는 다른 변혁, 즉 저자의 주체성과 독자의 주체성에 대한 텍스트의 관계에 영향을 미치는 변혁을 이해하기 위한 열쇠를 제공해준다. 우리가 텍스트의 저자가 어떤 사람인지 안다고 생각하는 것은, 우리가 화자의 개념으로부터 저자의 개념을 이끌어내기 때문이다. 벤베니스트(Emile Benveniste)에 따르면, 말에 있어서 주체는 '나'(I)라고 말함으로써 자기 자신을 지칭하는 존재이다. 텍스트가 말을 대체하면, 적어도 담화의 실제적 경우에 있어서 말하는 사람의 직접적이고 즉각적인 자기 지칭에 의해 드러나는 화자는 더 이상 존재하지 않는다. 말하는 주체와 자기 자신의 말과의 이러한 밀접한 관계는 저자와 텍스트 사이의 복합적인 관계로 대체된다. 이 관계 속에서 우리는 저자가 텍스트에 의해 만들어진다고 말할 수 있으며 또한 저자가 글에 의해 투사되고 기록되는 의미의 공간 안에 서있게 된다고 말할 수 있다. 텍스트는 바로 저자가 출현하는 장소이다. 그러나 저자는 바로 첫번째 독자가 아니고 다른 누구이겠는가? 저자로부터 텍스트의 소격화는 이미 최초의 읽기에서 드러나는 현상이다. 이러한 읽기는 설명과 해석 사이의 관계에 관하여 우리가 이제 마주 대하게 될 일련의 문제들 전체를 노정(露呈)한다. 설명과 해석의 관계들은 읽기의 시점(時點)에서 생겨나는 것이다.

2. 설명인가 이해인가?

우리는 이제, 우리가 처음에 설명과 해석이라는 이중적인 명칭으로 구별했던 두 가지 태도가 읽기의 행위에서 서로 대면하게 되는 것을 보게 될 것이다. 우리는 이 이중성을 딜타이의 작품에서 처음 만날 수 있다. 그에게 있어서, 이 구별은 한쪽이 필연적으로 다른 쪽을 배제하는 양자택일의 관계를 수립한다. 즉 자연과학의 방식으로 '설명'하든지 아니면 역사가의 방식으로 '해석'하든지 해야 한다는 것이다. 이러한 배타적인 양자택일은 우리가 이제 시작하려고 하는 논의를 위한 출발점을 제공해준다. 나는 이제 이 글의 앞 부분에서 우리가 수립한 텍스트의 개념이 설명과 해석 두 개념의 갱신을 요구한다는 것을 보여 주고자 하며, 그리고 이러한 갱신으로 말미암아 이 두 개념이 덜 상충적인 상호관계를 갖는다는 것을 보여 주고자 한다. 단도직입적으로 말하자면, 이 논의는 의도적으로 설명과 해석 사이의 엄격한 보완성과 상호성을 탐구하는 방향을 나아갈 것이다.

딜타이의 저술에 나타나는 최초의 대립은 정확하게 말하자면 설명과 해석의 대립이 아니라 설명과 이해의 대립이며, 해석이란 이해의 한 특수한 영역이다. 그러므로 우리는 설명과 이해의 대립으로부터 시작해야 한다. 만일 이 대립이 상호배타적인 것이라면, 그것은 딜타이의 저술에서 이 두 용어가 각기 분리된 실재의 두 영역을 가리키기 때문이다. 이 두 영역은 자연과학과 인문과학(또는 정신과학)의 영역이다. 자연은 과학적 관찰에 주어지는 대상의 영역으로서, 이 영역은 갈릴레오 이래로 수학화의 기획에 종속되어 왔으며 존 스튜어트 밀 이래로 귀납적 논리의 법칙에 종속되어 온 영역이다. 정신은 심리적 개별자들의 영역으로서, 그 안에 각 정신적 삶이 자체를 전치(轉置)시킬 수 있다. 이해란 다른 정신적 삶 안으로의 이와 같은 전치이다. 따라서 인문과학이 존재할 수 있는가를 묻는 것은, 개별자에 대한 과학적 지식이 가능한가를 묻는 것이고, 개별자에 대한 이러한 고유한 이해방식이 객관적일 수 있는가를 묻는 것이며, 그것이 보편적 타당성을 지닐 수 있는가를 묻는 것이다. 딜타이는 이 물음에 긍정적으로 대답했다. 왜냐하면 내면적 삶은 외적인 기호들을 통해 표현되며, 이 표현된 기호들은 다른 사람의 정신적 삶의 기호로서 지각되고 이해될 수 있기 때문이다. 그는 "해석학의 발전"이라는 유명한 논문에서 이렇게 말한다. "이해란 정신적 삶을 현시하는 지각 가능한 기호를 통해 우리가 그 정신적 삶에 관하여 그 무엇을 알아 가는 과정이다."[2] 이것이 이해이며, 이해는 자체 안의 한 특수한 영역으로서 해석을 포함한다. 다른 사람의 정신적 삶의 기호들 가운데에는 '지속 가능하게 고정화된 표현들', '글로 보존된 인간의 증언들', '문자화된 기념물들'이 있다. 해석은 이러한 표현들, 증언들, 기념물들—이것들의 가장 두드러진 성격은 글로 씌어졌다는 것이다—에 적용되는 이해의 기술이다. 따라서 이해는 기호들을 통한 다른 사람의 정신적 삶에 대한 지식으로서, 이해-해석 쌍의 관계에 있어서 기초를 제공하는 반면, 해석은 그 기호들이 글에 의해 고정화되고 보존됨으로 말미암아 객관화의 정도를 제공한다.

이와 같은 설명과 이해의 구별은 처음에는 명백해 보이지만, 우리가 해석의 과학성의 조건에 대한 물음을 던지자마자 점차 모호해지기 시작한다. 설명은 인문과학의 장으로부터 추방되었다. 그러나 해석이란 개념의 바로 중심부에서 충돌이 재현되는데, 이 충돌은 한편으로는 해석을 포괄하는 이해의 심리주의화된 개념이 갖는 직관적이고 입증 불가능한 성격과 다른 한편으로는 인문과학이라는 바로 그 개념 자체에 속해 있는 객관성에 대한 요구 사이의 충돌이다. 해석학이 심리주의화하는 경향과 해석의 논리를 추구하는 경향으로 양분됨으로써, 결국 이해와 해석의 관계에 대한 물음이 제기되었다. 해석은 장르[자신이 속해 있던 이해라는 장르: 역자

2) W. Dilthey, "Origine et développement de l'herméneutique"(1990) in *Le Monde de l'Esprit* I(Paris: Aubier, 1947), 320면[영문 번역판: "The Development of Hermeneutics" in *Selected Writings*, edited and translated by H. P. Rickman(Cambridge: Cambridge University Press, 1976), 248면].*

주]를 파괴하는 이해의 한 종류가 아닌가? 글쓰기에 의한 고정화라
는 구체적인 차이점이 모든 기호들에 공통적인 특징, 즉 내면적인
삶을 외면적인 형태로 표현하는 특징보다 더욱 중요하지 않은가?
더욱 중요한 물음은 이것이다. 해석학을 이해의 영역 안에 포함시
킬 것인가 아니면 이 둘 사이의 차이를 강조할 것인가? 딜타이 이
전에, 이미 슐라이에르마허는 해석학적 기획에 내재한 이와 같은
분열을 목도하였으며, '낭만주의적 천재성'과 '문헌학적 기교'를
결합시킴으로써 이 분열을 극복했다. 딜타이에게는 인식론적 요구
가 더욱 강력하였다. 인식론적 반성에 매료되었던 수 세대에 걸친
세월이 그를 그 낭만주의 학자[슐라이에르마허: 역자 주]로부터 갈
라놓았다. 슐라이에르마허에 대한 딜타이의 논평을 들어보자. "해석
학의 궁극적인 목적은 저자가 자신을 이해하는 것보다 저자를 더
욱 잘 이해하는 것이다." 여기까지는 이해에 대한 심리주의적 관점
을 보여 준다. 그러면 이제 해석의 논리 추구에 대한 딜타이의 말
을 들어보자. "해석학의 기능은 낭만주의적 변덕스러움과 회의주의
적 주관주의가 역사의 영역 안으로 끊임없이 침투해 들어오는 것
에 대항하여 이론적으로 해석의 보편적 타당성을 확립하는 것이다.
역사의 모든 확실성이 여기에 의존한다."³⁾ 따라서 해석학은 타자에
대한 직접적인 이해로부터, 즉 대화적 가치로부터 스스로를 구출해
냄으로써만 이해의 목적을 달성한다. 이해는 저자의 내면적 삶과
일치하는 것, 저자와 같아지는 것(sich gleichsetzen), 작품을 산출한
창조의 과정을 재산출(nachbilden)하는 것을 목적으로 한다. 그러나
이러한 의도와 창조를 드러내는 기호들은 다름이 아닌 슐라이에르

---

3) 앞의 책, 333면[259~60면].*

마허가 작품의 '외적인 형식'과 '내적인 형식'이라고 부른 것, 또
는 작품을 구조화된 전체로 만드는 '상호연관성'(Zusammenhang)
안에서 찾아져야 한다. 딜타이의 마지막 글들("인문과학에 있어서
역사적 세계의 건설")은 이 긴장관계를 더욱 악화시켰다. 작품의
객관적 측면은 후설의 《논리연구》(Logical Investigations)의 영향으
로 더욱 강조되었다. (우리가 아는 바와 같이 후설에게 있어서 진
술의 '의미'는 현실적 실재에도 정신적 실재에도 존재하지 않는
'이념성'(ideality)을 구성한다. 이것은 실제적인 위치를 갖지 않는
순수한 의미 단위이다.) 이와 유사하게, 해석학은 삶의 창조적인 에
너지가 저자와 우리의 사이에 놓여 있는 작품 안에서 객관화되어
짐으로부터 시작된다. 삶의 창조적 에너지는 정신적 삶 자체, 정신
적 삶의 창조적 역동성으로서, '의미작용', '가치', 또는 '목적'에
의한 매개를 요구한다. 따라서, 만일 기억 자체가 정신적 현상이 아
닌 의미들의 맥락을 따라가는 것이 사실이라면, 그 과학적 요구는
해석에 대한 탈심리주의화뿐만 아니라, 이해 자체에 대한 탈심리주
의화와 심지어 내적 성찰에 대한 탈심리주의화를 요구하는 데까지
나아간다. 삶의 외화는 자아와 타자에 대한 해석이 보다 간접적이
고 매개적인 성격을 지니고 있음을 함축한다. 그러나 해석이 추구
하는 것은 심리주의적 관점에서 노정된 자아와 타자이다. 그리고
해석은 언제나 체험의 재산출(Nachbildung)을 목표로 한다.

　후기의 딜타이가 보여 주는 이러한 참기 어려운 긴장은 우리로
하여금 다음의 두 가지 질문을 제기하도록 만드는데, 이 두 가지
질문은 이후에 계속되어질 논의를 위한 지침이 될 것이다. 우리는
이해를 가리키는 해석의 모든 지시관계를 단호하게 폐기하고, 더
이상 글로 씌어진 기념물의 해석을 내적인 정신적 삶의 외적 기호

를 이해하는 한 특수한 경우로 여기지 말아야 할 것인가? 그러나
만일 해석이 더 이상 이해 가능성(intelligibility)을 위한 규범을 타
자에 대한 이해에서 찾지 않는다면, 해석과 설명의 관계(아직까지
우리가 다루지 않은)는 이제 다시금 숙고되어야 하지 않는가?

3. 텍스트와 구조적 설명

다시금 우리의 논의를 텍스트에 대한 분석에서부터, 그리고 말과
의 관계에서 우리가 텍스트에 부여했던 자율적 위상에서부터 시작
해 보자. 우리가 앞에서 텍스트의 유사세계에 의한 주위 세계의 소
멸이라고 불렀던 것은 두 가지 가능성을 산출한다. 한편으로, 우리
는 독자로서 텍스트를 세계와 저자가 없는 대상으로 다루면서 텍
스트의 유보상태 안에 머물 수 있다. 이 경우, 우리는 텍스트를 그
내적 관계와 구조의 관점에서 설명하는 것이다. 다른 한편, 우리는
텍스트를 생생한 의사소통에로 복원시키면서, 텍스트의 유보상태를
제거하고 텍스트를 말 안에서 완성시킬 수 있다. 이 경우, 우리는
텍스트를 해석하는 것이다. 이 두 가능성은 모두 읽기에 속하며, 읽
기는 이 두 태도 간의 변증법으로 이루어진다.

이 두 태도 간의 변증법적 관계를 고찰하기 전에 이 양자를 따
로따로 살펴보자. 우리는 먼저 첫번째 유형의 읽기를 살펴보려고
하는데, 여기서는 말하자면 가리켜질 수 있는 세계에 대한 모든 관
계와 대화할 수 있는 주체에 대한 모든 관계를 차단하는 텍스트의
기능을 정식으로 기술할 것이다. 이러한 '장소'(장소가 아닌 장소)
안으로의 이행은 텍스트에 대한 특별한 기획을 구성하는데, 이 기

획은 세계와 말하는 주체에 대한 지시적 관계의 유보상태를 연장하는 것이다. 이 특별한 기획에 의하여, 독자는 자신을 '텍스트의 장소' 안에, 그리고 이 장소의 '닫혀진 공간' 안에 자리매김하고자 결정한다. 이 결정에 기초하여, 텍스트는 외부를 갖지 않고 단지 내부만을 갖게 된다. 그 무엇에 관하여 누군가에게 건네지는 말과는 달리, 텍스트는 초월적[외재적인: 역자 주]인 지시체를 갖지 않는다.

이러한 기획은 가능할 뿐만 아니라 타당하다. 텍스트가 텍스트로 구성되는 것, 그리고 텍스트들의 군(群)이 문학을 구성하는 것은 세계와 타자를 향한 담화의 이중적인 초월을 차단하는 것을 정당화한다. 여기에서 텍스트에 관한 설명적 태도의 가능성이 생겨난다.

딜타이가 생각했던 것과는 대조적으로, 이 설명적 태도는 언어학 이외의 다른 지식의 영역이나 인식론적 모델로부터 빌려 온 것이 아니다. 그것은 후속적으로 인문과학에까지 연장된 자연주의적 모델이 아니다. 여기서 자연-정신의 대립은 아무런 역할도 하지 못한다. 만일 빌려 온 것이 있다면, 그것은 동일한 영역, 즉 기호들의 영역에서 빌려 온 것이다. 언어학이 파롤과 대조되는 랑그를 구성하는 단순한 기호체계에 성공적으로 적용하는 설명적 규칙에 따라 텍스트를 다루는 것은 가능하다. 잘 알려진 바와 같이, 랑그-파롤의 구별은 언어학에 동질적인 대상을 부여해주는 근본적인 구별이다. 파롤은 생리학, 심리학, 사회학에 속하는 반면, 랑그는—랑그는 게임의 규칙이며 파롤은 이 게임의 실행이다—오직 언어학에만 속한다. 또한 잘 알려져 있듯이, 언어학은 단지 자체의 고유한 의미를 갖지 않는 단위들의 체계에만 관심을 갖는데, 이 각각의 단위들은 오직 다른 모든 단위들과의 차이에 의해서만 규정된다. 이 단위들

은, 음운적 분절 단위들처럼 순수하게 변별적인 것이든지, 아니면
어휘적 분절 단위들처럼 의미를 지니는 것이든지 간에, 모두 대립
적인 단위들이다. 언어학에서의 구조의 개념은 분절적인 단위들의
목록 안에서 이루어지는 대립항들과 대립항들의 조합의 상호작용
에 의해 규정된다. 이 구조주의적 모델은 텍스트에 적용되는 설명
적 태도의 유형을 제공해준다. 이제 우리는 이에 대하여 살펴보려
고 한다.

　이러한 과업을 시작하기도 전에, 파롤과 구별되는 랑그에만 타당
한 법칙은 텍스트에 적용될 수 없다는 반론이 제기될 수 있다. 텍
스트는 비록 파롤은 아니지만, 랑그와의 관계에 있어서는 파롤과
같은 편에 있다고 할 수 있지 않은가? 우리는 일련의 진술이며 결
국은 일련의 문장들이기도 한 담화를 전체적으로 랑그와 대립시켜
야 하지 않는가? 랑그-담화의 구별과 비교할 때, 둘 다 담화의 편
에 자리매김되는 말하기-글쓰기의 구분은 이차적인 것이 아닌가?
이러한 물음들은 전적으로 정당하며, 또한 구조주의적 설명모델이
텍스트에 관하여 취해질 수 있는 가능한 태도의 전부가 될 수 없다
는 우리의 생각을 정당화시켜 준다. 그러나 이 설명적 모델의 한계
를 적시(摘示)하기 전에, 이 모델의 풍부한 결실을 먼저 알 필요가
있다. 텍스트에 대한 구조적 분석의 작업가설은 이러하다. 랑그와의
관계에 있어서 글쓰기는 파롤과 같은 편, 즉 담화의 편에 있음에도
불구하고, 파롤과의 관계에 있어서 글쓰기가 갖는 특수성은 담화에
서 랑그의 유사물로 다루어질 수 있는 구조적 특성들에 기초한다.
이 작업가설은 전적으로 타당하다. 이 가설에 따르면, 어떤 특정한
조건 아래에서는 언어의 더 큰 단위들, 즉 문장보다 큰 단위들이
언어의 더 작은 단위들, 즉 문장보다 작으며 언어학의 영역에 속하

는 단위들의 구조와 비교될 수 있는 구조를 드러낸다.

클로드 레비-스트로스(Claude Lévi-Strauss)는 《구조주의 인류학》
(*Structural Anthropology*)에서 텍스트의 한 범주인 신화의 범주를
다루기 위해 이 작업가설을 정식화한다.

> 모든 언어적 실재처럼, 신화도 구성 단위들로 이루어져 있다. 이는 신화
> 에 통상적으로 랑그의 구조 안에 들어있는 음소(phonemes), 형태소
> (morphemes), 의미소(semantemes)와 같은 단위들이 있음을 의미한다.
> 의미소가 형태소와의 관계 안에 존재하고 또 형태소가 음소와의 관계 안
> 에 존재하듯이, 신화의 구성 단위들도 이와 동일하게 의미소와의 관계
> 안에 존재한다. 각 단위의 형태는 그것을 선행하는 단위보다 더 높은 정
> 도의 복합성을 지닌다. 이러한 이유로, 우리는 신화에 고유하게 속해있는
> (그리고 모든 단위들 중에서 가장 복잡한) 단위들을 '큰 구성단위들'이
> 라고 부를 것이다.[4]

이 작업가설에 의해서, 우리는 최소한 문장의 크기와 같으며 함
께 모여서 신화에 고유한 이야기를 구성하는 큰 단위들을 언어학
에 친밀한 더 작은 단위들에 적용되는 규칙과 동일한 규칙에 따라
다룰 수 있다. 이러한 유비를 가리키기 위해서 레비-스트로스는 사
람들이 음소, 형태소, 의미소를 말하는 것과 마찬가지로 '신화소'
(mythemes)를 말한다. 그러나 텍스트 분석이 신화소와 낮은 수준의

---

4) Claude Lévi-Strauss, *Anthropologie structurale*(Paris: Plon, 1958), 233면[영
   문 번역판: *Structural Anthropology*, translated by Claire Jacobson and
   Brooke Grundfest Schoepf(Harmondsworth: Penguin Books, 1968), 210~11
   면].*

언어학적 단위들 사이에 존재하는 유비관계의 테두리 안에 머물러 있기 위해서는, 음운학자가 수행하는 것과 같은 종류의 추상화에로 나아가야 한다. 음운론에 있어서, 음소는 그 음향적 실체를 절대적으로 붙들 수 있는 구체적인 소리가 아니다. 음소는 상호 교환의 방법에 의해 정의되는 기능이며, 그 대립적 가치는 모든 다른 음소들과의 관계를 통해서 결정된다. 이런 의미에서, 소쉬르가 말하는 대로 음소는 '실체'가 아니라 '형식'이며, 관계들의 상호작용이다. 이와 마찬가지로, 신화소는 신화를 구성하는 문장들 중의 하나가 아니라, 레비-스트로스의 용어를 빌면 '관계들의 다발'(bundle of relations)을 구성하는 몇몇 특정한 문장들에 의해 공유되는 대립적 가치이다. "오직 이러한 다발들의 조합의 형태 안에서만 구성 요소들은 의미화(sifnifying) 기능을 획득한다."[5] 여기서 '의미화 기능'이라고 불리는 것은 결코 신화가 의미하는 것, 즉 신화의 철학적 또는 실존적 함의를 말하는 것이 아니라, 신화소들의 배열과 배치, 간단히 말해서 신화의 구조를 말한다는 것이다.

여기서 나는 레비-스트로스가 이 방법을 따라서 오이디푸스 신화를 분석한 것을 잠시 살펴보고자 한다. 그는 신화의 문장들을 네 단(段)으로 나눈다. 그는 첫번째 단에 과대평가된 혈연관계를 말하는 모든 문장들을 배치한다. (예를 들면, 오이디푸스가 자신의 어머니 요카스타와 결혼한다. 그리고 안티고네는 금지 명령을 어기고 자기 오빠인 폴리니케스를 매장한다.) 두 번째 단에서 우리는 이와 동일한 관계가 이번에는 전도(顚倒)된 기호에 의해 변형되어 과소평가되거나 평가절하된 혈연관계로 나타나는 것을 발견한다. (오이

---

5) 앞의 책, 234면[211면].*

디푸스가 자기의 아버지 라이오스를 죽인다. 에테오클레스가 자기의 형 폴리니케스를 죽인다.) 세 번째 단은 괴물들과 괴물들의 멸망에 관한 것이다. 네 번째 단은 똑바로 걷기 어렵게 만드는 것과 연관된 모든 고유명사들을 한데 묶는다. (절름발이, 안짱다리, 부은 발.) 이 네 단들을 비교해 보면 어떤 상관관계가 드러난다. 첫번째 단과 두 번째 단 사이에서는 혈연관계가 과대평가 되거나 과소평가 된다. 세 번째 단과 네 번째 사이에서는 인간의 토착성(autochtony)[헬라어의 본래적 의미는 자기 땅에 태어나고 거주하는 것임: 역자 주]이 긍정되고 또한 부정된다. "결론적으로, 첫번째 단과 두 번째 단 사이의 관계는 세 번째 단과 네 번째 단 사이의 관계와 같다. … 즉 혈연관계의 과대평가와 과소평가 사이의 관계는 토착성으로부터 벗어나려는 시도와 이 시도의 성공 불가능성 사이의 관계와 같다." 따라서 신화는 모순들을 극복하기 위해서 그것들을 함께 묶는 일종의 논리적 도구로 드러난다. "관계들의 집합들을 서로 연결지을 수 없는 불가능성이 극복되는 것(좀더 정확히 말하자면 가능성으로 대체되는 것)은, 두 모순적인 관계들이 각각 (다른 관계처럼) 자기 모순적인 한 이 두 모순적인 관계들은 동일하다는 주장에 의해서이다."[6] 우리는 잠시 후에 이 결론으로 되돌아 올 것이기 때문에 여기서는 여기까지만 기술하고자 한다.

실로, 우리는 이와 같은 구조적 분석에 의해 신화를 설명했다고 말할 수 있다. 그러나 이것은 신화를 해석한 것은 아니다. 우리는 구조적 분석을 통해서 관계의 다발을 서로 연결하는 작용들의 논리를 밝혀냈다. 이 논리는 "분석되는 신화의 구조적 법칙"[7]을 구성

---

6) 앞의 책, 239면[216면].*
7) 같은 책, 241면[217면].*

한다. 우리는 이 법칙이 읽기의 매우 탁월한 대상이지 결코 신화의 힘이 특수한 상황 안에서 재활성화되도록 해주는 낭송이란 의미에서의 말하기의 대상이 아니라는 사실을 지적하지 않을 수 없다. 여기서 텍스트는 단지 하나의 텍스트일 뿐이며, 읽기는 단지 텍스트로서의 텍스트 안에 거주한다. 그리고 우리를 향한 텍스트의 의미화는 현재의 파롤 안에서의 모든 실현과 더불어 유보된 채 남아 있다.

나는 방금 신화의 영역으로부터 한 예를 들었다. 나는 신화와 인접한 다른 영역인 민담으로부터 다른 예를 들 수도 있다. 이 영역은 프로프(Propp) 학파의 러시아 형식주의자들과 이야기에 대한 구조주의적 분석의 전문가들인 프랑스의 롤랑 바르트(Roland Barthes)와 그레마스(Greimas) 등에 의해 탐구되어 왔다. 이 저자들의 작품에서, 우리는 레비-스트로스가 사용했던 것들과 같은 원리들을 발견한다. 즉 문장보다 큰 단위들은 문장보다 작은 단위들과 동일한 방식으로 구성된다는 것, 이야기의 의미(sense)는 바로 요소들의 배열에 있으며, 또한 하위 단위들을 통합하는 전체의 힘에 있다는 것, 그리고 역으로 한 요소의 의미(sense)는 다른 요소들과의 관계 그리고 작품의 전체와의 관계 속으로 들어갈 수 있는 능력에 달려있다는 것 등이다. 이러한 원리들이 함께 이야기라는 닫혀진 구조를 규정한다. 구조주의 분석의 과제는 먼저 작품을 분할하고 (수평적 측면), 그 다음에 전체 안에서 부분들을 다양한 차원에서 통합하는 것이다(계층적 측면). 따라서, 분석자에 의해 분리된 행위의 단위들은 경험될 수 있는 심리학적 단위들도 아니며, 행동주의 심리학에 종속될 수 있는 행위의 단위들도 아니다. 이러한 연쇄적 관계의 끝 부분들은 한 요소가 변하면 나머지 요소들 모두가 변하도록 되어 있는 이야기의 전환점들일 뿐이다. 따라서 여기서 우리는 변환(變換, commutation)의 방법이 음운론의 차원에서 이야기 단위들의 차원으로 옮겨지는 것을 인식한다. 그리하여 행위의 논리는 이야기의 구조적 연속성을 함께 구성하는 일련의 핵심적 행위들의 상호연결에 있다. 이러한 기법의 적용은 이야기의 시간 저변에 있는 논리를 이끌어냄으로써 이야기의 '탈시간화'를 초래한다. 결국, 이야기는 행위의 패러다임이 될 몇 개의 극적인 단위들(약속하기, 배반하기, 방해하기, 도와 주기 등)의 조합으로 환원되어질 것이다. 따라서 하나의 연쇄적 관계는 행위의 마디들의 연속이며, 각각의 마디들은 선행하는 행위가 열어 놓은 대안의 가능성을 닫는다. 기초적인 단위들은 서로 연결되어 있는 것과 마찬가지로, 또한 더 큰 단위들 안으로 짜맞추어진다. 예를 들면, 만남이란 행위 단위는 다가가기, 부르기, 인사하기 등의 기초적인 행위 단위들을 포괄한다. 하나의 이야기를 설명하는 것은 이 뒤얽힌 관계와 짜맞추어진 행위들로 이루어지는 무상한(無常, fleeting) 구조를 파악하는 것이다.

행위들의 연쇄적 관계에는 이와 유비적인 성격의 관계, 즉 이야기의 '행위소'(actants) 사이의 관계가 상응한다. '주사'란 자신의 독자적인 실존을 부여받은 심리학적 주체로서의 등장인물이 아니라, 정형화된 행위들과 연관된 역할을 의미한다. 주사는 전적으로 행위의 술사들에 의해서, 그리고 문장과 이야기의 의미론적 축에 의해서 정의된다. 즉 주사는 그에 의해(행위 주체), 그에게(행위 대상), 그와 더불어(행위 참여자) 행위가 이루어지는 존재이다. 이 존재는 약속하고 약속을 받는 자이며, 수여하며 수신하는 자이다. 따라서 구조적 분석은 '행위들'의 위계질서와 상호 연관된 '주사'들의 위계질서를 밝혀낸다.

이야기는 하나의 전체로서 짜맞추어져야 하고 이야기에 의한 의사소통의 자리로 다시 돌아가야 한다. 그럴 때에 이야기는 이야기하는 사람이 청중에게 이야기하는 담화가 된다. 그러나 구조적 분석에 있어서, 두 대화자는 오직 텍스트 안에서만 찾아져야 한다. 이야기하는 사람은 이야기성의 기호들에 의해 지시되는데, 이 기호들은 바로 이야기의 구성에 속하는 것이다. 행위들, 주사들, 이야기하기의 세 차원 이외에 기호과학의 영역 안에 속하는 또 다른 차원은 없다. 있다면 오직 이야기의 사용자들의 세계가 있을 뿐인데, 이것은 다른 기호과학 분야들(사회적, 경제적, 이데올로기적 체계를 분석하는 분야들)에 의해서 다루어질 수 있을 것이다. 그러나 이 학문분야들은 성격상 더 이상 언어학에 속하지 않는다. 언어학적 모델에서 이야기이론으로의 이러한 이행은 우리의 처음의 언명을 충분하게 확증해 준다. 즉 오늘날 설명은 더 이상 자연과학에서 빌려와져서 글로 씌어진 낯선 인공물의 영역에 전이되는 그런 개념이 아니다. 오히려 설명은 바로 언어의 영역에서 유래한다. 설명은 랑그의 작은 단위들(음소와 의미소)로부터, 설화, 민담, 그리고 신화와 같이 문장보다 더 큰 단위로까지 유비적으로 이행한다. 그러므로 해석(이 개념에 의미를 부여하는 것이 아직도 가능하다면)은 더 이상 인문과학에 낯선 모델들과 마주치게 되지 않을 것이다. 그 대신 해석은 말하자면 태생적으로 인문과학의 영역에, 그리고 이 영역에서도 앞서가는 학문인 언어학의 영역에 속하는 이해 가능성의 모델과 만나게 될 것이다. 그러므로 설명과 해석은 동일한 영역, 즉 언어(langage)의 영역 안에서 논의되어질 것이다.

4. 새로운 해석 개념을 향하여

이제 우리는 텍스트와 관련하여 채택될 수 있는 다른 태도, 즉 앞에서 우리가 해석이라고 부른 태도에 관해서 살펴보고자 한다. 우리는 여전히 딜타이처럼 처음부터 해석을 위에서 다룬 설명과 대립시킴으로써 시작할 수 있다. 그러나 우리는 이제 설명과 해석은 좀더 보완적이고 상호적인 관계를 향하여 점차적으로 나아갈 필요가 있다는 사실을 살펴보게 될 것이다.

다시 한 번 읽기에서 출발하자. 우리는 두 가지 방식의 읽기가 있다고 말했다. 읽기에 의해서, 우리는 주위의 세계와 말하는 주체의 청중을 가리키는 텍스트의 지시관계에 영향을 주는 미결정 상태를 연장하고 강화할 수 있다. 이것이 설명적 태도이다. 그러나 우리는 또한 미결정 상태를 제거하고 텍스트를 현재의 파롤 속에서 완성할 수 있다. 읽기의 진정한 목표는 이 두 번째 태도이다. 이 태도는 의미를 향한 텍스트의 운동을 차단하는 미결정 상태의 진정한 본성을 드러낸다. 만일 글로서의 텍스트가 읽기를 기다리고 또한 요구한다는 것이 먼저 명백해지지 않는다면 첫번째 태도 자체가 불가능해질 것이다. 만일 읽기가 가능하다면, 그것은 실로 텍스트가 자체 안에 닫혀 있지 않고 다른 사물들을 향하여 열려 있기 때문이다. 읽는다는 것(그것을 어떻게 가정하든지)은 텍스트의 담화에 새로운 담화를 결합시키는 것이다. 이러한 담화들의 결합은, 바로 텍스트 자체의 구성에 있어서, 텍스트의 개방적 특성, 즉 갱신을 향한 본래적인 능력을 드러낸다. 해석은 결합과 갱신의 구체적 결과이다.

우선 첫번째로, 우리는 해석의 개념을 설명의 개념과 대립시켜 설정할 것이다. 이 점에서 우리는 딜타이의 입장으로부터 그리 멀리 떨어져 있지 않다. 다만 여기서 해석과 대립되는 설명의 개념은 자연과학에서 빌려 온 것이 아니라 언어학과 기호학으로부터 유래됨으로써 강화되었다는 점이 그의 입장과 다르다.

　이 첫번째 의미에 따르면, 해석은 슐라이에르마허, 딜타이, 그리고 불트만이 인식했던 전유(轉有, appropriation)의 특징을 계속 지닌다. 사실 이 의미는 폐기되지 않을 것이다. 전유는 직접적이고 단순한 방식으로 설명과 대립되지 않고, 오히려 설명에 의해 매개되어질 것이다. 내가 말하는 '전유'는 이렇다. 즉 텍스트에 대한 해석은 주체의 자기해석에서 절정에 이른다는 것이다. 이 자기해석을 통하여 주체는 자신을 더 잘 이해하게 되고, 자신을 달리 이해하게 되며, 또는 단순히 비로소 자기 자신을 이해하게 된다. 이와 같이 텍스트 이해가 자기이해 안에서 절정에 이른다는 것은 내가 다른 곳에서 여러 번 '구체적 반성'이라고 불렀던 반성철학의 한 특성이다. 여기서 해석학과 반성철학은 상호 연관되어 있다. 한편으로, 자기이해는 자아가 자신을 기록하고 형성하는 방편인 문화적 기호들을 이해하는 우회로를 거친다. 다른 한편, 텍스트를 이해하는 것은 그 자체로서 목적이 아니다. 그것은 직접적 반성이라는 단락(短絡, short circuit) 안에서 자신의 삶의 의미를 발견하지 못하는 주체로 하여금 자기 자신과 관계를 갖도록 매개해준다. 따라서 우리는 똑같이 이렇게 강조해야 한다. 반성은 기호와 작품의 매개가 없이는 아무 것도 아니며, 설명은 하나의 매개적 단계로서 자기이해의 과정에 통합되지 않으면 아무 것도 아니다. 한 마디로 말하자면, 해석학적 반성─또는 반성적 해석학─에 있어서 '자아'의 구성은 '의미'의 구성과 동시적이다.

'전유'라는 용어는 두 가지 추가적인 특징들을 강조한다. 모든 해석학의 목표들 가운데 하나는 문화적 거리와 싸우는 것이다. 이 싸움은 순전히 시간적인 용어로 말한다면 세속적 소외와의 싸움으로 이해될 수 있으며, 보다 적정한 해석학적 용어로 말하자면 의미 자체로부터의 소외, 다시 말하면 텍스트가 근거하고 있는 가치체계로부터의 소외와의 싸움으로 이해될 수 있다. 이러한 의미에서, 해석은 '함께 모으며', '같게 만들며', '동시대적이고 유사한 것으로' 만들며, 그리하여 처음에는 '낯설었던'(alien) 것을 진정으로 자기 '자신의'(own) 것으로 만든다.

무엇보다도, 해석을 전유로 규정하는 것은 해석의 '현재적' 성격을 강조하기 위한 것이다. 읽기는 악보를 연주하는 것과도 같다. 읽기는 텍스트의 의미론적 가능성들을 실현하거나 또는 실연(實演)한다. 이 마지막 특성이 가장 중요하다. 왜냐하면 이것이 다른 두 가지 특성(즉 문화적 거리를 극복하는 것과 텍스트 해석을 자기 해석과 결합시키는 것)의 조건이 되기 때문이다. 실로, 이 실현의 특성은 읽기의 결정적으로 중요한 측면, 즉 읽기가 텍스트의 담화를 파롤(말)의 차원과 유사한 차원에서 완성한다는 사실을 드러낸다. 여기서 파롤(말)이란 개념에 담지되는 것은, 그것이 발화된다는 사실이 아니라 벤베니스트가 말하는 바와 같이 그것이 하나의 사건이라는 사실, 즉 그것이 담화의 실제적 경우(instance)라는 사실이다. 텍스트의 문장들은 '지금 여기'에서 의미화한다. '현실화된' 텍스트는 새로운 주위세계와 청중을 발견한다. 즉 텍스트는 차단당하고 유보되었던, 세계와 주체들을 향한 지시적 활동을 다시 시작한다. 이 세계는 독자의 세계이며, 이 주체는 독자 자신이다. 말하자면, 해석에서 읽기는 파롤(말)처럼 된다. 나는 '파롤(말)이 된다'라고 말하지는 않는다. 왜냐하면 읽기는 파롤(말)을 주고 받는 대화와 똑같은 것은 아니기 때문이다. 그러나 파롤(말)이 담화와 연관되는 것처럼, 읽기는 담화의 사건과 실제적 경우로서 텍스트와 연관된 구체적인 행위에서 절정에 이른다. 처음에 텍스트는 오직 의미 (sense), 즉 내적인 관계들 또는 구조만을 가지고 있었다. 하지만 이제 텍스트는 의미작용을 갖는다. 다시 말하면 텍스트는 독자의 주체의 담화 안에서 실현된다. 의미(sense)로 말미암아, 텍스트는 단지 기호학적 차원만을 가지고 있었다. 그러나 이제 의미작용으로 말미암아, 텍스트는 의미론적 차원을 갖게 된다.

여기서 잠시 멈추어 서자. 우리의 논의는 결정적으로 중요한 지점에 이르렀다. 이 지점에서 해석—전유로 이해된 해석—은 아직도 구조적 분석이라는 의미에서의 설명의 바깥에 머물러 있다. 우리는 해석과 설명을 마치 양자택일이 요구되는 두 태도처럼 계속 대립시켜 왔다. 이제 나는 이러한 이율배반적인 대립을 넘어서, 구조적 분석과 해석학이 상호 보완적인 것이라는 사실을 명료화하고자 한다. 이를 위해서는 우리가 병치시켜 온 이 두 태도가 각기 자체의 고유한 특성으로 인하여 어떻게 서로를 되가리키는지를 보여주는 것이 중요하다.

신화 이론과 이야기 이론으로부터 우리가 빌려 온 구조적 분석의 예를 다시 숙고해 보자. 거기서 우리는 텍스트의 요소들을 배열하는 것과 엄밀하게 동치적(同値的)인 의미(sense) 개념을 고수하고자 노력했으며, 또한 그 자체가 닫혀져 있는 전체로서 취급되는 이야기 안에서 행위의 요소들과 주사들을 통합하는 것과 정확하게 등가적(等價的)인 의미(sense) 개념을 고수하고자 노력했다. 그러나 사실상, 아무도 이렇게 형식적인 의미(sense) 개념에서 멈추지 않는다. 예를 들면, 레비-스트로스가 '신화소'라고 부른 것—그가 신화의 구성 단위로 본 것—은 특수한 의미작용을 가진 한 문장 안에서 표현된다. 이를테면 오이디푸스가 자신의 아버지를 죽인다거나 오이디푸스가 자신의 어머니와 결혼한다는 것 등이 그렇다. 구조적 설명이 문장의 특수한 의미를—단지 신화 안에서의 문장의 위치만을 유지시키면서—중립화시킨다고 말할 수 있는가? 레비-스트로스가 신화소를 관계의 다발로 환원시켰지만, 이 관계의 다발은 여전히 문장의 질서를 따른다. 그리고 바로 이러한 추상적인 차원에서 설정된 대립쌍들의 상호작용도 마찬가지로 문장과 의미작용의 질서를 따라 이루어진다. 만일 누가 '과대평가'되거나 '과소평가된 혈연관계들'에 대하여 말하든지 또는 인간의 '토착성'이나 '비토착성'에 대하여 말한다면, 이 관계들은 여전히 문장의 형태로 씌어질 수 있다. 예를 들면, 근친상간에 대한 금기의 경우, 혈연관계가 모든 관계들 중에서 가장 중요하다든지, 또는 혈연관계가 사회 관계만큼 중요하지는 않다든지 하는 문장의 형태로 표현된다. 마지막으로, 레비-스트로스에 따르면 신화가 해결하고자 하는 모순 자체가 의미 있는 관계들의 관점에서 진술된다. 레비-스트로스는 자신의 구조주의적 입장에도 불구하고 이것을 인정한다. 그는 이렇게 말한다. "만일 우리가 신화적 사고가 어떤 대립들에 대한 의식으로부터 출발해서 그것들의 점진적인 중재를 향해 나아가는 경향을 갖는다는 것을 인식한다면, 이러한 선택을 하는 이유는 분명해진다."[8] 그는 다시 말한다. "신화는 삶과 죽음을 중재하기 위해 의도된 일종의 논리적 도구이다."[9] 신화의 배후에는 매우 의미심장한 질문, 즉

---

8) 앞의 책, 248면[224면].*
9) 같은 책, 243면[220면].*

삶과 죽음에 관한 질문이 놓여 있다. "우리는 하나로부터 태어나는
가, 둘로부터 태어나는가?" 좀더 형식화된 표현을 하자면, "동일자
는 동일자로부터 기인하는가, 타자로부터 기인하는가?" 이러한 질
문은 근원에 대한 고뇌를 표현한다. 인간은 어디로부터 오는가? 땅
으로부터인가, 부모로부터인가? 인간의 기원과 종말에 대한 의미
있는(significant) 물음이나 의미 있는(meaningful) 명제적 진술들이
없었다면, 어떠한 모순도 없었을 것이고 그 모순을 해결하기 위한
어떠한 시도도 없었을 것이다. 구조적 분석이 괄호 안에 묶어 두려
고 시도했던 것이 바로 이 기원에 관한 이야기로서의 신화의 기능
이다. 그러나 구조적 분석은 이 기능을 회피하는 데 성공하지 못하
며, 단지 그것을 연기시킬 뿐이다. 신화는 어떤 명제적 진술들 사이
에 작용하는 논리적 작인(作因, operator)이 아니라, 한계상황, 기원
과 종말, 죽음, 고통, 성(sexuality)을 지시하는 명제적 진술들을 포
함한다.

구조적 분석은 이러한 근본적인 물음을 해소하기는커녕, 더욱 근
본적인 차원에서 그것을 복원시킨다. 그렇다면 구조적 분석의 기능
은 다시 이야기되는 신화의 표면적 의미론을 배격하고, 신화의 살
아있는 의미론이라고 할 수 있는 심층적 의미론을 드러내는 데 있
는 것이 아니겠는가? 만일 이것이 구조적 분석의 기능이 아니라면,
구조적 분석은 무익한 게임이나, 요소들의 우스꽝스러운 조합으로
전락하고 말 것이라고 나는 생각한다. 뿐만 아니라 이 경우, 신화는
레비-스트로스 자신이 신화적 사고는 모종의 대립관계들에 대한
의식에서 생겨나며 그것들에 대한 점진적인 중재를 지향하는 경향
을 갖는다고 주장하면서 신화에 부여했던 기능을 박탈당하게 될
것이다. 대립관계들에 대한 이러한 인식은 인간실존의 '아포리아'

에 대한 인식이며, 신화적 사고는 이 주위를 맴도는 것이다. 이 유의미한 의도를 제거하는 것은, 신화 이론을 인류의 무의미한 담화의 사망 기록으로 환원시키는 것이 될 것이다. 이와 반대로, 만일 우리가 구조적 분석을 순진한 해석과 비판적 해석, 그리고 표면적 해석과 심층적 해석 사이에 있는 한 필수적인 단계로 간주한다면, 설명과 해석을 하나의 독특한 '해석학적 호'(hermeneutical arc) 안에 자리매김하는 것과, 설명과 이해에 관한 대립적인 태도들을 읽기를 의미의 회복으로 생각하는 읽기의 전체적 개념 안에서 통합하는 것이 가능해 보인다.

이제 우리는 처음에 제기했던 모순[설명 개념과의 대립 안에 설정된 전유로서의 해석(또는 이해) 개념: 역자 주]의 두 번째 문제로 돌아가서 설명과 해석 사이의 이러한 화해의 방향으로 한 걸음 더 나아가 보고자 한다. 지금까지 우리는 매우 주관적인 해석의 개념을 가지고 작업해 왔다. 해석한다는 것은 텍스트의 의도를 '지금 여기에서' 전유하는 것이라고 우리는 말했다. 이렇게 말할 때, 우리는 여전히 딜타이의 이해 개념 안에 갇혀 있는 것이다. 그러나 이제 텍스트의 구조적 분석에 의해 밝혀진 심층적 의미론은 우리에게 새로운 사실에 대한 인식을 가져다 주는데, 바로 그것은 텍스트의 의도된 의미는 추정된 저자의 의도나 작가의 체험이 아니라 텍스트의 명령에 순응하는 사람 누구에게나 텍스트가 의미하는 바라는 사실이다. 텍스트는 우리를 텍스트의 의미 안에, 다시 말하면—'의미'(sens)란 단어의 또 다른 어의(語義)에 따라—텍스트와 동일한 방향에 정위시키고자 한다. 그러므로 만일 그 의도가 텍스트의 의도라면, 그리고 그 의도가 텍스트가 사유를 위해 열어 놓는 방향이라면, 심층적 의미론은 근본적으로 역동적인 방식으로 이해되어야 한다. 그러므로 나는 이렇게 말하고자 한다. 설명한다는 것은 구조를 드러내는 것, 즉 텍스트의 정역학(靜力學, statics)을 구성하는 내적인 의존 관계들을 드러내는 것이다. 반면 해석한다는 것은 텍스트에 의해 개방되는 사유의 길을 따라가는 것이며, 자신을 텍스트가 제시하는 방향을 따라가는 '길 위에'(en route) 정위시키는 것이다. 이러한 사실을 주목함으로써, 우리는 해석에 대하여 우리가 처음에 가졌던 개념을 수정하게 되며, 텍스트에 '대한'(on) 행위로서의 주관적인 해석의 과정을 넘어서, 텍스트 '의'(of) 행위로서의 객관적인 해석의 과정을 추구하게 된다.

나는 창세기 1장 1~2절과 4절 상반절의 신성한 창조의 이야기의 주석에 관한 나의 최근의 연구로부터 한 예를 들고자 한다.[10] 이 주석은 텍스트 내에 두 가지 이야기의 상호작용이 있음을 드러내 준다. 하나는 창조를 행위의 이야기로 표현하는 '행하심에 대한 이야기'(Tatbericht)이며(하나님이 …을 만드셨다), 다른 하나는 말의 이야기인 '말씀에 대한 이야기'(Wortbericht)이다(하나님이 말씀하시니 …이 존재하게 되었다). 첫번째 이야기는 전승의 역할을 수행하고, 두 번째 이야기는 해석의 역할을 수행한다고 할 수 있다. 여기서 흥미있는 점은 해석이 주석자의 행위이기 이전에 텍스트의 행위라는 사실이다. 전승과 해석의 관계는 텍스트 안에 내재해 있는 관계이다. 주석자에게 있어서, 해석한다는 것은 텍스트 자체 안에 내재해 있는 해석의 관계에 의해 지시되는 의미작용 안에 자신을 위치시키는 것이다.

이와 같은 객관적이고 텍스트 내적인(intra-textual) 해석 개념은

---

10) Paul Ricoeur, "Sur l'exégèse de Genèse 1, 1~2, 4a in Roland Barthes et al., *Exégèse et herméneutique*(Paris: Seuil, 1971), 67~84면을 보라.

결코 이례적인 것이 아니다. 사실상, 이러한 해석 개념은—다시 상기하자면, 다른 사람들이 자신들의 의식적 삶에 관하여 표현하는 기호들을 통해 그들을 이해하는 문제와 연결되어 있는—주관적 해석 개념에 필적할 만큼 오랜 역사를 가지고 있는 것이다. 나는 이 새로운 해석 개념을 아리스토텔레스가 "해석에 관하여"(On Interpretation)라는 논문에서 언급한 해석 개념과 연결하고자 한다. 아리스토텔레스의 '해석'(hermenetia)은, 미래 예언자(豫言者)나 신탁 예언자(預言者)의 해석 기술과는 대조적으로, 바로 사물에 대한 언어 자체의 행위를 가리킨다. 아리스토텔레스에게 있어서, 해석은 일차적 언어와 관련해서 이차적 언어가 수행하는 그 무엇이 아니라, 일차적 언어가 기호들을 통해서 우리와 사물들의 관계를 매개함으로써 이미 수행하고 있는 그 무엇이다. 그러므로 보에티우스(Boethius)의 주석에 따르면, 해석은 복합적으로든지 또는 비복합적으로든지, 의미작용을 수행하면서 그 자체로 의미화되는 목소리(la vox significativa per se ipsam aliquid significans, sive complexa, sive incomplexa)의 작용이다. 따라서 바로 의미작용의 과정에서 해석을 하는 주체는 명사, 동사, 담화 일반이다.

아리스토텔레스적인 의미에서의 해석 개념이 동일한 텍스트 내에 있는 여러 의미의 층들 간의 역학관계를 이해하기 위한 적확한 길을 예비해주지 않는 것은 사실이다. 이 해석은 텍스트의 이론이 아니라 파롤(말)의 이론을 전제하고 있다. "목소리에 의해 명료화된 소리들은 영혼의 상태에 대한 상징들이며, 글로 씌어진 단어들은 말로 발화되어진 단어들에 대한 상징들이다("해석에 관하여" 제1장). 따라서 해석은 파롤(말)의 의미론적 차원과 혼동된다. 즉 해석은 담화 자체이며, 모든 담화는 다 해석이 된다는 것이다. 그럼에

도 불구하고, 나는 해석은 언어에 '대한'(of) 해석이기 이전에 언어
에 '의한'(by) 해석이라는 아리스토텔레스의 통찰을 유지한다.

　바로 텍스트의 내면에서 해석을 전승에 관련시키는 주석이 요구
하는 해석 개념에 보다 더 가까운 해석 개념을 나는 퍼스(Charles
Sanders Peirce)의 작품에서 찾아보고자 한다. 퍼스에 따르면, '기호'
와 '대상'의 관계는 그 위에 다른 관계, 즉 '기호 내용'
(interpretant)과 '기호'의 관계가 접목되어질 수 있는 그런 것이다.
우리에게 중요한 것은 이 기호 내용과 기호의 관계가, 첫번째 관계
를 매개할 수 있는 다른 기호 내용이 언제나 존재한다는 의미에서
열려진 관계라는 것이다. 그랑제(G. -G. Granger)는 자신의 책 《스
타일의 철학에 관한 논고》(*Essai d'une philosophie du style*)에서 이
에 관해 매우 잘 설명하고 있다.

　　기호가 마음에 불러일으키는 기호 내용은, 기호로부터 이미 그 안에 담
　　겨져 있는 그 무엇을 추출해내는 순수하고 단순한 연역의 결과가 될 수
　　없다. … 기호 내용은 대상과의 관계 속에 있는 기호에 대한 주석, 정의,
　　해설이다. 기호 내용은 그 자체가 상징적 표현이다. 기호와 기호 내용의
　　연합은(어떠한 심리적 과정에 의해 실현되든지 간에) 화자와 청자 사이
　　의 경험으로 형성되는 다소간 불완전한 공동체에 의해서만 가능하게 된
　　다. … 기호 내용은 언제나 기호의 관념이나 대상―우리가 말한 바와 같
　　이, 기호는 이 관념이나 대상의 구조이다―으로 완전히 환원될 수 없는
　　경험이다. 그러므로 퍼스가 말하는 일련의 기호 내용들은 비규정적
　　(indefinite) 성격을 갖는다.[11]

---

11) G. -G. Granger, *Essai d'une philosophie du style*(Paris: A. Colin, 1968),
　　115면.

물론, 우리는 퍼스의 해석 개념을 텍스트 해석에 적용시킴에 있어서 매우 신중을 기하여야 한다. 그가 말하는 기호 내용은 기호에 대한 해석인 반면, 우리가 말하는 기호 내용은 발화에 대한 기호 내용이다. 그러나 우리가 기호 내용을 작은 단위들에서 큰 단위들로 전치시켜 사용하는 것은, 구조주의자들이 조직화의 법칙을 문장 이하 수준의 단위들로부터 문장과 동등하거나 그 이상의 수준의 단위들로 전치시켜 사용하는 것과 유사하다. 구조주의의 경우, 보다 상위의 음절 구조를 약호화(coding)하는 모델로서 기능하는 것은 랑그의 음운론적 구조이다. 우리의 경우, 발화와 텍스트의 차원으로 전치되는 것은 어휘론적 단위들의 특성이다. 따라서 만일 우리가 이러한 전치에 나타나는 유비적 성격을 온전히 인식한다면, 우리는 다음과 같이 말할 수 있다. 즉 대상과 기호의 관계에 접목된 개방된 일련의 기호 내용들은 대상-기호-기호 내용 사이의 삼각관계를 밝혀 줄 것이며, 이 삼각관계는 텍스트의 차원에서 구성되는 또 다른 삼각관계를 위한 모델로 기능할 수 있다. 이 새로운 삼각관계에서, 대상은 텍스트 자체이며, 기호는 구조적 분석에 의해 드러나는 심층적 의미론이며, 그리고 일련의 기호 내용은, 텍스트 상에서 이루어지는 의미작용으로서, 해석하는 공동체에 의해 생산되고 텍스트의 역동성 안으로 통합되어진 해석들의 연쇄이다. 이 연쇄 안에서, 최초의 기호 내용은 최종적인 기호 내용을 위한 전승으로서 봉사하는데, 이 최종적인 기호 내용은 바로 진정한 의미에서의 해석이다.

이와 같이, 우리는 아리스토텔레스의 해석 개념과 무엇보다도 퍼스의 해석 개념의 도움을 받아, 가능한 한 최대한도로 우리의 해석 개념을 '탈심리주의화' 하고, 이 개념을 텍스트 안에서 이루어지는 과정과 연결시킬 수 있다. 이제부터는 주석자에게 있어서, 해석한다는 것은 곧 텍스트가 지지(支持)해주는 해석의 관계가 가리키는 의미(sense) 안에 자신을 정위시키는 것이다.

그렇다고 전유로서의 해석 관념이 제거되는 것은 아니다. 그것은 단지 과정이 종결될 때까지 연기되는 것뿐이다. 전유는 우리가 위에서 '해석학적 호'라고 부른 것의 맨 끝 부분에 놓여 있다. 즉 전유는 다리의 마지막 교각과 같은 것이며, 삶의 경험의 대지에 해석학적 아치를 정박시키는 것이다. 그러나 전체 해석학 이론은 텍스트가 자체에 대해 수행하는 일에 속하는 일련의 기호 내용들을 통해 이 해석-전유를 매개하는 데 있다. 전유는 텍스트 안에서 수행되며 이루어지는 것[해석: 역자 주]을 회복하는 한에서, 자의성(恣意性)을 버릴 수 있게 된다. 해석자가 말하는 것은 텍스트에 의해 말해진 것을 재활성화시키는 다시 말하기(re-saying)이다.

이제 우리의 연구의 마지막 시점에서, 읽기는 텍스트의 운명을 완성하는 구체적인 행동인 것처럼 여겨진다. 바로 읽기의 한복판에서 설명과 해석은 무한정 대립하면서 또한 무한정 화해한다.

6. 은유와 해석학의 중심적 문제

여기서 나는 해석학의 중심적 문제는 해석의 문제라고 전제할 것이다. 해석의 문제는 두 가지 방식으로 결정되는데, 그 첫째는 적용의 영역이고 둘째는 인식론적 특수성이다. 첫번째 점과 관련하여, 나는 해석의 문제가 생겨나는 것은 텍스트, 즉 씌어진 텍스트가 있기 때문이며, 텍스트의 자율성이 특별한 어려움들을 만들어 내기 때문이라고 말하고자 한다. 텍스트의 '자율성'이란, 텍스트가 저자의 의도, 작품의 상황 그리고 원래의 독자로부터 독립해 있다는 것을 의미한다. 구두 담화에서는 우리가 대화(dialogue, 또는 conversation)라고 부르는 교환이나 교통에 의해 문제가 해결된다. 씌어진 텍스트의 경우 담화는 스스로 말해야만 한다. 그러므로 해석의 문제가 생기는 것은 글쓰기-읽기의 관계가 우리가 대화의 상황에서 경험하는 말하기-듣기의 관계와 다르기 때문이라고 말할 수 있다. 이러한 것이 적용의 영역과 관련된 해석의 가장 일반적인 특징이다.

둘째로, 인식론적 차원에서 해석의 개념은 설명의 개념과 대립되는 것처럼 보인다. 이 두 개념은 슐라이에르마허와 딜타이 시대 이래 수많은 논쟁들을 불러일으킨 대조적인 한 쌍을 이룬다. 후대의 저술가들이 속한 전통에 따르면 해석은 어떤 주관적인 함의를 갖는데, 그것은 곧 독자가 이해의 과정에 연루되어 있음과 텍스트 해석과 자기 해석 사이에 상호작용이 있음을 의미한다. 이 상호작용은 해석학적 순환이라는 이름으로 알려져 있는데, 이 상호작용 또는 해석학적 순환은 사물에 대한 과학적 설명의 특성으로 간주되는 그런 종류의 객관성과 비연루성과의 날카로운 대립을 수반한다. 나중에 나는 해석과 설명의 대립을 우리가 어느 정도까지 수정할 수 있을지, 그리고 그것들을 어느 정도까지 새로운 기초 위에 다시 세울 수 있을 지에 대해 말할 것이다. 이어지는 논의의 결과가 어떻게 나타날지 간에, 해석이라는 개념에 대한 이러한 개략적 묘사는 해석학의 중심적 문제, 즉 씌어진 텍스트와 말해진 언어의 대립의 문제와 해석과 설명의 대립의 문제에 대한 잠정적인 테두리를 설정하기에는 충분하다.

이제 은유의 문제를 살펴보자! 이 글의 목표는 텍스트 해석이 해석학에 제기하는 문제들과 수사학, 의미론, 문체론, 또는 기타 다른 관련학문들에서 제기되는 문제들을 은유에 의해 연결하려는 것이다.

1. 두 가지 담화로서의 텍스트와 은유

우리의 첫번째 과제는 텍스트 이론과 은유 이론을 위한 공통된 토대를 찾아내는 것이 될 것이다. 이 공통된 토대는 이미 '담화' 라는 이름을 갖고 있지만, 그것의 지위는 아직 부여되어 있지 않다.

한 가지 주목할 만한 사실이 있는데, 그것은 우리가 고찰하고 있는 이 두 가지 실재들의 길이가 다르다는 것이다. 이 점에서 텍스트와 은유는 담화의 기본 단위인 문장에 비유될 수 있다. 속담이나 격언의 경우에서 볼 수 있듯이, 하나의 텍스트는 의심할 여지없이 하나의 문장으로 축소될 수도 있다. 그러나 또한 텍스트는 최대한의 길이를 가질 수도 있는데, 즉 한 문단으로부터, 한 장(章), 한 권의 책, 한 작가의 작품 '선집' 모음, 또는 심지어 한 작가의 '전집' 전체로까지 확장될 수도 있다. 그리고 작품이라는 용어는 텍스트로 간주될 수 있는 한정된 분량의 연속적인 담화라는 뜻으로 사용하도록 하자. 텍스트는 최대한의 길이에 기초하여 규정될 수 있는 반면, 은유는 최소한의 길이, 즉 단어의 길이에 기초하여 규정될 수 있다. 비록 이 논의의 나머지 부분에서 내가 어떤 맥락이 없이는 은유—은유적으로 말해진 단어라는 의미에서—라는 것이 없다는 것을 보여 주고자 하고, 그리하여 결국 우리가 은유라는 개념을 적어도 문장의 길이를 갖는 은유적 진술이라는 개념으로 대체하지 않을 수 없게 된다고 하더라도, 그럼에도 불구하고 '은유적 비틀림'(metaphorical twist)(먼로 비어즐리(Monroe Beardsley)의 표현을 빌리자면)은 단어에 일어나는 그 무엇이다. 의미의 변화는 전체 맥락의 역할을 요구하는데, 이 의미의 변화는 단어에 영향을 미친다. 우리는 단어가 '은유적 용법' 또는 '비문자적 의미'를 가지고 있다고 묘사할 수 있다. 단어는 항상 어떤 특정한 맥락으로부터 출현하는 '떠오르는 의미'(emergent meaning)를 가지고 있다. 이러한 의미에서, 은유란 비통상적인 이름(또는 단어)의 전치(轉置, transposition)라는 아리스토텔레스의 정의는 단어 의미의 변화를 가져오는 맥락적 행동을 강조하는 이론에 의해서 무효화되지 않는다. 막스 블랙(Max Black)의 용어를 빌어서 표현하자면, 비록 단어라는 '초점'이 문장이라는 '틀'을 필요로 하긴 하지만 그럼에도 불구하고 여전히 단어가 '초점'이다.

텍스트와 은유, 또는 '작품'과 '단어'의 길이의 차이에 대한 이와 같은 형식에 관한 첫번째 언급은 우리가 처음 제기했던 문제를 다음과 같이 좀더 정확하게 서술할 수 있도록 해줄 것이다. 즉 우리는 어느 정도까지 은유를 하나의 '축소된 작품'으로 다룰 수 있을 것인가? 그리고 이 질문에 대한 대답은 우리로 하여금 다음과 같은 두 번째 질문을 제기하도록 해줄 것이다. 즉 우리는 텍스트 해석이 제기하는 해석학적 문제들을 어느 정도까지 어떤 주어진 텍스트 안에 있는 지엽적인 은유에 대한 설명 안에 집약된 문제들을 넓은 범위로 확장한 것으로 여길 수 있을 것인가?

은유는 축소된 작품인가? 예컨대 우리는 시와 같은 작품을 지속되거나 확장된 은유로 볼 수 있는가? 만일 텍스트와 은유, 혹은 작품과 단어가 담화라는 동일한 범주에 속한다면, 이 첫번째 질문에 대답하기 위해서 우리는 먼저 담화의 일반적 속성에 대해 자세히 언급해야만 한다. 나는 담화의 개념에 대해서 상세히 다루지는 않고, 텍스트와 은유의 비교에 필요한 특징들만 분석하는 데 그칠 것이다. 그런데 이 모든 특징들이 역설, 즉 명백한 모순처럼 보이는 형태들 안에 제시된다는 것은 주목할 만하다.

무엇보다도 우선, 모든 담화는 사건으로 발생되는데, 이 사건으로서의 담화는 부호나 체계로 이해되는 언어의 대응물이다. 사건으로서의 담화는 순간적으로 존재하기 때문에 나타났다가는 곧 사라진다. 그러나 이와 동시에 —그리고 바로 여기에 역설이 있는 바—

사건으로서의 담화는 동일한 것으로 동일화되고 또 재동일화될 수 있다. 바로 이 '동일성'을 우리는 넓은 의미에서 담화의 의미라고 부른다. 모든 담화는 사건으로 실현되지만 의미로 이해된다. 이제 잠시 후에 우리는 은유가 어떤 의미에서 사건과 의미의 이중적 성격을 응집시키는지를 보게 될 것이다.

대조적인 특징들을 지니는 두 번째의 쌍은 의미가 어떤 특정한 구조, 즉 명제적 구조에 의해서 지탱된다는 사실에서 비롯된다. 이 구조는 (이 사람, 이 책상, 미스터 듀폰, 파리(Paris)와 같은) 개별적 동일화의 극과 (집단으로서의 인류, 속성으로서의 밝음, 관계로서의 평등, 행동으로서의 달리기 등과 같은) 일반적 서술의 극 사이의 대립을 그 안에 포함하고 있다. 이제 또한 우리는 은유가 특징적 속성들을 이와 같이 문장의 '주된 주어'에 '부여'하는 데 근거하고 있다는 것을 보게 될 것이다.

서로 대립하는 특징들을 지니는 세 번째 쌍은 주로 문장 형태의 담화가 내포하고 있는 의미(sense)와 지시체(reference) 사이의 양극성이다. 즉 담화는 한편으로는 전체로서의 문장과 그 문장을 구성하는 단어들에 의해 말해지는 '그 무엇'('what' is said), 그리고 다른 한편으로는 말해진 것이 그 무엇에 관하여 말해지고 있는 바로 그 무엇('that about which' something is said), 이 양자를 내포하고 있다. 말하는 것은 그 무엇에 관하여 그 무엇을 말하는 것이다. 이러한 양극성은 이 글의 두 번째와 세 번째 부분에서 매우 중요한 역할을 하게 될 것인데, 거기서 나는 설명의 문제는 '의미'(sense) 또는 담화의 내재적인 패턴의 차원에 연결하고, 해석의 문제는 '지시체'(reference)의 차원에 연결할 것인데, 나는 이 지시체의 차원을 담화 자신이 그 무엇에 관하여 말해지고 있는 바로 그 무엇으로서

의 언어 외재적 실재에 자신을 적용시키는 담화의 힘으로 이해한
다.

네 번째로, 하나의 행위로서의 담화는 명제 진술적 행위(이것은
어떤 주어의 어떤 성격을 서술한다)의 '내용'의 관점이나, 또는 오
스틴(Austin)이 담화의 완결된 행위(그의 용어에 따르면 '말하기
(발화) 행위'(speech-act))의 '힘'이라고 부른 것의 관점에서 고찰
될 수 있다. 주어에 관해서 말해진 것과 그것을 말하기를 '통해서'
(안에서, in) 내가 '하는 것'은 서로 다른 것이다. 나는 단순히 기술
할 수도 있고, 명령을 내릴 수도 있고, 소망을 표현할 수도 있고, 경
고를 할 수도 있다. 그리하여 발화적 행위(말하기 행위)와 발화 수
행적 행위(말하기를 통해서(안에서, in) 내가 하는 것) 사이의 양극
성이 생긴다. 이 양극성은 적어도 은유적 진술의 구조 차원에서는
앞에서 말한 것들보다는 덜 유용하게 보일지도 모른다. 그럼에도
불구하고, 이것은 우리가 은유를 예컨대 시나 에세이나 혹은 허구
작품 등과 같은 구체적인 환경 속에 다시 두어야만 할 때 매우 중
요한 역할을 할 것이다.

의미(sense)와 지시체(reference)의 양분을 설명과 해석 사이의
대립의 기초로 전개해 나가기 전에, 해석학 이론에서 매우 중요한
역할을 하게 될 마지막 양극성을 소개하도록 하자. 담화는 단지 한
종류가 아니라 두 종류의 지시체를 갖는다. 담화는 언어 외재적 실
재, 즉 이 세계 또는 어떤 하나의 세계에 연결된다. 하지만 담화는
또한 문장 안에서만 기능하는, 따라서 담화 안에서만 기능하는 어
떤 특정한 절차들—인칭대명사, 동사의 시제, 지시사 등—에 의해
서 그 자체의 화자를 가리킨다. 이러한 방식으로, 언어는 어떤 실재
와 자기 자신(self) 둘 다를 지시한다. 동일한 문장이 이러한 이중

적 지시, 즉 지향적(intentional) 지시와 재귀적(reflexive) 지시, 즉 실재를 향한 지시와 자기 자신을 향한 지시 둘 다를 갖는다. 사실 상, 우리는 삼중적 지시라고 말해야만 한다. 왜냐하면 담화는 자체 의 화자를 지시하는 만큼 또한 담화가 말을 건네는 독자(청자)를 지시하기 때문이다. 벤베니스트(Benveniste)가 가르쳐 준 바와 같이, 인칭대명사들의 구조가 이와 유사하게 삼중적 지시를 보여 준다. 즉 '그것'은 사물에 대한 지시를 보여 주고, '당신'은 담화가 말을 건네는 독자(청자)에 대한 지시를 보여 주며, '나'는 말하는 화자 에 대한 지시를 보여 준다. 우리가 나중에 보게 되겠지만, 이러한 두 가지 또는 심지어 세 가지 지시 방향들 사이의 연결은 우리에게 해석학적 순환에 대한 열쇠와 이 순환에 대한 우리의 재해석을 위 한 기초를 제공해줄 것이다.

나는 다음과 같이 집약적으로 담화의 기본적인 양극성을 열거해 보겠다. 즉 담화에는 사건과 의미, 개별적 동일화와 일반적 서술, 명제 진술적 행위와 발화 수행적 행위, 의미(sense)와 지시체, 실재 에 대한 지시와 대화자들에 대한 지시 사이의 양극성이 있다. 그러 면 이제 우리는 어떤 의미에서 텍스트와 은유 둘 다 우리가 방금 담화라고 부른 실재에 근거한다고 말할 수 있겠는가?

모든 텍스트들이 담화라는 사실을 보여 주는 것은 쉬운 일인데, 이는 텍스트들이 담화의 가장 작은 단위인 문장으로부터 나오기 때문이다. 하나의 텍스트는 적어도 일련의 문장들이다. 우리는 앞으 로 텍스트가 하나의 작품이 되려면 단순히 일련의 문장들 이상이 되어야 한다는 것을 보게 될 것이다. 하지만 적어도 텍스트는 일련 의 문장들이고, 그리하여 결과적으로 하나의 담화인 것은 사실이다. 은유와 담화를 연결시키기 위해서는 특별한 정당화가 필요한데, 이

는 바로 은유를 이름들과 단어들에 영향을 주는 전치(transposition)
로서 정의하는 것이 은유를 문장보다 더 작은 실재들의 범주 안에
자리매김하는 것처럼 보이기 때문이다. 그러나 단어의 의미론은 단
어들이 오직 문장 안에서만 실제적인 의미를 획득한다는 것과 어
휘론적 실재들—사전에 나와 있는 단어들—이 특유의 상황 안에
서 사용될 수 있는 가능성으로 말미암아 단지 잠재적인 의미를 갖
는다는 것을 분명하게 보여 준다. 이러한 관점에서, 다의성 이론은
은유 이론을 위한 좋은 예비적 이론이 된다. 어휘론적 차원에서, 단
어들(만약 실로 그것들이 이미 단어라고 불려질 수 있다면)은 하나
이상의 의미를 갖는다. 단어들이 어떤 주어진 문장 안에서 그 단어
의 여러 잠재적인 의미들 중의 일부를 현실화하고 우리가 확정된
의미라고 부르는 바를 획득하는 것은, 오직 구체적인 상황의 선별
(sifting) 행위를 통해서이다. 다의적 단어들로부터 일의적 담화를
생산하는 것을 가능하게 해주는 상황의 행위는, 사전에서 어휘론적
의미가 이미 확정된 단어들로부터 참으로 새로운 은유적 효과를
이끌어낼 수 있도록 해주는 또 다른 상황적 행위를 위한 모델이 된
다. 그러므로 이제 우리는, 비록 우리가 은유라고 부르는 유의미적
효과가 단어로 기록되어 있음에도 불구하고, 이러한 효과의 근원은
몇몇 단어들의 의미론적 영역들을 상호 작용시키는 상황의 행위에
놓여져 있다는 사실을 인정할 수 있다.

　은유 자체에 대해 말하자면, 의미론은 한 단어의 은유적 의미가
사전에서 찾아질 수 있는 것이 아니라는 사실을 동일하게 분명히
보여 준다. 이러한 의미에서, 만약 우리가 문자적 의미를 사전에 나
와 있는 어휘론적 의미들 가운데 발견되어질 수 있는 '어떤'(any)
의미로 이해한다면, 우리는 계속 은유적 의미와 문자적 의미를 대

립시킬 수 있다. 그러므로 우리는 문자적 의미를 어휘론적 차원에서의 어떤 단어의 소위 본래적 의미, 근본적 의미, 기초적 의미, 또는 본연의 의미로 이해하지 않는다. 오히려 문자적 의미란 의미론적 장(場)의 총체성, 다시 말하면 한 단어의 다의성을 구성하는, 가능한 상황적 용례들의 집합을 의미한다. 그러므로 은유적 의미는 어떤 다의적 단어(자연 언어들 안의 모든 단어들은 다의적이다)의 가능한 의미들 가운데 하나를 현실화하는 것 이상이지만, 그럼에도 불구하고 이 은유적 용법은 전적으로 상황적인 것임에 틀림없다. 즉, 은유적 의미는 어떤 상황의 행위에 의해 초래되는 독특하고 매우 일시적인 결과로 나타난다. 따라서 우리는 상황적 의미 변화와 부호나 체계로서의 언어의 통시적 측면과 관계가 있는 어휘론적 변화를 대립시키게 된다. 은유는 상황적 의미 변화의 경우에 해당한다.

이 점에서, 나는 리차즈(I. A. Richards), 막스 블랙(Max Black), 먼로 비어즐리(Monroe Beardsley), 더글러스 베르그렌(Douglas Berggren) 등이 영어로 정교하게 전개한 현대의 은유 이론에 부분적으로 동의한다.[1] 더 정확하게 말하자면, 나는 이 저자들의 근본적인 논점, 즉 한 단어는 특정한 상황 안에서 은유적 의미를 부여받으며, 그 상황 안에서 은유적 의미를 부여받은 단어는 문자적 의미

1) 이 주제에 관하여 다음을 보라. I. A. Richards, *The Philosophy of Rhetoric*(New York: Oxford University Press, 1936), Max Black, *Models and Metaphors*(Ithaca: Cornell University Press, 1962), Monroe Beardsley, *Aesthetics*(New York: Harcourt, Brace and World, 1958), 그리고 "The Metaphorical Twist," *Philosophy and Phenomenological Research*, 20(1962), 293~307면, douglas Berggren, "The Use and Abuse of Metaphor, I and II," *Review of Metaphysics*, 16(1962), 237~58면, 그리고 16(1963), 450~72면.

로 취하여진 다른 단어들과 대립한다는 것에 동의한다. 의미의 전
환은 주로 문자적 의미들 간의 충돌에서 생기는데, 이 충돌은 해당
단어의 문자적 용법을 배제하고, 문장의 맥락과 조화되고 그 맥락
속에서 문장을 의미 있게 만들어 줄 수 있는 새로운 의미를 찾아내
기 위한 단서들을 제공해준다. 결과적으로, 나는 이러한 최근의 은
유 문제에 대한 연구의 역사로부터 다음의 논지들을 받아들인다.
이 논지들은 수사학적 대체(substitution)이론을 의미의 영역들 간의
상호작용에 관한 의미론으로 대치해야 한다는 것, 논리적 불합리성
으로 이끄는 의미의 충돌이 결정적인 역할을 수행한다는 것, 극히
작은 의미의 편린이 문장전체를 의미 있게 만든다는 것 등이다. 이
제 우리는 이러한 적정한 의미론—또는 상호작용—이론이 우리가
담화에서 인식한 주요한 특징들을 어떻게 만족시키는지를 보게 될
것이다.

먼저, 사건과 의미의 대조로 돌아가 보자. 은유적 진술에서(우리
는 은유를 더 이상 하나의 단어가 아닌 하나의 문장으로 말할 것이
다), 상황의 행위는 새로운 의미를 창조해내는데 이는 실로 하나의
사건이다. 왜냐하면 이 새로운 의미는 오직 이 특정한 상황 안에서
만 존재하기 때문이다. 그러나 동시에 이 사건적 의미는 반복될 수
있으며, 따라서 동일한 것으로 동일화될 수 있다. 그러므로 '떠오르
는 의미'(emergent meaning, 비어즐리)의 새로운 도입은 일종의 언
어적 창조로 여겨질 수 있다. 그러나 만약 이 언어를 사용하는 공
동체의 영향력 있는 집단이 이 창조된 언어의 의미를 채택한다면,
그것은 일상적 의미가 되어 어휘론적 실재들의 다의성에 추가될
것이며, 그리하여 부호나 체계로서의 언어의 역사에 기여하게 될
것이다. 우리가 은유라고 부르는 유의미적 효과가 어휘론적 다의성

을 증대시키는 의미의 변화에 재합류하는 이 마지막 단계에서, 은
유는 더 이상 살아 있지 않고 죽은 것이 된다. 오직 진정으로 살아
있는 은유들만이 '사건인 동시에 의미'이다.

이와 유사하게, 상황의 행위는 두 번째 양극성, 즉 개별적 동일화
와 일반적 서술 사이의 양극성을 요구한다. 은유는 '주된 주어'
(principal subject)에 대해서 말해진다. 다시 말해서 은유는 이 주어
의 '수식어'(modifier)로서, 마치 일종의 '속성 부여'와 같이 기능한
다. 내가 지금까지 위에서 언급한 이론들은 모두 이 서술적 구조에
의존하고 있다. 이 이론들은 '수레'(vehicle)와 '방향'(tenor)을 대립
시키기도 하고(리차즈), '틀'과 '초점'을 대립시키기도 하며(막스
블랙), '수식어'(modifier)와 '주된 주어'(principal subject)를 대립시
키기도 한다(비어즐리).

은유가 의미(sense)와 지시체의 양극성을 요구한다는 것을 보여
주기 위해서는 이 글 전체의 분량만큼이나 긴 설명이 필요하며, 실
재에 대한 지시와 자아에 대한 지시의 양극성도 마찬가지이다. 왜
내가 이 단계에서는 이러한 양극성들에 대해 더 이상 말할 입장이
아닌지는 나중에 분명해질 것이다. 단순한 은유적 진술의 좁은 테
두리에서는 그다지 분명하게 나타나지 않는 대립들을 인식하기 위
해서는 텍스트 이론에 대한 성찰이 요구된다.

이와 같이 비교 영역의 한계를 설정함으로써, 이제 우리는 다음
과 같은 두 번째 질문에 대답할 준비가 되었다. 한편으로는 텍스트
에 대한 설명과 해석, 그리고 다른 한편으로는 은유에 대한 설명과
해석이 어떤 정도까지—담화의 다른 두 가지 전략적 차원인 작품
의 차원과 단어의 차원에서는 단지 적용하기만 하면 되는—유사한
과정으로 간주될 수 있는가?

2. 은유에서 텍스트로: 설명

나는 일종의 작업가설을 탐구해 보도록 제안하는데, 우선은 그것
을 그냥 진술하기만 하겠다. 한 관점에 있어서, 은유에 대한 이해는
문학 작품과 같은 보다 긴 텍스트들을 이해하는 안내자 역할을 할
수 있다. 이 관점은 설명의 관점인데, 이 설명의 관점은 오직 우리
가 '의미'(sense)라고 부른 것, 즉 담화의 내재적인 패턴의 측면에
만 관심을 갖는다. 다른 관점에 있어서는, 전체로서 바라 본 작품의
이해가 은유에 대한 열쇠를 제공해준다. 이 다른 관점은 해석 자체
의 고유한 관점이다. 이 관점은 우리가 '지시체'라고 부른 것, 즉
어떤 세계를 향한 지향적 정향(定向)과 자아를 향한 재귀적 정향으
로서의 의미의 측면에 관심을 갖는다. 따라서 만약 우리가 설명을
작품의 내재적인 패턴으로서의 '의미'(sense)에 적용한다면, 우리는
해석을 작품 자체의 세계를 투사하고 해석학적 순환을 가동시키는
'작품의 힘'에 대한 연구를 위해 남겨 둘 수 있다. 여기에서 해석
학적 순환은 투사된 세계들에 대한 이해(apprehension)와 이 새로운
세계들 앞에서의 자기 이해의 진보 둘 다를 자체의 순환 안에 포괄
한다. 이와 같이, 우리의 작업가설은 '의미'(sense)와 이 의미에 대
한 설명의 차원에서는 은유에서 텍스트로 나아가도록 초대하며, 작
품이 세계와 자아를 지시하는 차원, 즉 해석 자체의 고유한 차원에
서는 텍스트에서 은유로 나아가도록 초대한다.

은유에 대한 설명의 어떤 측면들이 텍스트에 대한 설명을 위한
패러다임으로 기능할 수 있는가? 이와 같은 설명 과정의 특징적 측
면들은 은유의 단순한 예들, 예컨대 사람은 늑대라거나 여우라거나
사자라는 식의 예들을 고려하는 한 잘 나타나지 않는다. (최고의

은유작가들의 작품을 읽으면 우리는 그들이 동물 우화집에 있는 예들을 흥미롭게 변경시키고 있다는 사실을 관찰할 수 있다!) 이러한 단순한 예들은 우리로 하여금 '새로운 의미를 동일화하는' 주요한 어려움을 피할 수 있게 해준다. 이 동일화를 성취하는 유일한 길은, 문장 전체의 뜻이 통하게 해주는 어떤 유일한 의미를 구성해내는 것이다. 단순한 은유들은 무엇에 의존하는가? 막스 블랙과 먼로 비어즐리에 따르면, 한 단어의 의미는 단지 이 단어의 문자적 용법을 지배하는 의미론적이고 통사론적인 규칙에만 의존하는 것이 아니라, 언어 공동체의 구성원들이 '준수하는' 다른 규칙들, 즉 블랙이 '서로 연관된 평범한 것들의 체계'라고 부르고 비어즐리가 '함축된 의미의 잠재적 범위'라고 부르는 것을 결정하는 다른 규칙들(이런 것도 분명 규칙이긴 하니까)에도 의존한다. '인간은 늑대다'하는 진술(이것은 블랙이 좋아하는 예이다)에서, 주어는 '늑대와 연관된 평범한 것들의 체계'에 속하는 동물의 생활의 특징들 가운데 하나에 의해 수식되고 있다. 함축된 의미의 체계는 마치 여과지나 망사처럼 기능한다. 그런데 그것은 단순히 걸러 내기만 하는 것이 아니라 주어의 어떤 새로운 측면들을 강조해내기도 하는 것이다.

은유란 새로운 상황에서 나타나는 새로운 의미라는 우리의 기술과 관련하여 우리는 이러한 설명을 어떻게 생각할 것인가? 내가 위에서 말한 바와 같이, 나는 이러한 설명에 의해 함축되는 '상호작용 견해'에 전적으로 동의한다. 은유는 한 단어가 다른 문자적 의미의 단어를 대체하는 단순한 대체물 이상이다. 이렇게 대체물로 대체되는 단어의 의미는 가능한 모든 방법으로 바꾸어 말하기를 해 보면 결국 처음 자리로 되돌아갈 수 있다. 이러한 두 가지 작용들—화자에 의한 대체와 저자나 독자에 의한 회복—의 대수적 (algebraic) 합은 영이다. 새로운 의미가 출현하지도 않고 우리가 새롭게 알게 되는 것도 없다. 블랙이 말하듯이, "'상호작용-은유'는 일회성 소모품이 아니다. … '주된 주어'에 대한 통찰을 촉진시키기 위한 이 '보조적인 주어'의 사용은 탁월한 지적 작용이다." 그러므로 상호작용 은유들을 직접적인 언어로 번역해낼 경우에는 '인지적 내용의 손실'이 불가피하다.[2]

이러한 설명이 은유의 유의미한 효과를 잘 묘사하고 있는 것은 사실이다. 하지만 과연 단어의 의미론적 다의성과 의미론적 규칙들에 그저 '서로 연관된 평범한 것들의 체계'와 문화적 규칙을 덧붙이는 것만으로, '알려 주고 깨우쳐 주는' 은유의 힘을 이러한 설명이 제대로 다루고 있는 것인지 우리는 물어야만 한다. '서로 연관된 평범한 것들의 체계'란 이미 죽은 어떤 것, 혹은 적어도 이미 확립되어 버린 어떤 것이 아닌가? 물론, 이 체계가 어떤 방식으로든 개입을 해서, 상황의 행위가 규제를 받고 새로운 의미의 구성도 어떤 규정을 따르도록 해야 한다. 블랙의 이론은 "은유들이, 이미 받아들여진 평범한 의미뿐만 아니라 특별히 구성된 함축의미의 체계에 의해 지지될 수 있을" 가능성을 남겨 둔다.[3] 문제는 바로 이 '특별히 구성된 함축의미의 체계'의 문제이다. 그러므로 만일 우리가 새로운 상황 안에서 발생하는 새로운 은유의 경우를 설명하고자 한다면, 우리는 상호작용 과정 자체를 조사해야만 한다.

비어즐리의 은유 이론은 우리를 이 방향으로 한 단계 더 나아가게 한다. 만약 우리가 그를 따라 동일한 상황 안에서의 논리적 불

---

2) *Models and Metaphors*, 46면.
3) 같은 책, 43면, 그의 요약 안의 네 번째 조건을 보라. 44면.

합리성이나 문자적 의미들 간의 충돌의 역할을 강조한다면, 우리는 은유적 의미의 진정한 창조적인 성격을 인식할 준비가 된 셈이다. "시에 있어서, 이러한 창조적 결과는 논리적 불합리성이라는 주요한 전략에 의해서 얻어진다."[4] 논리적 불합리성은 우리로 하여금 주어와 수식어의 문자적 의미를 그대로 유지함으로써 문장 전체가 불합리하다고 결론을 짓거나 아니면 수식어에 새로운 의미를 부여하여 문장 전체의 뜻이 통하도록 하거나 둘 중의 하나를 선택하게 만든다. 이제 우리는 '자기 모순적인' 속성부여뿐만 아니라 '의미 있게 자기 모순적인' 속성부여와도 대면하게 된다. 만약 내가 '인간은 여우다'(이제 여우가 늑대를 쫓아내 버렸다!)라고 말한다면, 문장의 뜻이 통하도록 하기 위해서 나는 문자적 속성부여에서 벗어나와 은유적 속성부여로 나아가야 한다. 그러나 어디에서 이 새로운 의미를 끌어 올 것인가?

우리가 '어디에서 이 새로운 의미를 끌어 올 것인가?' 하는 식의 질문을 하고 있는 한, 우리는 이 질문과 마찬가지로 아무 쓸모 없는 대답밖에는 얻지 못한다. '함축의미의 잠재적 범위'는 '서로 연관된 평범한 것들의 체계'보다 아무 것도 더 말해주지 못한다. 물론, 우리는 함축의미로서의 '이차적 의미'를 충만한 의미의 범위 안에 포함시킴으로써 의미 개념을 확장시킨다. 그러나 이것은 여전히 은유라는 창조적 과정을 언어의 비창조적 측면에 묶어 두는 것이다.

비어즐리가 '개정된 언어적 대립 이론'[5]에서 하는 것처럼, 이 '함축의미의 잠재적 범위'를 아직 나의 언어의 함축의미의 범위에

---

4) *Aesthetics*, 138면.
5) Cf. 'The metaphorical twist'.

속하지 않은 속성들로 보완하면 그것으로 충분한가? 언뜻 보면 이러한 보완은 이 이론을 좀 낮게 만드는 것처럼 보인다. 비어즐리가 강조하듯이, "은유는 어떤 '속성'(실제적인 것이든 또는 인위적으로 부여된 것이든)을 변형시켜서 의미(sense)가 되도록 만든다."[6] 이 변형은 중요하다. 왜냐하면 은유는 단지 하나의 잠재적인 함축의미를 실현하는 것이 아니라 그것을 '주요한 의미'로 확립한다고 말해져야 하기 때문이다. 더 나아가 "(그 대상의) 몇몇 해당 속성들에게는 문자적 의미를 구성하는 요소들로서의 새로운 지위가 주어질 수 있다."[7]

그렇지만 아직 기표된(signified) 적이 없는 것으로 여겨지는 '사물들(혹은 대상들)'의 속성을 말하는 것은 그 새롭게 출현한 의미가 그 어느 곳에서도 끌어 와진 것이 아니라는 사실을, 적어도 언어에서 끌어 와진 것이 아니라는 사실을 (속성은 사물들의 함축의미지 단어의 함축의미는 아니다) 인정하는 것이다. 은유는 그 어느 곳에서도 끌어 와진 것이 아니라고 말하는 것이야말로 은유가 어떤 것인지를 제대로 인식하는 것이다. 즉, 은유는 언어의 순간적인 창조물이며 의미론적 혁신인데, 이 창조물과 의미론적 혁신은 명칭으로서든지 함축의미로서든지간에 언어 안에 이미 확립된 무엇으로서의 위치를 갖지 않는 것이다.

우리는 어떻게 의미론적 혁신 또는 의미론적 사건을 동일화하고 재동일화할 수 있는 의미(이는 위에서 말한 담화의 첫번째 기준이었다)로 말할 수 있는지 의문을 가질 수 있다. 여기에는 오직 하나의 대답만이 가능하다. 즉 청자 또는 독자의 관점을 취하여야 하고,

---

6) 앞의 책, 302면.
7) 같은 책.

새롭게 떠오르는 의미를 독자 편에서의 구성에 대한 저자 편의 대응물로 취급하여야 한다. 그러므로 설명의 과정은 창조의 과정에 접근하는 유일한 길이다.

우리가 이러한 길을 취하지 않는다면, 우리는 실로 대체이론으로부터 자유롭지 못할 것이다. 그럴 경우 우리는 은유적 표현을 바꿔 쓰기에 의해 회복된 문자적 의미로 대체하는 대신, 함축의미들과 평범한 것들의 체계로 대체하는 것일 뿐이다. 이러한 과제는 문학 비평을 심리학 및 사회학에 다시 연결시킨다는 면에서 예비적인 것으로 남아 있어야 한다. 설명의 가장 중요한 계기는 상호작용의 관계망을 구성하는 것인데, 이는 상황을 실제적이고 독특하게 만든다. 이렇게 함으로써 우리의 관심은 의미론적 사건으로 향하게 되는데, 이 사건은 몇 개의 의미론적 영역들이 교차하는 지점에서 발생한다. 이러한 상호작용의 관계망의 구성을 통해 모든 단어들은 함께 더불어 의미가 통하게 된다. 그리고 오직 이 때에만 '은유적 비틀림'은 사건인 동시에 의미이며, 유의미한 사건인 동시에 언어 안에 떠오르는 의미이다.

이와 같은 것이 바로 은유를 문학 작품의 설명을 위한 패러다임으로 만드는 설명의 근본적인 특징이다. 우리는 하나의 은유적 진술 안의 모든 단어들의 뜻이 통하게 하는 방식과 유사한 방식으로 하나의 텍스트의 의미를 구성해낸다.

왜 우리는 텍스트의 의미를 '구성'해내어야만 하는가? 첫번째로는 그것이 씌어져 있기 때문이다. 즉 텍스트와 독자 사이의 비대칭적인 관계에서는, 양측 중 하나가 둘 다를 향해 말한다. 언제나, 텍스트를 언어화하는 것은 누가 하는 말을 듣고 경청하는 것과는 다른 무엇이다. 읽기는 오히려 기보법(記譜法)에 따라 표기된 악보를 연주하는 것과 유사하다. 왜냐하면 텍스트는 더 이상 저자의 의도에 의해 활성화되지 않는 자율적인 의미 공간이기 때문이다. 이 본래의 지지물[저자의 의도: 역자 주]을 더 이상 갖고 있지 않은 까닭에, 텍스트의 자율성은 씌어진 글을 전적으로 독자의 해석에 넘겨 준다.

두 번째 이유는, 텍스트가 그저 씌어진 무엇일 뿐 아니라 하나의 작품, 즉 단일한 전체성(singular totality)이라는 데 있다. 문학 작품은 하나의 전체로서 개별적으로 이해 가능한 문장들의 연속체로 축소될 수 없다. 오히려 문학 작품은 여러 가지 방식으로 구상될 수 있는 주제들과 의도들로 이루어진 건축물이라고 할 수 있다. 부분과 전체의 관계는 불가피하게 순환적이다. 어떤 전체가 있다는 전제가 부분들의 확정적인 배열에 대한 인식보다 앞선다. 반면 전체는 부분들을 구성함으로써 수립된다. 더욱이, 단일한 전체성이라는 개념이 암시하는 바와 같이, 하나의 텍스트는 한 마리의 동물이나 혹은 하나의 예술 작품 같은 일종의 개체이다. 그러므로 텍스트의 단일성은 오직, 이 단일한 텍스트 안에서 서로 교차하는 텍스트들의 층, 문학적 장르, 그리고 다양한 구조들에 관한 유(類)개념들(generic concepts)을 전향적으로 수정해 나감으로써만 다시 획득될 수 있다. 간단히 말하자면, 한 작품을 이해하는 일은 칸트가 세 번째 《비판》(Critique)에서 논구(論究)한 그런 종류의 판단을 포함한다.

그렇다면 우리는 이러한 구성과 이러한 판단에 대하여 무엇을 말할 수 있는가? 여기에서, 텍스트를 의미(sense)의 명료화 차원에서 이해하는 것과 은유적 진술을 이해하는 것은 매우 동질적이다. 두 경우 모두에서 중요한 문제는, 명백하게 서로 조화되지 않는 것처럼 보이는 다양성 가운데에서 '뜻이 통하게 하는 것', 다시 말해서 전체적으로 최상의 이해 가능성을 산출해내는 것이다. 두 경우 모두에서, 이러한 구성은 모험 또는 추측의 형태를 취한다. 허쉬(Hirsch)가 《해석의 타당성》(*Validity in Interpretation*)에서 말하듯이, 올바른 추측을 위한 법칙들은 없지만 우리의 추측이 타당하게 이루어질 수 있게 해주는 방법들은 있다.[8] 이러한 추측과 타당성 검증 사이의 변증법은, 텍스트의 지엽적인 난제들을 해결하려고 할 때 작용하는 미시적 변증법(micro-dialectic)을 텍스트의 차원에서 실현하는 것이다. 텍스트와 은유 모두에서, 타당성 검증의 절차들은 경험적 입증의 논리보다는 확률의 논리와 더 유사하다. 말하자면, 그것들은 불확실성과 정성적(定性的) 확률(qualitative probability)과 더 유사하다고 할 수 있다. 이러한 의미에서, 타당성 검증은 법률 해석의 사법적 절차들과 유사한 논쟁적인 분야의 관심 사항이다.

이제 우리는 은유적 진술에 대한 설명과 전체로서의 문학작품에 대한 설명 사이의 유비의 근저에 놓여 있는 서로 상응하는 특징들을 요약할 수 있게 되었다. 두 경우 모두에 있어서 구성은 텍스트 자체 안에 포함되어 있는 '실마리들'에 의존한다. 실마리는 그 안에 허용과 금지를 동시에 포함하고 있다는 점에서, 특정한 구성을 위한 안내자로서 기능한다. 다시 말하면, 실마리는 적절치 못한 구성들은 배제하고 동일한 단어들에 보다 많은 의미를 부여해주는 구성들은 허용한다. 둘째로, 두 경우 모두에 있어서 어떤 한 구성이 다른 구성보다 더 그럴듯하다고 말해질 수는 있지만 그렇다고 더 사실에 가깝다고 할 수는 없다. 더 그럴 듯한 구성은 한편으로는

---

8) Cf. Eric D. Hirsch, Jr, *Validity in Interpretation*(New Haven : Yale University Press, 1967), 5장.

310 2부 해석 이론

텍스트에 의해 제공되는 최대한 많은 사실들을(그것들의 잠재적인 함축의미까지 포함해서) 고려하는 것이고, 다른 한편으로는 그 구성이 고려하는 특징들 사이에 보다 질적으로 우수한 수렴을 제공하는 것이다. 평범한 설명은 좁은 설명 혹은 억지 설명이라고 할 수 있다.

여기서 나는 비어즐리가 좋은 설명이란 적합성(congruence)의 원리와 충만성(plenitude)의 원리 두 가지를 만족시키는 설명이라고 말한 것에 동의한다. 지금까지 우리는 사실상 적합성의 원리에 대해서 말해 왔다. 충만성의 원리에 대해서는 이 글의 세 번째 부분에서 다룰 것이다. 충만성의 원리는 다음과 같이 말해질 수 있다. 즉 "적합한 모든 함축의미들은 다 수용되어져야 한다. 그리고 시는 그것이 의미할 수 있는 모든 것을 의미한다." 이 원리는 단순한 '의미'(sense)에 대한 관심 너머로 우리를 이끈다. 이 충만성의 원리는 이미 지시체에 대해 뭔가를 말하고 있다. 왜냐하면 이 원리는 충만성의 척도로서 어떤 경험, 즉 텍스트의 의미론적 밀도와 동등한 의미론적 밀도를 가지고 말로 표현되어질 것을 요구하는 경험으로부터 나오는 요구를 받아들이기 때문이다. 나는 충만성의 원리는 의미의 차원에서의 충만한 표현의 원리의 결과라고 말하고자 하는데, 이 충만한 표현의 원리는 우리의 탐구를 매우 다른 방향으로 이끈다.

다음과 같은 훔볼트(Humbolt)의 말은 우리를 이 새로운 탐구 영역의 문지방으로 인도한다. "담화(Rede)로서의 언어는 표현 가능한 것과 표현 불가능한 것 사이의 경계선상에 놓여 있다. 담화로서의 언어의 목적과 목표는 이 경계선을 더욱 뒤로 밀어내는 것이다." 이와 유사하게, 해석은 그 본유적 의미에 있어서 이 경계선상에 놓여 있다.

3. 텍스트에서 은유로: 해석

　해석의 본유적 차원에서, 텍스트에 대한 이해는 은유에 대한 이해를 위한 열쇠를 제공해준다. 왜 그런가? 그것은 담화의 어떤 특징들이 오직 담화가 문학적 '작품'의 형태를 취할 때에만 명시적으로 역할을 시작하기 때문이다. 이 특징들은 바로 지시(체)와 자기 지시라는 제목 하에 다루었던 특징들이다. 앞에서 내가 의미(sense)는 담화에 있어서 (말해지는) '그 무엇'(what)이고 지시체는 '그 무엇에 관하여 말해지고 있는 바로 그 무엇'(about what)이라고 말하면서, 지시체를 의미에 대립시켰던 것을 상기하자. 물론 이 두 가지 특징들은 담화로서의 언어의 가장 작은 단위인 문장 안에서 인식될 수 있다. 문장은 자신이 표현하는 상황에 관한 것이며, 아울러 우리가 열거했던 특정 절차들에 의해 그 문장의 화자를 되가리킨다. 그러나 지시와 자기 지시는, 담화가 텍스트가 되지 않는 한 그리고 담화가 작품의 형태를 취하지 않는 한 복잡한 문제들을 일으키지는 않는다. 이 복잡한 문제들이란 무엇인가?
　다시 한 번 씌어진 언어(글)와 말해진 언어(말)의 차이에서부터 시작하자. 말해진 언어에 있어서 대화가 궁극적으로 지시하는 것은 서로 대화하는 이들 모두에게 공통된 상황, 다시 말해서 보여지거나 가리켜질 수 있는 실재의 측면들이다. 그렇다면 우리는 여기서 지시체는 '실물적'(ostensive)이라고 할 수 있다. 씌어진 언어에서는 지시체가 더 이상 실물적이지 않다. 시, 수필, 허구적 작품들은, 불러일으켜지기는 하지만 실제로는 존재하지 않는 사물들, 사건들, 일의 상태들, 인물들에 대해 말한다. 그럼에도 불구하고 문학적 텍스트는 무엇인가에 관한 것이다. 무엇에 관한 것인가? 나는 작품의 세계인 어떤 세계에 관한 것이라고 서슴없이 말하겠다. 나는 결코 텍스트가 어떤 세계 없이 존재한다고 말하지 않고, 오직 텍스트 안에서 이제야 인간은 상황(Umwelt)이 아닌 세계(Welt)를 가진다고 말하고자 한다. 텍스트는 [저자의: 역자 주] 심리적 의도의 보호감독으로부터 자신의 의미를 해방시키는 것과 동일한 방식으로, 실물적 지시체의 한계로부터 자신의 지시체를 해방시킨다. 우리에게 있어서, 세계는 텍스트에 의해 열려지는 지시체들의 전체이다. 따라서 우리가 그리스의 '세계'에 대해 말할 때, 우리는 그 상황을 실제로 경험한 사람들에게 그 상황이 어떠한 것이었는지를 묘사하기 위한 것이 아니라, 그 상황이 소멸된 후에도 지속되는 비상황적 지시체를 묘사하기 위한 것인데, 이 비상황적 지시체는 가능한 존재양태들로서, 그리고 우리의 세계-내-존재의 가능한 상징적 차원들로서 제시된다.

　문학 작품의 맥락에서의 지시체의 성격은 해석의 개념을 위한 중요한 의미를 갖는다. 그것은 텍스트의 의미가 텍스트의 뒤가 아니라 텍스트의 앞에 있다는 것을 함축한다. 의미는 감추어진 무엇이 아니라 탈은폐되는 무엇이다. 텍스트의 비실물적 지시에 의해 어떤 가능성의 세계가 지시됨으로써 이해가 일어나게 된다. 텍스트는 가능한 세계들에 대하여 말하며, 또한 그 가능한 세계들을 향해 우리 자신을 정향시키는 가능한 방법들에 대해 말한다. 이러한 방식으로, 말해진 언어에서 실물적 지시가 하는 역할과 동일한 역할을 쓰어진 텍스트에서는 탈은폐가 수행한다. 따라서, 해석은 텍스트의 비실물적 지시들에 의해 열려지는 제안된 세계에 대한 이해 (apprehension)가 된다.

이러한 해석의 개념은, 낭만주의 전통이 강조했던 해석학의 성격으로부터의 결정적인 전환을 보여 준다. 낭만주의 전통에서는 청자 또는 독자가 화자 또는 저자의 정신적 삶 안으로 자신을 전치(轉置)시킬 수 있는 능력을 강조하였다. 이제부터는 강조점이 하나의 정신적 실재로서의 타자보다는 작품이 펼쳐 보이는 세계에 놓여진다. 이해하는 것은 작품의 역동성, 즉 작품이 말하는 그 무엇(what it says)으로부터 작품이 그 무엇에 대해서 말하는 바로 그 무엇 (that about which it speaks)으로의 작품의 움직임을 따라가는 것이다. 독자로서의 나의 상황 너머로, 그리고 저자의 상황 너머로, 나는 텍스트가 내게 열어 보여 주는 세계-내-존재의 가능한 양태에 나를 내어준다. 이것이 바로 가다머가 역사적 지식에서의 '지평융합'(Horizontverschmelzung)이라고 부르는 것이다.

타자에 대한 이해로부터 그의 작품의 세계에 대한 이해로의 강조점의 전환은 '해석학적 순환' 개념에 있어서 그에 상응하는 전환을 수반한다. 낭만주의 사상가들에게 '해석학적 순환'이라는 용어는, 텍스트 이해는 과학적 객관성이라는 의미에서의 객관적 과정이 될 수 없으며, 독자가 [작품을 읽기 전에: 역자 주] 이미 자신과 자신의 작품을 이해하는 방식으로서의 선이해(pre-understanding)가 불가피하다는 것을 의미했다. 그리하여 일종의 순환성이 텍스트 이해와 자기 이해 사이에서 생겨났다. 간단히 말하자면 이런 것이 해석학적 순환의 원리이다. 우리는 논리적 경험주의 전통 안에서 훈련받은 사상가들이 해석학적 순환이라는 개념 자체를 전적으로 불명예스러운 것으로 여기고 거절했으며, 또한 그것을 모든 실증주의

적 규준에 대한 언어도단적인 위반으로 간주했다는 것은 어렵지
않게 이해할 수 있다.

나로서는 해석학적 순환이 여전히 해석의 불가피한 구조라는 사
실을 감추고 싶지 않다. 어떤 사람이 처음에는 다르고 낯설었던 것
(fremd)을 자기 자신의 것(eigen)으로 만드는 과정을 전유
(appropriation, Aneignung)라고 할 때, 만일 해석이 마지막에 모종의
전유에서 절정에 도달하지 못한다면 그 해석은 진정한 것이 아니
다. 그러나 나는 다음과 같은 두 가지 경우에는 해석학적 순환을
올바르게 이해하지 못하는 것이라고 믿는다. 즉 첫째는 해석학적
순환이 두 주관성, 즉 독자의 주관성과 저자의 주관성 사이에 있는
순환으로 제시되는 경우이며, 두 번째는 독자의 주관성이 읽기 자
체 안으로 투사되는 것으로 제시되는 경우이다.

이 두 가지 가정을 차례로 바로잡아 보자. 우리가 우리 자신의
것으로 만드는 것, 즉 우리 자신을 위해 전유하는 것은 우리에게
낯선 [저자의] 경험이거나 혹은 멀리 떨어져 있는 의도가 아니라
작품이 지향하는 세계의 지평이다. 지시체의 전유는 더 이상 의식
들의 융합, 감정이입, 공감을 모델로 삼지 않는다. 텍스트의 의미
(sense)와 지시체가 언어 안에 출현하는 것은 다른 사람에 대한 인
식으로 말미암는 것이 아니라 세계가 언어에 옴으로 말미암는 것
이다. 해석에 대한 낭만주의적 개념에 대한 두 번째 수정은 첫번째
수정의 결과로 나타난다. 만약 전유가 탈은폐의 대응물이라면, 주관
성의 역할은 투사의 관점에서 기술되어서는 안 된다. 나는 독자가
자신을 텍스트 앞에서 또는 작품의 세계 앞에서 이해한다고 말하
고자 한다. 자신을 텍스트 앞에서 이해하는 것은 자신과 자신의 신
념과 선입견을 투사하는 것과는 정반대이다. 그것은 작품과 작품의

세계로 하여금 내가 나 자신에 대해 갖고 있는 이해의 지평을 확장 시키도록 허용하는 것이다. […] 이렇게 함으로써, 해석학적 순환은 거부되는 것이 아니라 주관주의적 차원에서 존재론적 차원으로 옮겨진다. 해석학적 순환은 나의 존재 양식—내가 나의 존재양식에 대해 가지고 있는 인식 너머에 있는—과 텍스트가 개방하고 탈은 폐하는 작품의 세계의 양식 사이에 있다.

이러한 것이 바로 내가 긴 담화의 연속체로서의 텍스트로부터 '축소된 시'(비어즐리)로 이해되는 은유로 전이시킬 것을 제안하는 해석의 모델이다. 물론 은유는 어떤 세계의 탈은폐와 그 세계 앞에 서의 자신의 탈은폐 사이의 변증법을 전개하기에는 너무 짧은 담화이다. 그럼에도 불구하고 이러한 변증법은 은유의 어떤 특징들을 가리키는데, 은유의 이 어떤 특징들은 지금까지 인용된 현대의 이론들에서는 고려되지 않는 것처럼 보이지만, 고전적 은유 이론에서는 결코 없지 않았다.

아리스토텔레스의 《시학》에 나타나는 은유 이론으로 돌아가 보자. 은유는 아리스토텔레스가 '어법'(diction, lexis)이라고 부르는 것의 '부분들'(mere)의 하나일 뿐이다. 어법의 한 부분으로서, 은유는 일군(一群)의 산만한 절차들—비범한 단어들을 사용하는 것, 새로운 단어들을 만들어 내는 것, 단어들을 축약하거나 확장하는 것 —에 속하는데, 이 절차들은 모두 단어의 통상적인(kurion)사용과는 거리가 먼 것들이다. 그러면 '어법'의 통일성을 이루는 것은 무엇인가? 그것은 '어법'이 오직 시 안에서 기능하는 것이다. '어법'은 시 작품의 패러다임으로 간주되는 비극의 한 부분이다. 《시학》의 맥락 안에서, 비극은 전체적인 문학 작품의 차원을 나타낸다. 시의 형식으로 된 비극은 의미(sense)와 지시체를 갖는다. 아리스토텔레스의 언어에서, 비극의 '의미'(sense)는 그가 '뮈토스'(우화, 꾸며 낸 이야기, fable, mythos)라고 부른 것에 의해 확보된다. 우리가 이 뮈토스를 비극의 의미(sense)로 이해할 수 있는 까닭은 아리스토텔레스가 계속해서 뮈토스의 구조적 특징들을 강조하기 때문이다. 뮈토스는 통일성과 정합성을 가져야 한다. 즉, 뮈토스는 표현된 행동들을 '온전하고 완전한' 어떤 것으로 만들어야만 한다. 그래서 뮈토스는 비극의 주요한 '부분'이며 '본질'이다. 비극의 다른 모든 부분들— '인물들', '사상들', '전달', '연출'—은 수단들이나 조건들로서, 또는 뮈토스로서의 비극을 실행시키는 것들로서 뮈토스에 연결되어 있다. 우리는 뮈토스의 '어법'과 (그리고 따라서) 은유의 의미가 통하는 것은, 오직 비극의 뮈토스와의 관계 안에서라고 결론지어야 한다. 비극의 뮈토스에 의해서 확보되는 광역적(廣域的, regional) 의미 바깥에 존재하는 은유의 지엽적(local) 의미란 없다.

만약 은유가 비극의 뮈토스에 의해 비극의 '의미'(sense)와 연결된다면, 은유는 또한 아리스토텔레스가 '미메시스'(mimesis)라고 부르는 비극의 일반적 목적으로 말미암아 비극의 '지시체'와 연결된다.

왜 시인들은 비극을 쓰고, 뮈토스를 정교하게 다듬고, 은유와 같은 '비범한' 단어들을 사용하는가? 그것은 비극 자체가 보다 근본적인 인간의 기획, 즉 '시적인' 방법으로 인간의 행동들을 '모방하는 것'과 연결되어 있기 때문이다. 이 두 핵심 단어들— '미메시스'와 '시작'(詩作, 또는 창작, poiesis)—과 더불어 우리는 내가 작품의 지시적 세계라고 부른 차원에 도달한다. 사실 우리는 아리스토텔레스의 미메시스 개념이 이미 모든 지시체의 역설들을 포괄하고 있다고 말할 수 있다. 한편으로, 미메시스는 이미 존재하는 인간 행동의 세계를 표현한다. 비극은 인간의 현실과 삶의 비극을 표현하도록 운명지어져 있기 때문이다. 그러나 다른 한편, 미메시스는 현실에 대한 복제를 의미하지 않는다. 미메시스는 복사가 아니라 '창작'(poiesis), 즉 구성이요 창조이다. 아리스토텔레스는 미메시스의 이 창조적 차원에 관해 적어도 두 가지 지침을 제공한다. 첫째, 뮈토스는 예술가의 창조적 재능을 증명하는 독창적이고 일관성있는 구성물이다. 둘째, 비극은 인간의 행동들에 대한 모방인데, 이 모방은 인간의 행동들을 현실에서보다 더 낮고, 더 높고, 더 고상하게 보이도록 만든다. 우리는 미메시스를 우리가 문학작품의 비실물적 지시체라고 부른 것에 대한 그리스적 용어, 다시 말하면 세계의 탈은폐에 대한 그리스적 용어라고 말할 수 있지 않을까?

만약 이것이 옳다면, 우리는 이제 은유의 '힘'에 대해 무언가를 말할 수 있는 위치에 있다. 이제 나는 힘에 대해서 말하려고 하는 것이지, 더 이상 구조나 심지어 과정에 대해 말하려고 하는 것이 아니다. 은유의 힘은 은유가 시 작품에 내재하는 세 가지 특징들과 연결됨으로부터 생겨난다. 첫째는 '어법'의 다른 절차들과의 연결이고, 둘째는 작품의 본질이며, 내재적 의미(sense)인 '뮈토스'(fable)와의 연결이며, 세 번째는 작품 전체의 지향성, 즉 현실에서보다 더 고상한 인간의 행동들을 나타내려는 작품의 의도와의 연결이다. 그리고 바로 여기에 미메시스가 있다. 이러한 의미에서 은유의 힘은 하나의 전체성으로서의 시의 힘에서부터 생겨난다.

아리스토텔레스의 《시학》에서 빌려 온 이러한 개념들을 은유에 대한 우리 자신의 묘사에 적용해 보자. 우리가 다른 모든 것보다 상위에 자리매김한 은유의 특징, 즉 은유의 발생적인 혹은 떠오르는 특징은 실재에 대한 창조적인 모방으로서의 시의 기능에 연결된다고 말할 수 있는가? 만약 우리가 만들어 내는 새로운 의미가 미메시스 안에서의 '창작'(poiesis)에 봉사하지 못한다면, 우리는 왜 새로운 의미, 오직 담화의 순간에만 존재하는 의미를 만들어 내어야 하는가? 만일 시가 하나의 세계를 창조하는 것이 사실이라면, 시는 어떤 특정한 맥락들 안에서 시의 창조적인 힘을 보존하고 표현하는 언어를 필요로 한다. 시의 '창작'과 떠오르는 의미로서의 은유를 함께 취함으로써, 우리는 시와 은유 모두에 동시적으로 의미를 부여하게 될 것이다.

그러므로 해석 이론은 은유의 힘으로의 궁극적인 접근을 위한 길을 예비해준다. 이 분석의 마지막 단계에서 텍스트 해석에 우선권이 주어지는 것이 텍스트와 은유의 관계가 상호적이지 않다는 것을 의미하는 것은 아니다. 텍스트 안에 있는 지엽적 사건으로서의 은유의 설명은 전체로서의 작품의 해석에 기여한다. 심지어 우리는 만약 지엽적인 은유의 해석이 전체로서의 작품의 해석에 의해, 그리고 그 작품이 투사하는 세계에 대한 명료화에 의해 조명된다면, 다른 한편으로 전체로서의 시의 해석은 텍스트의 지엽적 현상으로서의 은유에 대한 설명에 의해 통제를 받는다고 말할 수 있다.

텍스트의 광역적 측면과 지엽적 측면 사이의 이러한 상호 관계의 예로서, 나는 아리스토텔레스의 《시학》에 함축되어 있는 연관성, 즉 그가 한편으로는 미메시스에 대해 말하는 것과 다른 한편으로는 은유에 대해 말하는 것의 연관성에 관하여 모험적인 언급을 시도하고자 한다. 우리가 앞에서 보았듯이 미메시스는 인간의 행동들을 현실에서보다 더 고상하게 보이게 한다. 그리고 은유의 기능은 비범한 용법을 통해 일상적 언어의 의미를 전이시키는 것이다. 인간의 행동들을 실제보다 낮게 보이도록 만드는 기획과, 언어를 그 자체 위로 고양시키는 은유의 특수한 절차 사이에는 상호적이고 심대한 유사성이 있지 아니한가?

이 관계를 보다 더욱 일반적인 용어로 표현해 보자. 만약 우리가 말할 아무런 새로운 것도 가지고 있지 않다면, 그리고 투사할 아무런 새로운 세계도 가지고 있지 않다면, 왜 우리는 우리의 언어로부터 새로운 의미를 끌어 내야 하는가? 만일 언어의 창조가 시를 수단으로 하여 새로운 세계가 떠오르게 하는 일반적 기획에 기여하지 않는다면, 그러한 언어의 창조는 의미가 없는 공허한 것이 될 것이다.

'세계를 열어 보임'을 강조하는 해석이론에 걸맞은 방식으로 결론을 내려 보겠다. 우리의 결론도 새로운 전망들을 '열어 보여야' 한다. 그런데 무엇에 대한 새로운 전망인가? 아마도 내가 조심스럽게 옆으로 밀어 둔 상상력이라는 오래된 문제에 대한 전망일 것이다. 상상력의 힘 안에서 우리는 더 이상 우리의 감각 경험으로부터 '상'(像, image)을 이끌어내는 능력이 아니라 새로운 세계들로 하여금 우리 자신에 대한 우리의 이해를 형성하도록 하는 능력을 인정할 준비가 되어 있지 않은가? 이 상상력의 힘은 상에 의해 운반되지 않고 우리의 언어 안에서 떠오르는 의미에 의해 운반될 것이다. 따라서 상상력은 언어의 차원으로서 다루어질 것이다. 이러한 방식으로, 상상력과 은유 사이에 새로운 연결점이 나타날 것이다. 우리는 지금으로서는, 이 반쯤 열린 문으로 들어가지는 않을 것이다.

7. 전유

이 글에서 나는 해석의 방법론을 지배하는 한 핵심적인 개념에 대한 해명을 시도할 것이다. 이 글은 텍스트가 누군가에게 '말해지는'(addressed to) 방식에 관한 것이다. 다른 곳에서[1] 나는 글쓰기-읽기의 관계는 말하기-듣기의 관계와, 화자와의 관계의 관점에서뿐만 아니라 청자(독자)와의 관계의 관점에서도 구별된다는 점을 지적하였다. 우리는 물었다. 누구를 위해서 글을 쓰는가? 그리고 우리는 대답하였다. 읽을 수 있는 모든 사람을 위해서이다. 우리는 또한 청자의 '잠재화'(potentialisation)에 대하여 말했는데, 청자는 더이상 대화의 상대자가 아니라 텍스트가 산출하는 미지의 독자이다. 따라서 의미를 전유(轉有, appropriation)하는 구체적인 독자에게서 읽기가 절정에 이른다는 것이 이 글의 주제가 될 것이다.

이 글을 통하여 우리는 이해에 있어서 주체의 역할이라는 오래된 문제를 재발견하게 될 것이며, 따라서 해석학적 순환의 문제를

---

1) 이 책의 "소격화의 해석학적 기능"을 보라.

재발견하게 될 것이다. 그러나 이 문제는 새로운 관점에서 제시될 것인데, 이것은 이 문제가 매우 오랫동안 연기되어 온 결과이다. 우리는 이 문제를 첫번째 문제로서 고찰하지 않고, 우리의 연구의 맨 마지막 자리로 미루어 놓았었다. 이 점에 있어서, 우리가 해석의 개념에 관하여 다른 글들에서 말한 것들이 결정적으로 중요하다. 만약 참으로 해석이 본질적으로 세계를 탈은폐하는 작품의 힘에 관심을 기울이는 것이라면, 텍스트에 대한 독자의 관계는 본질적으로 텍스트가 제시하는 세계에 대한 관계이다. 이제 내가 기술하려고 하는 전유 이론은 전체적인 해석의 문제에서 일어나는 어떤 대체 현상으로부터 말미암는 것이다. 즉 해석은 상호적인 이해가 발생하는 상호 주관적인 관계가 아니라 작품이 가져다 주는 세계에 적용되는 이해(apprehension)의 관계이다. 이러한 관계로부터 새로운 주체성의 이론이 나온다. 일반적으로 우리는 전유가 더 이상 주체에 관한 철학 전통 안에서 이해되어서는 안 된다고 말할 수 있다. 이 전통에서는 주체가 자신의 구성을 위한 열쇠를 소유하고 있다. 그러나 이해하는 것은 자신을 텍스트 안으로 투사하는 것이 아니다. 그것은 해석의 진정한 목적인 제안된 세계들에 대한 이해(apprehension)를 통하여 확장된 자아를 받아들이는 것이다. 이것이 이 글의 주요 논지이다. 이 논지는 다음과 같이 자세히 전개될 것이다.

(1) 우선적으로, 나는 전유 개념의 필요성을 보여 줄 것이다. 나는 이 개념을 텍스트에 대한 모든 객관적이고 객관화시키는 연구와 연결된 소격화의 개념에 대한 대응물(counterpart)로 도입할 것이다. 따라서 첫 부분의 제목은 '소격화와 전유'이다.

(2) 그리고 나서 우리는 전유 개념과 세계의 탈은폐 개념 사이

의 관계를 다룰 것이다. 《진리와 방법》에서의 가다머의 분석을 따라, 우리는 '놀이'의 주제를 도입할 것이다. 이 주제는 예술 작품 안에서 경험되는 변형의 성격을 규명해줄 것이다. 이 변형은 실재에만 일어나는 것이 아니라, 저자(작가와 예술가)도 경험하며, 무엇보다도(이것이 우리의 분석의 초점이다) 독자 또는 전유의 주체가 경험하는 것이다. 따라서 전유는 텍스트의 '놀이적' 전위(轉位, transposition)로 나타날 것이며, 놀이 자체는 '잠재적'(potentialis) 독자, 즉 읽을 수 있는 모든 사람에게 적합한 양식으로 나타날 것이다.

(3) 그 다음에 우리는 전유 개념이 극복해야 할 착각과 오류를 규명하고자 한다. 여기서는 주체에의 착각에 대한 비판이 전유 개념을 올바로 이해하기 위한 필수적인 과정이 될 것이다. 전유는 텍스트의 소격화에 대한 보완일 뿐만 아니라 자아의 포기에 대한 보완이 될 것이다.

결론 부분에서 나는 해석학적 철학의 자리를 한편으로는 반성적인 칸트 전통과의 관계 안에서, 그리고 다른 한편으로는 사변적인 헤겔 전통과의 관계 안에서 다룰 것이다. 나는 여기서 왜 해석학적 철학이 이 양자로부터 등거리에 있는 지점에 자리매김되어야 하는지를 보여 줄 것이다.

1. 소격화와 전유

소격화와 전유의 변증법은 설명과 이해의 변증법이 취하여야 할 마지막 특성이다. 이 변증법은 텍스트가 누군가에게 말해지는 방식에 관한 것이다.

청자의 잠재화란 개념은 독자의 담화를 저자의 담화에 다시 연결시키는 데 두 가지 방식이 있음을 함축한다. 이 가능성들은 해석의 전체 과정 속에서의 '역사'의 위상과 관계되어 있다. 19세기 중반 이래, 문학비평과 성서비평의 일반적 경향은 문학작품들의 내용과 문화적 문헌 일반들의 내용을 이러한 작품을 산출한 공동체나 이러한 작품들이 대상으로 하는 공동체에 연결시키는 것이었다. 텍스트를 설명한다는 것은 본질적으로 텍스트를 어떤 사회 문화적 필요의 표현으로, 그리고 특정한 시공간 속에서 경험된 어떤 당혹스러움에 대한 응답으로 간주하는 것을 의미했다. 이러한 풍조는 후에 '역사주의'라고 불리웠는데, 이러한 풍조와 대조되는 대안적인 경향이 프레게와 《논리 연구》(*Logical Investigations*)의 저자인 후설로 말미암아 대두되기 시작했다. 이 사상가들에 따르면, 의미 (이들은 텍스트의 의미보다는 명제적 진술의 의미에 관심이 있었다)란 누군가가 자신의 마음속에 가지고 있는 이념이 아니다. 의미란 심적인 내용이 아니라, 서로 다른 시기의 서로 다른 개인들에 의해 하나의 동일한 대상으로 동일화되고(identified) 또 다시 동일화될 수 있는 이념적 대상이다. 의미의 '이념성'(ideality)을 주장함으로써, 그들은 명제적 진술의 의미를 물리적 실재도 아니고 정신적(심리적) 실재도 아닌 것으로 이해했다. 프레게의 용어로 말하자면, '의미'(Sinn)는 '표상'(Vorstellung)이 아니다. 이것은 '표상'(영어로는 'idea' 또는 'representation')이 어떤 주어진 상황 속에서 어떤 주어진 화자에 의한 의미의 현실화와 연결된 정신적 사건을 뜻하는 한 그러하다. 의미는 무한한 정신적 현실화 가운데에서 동일성을 나타내는데, 이 '의미'(sense)의 동일성은 명제적 진술의 이념적 차원을 구성한다. 후설은 이와 유사한 방식으로, 모든 지향적 행위들의 내용들을 그 행위들 자체의 정신적 측면으로 환원될 수 없는 '노에마적'(noematic) 대상으로 기술했다. 따라서, 후설은 프레게로부터 빌려 온 이념적 '의미'(sense) 개념을 모든 정신적 작용—단지 논리적 행위뿐만 아니라 지각적 행위, 의지적 행위, 감정적 행위 등—에 확대하였다. 현상학은 "사상[톰슨은 대상(object)으로 번역했으나, 사상(事象, Sache)으로 이해하는 것이 정확함: 역자 주]을 향하여 돌아섰다." 그러므로 현상학에서 모든 지향적 행위들은 예외 없이 그것들의 노에마적 측면의 관점에서 기술되어야 하는데, 이 노에마적 측면은 상응하는 노에시스적(noetic) 행위들의 '상관물'(correlate)로 이해된다.

명제 진술적 행위 이론에서의 전환은 해석학이 글쓰기에 의해 고정화된 삶의 표현에 대한 이론으로 인식되어지는 한에 있어서 해석학을 위해 중요한 함축적 의미를 갖는다. 1900년 이후, 딜타이는 후설의 《논리 연구》에서 그가 발견한 그런 종류의 이념성을 자신의 의미 이론에 통합하고자 많은 노력을 기울였다. 딜타이는 후기의 작품들에서 텍스트, 예술작품, 또는 문서가 상호연관성(Zusammenhang)에 의해서 다른 사람에 의해 이해될 수 있고 또 글쓰기에 의해 고정화될 수 있다고 말했는데, 이 상호연관성은 프레게와 후설이 모든 명제적 진술의 기저(基底)에서 발견했던 이념성과 어느 정도 유사하다. 만일 이 비교가 타당하다면, '이해'의 행위는 딜타이가 유명한 1900년의 논문에서[2] 선언한 것보다 덜 '역사

---

2) W. Dilthey, "Origine et développement de l′herméneutique"(1900) in *Le Monde de l′Esprit* I(Paris: Aubier, 1947)[영문 번역판: "The Development of Hermeneutics" in *Selected Writings*, edited and translated by H. P.

적'이고 더 '논리적'이 된다. 그리고 '인문과학' 이론 전체가 이 중요한 전환에 의해 영향을 받는다.

이와 비교될 만한 문학비평 영역에서의 변화가 미국과 유럽대륙에서 일어났는데, 이는 문화적 표현에 대한 설명에서의 전환, 즉 역사로부터 논리성으로의 전환과 연관되어질 수 있다. 이전 시기의 지나친 심리주의와 사회주의(sociologism)의 뒤를 이어 '반(反)역사주의'의 물결이 밀려 왔다. 이 새로운 입장에 따르면, 한 텍스트는 무엇보다 우선적으로 특정한 범위의 독자들에게 주어지는 메시지가 아니다. 이러한 의미에서, 텍스트는 역사적 연쇄사슬의 한 고리가 아니다. 텍스트가 텍스트인 한, 텍스트는 모든 역사적 발전과정에의 계류장치를 부숴 버린 일종의 비시간적인 대상이라고 할 수 있다. 저술이 된다는 것은 역사적 과정이 '유보'된다는 것과, 의사소통 영역의 무한한 확장을 허용하는 이념성의 영역으로 담화가 옮겨진다는 것을 함축한다.

나는 내 자신이 이 '반역사주의적'인 조류를 고려한다는 것과 이 조류의 주된 전제인 의미의 일반적인 객관성의 전제를 받아들인다는 사실을 밝혀 둘 필요가 있다. 바로 이러한 종류의 문학비평의 기획과 방법에 동의하기 때문에, 나는 문학적 대상의 특수성에 대한 인식으로부터 결과되어지는 설명과 이해의 변증법을 새로운 관점에서 정의할 준비가 되어 있다.

이제 이 새로운 변증법을 전개해 보자. 이 새로운 변증법에 있어서는 의미의 객관화가 저자와 독자 사이의 필수적인 매개이다. 그러나 매개로서의 이 의미의 객관화는 보다 실존적인 성격의 보완

Rickman(Cambridge: Cambridge University Press, 1976)].

적 행위를 요구하는데, 나는 이것을 의미의 전유라고 부르고자 한다. '전유'(轉有, appropriation)는 독일어 'Aneignung'에 대한 번역인데, 'Aneignen'은 처음에는 '생소했던' 것을 '자신의 것으로 만드는 것'을 의미한다. 해석학이란 단어의 본래적 의도를 따라 말하자면, 모든 해석학의 목적은 문화적 거리와 역사적 소외와 맞서 싸우는데 있다. 해석은 함께 모으고, 같게 만들고, 동시대적으로 만들고, 유사하게 만든다. 이 목적은 오직 해석이 텍스트의 의미를 현재의 독자를 위해 현실화시키는 한에서만 성취될 수 있다. 전유는 어떤 사람에게 말해지는 의미의 현실화를 표현하기 위해 적합한 개념이다. '계시' 또는 '탈은폐'가 대화적 상황에서의 실물적 지시의 자리를 대신하는 것과 동일한 방식으로, 전유는 대화적 상황에서의 답변의 자리를 점유한다. 해석이 완결되는 것은 읽기를 통해 일종의 사건인 탈은폐의 사건, 즉 현재적 사건이 발생하는 때이다. 전유로서, 해석은 사건이 된다. 따라서 전유는 변증법적 개념이다. 즉 전유는 반역사적 성격의 문학비평이나 텍스트 비평 안에 포함되어 있는 비시간적인 소격화에 대한 대응물이다.

2. 전유의 존재양태로서의 '놀이'

다음의 주제는 가다머의 저술[3]에서 제시되는 것이기도 하지만, 또한 아울러 '발견적 허구'(heuristic fiction)이론에 의해 요청되는 것이기도 하다. 즉 나는 실재뿐만 아니라 저자와 독자도 발견적 허

---

3) Hans-Georg Gadamer, *Wahrheit und Methode*(Tübingen: J. C. B. Mohr, 1960)[영문 번역판: *Truth and Method*(London: Sheed and Ward, 1975)].

구에 의해 변형된다는 것을 보여 주고자 한다. 읽는 주체의 변형은 처음에는 세계의 변형으로부터 결과되어지며, 그리고 그 다음에는 저자의 변형으로부터 결과되어진다.

1. 놀이로서의 발견적 허구

가다머는 예술작품에 대하여 성찰하는 가운데 놀이에 대한 자신의 개념을 발전시킨다. 이 성찰은, 그 자체가 '반성적 판단' 이론과 연결되어 있는 칸트의 '취미 판단' 이론으로부터 유래하는 미적 의식의 주관주의와 전적으로 대립되는 것이다. 놀이는 놀이를 하는 의식(意識)에 의해 결정되지 않는다. 놀이는 자체의 고유한 존재 방식을 가진다. 놀이는 놀이에 참여하는 사람을 변화시키는 한 경험이다. 미적 경험의 주체는 놀이자 자신이 아니라 놀이에서 '발생하는' 그 무엇인 것처럼 보인다. 이와 유사한 방식으로 우리는 파도 놀이, 빛 놀이, 기계부속품 놀이, 그리고 심지어 문자 놀이에 관하여 말할 수 있다. 우리는 기획과 이념을 가지고 놀이를 한다. 그리고 이와 마찬가지로 우리는 또한 (놀이에 의해) '놀아진다'(be played). 본질적으로 중요한 것은 놀이의 '앞뒤로'(Hin und Her)[의 왕복운동: 역자 주]이다. 따라서 놀이는 춤과 가까운데, 춤의 율동은 춤추는 사람의 넋을 잃게 만든다. 따라서 우리는 놀이의 참여자가 '놀아진다'(be played)라거나 어떤 것이 (놀이의 참여자) 사이에서 '놀이화 된다'(is in play)라고 말할 수 있다. 이러한 모든 표현들은 놀이가 주체의 행위와는 다른 어떤 것이라는 사실을 나타낸다. 앞뒤로의 놀이의 왕복운동은 스스로, 즉 어떤 노력이나 적용된 의도 없이 발생하는 것처럼 그렇게 발생한다. 놀이의 이 '스스로'(in-itself)라는 특성으로 인하여, 홀로 하는 놀이에서조차도 놀이하는 사람이 더불어 또는 맞서서 놀아야 하는 무엇인가가 있음에 틀림이 없다(운이 좋다면 성공적인 동반자로서!). 이러한 미지의 동반자와의 놀이를 무릅쓰는 것이 놀이의 '매력'이다. 놀이를 하는 사람은 누구나 놀아진다. 즉 게임의 규칙이 놀이자에게 부과되며, 앞뒤로의 왕복운동을 규정하며, 모든 것이 '놀아지는' 장(場)을 한정한다. 그러므로 놀이는 주체의 자기 현존의식이 지나치게 확고한 공리주의적인(utilitarian) 선입견으로 인한 심각한 태도를 부숴 버린다. 놀이에서, 주체는 자신을 망각한다. 그리고 진지하게 놀이에 몰두할 때 다시금 주체성이 얻어진다.

우리가 간단히 상기해 본 이러한 분석이 어떤 점에서 우리의 해석학적 이해의 문제를 명료화하는가? 첫번째로, 예술 작품과 일반적으로 담화 작품이 수행하는 세계의 제시(presentation)는 놀이적 제시이다. 세계는 놀이의 양태로 제안된다. 따라서 놀이 분석은 우리로 하여금 교훈적(실물적) 지시체의 유보와 그와는 다른 종류의 지시체의 현현 사이의 변증법을 교훈적 지시체에 대한 판단중지(epoché)를 넘어서 새로운 방식으로 회복할 수 있도록 도와 준다. 놀이는 가다머가 '제시'(Darstellung)라고 부른 자체의 고유한 진지한 측면을 전개하면서 이와 동일한 변증법을 전개한다. 놀이에서 심각한 것은 아무 것도 없다. 그러나 무엇인가가 제시를 통하여 제안되고, 생산되고, 주어진다. 따라서 놀이와 세계의 제시 사이의 관계는 흥미롭다. 더욱이, 이 관계는 절대적으로 상호적이다. 즉 한편으로, 시 안에서의 세계의 제시는 발견적 허구이며 이런 의미에서 '놀이적'(playful)이다. 그러나 다른 한편으로, 모든 놀이는 바로 그것이 놀이이기 때문에 참된 그 무엇을 계시한다. 가다머의 말에 의하면, 노는 것은 그 무엇에서(at something) 노는 것이다. 게임에 들어감으로써, 우리는 의미의 공간, 다시 말하면 독자를 지배하는 의미의 공간에 우리 자신을 내어주고 우리 자신을 포기한다.

놀이(연극)에서는 가다머가 '변형'(metamorphosis, Verwandlung)이라고 부르는 것, 즉 '상징'(figures, Gebilde)의 지배에 의해 특징지워지는 상상적 전위(轉位)와 모든 존재의 자신의 참된 존재로의 변화가 일어난다. 일상적인 실재는 폐기되지만 모두가 자기 자신이 된다. 따라서 다른 사람으로 분장하는 어린이는 자신의 가장 심원한 진리를 표현한다. 놀이자는 '참으로' 변형된다. 놀이적 표상 안에서, '그 무엇인가가 출현한다'. 그러나 이 '그 무엇'은 더 이상 우리가 일상적인 실재라고 부르는 것이 아니다. 오히려, 실재는 참으로 실재가 된다. 다시 말하면, 실재는 아직 결정되지 않은 가능성으로서의 미래의 지평을 포함하는 그 무엇, 두려워하거나 희망해야 하는 그 무엇, 아직 정착되지 않은 그 무엇이 된다. 예술은 변형되지 않은 실재만을 폐기한다. 여기에서 미메시스, 즉 진리에 따른 변형이 일어난다. 이런 의미에서, 우리는 인지(cognition)대신에 인식(recognition, 문자적 의미는 재인식)을 말할 것이다. 극적인 표상에서, 우리는 등장인물들과 배역들을 인식한다. 여기에 역설이 있다. 즉 가장 상상적인 창조가 인식을 이끌어낸다. "인식된 것으로서, 제시된 존재란 자신의 본질을 유지하는 것이며, 자신의 우연적인 측면들을 탈각시켜 버리고"[4] 모든 우발적이고 비본질적인 것들을 벗어 버린 것이다. 아리스토텔레스가 시(그는 비극을 생각하고 있었다)는 역사보다 더 철학적이다라고 감히 말할 수 있었던 것은 이러한 의미에서이다. 왜냐하면 시는 본질적인 것을 향하여 나아가는

---

4) 앞의 책, 109면[102면].*

반면, 역사는 일화적(逸話的)인 것에 만족하고 머물러 있기 때문이다. 따라서 허구, 상징화, 그리고 본질에 대한 인식 사이에는 중요한 연결점이 있다.

2. 놀이적 인물로서의 저자

두 번째 함의도 첫번째 함의 못지 않게 흥미롭다. 세계의 제시만이 '놀이적'(playful)인 것이 아니라, '자신을 무대에 세우고' 따라서 표상 속에서 자신을 내어주는 저자의 위치도 놀이적이다. 이것이 바로 우리가 독자의 잠재화라고 부른 것을 이해하기 위한 열쇠가 아닌가? 저자도 또한 예술작품 안에서 전개되는 세계에 대한 놀이에 의해 '변형'되어지지 않는가? 저자와 그의 작품 사이의 놀이적 관계에 대한 이 가설은 상당히 다양한 관점들, 특히 독일과 앵글로색슨의 문학비평주의[5]가 제공하는 다양한 분석들에 의해 지지된다. 이 비평문학에서의 논의는 무엇보다 작가와 등장인물들 사이의 관계에 관한 문제에 의해 양극화되었다. 이 문학비평주의자들은 과거의 작가들이 이 어려운 문제를 해결하기 위해 실행한 다양한 가능한 해법들을 기술하기 위해 '관점'이란 용어를 사용하였다. 이 관점에는 작가가 전지적(全知的) 시점(視點)에서 등장인물에 대한 전체적 관점을 갖는 것, 작가가 자신을 등장인물들 중의 한 사람과 동일화함으로써 그 사람의 눈으로 보이는 모든 것들을 보는 것, 작

---

5) 다음 글들을 보라. F. van Rossum-Guyon, "Point de vue ou perspective narrative," Wolfgang Kayser, "Qui raconte le roman?", 그리고 Wayne C. Booth, "Distance et point de vue." 이 글들을 모두 *Poétique*, IV(1970)에 실려 있다. 프랑스에서는 이와 관련된 문제가 J. Pouillon에 의해 그의 작품 *Temps et roman*(Paris: Gallimard, 1946)에서 제기되었다.

가가 이야기 속에서 사라짐으로써 이야기가 전적으로 스스로 말하는 것 등이 있다.

앞에서의 우리의 놀이에 관한 숙고가 이러한 논의를 어떻게 명료화할 수 있는가? 이 기술적(技術的)인 문제에 대한 수많은 해법들이 존재해 왔다는 사실은 바로 관계 자체가 놀이적 성격을 가지고 있음을 입증한다는 것이 내 생각이다. 저자가 허구적이 된다. 그리고 저자와 이야기의 관계에 상이한 양태들이 있다는 것은 이 놀이적 관계에 그만큼의 규칙들이 있다는 말과 마찬가지이다. 노만 프리드만(Norman Friedman)과 스탠즐(F. K. Stanzel)이 분류한 해법들은 이러한 관점에서 재숙고되어질 수 있다.[6] 이러한 해법들이 그토록 많은 허구의 저자들을 구성한다는 사실은 한 비평가의 지적에 의해 확증되는 것처럼 보인다. 즉 "저자는 어느 정도까지는 자신을 분장하려고 결정할 수 있다. 그러나 그는 결코 사라지려고 결정할 수는 없다."[7] 자신을 분장하는 것이나 다른 '목소리들'을 취하는 것은 놀이를 하기 위함이 아닌가?

한편, 프랑스인들은 텍스트와 저자 사이의 연결을 차단하려는 구조주의적인 관심에 의해 더욱 영향을 받고, '심리적' 저자와 '화자'(narrator) 사이의 불일치를 강조하였는데, 여기서 화자는 텍스트 안에서의 화자의 기호들에 의해 '표시'된다. 그러나 이 불일치는 저자가 제거됨을 의미할 수는 없다. 벤베니스트가 시적 언어에 관하여 분리된 지시체를 말한 것과 마찬가지로, 우리는 '분리된 화자'(split speaker)의 개념을 도입해야 한다. 이 분리는 바로 저자의

---

6) Cf. F. van Rossum-Guyon, "Point de vue ou perspective narrative," 481~2면 그리고 485~90면.

7) W. C. Booth, F. van Rossum-Guyon, 앞의 책, 482면에서 인용.

주체성 안으로 놀이적 관계가 유입되는 것을 표시한다. 딜타이는 "경험적 세계 앞에서의 시인의 상상력의 위치"[8]에 관해서 말했는데, 이는 그가 우리에게서 더 이상 그렇게 멀리 떨어져 있지 않다는 것을 의미한다. 이와 동일한 의미에서, 볼프강 카이저(Wolfgang Kayser)는 화자의 상황을 가리키기 위해서 '신화적 창조자'에 관하여 말한다. 화자는 자신의 목소리가 아닌 다른 목소리가 들려지도록 하기 위해서 자신의 인격성으로부터 추상되어진 존재이다. 따라서 바로 주체의 사라짐은 아직도 저자의 '자아'(ego)의 상상적 변형이다. 그렇다면 상상적 변형은 이야기를 따라 자신을 분장함으로써 이야기의 부분을 구성하는 것이다. 어쨌든, 그것은 아직도 화자가 수행하는 역할의 문제이다. 전지적인 화자는 한 등장인물과 동일시된 화자만큼이나, 또는 전적으로 스스로 말하고 행동하는 것처럼 보이는 등장인물들 가운데로 흩어져 사라진 화자만큼이나 주체의 허구이다. 전지적인 화자 역시 "등장인물들과 같은 방식으로 저자가 창조한 자율적 인물"[9]이다. 만일 화자가 한 등장인물과 동일시되거나 또는 모두들 뒤에 숨는다면 더욱 그러하다. 객관적이고 올림포스의 신과 같은 화자는 사라질 수 있다. 즉 놀이(연극)는 등장인물들의 부분적이고 제한된 관점으로 옮겨질 수 있다. 또는《젊은 베르테르의 슬픔》에서처럼, 화자는 등장인물과 우리 자신들 사이에 삽입된 상상적 인물 안에 숨겨지고, 그럼으로써 이 제3의 인물이 가엾은 베르테르의 말들을 수집하고, 서두에서 우리에게 말을 건네며 우리를 유사(pseudo) 대화 안으로 이끌어 들이는 것으로 인식될 수도 있다.

---

8) W. Dilthey, F. van Rossum-Guyon, 앞의 책, 486면에서 인용.
9) F. K. Stanzel, F. van Rossum-Guyon, 앞의 책, 490면에서 인용.

그러므로 텍스트가 3인칭 관점에서 씌어지든지 1인칭 관점에서
씌어지든지 그것은 별 차이가 없다. 이 모든 경우에 소격화는 동일
하게 일어나며, 그리고 이러한 해법의 다양성은 우리가 규칙-지배
적인 놀이를 넘어서지 못했다는 것을 증명한다. 따라서 작가는 자
신의 관점을 바꾸고 갑자기 전지적이 되어 등장인물들의 생각을
읽기도 한다. 그러므로 화자는 결코 저자가 아니라는 것은 사실이
지만, 그럼에도 불구하고 화자는 언제나 허구적 성격─이 허구적
성격은 바로 저자이다─안에서 변형되는 존재이다. 심지어는 저자
의 죽음까지도 저자가 놀이하는 게임이다. 카이저의 표현을 따르면,
모든 경우들에 있어서 저자는 '우주의 창조자'[10]로 남아 있다.

3. 놀이적 인물로서의 독자

이제 우리는 저자에 대하여 말했던 것을 독자에 대해서도 똑같
이 말할 수 있으며, 따라서 독자를 허구적 또는 놀이적 인물로 취
급하는 것이 가능하게 되었다. 상상적 변형에 종속되는 저자의 주
체성은 화자에 의해서 독자의 주체성을 위한 모델로 제공된다. 저
자와 마찬가지로 독자도 자신의 '자아'(ego)의 상상적 변형을 겪도
록 초대된다. 《젊은 베르테르의 슬픔》의 서두에서 허구적 저자가
우리에게 "그리고 당신, 선한 영혼…" 하며 말을 건넬 때, 이 "당
신"은 베르테르란 인물이 실제로 존재하지 않는다는 사실을 알고
있는 무미 건조한 사람이 아니라, 허구를 믿는 '나'(me)이다. 카이
저가 말하듯이, "독자는 우리가 우리 자신을 보기 위하여 취하는
허구적 창조물이며 배역이다."[11] 이런 의미에서 우리는 가다머가

---

10) Wolfgang Kayser, "Qui raconte le roman?" 510면.
11) 같은 책, 502면.

놀이에서 실재의 변형을 말하는 것처럼 독자의 변형을 말할 수 있다. 독자는 이 상상적인 '나', 즉 시에 의해 창조되고 시적 우주 안에 참여하는 '나'이다.

우리는 여전히 동질성(congeniality)의 관계를 말할 수 있다. 그러나 이 동질성은 놀이적 저자로부터 놀이적 독자에게로 일어난다. 그것은 작품 자체가 독자의 역할을 구성하기 때문이다. 따라서 동질성이란 다름이 아니라 저자와 독자의 이중적 변형을 의미한다. 즉 "독자의 역할을 취하는 것은 극장에서 불이 꺼지고 커튼이 올라갈 때 청중이 경험하는 신비로운 변형과 일치한다."[12]

그러므로 소설이나 이야기의 차원을 넘어 일반화시키는 것은 어려운 일이 아니다. 심지어는 철학 작품을 읽을 때조차도 중요한 문제는 낯선 작품 안으로 들어가는 것이며, 놀이에서처럼 작품 자체에 의해 주어지는 자아를 받아들이기 위하여 이전의 '나'를 벗어버리는 것이다.

3. 주체에 대한 착각들

우리는 전유의 개념을 도입할 때, 이 개념이 데카르트, 칸트, 후설의 작품들에서 기원하는 근대철학에서의 주체의 수위성(首位性)과 결부된 오류의 희생물이 되지 않도록 주의하여야 한다. 우리가 전유에서의 주체의 역할을 말할 때, 그것은 전유가 주체 안에서 그리고 주체에 의해 수행되는 객관성의 구성의 한 형태라는 것을 내

---

12) 앞의 책, 502면.

포하고 있는 것처럼 보인다. 이러한 추론은 전유의 의미에 관한 일련의 오류들을 초래한다. 이 오류들 중 첫번째의 것은 동질적인 일치에 의해 저자의 천재성을 회복한다는 낭만주의의 허식적 주장으로 은밀하게 되돌아가는 것이다. 천재성에서 천재성으로! 또 다른 오류는 전유를 본래적인 최초의 청자의 수위성의 관점에서 인식하고 그 청자와 자신을 일치시키고자 하는 것이다. 즉 그것은 텍스트가 누구에게 말해졌는지를 밝혀 내는 것이며, 자신을 본래적인 최초의 청자와 동일시하는 것을 해석학의 과제로 여기는 것이다. 좀 더 거칠게 말하자면, 전유란 해석을 현재의 독자의 유한한 이해 능력에 종속시키는 것이라고 여겨질 수도 있다.

이와 같은 다양한 오류들의 함정에 빠져서 전유를 이러한 방식으로 인식하는 것은 과학적 정신을 가진 사람들로 하여금 해석학을 주관주의나 주관주의적 실존주의의 한 형태로 이해하고 해석학에 대한 불신을 드러내도록 만들 수 있다. 심지어는 하이데거도 이러한 방식으로 읽혀져 왔다. 즉 사람들은 그의 '선이해' (Vorverständnis) 개념을 독자가 단순히 자신의 읽기 안에 편견을 투사하는 것과 구별될 수 없는 것으로 여긴다. 불트만의 해석학적 순환에 대해서도 마찬가지로 말할 수 있다. 다시 말하면, "이해하기 위해서 믿는 것," 이것은 읽는 자아를 읽혀지는 텍스트 안으로 투사하는 것이 아닌가?

여기서 나는 은유이론이 대상의 개념에 가했던 비평과 유사한 비평을 주체의 개념에 가해야 한다고 말하고자 한다. 사실상, 주체와 대립되는 대상과 대상을 지배하는 주체 이 두 개념은 두 극단적 입장이 범하는 동일한 철학적 오류이다.

이 단계에서, 주체에의 착각에 대한 모든 비판은 해석학 안으로 통합되어야 한다. 프로이드나 마르크스의 전통에서 수행하는 이 비판은 '선입견'에 대한 현대적 형태의 비판을 구성한다.

　마르크스의 전통에 따르면, 주체에 대한 비판은 일반적인 이데올로기 이론의 한 측면이다. 우리의 이해는 사회적 힘의 관계들에 있어서의 우리의 위치(이 위치는 부분적으로, 우리에게 인식되지 않는다)와 연결된 선입견에 기초하고 있다. 더욱이, 우리는 숨겨진 관심에 의해 행동하도록 추동(推動)된다. 이로부터 실재의 왜곡이 나타난다. 따라서 '허위의식'에 대한 비판은 해석학의 본유적인 부분이 된다. 여기서 나는 해석학과 이데올로기 이론, 예를 들면 하버마스가 발전시킨 이데올로기 이론과의 대화의 필요성을 인식한다.[13]

　프로이드의 전통에 따르면, 주체에 대한 비판은 '착각'(illusions)에 대한 비판의 한 부분이다. 여기서 내가 정신분석학에 관심을 갖는 것은, 그것이 텍스트 읽기를 위한 격자(표준적 눈금, grid)의 기능을 하기 때문이 아니라, 독자의 자기비평, 즉 전유 행위에 대한 정화의 기능을 하기 때문이다. 나는 《프로이드와 철학》(*Freud and Philosophy*)에서 내가 주체의 포기라고 부른 자기분석의 효과에 대하여 말한 바 있다. 프로이드가 말하는 것처럼, 주체는 자기의 집의 주인이 아니다. 이 비판은 '독자의 자아도취'라고 불릴 수 있는 것에 가해지는 비판이다. 이 비판은 오직 자기 자신을 텍스트 안에서 찾기 위한 것이며, 자기 자신을 부여해주고 재발견하기 위한 것이다.

　포기는 전유의 근본적인 계기이며 전유를 그 어떤 형태의 '소유를 취함'으로부터도 구별짓는다. 전유는 또한 무엇보다도 '놓아 주

는 것'(letting-go)이다. 읽기는 하나의 전유-박탈이다. 어떻게 이 놓
아 주는 것과 이 포기가 전유 안으로 통합될 수 있는가? 그것은 전
유를 텍스트의 계시적 힘에 연결시킴으로써 가능하다. 우리는 이
계시적 힘을 텍스트의 지시적 차원으로 묘사하였다. '자아'가 스스
로 자신을 벗어 버리는 것은 텍스트의 지시체를 향하여 자신이 이
끌려가도록 허용함으로써 가능해진다. [⋯]

　내가 보기에, 전유와 계시 사이의 연결은 역사주의의 실패를 극
복하고 아울러 슐라이에르마허의 본래적인 의도에 충실하고자 하
는 해석학의 초석이다. 저자가 자신을 이해한 것보다 저자를 더 잘
이해한다는 것은, 저자 자신의 실존적인 상황의 제한된 지평을 초
월하여 그의 담화에 함축되어 있는 계시적 차원을 전개하는 것이
다.

　이러한 기초 위에서, 이제 우리는 해석 개념에 관한 다음 몇 가
지의 잘못된 견해들을 논박할 수 있게 된다. 첫째로, 전유는 한 영
혼이 다른 영혼과 직접적으로 합치되는 것을 의미하지 않는다. 텍
스트와의 만남보다 덜 상호 주관적이고 덜 대화적인 것은 없다. 가
다머가 '지평융합'이라고 부르는 것은 저자의 '세계' 지평과 독자
의 '세계' 지평의 합치를 표현한다. 이 지평융합의 과정에서 텍스
트의 이념성은 매개자로 남아 있다.

　두 번째의 잘못된 견해에 따르면, 해석학의 과제는 텍스트에 대
한 본래적인 최초의 청자의 이해에 의해 지배를 받는다. 가다머가
확고하게 논증했듯이, 이것은 전적인 오해이다. 다시 말하면 바울의
서신들은 로마인들, 갈라디아인들, 고린도인들 등에게 전해진 것 못
지 않게 나에게도 전해진다. 오직 대화(dialogue)만이 '너'를 갖는
데, 이 '너'의 정체성은 대화 자체로부터 출원한다. 그러나 만일 텍

스트의 의미가 읽을 수 있는 누구에게나 개방되어 있다면, 텍스트를 미지의 독자들에게 개방해주는 것은 의미의 전(全)시간성(omni-temporality)이다. 그리고 읽기의 역사성은 이 특수한 전시간성의 대응역(counterpart)이다. 텍스트가 텍스트의 저자와 저자의 상황으로부터 벗어나는 순간, 텍스트는 또한 텍스트의 본래적인 최초의 청자로부터 벗어난다. 그리하여 텍스트는 텍스트 자체를 위한 새로운 독자를 획득한다.

세 번째의 잘못된 견해에 따르면, 텍스트의 의미를 전유한다는 것은 해석을 현재의 독자의 유한한 이해 능력에 종속시킨다는 것을 뜻한다. 독일어 'Aneignung'의 영어와 프랑스어 번역인 'appropriation'은 이러한 잘못된 견해를 증폭시킨다. 우리는 텍스트의 의미를, 해석하는 주체의 지배 아래에 두고 있지는 않은가? '우리 자신의 것으로 만들어지는' 것은 정신적(심리적)인 것도 아니고, 다른 주체의 의도도 아니며, 텍스트의 배후에 은폐되어 있다고 여겨지는 어떤 구상도 아니다. 오히려 그것은 어떤 세계의 투사, 또는 어떤 세계 내 존재 양태의 제안으로서, 텍스트가 자체의 비실물적인 지시에 의해서 텍스트의 앞에 탈은폐하는 것이다. 나는 결코 주체가 이미 자신의 세계 내 존재를 완전히 터득하고 자신의 선험적 이해를 텍스트 안으로 투사하거나 삽입한다고 말하지 않는다. 반대로 나는 전유란 새로운 존재 양태를 탈은폐하는 계시—또는 만일 당신이 하이데거보다 비트겐슈타인을 선호한다면, 새로운 '삶의 형태'(forms of life)—가 주체에게 자기 자신을 알 수 있는 새로운 능력을 '주는' 과정이라고 말하고자 한다. 만일 텍스트의 지시가 세계의 투사(또는 기획)라면, 자신을 기획하는 것은 우선적으로 독자가 아니다. 오히려 독자는 텍스트 자체로부터 새로운 존재

양태를 받아들임으로써 자기 자신을 기획할 수 있는 능력이 확장됨을 경험한다.

따라서 전유는 더 이상 일종의 소유나 붙잡는 방식의 행위로 나타나지 않는다. 이와 반대로 전유는 자기도취적인 '자아'를 축출하는 계기이다. 이 축출의 과정은 설명적인 절차에 의해 함축된 일종의 보편성과 비시간성의 사역(事役)이다. 오직 텍스트의 명령을 만족시키는 해석만이, 그리고 의미의 '화살'을 따라가며 그것에 '따라 사고하려고' 노력하는 해석만이 새로운 '자기' 이해를 창출해낸다. 나는 여기서 '자기' 이해라는 표현을 사용함으로써, 텍스트의 이해로부터 출현하는 '자기'(self)와 이 이해를 선행한다고 주장하는 '자아'(ego)를 대조시키고자 한다.

우리의 논의의 여정의 이 마지막 지점에서 볼 때, 해석학적 철학을 한편으로는 반성적인 칸트 전통과의 관계 안에 그리고 다른 한편으로는 사변적인 헤겔 전통과의 관계 안에 자리매김하기 위한 또 다른 긴 설명이 필요한 것으로 보인다. 하지만 여기서 나는 해석학적 철학은 그 양쪽 전통으로부터 등거리의 위치에 자리매김되어야 한다는 명제를 옹호하기 위해 단지 몇 마디만 말하고자 한다. 이 등거리의 위치란 그 양쪽 전통 모두로부터 동일하게 받아들일 것은 받아들이고 또한 그 양쪽 전통 모두에 대하여 동일하게 비판할 것은 비판하는 입장을 의미한다.

해석학적 철학은 의미 이해와 자기 이해사이의 연결점을 확보하려는 관심을 가지고 있다는 점에서 반성철학과 연속성을 갖는다고 할 수 있다. 그러나 해석학적 철학은 주체에 대한 착각을 비판하고 기호의 커다란 우회로에 끊임없이 호소함으로써, '코기토'(cogito)의 수위성(首位性)과 결정적으로 결별한다. 무엇보다도, 해석학적 철학은 전유의 주제를 현현의 주제에 종속시킴으로써, '나는 생각한다'의 해석학보다는 '나는 존재한다'의 해석학을 향하여 나아간다.[14]

해석학적 철학을 반성철학으로부터 분리시키는 바로 그것이 해석학적 철학을 사변적 철학과 더욱 가까워지도록 만들 것이라고 생각할 수 있다. 이것은 대체로 사실이다. 따라서 가다머는 자신의 해석학이 슐라이에르마허와 결별하는 한에 있어 헤겔을 소생시킨다고 말할 수 있었다. 근본적으로, 세계의 현현 개념은—이 개념을 중심으로 모든 다른 해석학적 개념들이 조직된다—후설의 구성(constitution) 개념보다는 《정신 현상학》(The Phenomenology of Mind)의 서문에서 말하는 진리의 '자기 제시'(Selbstdarstellung, self-presentation)의 개념에 가깝다. 그러나 이 자기 제시가 끊임없이 언어 사건, 즉 그 안에서 해석이 '궁극적으로' 성취되는 언어 사건으로 돌아가야 한다는 사실은 철학이 절대적 지식의 상실로 인해 탄식할 수밖에 없다는 것을 의미한다. 해석들 간의 충돌이 극복될 수도 없고 회피될 수도 없는 까닭은 절대적 지식이 불가능하기 때문이다.

절대적 지식과 해석학 사이에서, 우리는 선택하여야만 한다.

---

14) 다음을 보라. Paul Ricoeur, "The Question of the Subject: The Challenge of Semiology," translated by Kathleen McLaughlin, in *The Conflict of Interpretations: Essays in Hermeneutics*, edited by Don Ihde(Evanston: Northwestern University Press, 1974), 236~66면.

제3부

사회과학 철학

8. 텍스트의 모델:
텍스트로서 간주되는 의미 있는 행동

　이 논문에서 나의 목적은 내가 앞으로 상술하고자 하는 가설을 간략하게 검증하는 데 있다.

　나는 '해석학'이란 단어의 주된 의미가 우리 문화 안에서 글로 씌어진 기록들을 해석하는 데 필요한 규칙들을 다루는 데 있다고 전제한다. 이 전제를 우리의 논의의 출발점으로 삼으면서, 나는 빌헬름 딜타이에 의해 진술된 '해석(해명)'(Auslegung)의 개념에 충실할 것이다. '이해'(Verstehen, understanding, comprehension)는 정신적 삶이 그 자신을 표현하는(Lebensäusserungen) 수단인 모든 종류의 기호들에 기초해서 낯선 주체가 의미하거나 의도하는 것을 인식하는 데 의존한다. 반면에, '해석(해명)'(Auslegung, interpretation, exegesis)은 이보다 더 구체적인 어떤 것을 함축한다. 즉, 해석(해명)은 오직 글쓰기에 의해 고정화된 한정된 기호들의 범주와, 글쓰기와 유사한 고정화에 의해 수반되는 모든 종류의 기록들과 기념물들을 포괄하는 범주만을 다룬다.

이제 나의 가설은 다음과 같다. 만일 텍스트가 말해진 언어가 아니라 텍스트이기 때문에 텍스트의 해석이 특수한 문제들을 불러일으킨다면, 그리고 만일 이러한 문제들이 해석학 자체를 구성하는 문제들이라면, 인문과학은 다음 두 가지 점에서 해석학적이라고 말해질 수 있다. 이 두 가지는 (1) 인문과학의 '대상'이 텍스트로서의 텍스트를 구성하는 어떤 특징들을 보여 준다는 것과, (2) 인문과학의 '방법론'이 텍스트 해석 또는 해석(해명)의 절차들과 동일한 종류의 절차들을 발전시킨다는 것이다.

따라서 이 논문에서 나는 다음의 두 가지 물음에 답하고자 한다. (1) 우리는 어느 한도까지 텍스트 개념을 이른바 사회과학의 대상을 위한 적절한 패러다임으로 간주할 수 있는가? (2) 우리는 어느 한도까지 텍스트 해석의 방법론을 인문과학 영역에서의 일반적 해석을 위한 패러다임으로 사용할 수 있는가?

1. 텍스트의 패러다임

말해진 언어와 씌어진 언어 사이의 구분을 정당화하기 위하여, 나는 '담화' 개념을 예비적 개념으로 도입하고자 한다. 그것이 말해진 언어이든 씌어진 언어이든 언어는 담화로서의 언어이다.

그렇다면 담화란 무엇인가? 우리는 그 대답을 논리학자들이나 심지어 언어분석 해설자들에게서 찾으려고 하지 말고, 언어학자들 자신들에게서 찾으려고 해야 할 것이다. 담화는 언어학자들이 언어 체계 또는 언어 약호(codes)라 부르는 것과 대응되는 개념이다. 담화는 언어-사건 또는 언어 사용이다. […]

만일 (음성기호이든 또는 어휘기호이든) 기호가 언어[여기서 말하는 '언어'들은 '랑그(langue)'를 말함: 역자 주]의 기본적인 단위라면, 문장은 담화의 기본적인 단위이다. 그러므로 사건으로서의 말 (speech)에 대한 이론을 지지하는 것은 바로 문장 언어학이다. 나는 내가 사건의 해석학과 담화의 해석학을 정교화하는 것을 도와줄 이 문장 언어학의 다음 네 가지 특징들을 계속 견지할 것이다.

첫번째 특징: 언어체계는 가상적이며 시간의 밖에 있는 반면, 담화는 항상 시간 안에서 그리고 현재에 실현된다. 에밀 벤베니스트는 이것을 '담화의 실제적 경우'(instance of discourse)라 부른다.

두 번째 특징: 언어는─ '누가 말하고 있는가?'라는 물음이 언어의 차원에서는 적용되지 않는다는 의미에서─주체를 결여하고 있는 반면, 담화는 인칭 대명사와 같은 복잡한 일련의 지시어들에 의해서 그 화자를 되가리킨다. 우리는 '담화의 실제적 경우'가 자기-지시적이라고 말하고자 한다.

세 번째 특징: 언어의 기호들은 오직 동일한 체계 안에 있는 다른 기호들만을 지시하기 때문에, 시간성과 주체성을 결여하고 있는 것과 마찬가지로 세계를 결여하고 있는 반면, 담화는 항상 그 무엇에 대한 것이다. 담화는 자신이 기술하고, 표현하며, 표상한다고 주장하는 하나의 세계를 지시한다. 언어의 상징적 기능이 현실화되는 곳이 바로 이 담화이다.

네 번째 특징: 언어는 단지 의사소통의 조건으로서 의사소통을 위한 부호만을 제공하는 반면, 모든 메시지가 교환되는 것은 담화에서이다. 이런 의미에서, 담화는 하나의 세계를 가질 뿐만 아니라, 담화가 말을 건네는 타자, 다른 사람, 즉 대화 상대자를 가진다.

이러한 네 가지 특징들은 함께 사건으로서의 말(speech)을 구성한다. [···] 이제 이러한 네 가지 특징들이 말해진 언어와 씌어진 언어에서 어떻게 다르게 현실화되는지 살펴보도록 하자.

(1) 이미 우리가 말한 바와 같이, 담화는 오로지 시간적이고 현재적인 담화의 실제적 경우(instance)로서 존재한다. 이 첫번째 특징은 말(말하기)과 글(글쓰기)에서 서로 다르게 실현된다. 일상의 말에서, 담화의 실제적 경우는 찰나적인 사건의 성격을 갖는다. 이 사건은 나타났다가 곧 사라진다. 이것이 왜 고정화, 즉 기록(inscription)의 문제가 생기는가에 대한 이유이다. 우리가 고정화하고자 하는 것은 [고정화하지 않으면: 역자 주] 사라지는 것이다. 만일 우리가 음운론적 기록, 어휘론적 기록, 통사론적 기록을 통해 언어를 고정화한다고 말할 수 있다면, 그것은 고정화되어야 하는 유일한 것, 즉 담화를 위한 것이다. 오직 담화만이 고정화되어야 한다. 왜냐하면 담화는 사라지기 때문이다. 반면 비시간적인 체계는 나타나지도, 사라지지도 않는다. 그것은 발생하는 것이 아니다. 여기서 우리는 플라톤의 《파이돈》(Phaedo)에 나오는 신화를 상기하게 된다. 글은 '담화의 취약성'을 '구출하기 위해' 사람들에게 주어졌는데, 이 담화의 취약성은 사건의 취약성이다. '문법'(grammata)의 선물— '외적인' 것, '외적인 표시들', 가시적으로 실체화하는 소외의 선물—은 바로 우리의 기억력을 위한 '치료약'으로 우리에게 주어졌다. 테베의 이집트 왕은 신 테우트(Theuth)[1]에게 글은 진정한 회상을 물질적인 보존으로, 참된 지혜를 외형적 지식으로 대체하기 때문에 거짓된 치료약이라고 제대로 응답할 수

---

1) 또는 토트(Toth). 달력과 연대기를 주관하는 이집트의 신. 그는 글을 쓰는 재료들과 날짜 세는 법을 만들었다. 그는 그리스로 전래된 후에는 영혼의 안내자인 헤르메스(Hermes)와 같은 존재로 동일시되었다. - 역자 주.

있었다. 그러나 이러한 위험성에도 불구하고, 기록은 담화의 어쩔 수 없는 숙명이다. 글쓰기는 실제적으로 무엇을 고정화하는가? 글이 고정화하는 것은 말하기 사건이 아니라, 말하기에서 '말해진 것'이다. 이 '말해진 것'은 담화의 목표를 구성하는 지향적 외재화인데, 이 고정화 덕분에 말하기(sagen, saying)는 발화(發話, 또는 언명, 언표, Aus-sage, enunciation), 또는 발화된 것이 되기를 바랄 수 있다. 요컨대, 우리가 쓰는 것, 우리가 기록하는 것은 말하기의 '노에마'(noema)이다. 이것은 사건으로서의 사건이 아니라, 말하기 사건의 의미이다.

글쓰기는 실제로 무엇을 고정화하는가? 만일 그것이 말하기 '사건'이 아니라면, 그것이 '말해지는 것'인 한 그것은 말하기 자체이다. 그러나 무엇이 말해지는가?

여기서 나는 해석학이 위에서처럼 언어학(담화의 언어학과 언어의 언어학의 대조)에 호소해야 할 뿐만 아니라, 오스틴(Austin)과 서얼(Searle)에게서 발견되는 것과 같은 말하기 행위(speech-act) 이론에도 호소해야 한다고 제안하고자 한다. 이들에 따르면, 말하기 행위는 다음 세 가지 차원으로 분류되는 하위적 행위들의 위계질서로 구성되어진다. (1) 발화적(locutionary) 또는 명제 진술적 행위의 차원, 즉 말하기 행위의 차원. (2) 발화 수행적(illocutionary) 행위(또는 힘)의 차원, 즉 말하기를 '통해서'(안에서, in) 수행하고자 의도하는 행위의 차원. (3) 발화 효과적(perlocutionary) 행위의 차원, 즉 말하기 행위에 '의해서'(by) 부수적으로 불러일으켜지는 효과적 행위의 차원. [⋯]

사건이 의미에서 그 자신을 넘어서고 물리적으로 고정화되어지는 지향적 외재화의 문제를 위하여, 이러한 세 가지 구분이 갖는 함의는 무엇인가? 발화적 행위는 문장에서 스스로를 외재화 한다. [문장의 동일한 내적 구조 때문에: 역자 주] 실제적으로 문장은 동일한 문장으로 동일화되고 재동일화될 수 있다. 하나의 문장은 하나의 발화(Aus-sage)가 되며, 따라서 이러저러한 의미를 지닌 이러저러한 문장으로서 다른 것들로 변경된다. 그러나 발화 수행적 행위 역시 자체에 대한 동일화와 재동일화를 가능케하는 문법적 패러다임들(직설법, 명령법, 가정법, 그리고 발화 수행적 힘을 표현하는 다른 절차들)을 통해서 외재화될 수 있다. 분명히, 말 담화에 있어서, 발화 수행적 힘은 흉내와 몸짓 등의 요소에 의존하며 또한 담화의 비분절적 측면들—우리는 이를 시형론(詩形論, 또는 운율론, prosody)이라 부른다—에 의존한다. 이런 의미에서, 발화 수행적 힘은 명제 진술적 의미의 경우보다 문법적으로 완벽하게 기록하기가 더 어렵다. 모든 경우에 있어서, 통사론적 표현을 통한 발화 수행적 힘의 기록 자체는, 원칙적으로 글쓰기에 의한 고정화를 가능케 하는 구체적인 패러다임들 안에서 한데 모아진다. 의심의 여지없이 우리는 발화 효과적 행위는 담화의 가장 기록되기 힘든 측면이라는 것과 또한 되도록이면 (씌어진 언어보다는) 말해진 언어의 특성을 규정한다는 것을 인정해야 한다. 그러나 발화 효과적 행위는 바로 담화에서 가장 최소한의 담화이다. 그것은 자극(stimulus)으로서의 담화이다. 발화 효과적 행위는 나의 대화 상대자가 나의 의도를 인식함에 의해서 행동하는 것이 아니라, 감정과 정서적 성향에 직접적인 영향을 줌으로써 일종의 역동적인 방식으로 행동한다. 따라서 명제적 행위, 발화 수행적 힘, 그리고 발화 효과적 행위는 나열된 순서대로, 글쓰기를 통한 기록을 가능케 하는 지향적 외재화에 대한 적합성이 감소한다.

따라서, 우리는 말하기 행위의 노에마가 명제 진술적 행위라는 좁은 의미의 문장 만이 아니라 발화 수행적 힘과 심지어는 발화 효과적 행위까지도 의미한다고 이해해야 한다. 말하기 행위의 이러한 세 가지 측면들은 부호화되고 패러다임 안으로 모아지는 정도에 따라 구분되는데, 그 결과 그것들은 동일한 의미를 가진 것들로서 동일화되고 재동일화될 수 있다. 그러므로 나는 여기서 담화의 기록을 가능하게 하는 지향적 외재화의 모든 측면들과 차원들을 포괄하는 매우 넓은 어의(語義)를 '의미'(meaning)라는 단어에 부여하고자 한다.

담화로부터 글쓰기에로 나아가는 과정 속에서 나타나는 담화의 다른 세 가지 특징들의 운명은 말하기에서 말해진 것으로 나아가는 이러한 고양(高揚)의 의미를 더욱 적확하게 만들어 줄 것이다.

(2) 우리는 담화에서 문장은 주체와 인칭에 대한 다양한 지시어들을 통해 담화의 화자를 지시한다—이는 언어와의 관계 속에서 담화의 두 번째 차별화된 특성이었다—고 말했다. 말 담화에서, 말하는 주체를 되가리키는 담화의 이러한 지시능력은 직접성의 특성을 나타내는데, 우리는 이 직접성의 특성을 다음과 같은 방식으로 설명하고자 한다. 말하는 주체의 주관적인 의도와 담화의 의미는 서로 중첩되며, 따라서 화자가 의미하는 바를 이해하는 것과 담화가 의미하는 바를 이해하는 것은 동일한 것이 된다. 불어 표현 'vouloir-dire', 독일어 표현 'meinen', 영어 표현 'to mean'의 중의성은 이러한 중첩을 입증한다. "당신은 무엇을 의미하는가?"라는 질문과 "그것은 무엇을 의미하는가?"라는 질문은 거의 동일한 것이다. 그러나, 글로 씌어진 담화에서는 저자의 의도와 텍스트의 의미가 더 이상 일치하지 않는다. 텍스트의 언어적 의미와 (저자의) 정

신적(심리적) 의도의 분열은 담화의 기록에 있어서 실로 중요한 문제이다. 하지만 우리는 저자 없는 텍스트란 생각할 수 없다. 화자와 담화 사이의 연결은 철폐되는 것이 아니라, 더 넓어지고 복잡해진다. 의미와 의도가 분열되어 있기 때문에, 말하는 주체에 대한 담화의 지시는 모험적인 것이다. 그러나 텍스트의 노정(路程)은 텍스트의 저자가 살았던 유한한 지평으로부터 벗어난다. 이제는 텍스트가 말하는 것이 저자가 말하려고 의도했던 것보다 더 중요하다. 그리고 모든 해석(exegesis)은 저자의 심리에 묶여 있는 계류장치를 풀어 버린 의미의 범위 안에서 해석의 절차를 전개한다. 플라톤의 표현을 다시 빌리자면, 씌어진 담화는 말해진 담화의 이해를 돕기 위한 억양, 말투, 흉내, 몸짓 등의 모든 과정들을 동원해서도 '구출'되어질 수 없다. 이러한 의미에서, 처음에는 담화를 소외시키는 것으로 보였던 '외적인 표시'로서의 기록은 담화의 실제적인 정신성(spirituality)을 표시한다. 이제부터는 저자의 물리적이고 심리적인 현존의 도움 없이, 오직 의미만이 의미를 '구출한다'. 그러나 의미가 의미를 구출한다고 말하는 것은 오직 해석만이 저자가 이제 더 이상 '구원'(save)할 수 없는 담화의 취약성을 치유하기 위한 '치료약'이라고 말하는 것이다.

(3) 의미가 사건을 넘어서는 세 번째 방식은 이러하다. 우리가 말한 바와 같이, 담화는 세계, 곧 '하나의' 세계를 지시하는 것이다. 말 담화에 있어서 이것은 대화가 궁극적으로 지시하는 것이 대화자들에게 공통된 상황이라는 것을 의미한다. 이 상황은 대화를 둘러싸고 있는데, 이 상황의 경계표는 몸짓 또는 손가락으로 가리키는 행위에 의해 보여질 수 있으며, 또한 지시사들, 시간와 장소의 부사들, 그리고 동사의 시제와 같은 다른 지시사들에 의한 간접적

인(oblique) 지시를 통해 실물적으로 지칭될 수 있다. 말 담화에서 지시체는 실물적이다. 씌어진 글 담화에서는 이 지시체에 어떤 일이 발생하는가? 우리는 텍스트가 더 이상 지시체를 가지지 않는다고 말하고 있는 것인가? 그렇게 말한다면 그것은 지시와 실물적 지칭, 그리고 세계와 상황을 혼동하는 것이 될 것이다. 담화는 반드시 그 무엇에 관한 것이다. 이렇게 말함으로써, 나는 그 어떤 절대적 텍스트라는 이데올로기와도 결별한다. 단지 극소수의 교묘하게 조작된 텍스트들만이 이러한 지시체 없는 텍스트라는 이상을 만족시킨다. 그것들은 의미하는 것, 즉 기표(記標, signifier)의 작용이 의미되어진 것, 즉 기의(記意, signified)로부터 이탈된 텍스트들이다.[2) 그

---

2) 소쉬르는 언어를 기호의 체계라고 생각했다. 기호는 음성표현인 기표 (signifiant＝의미하는 것, 능기)와 의미내용인 기의(signifie＝의미되는 것, 소기)의 두 측면을 본래적으로 구유(具有)하고 있는 것이며 청각영상(image acoustique)과 개념을 결합시키는 것이다. 이를 간단히 도표화하면 아래와 같다.

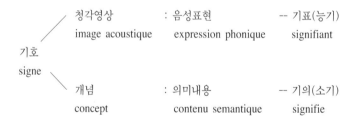

일반적으로 언어기호에 있어서는 그 기호의 음성과 그것이 전달하는 개념을 분리시킬 수 없다. 말하자면 기표가 없이는 기의가 없고 기의가 없이는 기표도 없다. 소쉬르는 이 기표와 기의의 불가분의 관계를 종이 한 장의 앞뒷면에 비겼다. 그는 기표와 기의의 관계는 종이의 앞뒷면과 같아서 종이 표면과 이면을 떼어낼 수 없는 것과 같이 기호의 두 측면이란 불가분의 것이라고 주장했다. - 역자 주.

러나 이러한 새로운 형태는 단지 예외적인 것으로서 가치가 있으
며, 이러 저러한 방식으로 세계에 대해 무엇인가를 말하는 모든 다
른 텍스트들에 대한 열쇠를 제공할 수는 없다. 그러나 그렇다면 텍
스트가 아무것도 보여 줄 수 없을 때, 텍스트들의 주제는 무엇이란
말인가? 그러한 경우에도 나는 텍스트가 세계를 가지고 있지 않다
고 말하지 않는다. 오히려 나는 오직 인간만이 단지 하나의 상황만
이 아니라 하나의 '세계를 가지고 있다'고 말하고자 한다. 이것은
역설이 아니다. 나는 텍스트의 의미가 정신적(심리적) 의도의 보호
감독으로부터 해방되는 것과 같은 방식으로 텍스트의 지시는 실물
적인 지시의 한계로부터 해방된다고 말하고자 한다. 우리에게 있어
서, 세계는 텍스트에 의해 열려지는 지시체들의 앙상블(ensemble)
이다. 따라서 우리는 그리스의 '세계'에 관하여 말할 수 있는데, 이
것은 더 이상 그리스인들이 살았던 상황이 그들에게 어떠했는지를
지시하기 위한 것이 아니라, 그 본래적 상황이 소멸된 후에도 존속
하며, 따라서 가능한 하나의 존재양태로서, 또는 우리의 세계-내-존
재의 상징적 차원으로서 제공되는 비상황적 지시체들을 지시하기
위한 것이다. 나는 모든 문학의 지시가 이러하다고 생각한다. 문학
의 지시체는 더 이상 대화의 실물적인 지시체로서의 '상황'
(Umwelt)이 아니라, 우리가 읽고, 이해하고, 사랑했던 모든 텍스트
들의 비실물적 지시에 의해 투사되는 '세계'(Welt)이다. 텍스트를
이해한다는 것은 동시에 우리 자신의 상황을 밝게 비추는 것이며,
또한 우리의 '상황'으로부터 '세계'를 만들어 내는 모든 의미작용
들(significations)을 우리의 상황에 대한 술어들 가운데로 삽입하는
것이라고 할 수 있다. 이처럼 '상황'이 '세계'로 확장되어짐으로
말미암아, 우리는 텍스트에 의해 '열려지는'(opened up) 지시체들

—지시가 세계를 '열어 준다'고 말하는 것이 더 나을 것이다—에 대해 말할 수가 있는 것이다. 다시금 여기서 담화의 정신성은 글쓰기를 통해 그 자신을 현시하는데, 글쓰기는 우리를 위한 하나의 세계, 즉 우리의 세계-내-존재의 새로운 차원을 열어 줌으로써 우리를 상황들의 가시성과 한계로부터 해방시킨다.

이러한 의미에서, 하이데거는 《존재와 시간》에서 '이해' (verstehen)를 분석하면서, 우리가 담화에서 우선적으로 이해하는 것은 다른 사람이 아니라, 투사(물), 즉 한 새로운 세계-내-존재의 윤곽이라고 올바로 지적하였다. 오직 글만이 자체의 저자로부터, 그리고 나아가서 대화적 상황의 협소함으로부터 스스로를 자유케 함으로써, 담화의 목표가 세계의 투사에 있음을 보여 준다.

이와 같이 지시를 세계의 투사와 결합시킴에 있어서, 우리는 하이데거를 재발견할 뿐만 아니라 또한 빌헬름 폰 훔볼트(Wilhlem von Humboldt)를 재발견하게 되는데, 훔볼트에게 있어서 언어에 대한 가장 탁월한 정당화는 인간과 세계의 관계를 수립하는 것이다. 만일 당신이 이러한 지시적 기능을 억누른다면, 단지 잘못된 기표들(記標, signifiers)의 불합리한 게임만 남을 뿐이다.

(4) 그러나 글쓰기에서 담화가 성취하는 바를 가장 잘 보여 주는 범례는 아마도 네 번째 특징일 것이다. 언어가 아니라 오직 담화만이 누군가에게 말을 건넨다. 담화는 의사소통의 기초이다. 그러나 담화가 담화의 상황에 함께 현존하는 대화 상대자에게 말을 건네는 경우와, 실제로 모든 글의 경우처럼 읽을 줄 아는 누구에게나 말을 건네는 경우는 서로 다른 것이다. 글 담화에서는 대화적 관계의 협소함이 타파된다. 씌어진 글은 이인칭적 존재인 바로 당신에게 말을 건네는 대신에 그 자체가 창조하는 청자에게 말을 건넨다.

다시 말하거니와, 이것은 글쓰기가 담화에 부여하는 소외와 물질성에 대응하는 글의 정신성을 특징짓는다. 읽을 줄 아는 사람은 누구나 글로 씌어진 것의 대화 상대자가 될 수 있다. 대화적 상황에서의 주체의 동시적 현존은 더 이상 모든 '이해'를 위한 모델이 되지 못한다. 글쓰기와 읽기의 관계는 말하기와 듣기 관계의 한 특수한 사례가 아니다. 이와 동시에, 담화는 말 건넴의 보편성에서 담화로 드러난다. 사건의 순간적인 성격, 저자가 살았던 한정된 영역, 그리고 실물적 지시의 협소함 이 모두로부터 벗어남으로써, 담화는 얼굴을 마주 보는 대면적 관계성의 한계로부터 벗어난다. 담화는 더 이상 가시적인 청자를 갖지 않는다. 미지의 비가시적인 독자는 어떤 특권적 지위를 갖지 않는 담화의 수신자가 된다.

우리는 인문과학의 대상이 어느 한도까지 텍스트의 패러다임에 부합한다고 말할 수 있는가? 막스 베버(Max Weber)는 이 대상을 '의미 있는 방향으로 정위된 행동'(sinnhaft orientiertes Verhalten)으로 정의한다. 어느 한도까지 우리는 이 '의미 있는 방향으로 정위된'이라는 술어를,—우리가 앞에서 살펴본 텍스트 이론에서 파생되는—내가 '독해 가능성의 성격들'(readability-characters)이라고 부르고자 하는 것으로 대체할 수 있는가?

이제 텍스트에 관한 우리의 네 가지 기준들을 의미 있는 행동의 개념에 적용시켜 보도록 하자.

1. 행동의 고정화

의미 있는 행동은 오직, 담화를 글쓰기에 의해 고정화하는 것과 동등한 일종의 객관화의 조건 아래에서만 과학의 대상이 된다. 이 특징은 우리의 분석의 현 단계에서 우리를 도와 줄 한 단순한 방법을 전제한다. 상호적인 대화가 글(쓰기)에서 극복되는 것과 동일한 방식으로, 상호적 행동은 우리가 행동을 고정화된 텍스트로서 다루는 수많은 상황들에서 극복되어진다. 이러한 상황들은, 마치 말해진 언어가 상호적 대화(interlocution 또는 translocution)의 과정 안에 붙들려 있는 것처럼, 행동에 대한 담화 자체가 한 행위자로부터 다른 행위자에게로 오가는 상호적 행동(transaction)이 발생하는 상황의 일부분이라고 주장하는 행동이론에서 간과되어진다. 이것이 왜 행동에 대한 과학 이전적(prescientific) 차원에서의 이해가 단지 '관찰 없는 지식'이거나, 또는 안스콤(E. Anscombe)이 말하는 바와 같이, '대상을 아는 것'(knowing that)에 대립되는 '방법을 아는 것'(knowing how)이란 의미에서의 '실천적 지식'인 이유이다. 그러나 이러한 이해는 아직, 과학적 해석이라 불려질 만큼 강력한 의미에서 '해석'은 아니다.

내 주장은 행동 그 자체, 즉 의미 있는 행동은 글쓰기에서 일어나는 고정화와 유사한 일종의 객관화를 통해―유의미성의 성격을 상실함 없이―과학의 대상이 될 수 있다는 것이다. 이 객관화에 의해, 행동은 더 이상 행동에 대한 담화가 여전히 귀속되는 상호적 행동이 아니다. 이 객관화는 윤곽이 그려진 어떤 패턴을 구성하는데, 이 패턴은 자체의 내적 연관성에 따라 해석되어져야 하는 그런 것이다.

이 객관화는 말하기 행위의 구조와 유사한, 그리고 행동을 일종의 발화로 만드는 행동의 어떤 내적 특성에 의해 '가능하게' 된다. 말하기 행위 자체 안에 내재하는 지향적 외재화의 변증법에 의해 글쓰기에 의한 고정화가 가능하게 되는 것과 동일한 방식으로, 상호적 행동의 과정 안에 있는 이와 유사한 변증법이 행동의 '사건'

으로부터 행동의 '의미'의 분리를 예비한다.

우선, 하나의 행동은 발화적 행위의 구조를 가진다. 이것은 동일한 것으로 동일화되고 재동일화 될 수 있는 '명제 진술적' 내용을 갖는다. 행동의 이 '명제 진술적' 구조는 안토니 케니(Anthony Kenny)가 《행위, 감정, 의지》(*Action, Emotion and Will*)[3]에서 예증적으로 분명하게 보여 주었다. 행동의 동사들은 관계술어와 유사한 특수한 부류의 술어들과, 관계술어처럼 '이다'(is)라는 연사(連辭)[주어와 술어를 잇는 be동사 등: 역자 주] 뒤에 올 수 있는 모든 종류의 술어들로 환원될 수 없는 특수한 부류의 술어들을 구성한다. 또한 행동 술어의 부류는 관계술어로 환원될 수 없으며, 독자적인 특정한 술어의 집합을 구성한다. 행동의 동사들의 여러 특성들 가운데 하나는 행동의 동사들이 ('플라톤이 가르쳤다'에서와 같이) 논항(arguments)이 아주 없는 경우로부터 ('브루투스가 시저를 쿠리아에서 3월 15일날 …으로 …의 도움으로 죽였다'에서와 같이) 논항이 불확정적인 다수인 경우에 이르기까지, 동사를 보완하는 다양한 '논항들'의 복수성을 허용한다는 것이다. 행위 문장들의 술어 구조의 이러한 가변적인 복수성(polydicity)은 행동의 명제 진술적 구조에서 전형적으로 나타나는 특성이다. 고정화의 개념을 담화의 영역으로부터 행동의 영역으로 전위(轉位)시킴에 있어서 중요한 또 하나의 특성은 행동의 동사가 갖는 '보어'(補語, complements)로서의 존재론적 위상에 관한 것이다. 관계는 동등하게 존재하는(또는 동등하게 존재하지 않는) 용어들 사이에서 성립되는 반면, 어떤 행동의 동사들은 존재하는 것으로 동일화되며 또

---

3) Anthony Kenny, *Action, Emotion and Will*(London: Routledge and Kegan Paul, 1963).

한 문장이 지시하는 화제 주어(topical subject)와 아울러, 존재하지
않는 보어들을 갖는다. '정신적(심리적) 행위들'이 그런 경우이다
(믿다. 생각하다. 의지하다. 상상하다 등).

　안토니 케니는 행동의 동사들의 기능에 대한 기술(記述)에 나타
나는, 행동들의 명제 진술적 구조의 여러 다른 특징들을 묘사한다.
예를 들면, 상태, 활동, 그리고 수행 사이의 구별은 행동 자체의 어
떤 구체적인 시간적 특징들을 고정화하는 행동의 동사들의 시제들
의 작용에 따라 진술될 수 있다. 행동의 형상적 대상과 물질적(질
료적) 대상의 차이(예를 들면 불에 탈 수 있는 모든 것들에 대한
개념과 내가 지금 태우고 있는 이 편지 사이의 차이)는 행동의 동
사들의 문법 안에 반영되는 것과 같이 또한 행동의 논리에 속한다.
대략적으로 기술하자면, 바로 이런 것이 말하기 행위에서의 '사건'
과 '의미'의 변증법과 유사한 변증법에 기초를 제공하는 행동의 명
제 진술적 내용이다. 나는 여기서 행동의 노에마적 구조에 대해서
말하고자 한다. 상호적 행동의 과정으로부터 고정화되어 분리될 수
있고, 해석의 대상이 되는 것이 바로 이 노에마적 구조이다.

　더욱이, 이 노에마는 명제 진술적 내용 뿐만 아니라, 완성된 말하
기 행위의 '발화 수행적' 특징들과 매우 유사한 특징들을 가지고
있다. *How to do Things with Words*[4] 끝 부분에서 오스틴이 묘사한,
여러 다른 부류들의 담화의 수행적 행위들은 말하기 행위들 자체
를 위한 패러다임들로서 뿐만 아니라, 상응하는 말하기 행위들을
충족시키는 행동들을 위한 패러다임들로서 받아들여질 수 있다.[5]

---

4) 한글 번역판으로 김영진 옮김, 《말과 행위 - 오스틴의 언어철학, 의미론, 화용
　론》(서울: 서광사, 1992)이 있음. - 역자 주.
5) J.L. Austin, *How to do Things with Words*(Oxford : Oxford University Press,

그러므로 발화 수행적 행위들의 모델을 따라 행동의 유형론을 수
립하는 것이 가능하다. 또한 유형론뿐만 아니라 기준론(criteriology)
도 가능하다. 단, 기준론이 가능하기 위해서는 각각의 유형이 '규칙
들'을 함축하여야 하는데, 《말하기 행위》에서의 서얼의 표현을 빌
려 좀더 정확하게 말하자면, 막스 베버(Max Weber)의 '이상적 유형
들'과 유사한 '이상적 모델들'의 구성을 허용하는 '구성 규칙들'
(constitutive rules)을 함축하여야 한다.[6] 예를 들어, 약속이란 무엇
인지 이해하려면, 우리는 어느 주어진 행동이 약속으로 간주될 수
있도록 해주는 '본질적 조건'이 무엇인지를 이해하여야 한다. 서얼
의 '본질적 조건'은 후설이 '의미내용'(Sinngehalt, sense-content)이
라고 부른 것과 크게 다르지 않은데, '의미내용'은 '물질'
(matter)(명제 진술적 내용)과 '질'(quality)(발화 수행적 힘)을 모
두 포괄하는 것이다.

  이제 우리는 행동이 말하기 행위처럼 명제 진술적 내용뿐만 아
니라 발화 수행적 힘에 따라 동일화될 수 있다고 말하고자 한다.
둘 다 자체의 '의미내용'(sense-content)을 구성한다. 말하기 행위
(speech-act)처럼 행동 사건(action-event)(만일 우리가 이런 유비적
표현을 만들 수 있다면)은 나타나고 곧 사라지는 사건으로서의 자
체의 시간적 위상과 이러 저러한 동일화 가능한 의미 또는 '의미내
용'을 갖는 자체의 논리적 위상 사이에 유사한 변증법을 전개한다.
그러나 만일 '의미내용'이 행동 사건의 '기록'을 가능하게 하는 것
이라면, 무엇이 그 기록을 현실적인 것으로 만드는가? 달리 말하면,

  1962).

6) John R. Searle, *Speech Acts: An Essay in the Philosophy of*
   Language(Cambridge: Cambridge University Press, 1969), 56면.

행동의 영역에서 글쓰기에 상응하는 것은 무엇인가?

  말하기 행위의 패러다임으로 돌아가 보자. 우리는 글쓰기에 의해 고정화된 것은 말하기의 노에마, 즉 '말해지는 것'(said)으로서의 말하기(saying)라고 말했다. 어느 한도까지 우리는 '행해지는 것'(done)이 기록되어진다고 말할 수 있는가? 여기에서 어떤 은유가 도움이 된다. 즉 우리는 이러 저러한 사건이 시간 위에 '자체의 표시를 남겼다'고 말한다. 우리는 표시를 남기는 사건에 대해 말한다. 듣기보다 읽기를 요구하는 그런 종류의 '표시'(marks)가 시간 위에는 있지 않은가? 그러나 인쇄된 표시라는 이 은유가 의미하는 것은 무엇인가? 텍스트의 다른 세 가지 기준은 우리가 이 고정화의 성격을 좀더 명확하게 하는 데 도움을 줄 것이다.

2. 행동의 자율화

  텍스트가 그 저자로부터 분리되는 것과 동일한 방식으로 행동은 그 행위자로부터 분리되고 자체의 고유한 결과를 전개한다. 이러한 인간행동의 자율화는 행동의 '사회적' 차원을 구성한다. 하나의 행동이 사회적 현상인 까닭은, 단지 여러 행위자들이 행동을 함에 있어서 각 행위자의 역할이 타자들의 역할로부터 분리될 수 없기 때문만이 아니라, 또한 우리의 행동이 우리를 벗어나서 우리가 의도하지 않았던 효과를 가져오기 때문이다. '기록' 개념의 의미들 가운데 하나가 여기서 나타난다. 우리가 말하는 사람의 의도와 텍스트의 언어적 의미 사이에서 발견한 것과 같은 거리가 또한 행위자와 그의 행동 사이에도 나타난다. 바로 이 거리가 책임의 소재 문제를 구체적인 문제로 만든다. 우리는 "누가 미소를 지었는가?" "누가 손을 들었는가?"라고 묻지 않는다. 화자가 그 자신의 말에 현존하는 것과 같은 방식으로 행위자는 자신의 행동에 현존한다. 그 행동이 행해지기 위해서 선행적인 어떤 행동을 요구하지 않는 단순한 행동들의 경우에 있어서, 의미(노에마)와 의도(노에시스)는 일치하거나 중첩된다. 그러나 복합적인 행동들의 경우에는, 어떤 행동의 부분들은 행위자의 의도를 표현하는 최초의 단순한 부분들로부터 너무 멀리 떨어져 있기 때문에, 그 결과 이러한 행동들 또는 행동의 부분들을 누구에게 귀속시키느냐 하는 문제는 문학비평에서 저자성의 문제만큼 해결하기 어려운 문제가 된다. 저자(행위자)를 결정하는 것은 간접적인 추론이 되는데, 이는 사건들의 경로(經路)에서 역사적 성격의 역할을 분리해내려고 시도하는 역사가들에게 잘 알려진 사실이다.

우리는 방금 '사건들의 경로'라는 표현을 사용했다. 우리는 우리가 사건들의 경로라고 부르는 이것이, 글로 씌어질 때 사라지는 담화를 '구출하는' 물질적인 것의 역할을 수행한다고 말할 수 있지 않은가? 우리가 앞에서 은유적으로 말했듯이, 어떤 행동들은 시간 위에 자체의 표시를 각인(刻印)하는 사건들이다. 그러나 그것들은 무엇 위에 자체의 표시를 각인했는가? 담화가 기록되어지는 곳은 공간적인 어떤 것이 아닌가? 사건은 어떻게 시간적인 어떤 것 위에 각인될 수 있는가? 그러나 사회적 시간은 사라지는 것일 뿐만 아니라 지속되는 효과들과 영속적인 패턴들의 장소이기도 하다. 행동은 인간 행동의 '기록'(documents)이 되는 그런 패턴들의 출현에 공헌할 때 자체의 '자취'를 남기고 '표시'를 만든다.

우리는 또 다른 은유로 이러한 사회적 '각인' 현상을 표현할 수 있다. 즉, '기록'(record)이나 '공적 기재'(registration)의 은유가 그것이다. 《이성과 책임》(Reason and Responsibility)에서 조엘 파인버 그(Joel Feinberg)는 어떻게 어떤 행동이 비난을 받게 되는지를 보여 주기 위한 맥락, 즉 책임성의 맥락에서 이 은유를 제시하고 있다. 그는 이렇게 말한다. "오직 '공적으로 기재되어' 다른 사람들의 주목의 대상이 되고, 인사(人士) '기록'에 등재되어진 행동만이 비난받을 수 있다."[7] 그리고 공식적인 기록들(고용 사무실, 학교, 은행, 경찰과 같은 기관에 보관되어 있는 것과 같은)이 없는 경우에도, 여전히 이러한 공식적 기록들에 대한 비공식적인 유사물이 존재하는데, 이것은 우리가 평판이라고 부르는 것으로서, 이 평판이 비난을 위한 근거가 된다. 나는 이 기록과 평판의 은유를 비난하고, 고소하고, 신용등급을 매기고, 처벌하는 유사 사법적인 상황이 아닌 다른 그 무엇에 적용시키자 한다. 우리는 역사 자체가 인간 행동의 기록이라고 말할 수는 없는가? 역사란 인간의 행동이 그 '위에' '자취'를 남기고 '표시'를 각인하는 이러한 유사 '사물'(thing)이다. 따라서 '기록보관소'(archives)가 가능해진다. 회고록 작가에 의해 의도적으로 씌어진 기록문서 이전에, 인간의 행동에 대한 이러한 지속적인 '기록'의 과정이 있는데, 이것이 '표시들'(marks)의 총합으로서 역사 그 자체이다. 이러한 '표시들'의 총합으로서의 역사의 운명은 개인적인 행위자들의 통제를 넘어서 있다. 그러므로 이제 역사는 마치 줄거리를 알지 못하는 배우가 연기하는 연극처럼 하나의 자율적인 실재로 나타나게 된다. 역사에 대한 이러한 가설은 오류라고 비난을 받을 수도 있다. 그러나 이 오류는 인간의 행동이 역사라는 기록보관소로 기록될 때 사회적 행동이 되는 그런 과정 안에 확고한 지반을 갖고 있다. 인간의 행동은 이처럼 사회적 시간

---

7) Joel Feinberg, *Reason and Responsibility*(Belmont, Calif.: Dickenson, 1965).

안에 침전됨으로 말미암아, 그 의미가 더 이상 행위자의 논리적 의
도와 일치하지 않는다는 의미에서 '제도'(institution)가 된다. '의
미'(meaning)는 '탈심리화' 되어, 작품 자체 안에 내재하기에 이르
게 된다. 《사회과학의 이념》(The Idea of a Social Science)에서의 피
터 윈치(Peter Winch)가 한 말에 따르면, 사회과학의 대상은 '규칙
에 의해 지배되는 행동'이다.[8] 그러나, 이 규칙은 외부로부터 부과
되는 것이 아니다. 이 규칙은 이러한 침전되거나 제도화된 작품들
안으로부터 명료화되는 의미이다.

지금까지 우리는 의미 있는 행동의 '사회적 고정화'로부터 나오
는 일종의 '객관성'에 대하여 기술하였다.

3. 관련성과 중요성

텍스트가 무엇인지에 관한 세 번째 기준에 따라, 우리는 의미 있
는 행동이란 그 행동이 일어난 처음의 상황에 대한 그 행동의 '관
련성'(relevance)을 '넘어서는' '중요성'(importance)을 갖는 행동이
라고 말할 수 있다. 이 새로운 특징은 텍스트가 담화를 모든 실물
적인 지시체들에 대한 속박으로부터 자유롭게 하는 방식과 매우
유사하다. 상황적 맥락으로부터의 이러한 해방의 결과로서 담화는
우리가 '세계'라 부른 비실물적인 지시체를 발전시킬 수 있으며,
이러한 '세계'의 의미에서 우리는 우주론적 의미에서가 아닌 존재
론적 차원에서 그리스 '세계'에 관해 말할 수 있게 되는 것이다.
행동의 영역에 있어서, 텍스트의 비실물적인 지시체들에 상응하는
것은 무엇인가?

---

8) Peter Winch, *The Idea of a Social Science and its Relation to Philosophy*(London: Routledge and Kegan Paul, 1958).

　현재의 분석을 시작하면서, 우리는 어떤 행동이 응답하려고 했던 상황과 관련하여 그 행동의 '중요성'과 '관련성'을 대립시켰다. 중요한 행동은 그 행동이 발생한 상황과는 다른 상황들에서 현실화되고 성취될 수 있는 의미들을 발전시킨다고 할 수 있다. 환언하자면, 어떤 중요한 사건의 의미는 그 사건이 발생된 사회적 조건들을 능가하고, 극복하며, 초월하며, 그리고 새로운 사회적 맥락 안에서 재현실화(re-enact)될 수 있다. 그것의 중요성은 지속 가능한 관련성에 있으며, 어떤 경우에는 항구적인(omni-temporal) 관련성에 있다.

　이 세 번째 특징은 문화 현상들과 그것들의 사회적 조건 사이의 관계에 대하여 중요한 함의를 갖는다. 텍스트가 새로운 지시체들을 발전시키고 새로운 '세계들'을 구성하는 것과 동일하게, 문화의 위대한 작품들이 자신들을 산출한 사회적 조건을 극복하는 것은 바로 이 문화의 위대한 작품들의 근본적인 특징이 아닌가? 바로 이러한 의미에서 헤겔은 《법철학》(The Philosophy of Right)에서, 자유에 따라 자유를 '두 번째 본성'으로 '실현'하는 제도(이 용어의 가장 넓은 의미에서)에 대하여 말했다. 이 '실제적인 자유의 영역'은 새로운 역사적 상황들 안에서 관련성을 부여받을 수 있는 행동들과 작품들에 의해 구성되어진다. 만일 이것이 사실이라면, 자기 자신의 생산 조건들을 이런 방식으로 극복하는 것은, 마르크스가 '상부구조들'의 위상에 관해 제기한 곤혹스러운 문제를 해결하기 위한 열쇠가 된다. 하부구조와의 관계에 있어서의 상부구조의 자율성은 텍스트의 비실물적인 지시 안에서 자체의 패러다임을 발견한다. 하나의 작품은 자체의 시간을 반영할 뿐만 아니라, 또한 그 자체 안에 담지하고 있는 세계를 개방한다.

4. '개방된 작품(work)'으로서의 인간의 행동

마지막으로 우리가 제시한 텍스트로서의 텍스트의 네 번째 기준에 따르면, 인간 행동의 의미 역시 불확정적인 범위의 가능한 '독자들'에게 '말을 건네는'(addressed) 어떤 것이다. 헤겔에 따르면, 심판관은 동시대인들이 아니라 역사 자체이다. "세계사가 곧 세계심판이다"(Weltgeschichte ist Weltgericht). 이 말이 의미한 바는, 인간의 행동은 텍스트처럼 개방된 작품이며 그 의미는 '미결상태'에 있다는 것이다. 인간의 행동들 역시 그 행동들의 의미를 결정해줄 새로운 해석들을 기다리고 있는 까닭은 그 의미가 새로운 지시체들을 '개방하고' 그 지시체들로부터 참신한 관련성을 부여 받기 때문이다. 이러한 방식으로, 모든 중요한 의미가 있는 사건들과 행동들은 현재의 '프락시스'를 통해 이러한 종류의 실제적 해석에 개방되어진다. 인간의 행동 역시 '읽을 수 있는' 사람 누구에게나 개방되어진다. 어떤 사건의 의미는 (그 사건의 의미에 대하여) 앞으로 수행되어질 해석들의 의미이므로, 이 과정에서 동시대인들의 해석은 아무런 특권적 위상을 갖지 못한다.

작품과 그에 대한 해석 사이의 이러한 변증법은 우리가 이제 고찰할 해석 '방법론'의 주제가 될 것이다.

2. 텍스트-해석 패러다임

이제 나는 방법론의 차원에서 텍스트의 이 유비가 많은 결실을 가져다 줌을 보여 주고자 한다.

우리의 패러다임이 사회과학의 방법론과 관련하여 갖는 중요한 함의는, 그것이 인문과학에서의 '설명'(erklären, explanation)과 '이해'(verstehen, understanding, comprehension)의 관계의 문제에 대한 신선한 접근방식을 제공한다는 것이다. 잘 알려져 있듯이, 딜타이는 이 관계에 이분법적 의미를 부여했다. 그에게 있어서, 모든 설명의 모델은 다른 지식의 영역, 즉 귀납적 논리를 가진 자연과학의 영역으로부터 빌려 온 것이다. 그 이후, 이른바 정신과학의 자율성은 오직, 낯선 정신적 삶을 이해하기 위해서는 불가피하게 그 정신적 삶을 직접적으로 외재화하는 기호들에 기초하여야 한다는 사실을 인식함으로써만 보존되었다. 그러나 만일 '이해'가 이러한 논리적 간격(gap)에 의해서 '설명'으로부터 분리된다면, 도대체 어떻게 인문과학이 과학적일 수 있단 말인가? 딜타이는 이 역설을 붙들고 씨름했다. 그는 주로 후설의 《논리연구》(*Logical Investigations*)를 읽은 후에, '자연'과 '정신', 사실적 지식과 기호에 의한 지식 사이의 논리적 간격에도 불구하고, 삶의 표현들이 자연과학의 접근과 어느 정도 유사한 과학적 접근을 가능하게 만드는 그런 종류의 객관화를 겪는 만큼 정신과학은 과학이 된다는 사실을 차츰 더 분명히 발견하게 되었다. 이와 같은 방식으로, 이러한 객관화에 의해 제공되는 매개수단은,—과학의 목적을 위해—삶의 표현이 일상의 상호적 행동들을 위해 갖는 직접적인 유의미성보다 더 중요한 것처럼 보였다.

내 자신의 질문은 딜타이의 사고에 있어서의 이 마지막 난맥상(亂脈狀)에서 출발한다. 그리고 내 가설은 텍스트로서의 담화의 위상에 함축된 그런 종류의 객관화가 딜타이가 제기한 문제에 더 나은 대답을 제공한다는 것이다. 이 대답은 읽기에서 나타나는 것과 같은 '설명'과 '이해'의 변증법적 관계에 의존한다. 그러므로 우리

의 과제는 글쓰기 패러다임의 대응물인 읽기 패러다임이 어느 한
도까지 인문과학의 방법론적 역설에 대한 해결책을 제공하는지를
보여 주는 것이 될 것이다.

읽기에 관련된 변증법은 글쓰기와 읽기 사이의 관계의 원본성
(originality)을 표현하며, 아울러 이 관계가 말하기와 듣기의 직접적
인 상호성에 기초한 대화적 상황으로 환원될 수 없다는 사실을 표
현한다. 설명과 이해(comprehending) 사이에는 변증법이 존재하는
데, '왜냐하면' 글쓰기-읽기 상황은 대화를 구성하는 말하기-듣기
상황의 단순한 연장이 아닌 그 자체의 고유한 문제를 발전시키기
때문이다.

그러므로 대화적 상황을 텍스트에 적용되는 해석학적 작용을 위
한 기준으로 삼았던 낭만주의 해석학 전통과 관련하여 우리의 해
석학의 가장 비판적인 특징이 나타나는 곳이 바로 여기이다. 낭만
주의 전통과는 반대로, 나는 바로 텍스트에 적용되는 이 해석학적
작용이 대화적 이해에서 이미 해석적인 것의 의미를 드러내고 있
다고 주장한다. 따라서 만일 대화적 관계가 우리에게 읽기의 패러
다임을 제공해주지 않는다면, 우리는 읽기를 원본적인 패러다임으
로, 즉 그 자체의 패러다임으로 확립하여야 한다.

이 패러다임은 텍스트 자체의 위상으로부터 자체의 주된 특징들
을 이끌어 오는데, 텍스트의 위상은 다음과 같이 특징지어진다. (1)
의미의 고정화, (2) 저자의 정신적(심리적) 의도로부터의 분리, (3)
비실물적 지시(체)의 전개, (4) 보편적 범위의 수신자. 이 네 가지
특징들은 함께 텍스트의 '객관성'을 구성한다. 이 텍스트의 '객관
성'으로부터, 다른 영역 즉 자연적 사건의 영역으로부터 도출되는
'설명'의 가능성이 아닌, 이 텍스트의 객관성과 동질적인 '설명'의

가능성이 도출된다. 그러므로 실재의 한 영역으로부터 다른 영역으로의 이행, 말하자면 사실의 영역으로부터 기호의 영역으로의 이행은 없다. 객관화의 과정이 발생하고 이 과정이 설명의 절차를 불러일으키는 것은 바로 동일한 기호의 영역 안에서이다. 그리고 설명과 이해(comprehension)가 마주치는 것도 바로 동일한 기호의 영역 안에서이다.

나는 우리가 이러한 변증법을 다음 두 가지 다른 방식으로 살펴볼 것을 제안한다. (1) 이해(comprehension)에서 설명으로 나아가는 방식, (2) 설명에서 이해(comprehension)로 나아가는 방식. 이 두 가지 절차의 교환성과 상호성은 이해와 설명(또는 설명과 이해)의 관계의 변증법적 성격에 대한 좋은 접근방식을 우리에게 제공해줄 것이다. 이러한 두 가지 방식의 논증과정 각각의 마지막 부분에서, 나는 읽기의 패러다임을 인문과학의 전체 영역으로 확대할 수 있는 가능성에 대하여 간략하게 적시(摘示)할 것이다.

1. 이해에서 설명으로

우리는 이 첫번째 변증법—또는 오히려 단일한 변증법의 첫번째 형태—을 텍스트를 이해하는 것이 저자와 재결합하는 것이 아니라는 우리의 주장에 의해 용이하게 소개할 수 있다. 의미와 의도의 분리는 '설명'과 '이해'의 변증법의 출현을 가져오는 하나의 절대적으로 원본적인 상황을 창조한다. 만일 객관적인 의미가 저자의 주관적인 의도와 다른 것이라면, 그 의미는 다양한 방식으로 해석되어질 수 있다. 올바른 이해의 문제는 이제 더 이상 단순히 저자의 의도(저자의 의도라고 주장된 것)에 돌아감에 의해 해결될 수 없다.

이 해석은 필연적으로 하나의 과정의 형태를 취한다. 《해석의 타당성》(*Validity in Interpretation*)에서 허쉬(Hirsch)가 말하듯이, 올바른 추측을 하기 위한 규칙은 없지만, 우리의 추측을 타당한 것으로 만들기 위한 방법들은 있다.[9] 이 추측과 타당화(validating) 사이의 변증법은 우리의 이해(comprehension)와 설명 사이의 변증법의 한 형태를 구성한다.

이 변증법에서 두 용어는 모두 결정적으로 중요하다. 추측은 슐라이에르마허가 '예측적인 것'(divinatory)이라 불렀던 것에 상응하며, 타당화는 그가 '문법적인 것'이라 불렀던 것에 상응한다. 이 변증법 이론에 대한 나의 공헌은 이 이론을 텍스트와 텍스트 읽기의 이론에 좀더 단단히 연결시키는 것이 될 것이다.

왜 우리는 추측의 기술을 필요로 하는가? 왜 우리는 의미를 '해석'해야만 하는가? 그것은 (내가 수년 전부터 말하려고 했던 바와 같이) 언어가 은유적이기 때문만도 아니며, 또한 은유적 언어의 이중적 의미가 몇 가지의 의미의 층들을 펼쳐 보이는 경향이 있는 해독(解讀)의 기술을 요구하기 때문만도 아니다. 은유의 경우는 단지 일반 해석학 이론이 적용되는 특수한 경우일 뿐이다. 좀더 일반적인 관점에서 말하자면, 텍스트가 해석되어야 하는 까닭은 텍스트가 단순히 모두 동등한 관계 속에서 서로 분리되어 이해될 수 있는 문장들의 연속체가 아니기 때문이다. 하나의 텍스트는 전체이며 총체

---

9) Eric D. Hirsch, Jr, *Validity in Interpretation*(New Haven: Yale University Press, 1967), 25면. "이해의 행위는 첫째 온당한(genial) (또는 잘못된) 추측이며, 추측을 위한 그 어떤 방법도 없고, 통찰력을 산출하기 위한 그 어떤 규칙도 없다. 해석의 방법론적 활동은 우리가 우리의 추측들을 시험하고 비판하기 시작할 때 비로소 시작된다." 그리고 더 나아가, "무언의 기호(symbolism)는 여러 가지 방식으로 해석되어질 수 있다."

이다. 하나의 예술 작품이나 또는 한 마리의 동물에서와 같이, 전체
와 부분 사이의 관계는 칸트가 《판단력 비판》 이론에서 제시하는
특별한 종류의 '판단'을 요구한다. 전체는 주제들의 계층적 질서로
서, 또는 주요 주제들과 종속적 주제들로서 나타난다. 텍스트를 하
나의 전체로 재구성하는 일은 전체에 대한 모종의 전제가 이미 부
분들에 대한 인식 안에 포함되어 있다는 점에서 필연적으로 순환
론적 성격을 갖는다. 또한 이와 상호적으로, 전체에 대한 해석은 바
로 세부적인 것들에 대한 해석을 통하여 이루어지는 것이다. 무엇
이 중요한 것이며 무엇이 중요하지 않은 것인지, 그리고 무엇이 본
질적인 것이며 무엇이 비본질적인 것인지에 관해서는 필연성도 없
고 명증성(明證性, evidence)도 없다. 중요성에 대한 판단은 추측이
다.

이 어려움을 다른 관점에서 말하자면, 만일 텍스트가 하나의 전
체라고 할 때, 그것은 다시 말하거니와 한 마리의 동물이나 하나의
예술작품과 같은 한 개체이다. 하나의 개체로서 텍스트는 오직, 문
학적 장르, 이 텍스트가 속해 있는 텍스트의 부류, 이 텍스트 안에
서 교차하는 상이한 종류의 구조들 등에 관한 총칭적인(generic) 개
념들의 범위를 좁히는 과정에 의해서만 접근되어질 수 있다. 이러
한 독특한 텍스트의 국지화(localisation)와 개별화는 여전히 하나의
추측이다.

이 동일한 수수께끼를 표현하는 또 다른 방식이 있는데, 그것은
텍스트가 하나의 개체로서 상이한 측면들로부터 접근되어질 수 있
다는 것이다. 하나의 입방체나 또는 공간적인 부피를 가진 물건처
럼, 텍스트는 '부조'(浮彫, relief)를 제시한다. 텍스트의 여러 다른
주제들은 동일한 고도에 있지 않다. 따라서 전체의 재구성은 지각

에서의 시점주의와 유사한 시점주의적 측면을 갖는다. 동일한 문장을 텍스트의 초석을 이루는 것으로 간주되는 이러저러한 문장들과 다양한 방식으로 연관시키는 것이 언제나 가능하다. 어떤 특정한 종류의 편향성(onesidedness)이 읽기의 행위 안에 포함된다. 이 편향성은 해석이 추측의 성격을 가지고 있음을 확증한다.

이 모든 이유들로 말미암아, 해석의 문제는 저자의 정신적(심리적) 경험이 의사 소통될 수 없기 때문이라기보다는 바로 텍스트의 언어적 의도의 본성 때문에 존재한다. 이 의도는 개별적 문장들의 개별적 의미들의 총합과는 다른 것이다. 하나의 텍스트는 직선적으로 나열된 문장들의 연속체 그 이상이다. 그것은 축적적이며 통전적(統全的)인 과정이다. 텍스트의 이 특수한 구조는 문장으로부터 도출될 수 없다. 그러므로 텍스트로서의 텍스트에 속하는 다의성(plurivocity)은 일상 언어에서의 개별적인 단어들의 다의성(polysemy)과도 다르고 개별적인 문장들의 중의성과도 다르다. 이 다의성은 각자의 읽기들과 각자의 해석들에 열려 있는 전체로서 간주되어지는 텍스트의 전형적인 특징이다.

우리가 우리의 추측들을 시험하기 위한 타당성 검증(validation) 절차들에 관해서 말하자면, 나는 이 절차들이 경험적 증명의 논리보다는 확률(개연성)의 논리에 더 가깝다는 허쉬의 견해에 동의한다. 어떤 해석이 이미 알려진 것에 비추어 볼 때 좀더 개연적임을 보여 주는 것은 어떤 결론이 참임을 보여 주는 것과는 다른 것이다. 이런 의미에서, 타당성 검증은 증명이 아니다. 타당성 검증은 법률 해석에 의한 사법적 절차들에 비교될 만한 논증적 분야이다. 그것은 불확실성과 정성적(定性的) 확률의 논리이다. 이런 의미에서, 우리는 개체는 표현될 수 없다는 도그마를 결코 인정하지 않으

면서 정신과학과 자연과학 사이의 대립에 수용 가능한 의미를 부
여할 수 있다. 주관적 확률의 논리의 전형적인 방법인 지표 전달
(conveyance of indices) 방법은 진정한 의미의 과학이라고 불릴만
한 개체의 과학에 확고한 기반을 제공해준다. 하나의 텍스트는 하
나의 개체와 유사한 것이며, 텍스트에 적용된 어떤 해석의 타당성
을 검증하는 것은 그 텍스트에 대한 과학적 지식을 제공하는 것이
라고 말하는 것은 전적으로 합당하다.

　이러한 것이 추측의 영감(천재성)과 타당성 검증의 과학성 사이
의 균형이며, 이 균형은 '이해'와 '설명' 사이의 변증법을 현대적
인 방식으로 보완한다.

　이와 동시에, 우리는 이제 '해석학적 순환'이라는 유명한 개념에
도 수용 가능한 의미를 부여할 수 있게 된다. 어떤 의미에서, 추측
과 타당성 검증은 텍스트에 대한 주관적 접근과 객관적 접근으로
서 순환적으로 연관되어 있다. 그러나 이 순환은 악순환이 아니다.
허쉬에 따르면,[10] 만일 우리가 이 추측과 타당성 검증 사이의 관계
를 위협하는 일종의 '자기 확증'(self-confirmability)에서 벗어날 수
없다면 이 순환은 감옥(cage)이 될 것이다. 타당성 검증 절차는 또
한 칼 포퍼(Karl Popper)가 《과학적 발견의 논리》[11](The Logic of
Scientific Discovery)에서 제기했던 반증(反證, falsifiability)의 기준과
유사한 무효화(invalidation)의 절차를 포함한다. 여기서 반증의 역
할은 경쟁하는 해석들 사이의 충돌에 의해 수행된다. 하나의 해석
은 개연적이어야 할 뿐 아니라 다른 해석보다 더 개연적이어야 한

---

10) 앞의 책, 164면 이하.
11) Karl Popper, *The Logic of Scientific Discovery*(New York: Basic Books,
　　1959).

다. 해석들 간의 갈등을 해결하는 상대적 우월성의 기준은 존재하며, 그 기준은 주관적 확률의 논리에서 쉽게 도출될 수 있다.

결론적으로, 만일 하나의 텍스트를 해석하는 방식이 언제나 한 가지 이상 있다는 것이 사실이라면, 모든 해석들이 동등하다거나 또는 해석들이 소위 '경험과 실제에서 얻은 눈대중 규칙'(rules of thumb)에 동화될 수 있다는 것은 사실이 아니다. 텍스트는 가능한 해석들이 일어나는 제한된 장(場)이다. 타당성 검증의 논리는 우리로 하여금 독단주의와 회의주의의 양 극단 사이를 움직이도록 허용한다. 비록 우리가 최종적인 합의에 이를 수는 없다고 하더라도, 하나의 해석에 대해 찬반 논쟁을 벌이는 것, 다양한 해석들과 맞부딪치는 것, 그 해석들을 중재하는 것, 합의를 추구하는 것은 언제나 가능하다.

이 추측과 타당성 검증의 변증법은 어느 한도까지 전체 인문과학 영역을 위한 패러다임이 될 수 있는가?

모든 인문과학의 전문가들은 인간의 행동들, 역사적 사건들, 그리고 사회적 현상들의 의미가 여러 가지 다른 방식으로 '해석' 되어질 수 있다는 것을 잘 알고 있다. 그러나 그들이 잘 알지 못하고 잘 이해하지 못하는 것은 이 방법론적 난맥상이 대상 자체의 본성 안에서 발견되어진다는 점과, 더욱이 과학자가 독단주의와 회의주의의 양 극단 사이를 왕복한다고 비난받지는 않는다는 점이다. 텍스트 해석의 논리학이 제안하는 바와 같이, 인간의 행동의 의미는 '특수한 다의성'(specific plurivocity)을 포함한다. 인간의 행동 역시 가능한 해석들이 일어나는 제한된 장이다.

지금까지의 우리의 분석에서 강조되지 않았던 인간의 행동의 한 특성이 있는데, 이 특성은 텍스트의 특수한 다의성과 이와 유비적인 인간 행동의 다의성 사이에 흥미로운 연결점을 제공할 수 있다. 이 특성은 행동의 목적 지향적 차원과 동기 부여적 차원 사이의 관계에 관련된 것이다. 새로운 행동 이론의 영역에서 많은 철학자들이 보여 주었듯이, 한 행동의 목적 지향적 성격은 '무엇'이란 질문에 대한 대답이 '왜'라는 질문에 대한 대답의 관점에서 설명되어질 때 온전하게 인식된다. 만일 당신이 왜 이러 저러한 행동을 했는지 나에게 '설명'할 수 있다면, 나는 당신이 무엇을 하려고 의도했는지를 '이해'할 수 있게 된다. 그러면 이제, '왜'라는 질문에 대한 대답은 어떤 종류의 대답이어야 납득될 수 있는가? 대의명분(cause)으로서가 아니라 '…에 대한 이유'로 이해되는 동기를 제공하는 그런 대답들이라야 한다. 그러면 대의명분이 아닌 '…에 대한 이유'는 무엇인가? 안스콤(E. Anscombe)과 멜덴(A. I. Melden)의 용어로 말하자면, 그것은 우리가 어떤 행동을 이것 또는 저것 '으로서'(as) 간주하도록 허용하는 하나의 표현 또는 구(句, phrase)이다.[12] 만일 당신이 질투심이나 복수심 때문에 이런 저런 행동을 했다고 나에게 말한다면, 당신은 당신의 행동을 감정이나 성향의 범주의 빛 안에 위치하도록 나에게 요구하고 있는 것이다. 같은 방식으로, 당신은 당신의 행동이 납득될 수 있는 것이라고 주장한다. 당신은 그 행동을 당신 자신과 다른 사람들에게 이해될 수 있는 것으로 만들기 위해 주장하고 있는 것이다. 이러한 시도는 안스콤이 소원의 '바람직한 성격'(desirability-character)이라고 부르는 것에 적용될 때 특히 도움이 된다. 소원과 신념은 사람들로 하여금 이런 저런 방식으로 행위하도록 만드는 '힘'으로서의 성격뿐만 아니라, 그 행

---

12) G. E. M. Anscombe, *Intention*(Oxford : Basil Blackwell, 1972), A. I. Melden, *Free Action*(London : Routledge and Kegan Paul, 1961).

위를 그것들(소원과 신념)의 바람직한 성격의 상관물인 명백한 적절함(apparent good)의 결과로서 납득시키는 성격을 갖는다. 나는 "너는 무엇 '으로서' (as) 이것을 원하는가?"라는 질문에 대답해야 한다. 이러한 바람직한 성격들과 이 성격들에 상응하는 명백한 적절함에 기초하여, 어떤 행동의 의미에 대하여 '논쟁'하는 것과 이러 저러한 해석에 대하여 찬반의 논쟁을 하는 것이 항상 가능하다. 이런 방식으로, 동기들에 대한 설명은 논쟁(또는 논증) 절차의 논리학을 이미 예시(豫示)한다. 우리는 인간의 행동에서 '해석'될 수 있는(그리고 해석되어야만 하는) 것은 바로 그 행동에 동기를 부여하는 토대, 다시 말하면 그 행동을 설명할 수 있는 바람직함의 성격들의 집합이라고 말할 수 있지 않은가? 그리고 우리는 행동의 동기들에 의해서 행동을 설명하는 '논증'의 과정은 행동을 텍스트와 유사하게 만드는 일종의 다의성을 전개한다고 말할 수 있지 않은가?

이처럼 텍스트의 의미에 대한 추측을 행동의 의미에 대한 추측으로 확장시키는 일은, 행동의 의미에 관해 논증함에 있어서 내가 나의 소원들과 신념들과 거리를 두고 그것들을 상반된 관점들과 구체적이고 변증법적으로 대면하도록 만듦으로써 정당화되는 것처럼 보인다. 내 자신의 동기가 납득할 만한 것이 되도록 하기 위하여 이런 방식으로 내 행동과 거리를 두는 것은 일종의 소격화를 위한 길을 예비하는 것인데, 이 소격화는 우리가 앞에서 인간행동에 대한 사회적 '기록'(inscription)이라고 불렀던 것과 더불어, 그리고 우리가 '기록'(record)의 은유를 적용했던 것과 더불어 발생한다. 동일한 행동들이 '기록'(record)되면 그 후에는 '기록되어진' (recorded) 행동들이 되는데, 그렇게 되면 그것들은 자체의 동기 부여 배경에 적용되는 논증의 다의성에 따라 여러 가지 다른 방식들로 '설명'되어질 수 있다.

만일 우리가 '이해'의 유의어(類義語, synonym)로서 채택했던 '추측'의 개념을 행동으로 확장하는 것이 정당하다면, 우리가 '설명'의 등가어(等價語, equivalent)로 보았던 '타당성 검증' 개념 역시 행동의 영역으로 확장할 수 있을 것이다. 여기서도 또한 현대의 행동 이론은 문학비평의 절차들과 사회과학비평의 절차들 사이의 매개적인 연결고리를 우리에게 제공해준다. 어떤 사상가들은 법관이나 재판관이 계약이나 범죄에 관한 타당성 있는 판결을 내리기 위한 사법적 절차들에 비추어 우리가 행동들을 행위자에게 '귀속시키는'(impute) 방식을 설명하려고 시도했다. 하트(H. L. A. Hart)는 자신의 유명한 글 "책임의 귀속성과 권리"에서 사법적인 추론이 결코 일반적인 법률들을 특정한 사례들에 적용하는 데 있는 것이 아니라, 독특하게 적용되는 판결들을 매번 해석하는 데 있는 것임을 매우 설득력 있게 보여 준다.[13] 이러한 판결들은 주장(고소)이나 고발을 '파기'시킬 수 있는 해명과 변호를 주의 깊게 논박하는 과정을 종결시킨다. 인간의 행동은 근본적으로 '파기될 수 있는' 것이며, 사법적 추론은 주장(고소)이나 고발을 '파기시키는' 다양한 방식들과 맞서 논쟁하는 논증적 과정이라고 말함으로써, 하트는 타당성 검증의 일반이론을 위한 길을 닦아 놓았다. 그런데 이 타당성 검증의 일반이론에 따르면 사법적 추론은 문학비평에서의 타당성 검증과 사회과학에서의 타당성 검증을 근본적으로 연결할 수 있는 연결고리를 제공한다. 사법적 추론의 매개적인 기능은 타당성 검증

---

13) H. L. A. Hart, "The Ascription of Responsibility and Rights," *Proceedings of the Aristotelian Society*, 49(1948), 171~94면.

의 절차가 논쟁적(polemical) 성격을 갖는다는 것을 분명하게 보여준다. 법정에서, 텍스트와 행동에 공통된 다의성은 해석들의 충돌의 형태로 드러나고, 최종적 해석은 판결로 나타나는데, 우리는 이 판결에 대하여 상소(上訴)할 수 있다. 법률적 발화행위와 마찬가지로, 문학비평의 영역과 사회과학에서의 모든 해석들은 도전 받을 수 있으며, 따라서 "어떤 주장(고소)을 파기시킬 수 있는 것은 무엇인가" 하는 물음은 모든 논증적 상황들에 있어서 공통적이다. 오직 법정에서만 상소의 절차가 끝나는 순간이 있다. 그러나 이것은 판사의 판결이 공권력에 의해 효력을 발생하기 때문이다. 문학비평이나 사회과학에서는 그런 최종적인 판결은 없다. 만약 그런 것이 있다면, 우리는 그것을 폭력이라고 부른다.

2. 설명에서 이해로

동일한 이해와 설명의 변증법이지만 '이해에서 설명으로'가 아니라 거꾸로 '설명에서 이해로'의 변증법으로 취하여진다면 새로운 의미가 드러날 수 있다. 변증법의 이러한 새로운 '형태'(Gestalt)는 텍스트의 지시적 기능의 본성으로부터 나온다. 우리가 앞에서 말했듯이, 이 지시적 기능은 대화의 상황에 있는 화자와 청자 모두에게 공통되는 상황에 대한 단순한 실물적 지칭을 넘어선다. 주위의 세계로부터의 이러한 추상은 두 가지 상반되는 태도를 불러일으킨다. 독자로서, 우리는 모든 종류의 지시된 세계에 관한 일종의 유보상태 속에 머물러 있을 수도 있으며, 또는 독자의 새로운 상황 속에서 텍스트의 잠재적인 비실물적 지시체들을 현실화할 수도 있다. 첫번째 경우 우리는 텍스트를 세계 없는 실재로 다루고 있는 것이며, 두 번째 경우 우리는 읽기의 기술(技術)이 함축하는 일종의

'실행'(execution)을 통하여 새로운 실물적 지시체를 창조하는 것이
다. 이 두 가지 가능성들은 이 가능성들의 변증법적 상호작용으로
간주되는 읽기의 행위에 의해 똑같이 수반된다.

읽기의 첫번째 방식은 오늘날 문학비평의 다양한 구조주의 학파
들에서 잘 예시(例示)되고 있다. 그들의 접근방식은 단지 가능할 뿐
아니라 타당하기도 하다. 구조주의적 접근방식은 실물적 지시의 유
보, 또는 판단중지(epoché)로부터 시작된다. 이 접근방식에 있어서,
읽는다는 것은 세계에 대한 이 실물적 지시의 유보를 연장하는 것
을 의미하며, 자기 자신을 텍스트가 자리하고 있는 '장소'로, 그리
고 이 세계 없는 장소의 '울타리' 안으로 전이(轉移)시키는 것을
의미한다. 이러한 선택에 따르면, 텍스트는 더 이상 외부를 갖지 않
고 오직 내부만을 갖는다. 텍스트로 텍스트를 구성하는 것과 텍스
트의 체계로 문학을 구성하는 것은 바로 이렇게 문학적 작품을 닫
혀진 기호 체계로 전환하는 것을 정당화한다. 이 닫혀진 기호 체계
는 음운론이 모든 담화의 기저(基底)에서 발견한 것과 유사하며, 또
한 소쉬르가 '랑그'(la langue)라 부른 것과 유사한 것이다. 이 작업
가설에 따르면, 문학은 '랑그'의 '유비물'(analogon)이 된다.

이러한 추상화(抽象化)에 기초하여, 새로운 종류의 설명적 태도
가 문학적 대상에까지 연장될 수 있는데, 이 설명적 태도는 딜타이
의 예상과는 반대로 더 이상 자연과학으로부터, 즉 언어 자체에 낯
선 다른 지식의 영역으로부터 빌려 온 것이 아니다. '자연'(Natur)
과 '정신'(Geist) 사이의 대립은 여기서 더 이상 작용하지 않는다.
만일 어떤 모델을 빌려 왔다면, 그것은 동일한 영역, 즉 기호학의
영역에서 빌려 온 것이다. 따라서 언어학이 언어 사용의 기저에 있
는 기본적인 단위의 기호 체계에 성공적으로 적용한 기본적인 규

칙들에 따라 텍스트들을 다루는 것이 가능하다. 우리는 제네바 학
파, 프라하 학파, 코펜하겐 학파의 언어학으로부터 다음과 같은 사
실들을 배웠다. 즉 그것은 '과정들'로부터 '체계들'을 추상해내는
것은 언제나 가능하다는 것과, 이 체계들—그것이 음운론적인 것
이든, 어휘론적인 것이든, 통사론적인 것이든—을 단지 같은 체계
안의 다른 단위들과 대립시킴에 의해서 규정되어지는 단위들과 연
관짓는 것이 언제나 가능하다는 사실이다. 이와 같은 단위들의 한
정된 집합 안에서의 단순히 변별적인 요소들(distinctive entities) 사
이의 이 상호작용은 현대 언어학의 구조 개념을 규정한다.

우리는 이제 바로 이 구조주의적 모델을 언어학이 다루는 마지
막 단위인 문장보다 긴 기호들의 연속체, 즉 텍스트에 적용하려고
한다. 클로드 레비 스트로스(Claude Lévi-Strauss)는 그의 《구조주의
인류학》[더 정확하게 말하자면, 이 책 안에 수록된 "신화의 구조
적 연구"라는 논문: 역자 주]에서, 텍스트의 한 범주인 신화를 구
조적으로 분석하기 위한 작업가설을 정식화하고 있다.[14]

이 작업 가설에 의하여, 우리는 최소한 문장 이상의 크기를 가지
며 또한 함께 모여서 신화에 적정한 이야기를 구성하는 큰 단위들
을 언어학이 다루는 최소 단위들에 적용되는 것과 동일한 규칙들
에 따라 다룰 수 있다. (이러한 방식으로) 우리는 참으로 신화를
설명했다고 말할 수 있으나, 그것을 해석했다고 말할 수는 없다. 구
조적 분석을 통해서, 우리는 신화의 논리, 즉 '관계들의 다발'[15]을

14) Claude Lévi-Strauss, *Anthropologie structurale*(Paris: Plon, 1958)[영문 번
역판: *Structural Anthropology*, translated by Claire Jacobson and Brooke
Grundfest Schoepf(Harmondsworth: Penguin Books, 1968)].
15) 더 정확하게 말하자면, 네 다발인데 레비 스트로스는 신화소를 신화를 구성하

그 자체 가운데에서 서로 연관시키는 작용들을 밝혀낼 수 있다. 이 논리는 "검토의 대상이 되는 신화의 구조적 법칙"을 구성한다.[16] 이 법칙은 결코 말하기의 대상이 아니고, 낭송이란 의미에서 현저하게 읽기의 대상인데, 낭송은 특수한 상황 속에서 신화의 힘을 재현실화(re-enact)한다. 여기서는 우리를 위한 텍스트의 의미가 유보되고, 현재의 말하기에 의한 모든 실현이 연기되기 때문에, 텍스트는 단지 텍스트일 뿐이다.

이제 '설명'(erklären)이 어떤 방식으로 '이해'(verstehen)를 요청하며, 또 설명이 '해석' 전체를 구성하는 내적 변증법을 어떻게 새롭게 산출하는지 살펴보도록 하자.

사실, 그 누구도 구성 단위들의 대수학처럼 형식화된 이러한 이야기와 신화의 개념에 만족하지 않을 것이다. 이는 다양한 방식으로 증명될 수 있다. 첫째, 레비 스트로스와 같이 가장 형식화된 신화의 분석을 제시하는 경우에서조차도, 그가 '신화소'(mytheme)라 부르는 단위들은 여전히 의미와 지시체를 지니는 문장들로 표현된다. 문장 단위들이 오직 신화의 '논리학'에 의해서만 설명될 수 있는 '관계들의 다발' 안으로 들어가게 될 때, 도대체 누가 그 문장 단위들의 의미 자체가 중립화된다고 말할 수 있겠는가? 둘째, 이러한 관계들의 다발도 역시 문장의 형식으로 씌어져야 한다. 셋째, 대

는 문장들 중의 하나의 실체가 아니라, 오직 그것들이 서로 결합되어 다발을 이루고 있을 때에만 관계들이 의미를 생성할 수 있는 하나의 형태로 보고, 신화의 의미는 신화소들 자체의 배열 또는 배치, 즉 신화의 구조라고 정의하면서 이 방법을 따라 오이디푸스 신화를 네 개의 단(columns)으로 나눈다. 즉, 과대 평가된 친족 관계, 과소 평가된 친족 관계, 인간의 토착성(autochthony)에 대한 긍정과 부정이 바로 그것이다. - 역자 주.

16) 앞의 책, 241면[217면].*

립들과 결합들의 전체 체계가 구현하는 그런 종류의 언어 게임은, 만일 그 대립들 자체가—레비 스트로스에 따르면, 신화는 이 대립들을 중재하는 경향이 있다—출생과 죽음, 맹목성과 명료성, 성(性)과 진리 등에 관한 의미 있는 대립들이 아니라면, 아무런 중요한 의미도 갖지 못하게 될 것이다. 이러한 실존적 갈등이 없다면, 극복해야 할 모순도 없을 것이며, 이 모순을 해결하려는 시도로서 신화가 갖는 논리적 기능도 없을 것이다. 구조적 분석은 신화에 대한 이와 반대되는 가설, 곧 신화가 기원의 이야기로서의 의미를 갖는다는 가설을 배제하지 않고 오히려 전제한다. 구조적 분석은 단지 이 기능을 억제할 뿐이다. 그러나 그것은 그 기능을 완전히 억압할 수는 없다. 만일 신화가 결합하는 명제적 진술들이 한계상황을 가리키지 않는다면, 신화는 논리적 작용어의 기능조차 하지 못할 것이다. 구조적 분석은 이러한 근본적인 물음을 제거해 버리는 것이 아니라 오히려 이 물음을 더욱 근본적인 차원에서 회복시킨다.

만일 이것이 사실이라면, 구조적 분석의 기능은 이야기되는 신화를 다루는 표면적 의미론으로부터 신화의 궁극적인 '지시체'를 구성하는 한계상황을 다루는 심층적 의미론으로 우리를 인도하는 것이라고 말할 수 있지 않을까?

만일 그렇지 않다면, 구조적 분석의 기능은 비생산적인 게임이나 분열적인 대수학으로 전락해 버릴 뿐만 아니라, 심지어 신화 자체가, 레비 스트로스 자신이 신화에 부여했던 기능, 곧 사람들로 하여금 어떤 대립들을 인식하게 하고 그 대립들에 대한 전향적인 중재를 지향하는 기능마저 상실하게 될 것이다. 신화적 사유의 중심을 이루는 실존적 아포리아(aporia)에 대한 지시가 제거된다면, 신화이론은 인류의 무의미한 담화들의 사망을 알리는 부고장이 되고 말 것이다. 반대로, 만일 우리가 구조적 분석을 소박한 해석과 비판적인 해석 사이에 있는, 다시 말하면 표면적 해석과 심층적 해석 사이에 있는 하나의 필수적인 단계로 간주한다면, 설명과 이해를 하나의 독특한 '해석학적 호'(hermeneutical arc) 안에 있는 서로 다른 두 단계에 각각 자리매김하는 것이 가능하게 될 것이다. 이해의 진정한 대상을 구성하는 것, 그리고 텍스트가 그것에 '관하여'(about) 말하고 있는 그 무엇(텍스트의 주제)과 독자 사이의 구체적인 유사성을 요구하는 것이 바로 이 심층 의미론이다.

그러나 우리는 이러한 인격적 유사성의 관념을 오해해서는 안 된다. 텍스트의 심층 의미론이 관심을 갖는 것은 저자가 말하려고 의도했던 그 무엇이 아니라, 텍스트가 그것에 대하여 말하고 있는 그 무엇, 즉 텍스트의 비실물적 지시체이다. 그리고 텍스트의 비실물적 지시체는 텍스트의 심층 의미론에 의해서 개방되는 하나의 세계이다. 그러므로 우리가 이해하기 원하는 것은 텍스트 뒤에 은폐되어 있는 어떤 것이 아니라, 텍스트 앞에서 탈은폐되는 어떤 것이다. 우리가 이해해야 할 것은 담화의 최초 상황이 아니라, 하나의 가능한 세계를 지시하는 그 무엇이다. 이해는 저자 자신이나 저자의 상황과는 거의 관계가 없다. 이해는 텍스트의 지시들에 의해 개방되는 제안된 세계들을 파악하고자 한다. 텍스트를 이해한다는 것은 의미(sense)에서 지시체로, 텍스트가 말하는 그 무엇에서 텍스트가 그것에 관하여 말하는 그 무엇으로 이행하는 움직임을 따라가는 것이다. 이 과정에서 구조적 분석이 수행하는 '매개적' 역할은 텍스트에 대한 객관적 접근을 정당화함과 동시에 주관적 접근을 교정한다. 우리는 결코 텍스트의 저변에 놓여 있는 모종의 의도에 대한 직관적 파악을 이해와 동일시해서는 안 된다. 구조적 분석이 산출하는 심층 의미론에 관해 지금까지 우리가 말한 것들은 우리로 하여금 텍스트의 의미(sense)를 텍스트로부터 출발하는 하나의 명령으로, 사물을 보는 하나의 새로운 방식으로, 그리고 어떤 특정한 방식으로 사고하라는 하나의 명령으로 여기도록 만든다.

설명과 이해의 변증법의 이러한 두 번째 특징 또는 '형태' (Gestalt)는 인문과학의 전 영역에 적용되는 강력한 패러다임의 성격을 갖는다. 나는 세 가지 요점을 강조하고자 한다.

첫째, 설명을 위한 패러다임으로 간주되는 구조주의적 모델은, 언어적 기호들에 적용되는 데에만 한정되지 않고 언어적 기호들과 유사한 모든 종류의 기호들에 적용될 수 있기 때문에, 텍스트적 실재를 넘어 모든 사회적 현상에 확장될 수 있다. 텍스트의 모델과 사회적 현상들을 서로 매개하는 연결고리는 기호학적 체계에 의해 구성되어진다. 기호학적 관점에서 볼 때 언어적 체계는, 비록 다른 종류의 장르들을 위한 패러다임적인 특권을 가지고 있다고 할지라도, 단지 기호학적 장르 안에 있는 한 종(種, species)일 뿐이다. 그러므로 사회적 현상들이 기호학적 성격을 갖는 한, 다시 말하면 기호학적 체계의 전형적인 관계들—약호(code)와 메시지의 일반적 관계, 부호의 특정 단위들 간의 관계들, 기표(記標, signifier)와 기의 (記意, signified)의 관계, 사회적 메시지들 안에서의 전형적 관계, 메시지의 교환으로서의 의사소통의 구조 등과 같은—이 사회적 현상들의 차원에서 규정되어질 수 있는 한, 우리는 구조주의적 설명 모델이 모든 사회적 현상들에 널리 일반화될 수 있다고 말할 수 있다. 기호학적 모델이 지탱될 수 있는 한, 기호적 또는 상징적 기능, 즉 사물을 기호로 대체하고 사물을 기호로써 표상하는 기능은 사회적 삶에서 단순한 효능 이상의 것으로 나타난다. 그것은 바로 사회적 삶의 근본적인 기초이다. 이러한 기호학의 일반화된 기능을 따라, 우리는 상징적 기능이 사회적이라고 말해야 할 뿐만 아니라, 사회적 실재가 근본적으로 상징적이라고 말해야 한다.

만일 우리가 이러한 제안을 따른다면, 구조주의적 모델에 함축된 설명 개념은 고전적인 인과성의 모델과는 판이하게 다르게 나타날 것이다. 특히, 만일 흄의 관점에서 인과성을 이해하는 대로, 인과성이란 선행하는 것들과 뒤에 이어지는 것들이 그것들 사이에 아무런 내적인 논리적 연관성을 갖지 않은 채 규칙적인 연속성을 이루는 것이라고 해석한다면 더욱 그렇다. 구조주의적 체계는 순차적이거나 연속적이기보다는 상관적인(correlative), 매우 다른 종류의 관계를 함축한다. 만일 이것이 사실이라면, 지난 수십 년간 행동의 이론에서 유행했던 동기와 원인에 관한 고전적인 논쟁은 그 중요성을 상실하게 된다. 만일 기호적 체계들 안에서의 상관관계를 찾는 것이 설명의 주요 과제라면, 우리는 사회적 집단들 안에서의 동기 부여의 문제를 새로운 관점에서 재구성해야 한다. 그러나 이러한 함의를 발전시키는 것은 본 논문의 목적이 아니다.

둘째로, 우리가 앞에서 논의한 텍스트 해석 개념 안에 있는 두 번째 패러다임적 요소는 구조적 분석과 전유 '사이의' 심층 의미론에 우리가 부여한 역할로부터 나온다. 심층 의미론의 이 매개적 기능은 간과되어서는 안 된다. 왜냐하면, 전유가 심리적이고 주관적인 성격으로부터 벗어나서 진정한 인식론적 기능을 얻게되는 것은 심층 의미론의 매개적 기능에 달려 있기 때문이다.

사회적 현상 안에 텍스트의 심층 의미론과 유사한 어떤 것이 있는가? 기호학적 실재들로서 다루어지는 사회적 현상들 안에서(그

리고 그것들 사이에서) 상호 관련성을 찾는 일은, 만일 심층 의미
론과 '같은 어떤 것'을 산출하지 않는다면 그 중요성과 흥미를 상
실하게 될 것이다. 비트겐슈타인의 유명한 경구에 따르면, 언어 게
임이 삶의 형식인 것과 동일하게, 사회 구조들 역시 실존적 혼란,
인간의 곤궁, 그리고 뿌리깊은 갈등에 대처하기 위한 시도이다. 이
러한 의미에서, 이 구조들 역시 지시적 차원을 갖는다. 이 구조들은
사회적 실존의 아포리아, 즉 신화적 사유의 중심에 있는 바로 그
아포리아(aporia)를 지시한다. 그리고 지시의 이러한 유비적 기능은
우리가 텍스트의 비실물적 지시—즉 더 이상 '상황'(Umwelt)이 아
닌 '세계'(Welt)의 전개, 상황이 아닌 세계의 기획(기투, 투사)—라
부른 것과 매우 유사한 특성을 발전시킨다. 우리는 사회과학에서도
역시 구조적 분석을 '통해서' 순진한 해석에서 비판적 해석으로,
표면적 해석에서 심층적 해석으로 나아간다고 말할 수 있지 않은
가? 그러나 이 전체 과정에 의미를 부여하는 것은 바로 심층 의미
론이다.

　이 마지막 말은 우리를 세 번째이자 마지막 논점으로 인도한다.
만일 우리가 설명과 이해의 변증법의 패러다임을 끝까지 따라간다
면, 우리는 일종의 인격적 참여(commitment), 즉 텍스트의 심층 의
미론을 파악하고 그것을 '자기 자신의 것'으로 만드는 독자의 인격
적 참여와 유사한 인격적 참여 없이는 심층적 해석이 포착하기를
원하는 의미 있는 패턴들을 이해할 수 없다고 말해야만 한다. 전유
의 개념을 사회과학으로 확대하는 일이 반대 의견에 직면하게 된
다는 사실은 누구나 알고 있다. 그것은 과학적 탐구의 영역 안에
개인적 선입견이나 주관적 편견을 끌어들이는 것을 정당화하는 것
이 아닌가? 그것은 인문과학 안으로 해석학적 순환의 모든 역설들

을 도입하는 것이 아닌가? 다른 말로 하면, 탈은폐에 전유를 '부가
시키는' 패러다임은 인문과학이란 개념 자체를 파괴하는 것은 아
닌가? 우리가 탈은폐와 전유라는 한 쌍의 개념을 텍스트 해석의 틀
안에 도입하는 것은, 우리에게 패러다임적 문제를 제기할 뿐만 아
니라 동시에 패러다임적 해결책도 제공해준다. 이 해결책은 인간
현상들을 이해함에 있어서 인격적 참여의 역할을 부정하는 것이
아니라 오히려 그것이 적합한 것이 되도록 제한하는(qualify) 것이
다.

  텍스트-해석 모델이 보여 주는 바와 같이, 이해는 낯선 정신적
(심리적) 삶에 대한 '직접적인' 파악이나 정신적(심리적) 의도와에
대한 '감정적' 동일화와는 아무런 상관이 없다. 이해는 이해를 선
행하고 또한 이해와 동행하는 설명적 절차들 전체에 의해서 '매개'
되어진다. 이러한 인격적 전유의 대상은 '느껴질'(felt) 수 있는 그
무엇이 아니다. 그것은 설명에 의해 방출되는 역동적 의미로서, 우
리가 앞에서 텍스트의 지시(체), 즉 하나의 세계를 탈은폐하는 텍
스트의 힘이라고 규정했던 것이다.

  텍스트 해석의 패러다임적 성격은 이러한 궁극적 함의에까지 적
용되어야 한다. 이것은 진정한 전유의 조건들은, 텍스트와의 관계에
서 드러난 바와 같이, 그것들 자체가 패러다임적인 성격을 갖는다
는 것을 의미한다. 그러므로 우리는 인격적 참여를 매개하는 객관
적이고 설명적인 절차들 전체로부터 인격적 참여의 최종적 행동을
배제할 수 없다.

  인격적 참여를 적합한 것이 되도록 제한하는 것은 '해석학적 순
환'을 제거하는 것을 의미하지 않는다. 이 순환은 인간의 현실에
적용될 때 여전히 극복되기 어려운 지식의 구조로 남는다. 그러나

인격적 참여를 적합한 것이 되도록 제한함으로써 우리는 이 순환
이 악순환이 되는 것을 방지할 수 있다.

　궁극적으로, 설명과 이해 그리고 이해와 설명 사이의 상관관계는
'해석학적 순환'이다.

9. 과학과 이데올로기

    나는 이 연구를 아리스토텔레스의 글을 인용함과 더불어 시작함으로써, 그를 '가장 위대한 철학자'(the Philosopher)라고 부른 '천사 박사'[Angelic Doctor, 성 토마스 아퀴나스: 역자 주]의 기억에 경의를 표하고자 한다. 《니코마코스의 윤리학》(*Nicomachaean Ethics*) 서문에 다음과 같이 씌어 있다.

    우리의 논의는 우리가 논하는 주제가 허용하는 만큼의 명료성을 가질 때에 적절한 논의가 된다. 왜냐하면 모든 공예품이 다 동일한 정밀성을 요구하지 않는 것과 마찬가지로, 모든 논의가 다 동일한 정도의 엄밀성을 요구하는 것은 아니기 때문이다. 정치학이 탐구하는 민감하고 적정한 문제들은 매우 다양하고 변동의 폭이 큰 의견들을 허용하기 때문에, 이 문제들은 본성적으로 존재하는 것이 아니라 관습적으로 존재하는 것이라고 생각할 수도 있다. … 그렇다면 우리는 이러한 전제를 가지고 정치학의 주제들을 다룸에 있어서, 진리를 개략적이고 개요적(도식적)인 방식으로 표현하는 것으로 만족해야 한다. … 그러므로 우리는 각각의 서로 다른

'유형'의 진술들을 이와 동일한 정신에서 '받아들여야' 한다. 왜냐하면
각각의 유형의 사물들의 군(群)을 다룰 때, 그 주제의 본성이 허용하는
정도 만큼의 엄밀성을 추구하는 것은 교양 있는 사람의 표식이기 때문이
다. … 따라서 어떤 특수한 주제에 대해 교육을 받은 사람은 바로 그 주
제에 대한 좋은 판단자가 되고, 일반적인 전방위(全方位)적인 교육을 받
은 사람은 총괄적으로 좋은 판단자가 된다(1094 b 11~1095 a 2).

내가 왜 이 텍스트를 인용했는가? 나는 이것을 현학적인 제사(題
詞)나 서문을 위해서가 아니라 바로 추론 자체로서의 과학[1]을 위해
서 인용하였다. 만약 학문성(scientificity)에는 다양한 차원이 있다
는 아리스토텔레스의 고유한 주장이 유지될 수 있다면, 나는 이데
올로기 현상이 상대적으로 적극적인 평가를 받을 수 있다는 사실
을 보여 주고자 한다. 아리스토텔레스는 우리에게 다음과 같은 몇
가지 사실들을 말해준다. 즉 정치학은 가변적이고 불안정한 일들을
다루어야 한다는 것, 여기서 추론은 일반적으로는 참되지만 항상
참되지는 않은 사실들로부터 시작된다는 것, 이러한 일들을 판단하
는 사람은 전문가가 아니라 일반적인 교양인이라는 것, 그러므로
진리를 개략적이고 근사적(近似的)인 방식으로(또는 위의 번역을
따르자면 '개략적이고 개요적(도식적)으로') 보여 주는 것에 만족
해야만 한다는 것, 그리고 마지막으로, 그러해야 하는 까닭은 문제
의 성격이 실천적(practical)이기 때문이라는 것 등이다.

우리의 연구를 시작함에 있어서, 이 텍스트는 우리에게 훈계적
가치를 제공해준다. 왜냐하면 이 텍스트는 이데올로기라는 주제(부

---

1) 본인은 'science'를 일반적으로 과학으로 번역하였으며 꼭 필요한 경우는 학문
   으로 번역하였다. 과학과 학문은 동의어이다. - 역자 주.

언하자면, 이 주제는 내가 자발적으로 선택한 것이 아니라 도전의 형태로 내게 주어짐으로써 내가 수용한 주제이다)로 인한 수많은 함정들에 우리가 빠지지 않도록 지켜 줄 수 있기 때문이다. 나는 수많은 함정들이라고 말했는데, 그것들에는 크게 두 가지 종류가 있다. 나는 비판적인 성격을 지닌 이 글의 처음 두 부분에서 그것들을 규명할 것이다.

무엇보다 먼저 문제가 되는 것은 이 현상에 대한 애초의 정의이다. 여기에 이미 몇 개의 함정들이 있다. 첫번째 함정은 사회 계급의 관점에서의 분석을 자명한 것으로 전제하는 것이다. 오늘날 이전제가 우리에게 자연스럽게 보이는 것은 이데올로기 문제에 대한 마르크스주의의 심대한 영향 때문이다. 비록 사회 계급이란 용어를 처음 사용한 사람은 나폴레옹이었으며, 그는 이 용어를 전쟁 무기로서 사용했지만 말이다(우리가 나중에 언급하게 되겠지만, 이것은 완전히 잊혀져서는 안 되는 사실이다). 사회 계급의 관점에서 논의를 시작하는 것은 동시에 마르크스주의에 대한 소모적인 찬반 논쟁에 자신을 가두는 것이다. 오늘날 우리에게 필요한 것은 친숙한 전제와 과정으로부터 자유로운 사유, 마르크스를 따르거나 혹은 그와 싸우거나 하지 않고 그를 '가로 질러가는' 용기와 능력을 가진 사유이다. 내 기억으로는 메를로 퐁티가 어디선가 비마르크스적인 사유의 관점에서 말을 하는데, 나도 또한 그렇게 하려고 한다. 그러나 이 첫번째 함정을 피하기 위해서는 두 번째 함정을 피해야 하는데, 이 두 번째 함정은 이데올로기를 단순히 어떤 한 계급을 합법화시키는 기능만이 아니라 '지배적인' 계급을 합법화시키는 기능의 관점에서 정의하는 것이다.

사회적 통합이라는 보다 광범위한 현상을 고찰하기 위해서는, 지배의 문제가 불러일으키는 매혹으로부터 벗어나야 한다. 지배는 사회적 통합의 한 차원이지 유일하고 본질적인 조건은 아니다. 만일 이데올로기를 지배의 한 기능으로 당연히 전제하게 되면, 이데올로기는 본질적으로 부정적 현상이고, 오류와 거짓의 사촌이며, 착각의 형제라고 무비판적으로 가정하게 된다. 오늘날 이 주제에 대한 문헌들은 이제 완전히 자연스러운 것이 되어 버린 관념, 즉 이데올로기는 어떤 개인이나 집단이 선전하는 '거짓된' 표상이라는 관념과, 이 표상은 개인들이 공동의 집단(또는 계급, 전통)의 구성원이라는 사실을 은폐(이데올로기 선전자는 개인들이 자신들이 그러한 구성원이라는 사실을 인식하지 못하도록 만드는 데 관심이 있다)하는 기능을 한다는 관념을 심도 있게 검증하지도 않는다. 결과적으로, 만약 이와 같은 불순하고 무의식적인 왜곡의 문제가 회피될 수도 없지만 또한 당연한 것으로 전제될 수도 없다면, 나는 이데올로기 이론과 의혹의 전략 사이의 연결고리를 일단 풀고, 왜 이데올로기 현상이 의혹의 반격을 초래하는지를 묘사와 분석에 의해 보여 주는 것이 필요하다고 본다.

　이데올로기 현상에 대한 시초적 정의와 통합되어 이미 받아들여진 관념들에 대한 이 첫번째 질문은 이데올로기 이론 자체의 인식론적 위상에 관한 두 번째 질문과 밀접하게 연결되어 있다. 나의 주제는 이데올로기와 진리인데, 이 주제는 이 두 번째 질문에 보다 적확하게 관련되어 있다. 여기에서도 일련의 함정들이 우리를 기다리고 있다. 우선, 의혹을 가진 사람은 그가 비난하는 결점들에 의해 그 자신은 위해(危害)를 받지 않는다는 것이 지나치게 쉽사리 전제된다. 말하자면 이데올로기는 나의 대적자, 즉 '타자'의 사유이다. '그'는 그것을 모르지만, '나'는 안다. 하지만 문제는 실천에 참여하는 지식의 이데올로기적 조건으로부터 유리(遊離)될 수 있는 행동에 대한 관점이 존재하는가 하는 것이다. 이 주장과 관련된 또 다른 주장이 있다. 즉 비이데올로기적인 장소가 존재할 뿐만 아니라, 이 장소는 바로 유클리드의 기하학과 갈릴레오와 뉴턴의 물리학과 우주론에 비교될 수 있는 '과학'의 자리라고 말하는 사람들이 있다. 특별히 마르크스주의자들 중 가장 엘레아 학파적인 사람들이 견지하고 있는 이러한 주장은 바로 아리스토텔레스가 당대의 윤리학적이고 정치학적인 문제들에 있어서 비판했던 플라톤주의자들의 주장이라는 사실과, 그가 그러한 주장에 반대하면서 방법에는 다원성이 있고 엄밀성과 진리에는 등급이 있다고 주장하였다는 사실은 주목할 만하다. 오늘날 우리에게는 이 다원주의를 정당화할 새로운 이유가 있는데, 이 이유는 역사 이해에 있어서의 역사적 조건에 대한 현대의 성찰에서 생겨난다. 앞으로 전개될 논의 전체를 우리에게 예시(豫示)해주는 이 단순한 언급은 과학과 이데올로기 사이의 관계의 본성이 이데올로기 자체에 부여되는 의미에 의존하는 만큼이나 또한 실천적이고 정치적인 일들에 있어서 과학에 부여되는 의미에 의존한다는 것을 우리에게 미리 일러 준다.

이러한 논의의 두 맥락은 하나의 질문, 일종의 신뢰(confidence)에 대한 질문을 향해 수렴될 것인데, 이것이 이 글의 세 번째 부분의 주제가 될 것이다. 만일 실천적 지식의 이데올로기적 조건으로부터 자유로울 수 있는 과학이 없다면, 우리는 과학과 이데올로기 사이의 대립을 철저하고도 단순하게 거절해야만 하는가? 우리의 논증이 이 방향으로 강력하게 작용하고 있음에도 불구하고, 나는 그 둘 사이의 대립을 보존해 두고자 한다. 물론 이것은 이 대립이 양자택일적인 것이거나 서로 분리적인 것임을 의미하지는 않는다.

그러므로 나는 보다 온당한 의미—덜 선제적(先制的)이고 덜 허식
적인—를 '이데올로기 비판'의 개념에 부여하고자 한다. 그렇게
하기 위하여 나는 이데올로기 비판을 해석의 틀 안에 자리매김하
려고 한다. 이 해석학은 스스로 역사적 상황 안에 조건지워져 있다
는 것을 알지만, 우리의 문화적 유산을 재해석하기 위한 끊임없는
새로운 시도 안으로 가능한 한 소격화의 요소를 도입하고자 노력
한다.

　이것이 이 글의 지평이다. 내가 보기에는 오직 과학과 이데올로
기 사이의 밀접한 변증법적 관계에 대한 탐구만이—아리스토텔레
스가 말하는 바와 같은—실천적이고 정치적인 일들에 있어서 주장
될 수 있는 진리의 등급과 양립될 수 있는 것으로 보인다.

1. 이데올로기적 현상의 기준들에 대한 탐구

　그러므로 내가 이데올로기적 현상을 기술하려고 시도하는 차원
은 우선적으로 사회 계급의 관점에서 이루어지는 분석의 차원이
아니다. 나는 처음부터 사회 계급 차원의 분석에서 시작하기보다는,
마지막에 이 분석에 상응하는 이데올로기 개념에 도달하고자 한다.
이것이 내가 마르크스주의를 '가로 질러가는' 방식이 될 것이다.
나는 이를 세 단계로 수행하고자 한다.

　나의 출발점은 사회적 행동 개념과 사회적 관계 개념에 대한 베
버적인 분석에 의해 제공되어진다. 막스 베버(Max Weber)에 의하
면, 인간의 행동이 그것을 행하는 개별적 행위자에게 의미가 있고,
또 어떤 사람의 행동이 다른 사람의 행동을 향하여 정향되어 있을

때, 사회적 행동이 존재하게 된다. 사회적 관계라는 개념은 이러한 의미 있는 행동과 상호 정향성(mutual orientation)이라는 이중적 현상에 의미 체계의 안정성과 예측가능성이라는 관념을 추가한다. 본래적인 의미에서의 이데올로기적 현상이 나타나는 것은 바로 이러한 의미 있고, 상호 정향되어 있으며, 사회적으로 통합된 행동의 성격의 차원에서이다. 이 차원은 한 사회 집단이 연극에서와 같은 의미에서 자기에게 자신에 대한 이미지를 부여하고 자신을 표상하고 실현할 필요와 연결되어 있다. 나는 이 첫번째 특징으로부터 출발하려고 한다.

왜 그런가? 자끄 엘룰(Jacques Ellul)은 나에게 강한 인상을 주고 영감을 불어넣어 준 그의 논문에서,[2] 한 역사적 공동체가 그 공동체를 수립하는 창립적(創立的) 행동—미국독립선언이나 프랑스 혁명이나 시월 혁명 등—과 유지하는 관계를 이런 점에서 원초적인 것으로 간주한다. 이데올로기는 창립적 사건으로부터 사회적 기억을 분리시키는 거리두기(distance)의 기능이다(물론 창립적 사건은 그럼에도 불구하고 계속 반복되어야 한다). 이데올로기의 역할은 단순히 최초의 신념을 창립자(founding fathers)들의 범위를 넘어 확산시켜서 그것을 집단 전체의 신념으로 만드는 데만 있는 것은 아니다. 이데올로기의 역할은 또한 격동적인 최초의 시기를 넘어서 그 최초의 에너지를 영속화시키는 데도 있는 것이다. 이미지와 해석은 혁명적 시기 이후의(après coup) 모든 상황들의 특징인 이 휴지기(休止期) 안으로 개입하게 된다. 창립적 행동은 오직 소급하여 그 행동을 모델로 삼는 해석에서 이루어지는 자신에 대한 표상

---

2) Jacques Ellul, "Le rôle médiateur de l´idéologié," in *Démythisation et idélogie*, edited by E. Castelli(Paris : Aubier, 1973), 335~54면.

(representation)을 통해서만 재생되고 재현실화될 수 있다. 자기 자신의 고유한 기원적 사건과의 이러한 간접적인 관계가 없이 존재하는 사회적 집단은 하나도 없을 것이다. 따라서 이데올로기적 현상은 매우 일찍이 시작된다. 기억에 의한 친숙화(domestication)는 공감대뿐만 아니라 관습과 합리화도 수반(동반)하기 때문이다. 이때, 이데올로기는 자체의 정당성을 확립하기 위하여 그 힘을 발휘하지 않는다. 오히려 이데올로기는 정당성을 확립하고 있는 한에 있어서 지속적으로 그 힘을 발휘한다.

여기에서 이 첫번째 차원에 속하는 이데올로기의 성격을 규정하는 두 번째 특징, 즉 이데올로기의 역동성이 나타난다. 이데올로기는 사회적 동기부여 이론이라고 불릴 수 있는 것에 속한다. 이데올로기와 사회적 실천의 관계는 개인의 어떤 동기와 그의 계획의 관계와 같다. 동기는 정당화하는 어떤 것이기도 하고 납득시키는 어떤 것이기도 하다. 이데올로기에 대해서도 동일한 방식으로 말해질 수 있다. 이데올로기는 그것을 신봉하는 집단의 현재의 모습이 정당하다는 것을 보여 주고자 하는 의지에 의해 활력을 얻는다. 그러나 이로부터 너무 성급하게 이데올로기에 대한 반론을 이끌어내려고 해서는 안 된다. 왜냐하면, 이데올로기는 언제나 '반성' (reflection) 이상이며 언제나 '정당화와 기획'(justification and project)이라는 사실에 의해서 입증되듯이, 이데올로기의 매개적 기능은 다른 것으로 대체될 수 없기 때문이다. 이데올로기가 지닌 이러한 '생성력 있는'(generative) 특징은 그것이 기획들과 제도들에 대하여 행사하는 이차적인 창립적 힘에서 표현되는데, 이 기획들과 제도들은 제도화된 행동의 정당성과 필요성에 대한 신념을 이데올로기로부터 받아들인다.

  이데올로기는 어떻게 자체의 역동성을 유지하는가? 여기에 세 번째 특징이 스스로를 드러낸다. 즉 모든 이데올로기는 단순화하며 도식화한다. 이데올로기는 집단뿐만 아니라 역사와 궁극적으로는 세계에 대한 전체적인 조망을 가져다 주기 위한 격자(표준적 눈금, grid) 또는 코드(code)이다. '코드화'된 이데올로기의 성격은 이데올로기의 정당화 기능에 있어서 본유적이다. 이데올로기의 변형시키는 능력은 다음과 같은 조건 아래에서만 보존된다. 즉 마치 이데올로기만이 창립적 행동에 대한 기억뿐만 아니라 사유체계 자체를 전달할 수 있는 듯이, 이데올로기가 전달하는 이념들이 의견이 된다는 조건 아래에서만, 그리고 사유가 자체의 사회적 효능을 증대시키기 위해서 엄밀성을 상실한다는 조건 아래에서만 이데올로기의 변형시키는 능력은 보존된다. 따라서 윤리, 종교, 철학 등 무엇이든지 이데올로기적인 것이 될 수 있다. 엘룰의 말에 의하면, "사유체계가 신념체계로 바뀌는 이 변화"가 이데올로기적인 현상 '이다'.[3] 어떤 집단이 자신에 대한 이미지를 관념화하는 것은 이러한 도식화의 귀결일 뿐이다. 어떤 집단이 자신의 실존을 표상하는 것은 관념화된 이미지를 통해서이며, 이미지는 해석적 코드를 강화한다. 따라서 의식화(儀式化)와 정형화(定形化) 현상이 창립적 사건에 대한 첫 기념행사와 더불어 나타난다. 어떤 어휘가 이미 생겨나며, 이와 함께 '올바른 명칭들'의 질서와 '주의들'(主義, isms)의 지배가 생겨난다. 이데올로기는 가장 전형적인 주의들의 지배이다. 자유주의나 사회주의 등을 생각해 보라. 아마도, 사변적인 사유 자체에 있어서는 오직 유심론(주의), 유물론(주의)과 같은 담론의 차원과

---

3) 앞의 책, 351면.

398   3부 사회과학 철학

동화됨으로써만 '주의들'이 존재하게 될 것이다.

　이 세 번째 특징은 내가 이데올로기의 억견적(doxic) 성격이라고 부르는 것과 관련이 있다. 이데올로기의 인식론적 차원은 의견의 차원, 그리스어로 '억견'(臆見, doxa)의 차원이다. 또는 프로이드의 용어로 표현하자면, 그것은 합리화의 계기이다. 그렇기 때문에 이데올로기는 격언들과 표어들과 비문에 새겨 넣는 글귀 같은 것들에 잘 표현된다. 따라서 이데올로기만큼 수사학—믿도록 설득하는 기술—에 가까운 것도 없다. 이데올로기와 수사학이 이러한 '선린(善隣, rapprochement)' 관계가 암시해주는 바는, 사회적 결합은 오직 해당 집단의 평균적 문화 수준에 상응하는 억견의 한계선을 넘어서지 않을 때에만 확고하게 보장될 수 있다는 것이다. 그러나 다시 말하거니와, 그러한 것은 협잡이라고 너무 성급하게 비난해서는 안 된다. 도식화, 관념화, 수사학은 이념의 사회적 효율성을 위해 치러야 할 대가들이다.

　네 번째 특징과 함께, 일반적으로 이데올로기와 연결된 부정적인 특성들이 분명한 모양을 갖추기 시작한다. 그렇지만 이 특징은 그 자체가 불명예스러운 것은 아니다. 이 네 번째 특징은 이데올로기에 대한 해석적 코드가, 사람들이 설정하는 어떤 개념이라기보다는 오히려 '그 안에서' 사람들이 살아가고 생각하는 그 무엇이라는 사실에 있다. 다른 말로 하면, 이데올로기는 주제적인(thematic) 것이 아니라 작용적인(operative) 것이라는 말이다. 이데올로기는 우리 눈앞에 하나의 주제로 나타나기보다는 우리 배후에서 작용하는 것이다. 우리는 이데올로기에 대해서 생각하기보다는 이데올로기로부터 생각한다. 그리하여 은폐와 왜곡의 가능성이 발생하는데, 이 은폐와 왜곡은 마르크스 이래로 사회 안에서의 우리 자신의 위치에 대한 전도(顚倒)된 이미지라는 관념과 결부되어져 왔다. 그러나 아마도 어떤 개인이나 어떤 집단이든지, 모든 것을 주제화하고 모든 것을 사유의 대상으로 노정(露呈)하는 것은 불가능할 것이다. 이 불가능성이 이데올로기를 본성적으로 무비판적인 계기로 만든다. 나중에 나는 '전체적'(total) 반성이라는 관념을 비판하면서 이 불가능성의 문제를 자세히 다룰 것이다. 우리들의 문화적 코드의 불투명성은 사회적 메시지들을 생산해 내기 위한 하나의 조건인 것처럼 여겨진다.

다섯 번째 특징은 이데올로기의 비반성적이고 불투명한 위상을 더욱 복잡하게 만들고 심화시킨다. 나는 지금 이데올로기적 현상을 특징짓는 타성(惰性)과 지체성(遲滯性)에 대해 생각하고 있다. 이 특징은 이데올로기 특유의 시간적 측면인 것처럼 보인다. 이 특징이 의미하는 바는 새로운 어떤 것은 오직 사회적 경험의 침전에 의해서 생겨나는 전형적인 것의 관점에서만 수용될 수 있다는 것이다. 여기에서 바로 은폐의 기능이 개입될 수 있다. 은폐는 특히 집단이 실제로 경험하고 있지만 주된 도식을 통해 동화할 수 없는 실재들에 대하여 수행된다. 모든 집단은 정통주의적(정통 억견적, orthodoxy) 특징, 즉 주변적인 것에 대한 비관용의 특징을 드러내 보인다. 아마도 근본적으로 다원주의적이고 관용적인 사회는 존재할 수 없을 것이다. 어디엔가 관용할 수 없는 것이 있다. 그리고 이로부터 비관용성이 생겨난다. 어떤 새로운 것이 집단이 지니고 있는 자기인식과 자기발견의 가능성을 심각하게 위협할 때, 관용할 수 없는 것에 대한 배척이 시작된다. 이 특징은 이데올로기의 첫번째 기능, 즉 창립적 행동의 충격파장을 연장하는 기능과 모순되는 것처럼 보인다. 그러나 시원적(始原的) 에너지는 한정된 능력만을 가지고 있다. 그것은 점차 쇠퇴되어 갈 수밖에 없는 것이다.

이데올로기는 이 쇠퇴의 결과이기도 하고 또한 그것에 대한 저항이기도 하다. 이러한 역설은 최초의 창립적 행동을 표상 (representation)의 형태로 영속화시키는 이데올로기의 본래적 기능에 각인되어 있다. 그리하여 이데올로기는 실재하는 것에 대한 해석이기도 하고 동시에 가능한 것에 대한 폐쇄이기도 하다. 모든 해석은 한정된 영역 안에서 일어난다. 그러나 이데올로기는 사건의 시원적 모멘트(momentum)의 성격을 규정했던 해석 가능성들과의 관계 안에서 이 해석의 영역을 협소화시키는 결과를 초래한다. 이러한 의미에서 우리는 이데올로기의 폐쇄성, 또는 실로 이데올로기의 맹목성에 대해 말할 수 있다. 그러나 이 이데올로기 현상이 병리적인 방향으로 나아갈 때에도, 그것은 처음의 기능의 일부를 보존한다. 의식화는 이데올로기적 코드를 통하지 않고는 발전할 수 없다. 이처럼 이데올로기는 불가피하게 이데올로기에 수반되는 도식화에 의해 영향을 받는다. 그리고 사실들과 상황들이 변함에도 불구하고, 이데올로기는 이러한 방식으로 자신을 수정하면서 침적 (沈積)된다. 바로 이 역설이 지금까지 강조되어 온 중요한 '은폐' 기능으로 우리를 인도한다.

여기에서 우리의 분석은 이데올로기의 두 번째 개념에 이르게 된다. 내가 보기에는 은폐 기능은 우리가 지금까지 살펴본 '통합' 이라는 일반적 기능과 사회조직의 위계적 측면들과 연결되어 있는 '지배'라는 특수한 기능이 결합할 때 가장 성공적으로 작용한다.

나는 이데올로기의 두 번째 개념의 분석을 첫번째 개념의 분석 다음에 놓음으로써, 이 두 번째 개념에서 출발하기보다는 (첫번째 분석의 결과로 인해) 그것에 도달하고자 주의를 기울였다. 왜냐하면, 권위의 문제와 대면하여 이루어지는 이데올로기적 현상의 결정화(結晶化)를 이해하기 위해서는 이데올로기의 첫번째 기능을 먼저 이해하는 것이 필수적이기 때문이다. 이데올로기가 해석하고 정당화하는 것은 무엇보다도 권위 체계와의 관계이다. 이 현상을 설명하기 위하여, 나는 권위와 지배에 관한 막스 베버의 유명한 분석을 다시 언급하려고 한다. 그의 관찰에 의하면, 모든 권위는 자신을 합법화하려고 하며, 정치체제들은 어떤 방식으로 자신들을 합법화하는가에 따라 서로 구별된다. 이제 모든 합법성에의 주장이 이 합법성에 대한 개인들 쪽에서의 믿음(신뢰)과 상호관계적인 것이라면, 권위에 의한 합법성 주장과 그 주장에 대해 반응하는 믿음 사이의 관계는 본질적으로 비대칭적인 것이다. 나는 권위 쪽에서 주장하는 바는 그것에 응답하는 믿음보다 항상 더 크다고 말하고자 한다. 나는 여기에서, 합법화의 요구가 그 요구에 주어지는 믿음을 초과한다는 의미에서 환원 불가능한 잉여가치 현상을 본다. 아마도 이것은 진정한 잉여가치일 것이다. 즉 모든 권위는 우리의 믿음이 감당할 수 있는 것보다, 즉 우리가 공급할 수 있고 또한 지지할 수 있는 것보다 더 많은 것을 요구한다. 이데올로기는 잉여가치의 전달자로서, 그리고 동시에 지배를 정당화하는 체제로서 자신을 주장한다.

권위 현상 자체가 집단의 구성과 동일한 외연(外延)을 갖는 한, 이데올로기의 이 두 번째 개념은 첫번째 개념과 밀접하게 얽혀 있다. 이데올로기가 표상하는 어떤 집단의 창립적 행동은 그 본질에 있어서 정치적이다. 에릭 웨일(Eric Weil)이 늘 가르치는 바와 같이, 한 역사적 공동체는 오직 스스로 결정을 내릴 수 있게 될 때에 하나의 정치적 실재가 되는데, 바로 여기에서 지배라는 현상이 생겨난다. 그러므로 이데올로기-은폐는 이데올로기-통합의 모든 다른 특징들과 상호 작용하는데, 특히 이데올로기의 매개적 기능과 결부된 불투명성의 특징과 상호 작용한다. 우리는 베버로부터 완전히 투명한 합법화란 없다는 것을 배웠다. 모든 권위를 카리스마적 형태와 동화시키지는 않는다고 하더라도, 우리는 권위 현상에는 본질적으로 불명료성이 존재한다는 것을 알 수 있다. 우리는 권위 현상을 원하는 것이 아니라 권위 현상 '안에서' 원한다. 결국, 권위 현상과 지배 현상만큼 이데올로기의 타성을 완벽하게 확증하는 현상은 없다. 나는 내가 즐겨 정치의 답보라고 부르는 것에 대해 항상 관심을 가져 왔고, 또 그것에 의해 곤혹스러움과 혼란을 경험해 왔다. 모든 권력은 이전의 권력을 모방하고 반복한다. 모든 군주는 시저가 되기를 원하고, 모든 시저는 알렉산더가 되기를 원하며, 모든 알렉산더는 동양의 군주를 헬레니즘화하기를 원한다.

그러므로 이데올로기의 왜곡과 은폐의 특징이 전면에 드러나는 것은 바로 이데올로기의 매개적 역할이 지배라는 현상과 만날 때이다. 그러나 어느 집단의 통합이 결코 단순히 권위와 지배의 현상과 동일시되지 않는 한, 우리가 지금까지 이데올로기의 매개적 역할과 관련시켜 온 이데올로기의 특징들도 완전히 은폐 기능으로 이전되지는 않는다. 비록 이데올로기가 너무 자주 은폐 기능으로 환원되곤 했지만 말이다.

이제 우리는 이데올로기의 세 번째 개념으로 나아가려고 하는데, 이는 본래 마르크스의 개념이다. 나는 이 개념이 앞선 두 개의 개념들과 통합되어질 때에 자체의 윤곽과 깊이를 갖게 된다는 것을 보여 주려고 한다. 이 개념은 어떤 새로운 것을 보여 주는가? 본질적으로 왜곡 개념, 즉 전도(顚倒)에 의한 기형화(奇形化) 개념이다.

마르크스는 말한다. "만약 모든 이데올로기 안에서 사람들과 그들의 환경이 사진기의 어둠상자(camera obscura) 안에서처럼 위 아래가 거꾸로 나타난다면, 이처럼 육체적인 삶의 과정에서 망막에 물체의 상이 전도되어 맺히는 것과 같은 현상이 역사적인 삶의 과정에서도 일어난다.[4] 나는 여기에서는 이 표현의 은유적 성격을 그냥 무시하고 지나갈 것이며, 이 글의 두 번째 부분(이데올로기의 지식의 조건에 관한 부분)에서 다시 다루려고 한다. 여기서 나의 관심은 새로운 기술 내용에 있다. 결정적으로 중요한 사실은 이데올로기는 그 기능과 내용 양자 모두에 의해서 정의된다는 것이다. 만약 전도가 일어난다면 그것은 인간의 어떤 생산물이 그 자체로서 전도이기 때문이다. 이 점에서 포이에르바하를 따르는 마르크스에게 있어서 그 내용은 바로 종교이다. 그에게 있어서 종교는 그저 이데올로기의 한 예가 아니라 가장 탁월한 이데올로기이다. 왜냐하면 하늘과 땅의 전도(顚倒)를 초래하고 사람들을 머리로 서도록 만드는 것이 바로 종교이기 때문이다. 이 모델의 관점에서, 마르크스는 실제적인 삶의 활동이 더 이상 기초가 되지 못하게 만들고 오히려 그것을 사람들이 말하고, 상상하고, 표상하는 것으로 대체해 버리는 일반적 과정을 파악하고자 한다. 이데올로기는 우리로 하여금 이미지를 실재하는 것으로, 그리고 반영(反影, reflection)을 원본적인 것으로 여기게 만드는 오류이다.

우리가 잘 아는 바와 같이, 이 기술(記述)은 실재적인 것에서 상상적인 것으로 나아가는 산물들에 대한 계보적(genealogical) 비판에 의해 지지되는데, 이 비판은 다시 거꾸로, 전도된 것을 전도시킨

---

4) Karl Marx and Frederick Engels, *The German Ideology*, edited by C. J. Arthur(London : Lawrence and Wishart, 1970), 47면.

다. 따라서 이 기술은 순진하지 않다. 즉 이 기술은 포이에르바하의 환원, 즉 그가 독일의 모든 관념론과 모든 철학을 종교로 환원시킨 것과, 종교를 전도된 반영물(그림자)로 환원시킨 것을 당연한 것으로 받아들인다. 물론 마르크스는 포이에르바하를 단순히 반복한 것만은 아니다. 왜냐하면 그는 관념 속의 환원을 실천 속의 환원으로 보충하였기 때문이다. 이러한 실천 속의 환원은 이데올로기의 기초를 변혁할 운명을 갖고 있었다.

이 단계에서 나의 문제는 이 계보학에 의해 밝혀지는 기술적 잠재력(descriptive potential)을 파악하는 것인데, 이제 곧 우리는 이 계보학이 주장하는 과학성의 관점에서 이 계보학에 대하여 질문하고자 한다. 우선, 내가 보기에 마르크스가 제공한 것은 이데올로기 개념에 대한 하나의 '상술'(詳述)로서, 이 상술은 위에서 분석한 다른 두 가지 이데올로기 개념들을 전제하고 있는 것이다. 만약 모스(Mauss)와 레비 스트로스(Levi-Strauss)가 말하는 바와 같이 이데올로기가 사회적 결속관계에 대한 상징적 구성으로서 가장 기본적인 사회적 결속관계 안에 통합되어 매개적 역할을 수행하지 않는다면, 어떻게 착각들과 착각들이 역사적 효력을 발휘할 수 있겠는가? 그렇기 때문에 우리는 전(前)이데올로기적이거나 비이데올로기적인 행동들에 대해 말할 수 없다. 더욱이, 만일 지배와 이데올로기 사이의 관계가 사회 계급의 관점에서의 분석보다 더 원초적인 것이 아니며, 따라서 이 분석이 그 관계를 남김없이 다 해명해낼 수 있다면, 우리는 실재에 대한 전도된 표상이 어떻게 지배 계급의 이익에 도움을 줄 수 있는지를 이해할 수 없을 것이다. 마르크스가 새롭게 제공하는 것은 일반적으로는 사회적 결속관계에 대한 상징적 구성, 특수하게는 권위의 관계에 대한 상징적 구성이라는 선행적인 배경막을 바탕으로 하고 있다. 그리고 그가 추가하는 것은, 이데올로기의 정당화 기능은 사회 계급의 분리와 계급 투쟁으로부터 나오는 지배 관계에 우선적으로 적용된다는 관념이다. 우리는 어떤 계급의 지배적인 지위와 연결된 이데올로기의 기능이라는 이 특수한 주제에 대해 그에게 빚을 지고 있다. 그러나 나는 그의 이 특수한 공헌은, 만약 그의 분석이 근본적인 편협성으로부터 해방되지 않는다면 충분히 다 인식될 수 없다는 것을 보여 주고자 한다. 이 편협성은 오직 마르크스적 개념이 보다 더 포괄적인 이데올로기 개념에 연결될 때에만 극복될 수 있다. 마르크스적 개념의 근본적인 한계는 그 개념이 지배 계급이라는 관념과 연결되어 있다는 사실, 즉 그 개념의 기능에서 유래하는 것이 아니고, 그 개념이 어떤 특수한 내용, 즉 종교의 관점에서 정의되었다는 데에서 유래한다. 포이에르바하에 관한 그의 네 번째 명제가 입증하듯이, 이 한계는 포이에르바하의 유산이다. 종교에 대한 마르크스의 명제는 초기 자본주의 단계의 종교에 적용된 것보다—말이 나온 김에 말하자면, 이 적용은 완벽한 근거를 갖고 있다—훨씬 더 넓게 확대되어 적용될 수 있는 가능성을 가지고 있다. 비록 종교가 다른 경험과 담론의 영역에서는 그 진정한 의미를 구성하지만 말이다. 원칙적으로, 마르크스의 명제는 동일한 기능을 갖는 모든 사상 체계에 적용된다. 바로 호르크하이머(Horkheimer), 아도르노(Adorno), 마르쿠제(Marcuse), 하버마스(Habermas) 등의 프랑크푸르트 학파의 학자들은 이 사실을 명백하게 지적하였다. 과학과 기술도 역사의 어떤 단계에서는 이데올로기의 역할을 할 수 있다. 그러므로 이데올로기적 기능은 이데올로기적 내용으로부터 분리되어야 한다. 종교가 자신을 이 기능에 내어 줌으로써 하늘과 땅의 관계를 전도시킨다는 것은, 종교가 더 이상 종교가 아니라는 것, 다시 말해서, 이 세상 안에 들어온 말씀 (the Word)이 아니라 '전도된 삶의 이미지'라는 것을 의미한다. 그 렇다면 이것은 마르크스가 고발한 바로 그 이데올로기 외에 다른 것이 아니다. 그러나 선진 자본주의 국가들의 군사적, 산업적 체계 에 있어서, 그들이 과학과 기술 자체의 과학성을 주장하면서 이러 한 군사적, 산업적 체계에 대한 자신들의 정당화 기능을 은폐한다 면, (종교에서와) 동일한 일이 일어날 수 있으며 또한 의심의 여지 없이 일어날 것이다.

이와 같이, 마르크스적인 기준이 이데올로기의 다른 기준들과 결 합될 때, 이 결합은 마르크스적인 기준의 비판적 잠재력을 해방시 킬 수 있으며, 결국에는 이 기준을 마르크스주의의 이데올로기적 사용을 방지하는 데로 돌릴 수도 있다. 나는 이것을 잠시 후에 검 토할 것이다. 그러나 이러한 부차적 결과들 때문에, 첫번째 부분의 근본적인 명제, 즉 이데올로기는 사회적 실존의 극복될 수 없는 현 상이라는 명제가 흐려져서는 안 된다. 사회적 실재가 본래적으로 상징적 구성을 가지고 있으며, 이미지와 표상을 통해 사회적 결속 관계 자체에 대한 해석을 통합하는 한, 이데올로기는 사회적 실존 의 극복될 수 없는 현상이다.

이로부터 우리의 두 번째 문제가 매우 예리하게 제기된다. 이데 올로기에 관한 담론의 인식론적 지위는 무엇인가? 이데올로기에 대해 과학적으로 말하는 것을 가능하게 해주는 비이데올로기적인 장소라는 것이 과연 존재하는가?

2. 사회과학과 이데올로기

이데올로기에 관한 모든 현대의 논쟁들은, 자신이 정치학이라는 이름 밑에 포함시킨 과학들의 논증의 성격은 개략적이고 도식적인 것이라는 아리스토텔레스의 주장을 명시적으로나 암시적으로 논박함으로써 시작된다. 아리스토텔레스가 정치학에 포함시킨 과학들은 이후에 윤리학, 정신과학, 인문과학, 사회과학, 비판적 사회과학, 그리고 마지막으로는 프랑크푸르트 학파에 의해 발전된 이데올로기 비판으로 불려 왔다. 현대의 논의들에 있어서 나에게 충격을 주는 것은 이데올로기에 대해서 말해지는 내용이 아니라—사실 이것은 그다지 나에게 충격을 주지 못한다—이데올로기를 과학이라는 비이데올로기적 장소에서 말한다는 주장이다. 결과적으로, 과학으로 여겨지고 이데올로기와 대립되는 것이 이데올로기에 대해 말해지는 모든 것들을 규정한다. 내 생각에는, 과학-이데올로기라는 대립 명제적 관계에 놓여진 이 두 용어는 함께 의문시되어야 한다. 만약 이데올로기가 매개하는 역할을 상실하고 오직 거짓된 의식을 신비화하는 역할만 담지하고 있다면, 그것은 바로 이데올로기가 비이데올로기적인 위상을 가진 것으로 정의되는 과학과 짝을 이루었기 때문이다. 이제 질문은 이것이다. 그런 과학이 과연 존재하는가? 나는 '과학'이라는 용어가 실증적인 의미로 사용되는가 아니면 비실증적인 의미로 사용되는가에 따라, 논의를 두 단계로 구분하여 진행하겠다.

실증적인 의미로부터 시작하자. 여기서 나의 논지는, 오직 이 실증적인 의미에 있어서만 과학과 이데올로기가 분명하고 날카롭게 대립될 수 있지만, 그러나 적어도 논의가 발생하는 일반 이론의 차

원에 있어서 불행하게도 사회과학은 실증적인 과학성의 기준을 만
족시키지 못한다는 것이다. 오직 실증적이 됨으로써만, 갈릴레오의
수학적 물리학은 갈릴레오 이전의 물리학의 '운동량 이론'
(impetus)을 영구히 제거할 수 있었으며, 케플러, 코페르니쿠스, 뉴
턴의 천문학은 프톨레마이오스의 천문학을 종식시킬 수 있었다. 만
일 일반적 사회 이론이 실증과학과 동일한 기준을 만족시킬 수 있
다면, 일반적 사회 이론은 이데올로기를 제거할 수 있을 것이다. 그
러나 실제에 있어서, 일반적 사회 이론의 인식론적 취약점은 이데
올로기를 고발하는 힘에 비례한다. 왜냐하면 사회 이론은 어느 곳
에서도 자신과 이데올로기와의 거리를 표시하기 위한 '인식론적
단절(break)'이라는 용어를 독점적으로 사용할 수 있는 과학성의
지위에 도달하지 못하기 때문이다. 퀘벡의 젊은 철학자 모리스 라
게(Maurice Lagueux)가 최근 주목할 만한 글에서 지적했듯이, 우리
는 다음과 같은 지성적 결과들만을 과학적이라고 여기는데, 그것들
은 지금까지 이해할 수 없는 것으로 남아 있던 현상들(설명하려 했
으나 설명할 수 없었던 표면적인 차원에 있는 현상들)에 대해 만족
할 만한 설명을 제공하고, '동시에' 그 현상들에 대한 체계적이고
엄격한 반증의 시도들을 성공적으로 논박한(포퍼가 말하는 비반증
(non-falsification)이란 의미에서의 검증(verification)) 결과들이다.[5]
중요한 점은 이 두 가지 기준들 각각에 대한 분리된 정식화가 아니
라 그것들의 결합된 기능이다. 하나의 이론은 강력한 설명적 힘을
가지고 있으면서도 엄격한 반증 시도에 의해서 단지 빈약한 지지
만을 받을 수도 있다. 이 두 가지 기준이 동시적으로 함께 적용될

---

5) Maurice Lagueux, "L'usage abusif du rapport science/idéologie," *Culture et langage*(Montreal: Cahiers du Québec, 1973), 202면.

때, 그것은 사회과학의 일반 이론들을 결격(缺格)이론으로 판정하고, 또 아마도 항상 그렇게 판정할 것이다. 사회과학의 일반 이론들은, 통합적이지만 검증되지 않은 이론들이거나, 아니면 인구통계학이나 수학적 또는 통계적 기초를 갖고 있는 다른 이론적 영역들에서처럼 부분적이고 잘 검증되어진 이론이지만 바로 이 이유 때문에 통합적이 되려는 열망을 포기하는 이론들이다. 일반적으로, 극도로 건방진 태도로 자신들의 대적자들의 이데올로기를 고발하는 사람들은 통합적이지만 검증되지 않은 이론의 옹호자들이다. 여기서 나는 사람들이 빠지기 쉬운 몇 개의 함정들을 분해해 보고자 한다.

한 공통된 논증은 이데올로기란 자신의 실제적인 동기들을 제대로 인식하지 못하는 표면적인 담론이라고 말하는 것이다. 이러한 실제적인 동기들의 무의식적 특징이 공개적이거나 공식적인 동기들의 의식적 특징과 대조될 때, 그 논증은 훨씬 더 인상적인 것이 된다. 이제, 어떤 것을 그것이 무의식적인 것이지만 실제적인 것이라고 제시하는 것은 그 자체로는 과학성을 보증하는 것이 아니라는 사실을 아는 것이 중요하다. 착각적인 것에서 실제적인 것으로, 의식적인 것에서 무의식적인 것으로의 차원의 변화는 확실히 상당한 설명적 힘을 가지고 있다. 그러나 바로 이 설명적 힘이 인식론적 함정이 된다. 차원의 변화는 우리에게 즉시로 대단한 지성적 만족을 줌으로써, 우리로 하여금 무의식적 영역의 개방과 이 영역 안으로의 설명적인 담론의 전이가 그 자체로서 과학성의 작용을 구성한다고 믿게 만들기 때문이다.

설명의 장을 의식적 합리화의 차원으로부터 무의식적 실재의 차원으로 옮김으로 말미암아 우리가 설명에서의 주관적 요소를 축소했다는 확신을 갖게 됨으로써, 우리의 이 인식론적 소박성은 한층 더 강화된다. 그리고 실제로 알튀세의 마르크스주의와 막스 베버의 사회학을 비교한다면, 우리는 사회적 행위자들의 주관적 동기의 관점에서의 설명이 주관성이 제거된 구조적 전체에 대한 고찰로 대체되는 것을 볼 수 있다. 그러나 이와 같은 역사적 행위자의 주관성의 제거가, 과학을 하는 사회학자 자신이 주체 없는 담론에 도달했음을 보증하는 것은 결코 아니다. 바로 여기에 인식론적 함정이 놓여져 있다. 분명히 궤변에 불과한 의미론적 혼동에 의해서, 주관성의 관점이 아닌 구조의 관점에서 이루어지는 설명이 특정한 주체 없이 진행되는 담론으로 취급된다. 이와 동시에 검증과 반증의 질서 안에서의 경각심은 약화된다. 합리화의 차원에서 획득된 만족은 궁극적으로 검증의 요구에 대하여 장애와 가면으로 작용한다는 점에서, 이 함정은 더욱 더 두려운 것이 된다. 그러나 이것은 바로 이 이론이 이데올로기, 즉 실재를 가리는 합리화라고 고발하는 그것이다.

이러한 입장의 인식론적 약점을 은폐하기 위하여 다양한 전술들이 동원되어 왔다. 나는 그 중에서 두 가지만 언급하고자 한다. 한편에서는, 경험적 검증의 결여에 대한 보상으로서 형식적 장치의 강화가 추구된다. 그러나 이것도 역시 검증적 기준을 희생시키고 설명적 기준을 강화하는 한 방식이다. 더욱이 내가 생각하기에는, 마르크스의 사상과 같이 형식주의의 차원으로 후퇴한 비신비화적 사상은 자신의 최후의 카드를 상실하였다. 현대의 경제적 사유가 '모든 실제적 밀도가 결여된 모델들' 의 구축으로 환원되고 있다는 비판이 현대 경제 사상에 대한 마르크스주의의 주된 비판이 아닌가?[6]

다른 한편에서는, 각 학문들의 인식론적 부적절성을 보상하기 위해서 여러 비판적 과학분야들의 상호 강화를 추구한다. 그래서 우리는 이데올로기에 대한 사회적 이론과 정신분석 사이에 일종의 교차가 있음을 보게 된다. 이 교차는 교착어법(膠着語法, chiasmus)으로서 나타나는데, 이 교착어법에서는 한 과학분야에서 주장되긴 하지만 잘 검증되지 않는 것이 다른 과학분야에서는 보다 잘 검증되는 것으로 간주된다. 내가 나중에 논의할 비실증적 관점에서 볼 때 이 교차는 내게 흥미롭고 결정적인 것처럼 보이만, 그만큼 그것의 결과는 지금까지 논의된 설명과 반증의 기준들에 대하여 부정적이다. 실로, 나는 한쪽에서의 득이 다른 쪽에서의 실이 된다고 말하고 싶다. 왜냐하면 이 두 이론들의 설명적 힘의 상호 강화를 위해 치러야 하는 대가에 비례하여, 대립되는 가설들 간의 갈등을 해결할 수 있는, 사실 기술(記述)에 있어서의 '정확성과 결정력의 성격'이 약화되기 때문이다.[7]

이러한 첫번째 단계의 논의의 결과는, 사회 이론이 이데올로기적이라고 판단된 입장들을 고발함에 있어서, 천문학이 점성술로부터 자신을 분리해낼 수 있는 권위나 또는 화학이 연금술로부터 자신을 분리해낼 수 있는 권위와 같은 그런 권위를 소유한 것이 전혀 아니라는 것이다.

그렇지만 논의는 이것으로 다 종결된 것이 아니다. 위의 논증이 사회 이론에 적합하지 않는 기준들을 사회 이론에 부과했으며, 또한 스스로 실증적인 사회과학 개념 안에 갇혀 있는 이러한 논증 자체에 대한 반대가 있을 수 있다. 나는 이런 반대에 흔쾌히 동의한다. 그리고 나는 사회 이론을 위한 다른 과학성의 기준을 찾아 나

---

6) 앞의 책, 219면.
7) 같은 책, 217면.

설 준비가 되어 있다. 그러나 그렇다면 우리는 우리가 하고 있는 일이 어떤 것인지를 충분히 의식하고 있어야만 한다. 왜냐하면 실증적 기준의 포기는 사실상 과학과 이데올로기의 관계에 대한 순전하게 분리적인(disjunctive) 개념의 포기를 수반하기 때문이다. 우리는 두 테이블에서 동시에 게임을 하여 이길 수는 없다. 마찬가지로 우리는 사회 이론에 납득할 만한 의미를 부여하기 위해 실증적 모델을 포기하면서 동시에 과학과 이데올로기 사이의 인식론적 단절을 확립하기 위해 이 모델의 덕을 보고자 할 수는 없다. 그러나 불행하게도 바로 이런 일이 이데올로기에 대한 오늘날의 담론에서 너무 자주 일어나고 있다.

사회 이론에 대한 실증적 기준이 극복된 후에 과학과 이데올로기 사이에 어떤 새로운 관계가 발견될 수 있는가 하는 질문은 나중을 위해 남겨 두고, 이제 우리는 이 두 번째의 길을 탐구해 보자.

이데올로기와의 관계에서 '과학'이라는 용어에 주어질 수 있는 두 번째 의미는 '비판적'이란 의미이다. 이 비판적이란 말은, 칸트적인 비판 개념을 수정하면서 진정으로 비판적인 비판을 요구했던 헤겔 좌파의 요구와 일치한다. 마르크스 자신도, 심지어 오늘날 1847년의 인식론적 단절 이후의 단계라고 말해지는 시기에서조차도, 《자본론》(*Capital*)에 "정치경제학 비판"(A Critique of Political Economy)이라는 부제를 다는 데 주저하지 않았다. 다음과 같은 질문이 따른다. 즉 비판으로 인식되는 사회적 이론이 이데올로기에 대한 자신의 고유한 기준에 따라 과연 완전히 비이데올로기적인 지위에 오를 수 있는가 하는 것이다. 나는 여기서 세 가지 난제들을 보는데, 이 가운데 특히 세 번째의 난제가 내 관심을 끈다. 왜냐하면 과학과 이데올로기의 변증법에 납득할 만한 의미를 부여할 수 있는 가능성이 바로 이 난제를 어떻게 해결하느냐에 달려 있기 때문이다.

　내가 보는 첫번째 난제는 이것이다. 즉 비판에 '전투적'인 과학의 지위를 부여함에 있어서, 어떻게 이 비판을 적대자 진영에서 고발되어지는 유사 병리적 현상에 넘겨 주지 않을 수 있는가? 내가 전투적 과학을 말할 때, 나는 특별히 알튀세(Althusser)가 그의 논문 "레닌과 철학"(Lenin and Philosophy)에서 힘있게 되살려 낸, 마르크스주의에 대한 레닌의 해석을 염두에 두고 있다. 이 논문에서 알튀세는 두 가지의 논지를 서로 연결지어 주장한다. 한편으로, 마르크스주의는 사상사에서 세 번째의 위대한 근본적인 단절을 보여 준다는 것이다. 첫번째 단절은 유클리드와 함께 기하학이 탄생한 것이고, 두 번째는 갈릴레오와 함께 수학적 물리학이 탄생한 것이다. 이와 동일한 방식으로 마르크스는 역사라고 하는 새로운 대륙을 조형(造形)해냈다. 비록 지식으로서의 역사와 자기 지식으로서의 역사(라는 대륙)는 다른 선조들을 가지고 있기는 하지만, 이것은 사실이다. 난제를 야기하는 것은 레닌이 이러한 과학과 부르주아적 과학 사이에서 당의 노선(party line)이라고 부르는 것을 이끌어냈다는 주장과 강력한 의미에서의 '당파적'(partisan) 과학을 인식했다는 주장을 동시에 하고 있다는 사실이다. 여기에 마르크스주의적 과학이 자기 자신의 기준에 따라 스스로를 이데올로기로 변형시키는 위험성이 놓여 있다. 이런 점에서, 그 이후의 마르크스주의의 운명은 가장 온전한 정신이 두려워하던 바를 확증한다. 하나의 예만 인용하자면, 사회 계급들에 관한 분석들, 특히 근본적으로 오직 두 가지의 계급만이 존재한다는 논지는—한때는 매우 유익한 작업 가설이었지만—이제는 도그마가 되었는데, 이 도그마는 발전

된 산업사회들의 새로운 사회 계층화를 분석하거나 또는 사회주의
적 사회에 있어서의 새로운 의미에서의 계급 형성을 분석하기 위
한 신선한 시도들을 방해한다. 더욱이, 이 도그마가 사회 계급의 관
점에서는 분석하기 어려운 민족주의적 현상에 대한 분석을 방해한
다는 것은 두말할 나위가 없다.

당에 의한 공식적 교리(doctrine)의 창조는 현실에 대한 이러한
맹목성보다 더욱 심각한 또 다른 이데올로기 현상을 유발한다. 종
교가 지배 계급의 권력을 정당화시켰다고 비난받는 것과 마찬가지
로, 마르크스주의 또한 노동계급의 전위대로서의 당의 권력과 당
내부에서의 지배 집단의 권력을 정당화하는 체계로서 기능한다. 지
배 집단의 권력에 대한 이와 같은 정당화 기능은 왜 경직화된 마르
크스주의가 가장 극명한 현대적 이데올로기의 실례를 제공해주는
지를 설명해준다. 역설적인 것은, 마르크스 이후의 마르크스주의는
실재와의 관계에 대한 일련의 표현으로서 그리고 실재와의 관계의
은폐로서, 그 자신의 이데올로기 개념의 가장 전형적인 예증사례가
된다는 것이다. 이 시점에서, 명예로운 용어인 '이데올로기'와 '이
데올로기 창도자'(ideologue)라는 용어를 논쟁적이고 오용적인 용
어로 변질시킨 사람은 바로 나폴레옹이었다는 사실을 상기하는 것
은 중요한 의미가 있다.

이러한 가혹한 지적들은 마르크스주의가 오류라는 것을 의미하
지는 않는다. 오히려 반대로 이 지적들은 마르크스주의의 비판적
기능이 오직 다음과 같은 조건들 아래에서만 해방되고 표출될 수
있음을 함축한다. 이 조건들이란, 마르크스 작품의 사용이 권력과
권위의 행사로부터, 그리고 정통성에 대한 판단으로부터 분리되어
야 한다는 것, 마르크스가 자신의 분석들을 19세기 중엽의 경제에

적용했던 것처럼 그의 분석들이 현대의 경제에 직접적으로 적용되어야 한다는 것, 마르크스주의가 다른 여러 분석 도구들 중 하나가 되어야 한다는 것이며, 한 마디로 말하자면, 마르크스의 《자본론》이 니체가 '어느 누구를 위한 책도 아니면서 모든 사람을 위한' 책이라고 묘사한 《짜라투스트라》(Zarathustra)와 결합되어야 한다는 것이다.

두 번째 난제는, 이데올로기의 형성에 대한 비이데올로기적 관점에서의 설명과 반대되는 장애들에 대한 것이다. 나는 비록 마르크스를 존재론적 신학(onto-theology) 전통 안에 자리매김하는 데까지 나아가지는 않을 것이지만, 나의 지적들을 자끄 타미니오(Jacques Taminiaux)의 지적들과 연결시킬 것이다. '기원', '목적', 그리고 '주체' 등의 단어들은 너무도 다의적인 의미를 가지며 너무도 다양한 상황적 의미를 부여받기 때문에, 나는 이것들을 피동화물(被同化物)로 만들기를 주저한다. 오히려 나는 앞에서 지적하기만 하고 설명을 유보했었던 것, 즉 마르크스의 개념화에 있어서 헤겔과 포이에르바하의 개념들이 수행한 매개적 역할을 강조하고자 한다. 물론 마르크스는 포이에르바하의 비판에 자신의 것을 추가하였다. 그러나 그가 이데올로기에 대해 말할 때에, 그는 여전히 포이에르바하의 비판의 영향력 안에 있다. 독일 철학 전체는 무엇보다도 종교에 대한 주석으로 여겨져야 했으며, 종교는 하늘과 땅의 관계의 전도로 여겨져야 했는데, 이것은 비판을 전도된 것에 대한 전도로서 제시하기 위한 것이었다. 그런데 마르크스가 이 관계를 은유적인 관점을 떠나서는 거의 생각할 수 없었다는 것은 놀라운 일이다. 즉 망막에 맺히는 전도된 상의 은유, 머리와 발의 은유(물구나무의 은유), 하늘과 땅의 은유, 반영(反影)과 메아리의 은유, 화학적 의미의

승화(昇華)라는 은유, 즉 에테르의 잔류물 속에서 발생하는 고체의
기화라는 은유, 구름 속에서의 응고화라는 은유 등이 그것들이다.
사라 코프만(Sarah Kofman)이 데리다(Derrida)의 영향이 드러나는
어느 논문에서[8] 지적하는 것처럼, 이러한 은유들은 거울에 나타난
상들의 네트워크 안에서 취해진 것들이며, 또한 이론과 실천, 실재
와 이미지, 빛과 어둠과 같은 대립적인 쌍들의 체계 안에서 취해진
것들인데, 이는 전도에 대한 전도로서의 이데올로기 개념의 형이상
학적 특징을 증언한다. 인식론적 단절 이후에 더 이상 이데올로기
는 이데올로기적으로 생각되지 않을 것이라고 말할 수 있는가? 상
품에 대한 물신숭배에 관한 텍스트인 《자본론》은 이 점에서 거의
아무런 희망도 남겨 두지 않는다. 노동의 생산품이 상품이 될 때
가치 관계가 주마등같이 변하는 환각적인 형태를 취하게 되는 것
은 수수께끼로 남아 있는데, 이 수수께끼는 종교적 착각을 설명하
는 것이 아니라 종교적 착각에 적어도 유비적인 방식으로 의존하
고 있다. 결국, 이데올로기의 최고의 형태인 종교는 유비 이상의 것
을 제공한다. 즉 종교는 상품 자체의 '비밀'로 남아 있다. 사라 코
프만이 말하듯이, 상품에 대한 물신숭배는 "실제적인 관계의 반영
이 아니라 이미 변형되고 마법에 걸린 세계의 반영이다. 다시 말해
서 그것은 반영의 반영이요 환각의 환각이다."[9] 착각의 산물을 비
은유적 관점에서 생각하고자 하는 시도의 이러한 실패는 아리스토
텔레스가 플라톤적 의미에서의 참여에 대해 사고하면서 강조했던
난제를 거꾸로 표현한다—우리는 전도의 전도 안에 있다! 아리스
토텔레스는 플라톤적 의미에서의 참여는 단지 은유요 공허한 담론

---

8) Sarah Kofman, *Camera Obscura. De l'idéologie*(Paris: Balilée, 1973).
9) 같은 책, 25면.

일 뿐이라고 말했다. 이데올로기의 경우 참여는 거꾸로 기능하는데, 이데아에서 이데아의 그림자 쪽으로가 아니라, 실제 사물에서 사물의 반영 쪽으로 기능한다. 그러나 난제는 마찬가지이다.

실패의 이유는 앞에서의 우리의 첫번째 분석[사회적 결속관계와 연결된 이데올로기의 통합기능: 역자 주]에 의해 밝혀질 수 있다. 만약 사회적 집단이 자신에 대해 형성하는 이미지들이 사회적 결속관계의 구성에 직접적으로 귀속되는 해석임이 사실이라면, 다시 말해서 만약 사회적 결속관계 자체가 상징적인 것이라면, 선행적인 어떤 것으로서의 실재, 실제적 활동, 실제적 삶의 과정—이 선행적인 것으로부터 이차적으로 그에 대한 반영과 메아리가 생겨난다고 가정하면서—으로부터 이미지를 이끌어내려는 시도는 완전히 헛된 일이다. 여기서 이데올로기에 대한 비이데올로기적 담론은, 상징화 이전의 사회적 실재에 도달할 수 없다는 불가능성에 부딪힌다. 이 난제는, 우리가 전도 현상을 이데올로기의 설명을 위한 출발점으로 간주할 수 없으며 오히려 훨씬 더 근본적인 현상, 즉 사회적 결속관계가 상징적으로 구성되어진 그 이후의 사건들 속에서의 사회적 결속관계에 대한 표상에 속하는 근본적인 현상의 특수한 구체화로 간주해야 한다는 나의 생각을 확증한다. 위장(travesty)은 상징화의 이차적인 에피소드이다. 내 생각에는, 처음에는 투명하다가 나중에는 불투명해지는 사회적 실재, 그리고 관념화하는 반영(idealising reflection) 이전의 본래적인 투명성이 파악될 수 있는 사회적 실재를 정의하려는 모든 시도들이 실패할 수밖에 없는 이유가 여기에 있다. 내가 보기에 마르크스의 작품에서 훨씬 더 창조성이 풍부한 부분은, 투명성은 우리의 뒤에, 즉 기원에 있는 것이 아니라 우리의 앞에, 즉 아마도 끝이 없을 역사적 과정의 끝에 있다

는 생각에 있는 것처럼 보인다. 그러나 그렇다면 우리는 과학과 이
데올로기의 분리 자체가 한계 관념, 즉 분할의 내면적인 작업의 한
계이며, 현재로서는 우리가 이데올로기의 기원에 대한 비이데올로
기적 관념을 우리의 수중에 갖고 있지 않다고 결론 내릴 수 있는
용기를 가져야 한다.

그렇지만 가장 근본적인 난제는 아직 논의되지 않았다. 이 난제
는 절대적으로 근본적인 비판의 실행 불가능성에 관한 것이다. 근
본적으로 비판적인 의식은 '전체적' 반성을 요구하기 때문에 불가
능하다. 나는 이 논증을 조심스럽게 전개하려고 한다. 왜냐하면 이
논증은 전체적 이론임을 주장하지 않는 사회과학 작업들과는 관계
가 없지만, 스스로 전체적 이론임을 주장하는 마르크스주의를 비롯
한 모든 사회 이론들에 대해서는 실제적인 영향을 미치기 때문이
다.

내 논지를 자세히 설명하기 위해, 나는 장 라드리에르[10](Jean
Ladrière)가 구분한 두 가지 설명 모델들을 살펴볼 것인데, 우리는
이 두 가지 설명 모델들이 마르크스주의 자체에 대한 오늘날의 해
석의 두 근본적인 형태 안에서 작용하고 있음을 쉽게 알 수 있다.
나는 이 두 모델 모두가 전체적 반성이라는 개념을 불가피하게 전
제하고 있다는 것을 보여 주고자 한다. 라드리에르에 따르면, "이
두 가지 설명 모델들은 기획의 관점에서의 설명과 체계의 관점에
서의 설명으로 제시될 수 있다."[11] 첫번째 모델은 막스 베버의 해석

---

10) Jean Ladriére, "Signes et concepts en science" in *L'Articulation du sens*
(Paris: Cerf, 1970), 40~50면[영문 번역판: "signs and concepts in science"
in *Language and Belief*, translated by Garrett Barden(Dublin: Gill and
Macmillan, 1972), 17~43면].

적 사회학은 물론, 그람시(Gramsci)와 루카치Lukács)와 에른스트
블로흐(Ernst Bloch)와 골드만(Goldmann)의 마르크스주의도 포함한
다. 그런데 이 모델은 막스 베버가 선언한 '가치 중립성'의 입장을
고수하는 것을 매우 어렵게 만든다.[12] 기획의 관점에서의 설명에는
불가피하게 이론가들이 연루되며, 따라서 이 설명은 이론가가 자기
의 상황을 밝히고 그 상황과의 관계 속에서의 자신의 기획을 명료
화할 것을 요구한다. 언급되지 않은 전체적 반성이라는 전제가 개
입하는 곳이 바로 여기이다.

설명의 두 번째 모델은 이 전제로부터 벗어나는가? 언뜻 보면
그런 것 같이 보인다. 왜냐하면 기획의 관점에서 행동을 설명해야
한다는 요구도 없고, 기획의 본성을 완전히 밝혀 내야 할 필요도
없고, 따라서 전체적 반성을 수행해야 할 필요도 없기 때문이다. 그
러나 체계적 설명이 전체적인 것이 되고자 할 때, 인식 주체는 첫
번째 모델의 경우와 마찬가지로 불가피하게 자신의 해석적 도구에
연루될 수밖에 없다. 라드리에르가 보여주는 것처럼, 체계 이론의
결정적으로 중요한 점은 체계의 발전에 관련된 이론을 정교화해야
할 필요성에 관한 것이다. 그는 말한다. "여기서 우리는 물리학적
체계나 생물학적 체계의 이론(예를 들어 인공두뇌학 모델의 사용)
에 의해 영향을 받을 수 있다. 또는 우리는 변증법적 철학과 같은
철학적(따라서 비과학적) 이론들에 의존할 수도 있다."[13] 어떤 이론

11) 앞의 책, 42면 [34면].

12) Max Weber, "The meaning of 'ethical neutrality' in sociology and
economics" in *The Methodology of the Social Sciences*, translated and edited
by Edward A. Shils and Henry A. Finch(Glencoe: The Free Press, 1949),
1~49면.

적 경로를 취하든 간에, 완전성에 대한 요구는 기획의 관점에서의
설명의 경우에 있어서의 전체적 반성에 대한 요구와 일치한다. 설
명의 두 번째 모델은 전체성의 철학을 암묵적으로 포함하는데, "그
것(전체성의 철학)에 따르면, 전체성에 대한 관점은 어느 때에나
효과적으로 존재하며, 더욱이 이 관점은 적절한 담론을 통해서 명
시화되고 기술될 수 있다." 다시 한 번 우리는 다른 유형의 담론을
불러오지 않을 수 없다.[14]

그러므로 체계의 관점에서의 설명은 기획의 관점에서의 설명보
다 별로 더 나을 것이 없다. 기획의 관점에서의 설명은 오직 전체
적 반성이 수행될 수 있다고 암묵적으로 전제함으로써만 역사를
모든 이데올로기적 조건으로부터 추상화시킬 수 있다. 체계의 관점
에서의 설명도 비록 다른 방식이지만 이와 유사하게, 인식 주체가
전체를 표현할 수 있는 관점, 즉 기획의 관점에서의 설명이 가정하
는 전체적 반성과 동등한 관점에 올라설 수 있다는 것을 전제하고
있다. 바로 이것이 왜 사회적 이론이 이데올로기적 조건으로부터
완전히 자유로울 수 없는가에 대한 근본적인 이유이다. 사회적 이
론은 전체적 반성을 수행할 수도 없고, 전체성을 표현할 수 있는
관점에 올라설 수도 없으며, 따라서 사회 집단의 다른 구성원들을
포섭하고 있는 이데올로기적 매개로부터 자신을 추상화시킬 수도
없다.

---

13) *L'Articulation du sens*, 42면[*Language and Belief*, 35면].
14) 같은 책, 43면[36면].*

3. 과학과 이데올로기의 변증법

서론에서 내가 '신뢰에 대한 질문'이라고 불렀던 문제는 이제 다음과 같은 질문으로 나타난다. 과학과 이데올로기 사이의 대립—이 대립은 잘못 생각된 것이거나 아니면 생각할 수 없는 것이다—을 어떻게 할 것인가? 이 대립은 철저하고 단순하게 배격되어야만 하는가? 나는 내가 이 난제를 숙고하면서 종종 이러한 생각에 매우 가까이 가곤 했음을 인정한다. 그렇지만 이 대립을 단순히 배격해 버리고 나면, 편안한 반정립으로 환원될 수도 없고 혼란스런 '뒤범벅'(mélange)으로 환원될 수 없는 긴장이 가져다 주는 유익을 잃어 버리게 될 것이다.

그렇지만 처음에는 그 둘을 분리시키지 않는 입장에 가까이 가는 것이 필요한데, 그렇게 하는 것이 기존의 이분법적인 사고에 대한 큰 치료적 가치를 갖는다. 나는 이러한 사실에 대한 깨달음을 1929년 독일에서 씌어진 칼 만하임(Karl Mannheim)의 《이데올로기와 유토피아》(*Ideology and Utopia*)[15]를 다시 읽음으로써 갖게 되었다. 이 책은 적어도 유럽에서는 낡았다고 여겨지고 부당하게 잊혀졌던 책이었다. 이 책의 장점은 이데올로기에 대한 고발의 '순환적'(recurrent) 성격에 대한 발견으로부터 모든 결과들을 이끌어내었다는 점과, 타자에게 이데올로기적 비판을 적용하려고 하는 사람들의 입장에 대한 이데올로기의 반발(backlash)을 끝까지 추구했다는 점이다.

---

15) Karl Mannheim, *Ideologie und Utopie*(Bonn: F. Cohen, 1929)[영문 번역판: *Ideology and Utopia*, translated by Louis Wirth and Edward Shils (London: Routledge and Kegan Paul, 1936: 이후로 본문 안에 *IU*로 인용됨)].

만하임은 마르크스주의가 이데올로기란 심리학적으로 설명할 수
있는 지엽적인 오류가 아니라, 집단, 계급, 국가의 범주에서의 사유
구조라는 사실을 발견한 공로를 인정한다. 그러나 그는 마르크스주
의가 중도에서 멈추어 섰으며 불신과 의혹의 전략을 자기 자신에
게 적용하지 않았다고 비난한다. 만하임에 의하면, 이 불신과 의혹
의 연쇄반응을 멈추는 것은 이제 더 이상 마르크스주의의 손에 달
려 있지 않다. 왜냐하면 문화적, 정신적 일치의 와해라는 근본적인
현상으로 인하여 각각의 담론들이 서로 충돌하고 있기 때문이다.
그러나 우리가 의혹의 대상을 제한하지 않고 일반화시키면 어떤
일이 일어나는가? 만하임의 대답은 이러하다. 즉 우리는 이제 전투
적인 과학에서 평화적인 과학으로, 즉 트뢸취(Troeltsch), 막스 베버
(Max Weber)와 막스 쉘러(Max Scheler)에 의해 정립된 지식사회학
으로 옮겨 왔다. 프롤레타리아의 무기였던 것이 모든 사유의 사회
적 조건을 규명하는 것을 목표로 하는 탐구의 방법이 된다.

이에 따라, 만하임은 이데올로기 개념을 일반화한다. 그는 이데
올로기를 본질적으로 사회적 실재와의 불일치와 부조화로 정의한
다. 이데올로기가 유토피아와 다른 것은 오직 이차적인 특징이다.
대부분의 경우 이데올로기는 지배적 계급에 의해 공언되고 피지배
적 계급에 의해서 비판된다. 반면 유토피아는 일반적으로 새롭게
부상하는(rising) 계급들에 의해 지지된다. 이데올로기는 뒤를 돌아
보는 반면, 유토피아는 앞을 내다본다. 이데올로기는 자신이 정당화
하고 은폐하는 실재에 순응하는 반면, 유토피아는 실재를 직접적으
로 공격하고 폭발시킨다. 이데올로기와 유토피아 사이의 이러한 대
립들은 확실히 심각한 것이다. 그러나 이 대립들은 결코 그렇게 결
정적이고 전체적인 것이 아니다. 마르크스 자신도 유토피아적 사회

주의를 이데올로기적 환상으로 분류하지 않았던가? 더욱이, 오직 후대의 역사만이 유토피아가 정말 자신이 주장했던 것이었는지, 다시 말해서 역사의 방향을 바꿀 수 있는 새로운 비전이었는지를 판단할 수 있다. 무엇보다도, 이데올로기와 유토피아의 대립은 전체적인 것일 수 없다. 이 둘은 모두 오직 효과적인 실천 안에서만 드러나는 실재 개념과 불일치한다는(이데올로기의 불일치는 뒤를 향하여 있으며, 유토피아의 불일치는 앞을 향하여 있다.) 공통된 배경 속에 드러난다. 행동은 오직 그러한 간격이 끊임없이 유동하는 실재(현실)에 대한 인간의 지속적인 적응을 불가능하게 만들지 않을 때에만 가능하다.

유토피아 개념과 복잡한 방식으로 짝을 이루고 있는 이러한 일반화된 이데올로기 개념―유토피아 개념은 때로는 이데올로기의 한 종류이기도 하며 때로는 이데올로기와 반대되는 장르이기도 하다.―을 작업가설로 받아들여 보자. 나를 괴롭히는 질문은 이런 것이다. 탐구자는 일반화된 이데올로기 이론을 어떤 장소에서 말하는가? 우리는 그러한 장소가 존재하지 않는다는 사실을 인정해야만 한다. 그러한 장소가 존재할 가능성은 오직 타자만을 이데올로기적이라고 생각하는 제한된 이데올로기 이론의 경우에서보다 더욱 희박하다. 그러나 이 경우에 있어서 인식 주체는 자기 자신도 이데올로기에 사로잡혀 있다는 것을 안다. 이러한 점에서 만하임의 자기 자신의 논쟁은 무제한적인 지적 정직성을 보여 주는 모범사례이다. 만하임은 가치 중립적 사회학에 대한 베버의 주장이 기만적인 유혹이라는 사실을 알고 있다. 베버의 주장은 비록 필요한 단계이긴 하지만 단지 하나의 단계일 뿐이다. 만하임은 다음과 같이 말한다.

(필요한 것은) 모든 관점이 어떤 특정한 상황에 속하는 특수한 것이라는 점을 기꺼이 인식하고 이 특수성이 무엇으로 구성되어 있는지를 분석을 통해 발견하려는 지속적인 태도이다. 경험적 지식의 저변에 놓여 있으면서 경험적 지식을 가능케 하는 암묵적인 형이상학적 전제들을 분명하게 명시적으로 인정하는 것이, 그러한 전제들이 존재한다는 것을 말로는 부인하면서 그것들로 하여금 뒷문으로 은밀하게 들어오게 하는 것보다 연구의 명료화와 진척에 더 많은 기여를 할 것이다(*IU* 80).

형이상학적 전제가 뒷문으로 들어오도록 하는 상태에 머무는 것은 완전한 상대주의와 완전한 역사주의에 빠지는 것이며, 그렇게 되면 연구 자체가 죽어 버린다. 만하임이 말하는 바와 같이, 전제 없이는 어떠한 질문도 제기될 수 없고, 질문 없이는 어떤 가설도 수립될 수 없으며, 따라서 어떤 것도 더 이상 연구될 수 없다. 이것은 사회들 자체에 있어서 뿐만 아니라 연구자에게 있어서도 마찬가지이다. 이데올로기는 사물들의 실제의 과정과의 관계에서의 간격 또는 불일치이다. 그러나 이데올로기가 죽은 사회는 가장 명백한 불모(不毛)의 사회가 될 것이다. 왜냐하면 이데올로기와 유토피아가 없는 사회 집단은, 계획을 세울 수도 없고, 그 자신으로부터 거리를 둘 수도 없으며, 자기를 표상할 수도 없을 것이기 때문이다. 그러한 사회는 모두 동일하고 의미 없는 단편적인 사건들로 분해된 역사에 내맡겨진 채, 아무런 전반적인 기획이 없는 사회가 될 것이다.

만일 우리가 모든 것이 상대적이라는 것을 우리가 안다면, 우리는 어떻게 전제를 만들 수 있는가? 우리는 어떻게 그저 주사위 던지기도 아니고, 권력을 위한 논리적 시도도 아니고, 순수한 신앙주의에 의한 운동도 아닌 결정을 내릴 수가 있는가? 나는 이미 만하임이 모범사례적인 사유의 용기를 가지고 이 난제와 씨름했다는 것을 언급한 바 있다. 그는 어떤 대가를 치르고서라도 상대주의로부터 관계주의(relationism)를 구별해내려고 하였다. 그러나 치러진 대가는 무엇인가? 그 대가는 불가능한 것에 대한 요구였다. 이 요구는 모든 부분적인 이데올로기들을 그것들 각각에 상대적인 의미를 부여해주는 전체적 비전 안에 자리매김할 것과, 그리하여 순수한 관찰자의 비평가적 개념으로부터 평가적 개념으로 이동하여 어떤 이데올로기는 적합하고 어떤 이데올로기는 적합하지 않다고 감히 말할 것을 요구하는 것이었다. 다시금 우리는 전체적 지식에 대한 불가능한 요구 앞으로 이끌려 왔다. 즉 이 요구는 "현대인에게 '전체적'인 역사 과정에 대한 수정된 전망을 제공해 줄 것"을 요구한다(*IU* 69).* 그리하여 관계주의와 상대주의는 불명예스러운 헤겔주의에 의해 분리된다. 만하임에 따르면, "우리의 과제는 규범과 제도를 변화시킴으로써 하나의 체계, 즉 그 통일성과 의미를 이해하는 것이 우리의 의무인 하나의 체계를 발견하는 것"이며(*IU* 81), 나아가 "역사적 복합체의 전체 속에서 각 요소들의 역할과 의의와 의미를 발견해내는 것이다. 우리가 우리 자신의 정체성을 확인하는 것은 역사에 대한 이러한 유형의 사회학적 접근을 통해서이다"(*IU* 83).

바로 이런 것이 연구자가 치러야 할 대가이다. 다시 말하면 이런 것은 연구자가 회의주의와 냉소주의를 피하고, 현재를 평가하여 "이 주어진 상황에서 이 관념들은 정당하고 다른 관념들은 명료성(lucidity)과 변화에 장애가 된다"라고 말할 수 있기 위해 지불해야 할 대가이다. 그러나 이러한 적응적 기준을 주어진 상황에 적용하기 위해서는 사유자 자신의 과학적 연구가 완성되어 있어야만 한다. 왜냐하면 실재에 대한 왜곡을 측정하기 위해서는, 사회적 실재 전체를 알아야 하기 때문이다. 그리고 실재의 의미가 결정되는 것은 바로 연구 과정의 마지막에서이다. "이데올로기적 또는 유토피아적 왜곡으로부터 벗어나려는 시도는 결국 실재에 대한 탐구이다"(IU 87). 다시 한 번 우리는 순환 안에서 맴돌고 있다. 마치, 처음부터 이데올로기적 착각과 대립되는 실재는 오직 마지막에 이데올로기가 실제적으로 와해된 이후에만 알려질 수 있다고 말했던 마르크스의 경우처럼 말이다. 여기에서도 역시 모든 것은 순환적이다. 즉 "우리가 모든 관점들은 제한된 범위만 가지고 있다는 것을 철저히 인식할 때에만, 우리는 우리가 추구하는 이해, 즉 전체에 대한 이해의 길 위에 있게 된다"(IU 93). 그러나 그 역도 이에 못지 않게 강요적이다. 즉 "전체적 전망은 개별적인 특수한 관점들의 한 계들의 동화(同化)와 그것들의 초월 둘 다를 함축한다"(IU 94).

이와 같이 만하임은 역사주의 자체의 초과된 잉여를 통해서 역사주의를 정복해야 하는 끝없는 의무를 자신에게 부과함으로써, 부분적 역사주의에서 전체적 역사주의로 나아가고자 한다. 이러한 점에서, 만하임이 이와 동시에 지식계층(intelligentsia)의 사회적 문제에도 관심을 가졌다는 것은 의미가 있다. 왜냐하면 관점들을 종합하기 위해서는 사회적 담지자(carrier)가 전제되어야 하는데, 이 담지자는 중산계급일 수가 없으며, 상대적으로 계급화 되지 않은 층이어야 하고, 사회적 질서에 확고하게 뿌리내리지 않은 사람들이어야 하기 때문이다. 그런 사람들이 바로 알프레드 베버(Alfred Weber)가 말하는 비교적 덜 고착화된 지식계층, '자유롭고 독립적인 지식계층'(freischwebende Intelligenz)이다. 그리하여 이데올로기

이론은 '사회학적 관점으로부터 완전히 정화된 정신'의 유토피아로 떨어지고 만다(*IU* 175).*

우리는 전체적 종합의 과업은 불가능하다는 것을 인정해야만 한다. 그렇다면 우리는 아무런 사유의 진전도 없이 전체적 반성에 대한 비판으로 되돌아온 것인가? 우리는 모든 관점들이 가질 수밖에 없는 이데올로기적 조건들과의 싸움에서 모든 힘을 소진하고 결국 패배하고 만 것인가? 우리는 이데올로기에 대한 어떠한 진리 판단도 모두 포기해야 하는가? 나는 그렇게 생각하지 않는다. 이미 말한 바와 같이, 나는 만하임의 입장이 우리로 하여금 실행 가능한 해결의 방향을 감지할 수 있게 해주는 전환점이 된다고 생각한다.

내가 보기에 해결의 요인들은 모든 '역사적' 이해의 조건들에 대한 '해석학적' 성격의 담론 안에 담겨 있는 것처럼 보인다. 여기서 나는, 이데올로기에 대한 지식 가능성의 조건에 관한 담론의 긴 우회로를 통해서, 이전의 연구에서 제시했던 분석과 합류하고자 한다.[16] 거기서 나는 가다머의 안내를 받아, 하이데거적 유형의 반성을 취하였는데, 이는 사회과학이 선입견, 이데올로기 그리고 해석학적 순환이라는 이름으로 만나는 모든 고유의 인식론적인 난제들에 선행하고 또한 그 난제들을 지배하는 존재론적 구조인 선이해라는 핵심적인 현상을 말하기 위해서였다. 이러한 인식론적 난제들은 비록 다양하고 서로 환원될 수 없는 것들이긴 하지만 그 기원은 동일하다. 이 난제들은 존재의 구조로부터 유래하는데, 이 존재의 구조는 결코 자신을 둘러싼 조건들의 전체성으로부터 스스로 거리를 둘 수 있는 주체의 주권적(主權的) 위치 안에 있지 않다. 그렇지만

---

16) 이 책의 제2장 "해석학과 이데올로기 비판"을 보라.

이 글에서는 나는 선이해의 존재론 안에 직접적으로 자리잡고 있
는 담론의 용이함을 나 자신에게 허용하지 않았는데, 이는 이데올
로기 이론의 곤궁함을 상위(上位)에서 판단하지 않기 위함이었다.
나는 이데올로기에 대한 지식 가능성의 조건에 대한 인식론적 반
성, 그리고 일반적으로는 사회과학들에서의 설명적 담론의 타당성
검증의 조건들에 인식론적 반성이라는 길고도 어려운 길을 선택했
다. 따라서 나는 내면으로부터, 즉 이데올로기적 차이들에 대한 전
체적 성찰 또는 전체적 지식이라는 기획의 실패를 통하여, 다른 유
형의 담론의 필요성, 즉 역사적 이해의 해석학의 담론의 필요성을
내면으로부터 재발견하려고 시도하였다.

　여기서 나는 이 다른 담론에 대한 분석을 시도하지는 않을 것이
다. 나는 결론을 대신하여, 과학-이데올로기의 쌍에 납득할 수 있는
의미를 부여해줄 수 있는 몇 가지 명제들을 정식화하는 것으로 만
족하고자 한다.

　첫번째 명제: 사회, 사회적 계급, 문화적 전통 그리고 역사 안에
있는 우리의 위치를 객관화하는 모든 지식은 우리가 결코 전체적
으로 반성할 수 없는 '귀속성'의 관계에 의해 선행된다. 그 어떤
비판적인 거리 두기 이전에, 우리는 이미 하나의 역사, 하나의 계
급, 하나의 민족, 하나의 문화, 하나 또는 여럿의 전통에 귀속해 있
다. 우리를 선행하며 또한 떠받쳐 주는 이러한 귀속을 받아들임에
있어서, 바로 우리는 이데올로기의 첫번째 역할, 즉 우리가 이미지
의 매개적 기능, 자기 표상의 매개적 기능이라고 묘사했던 기능을
받아들인다. 이 매개적(통합적) 기능을 통하여 우리는 또한 이데올
로기의 다른 기능들, 즉 은폐와 왜곡의 기능들에도 참여한다. 그러
나 우리는 이제 선이해라는 존재론적 조건이, 비이데올로기적 지식

을 가질 수 있는 특권적 위치를 우리에게 부여해줄 전체적 반성을 배제한다는 것을 알고 있다.

두 번째 명제: 비록 객관화하는 지식이 항상 귀속성의 관계에 비해 이차적인 것이지만, 그럼에도 불구하고 아 지식은 '상대적 자율성' 속에서 구성될 수 있다. 이러한 지식을 구성하는 비판적 계기는 근본적으로, 역사성의 관계의 일부인 '소격화'(또는 거리 두기, distanciation)의 요소 때문에 가능하다. 하이데거 자신은 이 주제를 명시적으로 언급하지는 않았지만, 그의 다음과 같은 언급은 이 주제의 위치를 지시해준다.

> 이해의 순환 속에 … 가장 원초적인 지식을 위한 적극적 가능성이 숨겨져 있다. 해석(해명, explication, Auslegung)의 과정에 있어서 우리의 첫 번째이자 마지막이며 또한 지속적인 과제가 우리의 선취, 선견, 선개념이 결코 일시적 생각들(fancies, Einfälle)이나 대중적 개념들에 의해 제시되도록 허용하지 않고, 반대로 이러한 예기[이해의 선구조: 역자 주]들을 사상(事象) 자체의 관점에서 실행시킴으로써 과학적 주제를 확고하게 만드는 데 있음을 우리가 이해할 때에만, 우리는 진정으로 이 가능성을 붙들 수 있다.[17]

이로써 우리를 구성하며 또한 바로 우리 자신이기도 한 선이해의 구조를 향한 회귀 운동 속에 비판적 계기를 포함시켜야 할 필요성이 원칙적으로 노정(露呈)된다. 따라서 또한 선이해의 해석학은

---

17) Martin Heidegger, *Sein und Zeit*(Tübingen: Max Niemeyer, 1927), 153면 [영문 번역판: *Being and Time*, translated by John Macquarrie and Edward Robinson(Oxford: Basil Blackwell, 1978), 195면].*

선이해와 선입견(편견, prejudice)을 비판적으로 구별할 것을 요청
한다. 이 주제는 하이데거에 의해서 겨우 윤곽이 그려졌으나 그의
[기초 존재론적 정초를 추구하는: 역자 주] 기획의 철저한 근본성
에 의해 압도되어 있다고 할 수 있으며, 가다머는 이 주제를 조금
더 끌고 나아갔지만 이 주제의 중요성을 충분히 강조하지는 못했
다. 그러나 가다머는 소격화라는 중심적 문제에 손을 대었는데, 소
격화는 단순히 과거의 텍스트나 기념물들에 대한 해석에서처럼 시
간적인(temporal) 거리일 뿐만 아니라, 적극적인 거리 두기이다. '오
직 거리(거리 두기, distance)라는 조건 하에서만, 역사의 효력(영
향)에 노출된 의식'은 이해할 수 있다. 나는 이와 같은 방향에서
더욱 앞으로 나가려고 시도하였다. 내가 생각하기에 텍스트에 의한
매개는 대단히 모범 사례적인 가치가 있다. 어떤 말(saying)을 이해
한다는 것은 무엇보다도 먼저 그것을 말해진(said) 어떤 것으로 대
면한다는 것이며, 그 말을 저자로부터 분리되어 있는 텍스트의 형
태로 받아들이는 것이다. 이러한 거리 두기는 모든 읽기의 친밀한
한 부분인데, 그것에 의해서 텍스트의 주제가 오직 거리 안에서 그
리고 거리를 통하여 가까워지게 된다. 내 생각에는, 내가 지금까지
고찰하고 추구해 온 이러한 텍스트 해석학은 이데올로기 비판의
정당한 수용을 위한 중요한 표지(標識)들을 포함하고 있다. 왜냐하
면 만하임이 마르크스를 일반화하면서 가르쳐 준 바와 같이, 모든
거리 두기는 자신과의 거리 두기, 즉 자기 자신으로부터의 소격화
이기 때문이다. 따라서 이데올로기 비판은 자기 이해의 과업, 주체
에 관한 착각들에 대한 비판을 본래적으로 함축하는 과업 안에서
수용될 수 있으며 또 수용되어야 한다. 따라서 나의 두 번째 명제
는 바로 다음과 같다. 즉 귀속성과 변증법적으로 대립되는 소격화는 이

데올로기 비판의 가능성의 조건이며, 해석학의 바깥에 있거나 혹은 그것에 대립되는 것이 아니라 해석학 안에 있는 것이다.

세 번째 명제: 비록 이데올로기 비판이 자신이 애초에 근거하고 있던 선이해로부터 부분적으로 자유롭게 될 수 있다고 하더라도, 그리하여 이데올로기 비판이 지식으로 조직화되고 장 라드리에르가 말하는 이론으로 이행하는 움직임을 시작할 수 있다고 하더라도, 이 지식은 전체적인 것이 될 수 없다. 그것은 부분적이고 단편적이고 고립적인 지식으로 남아 있을 수밖에 없다. 이 지식의 불완전성은 소격화 자체를 귀속성의 한 계기로 만드는 원본적이고 극복 불가능한 조건 안에 해석학적으로 정초되어 있다. 우리가 이 절대적으로 극복 불가능한 조건을 망각하는 것은, 이데올로기에 관한 지식의 차원에 이데올로기를 재출현시키는 동일하게 극복 불가능한 장애물의 근원이 된다. 이데올로기 이론은 여기에서 불완전성과 비전체성이라는 인식론적 제약에 종속되어 있는데, 이 불완전성과 비전체성은 바로 이해의 조건 자체 안에 자신의 해석학적 정당성을 갖고 있다.

이러한 점에서, 나는 모든 지식은 관심에 의해 유지되며, 이데올로기 비판 이론 자체도 해방에 대한 관심, 즉 비제약적이며 비구속적인 의사소통에 대한 관심에 의해 유지된다는 하버마스의 명제를 받아들인다. 그러나 우리는 이러한 관심이 이데올로기나 유토피아로서 기능한다는 사실을 알아야만 한다. 그리고 우리는 어떤 관심이 비생산적인 이데올로기이며 어떤 관심이 창조적인 유토피아인지 모른다. 왜냐하면 오직 후대의 역사만이 비생산적인 불일치와 창조적인 불일치인지를 결정할 수 있기 때문이다. 우리는 이데올로기 비판을 유지하는 관심이 이데올로기적인 성격의 것인지 유토피아적인 성격의 것인지 분별하기 어렵다는 사실을 명심할 필요가 있을 뿐만 아니라, 이 관심이 이데올로기 이론이 다른 곳에서 기술하는 다른 관심들과 유기적으로 연결되어 있다는 사실도 더불어 그리고 한층 더 명심할 필요가 있는데, 이 다른 관심들이란 사물들과 사람에게 적용되는 물질적 지배와 조작에 대한 관심이나 문화적 유산들에 대한 이해를 통해 추구되는 역사적 의사소통에 대한 관심 같은 것들이다. 그러므로 해방에 대한 관심은 결코 관심들의 체계 안에서 전체적인 분리, 즉 지식의 차원에 명백한 인식론적 단절을 도입할 수 있는 그런 분리를 가져 올 수 없다.

그러므로 나의 세 번째 명제는 이와 같다. 특수한 관심에 의해 지지되는 이데올로기 비판은 결코 귀속성이라는 토대와의 연결을 단절하지 못한다. 이 원초적인 결속관계를 잊어버리는 것은 절대적 지식의 반열로까지 고양된 비판이론에의 착각 속으로 빠져들어 가는 것이다.

마지막으로 나의 네 번째 명제는 직설적인 의무론이다. 이 명제는 이데올로기 비판의 '올바른 사용'에 관한 것이다. 이 모든 고찰로부터, 우리는 이데올로기 비판은 항상 시작해야 하는 과제지만 원칙적으로 결코 완성될 수 없는 과제라는 결론을 내릴 수 있다. 지식은 항상 이데올로기로부터 자신을 분리시켜 내는 과정 안에 있다. 그러나 이데올로기는 항상 해석의 격자나 코드로 남아 있는데, 그렇기 때문에 우리는 어딘가에 유착되어 있지 않은 지식인들이 아니라, 헤겔이 '윤리적 실체'(윤리성, Sittlichkeit)라고 부르는 것에 의해 지지되고 있다. 나는 나의 네 번째 명제를 의무론적인 것이라고 기술한다. 왜냐하면 오늘날 우리에게 가장 필요한 것은 거만한 비판을 포기하는 것이며, 인내심을 가지고 우리의 역사적 실체와의 거리 두기를 통하여 그 역사적 실체를 갱신하는 끝없는 과업을 수행하는 것이기 때문이다.

10. 프로이드의 정신분석 저술들에서의 증명 문제

정신분석에서 증명의 문제는 정신분석 자체의 역사만큼이나 오래된 문제이다. 1895년의 '기획'은 과학적 심리학이 되고자 하는 목표를 세웠다. 《꿈의 해석》(*The Interpretation of Dreams*)은 크라프트-에빙(Krafft-Ebing)의 표현을 빌자면, 언젠가 프로이드의 공개 강연이 끝나갈 무렵에 그에게 던져졌던 비판처럼 공상적인 구성이나 '꾸며낸 이야기'가 아니라 과학이 되고자 의도한다. 프로이드의 교훈적인 작품들은—《개론적 강의들》(*Introductory Lectures*), 《새로운 개론적 강의들》(*New Introductory Lectures*), 그리고 《개요》(*Outline*)—모두 정신분석이 진정으로 이해 가능한 어떤 것, 참되다고 주장되는 어떤 것과 관련되어 있다는 확신을 일반인들에게 전달해주려는 새로운 노력을 제시하고 있다. 그러나 정신분석학은 아직까지 자신의 주장이 어떻게 정당화될 수 있는지, 자신의 해석이 어떻게 인증될 수 있는지, 자신의 이론이 어떻게 증명될 수 있는지를 설명함에 있어서 별로 큰 성공을 거두지 못하였다. 내가 생각하기에, 이와 같이 정신분석학이 과학으로 인정을 받는 데 대체로 실패한 이유는 어떤 예비적인 물음들을 제기하는 데 실패했기 때문이다. 나는 이 논문의 처음 두 부분을 그 예비적인 물음들에 할애할 것이고, 세 번째 부분에서 본래적인 물음에 대한 직접적인 대답을 시도할 것이다.

1. 정신분석에 있어서 '사실'에 대한 기준들

첫번째 물음은 정신분석에서 '사실'로서 적절한 것은 무엇인가에 관한 것이다. 우리는 분석적 이론의 인식론적 위상에 관한 전통적인 논의들이, 이론이란 어떤 현상들을 체계화하고, 설명하고, 예측하는 역할을 하는 명제들로 구성되어 있으며, 이러한 명제들의 역할은 바로 자연과학이나 혹은 (학문적 심리학과 같은) 자연과학의 인식론을 채택하는 인문과학에서의 이론에 대한 증명이나 반증에 비견된다고 전제한다는 사실에 주목함으로써 우리의 논의를 시작하고자 한다. 비록 우리가 관찰될 수 있는 것들에 의해 직접적으로 타당성이 검증될 수 있는 이론을 요구하는 협의의 경험주의를 다루고 있지 않을 때조차도, 우리는 실측적인 과학에 제기될 법한 물음들과 같은 물음들을 계속해서 묻는다. 이런 식으로, 우리는 정신분석이 어떤 과학적인 절차들에 의해 이런저런 이론적인 개념을 구체적이고 명백한 사실들에 연결하는지를 질문한다. 그러나 증명과정이 아무리 간접적이라 할지라도, 정의들은 작용적인 (operational) 것이 되어야 한다. 즉 정의들은 증명과 반증을 위한 절차들을 발생시키는 것으로 보여져야만 한다. 그리고 이것이 바로 질문되고 있는 바이다. 즉 정신분석에 있어서 증명 가능한 사실로 여겨질 만한 것은 어떤 것인가?

나의 명제는 정신분석 이론은―이 논문의 두 번째 부분에서 묘사될 의미에서,―분석적 상황에서 일어나는 것, 보다 더 정확하게 말하자면 분석적 관계에서 일어나는 것에 대한 이론적 코드화(codification)라는 것이다. '분석적 경험'이라고 불릴 만한 그 무엇인가가 발생하는 곳은 이 분석적 상황 또는 관계이다. 다시 말해서, 논리경험주의 인식론이 '관찰될 수 있는 것들'이라고 부르는 것에 해당하는 것은 우선적으로 분석적 상황 또는 분석적 관계에서 찾아질 수 있다.

그러므로 우리의 첫번째 과제는, 분석적 관계가 어떤 방식으로 이론에 의해서 고려될 수 있을 법한 사실들 가운데에서 하나의 선택을 가져 오는지를 보여 주는 것이 될 것이다. 나는 우리의 논의를 위해 유익한 네 가지 선택 과정의 기준들을 제시하고자 한다.

첫번째 기준: 우선 우리는 '말해질' 수 있는 그런 경험만이 조사되고 다루어질 수 있는 영역에 속하게 된다고 말할 수 있다. 여기에서 정신분석이 갖는 '이야기-치료'의 성격을 고집할 필요는 없다. 이러한 언어의 제약은 무엇보다도 분석적 기술(技術)에 대한 고유한 제약이다. 대리만족이나 행동화(acting out)[1]를 향한 퇴행을 배

---

1) 행동화(acting out)란 갈등이 적나라하게 노출될 때 환자가 어떤 행동을 저지름으로써 자신의 불안, 불편한 느낌을 발산해 버리는 것을 말하는 바, 그 행동은 객관적으로 보아 그 자신에게 불리하거나 위험한 것인 경우가 대부분이다. 치료자는 환자의 행동화를 조기에 해명·분석해주어야 하며 '말로써 표현해야 하며 행동은 절대 금물'이라고 거듭 주의를 준다. 예를 들면 환자가 직장에서 무단 이탈을 하거나, 주먹 싸움을 하거나, 성적으로 방종한 행동을 하거나, 술, 약물, 도박에 탐닉하고자 하는 충동이 있을 때, 그런 행동을 분석해 보려고 노

제시키면서 욕망이 말로 표현되고 단어들의 좁은 골짜기를 통과하지 않을 수 없도록 만드는 것은 분석적 상황에 속하는, 실재에 참여하지 않는 특수한 맥락이다. 분석적 상황에서 말을 통한 이러한 선별검사(screening)는 또한 정신분석의 대상으로 여겨질 것을 위한 기준으로 기능하는데, 이 대상은 생리학적인 현상으로서의 본능도 아니고, 에너지로서의 욕망도 아니며, 해독되고 번역되고 해석될 수 있는 의미로서의 욕망이다. 따라서 정신분석 이론은 필연적으로, 우리가 욕망의 의미론적 차원이라고 부르는 것을 설명해야 한다.

우리는 이미 통상적인 인식론적 논의들에서의 지배적인 오해, 즉 정신분석에서의 사실은 결코 관찰 가능한 행위의 사실들이 아니라는 오해를 발견할 수 있다. 정신분석에서의 사실은 '보고'(reports)이다. 우리가 꿈에 대하여 아는 것은 오직 꿈에서 깨어난 후에 말로 표현된 것을 통해서이다. 심지어 증상도, 비록 그것이 부분적으로 관찰 가능하다고 할지라도, '보고'에서 언어화된 다른 요소들과의 관계에서만 분석의 영역 안으로 들어온다. 우리로 하여금 정신분석의 사실들을 동기와 의미의 영역 안에 자리매김하지 않을 수 없도록 만드는 것은 이 선별해내는 제약이다.

두 번째 기준: 분석적 상황은 말할 수 있는 것(sayable) 뿐만 아니라 '다른 사람'에게 말해진 것을 가려낸다. 여기서 다시금 인식론적 기준은 분석적 기술(技術)에 있어서 절대적으로 핵심적인 어떤 것에 의해 인도된다. 이러한 점에서, 전이(轉移, transference)[2] 단계

력하지 않고 일상생활에서 실제 그런 행동을 범하고 마는 수가 있는데, 이를 행동화라고 한다. 어떻게 보면 이는 분석에 대한 하나의 저항인 것이다. 더 자세한 내용은 《정신의학》(개정판), 이정균 저, 서울: 일조각, 1991. 621, 628면 참조. - 역자 주.

는 매우 중요한 의미가 있는데, 그것은 우리가 전이에 관한 논의를 정신분석적 기술(技術)의 영역에 국한시키고, 그렇게 함으로써 적절한 기준들에 대한 우리의 탐구에 있어서 전이가 지니고 있는 인식론적 함의들을 간과하도록 유혹을 받을 수 있기 때문이다. 이것을 살펴보기 위해서, 분석적 기술에 대한 결정적으로 중요한 텍스트인, "기억함, 반복함, 훈습(訓習, working through)"[3]이라는 제목으로 1914년에 발표된 논문 하나만을 생각해 보기로 하자.[4]

이 논문에서 프로이트는 치료에 있어서의 중요한 순간, 즉 외상적(外傷的, traumatic) 사건들에 대한 기억이 그것들을 기억하지 못하도록 차단하는 어떤 것을 반복시키는 강박적 행동(compulsion)에 의해 대치되는 바로 그 순간에서 시작한다. 프로이트는 이 반복시

---

2) 전이(transference)란 환자의 마음속에 있는 자기의 과거의 중요 인물(대개는 그 부모)의 특징이 분석가에게 옮겨져 나타나는 현상으로서, 이에는 대치(displacement), 투사(projection) 기제가 작용된다. 이때 환자는 분석가를 마치 그 중요 인물처럼 대하는 현상을 보여 주는데, 이는 무의식적으로 일어나는 것이다. 분석가는 따라서 적기에 적절히 이 전이를 환자에게 분석해주어야 하는데, 예컨대 사납고 무서운 아버지를 가졌던 환자에게는 그가 생각하는 것처럼 분석가가 그렇게 사나운 사람이 아님을 보여 주면서 아울러 전이의 기제를 설명해주어야 한다. 분석가가 중립적이며 무명인격(無名人格)의 역할을 해야 한다고 정신분석에서 강조하는 것은 이 때문이다. 더 자세한 내용은 《정신의학》(개정판), 이정균 저, 서울: 일조각, 1991. 626~27면 참조. - 역자 주.

3) 훈습(working through)이란 정신치료 과정에서 환자가 자신이 깨닫게 된 바(insight)를 현재의 실제 상황에 거듭 적용해 보는 것을 말한다. 이 훈습은 환자가 깨달은 바를 더욱 공고히 하며, 환자에게 자신감을 주어서 더욱 더 호전을 보겠다는 의지를 갖도록 만드는 자극제 역할을 한다. 더 자세한 내용은 《정신의학》(개정판), 이정균 저, 서울: 일조각, 1991. 621면 참조. - 역자 주.

4) 프로이트의 저술들에 대한 모든 언급은 *Standard Edition*, 24 volumes (London: Hogarth Press, 1953~)에 대한 것이다. 이후부터는 본문 안에 *SE*, 권 수, 면 수로 인용한다.

키는 강박적 행동, 저항, 그리고 전이 사이의 관계에 초점을 맞추면
서, "저항이 더 크면 클수록, 행동화(반복)는 더욱 광범위하게 기억
을 대체할 것이다"라고 기술하고 있다. 그리고 그는 "환자는 기억
하는 대신 반복하는데, 저항의 조건(상황)들 아래에서 반복한다"
(*SE* 12:151)라고 덧붙인다. 그리고 나서 프로이드는 전이 개념을
도입하는데, 그는 전이를 "환자의 강박적인 반복의 행동을 억제하
고 그것을 기억을 위한 동기로 돌려 놓는 주요한 도구"로 묘사한다
(*SE* 12:154). 왜 전이가 이러한 효과를 가지는가? 이 물음에 대한
대답은 우리를 엄격하게 기술적인 문제로 보여지던 것에 직접적으
로 접목된 인식론적 고찰로 인도한다. 저항이 해소되고, 기억이 자
유롭게 발생할 수 있게 된다면, 그것은 전이가 "(환자의 반복하고
자 하는 강박적 행동)이 거의 완전히 자유롭게 확대될 수 있도록
허용하는 운동장"과 같은 그 무엇을 구성해내기 때문이다(*SE*
12:154). 프로이드는 이 운동장의 유비를 확장시키면서 더 구체적
으로, "따라서 전이는 질병과 실제 생활 사이의 중간 지대를 만들
어내고, 이 중간 지대를 통해 전자로부터 후자로의 이행이 이루어
진다"라고 말한다(*SE* 12:154).

  바로 이 '운동장' 혹은 '중간 지대'로서의 전이 개념이 정신분석
적으로 적절한 사실이 무엇인가를 판단하기 위한 두 번째 기준에
대한 나의 진술을 인도한다. 요컨대, 이 '운동장' 또는 '중간 지대'에
서, 우리는 타자와의 관계를 다른 사람에 대한 애적(愛的, erotic) 요구를
구성하는 것으로 파악할 수 있다. 바로 이러한 점에서, '전이'는 분석
적 기술에 대한 연구에서 뿐만 아니라 기준들에 관한 인식론적 탐
구에서도 자신의 자리를 갖는다. 전이는 인간의 욕망의 다음과 같
은 구성적 특성을 드러내 준다. 즉 인간의 욕망은 말해질 수 있고

언어화될 수 있을 뿐만 아니라, 다른 사람에게 말해질(addressed) 수 있다. 보다 명확히 말하자면, 그것은 자신의 요청을 거절할 수 있는 다른 욕망에게 말해지는 것이다. 이에 의해서, 직접적으로 상호 주관적인 욕망의 차원이 인간의 경험으로부터 가려 내어지거나 선별된다.

따라서, 만일 우리가 대상들, 즉 '소망의 대상들'에 관해서 말한다면,—그리고 우리가 그것들을 대상-선택, 상실된 대상, 그리고 우리가 아래에서 다시 다루게 될 대체 대상과 같은 맥락들에서 말할 수밖에 없다면—이 대상은 다른(another) 욕망이라는 사실을 간과해서는 안 된다. 다시 말해서, 타자에 대한 관계는 욕망에 덧붙여진 무엇이 아니다. 그리고 이러한 점에서 프로이드가 자신의 자아 분석의 과정에서 발견한 오이디푸스 콤플렉스는 양성(兩性)과 세 사람을 활동시키는 삼각관계 구조로 파악된 바로 그 욕망의 구조 안에 포함되어야 한다. 이로부터 다음과 같은 사실이 도출되는데, 그것은 오이디푸스 콤플렉스 이론이 상징적인 거세로 표현하는 그 무엇은 부가적이고 비본질적인 요소가 아니라, 금지하고 표준을 부과하는 행위 주체에 대하여 욕망이 애초부터 갖는 관계를 증언하는 그 무엇이라는 사실이다. 그런데 이 금지와 표준 부과는 아이의 공상 속에서 자신의 성적 활동에 대한 부성적(父性的)인 위협으로 체험된다. 그러므로 욕망을 단순히 긴장과 해이로서의 에너지의 관점에서 정의하는 사람들이 우리로 하여금 욕망을 유아론(唯我論)적으로 믿도록 이끌어 감에도 불구하고, 욕망의 유아론으로 간주될 수 있는 것은 처음부터 모두 제거되었다. 타자의 매개는 …에게 말해지는 것(addressed to)으로서의 인간 욕망의 구성요소이다. 이 타자는 응답하거나 응답하기를 거절하는 누군가일 수도 있고, 기쁘게 하거나 위협하는 누군가일 수도 있다. 무엇보다도 그는 실제적인 인물일 수도 있고 공상적인 인물일 수도 있으며, 현존하는 인물일 수도 있고 상실된 인물일 수도 있으며, 고통의 원천일 수도 있고 성공적인 애도의 대상일 수도 있다. 정신분석은 전이를 통하여 이 양자택일적인 가능성들을 통제하고 조사하는데, 이는 신경증적 상황을 만들어낸 몇몇 연기자(환자)들을 포함하는 드라마를 일종의 소규모의 인공적인 무대에 옮겨 놓음으로써 이루어진다. 따라서 정신분석 이론으로 하여금 바로 리비도(libido)의 구성 안에 상호 주관성을 포함시키도록 만들고, 그것을 필요(need)로가 아니라 타자에게로 향하여진 소망(wish)으로 여기도록 만드는 것은 분석적 경험 그 자체이다.

세 번째 기준: 분석적 상황에 의해 도입되는 세 번째 기준은 무의식적인 것의 현현의 일관성(coherence)과 저항(resistance)에 관한 것인데, 이 무의식적인 것의 현현은 프로이드로 하여금 물질적 실재에 대조되는 '정신적 실재'(psychical reality)에 관해 말하도록 하였다. 이 정신적 실재의 독특한 특징들은 바로 정신분석과 적절하게 관계되는 것들이다. 그리고 이 기준은 공통 감각이 실재와 대립시켜 설정하는 것이 이 정신적 실재를 구성하는 정도만큼이나 역설적이다.

예를 들어, 프로이드는 1917년에 이렇게 쓴다. "공상은 '물리적' 실재와 대조되는 것으로서 '정신적'인 실재를 소유한다. … 신경증의 세계에서 결정적으로 중요한 것은 정신적 실재이다(SE 15~16: 368)." 증상과 공상은 "대상으로부터 추상화하고 따라서 외부적 실재와의 모든 관계를 포기한다." 그리고 나서 계속하여 그는 그 자체가 '언제나 참된 것은 아닌' 유아기의 장면들에 관해 언급한다.

프로이드에게 있어서 아버지가 실제로 아들을 유혹한다는 자신의 처음의 가설을 포기하는 것이 얼마나 어려운 일이었는지를 우리가 기억할 때, 이것은 특별히 중요한 인정이다. 15년 이상이 지난 후에야, 프로이드는 이 발견이 그를 얼마나 당혹스럽게 했는지를 진술하였다. 유아기의 장면들에 관한 그 무엇이 그를 그렇게 당혹케 했는가? 그것은 바로 유아기의 장면들이 참인가 거짓인가 하는 것은 임상적인 관련성을 갖고 있는 문제가 아니라는 것이다. 따라서 그것은 인식론적 관점에서도 중요한 것이 아니다. 이것이 '정신적인 실재'라는 구절에 의해 표현되는 것이다.

여기서 중요한 것은, 상상적인 것과 실재적인 것의 대립 하에 있는 어떤 산물들을 지시하기 위하여 '정신적 실재'라는 말을 사용할 수밖에 없도록 만드는 것은 바로 분석적 경험 그 자체라는 것이다. 그런데 이처럼 상상적인 것과 실재적인 것의 대립 하에서 정신적 실재가 산출되는 것은 단지 공통 감각에 따른 것일 뿐만 아니라, 어느 면에서는 정신분석에서의 근본적인 대립, 즉 공상이 부가되는 쾌락 원리와 실재 원리 사이의 근본적인 대립에 명백히 모순되는 것이다. 이것이 정신적 실재라는 개념이 저항에 부딪히게 되는 이유가 되는데, 이 저항은 공통 감각이나 실측적인 과학들에 의해 형성된 태도에 의해 야기되는 것일 뿐만 아니라, 정신분석 이론 자체와 그 이론이 나누는 상상적인 것과 실재적인 것 사이의 고집스런 이분법으로부터도 야기되는 것이다.

분석적 경험으로부터 생겨나는 이 역설의 인식론적 결과들은 중요하다. 즉 학문적 심리학에서는 다루는 이론적인 존재들이 (entities) 모두 실측적인 사실들에 관련되고 궁극적으로는 시공간 속에서의 실재적인 운동들에 관계되는 만큼, 실재적인 것과 상상적인 것의 차이를 묻지 않는 반면, 정신분석은 물리적인 실재가 아니라 정신적인 실재를 다룬다. 따라서 정신적 실재를 위한 기준은 더이상 그것이 실측적인 것이라는 사실에 있는 것이 아니라, 그것이 물리적인 실재의 일관성과 저항에 견줄만한 일관성과 저항을 제시한다는 사실에 있다.

정신적 실재의 기준을 만족시키는 현상들의 범위는 넓다. (부모들의 성관계, 유혹, 그리고 무엇보다도 거세를 관찰하는) 유아기의 장면들로부터 유래하는 공상들은 패러다임적인 사례를 구성하는데, 이 공상들은 주체의 실제적인 역사에서 취약한 기초를 가지고 있음에도 불구하고, 고도의 구조화된 조직을 제시하며, 전형적이고 또한 수적으로 한정된 시나리오 안에 기록되기까지 한다.

그러나 정신적인 실재라는 개념은 낡은 시나리오들의 관점에서 이해되는 공상 개념에 의해서 다 소진되지 않는다. 넓은 의미에서, 상상적인 것은 욕망의 표출 안에 함축된 모든 종류의 매개들을 포괄한다.

예를 들면, 우리는 공상의 형태로 계속 재현되는 포기된 대상들의 전 영역을 유아기의 장면 가까이에 둘 수 있다. 프로이드는 이 개념을 증상 형성(symptom formation)의 문제와 관련해서 도입한다. 리비도에 의해 포기된 대상들은 리비도(성적 에너지)와 증상에서의 리비도의 고착점(fixation)들[5] 사이에 소실되었던 연결을 제공한

---

5) 스트레스를 받게될 때 현재의 성장기보다 어린 시절의 행동으로 물러나는 것을 퇴행(regression)이라고 하며, 발달의 과정 중에 환자가 퇴행하는 지점을 고착점이라고 한다. 예를 들어 대소변 가리기가 끝난 다섯 살 아이가 동생이 태어나자 소변을 가리지 못하고 바지를 적시면, 이 아이는 항문기로 퇴행했다고 할 수 있다. 이 경우, 구강기로까지 물러나지 않고 항문기까지만 퇴행하는 것은 고착이 항문기에 있었기 때문이다. 프로이드는 고착과 퇴행을 진격하고 있는

다.

그리고 포기된 대상들이라는 개념으로부터, 우리를 분석적 경험의 한 가운데에 위치시키는 대체된 대상이라는 개념으로의 이행은 용이하다. 《성(性) 이론에 관한 세 개의 논문》(*Three Essays on the Theory of Sexuality*)은 리비도의 목적 혹은 목표의 안정성과 대조되는 대상의 가변성(다양성, variability)으로부터 시작하는데, 이 가변성으로부터 사랑하는 대상들의 대체가능성이 생겨난다. 《본능들과 그것들의 변천》(*Instincts and their Vicissitudes*)에서, 프로이드는 계속해서 이 기초 위에서, 대체물들(substitutions)의 교차로부터 생겨나는 전형적인 형태들(configurations)을 체계적으로 해석한다. 전도(顚倒), 역전 등을 통해서, '자아'(ego)는 나르시시즘의 경우에서처럼 자신을 대상의 자리에 둘 수 있다.

이번에는 대체 가능성이 분석적 경험에 있어서 중심적인 또 다른 일군(一群)의 현상들을 이해하기 위한 열쇠가 된다. 《꿈의 해석》 시기부터 프로이드는 꿈의 주목할 만한 특징을 지각했는데, 그것은 꿈이 신화나 민담 주제로 대체될 수 있거나, 혹은 증상, 망상, 착각으로 대체될 수 있다는 것이다. 사실상, 이 정신적 형성물들의 전체 실재는 이 정신적 형성물들의 대체의 상호작용을 위한 기초의 역할을 하는 주제적 통일성에 있다. 이 정신적 형성물들의 실재는 그

군대에 비유했다. 많은 부대(성적에너지, 리비도)가 진격을 시작하여 마을을 점령하게 될 때마다 몇 개의 부대를 주둔시켜 지배를 하게 한다. 얼마의 병력을 남겨 놓는가 하는 것은 그곳에 얼마나 많은 저항세력과 난관이 있는지에 따라서 결정될 것이다. 취약점과 문제점이 많을수록 자연히 주둔시킬 병력의 수도 많게 될 것이다. 그러다가 사태가 불리해서 퇴행하게 될 때에는 가장 많은 병력을 남겨 둔 곳(고착점)으로 하게 될 것이다. 더 자세한 내용은 《정신의학》(개정판), 이정균 저, 서울: 일조각, 1991. 69면 참조. - 역자 주.

자신들의 의미이고, 그 자신들의 의미는 상호적으로 서로 대체할 수 있는 자신들의 능력이다. 분석적 경험을 위하여 핵심적인 개념들인 상실된 대상과 대체 대상이라는 개념들이 인식론적 논의에서도 핵심적인 위치를 점유할 만하다는 것은 이런 의미에서이다. 아주 단순하게 말하자면, 이 개념들은 우리로 하여금 정신분석에서의 '사실'에 대해 실측적인 과학들에서와 동일한 방식으로 말하는 것을 금지한다.

나는 이 정신적 실재라는 기준에 마지막 연결고리를 부가함 없이 그것을 그대로 내버려 두지는 않을 것이다. 즉 나는 우리를 공상으로부터 상실된 대상으로 이끌어 가고 그 후에 다시 대체 대상으로 이끌어 가는 사례들의 연쇄사슬에 마지막 연결고리를 제공하고자 한다. 이 마지막 연결고리는 전체 연쇄사슬이 온전히 분석적 경험 안에 자리하고 있다는 사실을 우리에게 확신시켜 줄 것이다. 이 마지막 연결고리가 되는 사례는 애도(mourning) 작업이다.

애도는 그 자체가 대상의 상실에 반응하는 주목할 만한 사례이다(SE 14: 243). 물론 애도 작업을 부과하는 것은 실재이지만, 그 실재는 대상의 상실을 포함하는 것이고 따라서 부재로 판결된 실재이다. 결과적으로, 애도는 "실재에 의해 선포된 질서들 각각에 대한 단계적 실현에 있다." 그러나 이 실현은 바로 상실된 대상의 내면화에 있는데, 이에 관해서 프로이드는 "그것(상실된 대상)의 존재는 정신적으로 지속된다"라고 말한다.

만일 내가 정신적 실재의 기준에 대한 지금의 이 탐구를 애도 작업과 함께 결론짓는다면, 그것은 대상의 포기로부터 발생하는 현상들의 광범위한 영역을 강조하기 위한 것일 뿐만 아니라, 어떤 점에서 애도 현상이 정신분석의 바로 그 핵심에 가까운지를 보여 주

기 위한 것이다. 정신분석은 공상을 정신분석을 위해 정신적 실재
를 재현하는 그 어떤 것의 범례로 인정함으로써 시작한다. 그러나
정신분석은 애도 작업으로 이해될 수 있는 일, 즉 본능적 욕망의
상실된 대상에 대한 내면화로 이해될 수 있는 일에 의해 지속된다.
치료는 결코 실재의 편을 들어 공상을 정복하는 것에 국한되지 않
고, 오히려 애도 작업을 공상으로서 회복시켜, 그 애도 작업을 실재
하는 것과 혼동함 없이 상상적인 것의 차원에 위치시킨다. 치료와
애도 작업 사이의 이러한 동족관계(kinship)는, 만일 어떤 추가적인
확인이 요구된다면, 우리로 하여금 공상들에 대한 언급을 앞선 두
기준들에 추가하도록 요구하는 것은 분석적 경험이라는 사실을 확
인시켜 준다. 다시 말하면, 말해진 것(첫번째 기준)과 타인이 요구
되는 것(두 번째 기준)은, 프로이드가 '공상화하다'(phantasieren)라
는 용어로 함께 결합하는 특수한 상상적 형성의 표지를 갖는다. 이
로부터 다음과 같은 사실이 도출된다. 즉, 분석가에게 적절한 것은
관측 가능한 사실들이나 혹은 환경적 변수들에 대한 관측 가능한
반응들이 아니라, 행동주의 심리학자가 관찰자로서 관찰하는 그 동
일한 사건들이 주체에 대해 갖는 의미이다. 요컨대, 나는 감히 이렇
게 말하고자 한다. 정신분석적으로 적절한 것은 주체가 자신의 공상들
로부터 만들어 내는 것이다.

  네 번째 기준: 분석적 상황은 주체의 경험으로부터 이야기나 설
화에 들어갈 수 있는 것을 선별해낸다. 이런 의미에서 역사들로서
의 '사례 역사들'(case histories)은 정신분석의 주된 텍스트들을 구
성한다. 적어도 내가 아는 한, 프로이드는 정신분석적 경험의 이러
한 '이야기적' 성격을 직접적으로 논의한 적이 없다. 그러나 그는
기억에 관한 자신의 고찰에서 간접적으로 그것을 언급하고 있다.

우리는 프로이드가 《히스테리 연구》(*Studies on Hysteria*)에서, "히스
테리 환자들은 주로 기억(reminiscences)으로부터 고통 당한다"라는
유명한 선언을 한 사실을 상기할 수 있다. 물론 프로이드가 신경증
적 고통의 실제적 기원을 추적할 때, 기억은 실제적 기억이라기보
다는 단순히 영상 기억과 공상으로 나타날 것이다. 그러나 그러한
공상은 언제나 망각과 기억과의 관계 안에서 고찰되어질 것인데,
그 까닭은 공상이 저항과 연관되어 있으며 또한 저항과 반복이 상
호 연관되어 있기 때문이다. 그렇다면 기억은 반복을 대체해야 하
는 것이다. 프로이드가 '훈습'이라고 부르는, 저항들에 대한 투쟁은
기억의 길을 다시 열어 주는 목적 이외에 다른 목적을 가지고 있지
않다.

　그러나 기억한다는 것은 어떤 것인가? 기억한다는 것은 단지 어
떤 고립된 사건들을 다시 떠올리는 것이 아니라, 의미 있는 연속성
과 질서 있는 연관성을 형성할 수 있게 되는 것이다. 즉, 기억한다
는 것은 자기 자신의 존재를 이야기의 형태로 구성할 수 있기 위한
것인데, 여기서 기억은 그 자체로 단지 이야기의 한 단편일 뿐이다.
하나의 사례를 하나의 사례 역사로 만드는 것은 이러한 삶의 이야
기들의 이야기 구조이다.

　이와 같이 삶의 일화(逸話)들을 이야기의 형태로 질서지우는 것
은 일종의 작업(work)—그리고 심지어 '훈습'—이 된다는 사실은
공상적 삶의 한 근본적인 현상, 즉 라캉이 아주 잘 소개했던 사건
후 현상(Nachträglichkeit)의 역할에 의해 확증된다.[6] 그것은, "표현
들, 인상들, 기억의 자취들은 후에 새로운 경험의 기능과 새로운 발

---

6) Jacques Lacan, *Ecrits*(Paris: Seuli, 1966), 256, 839면.

전 단계로의 접근의 기능 안에서 다시 주조된다는 사실을 말하며, 또한 그것들은 새로운 의미뿐만 아니라 새로운 효과도 취할 수 있다는 사실을 말한다."[7] 이론적인 문제를 제기하기 이전에, 이 현상은 정신분석의 작업 자체 안에 함축되어 있다. 프로이드가 주체의 역사는 과거에 대한 일의적인 방식의 확고한 파악 안에 현재를 위치시키는 직선적인 결정론에 순응하지 않는다는 사실을 발견한 것은 방금 언급된 '훈습'의 과정 안에서이다. 반대로, 분석 작업을 통해 외상적 사건들을 회복시키는 것은 그 당시 그 사건들이 의미 있는 맥락 안에 완전히 통합될 수 없었던 경험들이었음을 드러내 준다. 이러한 이전의 사건들에 대한 후속적인 재작업을 촉진시키는 것은 오직 새로운 사건들과 새로운 상황들의 도래이다. 따라서, '늑대 인간'에서, 사건 후에 첫번째 장면에 유효성을 부여하는 것은 두 번째 성적으로 중요한 장면이다. 일반적으로 말해서, 수많은 억압된 기억들은 오직 사건 후에만 외상이 된다. 그것은 단지 지체된 것이거나 연기된 행동 이상의 문제이다. 여기서 우리는 과거에 대한 일종의 지각을 통하여 실제적 사건들을 단순히 재생해내는 그런 기억 개념으로부터 우리가 멀리 떨어져 있음을 보게 된다. 그와 반대로, 이것은 극도로 복합적인 구조화를 거듭 반복하는 작업이다. 다른 것들 중에서, 이야기 개념 혹은 존재의 이야기 구조 개념이 함축하고 있는 것은 바로 이 기억이라는 작업이다.

네 번째로, 그렇다면 분석적 경험의 변천은 정신분석적으로 '사실'로서 간주되는 것의 적절한 특성을 드러내 준다.

---

7) Jean Laplanche and J. -B. Pontalis, *Vocabulaire de la psychanalyse*(Paris : Presses Universitaires de France, 1967), 33면.

2. 조사 절차, 치료 방법, 그리고 이론적인 요소들 (terms)

정신분석에 있어서 증명과 관련한 두 번째 예비적인 질문은 '이론'과, 정신분석에서 '사실'로 간주하는 것 사이에서 발견될 수 있는 '관계'의 본성에 관한 질문이다.

작용적인 분석의 관점에서 볼 때, 실측적인 과학의 이론적인 요소들은, 이 요소들에 대한 간접적인 증명을 보증하는 해석 혹은 번역의 규칙들에 의하여, 관찰 가능한 것들에 연결될 수 있어야 한다. 여기서 제기되는 질문은 이론적인 실재들의 차원으로부터 사실들의 차원으로의 전이를 허용하는 작용적인 절차들이 실측적인 과학들에서와 마찬가지로 정신분석에서도 동일한 구조와 의미를 가지는가 하는 것이다. 이 질문에 대답하기 위하여, 나는 정신분석에서의 이론의 바로 이 인식론적 위상을 다루는 프로이드의 진술들 가운데 하나로 돌아가고자 한다. 그는 이렇게 진술한다. "정신분석은 (1) 정신적 과정들을 조사하기 위한 절차를 가리키는 이름이며…, (2) (그 조사에 기초하여) 신경증적 장애를 치료하기 위한 방법을 가리키는 이름이며, (3) 이와 같은 경로들을 따라 획득된 심리학적인 정보의 모음을 가리키는 이름으로서, 이 이름은 점차 새로운 과학적 학문분야로 축적되어가고 있다"(*SE* 18:235). 조사 절차, 치료 방법, 그리고 이론 사이의 이 삼각관계가 우리의 주의를 끌게 되는 이유는 이 삼각관계가 실측적인 과학들에 있어서의 이론-사실 관계를 대신하기 때문이다. 앞에서 언급되어진 것처럼, 정신분석은 특수한 본성을 지닌 '사실들'을 다룰 뿐만 아니라, 조사 절차와 치료 방법 사이의 독특한 관계유형이 자연과학들에서 작동하는 작용적인 절차들을 대체한다. 이론과 사실을 매개하는 것은 이 관계이다.

그런데 조사 절차와 치료 방법 사이의 관계 자체를 파악하기 위해서는 세 번째 요소인 이론이 다른 두 요소들과의 관계 속에서 수행하는 역할에 대한 설명이 요청된다. 넓게 말해서, 우리는 조사 절차가 정신적 산물들 사이의 '의미'의 관계를 더 선호하는 반면, 치료 방법은 체계들 사이의 '힘'의 관계를 더 선호한다고 말할 수 있다. 이론의 기능은 바로 정신적 실재의 이 두 측면을 통합하는 것이 될 것이다.

사실상, 조사 절차는 텍스트 해석의 학문분야들과 매우 밀접한 관계를 지니고 있다. 예를 들어 우리는 다음과 같은 내용을 읽게 된다.

> 내가 내 자신 앞에 설정한 목표는 꿈이 해석될 수 있다는 것을 보여 주는 것이다⋯. 꿈이 해석될 수 있다는 나의 가정은 꿈에 대한 지배적인 이론, 그리고 사실상 (세르너(Scherner)의 이론을 예외로 하고) 꿈에 대한 모든 이론들과 즉각적으로 대립된다. 꿈을 '해석한다'는 것은 꿈에 '의미'를 부여하는 것을 함축한다. 다시 말하면, 꿈을 해석한다는 것은, 우리의 나머지 다른 정신적 행위들과 동등한 타당성과 중요성을 갖는 연결고리로서 우리의 정신적 행위들의 연쇄사슬에 적합한 그 무엇으로 꿈을 대체하는 것을 함축한다(SE 4~5:96).

이런 점에서, 해석은 종종 한 언어로부터 다른 언어로의 번역 혹은 수수께끼의 해결에 비유된다(예를 들어, SE 4~5:277~8, SE 13:176, SE 14:166, SE 23:236을 보라). 프로이드는 무의식이 아무리 접근될 수 없는 것이라 할지라도, 그것은 여전히 의식과 마찬가

지로 동일한 정신적 구조들에 참여한다는 것을 결코 의심하지 않
았다. 우리가 무의식적인 행위들을 의식적인 행위들이라는 텍스트
안에 '삽입'할 수 있는 것은 그것들 사이에 공통된 구조가 있기 때
문이다. 조사 방법에 속하는 이 특성은 위에서 논의된 정신분석에
서의 '사실'에 대한 기준들, 특히 말해질 수 있음(sayability)과 대체
가능성(substitutability)의 기준과 일맥상통하는 것이다. 조사 절차가
신경증 증상과 꿈 둘 다에 적용될 수 있다면, 그것은 '꿈 형성'
(Traumbildung)과 '증상 형성'(Symptombildung)이 동질적이고 대체
가능하기 때문이다(SE 4~5:605~8). 프로이드는 이것을 1893년에
인식하였는데, 이 때에 이미 '예비적인 의사소통'은 결정적 원인과
히스테리 증상 사이의 관계를 꿈의 과정과 유사한 '상징적 매듭'
(symbolic tie)으로 취급한다. 모든 타협 형성들(compromise
formations) 사이의 이와 같은 깊은 유사성은 우리가 정신을 해독될 수
있는 텍스트라고 말하는 것을 허용해준다.

  이러한 넓고 포괄적인 텍스트 개념은 꿈들과 증상들의 심원한
통일성 뿐만 아니라, 백일몽, 신화, 민담, 속담, 격언, 재담과 농담들
과 더불어 함께 취해진 이 둘의 통일성도 포괄한다. 그리고 이 조
사 방법의 점진적 확장은 다음 둘 사이의 특별한 유사성, 즉 일찍
이 유아기의 장면들이라고 언급된 공상들의 그룹(나체에 대한 꿈,
사랑하는 어떤 사람의 죽음에 대한 꿈 등과 같은 전형적인 꿈의 형
태들과 나란히 《꿈의 해석》에서 분류되는)과 인간성에 대한 가장
고도로 조직화되고 가장 영구적인 신화적 구조들 사이의 특별한
유사성에 의해 보증된다. 문학작품 속에서 우리에게 전해진 희랍의
오이디푸스 비극과 프로이드가 자아 분석에서 발견한 오이디푸스
콤플렉스에 공통된 '텍스트적' 구조는 동일한 조사 절차에 의해 가

장 현저하게 파악된다. 따라서, 조사 절차의 확장과 '일반적인 공상의 공간'이라고 명명될 수 있는 것 사이에 상응성(일치)이 존재하는데, 이 공상의 공간에는 백일몽, 아이들의 놀이, 심리적 소설, 그리고 다른 시적 창작물 등의 다양한 정신적인 산물들이 진열된다. 이와 동일한 방식으로, 미켈란젤로의 모세(Moses)에 의해 돌에 그려진 정신적인 갈등들은 동일한 조사 절차 안에 포함된 모든 기호 체계들의 이해 가능하고 대체 가능한 본성에 의해 해석에 적합하게 된다.

그러나 만약 우리가 단지 텍스트와 해석의 개념들이 제안하는 바를 따르기만 한다면, 우리는 정신분석에 대한 전적으로 잘못된 개념에 도달하게 될 것이다. 그럴 경우에, 정신분석은 철저히 그리고 단순히 문헌학과 주석학과 더불어 역사적-해석학적 과학들의 보호 안에 포섭될 것이다. 그리고 그럴 경우에 또한 우리는 조사 절차가 치료 방법에 연결될 때에만 파악되는 해석의 바로 그 특징들을 간과하게 될 것이다. 증상과 꿈의 의미는 해독하기가 매우 어려운데, 그것은 드러난 의미와 숨겨진 의미 사이에 개입된 왜곡 기제들(mechanisms) 때문이다. 프로이드는 이 왜곡 기제들을 꿈 작업(dream work)[8]이라는 용어 아래 열거하였다.

---

8) 꿈이야말로 인간의 무의식으로 통하는 대로이다. 꿈은 발현몽(manifest dream), 꿈 작업(dream work), 잠재몽(latent dream)의 세 가지 요소로 나누어 보는 것이 보통이다. 잠재몽 내용이란 잠자는 사람을 깨우려고 위협하는 무의식적 관념(thoughts)과 소망(wishes)을 말하고, 꿈 작용이란 잠재몽 내용을 각색해 발현몽으로 변형시키는 무의식적 정신작용을 말한다. 발현몽이란 우리가 잠자는 동안에 진행되는 의식적 경험(conscious experience)으로서 잠에서 깬 뒤, 기억이 되거나 되지 않는 것을 모두 포함해서 말한다. 꿈 작업이란 적나라하게 나오면 괴로워할 인간의 잠재몽 내용을 검열하여 그가 받아들일 수 있는

이 '왜곡'은 실로 이상한 종류의 현상이다. 그리고 프로이드는 이 변형을 "생각하지 않고, 계산하지 않고, 혹은 어떤 식으로도 전혀 판단하지 않는 것"으로 만들기 위해 모든 종류의 유사 물리적인 은유들을 사용한다(*SE* 4~5:507). 응축(condensation)과 전치(displacement)는 꿈 작업에 대한 유사 물리적인 은유들이다. 그러나 다른 모든 것들을 이론적인 개념이 되는 지점으로 정렬시키는 것은 '억압'(repression)이라는 중심적인 은유이다. 그런데 이론적인 개념의 은유적 기원은 잊혀져 있다. (더욱이, 이것은 왜곡 개념 자체의 은유적 기원이 잊혀져 있는 것과 마찬가지인데, 왜곡은 문자적으로 기형화뿐만 아니라 폭력적인 전치를 의미한다.) 그리고 퇴행(regression)이라는 준(準)은유는 동일한 순환궤도에 속한다.

이와 동일하게 중요한 또 다른 유사 물리적 은유는 '카텍시스'(cathexis)⁹⁾이다. 프로이드는 그것이 자기의 돈을 어디엔가 투자하는 자본주의 기업가의 운용(조작)과 유사한 관계에 있음을 숨기지 않는다. 이 은유는 퇴행이 지형학적 의미뿐만 아니라 역동적인 의미도 획득하도록 허용하는데, 이 허용은 이미지로의 퇴행이 "다른 체계들에 결부되어 있는 에너지의 카텍시스들 안에서의 변화들"로

형태의 것으로 변형시켜 발현몽으로 내보내는 것이다. 더 자세한 내용은《정신의학》(개정판), 이정균 저, 서울: 일조각, 1991. 628면 참조. - 역자 주.

9) 정신적 에너지는 사람에 따라 이드(id), 자아(ego), 초자아(superego)에 각양각색으로 분포하고 있으나 원래 모든 에너지는 이드에 속하는 것으로 나머지 두 성격체계(자아 및 초자아)의 에너지는 이드에서 유래한 것이다. 카텍시스(cathexis)란 본능(또는 본능에서 파생된 것)을 만족시킬 목적으로 어떤 대상(또는 사물)이나 기능으로 향하거나 투입된 정신적 에너지의 이론적인 양을 말한다. 더 자세한 내용은《정신의학》(개정판), 이정균 저, 서울: 일조각, 1991. 66면 참조. - 역자 주.

부터 진행되는 한도까지 주어진다(*SE* 4~5:543). 이러한 은유들의 작용은 극도로 복잡하게 되는데, 그것은 프로이드가 텍스트적 은유들(번역, 대체, 과도한 결정 등)과 에너지의 은유들을 함께 뒤섞어 엮으면서, 위장, 검열 등과 같은 혼합된 은유들을 산출해내기 때문이다.

이제 프로이드가 준은유들로 머물러 있는 개념들을 가지고, 그리고 특히 일관되지 않은 은유들—한편으로는 번역이라는 '텍스트적인' 개념과 다른 한편으로는 상호 작용하는 다양한 힘들의 결과라는 의미로 이해되는 타협이라는 '역학적인'(mechanical) 개념, 이 양극단으로 향하는—을 가지고, 스스로를 그렇게 빠져 나오기 어려운 협곡으로 몰아가는 이유는 무엇인가? 프로이드가 일관성을 결여한 준은유적인 개념들을 사용하면서, 이와 같은 방식으로 이론을 강제적으로 작동시키는 것은 그가 조사 절차와 치료 방법을 결합하기 때문이라고 나는 본다.

우리가 앞에서 조사의 방법과 구별하였던 '치료'(treatment)라는 단어를 생각해 보기 위하여 나는 여기에서 잠시 멈추어 서고자 한다. 치료 방법이라는 개념은, 분석 자체가 일종의 작업인 한, '치유'(cure)라는 의학적인 개념을 훨씬 넘어서 분석적 절차 전체를 지시하는 확장된 의미로 이해되어야 한다. 이 작업은 방금 우리가 꿈 작업이라고 묘사했던 것의 전도이며, 동시에 앞서 애도 작업이라고 명명했던 것의 상관물이다. 분석은 어떠한 작업인가라는 질문에 대하여 프로이드는 한결같이, 정신분석은 본질적으로 저항들에 대한 투쟁이라고 대답한다. 우리로 하여금 조사 절차를 단순한 해석, 즉 증상들의 의미에 대한 전적으로 지적인 이해와 동일시하지 못하도록 하는 것은 이 저항 개념이다. 번역 또는 해독, 즉 불합리한 의미를 이해 가능한 의미로 대체하는 것으로 간주되는 해석은 분석적 절차의 지적인 한 단면일 뿐이다. (앞에서 욕망의 상호 주관적 기준으로 드러났던) 전이조차도 ('기억함, 반복함, 훈습'에서 명백한 것처럼) 저항들을 치료하는 한 측면으로 취급되어야 한다. 따라서 우리는 반복하는 강박행동, 전이, 그리고 저항이라는 세 주제들이 분석적 실천의 차원에서 연결되어 있는 것임을 발견한다.

이것은 우리의 인식론적 탐구에 대해 어떤 의미를 가지는가? 그것은 본질적으로 다음과 같은 의미들을 가진다. 즉 조사 절차와 치료 방법으로 형성되는 쌍은, 이론적인 실재의 차원을 관찰 가능한 데이터의 차원에 연결시키는 실측적인 과학에서의 작용적인 절차들과 정확히 동일한 자리를 차지한다. 정신분석에서 이 쌍은 이론과 사실 사이의 구체적인 매개를 구성한다. 그리고 이 매개는 다음과 같은 방식으로 작용한다. 즉 분석적 실천은 해석과 저항들의 치료를 조정함으로써 이론을 요청하는데, 그 이론 안에서 정신은 해석되어야 할 텍스트로서 그리고 조작되어야 할 힘들의 체계로서 표상된다. 달리 말해서, 해석되어야 할 '텍스트'라는 은유와 통제되어야 할 '힘'이라는 은유 사이의 명백한 모순을 극복할 이론을 요청하는 것이 실제적인 진료의 복합적인 성격이다. 요컨대, 진료적인 실천은 우리로 하여금 의미와 힘을 포괄적인 이론 안에서 함께 생각하도록 강권한다. 바로 해석과 저항들의 치료에 대한 실제적인 조정을 통해서, 이론은 분석적 경험에서 적절한 것으로 인정되는 사실들을 명료하게 표현할 수 있는 모델을 형성할 과제를 부여받는다. 그리고 바로 이러한 방식으로, 조사 절차와 치료 방법 사이의 관계는 이론과 사실들 사이의 필수적인 매개를 구성한다.

그렇다면 정신분석은 이런 요구들을 만족시키는 '이론'을 소유하고 있는가? 내가 보기에 프로이드의 메타심리학은 방금 제기된 질문들의 빛 아래에서 조사되어야 한다. 프로이드의 메타심리학이 어떤 사람들에 의해서는 맹목적인 숭배의 대상이 되고 또 어떤 사람들에 의해서는 주변적인 것으로 조소를 받게 되었다면, 그것은 그의 메타심리학이 독립된 구성물로 취급되었기 때문이다. 너무나 많은 인식론적 작업들이 위대한 이론적인 텍스트들을 경험과 실천의 전체적 맥락 바깥에서 조사한다. 이런 식으로 고립될 때, 교의의 몸체는 미숙하고 전후 맥락이 상실된 평가들에 이르게 될 수 있을 뿐이다. 그러므로 이론은 상대화되어야만 하는데, 이로써 내가 말하고자 하는 바는 이론은 이론을 둘러싸고 있는 복합적인 관계의 네트워크 안에 되놓여져야 한다는 것이다.

나는 이제 두 개의 명제를 제안하려고 한다. 이 명제들은 외관상 서로 대립되는 것으로 보이지만 불안정한 평형 상태에서 함께 취해진 것들로서, 프로이드의 이론적인 작업을 그 이론의 재구성을 위한 불완전하지만 필수불가결한 출발점으로 간주하고자 시도한다.

한편으로, 나는 프로이드의 다른 저술들(사례 역사들, 기술(技術)에 관한 저술들, 그리고 응용 정신분석에 관한 저술들)에서 정식화된 바와 같은 그의 이론적인 모델(혹은 모델들)이 분석적 경험과 실천에 적합하지 않다는 것을 인정할 준비가 되어 있다. 보다 구체적으로 말하자면, 프로이드의 메타심리학은 의미와 힘, 텍스트적 해석과 저항들의 치료를 이론적으로 체계화하고 단일한 통일적 구조로 통합하는 데에 성공하지 못했다.

우선 첫번째로, 프로이드는 항상 한편으로 이론과 다른 한편으로 경험과 실천 사이의 관계들을 뒤집어 놓으려는 경향을 보이며, 자율적이 된 이론적인 모델들에 기초해서 해석 작업을 재구성하려는 경향을 보이고 있다. 따라서 그는 이론의 언어가 기술(技術)을 묘사하는 언어보다 더 협소하다는 사실을 놓쳐 버린다. 다음으로, 프로이드는 당시의 과학 정신인 실증주의적이고 자연주의적이며 물질주의적인 정신 속에서 자신의 이론적인 모델들을 수립하려는 경향을 보인다. 그의 많은 텍스트들은 정신분석이 자연과학과, 그리고 심지어는 물리학과 배타적인 유사성을 가진다고 주장하거나, 혹은 미래에 정신분석은 보다 정교화된 약물학에 의해 대체될 것이라고 공언한다.

이런 점에서, 하버마스는 "정신분석은 자신을 자연과학으로 오해하고 있다"[10]고 올바로 지적하였다. 하버마스에 의하면, 기술(技術)과 경험은 구조적 모델을 요구하는데, 이 모델은 에너지 분배 모델의 선호에 의해 어그러진다. 에너지 분배 모델은 흩어진 단편들에 기초해서 개별적인 역사를 재구성하는 작업으로부터 그 자신이 파생되었다는 사실을 무시하면서, 분석적 경험 위에 부과(superimpose)되어진다. 가장 심각한 것은, 우리가 '기획'(Project)에서 보는 바와 같이, 이 모델이 많은 방식으로 분석적 경험에 선행하며, 이 분석적 경험에 자체의 참조 체계—정량화할 수 있는 에너지, 자극, 긴장, 배출(discharge), 금지들, 카텍시스 등과 같은—를 부과한다는 것이다. 정신적 장치가 해부학적으로 장소화시킬 수 없는 '정신적 장소들'(psychical localities)만을 포함할 때조차, 이 체계들의 공간적인 배열과 시간적인 순서는 에너지 분배 모델을 계속 지지해준다. '무의식'에 관한 프로이드의 위대한 논문은 무의식의 주권성에 대한 주요한 증언이다.

---

10) Jürgen Habermas, *Knowledge and Human Interests*, translated by Jeremy J Shapiro(London: Heinemann, 1972), 247면.

그러나 이와 같은 모델에서 놓치게 되는 것은, 말해질 수 있음, 다른 사람에게 말해질(addressed) 수 있음, 공상화되거나 상상되거나 상징화될 수 있음, 그리고 삶의 이야기로 자세히 말해질 수 있음이라는 사중적인 본성을 가진 정신분석적 '사실'의 특이성이다. 이러한 일련의 기준들은, 이론적인 차원에서 적절한 요소들이 도입되어 분석적 관계에서 발생하는 것을 설명할 것을 요구한다. 이것이, 내가 로렌저(Lorenzer)의 작품의 조명 아래 하버마스가 제공하는 제안들을 어느 지점까지 채택할 수 있는 이유이다.[11] 이 저자들은 일반적으로 인간의 의사소통과 인간의 상호작용에서 작용하는 상징화 과정을 참조의 틀로 삼는다. 이때 정신분석의 개입을 불러일으키는 장애들은 우리의 언어적 능력의 병리학으로 간주되고, 다른 차원에서 마르크스주의와 후기 마르크스주의의 이데올로기 비판이 탈은폐하는 왜곡들과 나란히 놓이게 된다. 사실상, 정신분석과 이데올로기 비판은 이 왜곡들을 설명하고 해석해야 하는 공동의 책무를 가지는데, 이 왜곡들은 인간 상호간의 의사소통이라는 텍스트 내에서 체계적으로 조직화되어 있다는 의미에서, 우연적인 것이 아니라 체계적인 것이다. 이 왜곡들은 주체가 자기를 오해하는 계기가 된다. 이것을 설명하기 위해서, 우리는 통합적이고, 절단되지 않고, 위조되지 않은 텍스트를 회복하는 데 국한된 이론이 아니라, 텍스트를 왜곡하는 바로 그 기제들을 대상으로 삼는 이론을 필요로 한다. 그리고 이것은 왜 증상과 꿈에 대한 해석적 해독이—설명을 요구하는 것이 바로 텍스트를 왜곡하는 기제들의 의미인 한에서—단순한 문헌학적 해석학을 넘어서는지 그 이유를 설명해 준

---

11) Alfred Lorenzer, *Über den Gegenstand der Phychoananlyse*(Frankfurt: Suhrkamp, 1973).

다. 또한 이것은 실용적인 은유들(저항, 억압, 타협 등)이 문헌학적인 은유들(텍스트, 의미, 해석 등)에 의해 대체될 수 없는 이유가 된다.

그러나 그 반대도 이에 못지 않게 사실이다. 즉 실용적인 은유들이 그것들의 보완적 은유들을 대체할 수도 없다. 실용적인 은유들은 자체의 은유적 성격을 잃어버릴 수도 없으며, 자신을 문자적으로 취하여진 에너지의 이론으로서 확립할 수도 없다. 우리의 저자들(로렌저와 하버마스)이 자신들의 이론을 의사소통과 상징적 상호행동의 관점에서 정식화하는 것은, 기본적으로 에너지 분배 모델이 지니는 문자적 본성으로의 이러한 환원을 반대하기 위한 것이다. 이러한 대안적 모델들에 따르면, 무의식의 기제들은 더 이상 사물들(things)이 아니라, '분열된 상징들'(split-off symbols), '탈언어화되거나' 혹은 '탈문법화된 동기들'이다. 추방이나 정치적 도편추방(陶片追放)처럼, 억압은 언어의 한 부분을 의사소통의 공적인 영역으로부터 추방하고, 그것을 '사유화된(私有化, privatised)' 언어의 유배지로 유폐시킨다. 이것은 정신적 기능이 자연적 과정을 자극하는 방식이다. 그러나 이것은 정신적 기능이 객관화되고 사물화되는 정도까지만 그렇다. 만일 우리가 이 사물화가 탈상징화의 과정으로부터, 따라서 '특수한 자기소외'로부터 귀결되어지는 것임을 잊어버린다면, 우리는 무의식을 문자 그대로 한 사물로 만드는 모델을 구성하는 결과를 가져오게 될 것이다. 그러나 그럴 경우 또한 우리는 재상징화가 어떻게 가능한지, 즉 분석적 경험 자체가 어떻게 가능한지를 이해할 수 없게 된다. 우리가 이것을 이해할 수 있는 것은 오직 분석적 경험에 의해 드러나는 현상들을 '의사소통 장애'의 관점에서 해석할 때이며, 또한 분석적 경험을 상징들을 분열시키는 과정을 전도시키는 재전유로서 해석할 때이다.

내가 프로이드적인 메타심리학의 에너지 모델에 대한 이러한 비판을 받아들이는 정도 만큼, 나는 정신분석을 비판적 사회과학들, 다시 말하면 해방의 관심에 의해 인도되고 결국에는 '자기반성' (Selbstreflexion)의 회복에 대한 소망에 의해 동기화되는 비판적 사회과학들과 나란히 분류하는 것을 받아들인다.

그러나 이제 또한 역으로, 나는 비판적 사회과학들과의 이러한 '우호관계'와 자기반성에 대한 이러한 궁극적인 관련성이 정신분석적 경험과 실천의 복잡한 네트워크 안에 이론을 재정위하고자 하는 목표를 앞지르는 것을 원하지 않는다. 이러한 이유에서 나는 동일한 강도로, 보완적인 명제를 변호하고자 하는데, 이 보완적인 명제는 우리는 프로이드적인 체계의 결점들에도 불구하고, 아니, 감히 말하건대 그 결함들 때문에 프로이드적인 체계로부터 출발해야 한다고 주장하는 것이다. 과연 하버마스 자신이 언급했던 바와 같이, 정신분석이 자신을 (자연과학으로) 오해한다는 것은 전적으로 근거 없는 말이 아니다. 특히, 실용적인 모델은 체계 바깥으로부터 도입된 이론화가 항상 놓칠 위험이 있는 본질적인 그 무엇을 보존하는데, 이 본질적인 것이란 자기 자신으로부터의 인간의 소외현상이 정신적인 기능이 실제로 사물의 기능을 닮는 방식으로 일어난다는 것이다. 이러한 시뮬레이션[simulation, 어떤 시스템의 동작을 그와 비슷한 모델로 대용함: 역자 주]은, 정신분석이 자신을 텍스트들에 적용된 주석학 분야의 한 영역, 다시 말해 해석학으로 구성하는 것을 방지하고, 정신분석으로 하여금 자기 이해의 과정에서 본래 자연 과학을 위해 보존되어 있던 작용들을 포함할 것을 요구한다.

이와 같은 요구는, 이러한 사물의 시뮬레이션을 원칙상 즉각적으로 배제하는 이론을 재형성하려는 노력들에 대한 간단한 비평을 통해 예시될 수 있다. 나는 여기서 특히 현상학으로부터, 혹은 일상언어의 분석으로부터, 또는 언어학으로부터 빌려 오는 재형성화들을 염두에 두고 있다. 이와 같은 모든 재형성화는 설명적인 단계를 탈상징화와 재상징화의 과정에 통합시키는 과제를 생략한다.

나는 여기서, 행동의 의미론에 대한 언어 분석학파의 고찰[12]을 살펴보는 것에 나 자신을 국한시킬 것이다. 행동 철학이라는 이름 아래, 오스틴, 비트겐슈타인에 의해 영향 받은 하나의 자율적인 학문분야가 수립되었는데, 이 학문은 행동들, 의도들, 동기들, 개별적 혹은 집합적 행위자 등의 용어를 사용할 때, 행동에 관한 우리의 담화 안에 함축되어 있는 논리를 묘사하는 임무를 자기 자신에게 부과하였다. 이 학문을 수행하는 어떤 분석가들은—비록 오늘날에는 이러한 사람들의 숫자가 적은 것이 사실이고, 이들은 점차 다른 의미론 학자들의 엄격한 비평을 받고 있지만—행동에 관한 담화는, 물리적 운동이나 관찰 가능한 행동의 기준과는 다르며 또한 구별되는 이해 가능성의 기준을 사용한다고 주장해 왔다. 행동과 운동의 두 '언어 게임들' 사이의 이러한 이분법이 갖는 함의들 중 하나는 우리의 논점과 직접적인 관계가 있다. 즉 이 분석가들에 의하면, 우리의 행동의 동기(motives)는 결코 우리가 자연적 사건들을

---

12) 현상학적 해석에 대한 충분한 논의에 대해서는 다음을 참고하라. Paul Ricoeur, *Freud and Philosophy: An Essay on Interpretation*, translated by Denis Savage(New Haven: Yale University Press, 1970). 그리고 고유한 언어학적 형성화에 대한 논의에 대해서는 Paul Ricoeur, "Language and image in psychoanalysis" in *Psychiatry and the Humanities III*, edited by Joseph H. Smith(New Haven: Yale University Press, 1978)를 참고하라.

설명할 때 사용하는 원인(causes)에 동화될 수 없다. 동기는 우리들의 행동의 이유인 반면, 원인은 다른 사건들에 항시적으로 선행하는 것으로서 그 사건들과 논리적으로 구별되는 것이다.

정신분석 이론이 이 구별에 기초해서 재정립될 수 있는가? 몇몇 저자들은 그렇게 될 수 있다고 생각했으며, 정신분석이란 행동에 대한 어휘(의도, 동기들, 기타 등등)를 우리가 행하고 있는 바에 대해 우리가 의식하고 있는 차원을 넘어 확장시키는 학문분야라고 해석했다. 이 해석에 따르면, 정신분석은 일상언어의 동일한 개념들을 새로운 '무의식'의 영역에서 사용한다는 것 이외에는, 일상적인 개념에 아무 것도 추가하지 못한다. 예를 들면, 이러한 해석의 옹호자들은 '쥐 인간'(Rat Man)에 대해 말하기를, 그가 스스로 의식하지 못하는 가운데 아버지에 대한 적대적인 감정을 경험했다고 주장한다. 이러한 주장을 이해할 수 있기 위해서는, 우리는 행위자가 그러한 아버지에 대한 적대적인 감정을 자기 자신의 것으로 인식할 수 있는 상황에서 그러한 종류의 적대감에 일상적인 의미를 부여할 수 있어야 한다. 여기서 유일하게 새로운 것은 '의식하지 못하고', '알지 못한 채', '무의식적으로' 등과 같은 어구들의 사용이다.

어떤 의미에서 이것은 사실이다. 프로이드 자신이 우리가 무의식 속에서 표상들과 감정적 정서e들을 발견한다고 선언한다. 우리는 무의식 속에서의 표상들과 감정적 정서들에 그것들에 대한 의식 속에서의 대응물들과 동일한 명칭을 부여할 수 있으며, 그것들은 단지 의식하고 있음이라는 속성만을 결여하고 있다는 것이다. 그러나 이 재정립(reformulation)에서는 바로 정신분석 이론의 역설이 완전히 빠져있는데, 이 역설은 의식의 내용과 무의식의 내용 사이에 있는 의미의 유사성(친족관계)이 인식될 수 있도록 특수한 설명을 요구하는 것은 무의식적으로 되는 것 그 자체[왜 무의식 안으로 들어가는가?: 역자 주]라는 사실에 있다. 그러므로 이제 배제, 추방, 사물화 등의 기제들을 설명할 수 있는 설명적 도식은 동기와 원인의 이분법과 행동의 영역과 운동의 영역의 분리에 철저히 도전한다. 이런 관점에서, 마이클 셔우드(Michael Sherwood)가 《정신분석에 있어서 설명의 논리》(*The Logic of Explanation in Psychoanalysis*) 라는 책의 결정적인 부분에서 제시하는 논증은 전적으로 설득력이 있다.[13] 정신분석적 설명에 관하여 주목할 만한 것은 이 논증이 동기를 원인이면서 또한 자체의 자율적인 기능에 대한 설명을 요구하는 것으로 우리에게 제시해준다는 점이다. 더욱이, 합리화(이 용어는 프로이드가 어니스트 존스(Ernest Jones)로부터 빌려 온 용어이다)가 그 자체로 설명을 요구하는 과정인 까닭에, 그리고 바로 그렇기 때문에 합리화는 우리가 강변(强辯)된 이유를 참된 것으로 받아들이는 것을 허용하지 않는 까닭에, 프로이드는 동기에 '에 대한 이유'(reason for)라는 의미를 부여하였는데, 이는 그가 동기를 원인과 대립시킬 수 없었음을 보여 준다.

결과적으로, 프로이드는 동기와 원인 사이의 구별을 전적으로 무시한 점에서 옳으며, 그 구별의 이론적인 도식화조차도 불가능하게 만든 점에서도 옳다. 그의 설명은 여러 가지 방식으로 '인과적으로 적절한' 요인들을 언급한다. 즉 그의 설명은 시초적 현상(예를 들면, 신경증의 '기원'), 중간 단계들(예를 들면, 증상이나 리비도적 구조의 '생성'), 그것의 '기능'(예를 들면, 타협 형성), 그리고 마지

---

13) Michael Sherwood, *The Logic of Explanation in Psychoanalysis*(New York: Academic Press, 1969).

막으로 그것의 '의미'(예를 들면, 대체 혹은 상징적 가치) 등의 관
점에서 이루어진다. 셔우드에 의하면 이 네 가지 설명 양태들은 프
로이드에게서 뿐만 아니라 일반적으로 보지(保持)되고 있다고 한
다. 프로이드는 원인 혹은 인과적 설명이라는 개념을 복합적이고
유연하게 사용하지만,—셔우드는 전제 조건들, 특수한 원인들, 그리
고 동시 발생적 원인들을 구별하는 프로이드의 한 텍스트를 인용
한다.[14]—그러나 원인과 동기 사이의 대립의 여지는 남겨 두지 않
는다. 그에게 전적으로 중요한 것은 방금 언급된 설명 양태들 중의
어느 한 가지를 사용하거나, 혹은 그것들 중의 몇 가지를 '중첩된'
(overdetermined) 형태로 사용함으로써, 인간 행위자의 행동의 예상
되는 경로와의 관계에서 '부적합한' 행동들을 설명하는 것이다.

바로 이러한 '부적합성들'(incongruities)을 감소시키려는 노력이
동기와 원인 사이의 구별을 금지한다. 왜냐하면 이 노력은 동기의
관점에서 '이해'에 도달하기 위하여, 원인에 의한 '설명'을 요구하
기 때문이다. 그리고 이것이 바로 내가 정신분석에서의 사실들은
텍스트의 범주, 즉 의미의 범주와 에너지와 저항들, 즉 힘의 범주
둘 다로부터 출현한다고 말함으로써 내 자신의 관점에서 표현하고
자 시도하는 바이다. 예를 들어, 어떤 감정이 무의식적이다라고 말
하는 것은, 단지 그 무의식적 감정이 다른 환경들에서 발생하는 의
식적인 동기들과 닮았다고 말하는 것이 아니다. 오히려 이 말은 그
무의식적 감정이 어떤 행동적[개인 성질의 자연적 표현으로서의
행동: 역자 주] 행위(act of behaviour)의 부적합성들을 설명하기 위
하여 인과적으로 적절한 요인으로서 삽입되어야 함을 말하는 것이

---

14) 앞의 책, 172면.

며, 또한 이러한 설명 자체가 분석의 작업 —훈습—에서 인과적으로 적절한 요인이라고 말하는 것이다.

이 간략한 논의로부터 다음과 같은 사실이 도출된다. 즉 만일 정신분석 이론이 낯선 개념에 기초해서 외부로부터 재정립되어진다면, 정신분석 이론은 불가피하게 정신분석의 시초적 상황을 오판할 수밖에 없다는 것이다. 다시 말하면, 모종의 자기 소외의 상황 속에서 인간의 정신(psyche)은 단순히 자신의 직접적인 해석 능력들을 확장함으로써 그 자신을 이해할 수 없으며, 그 대신 자기 이해의 해석학이 인과적 설명의 우회로를 택할 것을 요구한다.

그러므로 만일 프로이드의 실용적 모델이 이론과 분석적 상황 사이의 관계에 관하여 오해를 만들어 낸다고 정당하게 비판될 수 있다면, 동일한 강도의 비판이 정반대 방향으로 주어져야 하는데, 그것은 곧 어떤 설명적인 부분과 실용적인 국면을 통합하지 못하는 이해 모델은 —그것이 현상학적이든, 언어학적이든, 상징적이든 간에 —분석적 경험에 의해 드러나는 바로 그 사실들을 오해하게 된다는 것이다.

바로 이러한 이유로 오늘날 우리는 프로이드적 메타심리학에 만족할 수도 없지만, 또한 그렇다고 이론적 모델을 수정하고 풍부하게 하기 위한 다른 출발점을 발견하지도 못하는 것이다. 단, 우리는 이 출발점을 택함에 있어서 "정신분석이 자신을 자연과학으로 오해한다는 것은 근거가 없지 않다"는 말을 명심해야만 한다.

3. 진리와 증명

나는 지금까지 두 가지 예비적인 질문들, 즉 정신분석에서 '사실'로 간주되는 것이 무엇인지를 결정하는 기준들에 대한 질문과, 조사 절차와 치료 방법이라는 '이중적 매개'를 통하여 이론과 분석적 경험 사이에 수립되는 관계에 관한 질문을 고찰하였다. 이제 나는 직접적으로 프로이드의 정신분석 저술들에서의 증명이라는 특수한 문제를 다루어 보고자 한다.

정신분석에서의 증명에 관한 탐구는 다음의 두 가지 구별되는 질문을 제기한다. (1) 정신분석의 진술들은 어떤 진리 주장을 만들어 내는가? (2) 이 진술들은 어떤 종류의 증명과 반증을 할 수 있는가?

정신분석의 진술들은 어떤 진리 주장을 만들어 내는가? 이 질문은 정도에 관한 질문일 뿐만 아니라, 진리의 본성에 관한 질문이기도 하며, 양에 관한 질문일 뿐만 아니라, 진리의 질에 관한 질문이기도 하다. 혹은 다른 방식으로 표현해 본다면, 정신분석의 진술들로부터 기대될 수 있는 정확성의 정도는 정신분석의 영역에서 기대될 수 있는 진리의 유형에 의존한다. 사실들의 유형들과의 관계에 있어서의 진리의 유형들의 질적인 다양성에 관한 정확한 시각의 결여로 인하여, 사실들이 하나 또는 그 이상의 외부적 관찰자들에게 경험적으로 주어지는 과학들에 적합한 증명의 기준들이 반복적으로 정신분석에 적용되어 왔다. 이렇게 될 때, 정신분석은 결코 이 기준들을 만족시키지 못한다는 결론이 내려지거나, 혹은 정신분석은 이 기준들이 약화되어질 때에만 이 기준들을 만족시킨다는 결론이 내려져 왔다. 이제, 물음은 어떻게 엄격한 기준들을 느슨하게 사용하고, 그래서 정신분석을 증명 가능성이라는 하나의 척도에서 보다 높게 혹은 보다 낮게 자리매김하느냐 하는 것이 아니라(의심할 바 없이 이 척도에서 매우 낮게 자리매김될 것이다), 정신분석의 영역에서의 사실들에 적합한 진리 주장을 어떻게 구체적으로 진술하느냐 하는 것이다.

정신분석에서의 사실들에 관해 우리가 열거했던 기준들로 돌아가서, 어떤 종류의 진술 적합성(adequation)이 그 기준들에 적합한지를 자문해 보도록 하자.

첫째로, 만일 분석적 경험이 결국 담화가 되는(담화에 오는) 욕망이라면, 이 경험에 가장 잘 응답하는 진리의 유형은 참된 것이 됨(being-true)이라기보다는 참된 것을 말함(saying-true)이다. 이 참된 것을 말함은 위장, 변조, 착각, 그리고 일반적으로는 오해의 형태들 같은 왜곡 기제들의 성격 규정 안에서 부정적으로 의도된다. 여기서 진리는 현대 물리학의 진리보다는 희랍에서의 비극의 진리에 더 가깝다. 아이스킬로스(Aeschylus)의 《아가멤논(Agamemnon)》에서 합창단은 '파테이 마토스'(patei-mathos), 즉 고난을 통한 배움을 말한다. 그리고 만약 오이디푸스가 자신을 이미 자기 아버지를 살해하고 자기 어머니와 결혼한 사람으로 인식(recognition)[15]한 그것이 진리가 아니라면, 그에게 있어서 과연 무엇이 진리이겠는가? 인식은 자기 자신을 모욕하고 비난하는 대신 수용하는 것이며, 소포클레스에 의하면 이것이 '참된 것을 말함'에 적합한 진리이다.

오해로부터 인식으로의 이러한 이행은 또한 분석적 경험의 표준적 여정이고, 또한 이러한 이행은 정신분석에서의 진리의 진상

---

15) 희랍 비극에서 '아나그노시스'(ἀνάγνωσις)는 다시 알아봄을 의미한다. - 역자 주.

(veracity)의 문지방이라고 불릴 수 있는 것을 가리킨다.[16] 그리고 아래에서 소개될 어떤 유보들을 전제로 하여, 우리는 하버마스와 더불어 이런 종류의 진리는 무엇보다 주체의 '자기반성' (Selfstreflexion) 능력을 포함한다고 말할 수 있다. 정신분석의 주된 진리 주장은 주체로 하여금 자기 오해의 원천이 되는 왜곡들을 극복하도록 도움으로써 이 자기반성의 능력을 증대시킨다는 주장이다.

둘째로, 만일 분석적 상황이 ―주로 전이에 의해서― '타자'에게 말해지는 것을 유도해낸다면, 정신분석의 진리 주장은 정당하게 상호 주관적 의사소통의 장(場)안에 놓여질 수 있다. 프로이드가 자기 오해에 관해 말한 모든 것은 사실 타자에 대한 오해로 옮겨질 수 있다. 대상 선택, 상실된 대상, 상실된 대상의 대체물들, 애도, 그리고 우울증에 관한 그의 모든 분석은 오해의 자리가 타자임을 암시한다.

그렇기 때문에 정신분석적 진술의 진리 주장의 이 두 번째 특징은 부정적인 방식으로, 즉 의사소통의 공적인 영역에서의 상징적 과정의 회복과 확장을 통해 자기 인식을 추구하는 방식으로 특징지어진다. 이런 의미에서 정신분석은 자체의 고유한 방식으로, 헤겔이 자신의 예나(Jena) 철학에서 윤리적 삶의 정점에 위치시켰던 인식이라는 기획을 추구한다. 우리가 조작의 위험과의 관계 속에서 이 명제의 결정적인 요점을 본다면, 이 명제는 덜 진부한 것으로 보이게 될 것이다. 내가 보기에, 조작의 위험은 의사소통의 역사적

---

16) 다음을 보라. Paul Ricoeur, "Psychiatry and Moral Value," in *American Handbook of Psychiatry I*, edited by S. Ariet et al.(New York: Basic Books, 1974).

인 영역을 관찰 가능한 사실들의 경험적 영역으로 환원시키고자 하는 모든 시도 속에 내포되어 있다. 만약 경험적으로 증명 가능한 진술들의 영역이 통제와 지배에 대한 우리의 관심을 지배하는 것과 일치하는 것이 사실이라면, 역사적인 것을 경험적인 것에로 환원시키는 일은 상징적 의사소통의 질서를 우리의 도구적 행동 체계와 같이 결과를 통제하는 체계 아래에 두는 위험을 수반할 것이다. 이 경고는 자기 인식과 타자 인식의 과정을 그 자체가 병들어 있는 사회의 객관적인 조건들에 대한 '적응'(adjustment) 과정으로 여기는 정신분석의 어떤 경향들에 비추어 볼 때 공허한 것이 아니다.

정신분석적 사실들에 대한 세 번째 기준에서, 우리는 정신분석의 진리 주장들이 직면하는 주된 난점과 마주친다. 우리는 세 번째 기준에 대한 연구에서, 정신분석적으로 적절한 것은 주체가 자기의 공상들로부터 만들어 내는 것이라고 결론을 내렸다. 정신분석의 진리 주장이 프로이드 자신이 허용했던 것보다 더 긍정적인 공상에 대한 인식의 틀 안에 놓여질 때, 이 진리 주장에 어떤 일이 일어나는가? 실제적인 실재에 대한 지시관계를 잃어버림으로써, 그리고 공상의 해방, 감정적인 발전, 그리고 향유에 프로이드가 원했던 것보다 더 느슨한 고삐를 제공함으로써, 우리는 진상(veracity)과 진리 사이의 결속을 깨뜨리고 있는 것은 아닌가? 의심할 여지없이 그렇다. 그럼에도 불구하고, 나는 공상들의 적절한 사용이라는 관점으로부터 만들어진 진리 주장 안에는 우리가 찾아내야 할 어떤 것이 여전히 존재한다고 생각한다. 나의 이런 생각은 프로이드 자신에게 근거한 것이다. 그의 글 "오이디푸스 콤플렉스의 해소"와 "분석, 끝낼 수 있기도 하고 끝낼 수 없기도 한 작업"에서, 분석적 치료는

애도 작업으로 이해될 수 있다는 개념이 나타난다. 애도 작업은 공
상을 타파하는 것과는 거리가 멀며, 오히려 공상을 칸트와 후기 칸
트주의의 대가들이 사용한 강력한 '상상력'(Einbildungskraft)의 의
미에서의 상상적인 것들의 영역 위에, 실재적인 것들과 더불어 분
명하게 위치시키기 위해서 (하나의 공상으로서) 회복시킨다. 이와
동일한 의미에서, 나는 《프로이드와 철학》에서 분석적 경험은 존재
의 기표들(signifiers)의 구조화하는 기능이 나타나도록 하기 위해서
몇몇 주요한 존재의 기표들(남근, 아버지, 어머니, 죽음 등)을 분명
하게 밝혀 내는 것을 목표로 한다는 것을 암시했다.[17] 여기서 진리
주장은 소외를 가져오는 공상적인 것으로부터 개인적인 정체성과
집단적인 정체성 양자 모두를 정초하는 상징적인 것으로의 이행에
관심을 가지게 된다.[18]

　정신분석적 사실을 위한 네 번째 기준—이야기성의 기준—은
아마도 앞에서 나온 기준에 의해 제기된 몇 가지 난점들을 제거해
줄 것이다. 사실상, 앞에서의 분석에서 우리는 인식 과정—타자 인
식뿐만 아니라, 자기 인식—에 '사리에 맞는 신화'(reasoned
mythology)와 같은 어떤 것을 도입함으로써, 또한 허구(fiction)를
진리의 영역에 도입하였는데, 이에 대하여 반대가 제기될 수 있다.
괴테의 표제를 빌려서 표현하자면, 《창작과 진리》(*Dichtung und
Wahrheit*)가 어떻게 화해될 수 있겠는가? 우리가 허구는 사칭함

17) *Freud and Philosophy*, 372~3면.
18) 다음을 보라. Paul Ricoeur, "Fatherhood: From Phantasm to Symbol,"
translated by Robert Sweeney, in *The Conflict of Interpretations: Essays in
Hermeueutics*, edited by Don Ihde(Evanston: Northwestern University Press,
1974).

(pretending)이고 사칭함은 행함인 것을 기억한다면, 우리는 참된 것을 말함(saying-true)을 참된 것을 행함(doing-true), 즉 믿도록 만드는 행위(make-believe)로 대체하고 있는 것은 아닌가? 아마도 그럴 것이다. 그러나 참된 것을 말함과 참된 것을 행함은 우리 경험의 산산 조각난 잔해들로부터 '일관된 이야기나 설명'을 구성하거나 재구성한다는 사고 안에서 화해되고 있지 않은가? 정신분석적 사실들의 이야기 성격이 열어 놓은 이 길을 따라가 보자. 여기서 진리 주장은 셔우드가 "정신분석적 설명의 이야기적 수행"이라고 부르는 것과 결부되어 있다. 내가 보기에, 이 저자는 정신분석에서 궁극적으로 중요한 문제는 "환자 개인의 전체적 사례 역사에 대한 하나의 단일한 확장된 설명"을 부여하는 것이라는 사실을 분명하고도 적절하게 보여 주었다.[19] 따라서 여기서 설명한다는 것은 사실들을 재조직화하여 하나의 단일하고 지속적인 역사(그것이 비록 전 생애를 포괄하는 것은 아니라고 할지라도)를 구성하는 의미 있는 전체로 만드는 것이다.

　나는 이런 식으로 사물들에 접근하는 것이 현명하다고 생각하는데, 그것은 여기서 중요한 문제가 되고 있는 이야기적인 관심이나 관련성과 유사한 것이, '사례 역사들'이 아닌 '사례들'에 관해 말하는 실측적인 과학들 안에서는 발견되지 않기 때문이다. 하나의 사례에 대한 정신분석적 설명은 이야기적인 설명이라고 할 수 있는데, 그것은 우리의 연구의 두 번째 부분에서 언급한 설명적 부분들에 의해 함축되는 일반화나 유사 법칙적(law-like) 진술이 각각의 개인적인 사례 연구가 지향하는 '이해 가능한 이야기'

---

19) *The Logic of Explanation in Psychoanalysis*, 4면.

(understandable narrative)에 공헌한다는 의미에서이다. 만일 우리가 앞에서 인과적 연결들이 이해의 과정에서의 설명적 부분들, 또는 심지어 하버마스적인 의미에서의 자기 반성의 과정에서의 설명적 부분들이라고 진술했다면, 이것은 이해가 이야기이기 때문이며 이런 저런 행동의 조각들에 대한 국부적인 설명적 부분들이 하나의 이야기적인 구조 안에서 통합되기 때문이다. 그러므로 분석적 진술들의 타당성 검증은 '이야기적 수행'(narrative commitment)에 대한 궁극적인 지시관계로부터 그 특수한 본성을 끌어낸다. 이 이야기적 수행이라는 이름으로 우리는 고립되거나 낯선 현상들을 "하나의 단일하고 통일된 과정이나 또는 사건들의 연속" 안에서 통합하기를 시도한다.[20]

따라서 이제 우리는 정신분석이 역사과학들과 공통적으로 가지고 있는 이야기적인 이해 가능성(intelligibility)이라는 개념을 숙고하도록 초대된다. 지금 이 정신분석의 차원에서 이야기적인 이해 가능성의 개념을 정의하는 것은 적합성의 기준들을 다루는 것만큼이나 어려운 일이다. 실로, '부적합한 것들'을 정복(整復, reduction)[21]함으로써, 이해 가능한(intelligible) 설명에 의해 의미되는 바를 알기 위한 물음이 제기되는 곳은 바로 정신분석이다. 일관성이 없거나, 정합적(整合的)이지 않거나, 불완전한 것으로 남게 될 역사는, 일상적인 경험에서의 삶의 여정에 대해 우리가 알고 있는 바, 즉 인간의 삶은 전체적으로 이상하고, 단절되어 있으며, 불완전하고, 그리고 단편화되어 있다는 사실과 분명히 닮았다고 할 수 있

---

20) 앞의 책, 169면.
21) 의학적 용어로서, 어그러진 것을 똑바로 교정하여 원래의 상태를 회복한다는
　　뜻. ‑ 역자 주.

을 것이다.

　그러므로 우리는 진리 주장을 존재에 대한 이해 가능한 설명들이라는 개념과 결합시키고자 하는 모든 시도를 포기하도록 유혹을 받을 수 있다. 그러나 나는 이러한 인식론적 패배주의에 굴복하는 것은 옳지 않다고 생각한다. 왜냐하면 그럴 경우에 우리는 치료상 효과가 있는 것은 환자가 수용할 수 있는 설명이라는 구실 하에, 정신분석의 진술들을 설득의 수사학으로 바꾸어 놓을 것이기 때문이다. 이렇게 되면, 분석가의 제안에 대한 새로운 의심과 더불어,— 프로이드는 이 의심과 싸우기를 결코 멈추지 않았다.— 보다 심각한 의심이 슬며시 스며드는데, 그것은 치료의 성공의 기준은 오직, 주어진 사회적 환경에 적응하는 환자의 능력에 있는 것이 아닌가 하는 생각이다. 그리고 이 의심이 이번에는 정신분석가는 환자와의 관계에 있어서 결국 사회의 관점만을 제시하는 것이 아닌가 하는 의심과 아울러, 정신분석가는 환자를 교묘하게 정신분석가 자신만이 해결의 열쇠를 가지고 있는 항복전략 안으로 이끌어 들임으로써 사회의 관점을 환자에게 부과하는 것이 아닌가 하는 의심으로 나아간다. 비록 하나의 진리 주장이 이야기성 그 자체의 토대와는 다른 토대에서 그 타당성이 검증된다고 하더라도, 우리가 진리 주장을 이야기성 기준과 연결시키기를 포기해서는 안 되는 이유가 여기에 있다. 달리 말하자면, 우리는 이야기성의 매우 중요한 차원, 즉 자기 인식, 타자 인식, 그리고 공상에 대한 인식의 차원을 계속 유지해야 한다. 그렇게 할 때 우리는, 환자가 자신이 처음에는 이야기할 수 없는 역사의 행위자이자 비평가라고까지 말할 수 있다. 자기 자신을 인식하는 문제는 자기 자신의 역사를 이야기할 수 있는 능력을 회복하는 문제이며, 자기 자신에 대한 반성에 대해 지속적으로 무한히 이야기의 형태를 부여할 수 있는 능력을 회복하는 문제이다. 그리고 훈습이란 바로 이 지속적으로 이야기함(narration) 이외에 다른 것이 아니다.

이제 우리는 우리 질문의 후반부로 들어갈 수 있다. 정신분석의 진술들은 어떤 종류의 증명과 반증을 할 수 있는가? 증명과 반증의 절차들에 관해 묻는 것은 어떤 '증명의 수단들'이 정신분석의 진리 주장에 적절한가를 묻는 것이다. 여기서 나의 명제는 다음과 같다. 만일 궁극적 진리 주장이 사례 역사들 안에 존재한다면, 증명의 수단들은 네트워크 전체, 즉 이론, 해석학, 치료학, 그리고 이야기함에 대한 명료화 안에 존재한다.

이야기성에 관하여 앞에서 진행된 논의는 우리가 탐구하려고 하는 이 마지막 단계를 위한 좋은 도입부가 된다. 우리는 정신분석의 모든 진리 주장들이 궁극적으로는 정신분석적 사실들의 이야기 구조 안에서 요약된다고 전제했다. 그러나 이로부터 증명의 수단들은 이야기적인 구조 자체 안에 포함되어 있다는 결론이 도출되지는 않는다. 그리고 이야기적인 설명에 적절한 증명의 수단들은 정신분석의 비이야기적인 진술들에 의해 담지되고 있는 것이 아닌가라는 질문이 남는다.

이 점을 증명하기 위해서는, 이야기를 정신분석적 의미에서의 설명으로 만드는 것이 무엇인가에 대하여 생각하는 것으로 충분할 것이다. 그것은 이야기적인 관점에서의 자기 이해의 과정 안에 인과적 설명의 여러 단계들을 삽입하는 것이 가능한가 하는 것이다. 그리고 비이야기적인 증명의 수단들에 의지하도록 만드는 것은 바로 이 설명적 우회로이다. 이 비이야기적인 증명의 수단들은 다음의 세 차원에서 전개된다. (1) 다른 임상적 설명들과의 비교로부터

결과되는 일반화의 차원, (2) 셔우드가 보여 준 것처럼, 그 자체가
기원의 관점에서의 설명, 생성의 관점에서의 설명, 기능의 관점에서
의 설명, 그리고 의미의 관점에서의 설명으로 나누어지며, 행동
(behaviour)(예를 들면, 증상)의 전형적 부분들에 적용되는 유사 법
칙적인 명제들의 차원, (3) 공리적인 것으로 간주될 수 있는, 정신
적 장치의 기능에 관한 '매우 일반적인 가설들'의 차원. 이 마지막
차원은 지형학, 행위자에 대한 이론, 그리고 죽음 본능을 포함한 본
능적 충동들에 대한 연속적인 이론들로 나누어진다. 따라서 일반화,
법칙, 그리고 공리는 정신분석적 설명의 비이야기적인 구조를 구성
한다.

　첫번째 차원인 일반화의 차원에서, 설명의 이 비이야기적인 구조
는 이미 개별적인 행동에 대한 일상적인 설명들에 존재한다. 동기
라고 주장되는 것들— 예를 들면, 미움이나 질투— 은 개별적인 사
건들이 아니라, 경향성들의 부류들인데, 개별적인 행동은 자체를 이
해 가능한 것으로 만들기 위해 그 부류들 아래에 자리매김된다. 누
군가가 질투에 의해 행동한다고 말하는 것은 그의 개별적인 행동
의 사례에서 처음부터 반복 가능하고 불특정 다수의 개인들에게
공통되는 것으로 파악되는 한 특징을 불러내는 것이다. 이러한 동
기는 처음부터 의미의 어떤 보편성에 의해 특징지어지는 의미 있
는 맥락 안에 개별적인 행동을 자리매김할 수 있는 힘을 가지고 있
으며, 바로 이 힘에 동기의 설명적 가치가 있다. 따라서 설명한다는
것은 주어진 행동의 성격을 규정하는 것으로서, 이는 한 부류를 예
증하는 어떤 동기를 그 행동의 원인으로 간주함으로써 이루어진다.
이처럼 동기로 행동의 성격을 설명하는 일반화는 무엇보다도 우리
가 인간 경험의 일반적인 특징들로 동일화할 수 있는 동기들의 부

류들을 다룰 때가 아니라, 조직화되고 안정적이고 두드러지게 전형적인 장면들을 제시하는 공상들이나, 또는 그 자체가 또한 리비도적인 발전의 전형적인 기관들이기도 한 구강기, 항문기, 생식기 등의 단계들을 다룰 때 적합하다. 그리고 다음 단계로 나아감에 있어서, 우리는 이제 제명(excommunication)이 ― 제명에 기초해서 무의식 전체는 자율적으로 구조화된다 ― 바로 분석적 설명의 대상인 상투적인 부적합성들을 산출하는 경향이 있다는 것을 이해할 준비가 되어 있다.

일반성으로부터 유사 법칙적인 진술로의 이행은, 무의식적인 동기들의 관점에서 뿐만 아니라 동기화의 과정을 인식할 수 없게 만드는 왜곡 기제들의 관점에서도 폭넓게 설명에 상응한다. 그리고 이러한 유사 법칙적인 진술들 위에서, 우리는 여전히 정신분석에 의해 노정(露呈)된 이론적인 실재들에 관한 명제들을 가진다. 이 진술들은 메타심리학 자체를 구성하는데, 메타심리학은 이 진술들의 구조의 관점에서 볼 때, 정신분석의 메타언어 ― 본능, 본능의 표상들, 본능의 운명 등에 관하여 말해질 수 있는 모든 것 ― 로 간주될 수 있다. 이 차원에서, 그리고 적어도 진술들을 통한 명시화의 차원에서 모든 이야기의 특징 ― 이것은 사례 역사에 대한 지시관계를 의미한다 ― 은 말소된다.

이 설명의 유형은 다음과 같은 결과를 낳는데, 그것은 프로이드에게 있어서는 셔우드가 '이야기적 수행'과 '설명적 수행'이라고 부르는 것이 서로 분리되어 있으며, 단지 사례 역사들의 경우에 있어서 다시 결합된다는 것이다.― 여기서 우리는 사례 역사들('쥐인간'을 포함하는)에 있어서조차도 프로이드는 사례 연구 자체와 이론적 고찰을 병치시킨다는 점을 주목해야만 한다. 그러나 훨씬 더 많은 다른 저술들에서 그것들은 다시 분리된다. 우리는 심지어 많은 다른 저술들에서 '이야기적 수행'과 '설명적 수행'의 관계는 역전된다고까지 말할 수 있다. 따라서 사례 역사들은 프로이드의 저술들의 매우 광범위한 영역의 한 극점을 구성한다. 그의 저술들의 광범위한 영역의 다른 극점을 구성하는 것은 메타심리학에 관한 논문들인데, 이 극점은 기본적으로 비이야기적이다.

이와 같은 방식으로, 우리는 정신분석에서 증명의 수단들은 이론, 해석적 절차들, 치료적 조치, 그리고 분석적 경험의 이야기적 구조에 의해 구성되는 네트워크 전체에 대한 명료화에 존재한다고 말할 수 있다.

나는 이 주장이 정신분석에 대한 모든 반대들 가운데 가장 강력한 반대, 즉 만일 어떤 특정한 사례에 대한 이론, 방법, 치료, 그리고 해석이 한꺼번에 동시에 증명되어야 한다면 이 진술들은 논박될 수도 없고 따라서 증명될 수도 없다는 비판을 초래할 수 있음을 모르는 바가 아니다. 만일 나의 이 연구 전체가 바로 이러한 반대를 정확하게 명료화하고 그것에 응답하는 수단들을 모을 수 있다면, 이 연구는 그것으로 목표를 다 이루게 될 것이다.

나는 분석가가 자기 환자에게 이론을 증명하는 해석을 수용하도록 '암시한다'(suggest)는 조야한 형태의 반대는 논외로 할 것이다. 나는 프로이드가 이 암시 가능성에 대한 비난에 대항하여 제시한 대답들을 당연한 것으로 받아들인다. 이 대답들은 암시에 대한 의심에 대항하여 취하여진 전문적인 코드와 분석적 기술 자체의 차원의 조치들이 갖는 가치로서의 가치를 지니고 있다. 나는 이 조치들이 좋은 분석가를 규정한다는 사실과, 또한 실제로 좋은 분석가들이 있다는 사실을 받아들인다.

프로이드의 말을 그대로 받아들이고, 자기 확증(self-confirmation)에 대한 보다 더 미묘한 형태의 비난, 즉 모든 것이 한꺼번에 증명되기 때문에 정신분석에서의 타당성 검증은 순환적이 된다고 하는 비난과 겨루는 것이 더 흥미로운 일이다. 이 논쟁에 대해 고찰하는 것이 무엇보다도 중요한 까닭은 순환 개념이 모든 역사적-해석적 학문분야들에 있어서 낯선 개념이 아니기 때문이다. 이들 학문분야에 있어서 '사례'(case)는 단지 어떤 법칙 아래에 놓여야 할 하나의 예(example)일 뿐만 아니라, 자체를 '사례 역사'로 만드는 자체의 고유한 극적(劇的) 구조를 소유한 무엇이기도 하다. 하이데거는 해석학적 순환과 관련하여, 문제는 순환을 피하는 것이 아니라 적절하게 그 순환 속으로 들어가는 것이라고 말한다. 이것은 순환이 악순환이 되지 않도록 조치를 취하는 것을 의미한다. 만일 순환이 질문을 회피하는 형태를 취한다면, 다시 말해서 고찰되는 각각의 영역들에서의 증명이 다른 영역에서의 증명을 위한 조건이 된다면, 순환은 악순환이 된다. 그러나 만일 타당성 검증이 기준들의 상호적인 강화를 통한 축적의 방식으로 진행된다면 증명의 순환은 악순환이 되지 않을 것이다. 이 타당성 검증의 기준들은 고립적으로 취해졌을 때에는 결정적이지 않지만 함께 모아졌을 때에는 자체를 그럴듯한(plausible) 것으로 만들며, 최상의 경우에는 개연적이며(probable) 심지어는 강력한 설득력이 있는(convincing) 것으로 만든다.

그러므로 나는 정신분석적 사실들의 영역에 속하는 진리 주장을 확증하는 데에 적합한 타당성 검증은 부분적이고 이종적(異種的)인 기준들의 협력작용(synergy)에 기초한 매우 복합적인 과정이라고 말하고자 한다. 우리가 이론, 조사 절차, 치료 기술, 그리고 사례 역

사의 재구성에 의해 형성되는 전체적 형태(constellation)라는 개념
을 우리의 지침으로 채택한다면, 우리는 다음의 네 가지를 말할 수
있다. (1) 좋은 정신분석적 설명은 이론과 일관성이 있어야 하거나,
또는 (누군가 이런 표현을 더 선호한다면) 프로이드의 정신분석적
체계나 아니면 스스로 프로이드적이라고 주장하는 이런 저런 학파
가 자신을 동일화하는 체계에 순응해야 한다— 그러나 나는 이 논
문에서 나의 고찰을 프로이드의 저술들로 제한하였다는 것을 기억
하라.

　이 첫번째 기준은 정신분석에만 특수한 것은 아니다. 연구의 모
든 영역에서, 설명은 개념들의 이론적 장치와 이 이론적 유형에 적
절한 사실들의 배열 사이에 이러한 종류의 연결을 확립한다. 이런
의미에서, 모든 설명들은 자체의 개념적 틀에 의해 제한된다. 모든
설명들의 타당성은 이론과 사실들 사이에 상관관계가 작용을 하는
한도까지 미친다. 이와 같은 이유로, 어떤 이론은 의문시될 수 있
다. 쿤(Kuhn)이 논증했던 바와 같이,[22] 더 이상 지배적인 패러다임
에 의해 '설명될'(covered) 수 없는 새로운 사실들이 인식되자마자
새로운 이론이 요구된다. 그리고 아마도 이와 같은 일이 오늘날 정
신분석학에서도 일어나고 있는 것 같다. 에너지 분배라는 이론적인
모델이 갈수록 더욱더 부적절한 것으로 드러나지만, 어떤 대안적인
모델도 정신분석에 적절한 것으로 받아들여진 모든 사실들이나 그
사실들의 역설적인 본성을 '설명해내기에' 충분할 만큼 강력해 보
이지 않는다.

　(2) 좋은 정신분석적 설명은 무의식이라는 텍스트를 해독하기

---

22) Thomas Kuhn, *The Structure of Scientific Revolutions*(Chicago: University
　　of Chicago Press, 1962).

위한 해석의 절차들에 의해 수립된 보편화 가능한 규칙들을 만족
시켜야만 한다. 이 두 번째 기준은 증상과 꿈이라는 읽어 내기 어
려운 텍스트를 번역에 의해 대체한 새로운 텍스트의 '내적' 일관성
에 의존하는 한에서, 첫번째 기준으로부터 상대적으로 독립적이다.
이런 관점에서, 수수께끼 모델은 매우 적절하다. 이 모델은 대체된
텍스트에 대한 이해 가능성의 성격이, 특히 자유로운 연상의 기술
(技術)의 결과로서 분석적 과정 그 자체에 의해 제공되는 것들로부
터 가능한 한 많은 분산된 요소들을 고려할 수 있는 능력에 있다는
사실을 보여 준다.

　이 두 번째 기준의 귀결은 주목해 볼 필요가 있다. 그것은, 객담,
재담, 농담 등을 이 시리즈의 첫번째 유비물인 꿈에 연결시키는 유
비적인 노선을 따라, 해석의 절차들을 정신분석의 고유한 영역, 즉
증상과 꿈 너머로 확장시키는 것에 관한 것이다. 여기에는 새로운
종류의 일관성이 함축되어 있는데, 그것은 번역된 텍스트의 내적
이해 가능성에 관한 것일 뿐만 아니라, 일련의 정신적 산물들의 모
든 구성요소들 사이에 통용되는 구조적 유비에 관한 것이다. 따라
서, 타당성 검증의 이 두 번째 기준은 텍스트 내적인 일관성의 기
준과 텍스트 상호적인 일관성의 기준 사이의 상호보완적인 방식을
통해 정식화될 수 있다. 두 번째 정식화는, 해독 규칙들의 보편화가
증상과 꿈으로부터 다른 문화적인 표현들로의 유비적인 외삽(外揷,
extrapolation)의 건전성에 의존한다는 점에서 더욱 결정적인 것일
수 있다. 동시에 이 외삽의 단순히 유비적인 성격은 우리에게 이
증명 수단들의 가치에 문제성이 있음을 상기시켜 준다. 그러나, 타
당성 검증을 위한 이러한 기준의 유비적 구조로부터 초래되는 제
한조차도 첫번째 기준에 제한을 부과하는 구조적 이유들과는 구별

되는 구조적 이유들로부터 나온다. 두 번째 기준은 첫번째 기준으로부터 상대적으로 독립적일 뿐만 아니라, 첫번째 기준을 교정하고 심지어 파괴하는데, 이것은 사실들을 '설명'(cover)할 수 있다고 주장하는 이론적 틀의 주장을 타파할 수 있는 새로운 사실들이 바로 이러한 조사 절차의 인도에 의해 방출되어 나오는 한 그러하다. 바로 이러한 일은, 예를 들자면, 에너지 분배 모델이 치료 방법들과 결합된 해석의 절차들에 의해 산출된 사실들과 마주치게 될 때, 에너지 분배 모델에 발생하는 것이다.

(3) 좋은 정신분석적 설명은 실용적인 관점에서도 만족스러운 것이어야 한다. 달리 말하자면, 정신분석적 설명은 정신분석을 받는 자의 작업에, 즉 그의 '훈습'에 통합될 수 있어야만 하고, 그리하여 치료적인 개선의 요인이 되어야만 한다. 이 세 번째 기준 역시 첫 번째 기준으로부터 상대적으로 독립적인데, 그 까닭은 이 세 번째 기준이 그 자신의 '작업'의 조건 아래에서 정신분석을 받는 사람에게 '발생하는' 무엇인가를 내포하기 때문이다(이로 인하여, 환자나 심지어 피상담자(client)라는 용어가 정신분석을 받는 사람(analysand)이라는 용어로 대체된다). 그리고 세 번째 기준은 두 번째 기준으로부터도 상대적으로 독립적인데, 이것은 새로운 에너지 패턴이 저항들의 '치료'로부터 생겨나지 않았다면, 단지 이해하기만 하고 지적으로 파악하기만 하는 해석은 비효과적이 되고 심지어는 해로운 것이 될 수 있다는 점에서 그러하다. 이 새로운 에너지적 전체 형태(energetical configuration)로부터 결과되어지는 성공적인 치료는 이런 방식으로 자율적인 타당성 검증의 기준을 구성한다.

(4) 끝으로, 좋은 정신분석적 설명은 개별적인 사례 역사를 우리

가 이야기로부터 일상적으로 기대하는 일종의 이야기적인 이해 가
능성으로까지 끌어올려야 한다. 이 네 번째 기준은, 마치 정신분석
적 이론이 순전히 '이야기적' 설명에 의해 다 소진될 수 있기나 한
것처럼 지나치게 강조되어서는 안 된다. 그러나 이야기적인 이해
가능성은 자기 자신의 삶의 이야기를 주관적으로 수용할 수 있는
가능성 이상의 무엇인가를 함축하기 때문에, 이 기준의 상대적 자
율성은 간과되어서도 안 된다. 이 이야기적인 이해 가능성이란 기
준의 상대적 자율성은 역사적인 이야기든지 허구적인 이야기든지
어떤 이야기를 읽을 때 우리가 적용하는 일반적인 수용 가능성의
조건과 타협을 이룬다. 갈리(W. B. Gallie)의 견해에 따르면, 이야기
는 '따라갈 수 있는' 것이어야 하고, 이런 의미에서 '자기 설명적'
이어야 한다.[23] 우리는 이야기의 과정이 막힐 때, 그리고 '더 따라
가도록' 하기 위해 설명을 삽입한다. 이 설명들은, 문화적으로 발전
된 이야기하기(storytelling)의 원형들, 그리고 새로운 이야기를 따라
갈 수 있는 우리의 실제적 능력을 지배하는 이야기하기의 원형들
에 접목되어질 수 있는 한에서 수용 가능하다. 여기에서 정신분석
은 예외가 아니다. 정신분석적 보고들은 일종의 전기와 자서전으로
서, 이 전기와 자서전의 문학적 역사는 희랍인들과 켈트인들과 게
르만인들의 구비적(口碑的) 서사 전통으로부터 출현한 오랜 전통의
한 부분이다. 바로 이 이야기하기의 전통 전체가, 해석적 절차들의
일관성에 관련되어 있을 뿐만 아니라 리비도적 에너지들의 균형에
변화를 일으키는 효력에 관련되어 있는 이야기적인 이해 가능성이
라는 기준에 상대적 자율성을 제공한다.

---

23) W. B. Gallie, *Philosophy and Historical Understanding*(New York:
Schocken Books, 1964).

결과적으로, 이 타당성 검증의 기준들이 서로 서로에게서 파생되는 것이 아니라 서로 서로를 강화해줄 때, 이 기준들은 정신분석에 있어서의 증명 장치를 구성한다. 이 장치가 극도로 복잡하고, 매우 다루기 어렵고, 그리고 상당한 문제점이 있다는 사실은 인정될 수 있다. 그러나 적어도 축적적인 성격을 지닌 이 타당성 검증의 기준들은 다음 두 가지 모두에 적합한 유일한 기준들로 간주될 수 있는데, 이 두 가지는 정신분석에서의 진리 주장을 구체화하는 정신분석적 사실들과, 정신분석에서의 증명 수단들을 지배하는 이론, 조사 절차, 치료 방법 사이의 복합적인 관계들이다.

11. 이야기의 기능

이 글의 목적은 역사가의 '사실적' 이야기와 극작가와 소설가 같은 작가의 '허구적' 이야기 모두를 포괄하는 이야기 담화에 대한 일반적 이론의 대체적인 윤곽을 그리는 데 있다. 여기서 문제가 되는 것은 이러한 두 가지 이야기 유형에 공통적인 이야기하기 행위에 대한 한계 설정의 가능성이다. 비트겐슈타인의 표현대로, 만일 이야기하기가 독특한 '언어게임'이라면, 그리고 만일 언어게임이 '삶의 활동이나 형식의 일부분'이라면, 우리는 이야기 담화가 전체적으로 어떤 형식의 삶과 결부되어 있는지를 물어야 한다. 이것이 내가 '이야기의 기능에 대한 연구'라고 부르는 것이다.

이 연구는 서로 다르지만 서로 연관된 두 차원에서 추진될 수 있다. 즉 의미(sense)의 차원과 지시체(reference)의 차원이 그것이다. 의미의 차원에서, 문제는 역사와 허구가 '공통된 구조' 다시 말하면 적절하게 추론적인(discursive) 차원에서 문장을 질서 있게 배열하는 공통된 방식을 가지고 있는가 하는 것이다. 이 첫번째 분석은 형식적 성격을 가지고 있으며 또 유지해야 한다. 지시체의 차원에서 문제는, 역사와 허구가 '실재'(이 단어의 의미가 무엇이든 간에)에 연관되는 방식에 명백한 차이점이 있음에도 불구하고 각기 자체의 고유한 방식대로 우리의 개인적, 사회적 실존의 동일한 근본적인 특징(feature)을 지시하는가 하는 것이다. 매우 다양한 철학들이 이 특징을 '역사성'이라는 용어로 성격 짓는데, 이 용어는 근본적이고 철저한 사실, 즉 우리가 역사를 만든다는 사실과, 우리가 역사 안에 잠겨 있다는 사실과, 우리가 역사적 존재라는 사실을 의미한다. 따라서 궁극적인 문제는 어떤 방식으로 역사와 허구가—그것들의 공통된 이야기적인 구조의 힘으로—우리의 역사적 조건에 대한 기술과 재기술에 기여하는지를 보여 주는 것이다. 한 마디로, 우리의 연구에 있어서 궁극적으로 중요한 문제는 이야기성과 역사성 사이의 상관관계 또는 좀더 낮게 표현하면 상호적 귀속성의 문제이다.

1. 역사적 이야기와 허구적 이야기의 구조적 일치

역사적 이야기와 허구적 이야기의 구조적 일치를 수립하는 것이 이 이야기들의 공통된 지시체, 또는 (내가 후에 말하게 될) 우리의 역사성 위에서 '교차하는' 이 이야기들의 지시체를 수립하는 것보다 쉽다고 추정되어서는 안 된다. 실로, 바로 이 이야기성이라는 개념 자체가 어려움을 노정한다. 역사의 편에서는, 역사가 최종적으로 이야기 성격을 갖는다는 견해가 강력하게 부인되어 왔다. 이와 마찬가지로 허구의 편에서는, 이야기의 연대기적 차원이 축소될 수 없다는 견해가 거부되어 왔다. 따라서 우리가 직면하는 첫번째 역

설은 역사적 이야기와 허구적 이야기에 공통적이라고 전제되는 이
야기성이 이 두 이야기 장르를 구분하는 선의 양쪽 편에서 독립적
으로 확립되어야 한다는 것이다.

1. 이야기로서의 역사

나는 역사가 가지고 있는 이야기 성격은 축소될 수 없다는 명제
를 변호함으로써 시작하고자 한다. 이 명제에 대한 저항은 영어권
저자들의 인식론적 논증과 프랑스 역사가들의 논증에 의거하고 있
다. 분석철학에 있어서, 역사의 축소될 수 없는 이야기 성격에 대한
잘못된 인식은 칼 헴펠의 "역사학에 있어서 일반적 법칙의 기능"[1]
이라는 유명한 논문에서 비롯된다. 사실상, 이 논문은 역사의 이야
기적 측면과 직접적으로 관계가 있는 논문은 아니다. 그것은 그 당
시의 핵심적 주제가 아니었다. 이 논문의 중심적 명제는 일반적 법
칙이 역사학과 자연과학에 있어서 전적으로 유비적인 기능을 한다
는 것이다. 그러나 역사적 설명이 기름탱크의 폭발, 지진과 같은 물
리적 상태의 변화와 관련된 물리적 설명과 다르지 않다는 명제 안
에 역사의 이야기적 특이성의 배제가 암묵적으로 내포되어 있다.
그 논증은 다음과 같다. 모든 단일한 사건은 두 전제로부터 추론될
수 있다. 첫번째 전제는 선행하는 사건, 지배적인 조건 등의 시초적
조건들을 기술한다. 두 번째 전제는 증명되는 경우에는 법칙이라고
불릴 만한 규칙성, 또는 보편적 가설을 주장한다. 만일 이 두 전제
들이 적절하게 확립될 수 있다면, 고찰되는 사건은 논리적으로 추

---

1) Carl Hempel, "The Function of General Laws in History" in *Aspects of Scientific Explanation and Other Essays in the Philosophy of Science*(New York : The Free Press, 1942), 231~43면.

론될 수 있으며 따라서 설명된다고 말해진다. 역사학이 이 모델과 전적으로 부합하지는 않는 것처럼 보이는 것은 사실이다. 그러나 이것은 단지 역사학이—자체의 설명적 주장의 기초로 삼고 있는 규칙성이 분명하게 명료화되지 못하고 있기 때문이든지, 아니면 이 규칙성이 일반적 상식이나 비과학적인 심리학으로부터 빌려 온 사이비 법칙이기 때문이든지—과학의 법칙론적 차원까지 이르지 못했다는 것을 증명할 뿐이다. 심지어 어떤 사람은 그것은 이 규칙성이 자연이나 역사의 과정에 대한 마술적 또는 신비주의적 개념의 경우에서와 같은 명백한 편견으로부터 유래하기 때문이라고까지 말할 수 있다. 헴펠의 비타협적인 명제가 용인하는 유일한 타협은, 최상의 경우들에 있어서 역사학은 오직 '설명적인 스케치'에 의거한다는 것이다. 이 스케치는 증명된 법칙의 기준을 만족시키지는 못하지만 그럼에도 불구하고 더욱 특수한 규칙들이 발견될 수 있는 방향을 가리키는 규칙성이다. 이 스케치는 또한 취해야할 조치를 처방해주고 과학적 설명의 모델을 만족시키기 위해서 거쳐야할 단계를 규정해준다.

따라서 헴펠적인 모델의 구성에 있어서는 역사의 이야기 본성에 관한 것은 아무 것도 없는 것처럼 보인다. 그의 모델 구성의 첫째 단계에서, 논의의 초점은 역사가의 작업과 그 작업 위에 부과된 모델 사이의 불일치에 맞추어졌다. 이 불일치를 숙고하노라면, 역사의 축소할 수 없는 이야기 구조의 문제가 부과된 모델에 대한 반례로서 등장한다. 헴펠적인 모델에 대한 모든 비평가는 역사학에 있어서 법칙은 자연과학에서와 동일한 방식으로 기능하지 않는다는 사실에 동의한다. 역사가는 법칙을 수립하지는 않고, 단지 그것을 사용할 뿐이다. 따라서 이 법칙은 암묵적인 것으로 남아 있을 수 있

으며, 독자―유일하고 획일적인 설명모델을 머리에 그리며 역사적
텍스트에 접근하지 않는―의 선입견을 따라 서로 이질적인 수준의
규칙성과 보편성의 차원에 속할 수 있다. 만일 이것이 사실이라면,
그것은 역사적 설명이―아무리 자연과학에서의 설명과 구조적으
로 연관되어 있다고 하더라도―자연과학에서의 설명과는 다른 기
능을 수행하기 때문이다. 말하자면, 역사적 설명은 이미 이야기의
형식을 가지고 있는 그런 유형의 담화 안에 삽입되는 것이다.

 애초부터, 헴펠적인 유형의 분석은 단순히 발생하는 물리적 사건
과, 연대기나 전설적 이야기나 기억 등에 의해서 이야기되었다는
사실로부터 이미 역사적 위상을 부여받은 사건 사이의 기본적인
차이점을 고려하는 데 실패한다. 헴펠의 분석은 "특수한 장소와 시
간에서의 유일무이한 사건의 발생을 주장하는 단독적인 진술" 또
는 "한번, 오직 한번 발생한 개별적 사건에 대한 설명"[2]과 같은 중
립적 개념에 의존한다. 이처럼 최초의 상황적 배경으로부터 떨어져
나온 역사적 사건은 일반화된 사건 개념에 순응하기 위하여 자체
의 특수성을 상실했으며, 이야기하기 행위와의 특수한 관계성을 박
탈당했다. 따라서 만일 우리가 역사적 사건이 단독적인 진술을 통
한 명료화로부터 뿐만 아니라 적절히 이야기를 구성하는 모종의
전체적 형상화(形象化) 안에서의 이 단독적인 진술의 위치로부터
자체의 역사적 위상을 이끌어낸다는 사실을 고려한다면, 인식론적
논의의 중심에 놓아야 할 것은 더 이상 역사적 설명의 '본성'이 아
니라 그것의 '기능'이다. 설명의 본성은 역사학과 자연과학에 있어

2) Charles Frankel, "Explanation and Interpretation in History" in *Theories of History*, edited by Patrick Gardner(New York: The Free Press, 1959), 409, 410면.

서 동일하며, 이 차원에서 이해와 설명을 대립시킬 아무런 근거가
없다는 것을 우리는 매우 쉽게 인정할 수 있다. 문제는 설명의 구
조가 같은가 다른가 하는 것이 아니라, 어떤 종류의 담화에서 이
설명적 구조가 기능하는가 하는 것이다.

2. 플롯의 개념

여기에서, '플롯'의 정확한 개념을 소개하는 것이 필요하다. 나는
하나의 사건이 역사적 사건이 되기 위해서는 단독적인 사건 발생
이상의 것이어야 한다고 말하려고 한다. 즉 그것은 하나의 플롯의
발전을 위한 기여의 관점에서 정의되어야 한다. 직설적으로 말하자
면, 이러한 개념은 역사가의 역사와 허구적 이야기 사이의 연결점
을 제공해줄 것이다.

플롯이란 무엇인가? 갈리에(W. B. Gallie)가 《철학과 역사적 이
해》[3]에서 설명한 바와 같이, 이야기를 따라가는 행위의 현상학이
우리의 출발점이 될 것이다. 우선, 하나의 이야기는 실제적이거나
또는 상상적인 몇 사람의 등장 인물들의 행동과 경험의 일련의 과
정들을 기술한다. 이 등장 인물들은 변화하는 상황 안에서 표상되
거나 또는 자신들이 응답하는 변화들 안에서 표상된다. 그리고 이
변화들은 상황과 등장 인물들의 숨겨졌던 측면들을 드러내며, 사고
나 행동 또는 이 둘 다를 요구하는 새로운 곤경을 출현시킨다. 이
곤경에 대한 응답이 이야기를 결론으로 이끌고 간다.

따라서 이야기를 따라가는 것은 어느 특정한 방향으로 '정향되
어'(directedness) 전개되는 연속적인 행동, 사고, 느낌을 이해하는

---

3) W. B. Gallie, *Philosophy and Historical Understanding*(New York:
Schocken Books, 1964).

것이다. 여기서 내가 말하고자 하는 바는 우리가 이러한 전개에 의해 이끌려 간다는 것과 우리가 그 과정의 결과와 절정에 관한 기대를 가지고 이러한 이끌고 감에 응답한다는 것이다. 이러한 의미에서, 이야기의 '결론'은 이야기 전체를 이끄는 극(極)이다. 그러나 이야기의 결론은 추론되거나 예측될 수 없다. 수많은 우연성들에 의해서 우리의 시야가 미해결의 상태에 국한되어 있지 않다면 이야기란 불가능하다. 따라서 우리는 그 결론에 이르기까지 이야기를 따라가야 한다. 그러므로 결론은 '예측 가능한' 것이기보다는 '수용 가능한' 것이어야 한다. 결론에서 고개를 뒤로 돌려 여기까지 인도해 온 일련의 삽화적인 사건들을 바라보면서, 우리는 이 결말이 저 사건들과 저 일련의 행위들을 요구했다고 말할 수 있어야 한다. 그러나 이 회고적인 시각은 우리가 이야기를 따라갈 때에 목적론적으로 안내되어지는 우리의 예기(豫期, expectation)의 움직임에 의해 가능하게 된다. (결론이) '결국에는 수용 가능하다', 이것이 모든 이야기에 대한 이해를 특징짓는 우연성의 역설이다.

갈리에의 명제는 "역사는 이야기 속(屬)[생물학에서 과(family)와 종(species)의 중간: 역자 주]의 종(種)이다"라는 것이다. 이야기로서, 역사는 "사회나 국가나 또는 다른 어떤 오래 지속되는 조직화된 집단 안에서 함께 살며 일하는 인간의 모종의 주요한 성취 또는 실패"에 관한 것이다.[4] 그러므로 역사가 전통적인 이야기와 비판적 관계에 있음에도 불구하고, 제국의 통일이나 몰락, 그리고 계급, 사회적 운동, 종교적 당파, 문학적 스타일 등의 출현과 쇠퇴를 다루는 역사는 '이야기이다.' 이러한 역사들을 읽는 것은 이야기를

---

4) 앞의 책, 66면.

따라가는 우리의 능력에 의존한다. 만일 역사가 이처럼 이야기를 따라가는 우리의 능력에 뿌리를 내리고 있다면, 역사적 설명의 두드러진 특징은 우리를 따라오도록 만드는 기본적인 이야기의 능력을 도와 그 능력을 전개시키는 데 있는 것으로 간주되어야 한다. 달리 말하면, 설명은 독자가 좀더 따라오도록 도와 주는 기능 외에 다른 기능을 갖고 있지 않다. 역사가가 우리로 하여금 받아들이도록 요구하는 일반화의 기능은 우리가 방해를 받거나 혼란스럽게 되었을 때 이야기를 따라가는 과정을 촉진하고 도와 주는 것이다. 그러므로 설명은 이야기라는 직물(織物)의 조직 안으로 짜여져 들어와야 한다.

이야기를 따라감의 현상학에 기초한 역사 인식론에 반대하는 반(反) 이야기적인 논증에 대한 고찰은 우리로 하여금 이야기의 구조를 향하여 결정적인 발걸음을 내딛도록 도와 주며, 그렇게 함으로써 역사적 이야기와 허구적 이야기 사이의 깊은 골에 다리를 놓을 수 있게 해준다. 갈리에, 드라이(Dray), 그리고 단토(Danto)와 같은 철학자들은 연대기적 순서와, 경험되는 대로의 현재의 맹목적 복합성과, 자신의 선입견에 침잠되어 있는 역사적 행위 주체의 관점에 지나치게 의존하는 이야기의 유형에 역사를 예속시킨다고 비난을 받아 왔다. 이러한 반대에 대한 응답은 바로 플롯 개념의 인식론적 구조를 더욱 구체화하는 기회를 우리에게 제공해줄 것이다.

첫째로, 이야기는 필연적으로 엄격한 연대기적 순서에 묶여 있다는 견해와 대조적으로, 우리는 모든 이야기는 연대기적 차원과 비연대기적 차원을 다양한 비율로 결합한다고 말해야 한다. 연대기적 차원은 이야기의 '우연적 사건의(episodic) 차원'이라고 불릴 수 있다. 이야기를 따라가는 기술(art)에 있어서, 이 차원은 이야기의 발전에 영향을 주는 우연성에 대한 기대 안에 표현된다. 따라서 이 차원은 다음과 같은 질문을 불러일으킨다. 그래서? 그러면? 다음에 무슨 일이 일어났는가? 결과가 어떻게 되었는가? 등. 그러나 이야 기하기 행위는 단순히 우연적 사건들을 서로 부가(附加)함에 있는 것은 아니다. 그것은 또한 흩어져 있는 사건들로부터 의미 있는 전 체성을 구성한다. 이야기하기 기술의 이러한 측면은, 이야기를 따라 가는 편에 있어서, 연속적으로 이어지는 사건들을 '함께 붙잡으려 는' 시도 안에 반영된다. 그러므로 이야기하기 기술은 그에 상응하 는 이야기를 따라가는 기술과 아울러, 우리에게 '연속적 과정으로 부터 전체적 형상화를 추출해낼 것'을 요구한다. 루이 밍크(Louis Mink)의 표현을 빌면,[5] 이 '전체적 형상화'(configuration)의 작용은 이야기 행위의 두 번째 차원을 구성한다. 이 두 번째 차원은 반이 야기적인 작가들에 의해서는 완전히 무시되는 것이다. 이들은 이야 기 행위로부터 그 복합성을 박탈하려고 하며 무엇보다도 연속적 과정과 전체적 형상화를 결합하는 이야기 행위의 힘을 박탈하려고 한다. 실로, 이 구조는 매우 역설적이기 때문에 모든 이야기는 우연 적 사건의 차원과 전체적 형상화의 차원, 연속적 과정과 전체적 형 상화 사이의 경쟁의 관점에서 인식될 수 있다. 이러한 복합적인 구 조는 가장 단순하게 구성된 이야기도 언제나 연대기적인 사건의 연속 이상의 것이라는 사실과, 그리고 반면에 전체적 형상화의 차 원은 이야기적인 구조 자체를 파기하지 않고는 우연적 사건의 차 원을 침식할 수 없다는 사실을 함축한다. 이 두 번째 문제의 측면

5) Louis O. Mink, "History and Fiction as Modes of Comprehension" in *New Directions in Literary History*, edited by Ralph Cohen(Baltimore: Johns Hopkins University Press, 1974), 117면.

은 우리가 이야기를 '비연대기화'하여야 한다는 구조주의의 주장
을 논의할 때 다루게 될 것이다. 지금 이 시점에서 나의 당면한 관
심은 오직 첫번째 측면에 있다. 만일 역사적 연구를 이야기 행위와
접맥하는 것이 가능하다면, 그것은 전체적 형상화의 차원―이야기
하기의 기술과 따라가기의 기술 둘 다 안에서 제시된―이 이미 의
미 있는 전체성에 대한 탐구를 위한 길을 닦아 놓았기 때문이다.
역사적 연구의 행위는 이야기 행위가 이미 연대기적 순서와 전체
적 형상화의 질서를 결합하는 한, 근본적으로 이야기 행위와 분리
되지 않는다.

그러나 이야기와 역사 사이의 연속성에 대한 충분한 인식은 우
리가 다음의 두 전제들로부터 벗어날 때 가능해진다. 하나는 이야
기하기의 기술이 필연적으로 저자 자신이 경험하는 현재의 맹목적
복합성과 연결된다는 전제이며, 다른 하나는 이 기술이 행위 주체
자신이 자신의 행동에 부여하는 해석에 예속된다는 전제이다.

이러한 전제들과는 대조적으로, 밍크는 전체적인 형태를 구성하
는 행위 안에서 사건들을 함께 파악함에 있어서, 이야기의 작용은
판단의 성격, 좀더 정확하게 말하면 칸트적인 의미에서의 반성적
판단의 성격을 가지고 있음을 관찰한다. 이야기하고 이야기를 따라
가는 것은 이미 사건들을 연속적인 전체성 안에 포괄하기 위한 목
적을 가지고 그것들을 '반성하는' 것이다.

이와 동일한 이유로, 이야기가 청자나 독자를 행위자가 자신의
행위를 고찰하는 관점에 속박한다는 주장은 거짓된 주장이다. 사건
들에 대한 반성적 판단은 '시점(視點)'이란 개념을 포함한다. 이러
한 측면은 허구적 이야기의 분석에서 좀더 온전히 정당화될 것이
다. 그러나 여기서 우리는 이야기의 기술(技術)은 성격상 이야기를

해설자(narrator), 즉 이야기하는 사람과 연결시킨다는 사실을 확인할 수 있다. 이 관계는 해설자가 자신의 이야기를 향해 보여 주는 가능한 태도들의 전체 영역을 포괄한다. 이 태도들은 숄레스(Scholes)와 켈로그(Kellogg)가 '이야기의 시점(視點)'이라고 부르는 것을 구성한다. 그들은 이렇게 말한다. "이야기하는 사람과 이야기 사이의 관계성, 그리고 이야기하는 사람과 듣는 사람의 또 다른 관계성에 이야기 기술(技術)의 본질이 놓여 있다. 따라서 이야기 상황은 불가피하게 아이러니컬하다."[6] 이 '이야기에서의 거리'는 저자가 '이야기 해설자'(histor)[헬라어로서 현자, 심판관의 뜻이 있음: 역자 주]라고 부르는 새로운 종류의 화자의 출현을 가능하게 만드는데, 이 '이야기 해설자'의 권위는 더 이상 그가 받아들이는 전통으로부터 유래하는 것이 아니라 그가 읽는 문헌으로부터 유래한다. '이야기의 낭송자(singer)'로부터 탐구자로서의 '이야기 해설자'로의 전환은 논쟁의 대상이 될 수 없다. 그러나 이 전환은 바로 '시점'의 개념 안에서 발생하는데, 이 시점은 화자 자신의 성격을 규정하는 것으로서, 이야기 행위의 전체 형태적이고 반성적인 본성과 동일한 차원에 자리매김되어야 한다.

이야기와 역사 사이의 이와 같은 연속성의 결과는 이것이다. 즉 과학적 역사의 설명적 절차들은 그것들이 이야기의 전체적 형상화의 구조와 접목되어지는 한에 있어서, 선행적인 이야기를 대체할 수 없으며 오히려 이야기와의 결합(conjunction) 안에서 기능한다는 것이다.

---

6) Robert E. Scholes and Robert Kellogg, *The Nature of Narrative*(New York: Oxford University Press, 1966), 240면.

2. 허구적 이야기와 플롯

이제 우리의 과제는 플롯의 특수한 성격을 허구적 이야기의 차원에서 변호하는 것이다. 그러므로 우리는 실제적 역사와 허구적 이야기를 분리시키는 상이성, 다시 말하면 실제적 역사와 허구적 이야기가 지시적 양태, 행동의 세계와 관계를 맺는 방식, 이 세계에 '관한' 존재의 방식에 있어서 서로 다르다는 사실은 일단 괄호로 묶어 놓을 것이다.

특히 허구적 이야기의 경우, 지시체를 배제하고 의미(sense)에 집중하는 이러한 연구는 '구조적분석'이라고 칭하여질 만하다. 따라서 이 부분에서 나는 프랑스 구조주의의 설명에 우선성을 부여할 것이다. 이러한 우선성은 무엇보다 프랑스 구조주의 학파가 이야기의 영역에서 가장 설득력 있는 결과를 산출했다는 점에서 타당하다. 그러나 이러한 우선성은, 우리가 구조주의 분석 모델을 비판할 때 구조에 대한 플롯의 우위성을 재수립하기 위하여 영어권 저자들에게 호소하는 것을 막지는 않을 것이다.

일반적으로, 구조적 분석은 플롯의 역할을 저변에 있는 논리적 구조와 그리고 이 구조의 변환과 관계된 형상화(figuration)라는 이차적인 기능으로 축소하는 경향을 가지고 있다고 말해진다. 따라서 단지 구조와 구조의 변환으로 이루어져 있는 심층 문법의 차원과는 대조적으로, 플롯은 현시(顯示, manifestation)의 차원으로 배정된다.

이러한 상황은 역사적 지식의 영역에서의 헴펠의 모델과 이 모델이 설명의 보편적 법칙에 부여하는 수위성(首位性)을 상기시켜 준다. 그러나 플롯의 배제는 구조주의에서 더욱 철저하게 이루어졌

다. 역사 인식론은 플롯이 너무 연대기에 의존한다고 하여 플롯을
폐기하였다. 구조주의는 플롯을 표면적 구조의 차원으로 격하시키
면서, 이야기에서의 플롯의 주된 역할을 완전히 박탈하였다.

우선 먼저, 모든 구조적 분석의 특징이 되는 차원적 변화의 이유
로서 제시되어 온 것들을 상기해 보자. 첫번째의 가장 근본적인 논
증은 이야기의 기호론이 유사 공리적인 방식으로 수립된 모델에
기초하여, '귀납적인' 방법을 순수하게 '연역적인' 절차로 대치해
야 한다는 것이다. 왜냐하면 거의 무한하게 다양한 이야기의 표현
들(말, 글, 그림, 동작)과 이야기의 부류들(신화, 민속, 전설, 소설, 서
사시, 비극, 드라마, 영화, 연재만화 등)이 귀납적 방법을 실행 불가
능하게 만들기 때문이다.[7] 언어학은 '약호'(code)와 약호의 기본
단위들의 유한한 목록들을 이 기호들에 기초하여 화자가 생산해낼
수 있는 수많은 '메시지'보다 선호함으로써, 이러한 방법론적 전환
을 위한 길을 닦는다. 더욱이, 언어학은 체계의 모든 내적 관계를
산출하는 이러한 기본 단위들의 조합과 변환에 대한 규칙을 수립
함으로써 또한 이러한 기본 단위들의 체계적인 조직화가 완수될
수 있다는 것을 보여 준다. 이러한 상황에 있어서, 구조란 유한한
숫자의 단위들 사이의 내적 관계들로 이루어지는 닫혀진 집합이라
고 정의될 수 있다. 관계의 내재성, 다시 말하면 언어 외적 실재에
대한 체계의 무관심은 구조를 특징지우는 폐쇄성의 규칙이 초래하
는 중요한 귀결이다.

---

7) Cf. Roland Barthes, "Introduction à l'analyse structurale du récit,"
   Communications, 8(1966), 1~27면[영문 번역판: "Introduction to the
   Structural Analysis of Narratives," in *Image-Music-Text*, edited and translated
   by Stephen Heath(London: Fontana/Collins, 1977), 79~124면].

잘 알려진 바와 같이, 구조주의 원리는 먼저 음운론에 가장 성공
적으로 적용되었으며, 그리고 나서 어휘론적 의미론과 통사론적 규
칙들에 적용되었다. 이야기에 대한 구조적 분석은, 이러한 언어적
실재들의 모델을 언어학자에게는 궁극적 실재인 '문장'의 차원을
넘어 확장시키거나 전위시키고자 하는 하나의 시도로 간주될 수
있다. 우리가 문장을 넘어서 발견하는 것은 적정한 의미에서의 '담
화', 즉 자신들의 고유한 구성의 규칙들을 제시하는 문장들의 연속
물이다(오랜 기간 동안, 담화의 이 질서화된 측면을 떠맡아 온 것
은 고전적인 수사학 전통이었다). 이야기는 모종의 질서를 지닌 문
장의 연속물들로서의 담화의 가장 커다란 부류들 가운데 하나이다.

기호론적 모델을 이야기에 연장시키는 것은 구조적 분석으로 하
여금 이야기를 '비연대기화'(de-chronologise)하는 일반적인 경향,
다시 말하면 이야기의 시간적 측면을 저변에 놓여 있는 형식적 속
성들로 환원시키는 일반적인 경향을 갖게 하는 원천이 된다. 다시
말하면, 구조적분석은 이야기의 모든 신태그마적(syntagmatic)인 측
면을 패러다임적(paradigmatic)인 측면[8]에 조화시키고 종속시키려
는 체계적인 기획의 관점에서 특징지워질 수 있다.

다시 한 번 상황의 아이러니를 주목해 보자. 많은 역사가들이나
역사 인식론주의자들의 경향이 이야기의 연대기적이고 순차적인

---

8) 신태그마(syntagma)란 통어적(統語的) 관계를 가진 어구(語句), 또는 말의 질
서가 서 있는 집합, 통합체를 의미하며, 패러다임(paradigm)이란 계열(선항(選
項))적인 것을 의미한다. 예를 들면 '나는 집에 간다'라는 문장에서 '나는'이라
는 주어와 '집에'라는 부사구와 '간다'라는 동사의 통어적 관계로 구성된 통합
체가 신태그마이며, '나' 대신에 '너', '당신', '그' 등을, '집' 대신에 '학교'
'직장' 등을, '간다' 대신에 '온다' '머문다' 등으로 문장의 조합을 만들 수 있
는 계열이 패러다임이다. - 역자 주.

성격을 과대평가하고, 이로부터 역사의 이야기 성격에 대한 반론을
이끌어내는 것이라면, 이와 반대로 구조주의 문학비평의 경향은 이
야기의 연대기적 측면을 단지 표면적 구조로 돌리고 심층적 구조
안에서 '비연대기적인' 특징만을 인식하는 것이다. 예상치 못한 전
도가 일어난 이러한 아이러니컬한 상황은, 역사 이론과 허구적 이
야기의 이론 양자에 모두 걸려 있는 문제가 플롯 개념 안에서 형태
와 연속적 과정, 전체적 형상화와 연속물이 어떻게 결합되는가 하
는데 있다는 사실을 암시한다. 앞부분에서 우리의 전략은 역사적
지식 이론이 반 이야기적인 논증으로 전체적 형상화의 차원을 간
과하였다는 사실을 강조하는 것이었다. 이제 우리의 전략은 구조적
분석이 폐기하거나 억압하려고 하는 이야기의 불가피하게 연속적
인 요소를 강조하는 데 있다.

　한 패러다임적 사례로서, 나는 그레이마스(Greimas)가《구조주의
의미론》(*Sémantique structurale*)에서 제안한 첫번째 모델을 살펴보
려고 한다.[9] 나는《민간설화의 형태론》(*Morphology of the Folktale*)
에서의 블라디미르 프로프(Vladimir Propp)의 분석이 이 분야에서
선구적인 역할을 수행했음에도 불구하고 그것을 다루지는 않을 것
이다. 왜냐하면 프로프는 러시아의 민간설화의 수많은 삽화들
(episodes)을 하나의 유일한 이야기 유형의 변이(變異)들로 환원시
키려는 생각을 가졌던 첫번째 인물이기 때문이다. 이 하나의 유일
한 이야기 유형은 프로프가 '기능들'이라고 부르는 단지 서른 한
개의 기본적인 이야기의 분절들과, 일곱 개의 기본적인 역할들을

---

9) A. J. Greimas, *Sémantique structurale : recherche de méthode*(Paris : Librarie
　　Larousse, 1966). Cf. Corina Galland, "Introduction à la méthode de A. J.
　　Greimas," *Etudes théologiques et religieuses*, 48(1973), 35~48면.

포함하는데, 이 일곱 개의 기본적인 역할들은 그레이마스가 '행위소들'(actants)이라고 부르는 것이다.[10] 내가 이러한 프로프의 분석을 제쳐 놓는 까닭은 프로프의 서른 한 개의 기능들의 연쇄사슬이 아직도 시간적 연속성의 성격을 보존하고 있기 때문이다. 민간설화의 형식은 뒤집을 수 없는 순서 안에 자리매김되어진 기능들 사이의 경직된 상호연관성에 의해 지배되는 하나의 독특한 이야기의 형식이다. 이야기하는 사람은 언제나 같은 길을 따라가야 한다. 왜냐하면 오직 하나의 길, 즉 '그(the) 러시아 민간설화'의 길만이 있기 때문이다. 그러나 이러한 형식은, 예를 들어 그림(Grimm)이나 안데르센(Andersen)의 이야기로 전치될 수 없으며, 러시아 민간설화로부터 그리고 민간설화 일반으로부터 더 멀리 벗어난 이야기적인 구조들로의 전치는 더욱 불가능하다.

---

10) 일반적으로 이 행위소들은 다음의 여섯 가지로 구성되어 있다고 본다.

발신자 ─ 대상 ─ 수신자
　　　　　│
조력자 ─ 주체 ─ 대립자
(보조자)　　　(반대자)

발신자는 이야기에 발동을 거는 행위소이고, 대상은 잃어버린 것, 곧 찾아와야 하는 대상을 지시하며, 주체란 발신자의 호소에 응답하고 그와 협약을 맺으며 결핍된 객체를 찾아오겠다고 나서는 자이며, 대립자는 탐색의 행위에 방해를 놓는 자이며, 조력자는 탐색을 쉽게 하도록 도와 주는 자이며, 수신자는 이야기의 끝에 가서 탐색의 객체를 선물로 받는 자이다.

마르크스 이론으로부터 이 행위소들의 구성의 예를 들자면, 발신자: 역사, 주체: 인간, 대상: 계급 없는 사회, 수신자: 인류, 조력자: 노동계급, 대립자: 부르주아로 각각 자리매김할 수 있다. 그리고 예수의 달란트 비유로부터 다른 예를 들자면, 발신자: 어떤 사람(주인), 주체: 세 명의 종들, 대상: 달란트 관리, 수신자: 주인, 조력자: 성실함, 주인에 대한 올바른 이해, 대립자: 불성실함, 주인에 대한 그릇된 이해로 각각 자리매김할 수 있다. - 역자 주.

　이러한 이유로 프로프의 후계자들은 그가 보존하였던 연속적 현
상을 넘어 한 걸음 더 나아가, 가능하면 연대기적 순서로부터 독립
된 모델을 수립하려고 시도하였다. 이것이 그레이마스 학파의 프랑
스 구조주의자들의 선택이다. 그들의 목표는 심층적 구조의 차원에
서 정의된 전형적인 역할들 사이의 상호적 관계들에 대한 통사론
을 정교화하고 이 근본적인 관계들의 변환에 관한 규칙을 가능한
한 체계적으로 수립하는 것이다. 우리의 관심사는 프로프의 기능들
의 연쇄사슬에서 근본적인 것으로 남아 있던 이야기의 연대기적인
연속성이 어느 정도까지 '비연대기적 구조', 즉 비연속적 관계들에
의해 특징지어지는 구조로 대치될 수 있는가 하는 것이다. 환언하
면, 문제는 이 모델 안에 고유하게 통시적(通時的)인 그 무엇이 남
아 있는가 하는 것이다. 실로, 이 모델 자체의 '이야기적' 특성은
궁극적으로 이 잔여에 달려 있다. "그리고 나서?" "그래서?"라고 묻
지 않는 이야기가 있을 수 있는가? 바로 심층적 구조의 차원에서
이 통시적인 차원을 설명하지 않는 모델이 이야기적인 모델이 될
수 있는가?

　시간적 속박에서 벗어나기 위해서, 그레이마스는 프로프의 분석
순서를 뒤집어 역할들 또는 행위소들의 목록으로 곧장 나아간 다
음, 분석의 두 번째 단계에서 기능들 또는 행위의 기본적인 분절들
(segments)로 돌아온다. 따라서 이야기는 처음에 자체의 행위소의
구조에 의해 정의될 것이다. "한정된 숫자의 행위소의 요소들이 미
시적 우주의 조직화를 설명하는데 충분하다."[11] 이 행위소의 구조
는 통사론적 고찰로부터 나오는 '선험적' 모체와, 몇 개의 언어자

---

11) A. J. Greimas, *Sémantique structurale*, 176면.

료들(corpora, 이 언어자료들은 프로프의 것 이외에 에티엔느 수리오(Etienne Souriau)의 작품 《이십 만 가지 극적 상황》(Les Deux Cent Mille Situations dramatiques)에 나타나는 것들도 포함한다.)의 비교에 의해 귀납적으로 도출되는 '후험적' 구조 사이의 상호 조정에 의해 획득된다.

이 상호 조정은 세 가지 쌍의 행위소의 범주(각 쌍은 이원적인 대립을 이룬다)에 의존하는 여섯 가지 역할들의 모델 안에서 평형 상태에 도달한다. 첫번째 범주에서는 주체와 대상이 대립된다. 즉 이것은 "A는 B를 욕망한다"는 형태 안에서 통사론적 기초를 갖는다. 더욱이 그것은 목록들로부터 나온다. 목록들은 욕망의 영역에서 타동적(他動的, transitive)이고 목적론적인 관계가 작용한다는 것을 확증한다. 즉 그 영웅은 (자신이) 찾고자 하는 사람을 찾기 위해서 출발한다(프로프). 두 번째 행위소의 범주는 의사소통의 관계에 의존한다. 즉 화자와 청자가 대립된다. 여기에서도 기초는 통사론적이다. 즉 모든 메시지는 발신자와 수신자를 결합한다. 우리는 또한 프로프가 말하는 발신자(왕, 또는 영웅의 대리인)와, 수신자가 영웅 자신 안에서 결합되는 것을 발견한다. 세 번째 축은 실행적이다. 즉 이 축은 조력자(助力者)를 적대자와 대립시킨다. 이 축은 욕망의 관계 또는 의사소통의 관계로 구성되는데, 이 둘 다 도움을 받을 수도 있고 방해를 받을 수도 있다. 그레이마스는 통사론적인 기초가 여기서는 덜 분명하다는 것을 인정한다. 비록 어떤 부사(기꺼이, 그럼에도 불구하고), 어떤 상황적 분사, 또는 어떤 언어에서의 동사의 측면들이 통사론적 기초를 대신한다고 하더라도 그러하다. 요약하면, 이 모델은 각기 이원적인 대립에 의존하는 세 가지 관계들, 즉 욕망의 관계, 의사소통의 관계, 그리고 행동의 관계를 결합시킨다.

이러한 세 가지 관계와 여섯 가지 장소들로 이루어지는 행위소의 모델에 기초하여, 그레이마스는 프로프의 기능들을 이원적 모델에 따르는 체계적인 쌍들 안으로 배열함으로써 그 기능들을 재구성하려고 시도한다. 즉 금지 대 위반이 그것이다. 그리고 나서 그는 변환의 법칙을 이 단순한 관계들에 적용한다. 여기서, 그레이마스는 《의미론》(Du sens)(1970)에서의 두 번째 모델을 출현시킬 주요한 명제들을 확립한다. 신태그마적 맥락의 밖에서, 홀로 취하여진 하나의 준(準)범주[어떤 의미소적 범주: 역자 주]로부터 결과되어지는 모든 변환들은 연접(連接)과 이접(離接)의 형태로 성격지워질 수 있다. 따라서 기능들의 목록을 결합되어야할 동일성(identities)과 분리되어야할 대립(oppositions)으로 대체하기 위한 노력이 시도될 것이다. 예를 들면, '금지 대 위반'의 쌍에 있어서, 금지는 명령이나 요구의 부정적 변환이다. 명령의 대응짝은 수용이며, 명령-수용의 관계는 계약의 수립을 구성한다. '~인 것과 아닌 것'의 단순한 대립의 유형에 의해서, 우리는 명령의 부정적 형태로서 금지를, 그리고 수용의 부정적 형태로서 위반을 얻는다. 따라서 이 이중적 대립 체계는 단순한 확정에 의해서 네 가지 기능들을 배정한다. 신태그마적 차원에서 이야기는 전체적으로 계약의 결렬로부터 결렬된 계약의 회복에 이르기까지 자체를 전개하는 과정으로 나타난다. 한 단계씩, 다른 모든 프로프의 기능들은 변환의 규칙을 따라 다시 정식화(程式化)되어야 한다. 따라서 신태그마적 성격이 분명한 테스트(또는 시련, épreuve)는 '명령 대 수용' '대결 대 성공'이라는 이중적 대립에 기초한 논리적 도식에 따라 다시 씌어질 수 있는데, 이로부터 '자격(qualifying) 테스트'에서의 조력자의 수용, '본격(principal) 테스트'에서의 결핍의 청산, '영광(glorifying) 테스트'에서의 인정이 따라 나온다.[12] 마지막으로, 이야기의 모든 극적인 과정들은 최초의 상황의 역전으로 해석될 수 있다. 이 역전은 대략 질서의 깨어짐으로 기술될 수 있는데, 그러나 그것은 질서의 회복으로 인식되는 최종적 상황을 위한 것이다.

그레이마스의 모델에 대한 나의 논의의 출발점은 비연대기화의 기획에 대한 저항이었는데, 이 저항은 모종의 불가피한 시간적 요소에 의해 제공되는 것이었다. 이야기의 불가피한 시간성에 대한 인식은 결국 우리로 하여금 기본적 가설들의 일부에 대하여 의문을 제기하도록 만든다.

어려움은 분명히 테스트의 개념에 집중되는데, 이 개념의 중요한 의미는 분석에 의해서 주목할 만하게 드러났다. 그레이마스 자신이 이 사실을 다음과 같이 인정한다. "만일 통시적인 잔여가 없다면, 이야기 전체는 기능적 쌍(대결 대 성공…) ─ 이 기능적 쌍은 초보적인 준 범주로 변환될 수 없다 ─ 의 형태 아래 이러한 단순한 구조로 환원될 것이다." 그리고 그는 다시 말한다. "따라서 테스트는 통시적인 것으로서의 이야기에 대한 정의를 설명해주는 불가피한 핵심으로 여겨질 수 있다."[13] 테스트를 구성하는 '대결-성공'의 쌍은 이제 통시적 성격이 지배적인 더 큰 연속성 ─ 추구(quest) ─ 안에 통합된다. 결과적으로, 통시적 요소는 구조적분석의 단순한 잔여가 아닌 것처럼 보인다. 즉 계약으로부터 갈등으로, 소외로부터 질서의 회복으로 향하는 운동 전체는 '본성상 시간적으로 연속적'이

---

12) 예수의 달란트 비유의 예를 들자면, 자격 테스트는 재능대로 달란트를 받는 것이며, 본격 테스트는 받은 달란트를 관리하는 것이며, 영광 테스트는 주인이 돌아와 달란트를 회계하는 것이다. ─ 역자 주.

13) 앞의 책, 205면.

다. 그리고 이 운동은 여러 가지 방식으로 연속적이다. 계약과 갈등 사이의 괴리는 어거스틴이 플로티누스를 따라 그리스어 '간격' (diastasis)을 번역하여 '거리'(distentio)라고 기술한 시간적 성격을 표현한다. 더욱이, 이야기의 모든 삽화적 요소들은 지연, 우회로, 그리고 미결정(suspense)을 도입함으로써 '대단원'(dénouement)을 연기시키는 경향을 지니는데, 이 모든 것은 지연전략이라고 불릴 수 있는 것을 내포한다. 더욱이, 행위의 전개는 양자택일, 분기점, 따라서 우연적 연관성을 내포하는데, 이것들은 이야기의 청자나 독자가 갖는 관심에 본질적으로 중요한 놀라움의 느낌을 창조한다. 마지막으로, 추구의—성공과 실패의 관점에서의—예견할 수 없는 결과는 이야기 전체가 일반적인 불확실성의 분위기로 가득 차게 하는데, 이 불확실성의 분위기가 전체적인 행동을 바로 추구로서(qua) 성격 지운다. 이러한 의미에서 추구는 플롯, 즉 '함께 붙잡혀질' 수 있는 사건들의 배열을 가능하게 만든다. 추구는 이야기의 주요동기로서, 결핍과 결핍에 대한 해소를 분리시키고 재연합시킨다. 참으로 추구는 이야기 과정의 핵심으로서, 추구 없이는 아무 것도 발생하지 않는다. 따라서 이야기에 대한 통시적 읽기는 분석에 의해 수립된 비시간적인 모델을 따라 비연대기적 읽기 안으로 흡수될 수 없다. 나는 플롯 자체를 이야기화하는 것은 이 불가피한 연대기적 요소라는 사실을 말하고자 한다.

만일 그렇다면 플롯은 모델에 의해 함축된 변환의 단순한 표면적 현시—그레이마스가 다른 곳에서 말한 바와 같이 단순한 '게시(揭示, placarding)'[14]—가 될 수 없다. 결합과 대립에서 빠진 것은

---

14) 앞의 책, 206면.

바로 시간의 '간격'(diastasis)이다. 따라서 이야기에 의해 이루어지는 매개는 단순히 논리적인 질서일 수만은 없다. 즉 요소들의 변환은 고유하게 역사적이다.

이러한 비판은 우리를 기본적인 가설에 대한 물음으로 인도한다. 기본적인 가설은 이것이다. 즉 귀납적으로 진행할 수 없기 때문에, 그리고 무한한 사례들을 다 열거할 수 없기 때문에, 수립된 모델에 기초하여 연역적으로 진행할 수밖에 없다는 것이다. 이러한 유사 공리적인 주장으로부터 방법론적인 규칙이 파생되는데, 이 규칙에 따르면 심층 문법은 어떠한 연대기적 요소나 어떠한 연대기적 결과도 포함해서는 안 된다. 즉 플롯은 현시의 표면적 차원으로 후퇴한다. 우리는 전도되어야 할 것은 바로 심층적 차원과 현시적 차원 사이의 우선순위가 아닌지, 그리고 심층적 차원의 논리적 구조라는 것이 이야기의 차원에서 첫번째로 전개되는 현저하게 시간화하는(temporalising) 작용에 대한 단지 관념적인 투사가 아닌지 물을 수 있다. 그러나 이 전도를 가능하게 하기 위해서 먼저 물어져야 할 것은 다른 모든 것들을 앞서는 시초적인 선택으로서, 이 선택은 귀납적으로 진행할 수 없기 때문에 연역적으로 진행해야 한다는 것이다.

이 논의의 결론을 내리기 위하여, 나는 잘못된 양자택일을 피할 수 있는 해법을 제시하고자 한다. 만일 우리가 '이야기의 본성'의 문제에 대한 보다 발생적인(genetic) 접근을 택한다면, 정기적으로 되풀이되는 모종의 전체적인 형태가 이야기의 기술이 속해 있는 전통으로부터 출현하는 것을 볼 수 있을 것이다. 여기서 나는 전통 개념을 강조하는 것이 중요하다고 믿는다. 만일 '이야기의 본성'에 대한 책을 쓰는 것이 가능하다면, 그것은 이야기의 전통이 있기 때문이며, 이 전통이 침적(沈積)된 형태들을 전승해주기 때문이다. 따라서 숄레스와 켈로그는 어떻게 이야기가 알버트 로드(Albert Lord)가 자신의 고전적인 저술 《이야기를 노래하는 사람》(*The Singer of Tales*)에서 아주 훌륭하게 기술한 고대의 유산에 뿌리를 내리고 있는지를 먼저 보여 준다. 그리고 나아가 이 저자들은 '현대 이야기의 고전적 유산'을 기술하는데, 이 기술은 이렇게 시작된다. "그리스와 로마의 문학은 아직도 20세기의 우리의 관심을 끈다…. 고전적 문학은 사실상 모든 후대의 이야기의 형태들의 모형(母型, prototype)과 그 과정들의 패러다임을 우리에게 제공해주는데, 이 모형과 패러다임은 이야기의 형태들과 과정들의 상호작용과 변천을 지배한다."[15] 이 방법론적인 진술은 상당히 중요하다. 왜냐하면 이것은 이야기의 구조가 이야기의 전통 전체와의 오랜 친밀한 관계의 끝에서만 발견될 수 있음을 암시하기 때문이다. 이 이야기의 전통은 분석을 '의미, 성격, 플롯, 그리고 시점(視點)과 같은 이야기의 일반적이고 지속적인 측면들'[16]의 관점에서 수행할 것을 제안한다. 또한, 우리로 하여금 '형태의 모형들'과 '과정적 패러다임들'에 관하여 말할 수 있도록 허용하는 것은 이야기의 일반적이고 지속적인 측면들이다. (여기서 '형태의 모형들'은 고대의 서사시와 이에 대한 셈족, 그리스족, 켈트족, 게르만족 등에서의 다양한 변이로부터 현대 소설에 이르기까지의 서구에서의 전형적인 이야기의 형태들을 의미한다. 그리고 '과정적 패러다임들'은, 예를 들면, '경험적' 이야기 유형과 허구적 이야기 유형 사이의 교차점들을 통제하거나, 또는 경험적 영역 안에서, 한편으로 전기, 연대기,

---

15) Robert E. Scholes and Robert Kellogg, *The Nature of Narrative*, 57면.
16) 같은 책, 81면.

그리고 역사와 다른 한편으로 고백과 자서전 사이의 교차점들을 통제하거나, 또는 보다 더 주목할 만한 방식으로, 19세기의 위대한 역사서와 동시대의 위대한 소설 사이의 교차점들을 통제하는 것이다.)

이야기의 구조가 이야기의 전통에 의해 태어난다는 생각은 하나의 기획을 불러일으키는데, 이 기획은 얼핏 보기에 프랑스 구조주의자들의 기획과 모종의 유사성을 보여 주는 것 같지만, 그러나 서구의 이야기 전통 전체와의 밀접한 연결을 단절시키지 않는 것이다. 나는 여기서 노스롭 프라이(Northrop Frye)가 자신의 《비평 해부학》(*Anatomy of Criticism*)의 세 번째 논문에서 발전시킨 '원형적(原形的, archetypal) 비판'에 대해 생각한다. 이 원형적 비판의 분류학적인 모습, 등급과 하위등급으로의 편제, 그리고 인상적인 분지(分枝, ramifications)는 이 비판이 구조주의적인 구성이라기보다 형식주의적인 재구성처럼 보이게 만든다. 그러나 구조적분석과 원형적 비판 사이의 차이점은 바로 이야기적인 모델의 '선험적' 구성과 이야기 전통과의 친밀성에 의해 제공되는 도식론(schematism) 사이의 차이점에 있다. 프라이가 '원형'이라고 부르는 것은 비시간적 구조가 아니다. 그것은 기술(art)의 양식화(樣式化, conventionalisation)의 산출이며 이 양식의 침적화이다. 새롭게 생겨나는 각각의 시는 이전의 작품의 세계 안에서 출현한다. 그는 말한다. "시(poetry)는 다른 시들(poems)로부터만 만들어질 수 있다. 소설은 다른 소설들로부터만 만들어질 수 있다. 문학은 자신을 형성한다."[17] 자체의 양식화된 위상 덕분에, 기술(art)은 근본적으로 소

---

17) Northrop Frye, *Anatomy of Criticism*(Princeton: Princeton University Press, 1957), 97면.

통 가능하다. 따라서 이 비평의 원형들은 소통 가능한 단위들, 즉 되풀이하여 발생하는 상(像)들의 핵들 외에 다름이 아니다.

선험적 논리에 의해 수행되는 이야기 구조에 대한 시초적 기획과 프라이에 의해 발전된 원형적 비평 사이의 이와 같은 황급한 비교로부터, 나는 다음과 같은 제안을 이끌어내고자 한다. 즉 이야기 전통에서 되풀이하여 발생하는 형태들이 논리적으로는 불가능한 이야기 구조의 도식론을 구성한다고 말할 수는 없는가? 이야기 기술(art)에 있어서 전체적 형상화와 연속성 사이의 수많은 조합들의 기본적인 양태들을 원초적인 방식으로 전개하는 것은 바로 이 도식론이 아닌가? 모든 것은 다음과 같은 방식으로 일어난다. 즉 인류의 상상력이 인류의 최고의 이야기꾼들 안에서 자유롭게 활동하여 자연스럽게 지성적인 형태들을 창조한 연후에, 이 지성적인 형태들에 우리의 반성적인 판단이—모든 가능한 이야기들의 모체를 선험적으로 구성해야 하는 불가능한 과제를 반성적 판단 자체에 부과하지 않고—적용될 수 있다. 만일에 이것이 사실이라면, 우리는 도식론에 관한 칸트의 유명한 정식(程式)을 의역하여 이렇게 말할 수 있다. 이야기적 도식론은 "인간의 영혼의 심층에 숨겨져 있는 기술(art)이다. 그리고 자연적 본성으로부터 참된 기제(mechanism)를 추출하여 우리의 눈앞에 열어 보이는 것은 언제나 어려운 일이 될 것이다."

3. 이야기성과 역사성

역사적 이야기와 허구적 이야기에 있어서의 플롯의 역할에 관하

여 우리가 방금 행한 두 분리된 분석들은 이 두 가지 이야기 유형
이 의미(sense) 또는 구조의 차원에서 가족 유사성을 지니고 있음
을 암시한다. 이 점에 있어서, 우리는 이야기하기가 독특한 언어게
임이라고 정당하게 말할 수 있다. 이제 문제는 어떤 의미에서 '이
언어를 말하는 것'이 동시에 우리가 관습적으로 '역사성'이라고 부
르는 '삶의 행위 또는 형태의 일부분'인가 하는 것이다. 이 물음을
묻는 것은 이야기 장르 안에서의 의미(sense)의 통일성에 상응하는
지시체(reference)의 통일성에 관하여 묻는 것이다. 이야기 담화의
지시체적 차원이 수립되지 않는 한, 이야기 장르의 구조적 통일성
은 문제점이 있으며, 우연적이며, 기껏해야 사실적인 것으로 남아
있을 것이다. 그러나 이야기성과 역사성을 결합할 수 있는 것은 무
엇인가?

　여기서 우리는 대부분의 유럽의 언어에 있어서 '역사'라는 단어
는 흥미로운 모호성을 지니고 있다는 사실을 상기할 필요가 있다.
즉 이 단어는 실제로 발생한 것들과 그 사건들에 대한 이야기 둘
다를 의미한다. 이제 이 모호성은 단순한 우연적 일치나 유감스러
운 혼동 이상의 것을 감추고 있는 것처럼 보인다. 단어들의 이러한
의미 중첩성(Geschichte, histoire, history 등)에 의하여, 우리의 언어
는 역사를 이야기하는(또는 쓰는) 행위와 역사 안에 존재한다는 사
실 사이에, 그리고 역사를 '행하는(이야기하거나 쓰는) 것'(doing)
과 역사적이 '되는 것'(being) 사이에 있는 모종의 상호 귀속성을
보존(그리고 지시)하고 있음에 틀림없다. 다시 말하면, 이야기 담화
가 속해 있는 삶의 형태는 우리의 역사적 조건 자체이다. 이것을 보여
주는 것은 역사적 담화 전체의 지시적 차원의 문제를 해결하는 것
이 될 것이다.

그러나 이 과제는 보이는 것처럼 그렇게 쉽지 않다. 첫 접근에서 부터, 의미(sense) 또는 구조의 차원에서 통일성을 보여 주던 이야 기 장르가 지시체의 차원에서는 모든 통일성을 상실하고 철저하게 구별되는 두 유형, 즉 '참된' 이야기(또는 숄레스와 켈로그가 말한 대로, '경험적' 이야기)와 허구적 이야기로 분열되는 것처럼 보인 다. 이 두 유형의 이야기는 공통된 지시체를 갖고 있지 않은 것처 럼 보일 뿐만 아니라, 오직 첫번째 이야기만이 무엇인가를 가리키 는 것처럼 보인다. 왜냐하면 오직 '역사'(history)만이 실제로 일어 난 사건, 즉 과거의 인간의 실제적인 행동에 관하여 말한다고 주장 할 수 있기 때문이다. 문서와 기록은 역사적 실재를 향해 진행되는 연구를 위한 증명과 '증거' 자료이다. 다른 한편, 이야기 허구는 이 러한 증명의 짐을 벗어 버린다. 이야기 허구의 인물, 사건, 상황, 그 리고 플롯은 '상상적'인 것이다. 그러므로 이야기 속에 진술되는 실재를 찾아보려는 노력, 예를 들면 《일리아드》(*Iliad*)의 영웅들을 통해 실제적인 아카이인을 인식하려는 노력은 전적으로 잘못된 것 이다. 그러므로 첫 접근에서부터, 이야기 담화는 구조와 의미 (sense)의 통일성은 갖지만 지시체의 통일성은 갖지 못하는 것으로 보인다. 역사는 과거로서의 실재에 관해 말한다. 반면 이야기는 허 구로서의 비실재에 관해 말한다. 또는 신실증주의적 기원의 분석철 학에 친숙한 용어를 사용하자면, 진리주장에 관한 분열이 '경험적 이야기'와 '허구적 이야기'를 분리시킨다.

그러므로 만일 우리가 이야기 장르 전체가 역사성 전체를 지시 한다는 사실을 증명하기를 원한다면, 참된 이야기와 허구적 이야기 사이의 지시체적 차원에서의 비대칭적인 양상을 깨뜨릴 필요가 있 다. 다시 말하면, 우리는 모든 이야기가 어떤 의미에 있어서 지시적인 주장이라는 사실을 보여 주어야 한다.

이 논증은 세 단계로 나누어진다. (1) 우리는 실증주의적인 역사 개념이 허용하는 것보다 더욱 '역사가 허구적'이라는 사실을 확립할 필요가 있다. (2) 그리고 우리는 일반적으로 허구, 그리고 보다 구체적으로는 이야기 허구가 실증주의가 허용하는 것보다 더욱 '모방적'(mimetic)이라는 것을 보여 주어야 한다. (3) 이 두 가지 점이 전제된다면, 나는 경험적 이야기의 지시체와 허구적 이야기의 지시체가 내가 잠정적으로 역사성 또는 인간의 역사적 조건이라고 부르는 것 위에서 '교차한다'고 제안하고자 한다. 내가 생각하기에는, '교차되는 지시체'라는 개념은 이야기성과 역사성 사이의 근본적인 관계를 위한 열쇠를 제공해준다. 결국, 이야기 기능의 해석학적 주제를 구성하는 것이 바로 이 관계이다. 다시 말하면, 역사성은 이야기하기의 언어게임에 대하여 상관적인 삶의 형태이다.

1. 문학적 '가공물'로서의 역사

역사학에서의 실증주의적 인식론에 대한 전체적 비판은 프랑스의 사이그노보(Seignobos)와 다른 사람들에 의해 예증되는데, 이에 의해서 역사의 허구적 차원에 대한 분명한 인식을 위한 길이 예비되었다. 실증주의에 있어서, 역사학의 과제는 말하자면 문서 속에 묻혀 있는─마치, 라이프니츠가 말했듯이, 대리석의 혈관을 지닌 헤라클레스 상(像)이 잠들어 누워 있는 것과 같은─사실을 발견해 내는 것이다. 보다 최근의 인식론은 역사적 사실에 대한 실증주의적 개념에 반대하여 역사가의 작업을 특징짓는 '상상적 재구성'을 강조한다. 이 '상상적 재구성'이란 표현은 콜링우드(Collingwood)로부터 온 것임이 언급되어질 필요가 있는데, 다른 어떤 저자들보다도 그는 역사적 지식은 과거의 재활성화(reactivation)에 관련되어 있다고 강조하였다. 여기서 콜링우드의 비판은 대부분 독일의 신칸트주의에 의해 영향을 받은 프랑스의 인식론자들의 비판들과 한 점에서 만나는데, 이 비판들은 레이몽 아롱(Raymond Aron)의 대표작 《역사철학 입문》(*Introduction to the Philosophy of History*)으로부터 앙리 마루(Henri Marrou)의 《역사의 의미》(*The Meaning of History*)를 거쳐 폴 베인느(Paul Veyne)의 《어떻게 역사를 쓰는가?》(*Comment on écrit l'histoire*)에 이르는 작품들에 나타난다. 그런데 이러한 사유 학파에서는, 실제로 일어난 것을 우리가 역사적으로 아는 것과 분리시키는 깊은 골이 존재한다. 따라서 실제적인 사건은 물자체의 자리로 후퇴하며, 우리의 재구성과의 관계에서 한계개념의 기능을 떠맡는다.

그러나 문학비평으로부터, 좀더 정확하게 말하자면 이야기의 기호론으로부터 유래하는 범주들이 역사학의 장으로 전이되면서 결정적인 발전이 이루어졌다. 이제 역사는 명시적으로 '문학적 가공물'[18]로 취급될 수 있게 되었다. 그리고 역사 저술은 '기호론적', '상징적', '시적'으로 다양하게 불리는 범주들을 따라 재해석되기 시작했다. 이 점에 있어서, 가장 영향력있는 작품들은 오에르바흐(Auerbach)의 《미메시스》(*Mimesis*), 노스롭 프라이(Northrop Frye)의 《비평의 해부》(*Anatomy of Criticism*),[19] 그리고 케넷 벌크(Kenneth Burke)의 《동기의 문법》(*A Grammar of Motives*)인데, 이에 추가하

---

18) Hayden White, "The Historical Text as Literary Artefact," *Clio*, 3(1974), 277~303면.
19) 한글 번역판으로 임철구 옮김, 《비평의 해부》(한길사, 2000)가 있다. - 역자 주.

여 우리는 곰브리찌(Gombrich)의 《예술과 착각》(*Art and Illusion*)에
서의 시각예술 비평과 넬슨 굿맨(Nelson Goodman)의 《예술 언어》
(*Language of Art*)에서의 상징적 표상에 대한 일반이론을 언급할
수 있다. 이 작품들은 '실재에 대한 허구적 표상'이라는 일반적인
개념을 출현시켰는데, 이 개념의 지평은 역사적 저술과 허구(문학,
회화, 조형미술 등을 포함하는) 둘 다를 포괄할 수 있을 만큼 충분
히 광범위하다.

우리는 하이든 화이트(Hayden White)의 작품에서 역사적 저술에
대한 '시적' 접근방식의 좋은 실례를 발견한다. 저자 자신이 '메타
역사학'(metahistory)이라고 묘사한 《19세기 유럽에서의 역사적 상
상》(*The Historical Imagination in Nineteenth Century Europe*)이란 제
목의 연구에서 그는 오직 19세기의 위대한 역사가들에게만 관심을
기울였는데, 이들은 또한 위대한 작가들이었으며 19세기의 위대한
소설가들과 동시대인들이었다. 대학교에서의 자신들의 위상으로 인
하여 자신들을 '문학적'이라기보다 '과학적'으로 드러내 보이는 데
더욱 관심 있는 오늘날의 역사가들이 [19세기의 역사가들과: 역자
주] 동일하게 분석될 수 있는지는 밝혀져야 할 과제로 남아 있다.
그럼에도 불구하고, 내가 보기에 화이트의 연구의 중요한 일반적
의미는 그가 최초로 플롯의 차원에서 허구적 작품과 역사적 작품
사이의 상관관계를 수립하려고 시도하였다는 점이다. 화이트는 노
스롭 프라이로부터 '플롯화'(emplotment)라는 개념과 플롯화의 네
가지 근본적인 유형들, 즉 로맨스, 비극, 희극, 그리고 풍자를 빌려
온다. 화이트의 견해에 따르면 플롯화 개념은 문학적 표현이라는
이차적인 고안물 이상의 것을 구성한다. 이것은 사건들이 플롯화에
의해서 이야기 '안으로' 변환될 때 설명되기 시작한다는 의미에서,

'플롯화에 의한 설명'으로서의 설명의 첫번째 차원을 결정한다. 폴 베인느의 《어떻게 역사를 쓰는가?》에서도 이와 유사한 논증이 발견된다. 즉 사실들의 혼돈 속에서, 역사가는 플롯을 결정한다. 또는 레미몽 아롱이 베인느의 책에 대한 서평에서 말하듯이, 역사가는 여행 일정 계획(itineraries)을 추적하여 조사한다. 그러나 화이트의 플롯 개념은 여기서 머물지 않는다. 그는 저술가로서의 역사가의 작업에 있어서 조직화 기획의 계층질서 전체가 플롯화의 개념에 접목되는 것을 본다. 첫번째 기획은, 헴펠의 모델에 의해 요구되는 법칙에 호소하든지 또는 마르크스의 변증법에 의해 주장된 법칙에 호소하든지, 형식적 논증에 의한 설명을 포함한다. 두 번째 기획은 한 시대에 관한 위대한 '세계 가설들'[20](스테판 페퍼(Stephan Pepper)의 의미에서)에 가까운데, 이 가설들은 형식주의(formism), 유기체주의(organicism), 기계주의(mechanism), 상황주의(contexualism)이다. 마지막 기획은 이데올로기와 유토피아와 같은, 행동의 기동화(mobilising) 기획과 유사한데, 여기서 이 기획은 칼 만하임(Karl Mannheim)의 범주들(무정부주의, 보수주의, 급진주의, 자유주의)에 기초하여 다루어진다. 역사적 상상을 구성하는 것은 플롯화로부터 이데올로기적 함의에 이르는 이와 같은 조직화 기획들의 복합적인 전체성이다.

우리는 두 가지의 오해를 피해야 한다. 첫번째 오해는 여기서 기술된 절차들(또는 이와 유사한 절차들)을 단지 교훈적인 역할로, 즉 적정한 역사적 탐구에 고유하지 않은 외부적인 글쓰기의 측면으로 한정시키는 것이다. 두 번째 오해는 이 '허구적인' 실재의 표

---

20) Stephan C. Pepper, *World Hypotheses: A Study in Evidence*(Berkeley: University of California Press, 1942).

상이 역사학이 다른 학문들과 공유하는 '증거'의 법칙(비록 문서적 증거가 특수한 성격의 것이기는 하지만)을 배제한다고 생각하는 것이다. 첫번째 오해를 극복하기 위해서, 나는 '역사의 시학 (poetics)'에 적절한 세 가지 또는 네 가지 차원의 개념화가 역사적 이해 자체에 본유적이라고 주장할 것이다. 이러한 개념화의 절차들에 의해서, 사건들은 적절하게 역사 '안으로' 변환된다. 예를 들어, 만일 누군가가 플롯화가 오직 글쓰기에만 관계된다고 말한다면, 그는 역사학이 글쓰기(이탈리아 역사가들은 역사편찬(historiography)에 관하여 말한다.)라는 사실을 잊고 있는 것이다. 폴 베인느는 자신의 책의 제목을 《어떻게 역사를 쓰는가?》로 명명하였다. 두 번째 오해에 대한 응답으로, 나는 아무리 역사적 텍스트가 허구적이라고 하더라도 그것은 실재에 '대한'(of) 표상이라고 주장하고자 한다. 다시 말하면, 역사는 문학적인 '가공물'(그리고 이런 의미에서 허구)이며 동시에 '실재'의 표상이다. 역사가 모든 문학적 텍스트처럼 자기 충족적인 상징체계의 위상을 받아들이려고 하는 한에 있어서, 역사는 문학적 가공물이다. 역사가 묘사하는 세계—'작품의 세계'—가 실제적인 세계 안에서의 실제적인 사건들을 담지하고 있다고 주장하는 한에 있어서, 역사는 실재의 표상이다.

2. '미메시스'로서의 허구

허구와 실재의 표상이 서로를 배제하지 않는다는 견해는 이제 허구적 이야기를 직접 고찰함으로써 수립되어야 한다. 이것이 나의 논증의 두 번째 단계이다. 우리는 실증주의 인식론자들이 말하는 것보다 더 많은 허구가 역사적 작업에 있다고 말했다. 그러나 아울러, 허구적 이야기는 이 실증주의 인식론자들이 생각하는 것보다 더욱 미메시스적이다. 내가 여기서 '미메틱'(mimetic)이란 단어를 사용하는 것은 허구와 실재의 표상 사이의 이러한 결합의 패러다임을 즉각적으로 불러오기 위해서이다. 이 패러다임은 아리스토텔레스의 《시학》(Poetics)에 나타나는 패러다임이다. 비극—비극은 그에게 있어서 가장 탁월한 '시작'(詩作, 또는 창작, poiesis)이다—에 대하여 논의함에 있어서, 그는 한편으로 '시작'(poiesis)의 본질은 비극적 시의 '뮈토스'(mythos, 이 단어는 말, 만들어 낸 이야기, 플롯 모두를 의미한다)이며, 다른 한편으로 시의 목적은 인간 행동에 대한 '미메시스'(mimesis)라고 말하는 데 전혀 어려움을 느끼지 않았다. 따라서 우리는 아리스토텔레스의 《시학》에서의 '뮈토스'와 더불어, 우리의 역사 속에서의 플롯 개념에 있어서 본질적으로 중요한 것을 다시 발견하는데, 그것은 곧 우연성과 논리적 일관성, 연대기적 배열과 형태론적 배열, 시간적 연속성과 논리적 연속성의 연합이다.

그러나 이처럼 플롯과 '미메시스'를 결합시킴에 있어서, 만일 우리가 '미메시스'를 이미 존재하는 어떤 모델을 복사한다는 의미에서의 '모방'으로 번역한다면, 우리는 용납될 수 없는 역설에 봉착하게 된다. 아리스토텔레스는 전혀 다른 종류의 모방, 즉 창조적 모방을 생각했다. 무엇보다 우선, 모방은 인간의 예술을 자연의 예술과 구별하는 개념이다. '행함' 또는 '활동'이 있는 곳에만 '미메시스'가 있다. 그리고 시적 '활동'은 바로 플롯의 구성에 있다. 더욱이, '미메시스'가 모방하는 것은 사건의 실제성(effectivity)이 아니라 사건의 논리적 구조와 의미이다. '미메시스'는 실재를 다시 복제하는 것과는 거의 관계가 없기 때문에, 비극은 "인간을 실제의 인간보다 더 낫게(beltiones) 표상하려고 한다."(《시학》, 1448a,

17~18) 비극적 '미메시스'는 실재―이 경우는 인간의 행동―를 재활성화하지만, 그러나 자체의 확대하는 본질적인 특성을 따라서 재활성화한다. 이런 의미에서, '미메시스'는 실재에 대한 일종의 은유이다. 은유와 마찬가지로 '미메시스'는 "활동 중에 있는 사물을 의미화(signifying)함으로써"(《시학》, 1448a, 24) 눈앞에 제시하고 보여 준다. 여기에서의 결과는 미술에서의 결과와 유사한데, 미술은 선과 색의 알파벳에 기초하여, 프랑수아 다고네(François Dagognet)가 《문자와 도상학(圖像學)》(Ecriture et iconographie)에서 실재에 대한 '도상적 확대'(圖像的 擴大, iconic augmentation)라고 부른 것을 산출한다. 허구적 이야기도 마찬가지로 인간의 행동 세계에 대한 '도상적 확대'이다.

이제 나는 아리스토텔레스의 《시학》에서 이루어지는 '뮈토스'와 '미메시스' 사이의 이러한 결합을 내가 허구 일반에 적합하다고 여기는 지시적(referential) 주장을 위한 패러다임으로 취하고자 한다. 이 지시적 주장에 대한 인식은 아직도 상상 이론의 영역을 지배하고 있는 편견에 의해 종종 방해를 받는다. 이 편견에 따르면, 첫째로, 상(像)은 오직 심적인 것, 즉 마음 안에 있는 것이다. 그리고 둘째로, 마음의 상은 단지 미리 주어진 실재의 복사나 모사이며, 이 실재는 마음의 상의 간접적인 지시체가 된다. 첫번째 편견에 반대하여, 우리는 상이 마음 안에 갇혀 있는 것이 아니라는 사실을 다시 강조할 필요가 있다. 상은 특유의 지향성, 다시 말하면 '사물을 다르게 지각하기'위한 모델이나 새로운 비전의 패러다임을 제공해 주는 특유한 지향성을 가지고 있다. 두 번째 편견에 반대하여, 우리는 허구가 재생적인 상상의 경우가 아니라 '생산적인 상상'의 경우라고 말해야 한다. 허구는 복사하기 위해서 실재를 지시하는 것이 아니라 새로운 읽기를 규정하기 위해서 실재를 지시한다. 《예술 언어》(*Language of Art*)를 저술한 넬슨 굿맨과 더불어, 나는 모든 상징체계는 실재를 만들며 다시 만든다(이 책의 첫 장 제목은 "다시 만들어진 실재"이다)고 말하고자 한다. 이러한 의미에서, 모든 상징체계들은 인지적 가치를 갖는다. 즉 그것들은 실재가 이러저러한 방식으로 나타나도록 만든다.

이러한 선입견들을 제거한다면, 생산적 또는 창조적 지시체의 개념은 역설적인 모습을 잃어버리게 된다. 굿맨이 말하듯이, 허구(또는 그의 언어로, 상징적 체계)는 "작품의 관점에서 세계를, 세계의 관점에서 작품을 재조직화한다."[21] 이것은 심미적 도상(圖像)에서 뿐만 아니라 인식론적 모델과 정치적 유토피아에 있어서도 사실이다. 이 모두는 이러한 조직화하는 힘을 전개하는데, 그것은 그것들이 의미화하는 차원을 가지고 있으며, 노동작업과 '솜씨'(savoir-faire)를 통해 만들어지며, 경험을 읽기 위한 또는 경험을 산출하기 위한 새로운 격자들(grids)을 산출하기 때문이다. 이 세 가지는 이미 아리스토텔레스의 '뮈토스' 개념에서 만나게 되는 세 가지 특성들, 즉 말, 행동, 플롯화임이 관찰되어질 것이다.

이러한 일반적인 허구 이론을 이야기 허구에 적용하는 것은 더할 나위 없이 쉬운 일이다. 왜냐하면 아리스토텔레스의 작품에서의 시학의 패러다임은—그것이 비극적 드라마이든 서사시이든—이미 이야기의 질서를 가지고 있기 때문이다. 따라서 우리는 이미 허구 일반에 대하여 말해진 것에 기초하여 아리스토텔레스의 드라마 이론을 충분히 모든 이야기 허구에 일반화시킬 수 있다.

---

21) Nelson Goodman, *Language of Art: An Approach to a Theory of Symbols* (Indianapolis: Bobbs-Merrill, 1969), 241면.

여느 시적 작업에서처럼, 이야기 허구는 일상적인 인간의 행동세계에 대한, 그리고 일상적인 담화를 통한 이 세계의 진술에 대한 '에포케'로부터 출현한다. 이 '에포케'로부터, 여느 시적 작업처럼 이야기 허구가 가져오는 현상, 즉 자기 자체 안에 닫혀 있는 현상이 생겨난다. 따라서 로만 야콥슨(Roman Jakobson)의 유명한 분석에서와 같이, 시적 기능은 지시적 기능의 전도(顚倒)처럼 보인다. 그러나 내가 《은유의 규칙》(*The Rule of Metaphor*)에서 보여 주려고 시도했던 것처럼, 이러한 세상과의 관계의 유보는 보다 근본적인 관계에 대한 부정적인 대응물일 뿐인데, 이 근본적인 관계는 바로 생산적 지시의 관계이다. 나는 기술은 재기술을 전개하기 위해서 유보되어야 한다고 말하고자 한다. 그러므로 나는 허구적 이야기의 지시를—여느 시의 경우와 마찬가지로— '분리된(split), 또는 틈이 갈라진(cleft) 지시'로 성격지우고자 하는데, 이에 의해 내가 이해하는 것은 일상적인 언어의 지시적 주장에 대한 유보를 부정적 조건으로 포괄하면서 사물들과 관계를 맺는 한 방식이다.

3. 이야기성과 역사성

이 이중적인 예비적 분석, 즉 허구로서의 역사에 대한 분석과 '미메시스'로서의 허구에 대한 분석은 우리를 세 번째 명제의 문지방으로 인도한다. 이 세 번째 명제란 '참된 역사'와 '허구적 역사'의 지시체들이 인간 경험의 근본적인 역사성 위에서 '교차한다'는 것이다. 이 명제는 역사와 허구 각각의 지시적 양태들 사이의 차이점을 폐기하지 않는다. 즉 참된 역사의 지시체는 자취들, 문서들, 그리고 수집된 기록자료들을 '통한' '간접적'인 지시체이며, 허구적 역사의 지시체는 일상 언어의 지시체에 대한 유보를 통한 '분리된' 지시체이다. 세 번째 명제는 차이점을 폐기하는 것이 아니라, 차이점이 차이점으로서 기능하도록 만든다. 어떻게 그러한가?

인식론적이라기보다 존재론적인 성격의 역사성에 대한 고찰(나는 여기서 이 고찰을 전개할 수가 없다)을 통해 우리는 역사적 조건 자체 안에 있는 특징들을 이끌어낼 수 있다. 그런데 이 역사적 조건 자체란 인간 경험의 역사성이 오직 이야기성으로서만 언어화될 수 있으며, 더욱이 이 이야기성 자체가 두 이야기 양태의 교차적인 상호작용에 의해서만 명료화될 수 있다는 것이다. 역사성은 오직 우리가 이야기를 말하거나 역사를 말하는 한에서만 언어화될 수 있다. 한 마디로, 만일 우리의 역사적 조건이 다름 아닌 두 이야기 장르의 결합을 요구한다면, 그것은 바로 우리의 경험[인식론적인 것: 역자 주]의 본성이 역사적인 '것'(being)[존재론적인 것: 역자 주]이기 때문이다. 이 경험에 있어서, 말하자면 주체-객체의 관계는 무너진다. 우리는 이야기를 하는 자로서, 소설가로서, 역사가로서 역사성의 장(場)의 구성원들이다. 우리는 이야기를 말하거나 역사를 쓰기 전에 역사에 속해 있다. 말하기 게임은 말해지는 실재 안에 포함된다. 이미 우리가 말한 바와 같이, 의심할 바 없이 바로 이것이 많은 언어들에 있어서 '역사'라는 단어가 이야기되는 사건의 경과와 우리가 구성하는 이야기 양자를 지시하는 풍부한 모호성을 보존하고 있는 이유이다. 이 둘은 함께 속해 있다. 가다머의 어려운 표현을 사용하자면, 우리가 이야기하거나 쓰는 역사는 발생한 사건들의 '영향을 미치는 역사'(effective history)에, 또는 역사성 자체의 '영향사'(Wirkungsgeschichte)에 속해 있다.

이야기하는 행위가 역사적 경험 자체 안에 친밀하게 참여하고 있다는 사실은, 왜 두 이야기 장르와 두 지시적 양태의 상호작용이 역사적 경험의 명료화를 위해서 요구되는지를 설명해줄 수 있다. 각 이야기 양태들의 지시체들이 역사성 위에서 교차할 수 있는 것은 각 이야기 양태가 모종의 방식으로 다른 이야기 양태의 지향성을 공유하는 한에서만 가능하다. 그리고 '우리의 역사성이 언어화되는 것'은 역사와 허구 사이의 교환 안에서이며 또한 역사와 허구의 대립적인 지시적 양태들 사이의 교환 안에서이다.

만일 우리가 절차와 방법에 대한 고찰로부터 두 이야기 양태들의 저변에 있는 관심에 대한 탐구로 옮겨간다면, 지향성들의 교차는 더욱 분명하게 드러날 수 있다. (나는 칸트의 의미에서 '관심'이란 단어를 사용한다. 칸트는 그의 이율배반의 명제들과 반명제들과 관련된 다양한 이성의 관심들을 병렬시킨다.) 여기서 관심은 심리학적 요소 훨씬 이상의 것이다. 즉 관심은 인지적인 활동의 방향을 정위하는 목적론적 지평을 지시한다.

만일 우리가 역사적 탐구에 생기를 불어넣는 관심을 탐구한다면, 우리는 추상적인 상태에서의 방법론에 대한 고찰로부터 결과되어지는 것보다 훨씬 더 복합적인 답변을 얻게 될 것이다. '사실'에 대한 역사가의 관심은 (하버마스를 따라) 의사소통에 대한 관심이라고 부를 수 있는, 보다 깊이 닻을 내린 관심과 결부되어 있는 것처럼 보인다. 역사를 수행하는 우리의 궁극적인 관심은 우리의 의사소통의 영역을 넓히는 데 있다. 이 관심은 자신이 연구하는 영역에 귀속되어 있는 한 구성원으로서의 역사가의 상황을 표현한다. 결과적으로, 모든 객관화, 소격화, 의심, 의혹의 절차—요약하자면, 역사를 탐구와 연구의 한 형태로 만드는 모든 것—는 의사소통에 대한 관심으로부터 추상화된다. 역사적 지식의 지향성과 허구의 지향성 사이의 결합을 확보하는 것은 의사소통에 대한 관심이다. 어떻게 그런가? 적어도 두 가지 방식으로 그렇다.

첫째로, 관심은 특정한 역사가가 자신에게 중요하다고 여겨지는 것을 선별하는 요소로서 작용한다. 역사가는 자신이 판단하기에 잊지 말아야 할 것, 엄격한 의미에서 기억되어야 할 것만을 과거로부터 유지하고 존속시킨다. 개인의 행동, 제도적 기구들의 삶, 그리고 과거의 투쟁을 지배한 가치가 아니라면, 우리의 기억 속에 가장 유지될 만한 가치가 있는 것이 무엇이 있겠는가? 역사가들의 객관적인 작업 덕분에 이 가치들은 인류의 집단적 부(富)에 부가된다.

그러나 잊혀진 것을 이처럼 부활시키는 것은, 그 반대급부로서 우리 자신의 편견, 우리 자신의 확신, 우리 자신의 관점을 유보하는 능력과, 궁극적으로는 우리 자신의 욕망을 괄호에 넣는 능력을 요구한다. 이 '에포케'에 의하여, 다양한 상이성을 지닌 타자의 타자성이 보존되며, 폴 베인느의 표현을 따르면 역사는 '상이성의 목록'이 될 수 있다. 이로부터, 낯선 것과 친숙한 것, 먼 것과 가까운 것 사이의 변증법이 의사소통에 대한 관심의 중심에 자리 잡게 된다.

이 변증법은 역사를 허구의 이웃에 자리매김하는 것이다. '상이성' 속에 있는 과거의 가치를 우리의 가치의 관점에서 인식하는 것은 이미 실제적인 것을 가능한 것을 향하여 개방하는 것이다. 과거의 '참된' 역사는 현재에 묻혀있는 잠재성들을 드러낸다. 크로체(Croce)는 오직 현재의 역사만이 있다고 말했다. 이것은 사실이다. 단 우리는 다음과 같이 덧붙여야 한다. 오직 현재의 잠재성들의 역사만이 있다. 이러한 의미에서, 역사는 우리가 매일 매일의 삶 속에서 당연한 것으로 여기는 현재적인 것과 실제적인 것을 에워싸는 '상상적' 변형의 영역을 탐구한다. 이것이 역사가—바로 객관적이 되기를 추구하기 때문에—허구에 참여하는 방식이다.

그러나 두 번째로, 이에 대한 역도 동일하게 참되다. 즉 허구적 이야기도 역시 역사의 실재론적 지향의 어떤 것을 공유한다. 허구의 미메시스적인 차원에 관하여 우리가 말했던 모든 것은 우리로 하여금 다음과 같은 결론에 도달하도록 해준다. 즉 자체의 미메시스적인 지향에 의해, 허구의 세계는 우리를 실제적인 행동의 세계 한 복판으로 인도한다. 아리스토텔레스는 이미 역설적인 방식으로 이렇게 말했다. "시는 역사보다 더욱 철학적이다…"(《시학》, 1451b, 5~6). 그가 말하고자 했던 의미는 이것이다. 역사는, 우연적인 것, 일화적(逸話的)인 것에 묶여 있는 한(이것은 아마도 오늘날의 역사에서는 덜 사실적일 것이다.) 본질적인 것을 잃어버리는 반면에, 시는 실제적인 사건에 종속되지 않으면서, 보편적인 것을 향하여, 다시 말하면 어떤 유형의 상황에서 어떤 유형의 인간이 아마도 또는 필연적으로 하게 될 것을 향하여 직접적으로 나아간다.

결론적으로 우리는, 역사는 상이한 것을 향하여 우리를 개방함으로써 가능한 것을 향하여 우리를 개방하는 반면, 허구는 비실제적인 것을 향하여 우리를 개방함으로써 실재에 있어서의 본질적인 것을 향하여 우리를 인도한다고 말할 수 있지 않은가?

부 록

12. 철학적 해석학과 성서 해석학

이 연구는 해석학적 철학이 성서 주석학에 기여하는 바를 탐구하고자 하는 데 그 목적이 있다.

이와 같이 문제를 제기함으로써, 우리는 성서 해석학이 텍스트의 범주에 적용될 수 있는 철학적 해석학의 '적용들' 가운데 단지 하나임을 인정하는 것처럼 보일 수도 있다. 그러나 이것은 단지 나의 작업가설의 절반만을 표현한다. 오히려 내가 생각하기에는, 이 두 해석학 사이에는 서로를 포함하는 복합적인 관계가 있는 것으로 여겨진다. 분명히, 시초적인 움직임은 철학적인 극에서 성서적인 극으로 진행된다. 동일한 범주들, 즉 동일한 작품, 글쓰기, 텍스트의 세계, 소격화, 전유의 범주들이 철학적인 극에서와 마찬가지로 성서적인 극에서의 해석을 지배한다. 이러한 의미에서, 성서 해석학은 '일반적' 해석학으로 간주되는 철학적 해석학과 관계를 맺고 있는 '국부적' 해석학이다. 그렇다면 우리는 성서 해석학을 하나의 적용된 해석학으로 다룸으로써, 성서 해석학이 철학적 해석학에 종속되어 있음을 인정하는 것처럼 보일지도 모른다.

그러나 우리는 신학적 해석학을 텍스트의 한 유형인, 즉 성서 텍스트에 적용된 해석학으로 다룸으로써, 이 두 해석학의 관계가 역전되어 나타나게 만든다. 신학적 해석학은 매우 독창적인 특징을 나타내기 때문에 두 해석학 사이의 관계는 점차적으로 역전되며, 마침내 신학적 해석학은 철학적 해석학을 자신의 고유한 논리적 원칙(organon)으로서 자신에 종속시킨다. 나는 이제 텍스트 개념에 집중된 해석학적 범주를 채택함으로써 이러한 관계의 역전에 관해 설명하고자 한다. 신학에 해석학의 일반적 범주를 "적용"하려는 바로 이러한 노력보다 신학의 "비상한"(excentric) 성격을 더 잘 예증할 수 있는 것은 없다.

1. 성서적 담화의 "형식들"

텍스트 중심적 해석학은 '구조적' 범주들을 성서 주석학에 활용하는 데에서 자신의 첫번째 "적용" 범주를 발견한다. 한편으로, 성서 주석학은 자신을 모든 텍스트에 원칙적으로 타당한 분석을 단순히 성서의 영역에 "적용"시킨 것으로 제시하지만, 그럼에도 불구하고 두 해석학 사이의 관계의 역전을 선포하는 모종의 특징들을 전개하는데, 이 역전은 우리가 텍스트의 "구조들"로부터 "텍스트의 세계"로 이행할 때 확증되어질 것이다.

여기서 다시금, 우리의 연구는 제기된 문제의 틀의 윤곽을 그리는 일(이 일 자체도 상당한 작업이다)에, 그리고 이 틀의 윤곽을 담화 철학의 능력의 관점에서 그리는 일에 국한될 것이다.

내가 집중적으로 주의를 기울이고자 하는 기본적인 초점은 이것이다. 즉 그것은 성서 문서 안에 표현되는 "신앙고백"은 담화의 '형식들'로부터 분리될 수 없다는 사실이다. 이 담화의 형식들의 예를 들면, 모세 오경과 복음서의 설화적 구조, 예언서의 신탁 구조, 비유, 찬송 등이다. 담화의 각각의 형식들은 신앙 고백 자체에 있어서 단지 신학적으로 중요한 의미가 있는 긴장과 대조를 초래할 뿐만 아니라 그 각각의 형식들 사이의 대립을 초래하는데, 구약성서를 이해하는 데 근본적으로 중요한 설화와 예언 사이의 대립은 아마도 의미의 전체적 형태를 생산해내는 데 기여하는 대립된 구조의 쌍들 가운데 단지 하나일 것이다. 후에 나는 문학 "장르들" 자체의 차원을 다룰 때에 다른 서로 대조적인 쌍들에 관해 언급할 것이다. 아마도 우리는 정경화(성서 텍스트를 닫는 것)를 가장 근본적인 구조적 행위로 간주하는 데까지 나아가야 할 것이다. 이 정경화 행위는 담화의 형식들이 상호 작용할 수 있는 공간의 경계를 설정하며, 그리고 각각의 형식들과 그 형식들의 쌍이 자체의 의미화 기능을 전개할 수 있는 한정된 전체적 형상화(configuration)를 결정한다.

따라서 성서적 담화의 형식들이라는 표제 아래 고찰해야 할 다음의 세 가지 문제가 있다. 첫번째는 담화의 형식과 자신의 신앙을 고백하는 모종의 방식 사이의 유사성이고, 두 번째는 주어진 구조들의 쌍(예를 들면, 설화와 예언)과 신학적 메시지에 있어서 이에 상응하는 긴장 사이의 관계이며, 마지막으로 세 번째는 문학적 집성(集成)의 전체적 형상화와, 함께 취하여진 모든 담화의 형식들에 의해 개방되는 해석의 공간이라고 불릴 수 있는 것 사이의 관계이다.

담화의 형식과 신학적 내용의 이러한 관계에 대한 나의 이해는

특별히 게르하르트 폰 라드(Gerhard von Rad)로부터 배운 것임을
여기서 언급할 필요가 있다. 나는 그의 상관관계 방법에 대한 확증
을 신약성서에 그와 유사한 방법을 적용하는 작품들에서 발견하였
는데, 이러한 작품들 가운데 특히 아모스 N. 와일더(Amos N.
Wilder)의 《초기 기독교 수사학》과 W. A. 비어즐리(W. A.
Beardslee)의 《신약성서에 대한 문학비평》이 있다.[1]

설화의 예가 아마도 가장 탁월한 예가 될 것이다. 왜냐하면 구조
주의 분석이 가장 눈부신 성공을 거둔 곳이 설화의 형식과 구조의
영역이기 때문이다. 구조주의 분석은 설화의 형식과 구조에 대한
체계적인 설명을 통하여, 설화의 범주를 성서가 전달하는 내용과는
무관한 수사학적 장치로만 간주하려는 그 어떤 미래의 구약성서
신학이나 신약성서 신학의 수립도 배격한다. 반대로, 야웨에 관해
서, 그리고 야웨와 야웨의 백성인 이스라엘과의 관계에 관해서 특
별하고 독특한 그 어떤 것이 진술되어지는 것은, 바로 그것이 설화
의 형식으로, 즉 과거의 구원사건을 자세히 열거하는 이야기의 형
식으로 말해졌기 때문인 것처럼 보인다. 폰 라드의 《구약성서 신
학》(*Theology of the Old Testament*)[2]의 제1권의 제목인 "전승사 신
학"(theology of traditions)이라는 개념 자체가 신앙고백과 설화가
불가론의 연대성을 가지고 있음을 표현한다. 전설들과 흩어져 있는
'사가들'(sagas)을 모으고 그것들을 의미 있는 연속성 안에서 재구

---

1) Amos N. Wilder, *Early Christian Rhetoric: The Language of the Gospel*
(Cambridge, Mass.: Harvard University Press, 1971), W. A. Beardslee,
Literary Criticism of the New Testament(Philadelphia: Fortress Press, 1970).
2) Gerhard von Rad, *Theologie des Alten Testaments*, vol. 1(Munich: Kaiser,
1957).

성하고 핵심적인 사건을 중심으로 역사적으로 중요한 의미 '와' 케리그마적 차원을 함께 지닌 하나의 단일한 설화를 창조하는 행위를 먼저 거치지 않고는 하나님, 인간, 하나님과 인간의 관계에 관해서 아무 것도 말할 수 없다. 우리는 폰 라드가 신명기 26장에 나타나는 원시적 신조와 더불어 출발하여 어떻게 이 거대한 설화를 조직하는지를 잘 알고 있다. 설화적 차원과 케리그마적 차원을 함께 결합하는 이러한 방식은 우리에게 더할 나위 없이 중요하다.

한편으로, 설화적 구조에 대한 숙고는 우리가 구조주의적 방법을 주석학의 영역으로 연장하는 것을 허용한다. 이런 점에서, 폰 라드와 러시아의 형식주의 학파(소쉬르 이후의 기호론)로부터 나오는 구조주의자들을 비교하는 것은 매우 흥미가 있을 것이다.

다른 한편, 우리가 설화의 다른 측면, 즉 신앙고백을 고려할 때 두 해석학 사이의 관계는 역전되기 시작한다. 그러나 이 신앙고백의 차원은 설화의 구조와 분리될 수 없다. 이것은 단지 어떤 신학이든지 설화적 형식과 결합될 수 있다는 것을 의미하는 것이 아니라, 야웨를 구원의 역사 안에서의 위대한 행위자로서 선포하는 신학만이 설화적 형식과 결합될 수 있다는 것을 의미한다. 이스라엘의 하나님과 그리스 철학의 신 사이의 가장 커다란 대조가 아마도 여기에 있을 것이다. 전승사 신학은 원인, 근거, 본질 등의 개념들에 대하여 아는 바가 없다. 그 대신 전승사 신학은 설화에 의해 보고되는 구원의 행위에 의해 만들어지는 역사적 드라마에 부합하는 하나님에 관하여 말한다. 이런 방식으로 하나님에 대하여 말하는 것은 그리스적인 방식으로 말하는 것보다 의미가 못한 것이 아니다. 이러한 신학은 설화적 구조 자체와 동질적인 신학이며, '구속사'(Heilsgeschichte) 형식의 신학이다.

나는 하나의 예, 즉 설화적 구조와 설화적 구조에 상응하는 신학적 의미에 대한 예를 다소 길게 서술하고자 하였다. 다른 문학 형식들에 대해서도 이와 동일한 작업이 이루어져야 한다. 그런데 이러한 작업은 상이한 구조들의 충돌에 상응하는, 신학적 담론 자체 안에서의 긴장을 드러낼 것이다. 이런 점에서 설화와 예언 사이의 긴장관계는 범례적이다. 즉 두 문학 형식—연대기와 신탁—사이의 대립은 시간에 대한 인식의 대립과(설화는 시간을 강화하며, 예언은 탈시간화 한다) 신적 존재의 의미의 대립으로 연장되는데, 설화에 있어서 신적 존재는 한 민족의 역사를 정초하는 사건들이 신뢰할만한 것임을 제시해주며, 예언에 있어서 신적 존재는 죽음을 면할 수 없는 사건의 위협을 계시한다. 예언에 있어서 창조적인 차원은 오직 어둠의 심연을 넘어서만 지속적으로 획득되어질 수 있다. 반면에, 하나님이 단순히 기억의 하나님이 아니라 미래의 하나님으로 남아 있기 위해서는 출애굽의 하나님은 바벨론 유수(幽囚)의 하나님이 되어야 한다.

이것이 이 논문의 제한된 틀 안에서 내가 말하고자 하는 모든 것이다. 사실은 담화의 다른 형식들을 탐구하는 것이 필요할 것이며, 또한 아마도 다른 의미 있는 대조들, 예를 들면 율법과 지혜 사이의 대조나 찬송과 잠언 사이의 대조와 같은 대조들이 필요할 것이다. 하나님은 이 모든 담화들을 통하여, 그 각각의 경우마다 다르게 나타난다. 즉 하나님은 어느 때에는 구원의 역사의 주인공으로, 어느 때에는 분노 또는 자비의 주인공으로, 어느 때에는 사람들이 나-당신의 관계 속에서 말을 건네는 분으로, 그리고 어느 때에는 나의 존재를 의식하지 않는 우주적 질서 안에서만 만나지는 분으로 나타난다.

만일 이 모든 담화 형식들에 대한 완벽한 연구가 가능하다면, 그러한 연구는 아마도 모든 담화 형식들이 함께 하나의 순환적 체계를 구성하고 있다는 사실과, 각각의 담화 형식들 안의 신학적 내용은 담화 형식들의 총체적인 전체 형태로부터 자체의 의미를 부여받는다는 사실을 밝혀 줄 것이다. 그렇게 될 때, 종교적 언어는 형식들의 순환성에 의해 유지되는 다음적(多音的, polyphonic) 언어로 나타날 것이다. 그러나 아마도 이러한 가설은 증명될 수 없는 가설일 것이다. 왜냐하면 이 가설은 정경화에 일종의 필연성을 부여하는데, 이러한 필연성은 텍스트의 역사[정경화 과정: 역자 주]에 있어서 우연적인 것으로 남아 있어야 하는 것들에 적합하지 않기 때문이다. 그러나 적어도 이 가설은 현재의 분석의 중심적 주제와 부합한다. 다시 말하면, 우리가 성서라고 부르는 완성된 작품은 해석을 위한 한정된 공간으로서, 그 안에서 신학적 의미들은 '담화의 형식들'과 상호 연관되어 있다. 우리가 이것을 인정한다면, '형식들'에 대한 구조적 설명을 경유하는 긴 우회로를 통하지 않고는 '의미들'을 해석하는 것이 불가능할 것이다.

2. 말(파롤)과 글

주석학에 대한 일반적 해석학의 두 번째 "적용"은 말(speech, 파롤)과 글(문자, writing)의 쌍에 관한 것이다. 좀더 정확하게 말하자면, 성서 해석학은 철학적 해석학으로부터 중요한 경고를 받는다. 즉 성서 해석학은 말로부터 글로의 이행을 시초적인 자체의 원리로 포함하지 않고 너무 성급하게 말씀의 신학을 수립하려고 해서는 안 된다는 것이다. 신학에서는 말씀을 글 위로 고양시키는 경향이 너무 강하기 때문에, 이 경고는 결코 부적절한 것이 아니다. 그리고 신학이 말씀을 글 위로 고양시키는 데는 정당한 이유가 없지 않다. 즉 신학에서는 말이 모든 글을 선행하지 않는가? 사가(sagas)를 이야기하는 이야기꾼의 말, 예언자의 말, 랍비의 말, 설교자의 말이 그렇지 아니한가? 소크라테스처럼 예수는 저술가라기보다는 설교자가 아니었는가? 초기의 기독교는 예수 안에서 말씀이 육신이 된 것을 보지 않았는가? 그리고 예수의 증인들은 복음을 하나님의 말씀으로 선포하지 않았는가? 이것이 기독교 신학이 스스로를 기꺼이 "말씀의 신학"이라고 부르는 이유이다. 기독교 신학은 말씀아래 자신의 신앙의 원천, 자신의 신앙의 대상, 그리고 자신의 신앙의 표현을 함께 결합하는데, 이 모든 말의 측면들은 하나의 독특한 "말씀사건"(Wort-Geschehen)을 형성한다.

하지만 만일 말과 글 사이의 관계가 바로 모든 해석 문제의 근원에 자리매김되지 않는다면, 우리는 기독교의 설교의 시초적인 해석학적 상황을 놓치게 될 것이다. 다음의 모든 단계들에 있어서 말은 글와의 관계를 유지한다. 첫째, 말은 그 말이 해석하는 이전의 글과 관련되어 있다. 예수 자신이 토라(율법, Torah)를 해석하였다. 바울과 히브리서 저자는 옛 계약(구약)의 예언들과 제도들의 빛 안에서 그리스도 사건을 해석하였다. 보다 일반적으로 말하자면, 예수가 그리스도라는 선포에는 주어진 일련의 글로서의 구약성서에 대한 해석학이 함축되어 있다. 해석가들이 기독론적 용어로 만든 모든 "명칭들"은 글로 씌어진 히브리 문화와 헬라 문화로부터 받아들여진 인물들에 대한 해석으로부터 유래한다. 예를 들면, 왕, 메시아, 대제사장, 고난받는 종, 로고스 등이 그것이다. 그러므로 만일 말이 단지 '외침'(cry)이 되지 않으려면, 글이 말을 선행하여야 하는 것처럼 보인다. 바로 사건의 원본성 자체가 문화 공동체 안에서 사용 가능한 이미 기록된 선행하는 의미들(significations)에 대한 해석을 통해 전달되어질 것을 요구한다. 이러한 의미에서, 기독교는 애초부터 하나의 주석이다.(우리는 바울에게 있어서의 "비유"(figures)와 "유형"(types)의 역할을 상기할 필요가 있다.) 그러나 이것이 전부는 아니다. 새로운 설교는 단지 자신이 해석하는 이전의 글들에 묶여 있지만은 않다. 그것은 이제 새로운 글이 된다. 즉 로마인들에게 씌어진 편지가 모든 기독교인들을 위한 편지가 된다. 마가, 마태와 누가, 그리고 그 후에 요한이 복음서를 썼다. 여기에 새로운 문서들이 추가되었다. 그리고 어느 날 교회는 경전의 문을 닫았으며, 완결되고 닫혀진 씌어진 텍스트로서 증언의 집성(集成)을 구축하였다. 이 이후로, 이 글들을 자신의 말을 위한 안내자로 삼는 모든 설교는 기독교적인 것이라고 불리게 된다. 이 설교는 자신이 대면하는 대상으로서 '하나의' 글, 즉 히브리 성서를 갖는 것이 아니라, '두 개의' 글, 즉 구약성서와 신약성서를 갖게 된다.

해석학적 상황은 이와 같이 생겨났는데, 이와 같은 해석학적 상황은 즉각적으로 인식되지 못한 가운데 생겨난 것이다. 그러나 해석학적 상황의 문제가 현대에 와서 성립된 것이라고 하더라도, 이 문제 자체는 기독교적 실존의 기저에 놓여 있는 것이다. 애초부터, 설교는 초기 공동체가 해석한 증언들에 의존하였다. 증언과 증언에 대한 해석은 이미 글쓰기를 가능하게 만드는 '소격화'의 요소를 포함한다. 이에 덧붙여, 만일 우리가 애초부터 증언의 다양성(variation)이 교회의 증언의 '일부분'이라는 사실을 인식하게 된다면, 심지어 바로 이 초기의 해석학적 상황에서조차 실로 모종의 해

석학적 자유가 발견되는 것처럼 보인다. 이러한 해석학적 자유는
네 복음서들 간의 극복될 수 없는 차이점들에 의해 매우 분명하게
입증된다.

기독교의 해석학적 상황에 대한 이러한 반성의 요점은 말과 글
의 관계가 우리가 선포, 케리그마, 설교라고 부르는 것의 구성적 요
소라는 것이다. 말-글-말 또는 글-말-글의 연속적 과정이 기독교의
해석학적 상황의 주된 현상이다. 어떤 때에는 구약성서와 신약성서
사이의 예수의 말씀처럼 말이 두 글 사이를 매개하기도 하며, 또
어떤 때에는 초기 교회의 설교와 오늘날의 모든 설교 사이를 복음
서가 매개하듯이 글이 두 형태의 말 사이를 매개하기도 한다. 이
연쇄는 메시지의 전승이라는 근본적인 의미에서의 전통 자체의 가
능성의 조건이다. 전통은 보충적인 전거(source)로서 글에 부가되어
지는 것이기 전에, 말과 글, 또는 글과 말을 함께 연결하는 과정으
로서의 역사적 차원이다. 글이 공헌하는 바는 메시지를 화자로부터,
최초의 상황으로부터, 그리고 최초의 수신자로부터 분리시키는 '소
격화'에 있다. 글 덕분에, 말은 더 이상 발화자의 "목소리"에 의해
서가 아니라, 말의 "의미"(sense)에 의해서, 그리고 말이 문제로 삼
고 있는 "주제"(thing)에 의해서 우리에게까지 전해진다.

3. 새로운 존재와 텍스트의 주제

나는 계속하여 일반적 해석학의 범주들을 우리의 안내자로 삼으
면서, 이제 내가 "텍스트의 주제" 또는 "텍스트의 세계"라고 명명
하는 (세 번째) 범주에 대해 고찰하려고 한다. 이 범주는 철학적

해석학과 성서 해석학 모두에 있어서 중심적 범주라고 말할 수 있다. 다른 모든 범주들은 이 범주를 중심으로 명료화된다. 즉 구조에 의한 객관화, 글에 의한 소격화는 단지 텍스트가 텍스트의 "주제"인 그 무엇을 말하기 위한 선행 조건들일 뿐이다. 앞에서 우리는 네 번째 범주인 자기이해가 언어로 표현되기 위해서 어떻게 텍스트의 세계에 정초되어야 하는지를 말한 바 있다. 텍스트의 "주제"가 곧 해석학의 대상이다. 텍스트의 주제는 텍스트가 텍스트의 앞에 전개하는 세계이다. 그리고 특히 시적이고 허구적인 "문학"에 있어서, 이 세계는 일상적인 담화가 가리키는 일상적인 실재와 '거리'를 갖는다.

이러한 고찰을 성서 해석학에 적용함으로써, 우리는 또한 성서 해석학의 진정한 궁극성을 드러낸다. 더욱이, 이러한 고찰을 다른 텍스트의 한 범주로서의 성서에 적용함으로써, 우리는 일반적 해석학을 성서 해석학의 논리적 원칙으로 만드는 역전을 가능하게 한다.

그러면 이제 우리가 앞에서 그 내적 구조를 강조한 성서 텍스트에 일반적인 주제를 단순히 "적용"하는 길을 따라가 보자. 이 "적용"은 결코 성서 해석학을 낯선 법칙에 종속시키는 것이 아니라, 성서 해석학을 구출하여 그 자신으로 돌아가게 해주며 또한 성서 해석학을 수많은 착각으로부터 자유롭게 한다. 첫째로, 이 "적용"은, 마치 과도한 구조주의적 분석에 맞대응하려는 것처럼 성급하게 실존론적 또는 실존적 이해의 범주를 도입하려는 유혹으로부터 성서 해석학을 자유롭게 한다. 우리의 일반적 해석학은 구조적 설명과 자기이해 사이에 텍스트의 세계를 전개하는 단계가 필요하다는 사실을 우리에게 말해준다. 독자의 자기 존재(being-a-self)를 독자 자신의 의도에 따라 최종적으로 형성하고 변형시키는 것이 바로 이 텍스트의 세계이다. 이러한 사실의 신학적 함의는 중요하다. 즉 해석학의 주된 과제는 독자의 결단을 불러일으키는 것이 아니라, 먼저 성서 텍스트의 "주제"인 존재의 세계가 전개되도록 하는 것이다. 이러한 방식으로, 세계의 제안이 느낌, 성향, 신앙, 또는 불신앙보다 상위에 자리매김되는데, 이 세계의 제안은 성서의 언어로는 새로운 세계, 새 계약, 하나님 나라, 거듭남 등으로 불리는 것이다. 이것들은 분명히 우리를 위하여 전개되는 실재들이지만, 텍스트에 기초하여 텍스트의 앞에 전개되는 실재들이다. 이것은 텍스트에 의해서 투사된 새로운 존재의 "객관성"이라고 불릴 수 있는 것이다.

두 번째 함의는 이것이다. 텍스트의 "주제"를 모든 것의 상위에 둠으로써, 우리는 심리주의화된 관점에서의 성서의 영감 문제를 더이상 제기하지 않게 된다. 심리주의화된 관점에서의 성서의 영감이란, 텍스트 안에서 투사되는 의미를—그리고 의미뿐만 아니라 그 의미의 표현방식까지도—저자에게 불어넣는 것을 말한다. 만일 성서가 계시된 책이라고 말한다면, 그것은 성서가 말하는 "주제," 성서가 전개하는 새로운 존재에 대하여 하는 말이다. 나는 감히 이렇게 말하려고 한다. 즉 성서는 문제가 되는 새로운 존재 자체가 세계에 대하여, 그리고 나의 실존과 나의 역사를 포함하는 모든 실재에 대하여 자신을 '드러내는' 한에서 계시되었다. 다시 말하면, 만일 계시라는 표현이 의미를 갖기 위해서는, 계시는 성서적 '세계'의 특성으로 이해되어야 한다.

이 세계는 심리적인 의도를 통해서 직접적으로 제시되는 것이 아니라, 작품의 구조를 통해서 매개적으로 제시된다. 위에서 말해진 모든 것들, 즉 예를 들면 설화들의 형식과 역대기에서의 위대한 행위자로서의 야웨의 의미 사이의 관계, 또는 예언의 형식과 위협으로서 그리고 모든 파괴 너머의 약속으로서의 주님의 의미 사이의 관계는, 지금 우리가 성서적 세계라고 부르는 것에 대한 유일한 도입부를 구성한다. 계시의 가장 강력한 힘은 함께 고려되는 모든 담화의 형식들 사이의 대조와 수렴으로부터 생겨난다.

텍스트의 세계의 범주의 세 번째 신학적 적용은 이것이다. 논의의 핵심은 전 지구적 지평, 의미의 전체성이란 의미에서의 세계이기 때문에, 원칙적으로 개인에게 주어지는 교훈이 특권적인 지위를 가질 이유가 없으며, 또한 일반적으로 하나님과 인간 사이의 관계에서의 '나-너'(I-Thou) 형태의 개인적인 인격주의적 측면이 특권적인 지위를 가질 이유도 없다. 성서의 세계는 개인적인 인격적 측면과 아울러 우주적이고(그것은 창조세계이다) 공동체적이며(그것은 민족을 포함한다) 역사 문화적인 측면(그것은 이스라엘과 하나님 나라와 관련된다)을 갖는다. 인간은 다양한 차원들, 즉 인간학적, 윤리학적, 인격주의적인 차원들뿐만 아니라 우주론적, 역사적, 세계적인 차원들에 연루되어 있다.

텍스트의 세계의 범주의 네 번째 신학적 적용은 이것이다. 우리는 앞에서 "문학적" 텍스트의 세계는 투사된 세계, 일상적인 실재로부터 시적으로 소격화된 세계라고 말했다. 성서에 의해 투사되고 제안된 새로운 존재가 바로 이 세계에 대한 가장 탁월한 사례가 아닌가? 이 새로운 존재는 일상적인 경험의 폐쇄성에도 불구하고 이 일상적인 경험의 세계를 관통하여 나아가지 않는가? 이 세계에 속한 투사의 힘은 바로 단절과 새로운 시작을 가져오는 힘이 아닌가? 만일에 이것이 사실이라면, 우리는 이 세계 투사에 텍스트의 "주제"에서 인식된 것과 같은 강력한 의미에서의 "시적" 차원을 부여해야 하지 않는가?

이 길을 다 따라간 후에 마지막 결론을 이끌어내자면, 우리는 이 제 이에 의해서 일상적인 실재 안에서 개방되는 것은 다른 실재, 즉 '가능성'의 실재라고 말해야 하지 않는가? '이해'에 관한 하이 데거의 매우 통찰력 있는 진술을 상기하자. 하이데거에게 있어서, '이해'는 우리의 가장 고유한 가능성들을 향해 주어지며 이 가능성 들을 상황—이 상황 자체는 투사될 수 없다. 왜냐하면 우리가 이 미 그 안에 던져져 있는 우리 자신을 발견하기 때문이다—속에서 해독하는 것인 한, '정태성'(情態性, 또는 처해 있음, finding oneself situated)과 정면으로 대립된다. 이것은 신학적인 언어로 "하나님 나 라가 도래한다"는 것을 의미한다. 다시 말하면, 이것은 우리로부터 나오지 않는 하나님 나라의 의미 자체로부터 출발하는 우리 자신 의 고유한 가능성들을 불러일으킨다. 그러나 이러한 진술은 후에 우리가 네 번째 해석학적 범주인 "텍스트 앞에서의 자기이해"의 범 주의 빛 안에서 '신앙'의 개념을 재숙고할 때 언급되어야 할 어떤 함축적 의미를 지닌다.

그러므로 지금까지 내가 따라온 길은 일반적 해석학의 범주를 국부적 해석학으로 간주되는 성서 해석학에 "적용"시키는 길이었 다. 나의 명제는 이 길만이 성서적 "주제"의 특수성에 대한 인식으 로 인도하는 유일한 길이다라는 것이다. 이 점에 있어서 게르하르 트 에벨링(Gerhard Ebeling)은 옳았다. 그는 사람들이 성서를 하나 님의 말씀으로 만날 수 있는 것은 다른 책들 가운데 한 권을 대하 듯이 끝까지 귀를 기울여 이 책을 들음에 의해서라고 말했다. 그러 나 다시 말하거니와, 성서의 특수성에 대한 인식은 저자들의 귀에 들려지는 말을 저자가 반복한다는 심리학적 영감의 개념을 필요로 하지 않는다. 이 인식은 새로운 존재가 자신을 선포할 때에 현시되는 새로운 존재의 질에 대한 것이다.

성서적 담화의 특수성을 구성하는 특징들 중의 하나는 우리가 아는 바와 같이 "하나님"이란 지시대상이 중심적 자리를 차지하고 있다는 사실이다. 이 사실은 부인할 수 있는 문제가 아니라, 이 지시대상의 자리와 역할이 어떤 것인지를 이해해야 하는 문제이다. 앞에서의 분석으로부터 다음과 같은 결론이 도출되는데, 그것은 성서적 담화의 이 지시대상(하나님)의 의미는 설화, 예언, 찬송, 지혜 등의 문학 형식들과 연관된 다양한 의미 안에 (앞으로 설명되어야 할 특별한 방식으로) 포함되어 있다는 것이다. 존 매쿼리(John Macquarrie)의 표현을 빌면, "하나님 담론"은 이러한 부분적인 담화들의 경쟁과 수렴으로부터 나온다.[3] "하나님"이란 지시대상은 이 다양한 담화들의 조정자인 동시에 이 부분적인 담화들의 소실점이며 이 부분적인 담화들의 불완전성을 가리키는 지표이다.

이러한 의미에서, '하나님'이란 단어는 철학적 개념으로 기능하지 않으며, 심지어 존재의 개념―중세적인 의미에서건 하이데거적인 의미에서건―으로 기능하지도 않는다. 혹자가 이러한 모든 전(前)신학적 언어들을 신학적 메타언어로 사용하여, "하나님"은 존재의 종교적 이름이라고 말하려는 유혹에 사로잡힌다고 하더라도, "하나님"이란 단어는 그 이상의 것을 말한다. 즉 "하나님"이란 단어는 설화들, 예언들, 율법들, 찬송들 등의 전체 중력(重力)공간에 의해 구성되는 전체적인 맥락을 전제한다. "하나님"이란 단어를 이해하는 것은 이 단어의 의미의 화살을 따라가는 것이다. 이 의미의

---

3) John Macquarrie, *God-Talk: An Examination of the Language and Logic of Theology*(London, 1967).

화살은 "하나님"이란 단어가 이중적인 힘을 지니고 있음을 보여 주는데, 이 이중적인 힘은 부분적인 담화가 산출하는 모든 의미를 함께 아우르는 힘과 담화의 울타리를 넘어서는 지평을 여는 힘이다.

나는 "그리스도"라는 단어에 대해서도 같은 말을 하고자 한다. 이 단어는 방금 말한 "하나님"이란 단어의 이중적 기능에 추가하여 모든 종교적 의미를 하나의 기본적인 상징 안에서 성육신시키는 힘을 갖는데, 이 상징은 바로 희생적 사랑, 죽음보다 강한 사랑의 상징이다. 십자가와 부활에 대한 가르침은 "하나님"이란 단어에 "존재"란 단어가 담아 낼 수 없는 "밀도"(density)를 부여하는 기능을 한다. 이 십자가와 부활의 의미 안에는 우리에 대한 '그분의' 관계 개념과 그분에 대한 '우리의' 관계 개념이 포함되어진다. 우리에 대한 '그분의' 관계 개념은 값없이 주어지는 것이며, 그분에 대한 '우리의' 관계 개념은 "절대적인 관심을 기울이는 것"과 충분히 "우리의 감사함을 재인식하는" 것이다.

그러므로 성서 해석학의 과제는 이러한 "하나님 담론"의 구성방식과 명료화에 함축되어 있는 모든 의미를 발전시키는 일이 될 것이다.

이제 우리는 어떤 의미에서 성서 해석학이 위에서 기술된 일반적 해석학의 특수한 사례이며 동시에 독특한 사례인지를 알 수 있게 되었다. 특수한 사례인 까닭은 성서가 말하는 새로운 존재가 다른 곳이 아니라 다른 텍스트들 중의 하나인 (성서) 텍스트의 세계 안에서 찾아져야 하기 때문이다. 독특한 사례인 까닭은 모든 부분적인 담화들이 하나님에 관한 우리의 모든 담화의 교차점이며 그 모든 담화의 불완전성에 대한 지표인 한 이름("하나님"이란 이름)을 지시하고 있기 때문이며, 또한 이 이름이 (예수의) 부활로 설교되는 '의미-사건'으로부터 분리될 수 없게 되었기 때문이다. 그러나 오직 이 독특한 "주제"가 우리를 향해 말을 건네는 텍스트의 세계로서 그리고 텍스트의 "주제"로서 말할 때에만, 성서 해석학은 독특한 그 무엇을 말한다고 주장할 수 있다. 이것이 내가 신학적 해석학을 일반적 해석학의 세 번째 범주인 작품의 세계 아래 자리매김함으로써 강조하고자 하는 핵심적인 요점이다.

4. 성서적 신앙의 해석학적 구성

이제 이 논문의 마지막 부분에 이르러서, 나는 우리의 텍스트 중심적 해석학의 네 번째 범주의 신학적 함의에 관한 몇 가지 물음들을 제기하고자 한다. 이 네 번째 범주는 실존적 범주로서, 바로 '전유'(appropriation)의 범주이다.

나는 작품의 세계와 독자가 텍스트와 대면하여 자신을 이해하는 이해 사이의 관계가 성서 해석학에 가져온 세 가지 결과를 강조하고자 한다.

첫째, 신학적 언어로 "신앙"이라고 불리는 것은 텍스트의 "주제"인 새로운 존재에 의해 구성된다. 이 구성은 가장 강력한 의미에서의 구성이다. 성서적 신앙의 해석학적 구성을 이와 같은 방식으로 인식함으로써, 우리는 신앙에 대한 심리주의적 환원을 철저하게 거부한다. 이것은 신앙이 모든 언어적 작업으로 환원될 수 없는 하나의 진정한 '행위'라는 것을 부인하는 것은 아니다. 이러한 의미에서 신앙은 모든 해석학의 한계이며, 동시에 모든 해석의 비해석학적인 근원으로 서 있다. 해석의 끝없는 운동은 그 어떤 주석에 의해서 생성되거나 소진되지 않는 하나의 응답을 무릅씀으로써만 시작되고 종결된다. 이러한 언어 이전적이고 언어 초월적인 특징을 고려하기 위해서, 신앙은 "궁극적인 배려"(ultimate care)로 불려 왔는데, 이 개념은 나의 모든 선택들을 통해 나 자신을 인도하는 기초가 되는 유일한 필연성에 대한 파악을 표현하기 위한 것이다. 신앙은 또한 "절대적 의존의 감정"으로 불려 왔는데, 이것은 신앙이 언제나 나를 선행하는 주도성(主導性)에 대한 응답이라는 사실을 강조하기 위한 것이다. 그리고 신앙은 또한 "무조건적인 신뢰"로 불려 왔는데, 이것은 신앙이, 경험의 부정에도 불구하고 길을 개척하며 초과의 논리라는 역설적 법칙을 따라 절망의 이유를 희망의 이유로 바꾸는 희망의 운동과 분리될 수 없다는 사실을 강조하기 위한 것이다. 이 모든 특징들은 신앙의 주제가 해석학으로부터 벗어나 있으며 해석학이 최우선적인 것도 가장 최종적인 것도 아니라는 사실을 증언한다.

그러나 해석학은 다음과 같은 사실을 상기한다. 즉 성서적 신앙은 신앙을 언어의 수준으로 올려 놓은 해석의 운동으로부터 분리될 수 없다. 만일 "궁극적 배려"가 말하자면 수세기에 걸쳐서 이 "배려"를 교육하고 형성해 온 기호들과 상징들에 대한 끊임없는 새로운 해석으로부터 말하기 능력을 받아들이지 않았다면, 이 "궁극적 배려"는 '벙어리'로 남아 있을 것이다. 만일 절대적 의존의 감정이 나를 위하여 새로운 실존과 행동의 가능성들을 열어 주는 새로운 존재의 제안에 대한 응답이 아니라면, 이 감정은 연약하고 불명료한 감정으로 남아 있을 것이다. 만일 무조건적인 신뢰가 구약성서의 출애굽과 신약성서의 부활과 같은 성서가 보도하는 기호사건들(sign-events)에 대한 지속적인 새로운 해석에 기초하지 않는다면, 이 신뢰는 공허하게 될 것이다. 이러한 구원의 사건들은 내 자신의 자유의 가장 깊숙한 곳에 있는 가능성을 개방하고 밝혀 주며, 그렇게 함으로써 나를 위한 하나님의 말씀이 된다. 이것이 신앙 자체에 대한 본래적인 해석학적 구성이다. 또한 이것이 우리가 앞에서 발견한 텍스트의 세계와 전유 사이의 불가론의 상관관계의 첫 번째 신학적 귀결이다.

두 번째 결과는 해석학적 반성이 "텍스트 앞에서 자신을 이해하는" 자기이해의 중심부에서 밝혀 낸 소격화로부터 나온다. 이 자기이해가 텍스트의 "주제"의 '자기표현'(Selbstdarstellung)에 일단 종속된다면, 주체의 착각에 대한 '비판'이 바로 "텍스트 앞에서 자신을 이해하는" 행위 안에 포함되는 것처럼 보인다. 주체가 자신을 텍스트 안으로 가지고 들어오기 때문에, 그리고 하이데거가 말하는 "이해의 구조"가 텍스트로 하여금 말하게 하기 위해 노력하는 '이해'로부터 제거될 수 없기 때문에, 바로 이런 이유 때문에 자기비판은 텍스트 앞에서의 자기이해의 필수적인 부분이다.

나는 여기에서 마르크스, 니체, 그리고 프로이드의 방식을 따르는 종교비판과 신앙의 자기이해 사이의 본질적인 연결점을 발견한다. 분명히 이 종교비판은 이데올로기에 대한 비판, 피안의 세계에 대한 비판(arrière-mondes), 착각에 대한 비판으로서, 전적으로 해석학의 외부에서 구성되었다. 그러나 텍스트 중심적인 해석학적 이해에 있어서, 이러한 종교비판은 강제로 교화하거나 세례를 줄 수 없는 '외부의' 적대자에 대한 인식을 유지할 수 있으며, 이와 동시에 텍스트의 빛 안에서의 모든 자기이해가 요구하는 소격화의 작업에 속하는 '내적인' 비판의 도구가 될 수 있다. 내 자신이 프로이드에 관한 나의 저서에서 이러한 작업을 시작했으며, 《해석들의 충돌》

(*The Conflict of Interpretations*)에서 이 작업을 더욱 발전시켰다. 오늘날 "의혹의 해석학"은 의미 전유의 필수적인 부분이 되었다.[4] 이 의혹의 해석학과 함께, 텍스트의 세계가 존재하는 것을 방해하는 편견에 대한 "해체"(deconstruction)가 계속된다.

내가 전유의 해석학으로부터 이끌어내려고 하는 세 번째이자 마지막 결론은 내가 보기에 텍스트의 빛 안에서의 모든 자기이해 안에 포함되어 있는 자기 소격화의 적극적인 측면에 관한 것이다. 주체의 착각의 해체는 실로 "상상"이라고 불려져야 하는 것의 단지 소극적인 측면일 뿐이다.

나는 이미 후설에게서 빌려 온 표현을 사용하여, 소격화의 '창조적' 측면에 관하여 말하려는 모험적인 시도를 한 바 있다. 나는 나의 자아에 대한 "상상적 변경들"(imaginative variations)을 말했는데, 텍스트의 "주제"가 내 안에서 작용함으로 말미암아 새로운 가능성이 열리는 것을 표현하기 위한 것이다. 우리는 다른 유비, 즉 가다머가 즐겨 전개하는 "놀이"의 유비를 빌려 올 수도 있다.[5] 놀이는 "심각한" 마음의 포로로 잡혀 있는 새로운 가능성들을 우리의 실재의 비전 안에서 자유롭게 풀어 놓는 것과 동일한 방식으로, 또한 엄격하게 '도덕적인' 주관성의 비전으로는 볼 수 없는 '변형'

---

4) Paul Ricoeur, *De L'interprétation : Essai sur Freud*(Paris : Seuil, 1965)[*Freud and Philosophy : An Essay on Interpretation*, trans. Denis Savage(New Haven : Yale University Press, 1970)], Ricoeur, *Les conflits des interprétations : Essais d'herméneutique*(Paris : Seuil, 1969)[*The Conflict of Interpretations : Essays in Hermeneutic*(Evanston, Ill.: Northwestern University Press, 1974)].

5) Hans-Georg Gadamer, *Wahrheit und Methode*(Tübingen : J. C. B. Mohr, 1960)[*Truth and Method*(London : Sheed & Ward, 1975)].

(metamorphosis)의 가능성들을 주관성 안에 열어 놓는다. 상상적 변경들, 놀이, 변형—이 모든 표현들은 하나의 근본적인 현상을 가리키는데, 그것은 곧 새로운 존재가 내 안에서 처음 형성되는 것은 '상상' 속에서라는 것이다. 실로, 나는 여기서 상상에 관하여 말하는 것이지 의지에 관하여 말하는 것이 아니다. 왜냐하면 새로운 가능성들에 의해 부딪침을 당하도록 자신을 허용하는 힘이 스스로 결정하고 선택하는 힘보다 선행하기 때문이다. 상상은 하나의 '시'로서의 텍스트에 응답하는 주관성의 차원이다. 상상의 소격화가 텍스트의 "주제"가 실재의 핵심부에 파놓은 소격화에 응답을 하게 될 때, 실존의 시학은 담화의 시학에 응답하게 된다.

만일 우리가 텍스트 앞에서의 결단의 계기를 강조하는 실존적 해석학의 가장 일반적인 경향을 고려한다면, 텍스트의 "주제"를 자기이해의 상위에 자리매김하는 해석학의 이 최종적인 결과는 아마도 가장 중요한 결과일 것이다. 나는 텍스트와 텍스트의 "주제"로부터 출발하는 해석학의 입장에 서서 이렇게 말하고자 한다. 텍스트는 무엇보다 먼저 나의 상상력을 향해 말을 건네면서, 나의 해방의 "상징들"(figures)을 나의 상상력에 제시한다.

13. 예수의 비유 듣기

    오늘날 예수의 비유를 설교하는 것은 명분을 상실한 것처럼 보인다. 우리는 이미 주일학교에서 이 이야기들을 듣지 않았던가? 특히 대학의 채플에 있어서, 그것들은 우리가 요구하는 과학적 지식에 부합되지 않는 유치한 이야기들이 아닌가? 이 이야기들이 불러일으키는 상황들은 도시 문명 안에 사는 우리가 거의 이해할 수 없는 전형적인 농촌의 생활이 아닌가? 그리고 옛날에는 상징들이 단순한 마음을 지닌 사람들의 상상력을 일깨웠을지 몰라도, 오늘날에는 죽어버린 은유가 되어 버린 것이 아닌가? 더욱이, 농촌의 삶으로부터 빌려 온 이 이미지들이 낡아빠진 것이라는 사실은 현대의 우리 문화에 있어서 기독교의 상징들이 일반적으로 퇴락되었다는 사실에 대한 가장 강력한 증거가 아닌가?

    오늘날 예수의 비유들에 대하여 설교한다는 것─또는 이 비유들을 설교한다는 것─은 실로 내기를 거는 것과 같은 것이다. 이 내기란 모든 반대적인 논증에도 불구하고 예수의 비유들을 듣고 우리가 다시 한 번 놀라고, 감동을 받으며, 갱신되고, 행동할 수 있다는 것이다. 이 내기로 인하여 나는 이 비유들을 다른 텍스트들 중의 하나처럼 단지 학문적인 방식으로 연구하지 않고 그것들을 설교하려고 하는 것이다.

우리에게 충격을 주는 첫번째 사실은 비유들이 철저하게 세속적인 이야기들이라는 점이다. 신도, 귀신도, 천사도, 기적도 없으며, 창조 이야기에서와 같은 시간 이전의 시간도, 출애굽 이야기에서와 같은 정초적인 사건도 없다. 그러한 것은 없고 바로 우리와 같은 사람들이 있다. 즉 여행하거나 자신의 밭을 임대하는 팔레스타인의 지주들, 청지기들과 일꾼들, 씨뿌리는 농부와 고기 잡는 어부들이 나온다. 한 마디로 사고팔고, 그물을 바다에 내리는 등의 일상적인 일들을 하는 일상적인 사람들이 나온다. 여기에 첫번째 역설이 있다. 다시 말하면, 한편으로 이 이야기들은 (어떤 비평가가 말했듯이) 정상적인 상태에 관한 설화들이며, 다른 한편으로 이와 같다고 말해지는 것은 바로 하나님 나라이다. 역설은 비일상적인 것이 일상적인 것과 같다는 데 있다.

예수의 어떤 언설들은 하늘 나라에 관해서 말한다. 이들 가운데 종말론적인 언설들이 있는데, 이것들은 전적으로 다른(Wholly-Other) 그 어떤 것, 하늘이 땅과 다른 것처럼 우리의 역사와 다른 초월적인 그 어떤 것을 가리키는 것처럼 보인다. 그러므로 우리를 놀라게 하는 첫번째의 것은 우리가 신화의 언어, 성스러운 것의 언어, 신비의 언어를 기대하는 바로 그 순간에 우리는 우리의 역사의 언어, 세속의 언어, 열려진 드라마의 언어를 부여받는다는 사실이다.

그리고 바로 이 대조, 즉 말해지는 내용인 하나님 나라와 이에 비교되는 일상적인 것 사이의 대조가 우리의 탐구를 촉발시킨다.

여기서 소환되는 인물들은 우리 가운데 있는 종교적인 인간도 아니고, 우리 가운데 있는 성스러운 인간도 아니고, 바로 비종교적인 인간이며, 세속적인 인간이다.

이 첫번째 충격을 넘어서, 두 번째 단계는 비유들에서 의미하는 바가 무엇인가를 묻는 것이다. 오늘날의 주석이 보여 주는 바와 같이, 하나님 나라가 어떠한 남자나 어떠한 여자, 어떠한 누룩에 비교되는 것이 아니라 이야기 속에서 발생하는 것에 비교되는 것이라면, 우리는 짧은 이야기 자체를 보다 더 가까이 들여다보아야 하며 그 속에서 패러다임적인 것이 무엇인지를 규명해내야 한다. 바로 여기서 우리는 사회학적인 측면에 지나치게 집착할 위험이 있는데, 이 측면은 내가 처음에 이 비유들 안에서 묘사되고 있는 상황들은 농촌 생활의 경작 활동들에 관한 것들이라고 환기시켰던 바이다. 여기서 이해되어야 하는 것은 상황들 자체가 아니라 최근의 비평이 보여 주었듯이 플롯(plot), 즉 드라마의 구조, 구성, 절정, 결말이다.

만일 우리가 이 제안을 따른다면, 우리는 즉각적으로 이 짧은 드라마에 있어서 가장 중요한 계기들, 결정적인 전환점들을 보게 될 것이다. 그것들은 무엇인가? 다시 한 번 모든 비유들 가운데 가장 짧고 가장 집약적인 비유인 마태복음 13:44의 비유를 읽어보자. 여기에는 세 개의 결정적인 계기들이 나타나는데 보물을 발견하는 것, 다른 모든 것을 파는 것, 밭을 사는 것이 그것이다. 이와 동일한 삼중적인 구분이 마태복음 13:45~46, 47~49에 나타나는 다음의 두 비유들에서 발견될 수 있다.

이제, 만일 우리가 말하자면 우리의 상상력과 우리의 감정과 우리의 사고 안에서 이 세 가지 중요한 계기들을 확장시킨다면, 그것들은 이야기에 의해서 말해지는 바 겉으로 드러나는 실제적이고,

직업적이고, 경제적이고, 상업적인 거래보다 훨씬 더 많은 것을 의미하기 시작한다. 그 무엇을 발견하는 것. 이 단순한 표현은 우리의 삶속에서 기술이나 폭력이나 일이나 간계에 의해 획득되는 것과 대조되는 모든 종류의 만남들(encounters)을 포괄한다. 사람들과의 만남, 죽음과의 만남, 비극적 상황들과의 만남, 즐거운 사건들과의 만남. 타자를 발견하는 것, 우리 자신을 발견하는 것, 세계를 발견하는 것, 우리가 주목하지도 않았던 사람들을 인식하게 되는 것, 우리가 잘 알지 못하거나 전혀 알지 못하는 사람들을 인식하게 되는 것. 이러한 모든 종류의 발견들을 통합함에 있어서, 비유는 시간과의 어떤 근본적인 관계를 가리키고 있지 않는가? 즉 비유는 시간 안에서의 근본적인 존재방식을 지시하지 않는가? 이 근본적인 존재방식이란 바로 가장 탁월한 전형으로서의 사건(Event)이라고 불릴 만한 양태를 의미한다. 그 무엇인가가 발생한다. 새로운 그 무엇의 그 새로움을 위해 우리는 준비하자. 그러면 우리는 "발견"하게 될 것이다.

그러나 비유의 기술(art)은 발견하는 것을 다른 두 중요한 전환점과 변증법적으로 연결하는 데 있다. 보화를 발견한 사람은 가서 그가 가진 모든 것을 팔아 그것을 샀다. 우리는 현대의 주석가(그 자신[불트만을 말함: 역자 주]은 하이데거에게 배웠다)를 따라, 새로운 두 가지 중요한 전환점을 전도(Reversal)와 결단(Decision)이라고 부를 수 있다. 결단은 두 번째 자리에도 오지 못한다. 결단 이전에 전도가 있다. 그리고 성서 이외의 어떤 종교적 텍스트들을 읽은 사람들이나 심지어는 종교적인 텍스트가 아닌 다른 어떤 텍스트들을 읽은 사람들 모두가 이 "전환"(conversion)이라는 단어에 얼마나 많은 것이 함축되어 있는지를 안다. 이 단어는 새로운 선택을 하는 것 훨씬 이상의 것을 의미한다. 그것은 모든 종류의 선한 의도와 모든 종류의 선한 결단과 선한 행동 이전에, 바라보는 방향의 전환, 그리고 비전과 상상력과 마음의 전도를 함축한다. 행함은 사건에 의해, 그리고 전도에 의해 생겨나는 결론적인 행위로 나타난다. 첫 번째로 만남의 사건이 일어나고, 마음의 변화가 일어나며, 그리고 나서 행동이 뒤따른다. 이 연속성에는 충만한 의미가 있다. 즉 하나 님 나라는 이 세 가지 행위들의 연쇄사슬과 비교되는데, 그것은 사건이 온전히 일어나도록 허용하는 것이고, 다른 방향을 보는 것이 며, 이 새로운 비전을 따라 온 힘을 다하여 행하는 것이다.

물론, 모든 비유들이 이와 동일한 패턴을 따라 기계적인 방식으로 구성되는 것은 아니다. 만일 그렇게 된다면 바로 그 이유 때문에 비유들은 놀라움을 가져오는 힘을 상실하게 될 것이다. 그러나 각각의 비유들은 이 세 가지 중요한 계기들 가운데 어느 것이나 또는 다른 것을 발전시키고 극화시킨다.

마태복음 13:31~33에 나오는 이른바 성장의 비유를 살펴보자. 이 예상치 못한 겨자씨의 성장, 모든 비율의 정도를 넘어서는 이러한 성장은 발견으로의 방향으로 우리의 주의를 이끈다. 씨앗의 자연적인 성장과 엄청난 크기로의 성장은 우리에게 발생하는 그 무엇, 우리에게 침투해 들어오고, 우리를 압도하며, 우리의 통제와 파악을 넘어서고, 우리의 의지와 계획을 넘어서는 그 무엇을 말해준다. 다시금 사건은 선물로 온다.

오늘 아침에 읽지 않은 다른 어떤 비유들은 전도에 강조점을 둔다. 아버지는 기다리고, 기대하며, 환영하는 반면, 탕자는 자신의 마음을 바꾸고, 자신이 바라보고 주목하는 것을 전도시킨다. 그리고 만남의 사건이 이 전도와 이 기다림의 결합으로부터 생겨난다.

다른 어떤 비유들에 있어서, 강조점은 결단, 행함, 심지어는 선한 행위에 주어진다. 선한 사마리아인의 비유의 경우가 그렇다. 그러나 만일 이 비유가 결단의 계기로만 환원된다면, 이 비유는 도덕적인 우화 이상의 것이 되지 못할 것이며, "이와 같이 하라"라는 단순한 명령이 될 것이다. 이처럼 도덕적 가르침으로 환원될 때, 비유는 하나님 나라의 비유가 되지 못하고 자선 행위의 알레고리가 될 것이다. 만일 도적적 우화가 다시 한 번 비유로서 말할 수 있도록 하기 위해서, 우리는 자선 행위를 사건, 전도, 결단으로 이루어지는 비유 안에 포함시켜 다시 자리매김하여야 한다.

이러한 방식으로 이 두 번째 단계를 만들고 극적(劇的)인 구조, 즉 의미를 산출하는 플롯의 연결마디를 인식한다면, 우리는 새로운 발견과 새로운 경이로움을 위한 준비가 되어 있는 것이다. 만일 우리가 "그러면 최종적으로 하늘 나라는 무엇인가?"라고 묻는다면, 우리는 다음과 같은 대답을 받아들일 준비가 되어 있어야 한다. 복음서는 하나님 나라는 …와 같다라고 말하지 않고는 하나님 나라에 대하여 아무 것도 말하지 않는다. 복음서는 하나님 나라가 어떤 것이다(is)라고 말하지 않고 그것은 어떤 것과 같이 보인다(looks like)라고 말한다. 이것은 알아듣기가 어렵다. 왜냐하면 우리의 모든 과학적 훈련은 이미지를 단지 임시적인 도구로 사용하고 이미지를 개념으로 대체하려는 경향이 있기 때문이다. 여기서 우리는 반대되는 길로 가도록 초대된다. 우리는 은유적인 사유의 양태를 따라 생각하도록 초대되어지는데, 이 사유의 양태에 있어서 은유는 단지 수사학적인 목적을 위한 것이 아니라 말해야 할 바로 그것을 위한 것이다. 오직 유비만이 전적으로 실제적인 것에 근접한다. 이러한 방식으로 말하는 것은 복음서만이 아니다. 우리는 다른 곳에서 호세아가 야웨를 남편으로, 이스라엘을 아내로, 우상을 연인으로 말하는 것을 본다. 여기에서는 추상적인 언어를 통한 어떠한 번역도 제공되지 않는다. 처음부터 끝까지 결코 은유를 넘어가지 않고, 은유를 통해 사고하는 언어의 힘(violence)만이 있다. 이 언어의 힘은 이미지에 의해 창조되는 긴장 안에 끝까지 머물러 있다는 사실에 있다.

비유는 개념적인 언어를 통한 번역을 허용하지 않는다고 하는 이 논란의 소지가 있는 발견의 함의는 무엇인가? 일견, 이러한 사태는 이 담화 양태의 약점을 드러내는 것처럼 보인다. 그러나 다시 한 번 돌아볼 때, 이 담화 양태는 자체의 독특한 힘을 드러낸다. 어떻게 그것이 가능한가? 비유를 다룸에 있어서, 우리는 긴 담화 안에서 극적으로 확장되는 하나의 독특한 이야기를 다루는 것이 아니라 복음서라는 통합적 형태 안에서 함께 모아진 짧은 비유들의 전체 영역을 다루는 것이라는 사실을 기억해 보자. 이 사실은 무엇인가를 의미한다. 즉 이것은 비유들이 하나의 전체를 만들어 낸다는 것을 의미하며, 우리가 그것들을 전체적으로 파악해야 한다는 것과 그것들 각각을 다른 것들의 빛 안에서 이해해야 한다는 것을 의미한다. 그것들은 말하자면 상호적인 의미작용의 네트워크를 구성한다. 만일 우리가 이 가설을 받아들인다면, 우리의 실망—과학적인 정신이 이 은유들의 군(群)으로부터 일관성있는 사상이나 일의적인 개념을 이끌어내는 데 실패할 때 경험하게 되는 실망—은 놀라움으로 바뀔 것이다. 왜냐하면 이제 함께 취하여진 비유들 안에는 그 어느 개념적 체계에서보다도 하나님과 우리 가운데에서의 하나님의 행동에 관한 많은 것들이 있기 때문이다. 단순한 개념의 정합성 안에서 사고하는 것보다 이미지들의 풍요함을 통하여 사고하는 것이 더 많은 것들을 담지한다. 우리가 비유들로부터 수 세기

동안 기독교를 분열시켜 온 거의 모든 종류의 신학들을 이끌어낼 수 있다는 사실은 이러한 느낌을 확증한다. 만일 당신이 잃어버린 동전의 비유를 따로 분리해낸다면, 그리고 이 이야기의 역동성을 차단하고 이 이야기로부터 얼어붙은 개념을 추출해낸다면, 당신은 철저한 칼빈주의자들이 옹호했던 예정 교리와 같은 것을 얻게될 것이다. 그러나 또한 만일 당신이 탕자의 비유를 골라잡고 이 비유로부터 인격적 회심이라는 얼어붙은 개념을 추출해낸다면, 당신은 예수회주의자들이 칼빈주의자들에 대항하여 주장하는 바와 같거나 또는 개신교 자유주의가 정통주의 개신교에 대항하여 주장하는 바와 같은, 인간의 절대적인 자유의지에 기초한 신학을 얻게될 것이다.

그러므로 비유들이 하나님 나라에 관해서 아무 것도 직접적으로 말하지 않는다고 말하는 것으로는 충분하지 않다. 우리는 보다 더 적극적인 관점에서, 비유들이 모두 함께 취하여질 때 비유들은 그 어떤 합리적인 신학보다도 더 많은 것을 말한다고 말해야 한다. 비유들이 신학적인 명료화를 요구하는 바로 그 순간, 그것들은 우리가 그것들을 대신하여 수립하려고 하는 신학적인 단순화의 기도(企圖)를 분쇄해 버린다. 합리주의적 신학에 대한 이러한 도전이 가장 분명하게 드러나는 곳은 밀 한가운데 뿌려진 가라지에 의해 망쳐지는 좋은 씨앗의 비유이다. 농부의 종들이 자신들의 주인에게 가서 말했다. "주인이여, 당신은 당신의 밭에 좋은 씨앗을 뿌리지 않았습니까? 그런데 이 가라지는 어디서 나온 것입니까?" 바로 이러한 질문이 철학자들이 이른바 악의 문제를 이론적으로 토론할 때에 묻는 물음이다. 그러나 우리가 얻은 유일한 답변은 그 자체가 은유적인 것이다. "이것은 원수들의 소행이다." 그리고 당신은 이 수수께끼 같은 답변과 조화되는 여러 종류의 신학들에 이르게 될 수 있다. 왜 나하면 그 어떤 종류의 이론에 의한 답변보다도 비유적인 방식으로 말해지는 답변에 생각할 것이 더 많이 있기 때문이다.

나는 우리의 놀라움과 경이감을 증대시키기 위해 한 걸음 더 나아갈 것을 제안하고자 한다. 많은 사람들은 이렇게 말하고 싶어할 것이다. "그래, 우리는 합리적이거나 또는 합리화시키는 신학들을 포함하는 모든 체계들을 버리는 데 아무런 어려움이 없다." 그렇다면 만일 모든 이론들이 그릇된 것이라면, 우리는 비유들을 단순한 실천적 가르침이나 또는 도덕적이거나 정치적인 가르침으로 보도록 하자. 만일 비유들이 교의신학의 단편들이 아니라면, 우리는 그것들을 실천신학의 단편들로 보도록 하자. 언뜻 보기에 이러한 제안은 첫번째의 것보다 더 나은 것처럼 들린다. 말씀을 듣는 것은 그 말씀을 실천으로 옮기는 것이라고 하지 않는가? 이것은 분명히 사실이다. 그러나 비유들을 실천으로 옮긴다는 것은 무엇을 의미하는가?

나는 사적인 윤리나 정치적인 도덕을 위한 직접적인 적용을 비유로부터 이끌어내려는 지나치게 열광적인 시도는 불가피하게 과녁을 빗나가는 것일 수밖에 없음을 우려한다. 우리는 즉각적으로 그러한 무분별한 열심은 비유들을 쉽사리 하찮은 충고나 진부한 도덕으로 바꾸어 놓는 것으로 간주한다. 그리고 우리는 초월적 신학화에 의해서보다 하찮은 교화(敎化)에 의해서 더욱 확실하게 비유들을 말살한다.

비유들은 명백하게 가르치지만, 그러나 일상적인 방식으로 가르치지는 않는다. 실로, 비유들 안에는 우리가 아직까지 간과했던 그 무엇, 즉 공관복음서에 나타나는 바와 같이 예수가 사용하는 격언들(Proverbs)과 공통되는 그 어떤 특징이 있다. 이러한 특징은 격언들에서 쉽사리 확인될 수 있다. 다음과 같은 경구와 반정립적 도식들 안에 나타나는 역설법과 과장법의 사용이 바로 그것이다. "누구든지 자기의 목숨을 보존하고자 하는 자는 잃을 것이요, 누구든지 자기의 목숨을 잃으면 보존할 것이다." 어떤 주석가가 말하듯이, 이러한 운명의 역전에 있어서 역설이 너무도 격심하기 때문에, 이 역설은 한 상황과 다른 상황 사이의 지속적인 연속성에 대한 상상적 비전을 심하게 흔들어 놓는다. 우리의 실존과 연속되는 전체성을 만들려는 우리의 기획은 좌절된다. 누가 "이기기 위해서"지는 기획에 따라 자신의 미래를 기획할 수 있는가? 그럼에도 불구하고 이것들은 반어적이거나 회의적인 지혜의 말이 아니다. 이 모든 것에도 불구하고, 우리는 바로 이 역설적인 길을 통하여 생명을 얻을 수 있다. 다음과 같은 과장법적인 명령에 대하여도 같은 말을 할 수 있다. "너의 원수를 사랑하라. 너를 미워하는 자에게 선을 행하라." 과장법도 역설법처럼 자신의 삶을 연속성이 있는 그 어떤 것으로 만들려는 청자의 기획을 흔들어 놓고자 의도한다. 그러나 유머나 초연함이 우리를 실재로부터 완전히 분리시키는 반면, 과장법은 다시금 우리를 실존의 한복판으로 인도한다. 관습적인 지혜에 대한 도전은 동시에 생명의 길이다. 우리는 새로운 방향으로 나아가기 이전에 먼저 방향을 잃는다.

이와 같은 일이 비유들에서 일어나지 않는가? 비유들의 가르침의 방식이 방향상실에 의한 새로운 방향제시의 방식과 다른가? 우리는 이 짧은 이야기들에 내포된 역설법과 과장법을 충분히 인식하지 못해 왔다. 대부분의 비유들 안에는 우리를 각성시키고 우리의 주의를 불러일으키는 터무니없음(extravagance)의 요소가 있다.

악한 농부의 비유에서의 땅 주인의 터무니없음을 생각해 보자. 그는 자신의 종을 보낸 다음 자신의 아들을 보냈다. 외국에 사는 팔레스타인의 지주 가운데 이 지주처럼 어리석게 행동할 사람이 어디 있겠는가? 또 큰 잔치의 비유에서 길거리에 나아가 초대를 거절한 손님들을 대신할 손님들을 찾는 주빈(主賓)에 대하여 우리는 뭐라고 말할 수 있는가? 우리는 그가 비정상적이라고 말하지 않겠는가? 그리고 탕자의 비유에서 아버지는 자기의 아들을 환영함에 있어서 모든 한계를 넘어서지 않는가? 어떤 고용주가 11시[우리 시각으로 오후 5시: 역자 주]에 고용한 사람에게 처음에 고용한 사람과 같은 품삯을 지급하겠는가?

이에 못지 않게 성장의 비유들도 있을 법하지 않은 이야기들이다. 여기서 작용하는 것은 격언의 과장법이다. 어떤 작은 씨앗이 새가 둥지를 틀 정도로 큰 나무를 생성해낸단 말인가? 누룩의 비유에서도 대조법은 이에 못지 않다. 씨뿌리는 자의 비유도 동일한 대조법에 기초하여 구성되어 있다. 만일 이 비유가 종말론적인 풍성함을 가리킨다면, 그것은 이 이야기가 모든 현실을 훨씬 능가하는 곡물의 산출을 말하고 있기 때문이다.

현실주의와 관련해서 말하자면, 가장 역설적이고 또한 가장 기이한 비유들은 요아킴 예레미아스(Joachim Jeremias)가 "파국의 임박성"과 "아마도 너무 늦으리라"는 제목 아래 분류한 것들이다. 기회의 구도, 즉 오직 어느 한 때로만 제시되고 그 이후에는 너무 늦어져 버리는 그러한 기회의 구도는 우리가 일상적인 경험에서 기회를 붙잡는 것이라고 부르는 것을 극화(劇化)시키고 있다. 그러나 이 극화는 역설적이면서 동시에 과장적이다. 역설적인 것은 그것이 언제나 또 다른 기회가 열려 있는 현실적인 경험과 배치되기 때문이며,

과장적인 것인 그것이 실존 속에서 이루어지는 중대한 결정의 독특한 성격에 대한 경험을 과장하기 때문이다.

어느 마을의 결혼식에서 미래를 준비하지 못한 경솔한 신부(이 신부는 결국 들의 백합처럼 아무 근심이 없는 사람이다)가 예식장에 들어오지 못하도록 문을 쾅 닫아 버리겠는가? "이것들은 위기의 비유들이다"라고 말해진다. 물론 그렇다. 그러나 이 이야기에 있어서 시험(test)의 시간과 "선별적인 가려냄"을 의미하는 위기는 놀라움과 물의를 증폭시키며, 때로는 결말이 "어쩔 수 없는 비극"일 경우에 거부반응을 불러일으키기도 한다.

예수가 제자들과 군중들에게 비유를 말할 때 사용한 이러한 놀라운 담화의 전략으로부터 도출되는 결론을 이끌어내어 보자. 내가 생각하기에, 예수의 비유들을 듣는다는 것은 이 짧은 드라마들의 터무니없음에 의해 탈은폐되는 새로운 가능성들에 우리의 상상력을 개방하는 것이다. 만일 우리가 비유들을 우리의 의지가 아니라 무엇보다도 우리의 상상력을 향하여 건네지는 말로 간주한다면, 우리는 비유들을 단순한 교훈적 장치들이나 교화시키는 알레고리들로 환원하려는 유혹에 빠지지 않게 될 것이다. 그 대신 우리는 비유들이 우리 안에서 자체의 시적인 힘을 발휘하도록 허용할 것이다.

그러나 우리가 진주의 비유와 사건, 전도, 결단의 비유를 읽을 때, 이 시적인 논의는 이미 시작된 것이 아닌가? 우리는 결단은 세 번째로 오는 도덕적 결정이라고 말했다. 전도가 결단에 선행한다. 그러나 사건이 길을 열어 놓는다. 비유의 시적인 힘은 사건의 힘이다. 시(poetic)는 문학적 장르로서의 시(poetry) 이상의 것을 의미한다. 시(poetic)는 창조적인 것을 의미한다. 그리고 우리가 사건이 발생하도록 허용하는 것은 우리의 상상력의 한가운데에서이다. 사건의 발생 후에 우리의 마음에 회심이 일어나고 우리의 의지가 확고해진다.

그러므로 예수의 비유들을 들으라(마태 13:31~32 그리고 45~46).

> 예수께서 또 다른 비유를 들어 그들에게 말씀하셨다. "하늘 나라는 겨자씨와 같다. 어떤 사람이 그것을 가져다가, 자기 밭에 심었다. 겨자씨는 어떤 씨보다 더 작은 것이지만, 자라면 어떤 풀보다 더 커져서 나무가 된다. 그리하여 공중의 새들이 와서, 그 가지에 깃을 들인다."
>
> "또 하늘 나라는 좋은 진주를 구하는 상인과 같다. 그가 값진 진주 하나를 발견하면, 가서 가진 것을 다 팔아 그것을 산다."

발췌된 참고문헌

이 참고문헌은 두 부분으로 나뉘어진다 첫번째 부분에서는 리쾨르의 주요 저서들과 논문 선집들, 그리고 이 책에서 논의되는 주제들과 관련된 논문들이 소개된다. 두 번째 부분에서는 리쾨르에 관한 이차문헌들의 일부가 소개된다.

리쾨르의 저술들

다음에 열거되는 목록들은 리쾨르의 작품들을 다 망라하는 것이 아니다. 1972년까지의 리쾨르의 저술들에 관한 보다 충분한 참고문헌을 위해서는 다음을 보라.

Vansina, Dirk F. 'Bibliographie de Paul Ricoeur (jusqu'au 30 juin 1962)', *Revue philosophique de Louvain*, 60(1962), 394~413면.

'Bibliographie de Paul Ricoeur, compléments (jusqu'à la fin de 1967)', *Revue philosophique de Louvain*, 66(1968), 85~101면.

'Bibliographie de Paul Ricoeur, compléments (jusqu'à la fin de 1972)', *Revue philosophique de Louvain*, 72(1974), 156~181면.

이 참고문헌의 축약된 최신판은 다음의 책 180~194면에 나타난다.

Reagan, Charles E., ed. *Studies in the Philosophy of Paul Ricoeur*. Athens, Ohio: Ohio University Press, 1979.

저서

이 부분에서는 책들을 처음 출판된 순서에 따라 소개한다. 만일 처음에 프랑스어로 출판된 책이 영어로 번역된 경우에는 단지 영문판만을 소개하며, 처음 출판된 날은 꺾쇠괄호 안에 표기한다.

Gabriel Marcel et Karl Jaspers: Philosophie du mystère et philosophie du paradoxe. Paris: Temps présent, 1947.

Karl Jaspers et la philosophie de l'existence (with Mikel Dufrenne). Paris: Seuil, 1947.

Freedom and Nature: The Voluntary and the Involuntary, tr. Erazim V.

Kohák. Evanston: Northwestern University Press, 1966[1950].

Histoty and Truth, tr. Charles A. Kelbley. Evanston: Northwestern University Press, 1965[1955].

Fallible Man, tr. Charles A. Kelbley. Chicago: Henry Regnery, 1965[1960].

The Symbolism of Evil, tr. Emerson Buchanan. New York: Harper and Row, 1967[1960].

Freud and Philosophy: An Essay on Interpretation, tr. Denis Savage. New Haven : Yale University Press, 1970[1965].

Husserl: An Analysis of His Phenomenology, tr. E.G. Ballard and L.E. Embree. Evanston: Northwestern University Press, 1967.

The Conflict of Interpretations: Essays in Hermeneutics, ed. Don Ihde, tr. Willis Domingo et al. Evanston: Northwestern University Press, 1974[1969].

Political and Social Essays, ed. David Stewart and Joseph Bien, tr. Donald Sie-wert et al. Athens, Ohio: Ohio University Press, 1974.

The Rule of Metaphor: Multi-Disciplinary Studies of the Creation of Meaning in Language, tr. Robert Czerny. London: Routledge and Kegan Paul, 1978[1975].

Interpretation Theory: Discourse and the Surplus of Meaning. Fort Worth: Texas Christian University Press, 1976.

The Philosophy of Paul Ricoeur: An Anthology of His Work, ed. Charles E. Reagan and David Stewart. Boston: Beacon Press, 1978.

논문

이 부분에서 소개되는 논문들은 모두 지난 15년 동안에 출판된 것들로서, 알파벳 순서로 나열된다. 영문으로 출판된 논문의 경우에는 영문판만을 소개한다.

'Biblical hermeneutics', *Semeia*, 4(1975), 29~148면.

'Can there be a scientific concept of ideology?', in *Phenomenology and the Social Sciences: A Dialogue*, ed. Joseph Bien, 44~59면. The Hague: Martinus Nijhoff, 1978.

'Hegel and Husserl on intersubjectivity', in *Reason, Action, and Experience: Essays in Honor of Raymond Klibansky*, ed. Helmut Kohlenberger, 13~29면. Hamburg: Felix Meiner, 1979.

'History and hermeneutics', *Journal of Philosophy*, 73(1976), 683~694 면.

'Husserl and Wittgenstein on language', in *Phenomenology and Existentialism*, ed. E.N. Lee and M. Mandelbaum, 207~217면. Baltimore: Johns Hopkins University Press, 1967.

'Ideology and utopia as cultural imagination', *Philosophic Exchange*, 2(summer 1976), 17~30면.

'Imagination in discourse and in action', in *Analecta Husserliana*, vol. 7, ed Anna-Teresa Tymieniecka, 3~22면. Dordrecht: D. Reidel, 1978.

'Language and image in psychoanalysis', in *Psychiatry and the Humanities*, vol. 3, ed. Joseph H. Smith, 293~324면. New Haven: Yale University Press, 1978.

'New developments in phenomenology in France: the phenomenology of language', *Social Research*, 34(1967), 1~30면.

'Phenomenology and the social sciences', *Annals of Phenomenological Sociology*(1977), 145~159면.

'Phenomenology of freedom', in *Phenomenology and Philosophical Understanding*, ed. Edo Pivčević, 173~194면. Cambridge: Cambridge University Press, 1975.

'Philosophie et langage', *Revue philosophique de la France et de l'Etranger*, 4(1978), 449~463면.

'Psychoanalysis and the work of art', in *Psychiatry and the Humanities*, vol. 1, ed. Joseph H. Smith, 3~33면. New Haven: Yale University Press, 1976.

'Schleiermacher's hermeneutics', *Monist*, 60(1977), 181~197면.

'The function of fiction in shaping reality', *Man and Word*, 12(1979), 123~141면.

'The metaphorical process as cognition, imagination, and feeling', *Critical Inquiry*, 5(1978), 143~159면.

'Writing as a problem for literary criticism and philosophical hermeneutics', *Philosophic Exchange*, 2(summer 1997), 3~15면.

이차문헌

다음의 목록은 리쾨르의 작품에 대한 책 분량의 연구물들이나 연구물의 선집들을 소개한다. 이 연구물들은 알파벳 순서로 나열된다. 이차문헌에 대한 보다 광범위한 참고문헌을 위해서는 다음의 책을 보라.

Lapointe, FranÇois H. 'Paul Ricoeur and his critics: a bibliographic essay', in *Studies in the philosophy of Paul Ricoeur*, ed. Charles E. Reagan, 164~177면. Athens, Ohio: Ohio University Press, 1979.

Bourgeois, Patrick L. *Extension of Ricoeur's Hermeneutic.* The Hague: Martinus Nijhoff, 1973.

Ihde, Don. *Hermeneutic Phenomenology: The Philosophy of Paul Ricoeur.* Evanston: Northwestern University Press, 1971.

Madison, Gary B., ed. *Sens et existence: en hommage à Paul Ricoeur.* Paris: Seuil, 1975.

Philibert, Michel. *Paul Ricoeur ou la liberté selon l'espérance.* Paris: Seghers, 1971.

Rasmussen, David. *Mythic-Symbolic Language and Philosophical Anthropology.* The Hague: Martinus Nijhoff, 1971.

Reagan, Charles E., ed. *Studies in the Philosophy of Paul Ricoeur.* Athens, Ohio: Ohio University Press, 1979.

Thompson, John B. *Critical Hermeneutics: A Study in the Thought of Paul Ricoeur and Jürgen Habermas.* Cambridge: Cambridge University Press, 1981.

내 용 찾기

인명 찾기